2026 특수교사임용시험 대비

Vol. 4

특수교육공학
행동지원
특수교육평가

김은진 편저

김은진
스페듀
기본이론서

박문각

머리말

미국의 심리학자인 안데르스 에릭슨에 의하면 한 분야의 전문가가 되려면 일만 시간의 훈련이 필요한데, 이를 '일만 시간의 법칙'이라고 합니다. 가령 세계적인 바이올린 연주자와 아마추어 연주자의 실력 차이는 오로지 연주 시간에 의해 결정되는 것으로, 최고의 실력자가 되기 위해서는 적어도 일만 시간 이상의 노력을 해야 한다는 것입니다.

그러나 '일만 시간의 재발견'에서는 무작정 시간을 채우는 것은 의미가 없으며, '올바른 방법'으로 '충분한 시간'에 걸쳐서 노력해야 실력을 쌓을 수 있다고 합니다. 2007년 체스 선수의 실력에 대한 한 연구에 따르면, 최상급의 실력을 갖추는 데 어떤 경우는 2년의 시간이 걸린 반면, 평생을 해도 실력이 늘지 않는 경우도 있었습니다.

특수교사로서 전문가가 되기 위한 일만 시간 중 지금 여러분이 공부하는 시간은 짧기도, 길기도 한 시간일 것입니다. 제 임용시험 경험을 바탕으로 무작정 시간을 채우는 공부가 아닌 '의식적인 연습'을 통한 효율적인 방법과 구조화로 합격을 위한 공부를 돕겠습니다.

무엇보다 중요한 것은, 일만 시간을 쌓아가는 노력의 시작을 '바로 지금' 하는 것입니다. 학문을 공부하고, 학생을 이해하며, 현장에서 역량을 펼치기 위해 고민하는, 그 모든 과정 하나하나가 의미 있는 시간이 되길 바랍니다.

이를 바탕으로 구성한 본서의 특징은 다음과 같습니다.

첫째, 체계적인 구조화

많은 양의 학습을 위해서는 무엇보다 '반복학습'이 매우 중요합니다. 논리적·체계적인 구조화와 시각적인 페이지 구성을 통해 반복학습 시 이해와 암기가 자연스럽게 이루어질 수 있도록 교재를 구성하고자 노력하였습니다.

둘째, 기출문제와 근거 각론의 동시 학습

문제가 출제된 최신의 근거 각론들을 구조화된 내용 속에 포함시키고, 해당 기출문제를 표시함으로써 이론과 기출문제를 동시에 학습할 수 있도록 하였습니다. 기출문제가 어떻게 출제되는지, 답을 어떻게 이끌어 내는지에 대하여 사고를 확장할 수 있도록 구성하였습니다.

셋째, 단권화 자료로 활용

이론과 개념을 지나치게 축약한 서브노트와, 광범위한 내용이 나열된 각론 사이에서 이 교재가 단권화의 역할을 할 수 있도록 구성하였습니다. 기출의 근거가 된 각론의 내용을 빠짐없이 담았으며, 향후 확장 가능성이 있는 내용을 포함해 이 책만으로도 충분한 학습이 가능하도록 정리하였습니다.

본서와 함께하는 여러분의 시작을 진심으로 응원합니다.

저자 김은진

Contents

차례

PART

03

특수교육
평가

김은진
스페듀
기본이론서

Vol. 4

Special Education

PART

01

특수교육공학

보완대체의사소통의 이해

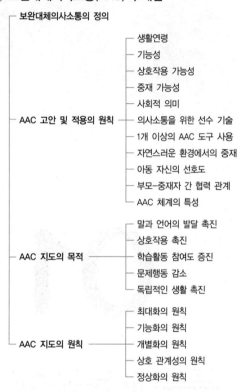

01 보완대체의사소통(AAC)의 개념

- 보완대체의사소통의 정의
- AAC 고안 및 적용의 원칙
  - 생활연령
  - 기능성
  - 상호작용 가능성
  - 중재 가능성
  - 사회적 의미
  - 의사소통을 위한 선수 기술
  - 1개 이상의 AAC 도구 사용
  - 자연스러운 환경에서의 중재
  - 아동 자신의 선호도
  - 부모-중재자 간 협력 관계
  - AAC 체계의 특성
- AAC 지도의 목적
  - 말과 언어의 발달 촉진
  - 상호작용 촉진
  - 학습활동 참여도 증진
  - 문제행동 감소
  - 독립적인 생활 촉진
- AAC 지도의 원칙
  - 최대화의 원칙
  - 기능화의 원칙
  - 개별화의 원칙
  - 상호 관계성의 원칙
  - 정상화의 원칙

02 AAC 사용자의 의사소통 역량

- 언어적 능력
- 조작적 능력(도구를 다루는 작동능력)
- 사회적 능력
- 전략적 능력(문제상황에 대처하는 능력)

01 보완대체의사소통(AAC)의 개념

1. 보완대체의사소통의 정의

AAC는 구어로 자신의 의사를 표현하지 못하는 사람들의 의사소통 권리를 지원해주는 중재 방안으로, 의사소통을 촉진시킬 수 있는 다양한 방법과 도움을 포함하는 의사소통 행위 및 한 개인에게 유용한 의사소통 도구와 전략까지를 포함한다. ❶ 20초등B5

① 구어 사용이 어느 정도 가능해서 몸짓이나 표정, 컴퓨터 등과 같은 보조도구를 사용해서 의사소통을 돕는 것을 '보완의사소통'이라고 한다.

② 구어 사용이 완전히 어려워서 구어 대신 그림이나 글자를 지적하거나 컴퓨터 등으로 의사소통하는 경우를 '대체의사소통'이라 한다.

2. AAC 고안 및 적용의 원칙 ❶ 10초등20

생활연령	AAC 체계에 포함시킬 어휘나 문장은 아동의 정신연령보다는 생활연령에 맞는 것으로 선택한다. 아동의 정신연령은 보완대체를 교육하는 방법이나 교재의 선택 과정에서 좀 더 중요하게 고려되어야 할 요소이다.
기능성	AAC 체계의 일차적인 목적은 일상생활에서의 의사소통이다. 아동의 AAC 체계에 포함된 모든 어휘나 문장은 아동의 의사소통 의도(예 물건이나 행동 요구, 주의 끌기, 감정이나 상태 표현하기, 질문하기 등)를 표현할 수 있고 기능적이어야 한다.
상호작용 가능성	의사소통은 일방적인 것이 아니라 상호적인 교류로 이루어지는 것으로, 아동의 의도를 표현할 뿐 아니라 상대방의 표현에 대해 반응할 수 있어야 한다.
중재 가능성	대체로 AAC 체계를 선택하거나 적용하는 기간에는 여러 가지 지원 프로그램이 제공되지만, 그 후 후속 중재 프로그램이 제공되지 않아 AAC 사용이 중단되는 경우가 많다. 그러므로 계속적인 중재가 가능한지를 고려한 지원 프로그램을 제공하여야 한다.
사회적 의미	대상자의 사회적 활동을 고려하여 그에 적절한 AAC 체계의 내용, 운반 방법 및 도움의 형태를 결정하여야 한다. 예를 들어, 아동의 사회활동 범위를 관찰하여 학교, 집, 종교기관 등 각 사회활동 장소에서 요구되는 조건들을 고려해야 한다.
의사소통을 위한 선수 기술	의사소통을 하기 위해서 선행되어야 하는 기초적인 선수 기술들이 있다. 그러나 아동에게 AAC 체계를 적용할 때 그러한 선수 기술들이 모두 습득될 때까지 기다릴 수 없는 경우가 많다. 그러면 우선 아동이 가지고 있는 최소한의 의사소통 능력을 분석하여 그에 적절한 AAC 체계를 사용하게 하고, 그 후에 그 체계를 사용하면서 좀 더 발전된 의사소통 능력을 길러주는 것이 바람직하다.

기출 POINT 1

❶ 20초등B5

㉠이 무엇인지 쓰시오.

■ 학생 특성

- 인지 및 언어발달 지체가 심함
- 자신의 요구를 나타내려는 듯이 "어−, 어−, 어−", "우와, 우와, 우와"와 같은 소리를 내고, 교사가 이해하기 어려운 몸짓을 사용하기도 함

■ 조언

㉠ 표정, 몸짓, 그림 가리키기, 컴퓨터 등을 포함한 비구어적 수단을 활용하는 지도 방법을 통해 언어발달을 도와줄 수 있음

기출 POINT 2

❶ 10초등20

뇌성마비 학생 세희는 말 표현과 비언어적 의사소통에 어려움을 보이고 있다. 특수학교 최 교사는 2008년 개정 특수학교 기본 교육과정 국어과에 기초하여, 보완대체의사소통 체계를 적용하고자 한다. 준비 단계에서 고려해야 할 사항으로 가장 적절한 것은?

① AAC 체계 유형의 선택과 어휘 선정은 학생의 선호도를 고려하여 계획한다.

② 기능적 어휘보다는 장기적으로 성취 가능한 목표 어휘를 선정하여 준비한다.

③ 신체 기능보다는 학생의 언어 발달 수준을 고려하여 AAC 체계 한 가지를 준비한다.

④ AAC 체계에 적용하는 상징은 학생의 정신연령을 최우선으로 고려하여 준비한다.

⑤ 타인과의 상호작용 가능성보다는 학생 개인의 의도 표현에 중점을 두어 계획한다.

1개 이상의 AAC 도구 사용	대체로 아동에게 1개의 AAC 체계를 적용시키면 그것으로 만족하고 더 이상의 관심을 두지 않는 경우가 많다. 그러나 AAC 도구는 AAC 사용 환경에 따라 달라져야 한다. 예를 들어, 발화기나 컴퓨터의 건전지가 다 닳아 소리를 내지 못하거나, 어두운 곳에서는 수어나 의사소통판을 사용하지 못할 수 있다. 그러므로 가능하다면 1개 이상의 AAC 도구를 사용하도록 지도하는 것이 중요하다.
자연스러운 환경에서의 중재	AAC 체계는 아동의 실생활에서 사용하지 못한다면 아무 의미가 없다. 그러므로 일반화가 어려운 아동에게는 실제 환경 속에서 직접적 또는 간접적 중재가 이루어져야 한다.
아동 자신의 선호도	AAC 체계를 결정하거나 그 내용을 선택하는 과정에서 아동이 좋아하는 것을 선택하도록 배려해야 한다. 적용된 AAC 체계가 아동에게 또 하나의 학습 자료에 불과한 것이 되어서는 안 된다. 아동이 애정을 가지고 기꺼이 AAC를 사용하도록 하기 위해서는 아동이 그 형태와 내용을 선택하도록 하여야 한다. 그러기 위해서는 초기의 선택 과정뿐만 아니라 체계를 확장해 나가는 과정에서도 아동의 의사가 반영되도록 해야 한다.
부모-중재자 간 협력 관계	대체로 AAC를 선택하는 과정에서 부모와 중재자가 협력을 하지만, 막상 그 내용을 삽입하고 프로그래밍하는 과정에서는 부모가 배제되는 경우가 많다. 특히 장애아동의 경우 가정과 학교, 그리고 기타 접촉하는 사회(예 종교기관·그룹홈 등)에서 유사한 반응이나 강화가 있어야만 기능적으로 사용하게 되기 때문에, 관련 기관 및 가정에서의 협력 관계가 중요하다.
AAC 체계의 특성	AAC 체계는 아동의 신체적 조건에 따라 적절하게 사용될 수 있으며, 의사소통 대상자에게 쉽게 이해될 수 있어야 한다. 또한 관리 및 유지가 용이하고, 아동의 적응 상태에 맞추어 어휘 및 언어의 범위나 수준을 확장할 수 있는 것이 좋다.

3. AAC 지도의 목적

① 말과 언어의 발달 촉진

② 상호작용 촉진

③ 학습활동 참여도 증진

④ 문제행동 감소

⑤ 독립적인 생활 촉진

4. AAC 지도의 원칙

(1) 최대화의 원칙

① AAC 중재는 의사소통 방법을 배우기 위해 의사소통의 빈도와 양을 최대한 증가시키는 것을 목표로 한다.

② 초기 의사소통 지도는 질적인 측면보다는 양적인 접근을 강조해야 의사소통의 유창성을 기르고 기술을 습득하는 데 유리하다.

(2) 기능화의 원칙

① 의사소통의 목적은 사회적 결과를 중점으로 하는 화용론에 초점을 둔다.

② 즉, 다른 사람과의 상호작용 맥락에서 자신의 의도와 생각을 효과적으로 전달하는 기능을 가르치는 것을 중요하게 고려한다.

(3) 개별화의 원칙

① AAC 지도는 개별 학생과 학생의 환경적 요구에 대한 세밀화된 평가를 통해 적절한 중재와 지원을 결정한다.

② 모든 학생에게 단일한 방식으로 접근하거나 단일 유형의 기기를 적용해서는 안 된다.

(4) 상호 관계성의 원칙

① 의사소통 방법의 지도는 학생에게 말 또는 제스처를 따로 분리해서 가르치는 것이 아니라 상호작용을 둘러싼 사회적인 맥락 안에서 이루어져야 한다.

② 의사소통 평가 역시 학생의 표현 언어 능력을 평가하는 것이 아니라 다른 사람과의 상호 관계 속에서의 기능성을 평가해야 한다.

(5) 정상화의 원칙

① AAC 방법을 지도할 때에는 구어를 포함하여 최대한 효율적이고 일반 학생이 사용하는 방법과 유사한 방법을 선정해야 한다.

② 의사소통은 가능한 한 일반 학생과 유사한 방법으로 지도하며, 학생에게 AAC를 적용하는 것이 반드시 필요하다는 정당성이 있을 때에만 적용해야 한다. 따라서 장애학생에 대한 중재 방안을 결정하기 전에 의사소통 대화상대자, 맥락, 학생의 의사소통의 잠재적 기능을 반드시 고려해야 한다.

02 AAC 사용자의 의사소통 역량(AAC 사용자에게 요구되는 능력)

AAC 사용자의 의사소통 능력은 다음과 같은 구성요소를 가진다. 이러한 능력이 모두 갖추어질 때 AAC 사용자가 적절한 의사소통을 할 수 있다. 따라서 교사는 이러한 의사소통 역량들에 대해 잘 이해하고, AAC 교육을 할 때 장애학생이 각각의 의사소통 역량을 충분히 습득할 수 있도록 유의해야 한다.

능력	내용
언어적 능력	• 언어적 능력이란 사용자의 모국어에 대한 수용언어 및 표현언어 기술을 말하며, 이는 구어뿐만 아니라 AAC의 다양한 상징체계들의 언어적 속성에 대한 지식을 포함한다. 예 그림상징을 보고 의미를 이해하는 능력 등 ❶ 17초등A5 • AAC 사용 아동은 AAC 언어(예 상징어휘)를 사용할 수 있어야 할 뿐 아니라 대화상대자들이 사용하는 언어를 이해할 수도 있어야 한다. 이는 마치 이중언어 학습자가 모국어와 제2외국어를 같이 사용하는 것과 같은 의미라고 할 수 있다. 이러한 언어적 능력을 형성하기 위해서는 중재가 여러 문맥 속에서 두 언어(AAC 언어, 모국어) 모두에 대한 경험을 최대한 많이 할 수 있도록 하는 것이 중요하다.
조작적 능력 (도구를 다루는 작동능력)	• AAC 체계를 정확하고 효율적으로 조작하는 데 필요한 기계적인 기술 구사 능력을 의미한다. ❶ 17초등A5 • 처음 AAC 도구를 사용하게 되면 우선 도구의 사용 방법을 익히게 된다. 예 휴대폰에서 의사소통앱을 찾아서 의사소통을 시작하기, 의사소통 도구의 전원을 켜고 필요한 어휘를 터치하기, AAC 어휘 갱신하기, 의사소통 배열판 바꾸기, 도구나 기기 보호하기, 필요한 수리 요청하기, 미래의 필요를 고려하여 AAC 수정하기, 일상적 사용과 작동 여부 파악하기 등 • 하지만 상황에 따라 필요한 어휘를 업데이트해 주는 것과 같이 AAC 도구를 사용하기 위한 준비작업이 필요할 때는 주변의 보호자, 교사, 치료사와 같은 지원인력들에게 의존하는 경우가 많다. 이러한 도움을 받기 어려우면 조작적 능력이 덜 요구되는 AAC 체계를 선호하게 된다.
사회적 능력	• 성공적인 의사소통을 하기 위한 사회적 능력은 의사소통을 시작하고 유지하며 종료하는 사회적 상호작용 기술을 말한다. ❶ 17초등A5 • 언제 말하고 언제 말하지 않아야 할지, 상황과 장소에 맞는 의사소통 내용이나 방법이 무엇인지, 어떻게 의사소통을 종료하는지 등 타인과의 의사소통 상호작용을 하는 데 필요한 능력이 여기에 포함된다. • Light(1998)는 AAC 사용자에게 긍정적 자아상을 갖게 하는 것, 다른 사람에게 관심을 갖게 하여 의사소통을 하고자 하는 의욕을 갖게 하는 것, 대화에 적극적으로 참여할 수 있게 하는 것, 그리고 의사소통 상대를 편안하게 해주는 것과 같은 사회적 기술을 가르치도록 제안하였다.
전략적 능력 (문제상황에 대처하는 능력)	• 전략적 능력은 AAC 사용자가 AAC를 사용하면서 겪는 어려움을 해결하기 위해 필요한 전략을 사용하는 능력이다. 예 AAC 사용자가 대화에 필요한 어휘를 선택하고 입력할 때 상대방이 기다리는 공백 시간 해결하기, 느린 말 속도 보완하기 등이 있다. • AAC로 의사소통을 할 때는 구어로 할 때보다 여러 가지 제약이 많다. 예 대화를 하다가 내가 원하는 어휘나 표현이 내 의사소통판에 없는 상황이 있을 수도 있고, 내가 표현한 AAC 메시지를 상대방이 이해하지 못하는 경우도 있을 수 있다. 그러므로 AAC 사용자는 이러한 문제상황에 대처할 전략을 습득하는 것이 중요하다.

CHAPTER 02

보완대체의사소통 체계의 구성요소

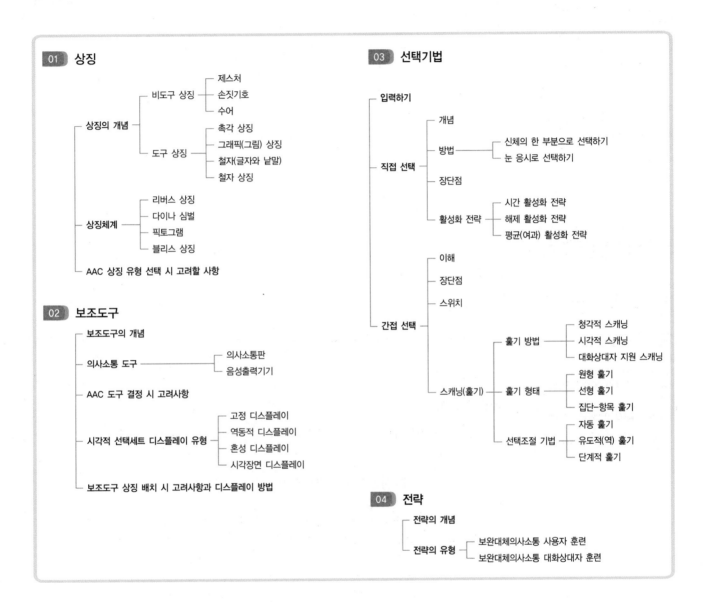

01 상징

- 상징의 개념
  - 비도구 상징
    - 제스처
    - 손짓기호
    - 수어
  - 도구 상징
    - 촉각 상징
    - 그래픽(그림) 상징
    - 철자(글자와 낱말)
    - 철자 상징
- 상징체계
  - 리버스 상징
  - 다이나 심벌
  - 픽토그램
  - 블리스 상징
- AAC 상징 유형 선택 시 고려할 사항

02 보조도구

- 보조도구의 개념
- 의사소통 도구
  - 의사소통판
  - 음성출력기기
- AAC 도구 결정 시 고려사항
- 시각적 선택세트 디스플레이 유형
  - 고정 디스플레이
  - 역동적 디스플레이
  - 혼성 디스플레이
  - 시각장면 디스플레이
- 보조도구 상징 배치 시 고려사항과 디스플레이 방법

03 선택기법

- 입력하기
- 직접 선택
  - 개념
  - 방법
    - 신체의 한 부분으로 선택하기
    - 눈 응시로 선택하기
  - 장단점
  - 활성화 전략
    - 시간 활성화 전략
    - 해제 활성화 전략
    - 평균(여과) 활성화 전략
- 간접 선택
  - 이해
  - 장단점
  - 스위치
  - 스캐닝(훑기)
    - 훑기 방법
      - 청각적 스캐닝
      - 시각적 스캐닝
      - 대화상대자 지원 스캐닝
    - 훑기 형태
      - 원형 훑기
      - 선형 훑기
      - 집단-항목 훑기
    - 선택조절 기법
      - 자동 훑기
      - 유도적(역) 훑기
      - 단계적 훑기

04 전략

- 전략의 개념
- 전략의 유형
  - 보완대체의사소통 사용자 훈련
  - 보완대체의사소통 대화상대자 훈련

보완대체의사소통은 상징, 보조도구, 선택기법, 전략의 네 가지 구성요소를 포함하는 하나의 체계이다. ❶ 25중등A2, ❷ 17유아A1, ❸ 16중등A10

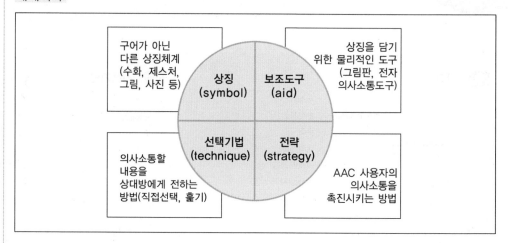

01 상징(symbols)

1. 상징의 개념

'상징'이란 일반적인 구어가 아닌 간단한 수어나 제스처, 그림이나 사진 등과 같은 아이콘을 말한다. 상징에는 도구를 이용하지 않는 상징과 도구를 이용하는 상징이 있다.
❶ 19유아A8

(1) 비도구 상징

어떠한 외부기기도 사용하지 않는 상징으로, 얼굴 표정이나 제스처·음성·손짓기호 등이 포함된다.

제스처	• 제스처는 말하기 전후에 사용되는 신호로서 구체적인 내용을 전달하는 데 사용된다. • 특별히 훈련받지 않아도 듣는 사람들이 그 의미를 대개는 이해할 수 있고 문화, 인지능력, 언어능력에 따라 다른 상징이 사용될 수 있다. • 말이나 낱말을 강조할 때 말과 함께 사용되어 의사가 더 잘 전달되게 하며, 양이나 공간적 느낌을 표현할 때, 사건이나 흐름을 표현할 때, 말하는 내용을 부연 설명할 때 효과적으로 사용될 수 있다.
손짓기호	• 손짓기호란 손 표현이나 몸동작으로 의사소통을 할 수 있도록 개발된 AAC 상징의 하나이다. • 모든 사람들이 사용하는 의사소통 형태 중 하나로, 눈짓과 표정·몸짓·신체의 거리나 접촉 등을 포함하는 신체언어와 그 용어는 유사하지만, 손짓기호 체계는 보다 구체적으로 표현 방법이 정해진 일련의 손짓표현들이다.

- 초기 의사소통 발달단계에서 사용하는 제스처나 음성, 표정 등의 대안적인 방법을 체계화하여 가까운 가족 외에 더 많은 사람과 의사소통할 수 있도록 체계화한 상징 유형이다.
- 구어 체계를 대체하거나 구어와 함께 사용함으로써 구어로 전달하기 어려운 내용을 보완하여 표현할 수 있다.
- 그림이나 사진으로 이루어진 그래픽 상징을 학습하지 못하는 학생에게 적용할 수 있다.
- 손짓기호의 장점
  - 도구를 사용하지 않기 때문에 의사소통이 필요할 때 즉각적으로 표현해 간편하고 빠르게 의사를 전달할 수 있다.
  - 의사소통 과정에서 시간이 지연되거나 대화의 흐름이 단절되는 문제를 예방할 수 있다.
  - 손짓기호의 가장 큰 장점은 별도의 상징체계나 도구를 이용하지 않는다는 것이다.
  - 자연적이고 실제적인 맥락에서 지도할 수 있어서 자연스럽게 반복하여 학습할 수 있다.
- 손짓기호를 지도할 때는 일반적으로 두 가지의 신체적 촉진이 필요하다.
  - **손 모양 만들기(handshaping) 방법**: 교사가 학생의 손을 잡고 적절하게 모양을 표현하도록 지도하는 방법
  - **모델링(modeling)**: 사물이나 동작을 제시하면서 모양이나 움직임을 흉내낼 수 있도록 지도하는 방법

수어	<ul><li>수어란 구어체계를 대체하거나 구어와 병행하여 사용할 수 있으며, 구어로 전달하기 어려운 내용을 보완하여 표현할 수 있는 의사소통체계이다.</li><li>그러나 수어는 사용 전에 양손으로 모양을 만들어내는 능력, 신체 표현이나 세부 동작을 모방하는 능력, 시야 확보, 반복적인 동작을 표현하는 능력 등 사용자의 신체 기능성과 운동 능력을 고려해야 한다.</li><li>수어는 상대방이 수어체계를 모른다면 의사를 표현한 내용이 전달되지 않을 수 있다는 단점이 있다.</li></ul>

더알아보기

- 비상징적 의사소통 방법은 개인적으로 서로 다른 방법을 사용하지만, 손짓기호 체계는 정해진 일정한 표현을 사용한다는 점에서 차이가 있다.
- 학생이 사용하는 제스처, 음성, 표정 등은 학생과 가까운 가족 이외의 사람들이 이해하기 쉽지 않고 표현의 한계가 있다. 따라서 효과적인 표현은 그대로 사용하되, 점진적으로 손짓기호 등의 체계적인 상징을 사용하도록 바꾸어 나가는 지도가 필요하다(박은혜 외, 2024).

더알아보기

수어는 엄밀히 말하면 청각장애인이 사용하는 언어로, AAC의 유형에 포함시키지는 않는다(박은혜, 2024).

더 알아보기 손담

'손담'은 중도중복장애인이 쉽게 이해하고 표현할 수 있도록 간단한 '손 표현'을 기본으로 하되, '몸 동작'을 이용한 표현을 함께 사용하도록 개발되었다.

① 손 표현
- 한국 수어의 표현을 기반으로 하면서, 한국 수어를 학습하거나 사용하기 어려운 중도중복장애인들의 특성과 요구를 고려하여 쉽게 사용하고 학습할 수 있도록 명확하고 간결한 의미 표현에 중점을 두었다.
- 수어 중 간단하여 따라하거나 이해하기 쉬운 표현은 그대로 사용하되, 추상적인 개념과 복잡성은 제한하여 직관적·문화적으로 학습 가능한 형태로 수정하거나 새롭게 개발하였다.

② 몸 동작
- 중도중복장애인들의 경우 손 표현만으로는 움직임의 범위와 표현에 제한이 있기 때문에 몸 동작을 이용한 표현을 함께 사용하도록 하였다.
- 몸 동작을 이용한 표현에는 얼굴 표정, 눈짓의 방향, 고개 및 손이나 팔 등의 움직임이나 형태, 자세, 신체 터치 등이 포함된다.

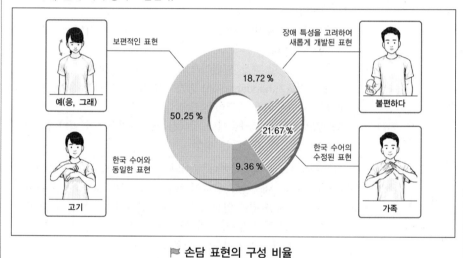

🚩 **손담 표현의 구성 비율**

(2) 도구 상징

어떤 형태든 외부기기를 필요로 하는 상징을 말하며 촉각 상징, 그림 상징(표상적 상징), 철자와 철자 상징 등으로 분류할 수 있다.

촉각 상징 (tangible symbol)	• 손으로 만질 수 있는 상징인 촉과 상징은 실제 사물, 실물보다는 작은 크기의 축소형 사물, 사물의 일부분을 이용하여 사용하는 방법이 있다. • 촉각 상징은 대개 시각장애나 이중감각장애, 중도의 인지장애 학생에게 적용하기 용이하다. 또한 인지능력이 부족하여 그림이나 사진만으로 실물과 상징의 대응이 어려운 학생에게 효과적이다. • 축소형 사물을 사용할 때 효과를 최대화하기 위해서는 사물을 주의 깊게 선택해야 하는데, 이는 축소형 사물이 실제 지시 대상물보다 작기 때문에 인지장애를 가지고 있는 학생에게는 2차원적 상징 유형보다 어렵게 느껴질 수도 있기 때문이다.

그래픽(그림) 상징	• 의사소통하기 위해 사용하는 그림이나 사진 등을 그래픽 상징이라 한다. • 그래픽 상징은 구어를 보완하거나 대체하여 사용되므로 발음이 명료하지 않은 뇌병변장애 학생에게 유용하며, 구어표현이 어려운 장애학생의 문해력 신장에도 기여할 수 있다. • 그래픽 상징은 학생의 인지적·신체적·의사소통적 필요를 고려하여 적합한 것으로 선택한다. • 그래픽 상징은 도상성이 높아야 하는데, '도상성'*이란 그림의 의미를 쉽게 연상하고 유추할 수 있는 정도를 말한다. 시각적 상징과 지시 대상이 유사할수록 도상성이 높은 것으로, 도상성이 높은 상징일수록 학습하기가 쉽다. ❶ 25초등B6 • 그래픽 상징은 시대적인 변화를 반영하여 표현해야 한다. 예를 들어, TV나 휴대폰 등을 나타내는 상징은 시대에 따른 변화를 반영하여 표현해야 한다. • 그래픽 상징은 미적인 조건보다는 사용하기에 효율적이어야 한다.	
철자(글자와 낱말)	• 자음과 모음, 음절, 낱말, 구절이나 문장 등 글자를 사용하여 의사소통을 할 수 있다. • 읽기와 쓰기를 학습하기 시작한 학생에게 보완적인 방법으로 그림상징과 함께 사용하여 지도할 수 있으며, 직접 글자를 써서 필답으로 의사소통할 수 있다. • 구어표현이 어렵지만 언어 이해력이 높거나 뇌병변장애와 같이 운동장애로 인해 글 쓰는 시간이 오래 걸리는 학생이 사용할 수 있는 방법이다.	
철자 상징	점자나 지문자 등과 같이 철자를 나타내는 도구로 사용되는 상징을 말한다.	

Keyword

'도상성'이란 실제로 지시하는 대상이 언어에 투영되어 있는 것을 의미한다.

기출 POINT 3

❶ 25초등B6
밑줄 친 ⓒ의 이유를 쓰시오.

> 김 교사 : 만약 그 학생이 인지 능력이 낮은 경우에는 그림의사소통상징(PCS)과 같이 ⓒ 도상성이 높은 상징을 활용하는 것이 좋아요.

비도구 상징		도구 상징(도상성 순서)	
• 제스처 • 눈 응시 • 지적하기 • 고개 끄덕이기 • 지화, 수어		• 실제 사물 ❷ 10중등28 • 모형 • 사진(컬러사진/흑백사진) • 선화(PCS, 리버스, 블리스 등) • 전통적인 철자와 철자 상징	
장점	눈 접촉이 자주 발생한다.	장점	사용이 쉽고 전달이 명확하다. ❶ 17유아A1
단점	사람마다 인식이 다를 수 있다.	단점	눈 접촉이 발생하지 않는다.

기출 POINT 4

❶ 17유아A1
ⓒ에 나타난 보완대체의사소통 체계(구성요소)와 관련된 특성 1가지를 쓰시오.

> ⓒ 미니어처를 사용하면 누구나 동우가 표현하고자 하는 바를 명확하게 알 수 있으니까요.

❷ 10중등28
구어로 의사소통이 어려운 자폐성장애 학생을 위해 교사가 의사소통판을 활용하고자 상징체계를 선택할 때 고려해야 할 점으로 가장 적절한 것은?
① 선화, 리버스 상징과 같은 비도구적 상징체계를 활용한다.
② 리버스 상징은 사진보다 추상적이므로 배우기가 더 어렵다.
③ 선화는 사진보다 사실적이므로 의사소통 초기 단계에서 활용한다.

기출 POINT 5

❷ 11중등13

다음은 김 교사가 중도 뇌성마비 중학생 A에게 음성산출 도구를 적용하는 보완대체 의사소통 중재 과정이다. 각 과정별 적용의 예로 적절한 것을 모두 고르시오.

④ 상징 지도 : (라) 음성산출 도구의 상징을 지도할 때는 실제 사물−실물의 축소 모형−컬러 사진−흑백 사진−선화 상징 순으로 지도하였다.

2. **상징체계** ❶ 16초등A6, ❷ 11중등13

① AAC를 위한 상징 선택은 아동의 운동기술과 언어발달, 인지수준 등을 고려하여 구체적인 것에서부터 추상적인 것까지, 쉽고 간단한 것에서부터 복잡하고 어려운 것까지 체계적으로 사용해야 한다(Angelo, 1997).

㉠ 도상성에 따라 분류하면 사진과 실물은 어떠한 추가 정보가 없더라도 그 의미가 명확하기 때문에 '투명'하다.

㉡ 선화는 의미가 명확할 수도, 불명확할 수도 있기 때문에 '반투명'하다.

㉢ 문자는 글을 읽을 수 있는 사람만 이해할 수 있기 때문에 '불투명'하다.

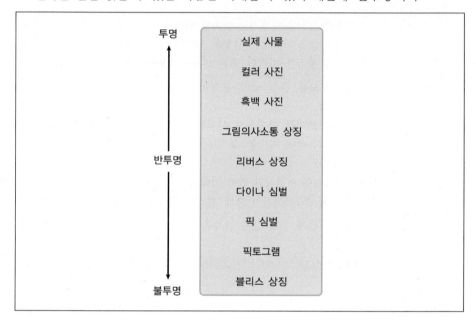

기출 POINT 5

❶ 16초등A6

교사는 ㉢을 위해 [A]와 같은 흑백 선화를 활용하였다. 학생이 [A]의 〈학습 활동 순서〉에 따라 학습 활동을 스스로 하지 못하자, 교사는 다른 시각적 단서를 제공하고자 한다. 이때 교사가 제공할 수 있는 시각적 단서의 예를 도상성 수준을 고려하여 1가지 쓰시오.

활동	교수학습 활동	자료 및 유의 사항
활동 2	• 같은 얼굴표정 그림 카드와 상징카드를 짝짓기 • 학습지 풀기	〈학습 활동 순서〉 자 책상에 앉기 / 학습지 준비하기 / 연필 준비하기 / 학습지 완성하기 ── [A] ──
		유 ㉢ 학생이 학습 활동 순서에 따라 학습지를 완성할 수 있도록 시각적 단서를 제공한다.

	PCS	리버스 상징	다이나 심벌	픽토그램	블리스 상징
주다					
먹다					
생각하다					
어디					
친구					
휠체어					
텔레비전					
어제					
슬픈					

[출처] 김남진 외, 『특수교육공학 2판』(2017.)

🚩 상징의 종류

② 선화 상징의 유형

　㉠ 리버스 상징

　　• 리버스 상징은 낱말이나 문장을 선화로 제시한 상징이다.

　　• 구체적 상징(주로 사물이나 활동), 관계적 상징(주로 위치나 방향), 추상적 상징
　　 (상징과 관련성이 거의 없음), 복합 상징(2개 이상의 리버스가 연합되어 의미를
　　 표현함)을 포함한다.

　　• 리버스 상징은 음성언어의 단어와 상응 관계에 있기 때문에 이들을 결합하여
　　 문장으로 표현할 때는 음성언어의 통사규칙을 따라 고도로 복잡한 문장까지도
　　 표현할 수 있다.

　　• 리버스 상징은 소리에 기반을 둔 상형문자적 단일체계이다.

　　• 리버스 상징은 블리스 상징보다 도상성이 높다. ❶ 11초등2

　㉡ 다이나 심벌(Dyna Symbols)

　　• 다이나 심벌은 1000개의 흑백 상징과 1700개의 컬러 상징을 담고 있는 책에서
　　 자르고 붙이거나 스티커 형식으로 사용할 수 있다.

　　• 다이나 심벌 각각의 상징 위에는 해당 내용이 문자로 인쇄되어 있다.

기출 POINT 6

❶ 11초등2
김 교사가 영서를 위해 수립한 보조공학
기기 적용 계획으로 적절한 내용을 고른
것은?

　㉡ 의사표현을 할 수 있도록 리버스
　　 상징보다 이해하기 쉬운 블리스
　　 상징을 적용한 의사소통판을 사
　　 용하게 한다.

기출 POINT 7

❶ 23중등B9
괄호 안의 ㉠과 ㉡에 해당하는 용어를 순서대로 쓰시오.

○(㉠) 체계: 개인의 의사소통에 사용되는 상징, 보조구, 전략, 기법 등을 총체적으로 통합한 의사소통체계
• 상징: (㉡)
 – 일상생활에서 볼 수 있음
 – 전경과 배경 구분의 어려움을 줄이기 위해 고안된 흑백 상징
 – 상징 사용의 예

❷ 21초등B6
㉢에 들어갈 단어를 쓰시오.

■ 수업 개요

㉡ 본 수업은 픽토그램 카드를 만들고 그 결과물을 학생의 사회성 기술 교수를 위한 자료로 활용하고자 한다.

■ 픽토그램의 개념

픽토그램은 의미하는 내용을 (㉢)(으)로 시각화하여 사전에 교육을 받지 않고도 모든 사람이 즉각적으로 이해할 수 있어야 하므로 단순하고 의미가 명료해야 한다.

❸ 17초등A5
㉠이 의미를 분명하게 전달하기 위해 갖추어야 할 조건 1가지를 쓰시오.

■ 활동 1

• 여러 가지 픽토그램 살펴보기
• ㉠ 픽토그램이 갖추어야 할 조건 알아보기

❹ 10중등28
구어로 의사소통이 어려운 자폐성장애 학생을 위해 교사가 의사소통판을 활용하고자 상징체계를 선택할 때 고려해야 할 점으로 가장 적절한 것은?
④ 블리스 상징은 선화보다 구체적이므로 인지능력이 높은 학생에게 적절하다.
⑤ 블리스 상징은 리버스 상징보다 도상성이 낮으므로 배우기가 더 쉽다.

ⓒ 픽토그램(pictogram)
• '그림(picture)'과 '전보(telegram)'의 합성어로, 국제적인 행사 등에서의 사용을 목적으로 제작된 그림문자이다.
• 픽토그램은 의미하는 내용을 상징적으로 시각화하여 사전에 교육을 받지 않고도 모든 사람이 즉각적으로 이해할 수 있도록 만든, 단순하고 의미가 명료한 상징 체계이다. ❶ 23중등B9, ❷ 21초등B6, ❸ 17초등A5
• 픽토그램은 흑백 상징으로 구성되어 전경과 배경 구분의 어려움을 줄여준다. 그러나 흔히 사용되는 흰 바탕 위에 검정 그림보다 검정 바탕 위에 흰 그림이 반드시 시각적으로 더 명확한 것은 아니라는 연구 결과가 있다.
• 픽토그램은 그림의사소통상징(PCS)과 리버스 상징보다는 반투명도가 낮지만, 블리스 상징보다는 반투명도가 높다.

ⓔ 블리스 상징
• 블리스 상징은 음성에 기초를 두지 않고 의미에 기초를 둔 체계로, 그림보다 조직적이고 글자보다 간편하여 읽기 능력이 꼭 필요하지 않다.
• 상징 결합 원리에 따라 의사소통판에 없는 생각 표현이 가능하고, 의미에 근거한 상징의 조합이 가능하다.
• 기본적인 상징의 논리적 결합을 통해 시제 변화와 복수의 표현도 가능하다.
• 읽기와 쓰기를 포함한 다른 기법과 함께 사용할 수 있다.
• 블리스 상징은 가장 도상성이 낮고 배우기 어렵다. ❹ 10중등28

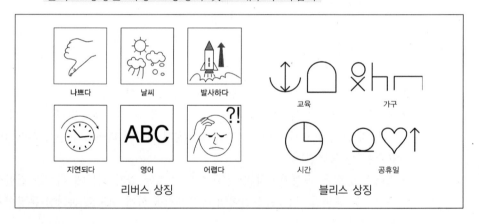

3. AAC 상징 유형 선택 시 고려할 사항

① 사용하는 학생의 인지 수준을 고려하여 상징 유형을 결정한다.

> **예** 실제 축구공이 있을 때는 공을 찾을 수 있지만, 여러 개의 그림을 제시할 때 축구공을 찾는 것은 어려울 수 있다. 사물을 인식할 수 있어도 그림을 이해하기 위해서는 높은 인지 능력이 필요하므로 이럴 때는 실물을 이용해서 지도한다.

> **예** 상징에 따라서는 그림 상징보다 사진으로 된 상징을 이해하기 어려울 수 있다. 사진은 대상을 그대로 담아 나타내기 때문에, 배경이 포함된 사진은 복잡하게 인식될 수 있기 때문이다.

② 학생의 동기유발에 적절한 상징 유형을 선택한다.

　㉠ 사용하는 학생의 연령과 정서, 취향에 적절한 그림이나 사진 등으로 표현된 상징을 선택한다.

　㉡ 상징은 단순하고 친숙한 디자인일수록 의사소통의 효율성과 성공 가능성을 높인다.

③ 학생의 신체 기능을 고려하여 선택한다.

　㉠ 그래픽 상징을 사용하려면 배열된 상징을 눈으로 훑어보고 원하는 상징을 손이나 신체 일부분으로 지적할 수 있어야 한다.

　㉡ 손짓기호를 사용하려면 양손으로 모양을 만들어 내는 운동 능력, 신체 표현이나 세부 동작을 모방하는 능력이 필요하며, 의사소통을 위해 상대방을 바라보며 반복하여 동작을 표현할 수 있어야 한다.

　㉢ 상징 유형을 선택하고 결정하는 과정은 개별적으로 이루어져야 한다.

④ 상징은 다중양식 체계를 사용하는 것이 효율적이다.

　㉠ 사용자의 연령, 성, 사회적 역할, 관심사, 어휘력 등 개별 특성이 다르므로 모든 것을 충족할 만한 단 한가지의 상징 유형을 선택할 수는 없다. 하나의 유형을 선택하기보다 메시지를 가능한 한 빠르게 전달할 수 있는 효율적인 방법으로 지도해야 한다.

　㉡ 때와 장소, 상황에 따라 여러 상징 유형을 같이 사용할 때 성공 확률이 높다.

　㉢ 특히 초기 의사소통 단계에 있는 중도중복장애 학생이라면 실물이나 손짓기호, 그래픽 상징 중 한 가지 방법이 아니라 다중양식 체계를 활용하는 것이 유용하다.

02 **보조도구**(aids)

1. 보조도구의 개념

보조도구는 도구적 상징을 담기 위한 것으로, 비전자 의사소통 도구(로우테크 방법)와 전자 의사소통 도구(하이테크 의사소통 기기)를 활용한 방법이 있다.

2. 의사소통 도구

(1) 의사소통판

① 의사소통판은 비전자 의사소통 도구로, 전자기기보다 비용이 저렴하고 제작이 용이하며 학생의 필요와 요구에 따라 다양하게 접근할 수 있다는 장점 때문에 가장 보편적으로 사용된다.

② 의사소통판의 종류에는 단면 의사소통판, 의사소통책, 다면 의사소통판 등이 있다.

   ㉠ 의사소통 훈련을 시작하거나 제한된 어휘가 필요할 경우, 제작과 휴대가 간편하고 이용이 편리한 단면 의사소통판이 사용된다.

   ㉡ 사용하는 어휘 수가 많을 경우, 의사소통책이나 다면 의사소통판 등 다양한 크기와 주제별로 제작하여 사용한다.

③ 의사소통판 적용 시 고려사항은 다음과 같다.

   ㉠ 의사소통판은 신체적으로 활용할 수 있도록 사용자의 신체 특성을 고려해야 한다.

   ㉡ 의사소통판에는 글자, 낱말, 숫자, 그림, 사진, 선화 상징 등 다양한 형태의 상징과 부호를 사용할 수 있다.

   ㉢ 의사소통판을 구성하는 개별 상징은 사용자의 시력, 운동 능력, 상징의 유형, 필요한 문항 수와 문항 간 간격, 의사소통판의 휴대성 여부 그리고 개인의 신체적 잔존 능력 여부에 따라 크기가 달라질 수 있다. 문항의 크기는 사용자가 효율적이고 정확하게 선택할 수 있도록 고려해야 한다.

   ㉣ 의사소통판의 상징의 배열은 사용자의 운동 기능(움직임의 범위, 지적할 수 있는 거리, 방향 등)과 지각 능력에 따라 자주 사용되는 상징을 쉽게 지적할 수 있도록 개별적인 필요를 고려해야 한다.

🚩 **의사소통판/의사소통책**

(2) 음성출력기기

대부분의 음성출력 의사소통기기는 미드테크*나 하이테크*에 속한다. 음성출력은 방식에 따라 녹음 방식과 음성합성의 두 가지로 나뉜다.

① 음성출력 스위치와 음성출력 카드

   ⊙ 음성출력 스위치와 음성출력 카드는 음성을 녹음한 후 재생하여 사용하는 도구이다.

   ⓒ 녹음되는 시간은 각기 다르지만, 대부분 저가로 구매하여 필요한 곳에 배치하거나 가지고 다니면서 사용할 수 있다.

     예 집 밖으로 나가거나 산책하고 싶을 때 표현할 수 있도록 현관이나 문 옆에 음성이 출력되는 음성출력 카드를 붙여 놓는다("나가고 싶어요", "산책하고 싶어요" 등).

   ⓒ 각각의 버튼에 1개의 메시지를 저장하여 재생할 수 있으며, 15초부터 길게는 300초의 메시지도 저장 가능한 기기도 있다.

② 녹음 방식의 AAC 도구

   ⊙ **개념**: 녹음 방식의 AAC 도구는 목소리를 녹음하여 저장했다가 버튼을 작동시켜 재생하는 방식을 사용한다.

   ⓒ **작동방법**: 하나의 버튼에 필요한 어휘를 단어·구나 문장으로 저장하여 사용한다. 여러 개의 버튼으로 구성되어 있어서 버튼마다 하고 싶은 말을 저장하여 표현할 수도 있고, 버튼을 연결하여 절이나 문장으로 표현할 수도 있다.

     예 하나의 버튼에 "바나나가 좋아요"라고 녹음할 수 있고, "바나나"와 "좋아요"를 각각의 버튼에 녹음해서 2개의 버튼을 연달아 선택하여 문장으로 표현할 수도 있다.

   ⓒ **장점**

     • 소근육 운동 기능의 문제로 버튼을 누르기 힘든 학생은 스위치를 연결하여 신체의 다른 부위로 작동시킬 수 있다.

     • 자판을 이용하여 글을 써서 표현하는 것이 아니므로 글을 모르는 사람도 사용할 수 있다. 또한 상징을 선택하면 동시에 소리가 출력되므로 인지 및 언어 능력에 장애가 있는 학생도 쉽게 사용할 수 있다.

     • 메시지를 쉽게 지우고 다시 녹음할 수 있다.

   ⓔ **고려사항**

     • 녹음 방식의 기기는 저장할 수 있는 메시지 개수와 시간이 정해져 있으므로, 어휘를 구성할 때 우선순위를 고려하여 가장 중요하고 의미 있는 것으로 판단되는 어휘부터 녹음해야 한다(박은혜 외, 2023).

     • 대화 내용도 중요하지만 출력되는 음성도 대화상대자가 느끼는 의사소통의 친밀감 수준에 영향을 미칠 수 있으므로, 사용할 학생의 성별과 연령을 고려하여 또래의 음성으로 녹음하는 것이 바람직하다.

Keyword
• **일반공학(미드테크)**: 비디오 기기, 휠체어 등의 덜 복잡한 전기 기기 혹은 기계
• **첨단공학(하이테크)**: 컴퓨터, 상호작용 멀티미디어 시스템 등의 정교한 기기

③ 음성합성 방식의 AAC 도구

㉠ 개념 : 말로 의사소통할 수 없는 사람들을 위해 의사소통하고자 하는 단어와 문장 등을 입력하면 음성으로 출력되는 방식이다.

㉡ 작동방법 : 문자음성변환(Text-to-Speech ; TTS) 프로그램이 내장되어 텍스트 형태의 문자를 음성합성에 필요한 코드로 전환시켜 준다. 이들 프로그램은 단어와 문장을 분석하여 음성합성기에 필요한 코드를 번역하고, 이러한 코드가 음성합성기에 모이면 사용자가 말하려는 단어로 결합되어 출력된다.

㉢ 장점

• 음성합성 방식의 AAC 도구는 음성의 질, 접근 방식, 자료 탑재 및 화면 구성 등 기능과 특성이 매우 다양하며, 사용할 수 있는 메시지의 수와 양에 제한이 없다.

• 활동과 상황에 맞게 어휘목록을 구성할 수 있어 가정, 학교, 지역사회 등 상황에 맞게 활용할 수 있다.

• 음성합성은 사용자가 입력한 내용을 기계에서 발음 규칙 및 예외적인 발음, 목소리 억양 등과 같은 특정한 언어 규칙에 맞도록 바꾸어준다. 따라서 사용자는 다른 사람이 미리 녹음해놓은 내용에 제한받지 않고 글자, 단어 또는 다른 상징들을 이용하여 내용을 스스로 구성할 수 있다.

• 사용자의 특성에 따라 성별, 나이, 감정에 따른 목소리 표현 등을 선택할 수 있는 기기도 개발되어 있다.

| 원버튼식 음성출력 기기 | 테크톡(Tech Talk)
다양한 버튼식 음성출력 기기 | 머큐리Ⅱ
음성합성 |

④ AAC 앱

　㉠ 개념 : '앱'이란 컴퓨터의 소프트웨어와 동일한 개념으로, 특정 기능을 수행할 목적으로 설치하는 프로그램이다.

　㉡ 특징

　　• 대부분의 AAC 앱은 음성합성 방식으로 작동하며, 녹음 기능도 탑재하고 있다. 또한 사용자의 편의에 따라 상징이나 어휘의 수정과 추가 등 다양한 활용이 가능하다.

　　• 앱의 화면은 고정된 형태가 아니라 필요한 어휘를 선택하면 한 화면에서 다른 화면으로 자동 변환되는 역동적 화면 방식을 사용한다.

　　• AAC 앱은 복잡한 동작 대신 손가락이나 펜 등으로 누르거나 가벼운 접촉만으로도 동작하는 터치스크린 입력방식을 사용하여 정확도가 높다.

　　• 운동 조절 능력의 제한으로 직접 입력하지 못하는 경우를 대비해 스캐닝 프로그램을 제공하고 있다.

　㉢ 장점

　　• 작동시키기 쉽고 사용이 편리하다.

　　• 다양한 시청각적 요소를 포함한다.

　　• 실행 속도가 빠르고 오프라인 이용 가능성이 높아진다.

　　• 별도의 기기를 사용하지 않고 일반적인 스마트 기기에 프로그램을 설치해 사용하므로 의사소통장애인의 사회적 낙인을 최소화할 수 있다.

3. AAC 도구 결정 시 고려사항

① 학생의 발달 및 요구 수준에 적합한 성능을 가진 도구를 선택한다.

② 사용하는 장소 및 상황에 적합한 성능을 점검하여 선택한다.

③ 학생이 AAC 도구 조작 방법을 충분히 익힐 수 있는지 고려하여 결정한다.

④ 학생의 선호도를 고려하여 도구를 선택한다.

⑤ A/S가 잘 되는 도구를 선정한다.

4. 시각적 선택세트 디스플레이 유형

디스플레이의 유형은 AAC 적용에 사용된 보조도구와 기법에 따라 나뉜다. 보조도구는 제시되는 형태에 따라 고정 디스플레이, 역동적 디스플레이, 혼성 디스플레이, 시각적 장면 디스플레이로 구분할 수 있다.

(1) 고정 디스플레이

① 상징이 특정 위치에 고정되어 있어 휴대가 어렵고 상징 수가 제한적이다.

② 로우테크의 의사소통판에 주로 사용된다.

더 알아보기

선택세트

선택세트는 사용자에게 사용 가능한 어휘 선택과 상징체계를 보여주는 보완대체 의사소통 기기의 일부로, 모든 메시지·상징 및 부호를 시각적·청각적·촉각적으로 제시해준다.

• **시각적 디스플레이** : 그림 상징 및 부호

• **청각적 디스플레이** : 구두로 제공되는 낱말이나 메시지

• **촉각적 디스플레이** : 실제 사물, 부분 사물, 질감, 형태, 점자 등을 활용한 촉각적 표상

(2) 역동적 디스플레이

① 전자적으로 시각적 상징을 제시해주는 컴퓨터 장면 디스플레이다.

② 선택한 상징을 활성화하면, 자동적으로 선택한 상징의 하위 상징들로 화면이 전환 된다.

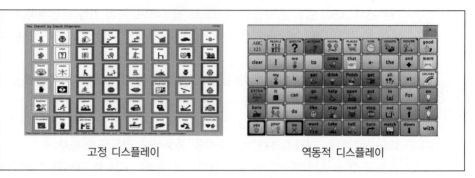

| 고정 디스플레이 | 역동적 디스플레이 |

(3) 혼성 디스플레이

역동적 요소를 지닌 고정 디스플레이로, 역동적 디스플레이보다 더 많은 상징을 제공하 며 화면 전환을 할 수 있다.

(4) 시각장면 디스플레이

① 시각장면 디스플레이는 여러 형태(예 사진·그림·가상세계 등)로 화면에 제시되는데, 줄 과 칸 안에 상징을 배열하는 것이 아니라 도식적으로 화면이 구성된다.

② 학생이 직접 활동하는 장면에서 핵심어휘 관련 실물이 보이도록 시각장면을 촬영하 고, 핵심어휘 관련 사물에 활성화 영역을 □ 또는 ○으로 설정한 후 활성화 영역에 음성을 녹음한다. AAC 사용자가 활성화 영역을 선택하면 음성이 출력된다.

③ 시각장면 디스플레이의 장점

　　㉠ AAC 사용자의 일상생활이나 선호하는 활동 등을 배경으로 디스플레이를 구성하 기 때문에 일상생활과 관련성이 높다.

　　㉡ 복잡한 인지처리 과정이 필요하지 않기 때문에 인지적 부담을 줄일 수 있다.

　　㉢ 더 빨리, 더 쉽게, 더 정확하게 어휘를 찾을 수 있다.

5. 보조도구 상징 배치 시 고려사항과 디스플레이 방법

상징 수	• 개인의 필요 및 부호화 전략 사용 여부에 따라 다양하게 구성될 수 있다. • 일반적으로 메시지와 상징 간 일대일 대응이지만, 부호화 전략을 사용할 수 있다면 적은 상징으로도 많은 메시지를 담을 수 있다.
상징 및 디스플레이 크기	• 개별 상징의 크기는 대부분 시력에 따라 결정된다. • 시각적 디스플레이의 크기는 상징 수 및 상징 크기, 상징 간 거리, 휴대 가능성, AAC 사용자의 신체 능력을 고려해야 한다. 　예 AAC 사용자가 휠체어를 이용한다면 디스플레이는 너무 커서 시야를 방해해서는 안 되고, 손가락 지적이나 머리 또는 눈 추적을 통해 상징을 선택한다면 사용자의 운동 범위에 따라 크기가 조정되어야 한다. • 청각적 디스플레이는 그 구조를 이해할 수 있는 사용자의 능력과 기억력에 따라 결정된다. • 촉각적 디스플레이는 AAC 사용자의 촉각적 재인 능력을 고려해야 한다. 　예 인지나 촉각 능력에 제한이 있는 경우 큰 촉감 상징이나 실제 사물을 사용한다.
상징 간 간격과 배치	• 주로 시각과 운동조절 능력에 따라 결정된다. • 보다 양호한 손으로 접근하기 쉽도록 상징을 배치한다. • 운동조절은 잘 하지만 움직임의 범위와 근력이 매우 제한적인 경우, 상징을 펼쳐놓기보다 좁은 범위에 모아놓는 것이 좋다. 헤드스틱을 사용하는 경우에는 운동 조절능력을 고려하여 곡선형으로 배치하면, 상징 지적 시 요구되는 머리와 목의 전후 움직임이 정사각형이나 직사각형 디스플레이 배치보다 덜 할 수 있다.
디스플레이 정위	• 시각이나 촉각을 이용하는 경우 자세, 시각 및 운동조절 능력에 따라 디스플레이의 위치가 결정된다. 특히, 바닥 면과 수평을 이루는 탁자나 휠체어에 부착한 디스플레이는 근력 약화, 떨림, 불수의 움직임이 있는 경우 팔과 손을 지지해줄 수 있다. 단, 이때 사용자는 직립 자세를 유지해야 한다. • 30~45도 디스플레이는 목 구부림 없이 어느 정도 손과 팔을 지지해주고 안정시켜준다. • 광학 포인터를 결합하여 사용하는 경우 주로 45~90도로 놓되, 디스플레이가 사용자의 시야를 방해하지 않도록 주의해야 한다. 머리추적이나 눈 추적에 의존하는 경우에는 주로 90도에 가까운 각도로 제공한다.

비대칭성 긴장성 목반사　　　　대칭성 긴장성 목반사

⚑ **원시반사에 따른 디스플레이 정위**

더 알아보기

부호화 전략
• **문자 부호**
　－ **절단형 부호**: 처음 몇 문자만 남겨 두고 낱말을 축약하는 것
　　예 'ㄱㄹ' → '그래'
　　　 'ㄱㅁ' → '그만'
　－ **단축형 부호**: 가장 두드러지는 문자만 포함하는 것
　　예 '엄카' → '엄마 카드'
• **수문자 부호**
　예 COMM 1 = communicate
　　 COMM 2 = communication
　　 COMM 3 = community
• **모스 부호**
　예 A: •－
　　 B: ＿•••
　　 C: ＿•＿•

신체적 장애에 따른 상징 배치

더 알아보기

선택기법은 'AAC 표현기술'이라고도 한다(박은혜 외, 2024).

기출 POINT 8

❶ 14유아A1
AAC 체계의 구성요소 중 기법(선택 기법) 2가지를 쓰시오.

기출 POINT 9

❶ 22유아B2
[C]를 고려하여 ⓒ에 해당하는 것을 쓰시오.

AAC 사용 평가 항목	평가 결과
상징	그림상징이 적합함
보조도구	의사소통판보다는 5개 내외의 버튼이 있는 음성출력기기가 놀이 참여 지원에 적절함
기법/기술	(ⓒ)
운동능력	한 손가락으로도 버튼을 잘 누를 수 있음 [C]
기타	기다리지 않고 도움 없이 버튼 누르기를 좋아함

더 알아보기

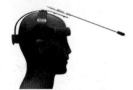

헤드 포인터(헤드 스틱)

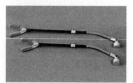

마우스 포인터(마우스 스틱)

---

03 선택기법(selection techniques)

선택기법이란 자신의 생각 및 의견을 표현하는 방법으로, 크게 직접 선택과 간접 선택 방법이 있다. **❶ 14유아A1**

1. 입력하기

입력하기는 글씨를 써서 직접 표현하거나 자판의 글자 키를 눌러 글을 입력하여 표현하는 방법이다.

① 직접 손으로 글을 써서 표현하는 것이 가장 빠르고 정확한 방법이다.

② 그러나 한글을 이해하더라도 운동 기능의 어려움으로 손 글씨를 쓰지 못한다면 자판의 글자 키를 눌러 입력하는 것으로 대신할 수 있다.

2. 직접 선택(direct selection)

① **직접 선택의 개념** : 직접 선택은 사용자의 목소리, 손, 손가락, 머리, 눈 등 다른 신체 동작을 사용하여 선택 세트에서 각 항목을 가리키거나 입력명령을 내리는 것이다.

② 직접 선택하기에서는 원하는 상징을 지적할 수 있는 능력과 상징의 활성화가 일어날 정도의 시간 동안 지적을 유지할 수 있는 능력이 요구된다. **❶ 22유아B2**

③ **직접 선택의 방법**

　ⓐ **신체의 한 부분으로 선택하기**

　　• 손가락이나 주먹 등과 같이 일관성 있게 의도적으로 움직일 수 있는 신체 부분을 사용하거나, 포인팅 장치를 이용하여 의사소통판의 상징을 짚거나 상징이 부착된 AAC 도구의 항목을 누르는 방법이다.

　　　– 손가락으로 원하는 항목을 직접 선택하는 것은 피로감이 적은 효율적인 방법이다. 그러므로 손가락의 운동 조절이 가능한 학생에게는 직접 선택하기 방법을 우선 지도한다. 그러나 모든 학생이 직접 선택하기를 할 수 있는 것은 아니므로, 우선 학생이 어느 부분으로 지적하기가 가능한지 평가해야 한다. 직접 선택하기에 대한 평가는 먼저 손과 팔의 조절 능력을 평가하는데, 그 이유는 손과 손가락은 AAC 도구를 사용하거나 조작하기가 쉽고 사회적으로 수용되기도 쉽기 때문이다.

　　　– 포인팅 장치는 손으로 직접 자판이나 AAC 도구의 항목을 선택하기 어려운 지체장애 학생에게 적용한다. 헤드 포인터, 헤드 스틱, 마우스 포인터, 마우스 스틱 등이 포함된다. 헤드 포인터는 손이 아닌 머리의 움직임으로 자판을 사용할 수 있도록 돕는 입력 보조기기다. 헤드 포인터나 헤드 스틱은 광학 센서를 이용하여 머리의 움직임으로 화상 키보드의 문자를 가리키거나 해당 항목을 직접 선택할 수 있다.

　　• 신체 피로도가 높아 원시반사가 나타날 가능성이 큰 뇌성마비 학생은 항목을 직접 선택하는 헤드 포인팅보다는 스위치를 사용한 간접 선택이 더 효과적이다.

더알아보기
직접 선택 방법

접촉 방법	의사소통판, 모바일 앱 등의 상징에 신체를 접촉하거나 압력을 가하여 누르는 등의 방법
비접촉 방법	눈 응시, 눈 추적, 몸짓, 수어 등 직접 접촉은 하지 않지만 대화 상대자가 알아차릴 만큼 정확하게 상징을 가리키는 방법

⚑ **직접 선택**

ⓛ 눈 응시(eye gaze)로 선택하기

로우테크 방식의 눈 응시	• 로우테크 방식의 눈 응시 방법은 전자장치를 사용하지 않고 투명 아크릴판으로 만든 의사소통판의 앞뒷면에 AAC 상징을 부착하여 원하는 상징을 눈으로 응시함으로써 상대방과 소통하는 방법이다. • 눈 응시는 지체장애로 인해 손이나 몸짓으로 표현하기가 어렵고, 다른 의사소통 기술을 배우지 못하거나 만성적으로 피곤한 의학적 상태에 있는 학생에게 적용하는 방법이다. • 스캐닝을 사용하는 것보다 빠르고 효율적이다.

전자장치를 이용한 안구 추적 방법	• 안구 추적 방법은 아이 트래커(eye tracker)가 눈의 초점이 정확히 어디에 있는지 감지하여 안구의 움직임만으로 선택할 수 있도록 돕는다.
	• 눈동자의 움직임으로 인터넷 검색, 게임 플레이, 화상 통화, AAC 프로그램 작동 등 프로그램을 제어할 수 있다.
	• 아이 트래커에는 신체 접촉 아이 트래커와 비신체 접촉 아이 트래커가 있다.
	  – 신체적 접촉 방법에는 일반적으로 안경을 쓰거나 이마에 부착하는 방법이 있다.
	  – 비신체적 접촉 방법에는 컴퓨터나 기기에 아이 트래커를 부착하는 방법이 있다.
	
	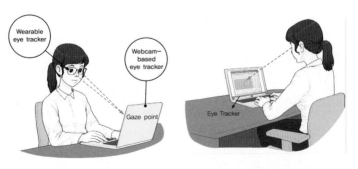
	신체적 접촉 방법 비신체적 접촉 방법

④ 직접 선택의 장단점

   ㉠ 장점: 직접 선택은 선택에 따라 즉각적이고 직접적인 결과가 표출되므로 의사소통 속도가 빠르다.

   ㉡ 단점: 정교하고 조절된 동작이 요구되기 때문에 뇌병변으로 불수의운동이 있는 지체장애 학생은 사용하기 어려울 수 있고, 중증 근무력증이나 진행성 근이영양증 학생은 반복해서 사용하면 쉽게 피로해지고 힘이 들 수 있다.

⑤ 직접 선택 활성화 전략

시간 활성화 전략 ❹ 16중등A7	• 시간 활성화 전략은 사용자가 화면의 항목을 확인하고(**예** 신체적 접촉, 광선이나 눈 응시 등), 일정 시간 동안 해당 버튼을 눌러 접촉(또는 그 위치에 머무르기)을 유지함으로써 기기에 반응하도록 활성화시키는 방법이다. • 불수의적 움직임으로 인해 여러 상징을 의미 없이 선택하는 오류를 줄여준다. • 손으로 직접 선택하거나 빛이나 레이저를 비추어 선택할 때, 운동 조절이 어려워서 잘못 누르거나 건드리는 등의 오류 동작에는 반응하지 않고 일정 시간 이상의 동작에만 반응하도록 조절하는 기능이다. • 작동하는 데 필요한 접촉 시간은 학생의 능력과 상황에 맞게 조정할 수 있다. 대부분의 AAC 기기에는 시간제한 활성화 기능이 포함되어 있다.
해제 활성화 전략 ❷ 20중등A7, ❺ 14초등B4	• 해제 활성화 전략은 직접 접촉하거나 누르고 있는 동안에는 선택되지 않지만, 선택하고자 하는 해당 항목에서 접촉을 중단하면 그 항목이 선택된다. • AAC 사용자로 하여금 손의 안정성을 유지하면서 디스플레이를 사용하도록 해주며, 움직임이 너무 느리거나 경직되어 원하는 상징에 접촉하는 데 시간이 많이 걸리는 경우 효과적이다(시간 활성화 전략으로는 이득을 얻을 수 없는 사용자의 오류를 최소화할 수 있다).
평균 활성화 전략 **(여과 활성화 전략)** ❶ 24중등A7, ❸ 18초등A3	• 평균 활성화 전략은 항목을 선택(**예** 광선이나 광막 포인터의 움직임 등)한 시간의 평균을 구해 가장 오래 지적한 항목을 활성화하고, 간단한 접촉이나 움직임에는 반응하지 않고 무시한다. • 항목을 선택할 수 있으나 특정 항목을 선택하기 위해 요구되는 접촉을 안정적으로 유지하는 데 어려움이 있는 경우에 사용한다. • 일반적으로 헤드 포인터를 착용하여 선택하는 경우 많이 활용된다.

기출 POINT 10

❶ 24중등A7
괄호 안의 ㉡에 해당하는 용어를 쓰시오.

직접 선택을 하는 데에는 다양한 전략이 있습니다. 그중에서 (㉡) 전략을 사용해 보면 어떨까요? 이 전략은 해당 프로그램이 단시간 내에 수집한 정보를 바탕으로 셀이 선택되는 데 필요한 시간을 감지해서, 유효한 시간과 무시해도 되는 시간을 찾아냅니다. 그래서 일정 시간 동안 누르고 있는 셀은 선택되지만, 잠깐 스치듯 누르는 셀은 선택되지 않습니다.

❷ 20중등A7
㉡에 해당하는 어휘 선택 기법을 1가지 쓰시오.
■ 어휘 선택 기법: (㉡)
• 화면이나 대체 입력 기기를 직접 접촉하거나 누르고 있는 동안에는 선택되지 않음
• 선택하고자 하는 해당 항목에 커서가 도달했을 때, 접촉하고 있던 것을 떼게 되면 그 항목이 선택됨

❸ 18초등A3
여과 활성화의 작동 원리를 쓰시오.

❹ 16중등A7
지도 단계 중 2단계에 적용된 직접 선택 기법의 활성화 전략 명칭을 쓰시오.
■ 2단계
• 화상 키보드 환경 설정
• 화상 키보드 사용 방식: '가리켜서 입력' 선택
• 가리키기 시간: 2초(마우스 포인터를 특정 키보드 위에 2초 이상 유지시키면 해당 키의 값이 입력됨)

❺ 14초등B4
AAC 기기의 '직접 선택하기' 방법 중 해제 활성화 전략에 관해 설명하시오.

3. 간접 선택(indirect selection)

① 간접 선택의 이해

    ㉠ 간접 선택은 선택 과정에서 하나 이상의 단계가 요구되는 접근 방법으로, 보통 하나 또는 그 이상의 스위치가 함께 사용된다. 효율적인 사용을 위해 스위치는 스캐닝 기술과 함께 사용되므로 간접 선택의 대표적인 방법을 '스캐닝(scanning ; 훑기)'이라 한다.

    ㉡ 스캐닝은 AAC 촉진자나 미리 프로그램화된 전자 의사소통 기기가 상징을 차례대로 훑어주면, AAC 사용자가 원하는 상징이 나왔을 때 스위치를 눌러서 입력하는 방식이다. ❶ 19중등B5, ❷ 09중등37

② 간접 선택의 장단점

    ㉠ 장점 : 눈 깜빡임 같이 미세한 근육의 힘으로도 작동 가능하고, 비교적 간단한 운동 조절만으로도 사용할 수 있다.

    ㉡ 단점
- 스캐닝은 직접 선택보다 더 많은 단계가 요구되므로 속도가 느리고, 우수한 시각 추적 능력과 고도의 집중력, 순서화 능력이 필요하다.
- 원하는 상징이 나올 때까지 어느 정도 시간이 소요된다.
- 원하는 항목에 커서가 도달했을 때 스위치를 누르거나 놓을 수 있어야 정확한 입력이 되므로 스위치 조작 타이밍이 적절해야 하고 인지 능력이 요구된다.

③ 스위치

    ㉠ 스위치는 최소한 한 가지 이상의 자발적인 움직임이 가능한 신체부위가 있다면 적용 가능하다. 즉, 스위치는 손, 발, 머리, 눈썹, 호흡 등을 통해 누르기, 당기기, 불기, 빨기, 쥐기 등으로 활성화된다. ❶ 24중등B4

    ㉡ 어떤 스위치를 사용할 것인지 결정하기 위해서는 다양한 시도를 통해 가장 적은 노력을 들여 효율적으로 표현할 수 있는지를 고려하고, 피로감이나 고통이 적은 것을 선택한다.

    ㉢ 학생에 따라서는 스위치를 책상이나 테이블 위에 놓고 사용하는 경우도 있으나, 가장 효율적인 움직임을 나타낼 수 있는 위치를 찾아내는 것은 교사의 중요한 역할이다.

        예 책상 위에 놓인 스위치를 누르기 위해 주먹 쥔 손으로 스위치를 두드리거나, 경직성으로 인해 자주 스위치를 떨어뜨리거나 의도적으로 물건을 던지는 학생의 경우 스위치를 책상 위에 고정해 주는 것은 잘못된 방법이다.

    ㉣ 손을 이용하여 스위치를 작동시키는 것이 어렵다면, 투명한 아크릴로 된 휠체어 트레이의 아랫부분에 스위치를 설치하고 무릎을 들어서 스위치를 누르도록 고정해 줄 수 있다. 또는 마운팅 도구를 이용하여 머리를 움직여 스위치를 누를 수 있도록 머리 부분에 고정시키거나 팔꿈치 뒷 부분에 고정시켜주는 등 학생의 신체적 잔존 기능에 따라 고정해준다. ❷ 22중등B3

기출 POINT 11

❶ 19중등B5
밑줄 친 ㉣의 스위치를 활용한 선택 방법의 특징을 서술하시오. (단, 학생 M의 특성을 연계한 설명은 제외하고, 일반 키보드나 마우스의 항목 선택 방법과 비교하여 서술할 것)

㉣ 모니터에 훑기(scanning) 방식으로 제시된 항목을 선택하기 위하여 단일 스위치를 사용함

❷ 09중등37
보완대체의사소통 기기의 전자 디스플레이에서 원하는 항목을 선택하는 '훑기' 방법에 대한 적절한 설명을 〈보기〉에서 모두 고르시오.

〈보기〉
㉠ 손이나 도구를 이용하여 항목을 직접 선택하기 어렵거나 선택이 부정확할 때 또는 너무 느릴 때 훑기 방법을 고려한다.

기출 POINT 12

❶ 24중등B4
괄호 안의 ㉠에 해당하는 스위치의 유형을 쓰시오.

특수교사 B : 전동 휠체어를 움직이는 데 다양한 방식을 적용할 수 있습니다. 예를 들어, 조이스틱, 스위치 등을 사용합니다. 몸의 다양한 부분에 스위치를 적용할 수 있는데, 호흡으로 작동하는 (㉠)(이)나 혀로 작동하는 스위치도 있습니다.

❷ 22중등B3
밑줄 친 ㉢의 특성에 따른 장점을 사용자 측면에서 2가지 서술하시오.

(가)

현재 저희 아이는 머리를 떨지 않고 비교적 수월하게 10° 정도 왼쪽으로 기울일 수 있고, 휠체어에 앉아 무릎을 구부린 채로 스스로 다리를 10cm 정도 들어 올릴 수 있습니다. 컴퓨터를 사용하고 싶은 저희 아이에게 적합한 스캐닝 방법과 스위치를 알려주세요.

(나)

스캐닝 방식과 학생의 신체 운동 특성을 고려할 때 첨부한 그림의 얼티메이티드 스위치를 사용하면 좋겠습니다. ㉢ 이 스위치의 연결 막대는 유연성이 좋은 재질로 되어 있고, 막대의 끝을 집게나 조임쇠로 만들었습니다.

▶ 여러 가지 스위치

Sip and puff 스위치 ❶ 24중등B4	입김을 내쉬고 빨아들이는 동작을 통해 클릭과 조이스틱 모드, 키보드 커서 모드를 사용할 수 있도록 제작된 특수입력장치
워블 스위치	스위치의 센서 부분은 360도 어느 방향이라도 건드리면 작동되며, 매우 유연하므로 근긴장도가 높은 학생에게 유용함
판 스위치	손이나 손가락을 들어올릴 수 없는 학생에게 적용 가능함
조이스틱	손이나 특정 부위로 쥐고 움직여서 사용할 수 있음
리본 스위치	작동 영역 표면을 어떤 방향으로든 구부리거나 눌러주면 작동하는 스위치
클릭 스위치	운동조절 장애를 가진 사람들이 다른 장치들을 조작하기 쉽도록 만들어진 스위치로, 원하는 장치에 간편하게 연결하여 사용할 수 있고, 마운팅 시스템과 함께 사용하여 위치를 조정함으로써 다양한 신체 부위를 이용하여 작동시킬 수 있음
각도조절 스위치	사용자가 쉽게 접근할 수 있도록 스위치의 각도를 설정할 수 있음

 플렉시블 마운팅 시스템	테이블·의자·침대 또는 다른 표면에 장착하기 위해 클램프(고정장치 또는 조임쇠)를 활용할 수 있고, 거위목 모양의 구스넥은 유연성이 있어 쉽게 조정할 수 있음
 얼티메이티드 스위치 ❷ 22중등B3	휠체어나 테이블에 고정시킬 수 있는 클램프가 장착되어 있으며, 유연성이 좋은 재질로 되어 있어 신체부위 접근성이 좋음
 핀치 스위치	아동의 손에 쥘 수 있을 만큼 작고 간단하면서 민감한 스위치로, 부드러운 압력으로 선택할 수 있음
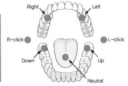 혀 움직임 시스템	조지아 공대 연구진이 개발한 혀 움직임 시스템은 구강수술을 통해 부착한 후 간단한 혀 움직임을 통해 휠체어나 컴퓨터 조작이 가능함

ⓜ 스위치 사용을 위한 운동훈련 4단계

목표	목표를 성취하기 위해 사용된 도구
① 인과관계를 개발시키기 위해 사용하는 시간 독립적 스위치(time-independent switch) ❶ 19중등B5	• 가전 기구(선풍기, 믹서기) • 배터리로 작동하는 장난감이나 라디오 • 스위치가 눌리면 언제나 결과가 나타나는 소프트웨어
② 스위치를 적절한 시간에 사용하는 능력을 개발하는 데 쓰이는 시간 종속적 스위치(time-dependent switch)	그림이나 소리로 된 결과를 얻기 위해 특정한 시간에 반응을 보여야 하는 소프트웨어
③ 다중선택 스캐닝 능력을 개발시키기 위한 특정 윈도우 내의 스위치	둘 혹은 그 이상의 옵션 중에서 선택을 위해 스위치를 사용하도록 지시받는 것으로, '제한시간(time window)' 내에 반응을 요구하는 소프트웨어
④ 상징적인 선택 만들기	• 간단한 스캐닝 의사소통 기구 • 상징적인 표현이 선택 결정에 더해져서, 상징적 표시와 의사소통적 출력을 가지고 있는 시간 독립적 선택을 위해 설계된 소프트웨어

기출 POINT 13

❶ 19중등B5

괄호 안의 ⓒ에 들어갈 내용을 쓰시오.

■ 특성
뇌성마비(경직형), 독립이동과 신체의 조절이 어려움(상지 사용과 손의 소근육 운동에 제한)

■ 교육 내용
• 대체입력장치인 스위치를 적용하기 전에 운동훈련을 실시함
• 스위치 적용 전 운동훈련 4단계

단계	목표	내용
1	시간 독립적 스위치 훈련	배터리로 작동하는 장난감 등을 이용하여 자극-반응 간의 (ⓒ)을/를 익힘
2	시간 종속적 스위치 훈련	스위치를 일정 시간 내에 활성화시키는 훈련

---

④ **스캐닝(훑기)**

㉠ **훑기 방법**

청각적 스캐닝	• 청각적 스캐닝은 선택항목이 순차적으로 활성화되면서 음성이 출력되면, 그 소리를 듣다가 원하는 항목이 나타나면 스위치를 작동시켜 선택하는 방법이다. ❶ 22초등B2 • 출력되는 음성을 듣거나, 교사나 다른 대화상대자가 말해주는 내용을 듣고 선택하는 것도 포함된다.
시각적 스캐닝	시각적 스캐닝이란 의사소통 기기에서 불빛이 정해진 순서대로 천천히 이동하면 원하는 항목에 불빛이 왔을 때 스위치를 누르거나, 소리를 내거나, 손 들기 등으로 선택하는 방법이다. 예 8칸짜리 음성출력 기기를 사용할 때 2초 스캐닝 기능으로 조절해놓은 경우, 첫 항목부터 불빛이 켜지다가 원하는 항목에 불빛이 켜지면 스위치를 눌러서 선택한다. 선택된 항목은 불빛 이동이 멈추면서 그 항목에 있는 그림이 팝업되거나 저장된 음성이 출력된다.

기출 POINT 14

❶ 22초등B2

(다)에서 교사는 혜지가 스위치를 눌러 원하는 악기를 선택할 수 있도록 다음의 스캐닝(훑기)을 지원하였다. 교사가 어떻게 해야 하는지 ⓐ에 쓰시오.

(다) 혜지의 AAC 체계

• 교사는 음성출력 의사소통 기기의 상징을 보며 "작은 북"이라고 말하고 잠시 기다린다.
• 혜지가 반응이 없다.
• 교사는 (ⓐ).

대화상대자 지원 스캐닝	• 신체 기능의 손상으로 손 사용이 제한된 학생에게는 시각적 스캐닝과 청각적 스캐닝 외에 대화상대자가 지원하는 스캐닝이 적합하다. • 대화상대자 지원 스캐닝은 대화상대자가 질문을 하고 의사소통판에 있는 항목을 선택할 수 있도록 하나씩 읽어주는 방법이다. • 대화상대자는 학생이 할 말이 있음을 확인하면 첫 페이지의 첫 항목부터 읽어주는 것으로 스캔하거나, 학생의 메시지가 예상될 때는 특정 페이지나 위치의 항목으로 이동하여 읽어주는 것으로 스캔한다. 대화상대자가 가리키는 항목 중 원하는 항목이 나올 때, 학생이 표시한다. • 이 방법은 AAC 도구를 사용할 수 없거나 원하는 항목이 없을 때 사용할 수 있다. • 대화상대자 지원 스캐닝 사용 시 유의사항 　－ 대화상대자는 항목을 하나씩 천천히 제시한다. 학생이 무엇을 선택할지 천천히 보고 선택할 수 있는 시간을 준다. 　－ 선택사항을 한 번만 듣고 이해하기 어려운 학생에게는 반복하여 말해준다. 　－ 선택사항은 일관된 순서와 시간에 따라 제시한다. 그렇게 해야 반응시간이 느리거나 운동 발달 지연이 있는 학생이 예측하는 방법을 배울 수 있다. 　－ 학생이 선택하지 못한다면, 못하는 것이 아니라 선택할 것이 없어서일 수 있다. 이러한 상황을 대비하기 위해 "다른 것 주세요.", "원하는 것이 없어요." 등의 항목을 포함하여 제시한다. 　－ 대화상대자가 선택사항을 제시하면서 촉진할 때, 학생의 청각 및 시각 처리 능력에 따라 시각적 스캐닝만 제공할지, 청각적 스캐닝만 제공할지, 또는 두 가지 모두 제공할지를 결정한다. 　－ 대화할 때 대화상대자의 피드백은 중요하다. 학생이 표현하는 모든 유형의 반응을 수용하고, 모든 응답에 의미를 부여한다. 　－ 선택사항에 관한 부가 설명을 과다하게 하지 않는다. 부연 설명하는 것은 오히려 선택하는 것을 방해할 수 있다.

기출 POINT 15

❶ 22중등B3
밑줄 친 ㉠에 해당하는 스캐닝 형태를 쓰시오.

선생님, 저희 아이는 일반 키보드와 마우스를 사용하기 어려운 뇌병변장애 학생입니다. 현재 버튼형 단일 스위치로 컴퓨터 한글 입력을 연습하고 있습니다. ㉠ 먼저 미리 설정된 '한글 자음', '한글 모음', '문장 부호' 등 3개의 셀에서 '한글 자음' 셀을 선택하고 그다음 여러 자음이 활성화되면 'ㄱ'을 선택하여 입력하는 방식입니다.

❷ 19초등A3
(가)는 중복장애 학생 경수의 특성이다. (나)의 ㉢과 같이 변경한 이유를 (가)에서 찾아 쓰고, 선형 스캐닝에서 행렬 스캐닝으로 변경했을 때의 장점 1가지를 쓰시오.

(가) 경수의 특성

• 경직형 사지마비로 미세소근육 사용이 매우 어려움
• 의도하는 대로 정확하게 응시하거나 일관된 신체 동작으로 반응하기 어려움
• 주의 집중 시간이 짧고, 시각적 피로도가 높음

(나) 교수학습 과정안

㉢ 경수의 AAC 디스플레이 형태를 선형 스캐닝에서 행렬 스캐닝으로 변경한다.

❸ 09중등37
보완대체의사소통 기기의 전자 디스플레이에서 원하는 항목을 선택하는 '훑기' 방법에 대한 적절한 설명을 〈보기〉에서 모두 고르시오.

〈보기〉
㉡ 원형 훑기는 원의 형태로 제작된 항목들을 기기 자체가 좌우로 하나씩 훑어주며 제시하는 방식이다.
㉣ 선형 훑기를 하는 화면에는 항목들이 몇 개의 줄로 배열되어 있으며, 한 화면에 많은 항목을 담을 경우에는 비효율적일 수 있다.

㉡ 훑기 형태

원형 훑기	• 시간 간격을 두고 순차적으로 이루어지며, 시곗바늘의 움직임과 같은 방향으로 원형 형태의 시각적 추적이 이루어진다. ❸ 09중등37 • 시각적으로 부담이 있을 수 있으나 인지적으로는 배우기가 비교적 쉬우므로, 아동이나 보완대체의사소통을 시작하는 사람들이 주로 사용한다.
선형 훑기	• 선형 훑기는 항목이 선택될 때까지 첫째 줄의 항목, 둘째 줄의 항목 그리고 다음 줄의 각 항목으로 커서나 화살표가 이동한다. • 시간 간격을 둔 순차적 훑기 방법으로, 훑기가 시작되면 화면이나 AAC 기기의 버튼/아이콘이 하나씩 시각적으로 반전되거나, 청각적 소리를 내면서 순차적으로 이동한다. • 선형 훑기는 원형 훑기에 비해 요구가 많지만 간단하면서도 배우기가 더 쉽다. 그러나 항목이 특정 순서로 한 번에 하나씩 제시되기 때문에 많은 항목을 포함하는 선택세트에서는 비효율적이다. ❸ 09중등37
집단-항목 훑기	• 상위 집단을 선택하고 난 후 선택한 집단의 하위 항목을 선택한다. 예를 들어 '옷, 음식, 위생'이라는 3가지 상징 중 '위생' 상징을 선택한 후 '위생' 상징의 하위 항목 중 '세수하기, 머리감기, 샤워하기, 위생용품 처리하기' 상징 가운데 하나를 선택한다. 이는 상위 집단인 옷과 음식 상징의 하위 항목을 모두 훑고 난 뒤 위생의 하위 항목을 훑는 것보다 시간을 절약할 수 있어 효율적이다. ❶ 22중등B3, ❷ 19초등A3 • 줄-칸 훑기(행렬 스캐닝): 집단-항목 훑기 가운데 가장 일반적인 형태로, 디스플레이의 각 줄(행)은 상위 집단이 된다. AAC 촉진자 혹은 기기가 줄(행)에 배치된 상징을 하나씩 훑어주면 AAC 사용자가 하나의 상징을 선택한다. 그리고 AAC 사용자가 선택한 줄(행: 상위 집단)의 열(칸: 하위 항목)이 하나씩 훑어진다.

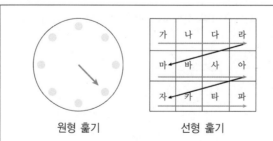

원형 훑기   선형 훑기   집단-항목 훑기

ⓒ 선택조절 기법

AAC 사용자는 스캐닝이 이루어지는 동안 원하는 상징이 나왔을 때 스위치, 발성, 몸짓 등을 통해 선택할 수 있어야 한다. 선택조절 기법을 결정할 때는 운동요소별로 장애학생의 인지적·신체적 특성을 충분히 고려하여야 한다. ❹ 09중등37

자동 훑기	• 원형, 선형, 집단−항목형 가운데 미리 프로그래밍된 스캐닝 방법으로 자동적으로 훑어지며, AAC 사용자가 원하는 상징(항목)에서 스위치를 작동시키면 해당 상징이 선택된다. ❶ 22중등B3, ❸ 14중등A12, ❹ 09중등37 • 때에 맞게 스위치를 작동시키는 것은 가능하지만 작동 상태를 유지하고 때에 맞게 작동을 멈추는 데 어려움이 있는 경우 유용하다. • 청각적 스캐닝으로 자동 훑기를 하는 경우, AAC 촉진자가 항목들을 하나씩 불러주면 AAC 사용자는 자신이 원하는 항목에서 발성이나 몸짓으로 선택한다.
유도적(역) 훑기	• AAC 사용자가 스위치를 작동시키면 원형, 선형, 집단−항목형 가운데 하나의 방법으로 상징이 훑어지고, 원하는 상징(항목)에서 스위치의 작동을 중단하면 해당 상징이 선택된다. ❷ 21초등B4 • 때에 맞게 스위치를 작동시키는 것은 어렵지만 일단 작동되면 유지가 가능하고, 때에 맞게 스위치의 작동을 중단할 수 있는 경우 사용한다.
단계적 훑기	• 원형, 선형, 집단−항목형 가운데 스캐닝 형태가 결정되면 그 스캐닝 방법으로 한번에 한 단계씩 훑어진다. 즉, AAC 사용자는 각 상징마다 스위치를 작동시킨다. • 특정 항목을 선택하기 위해 사용자는 일정 시간 동안 스위치의 활성화를 멈추거나 제시된 항목의 선택을 나타내는 두 번째 스위치를 활성화한다. 즉, 단계적 훑기는 사용자가 반복적으로 커서를 이동시키기 위해 스위치를 눌러야 하고, 원하는 상징에 도달했을 때 일정 시간 기다리거나 제2의 스위치를 누르면 선택된 상징이 작동하는 방식이다. • 스위치를 작동시킬 때마다 상징이 하나씩 훑어지므로(1 : 1 대응관계 성립) 스캐닝을 처음 접하거나, 운동조절 능력에 제한이 있거나 심한 인지장애를 가지고 있는 경우 많이 사용한다. ❺ 24초등A2 • 그러나 AAC 사용자가 계속해서 스위치를 조작해야 하므로 상위 집단이나 항목이 많을수록 피곤할 수 있다.

기출 POINT 16

❶ 22중등B3
밑줄 친 ⓒ에 해당하는 스캐닝 선택조절 기법을 쓰시오.

스캐닝 방법에는 여러 가지가 있습니다. 말씀하신 방법 외에도 사용자가 스위치를 누르고 있는 동안 커서가 이동하고, 스위치에서 손을 떼면 커서가 멈춰 해당 내용을 선택하는 기법이 있습니다. 또, ⓒ 미리 설정한 형태로 커서가 움직이다가 사용자가 스위치를 누르거나 치면 커서가 멈춰서 해당 내용을 선택하는 기법도 있습니다.

❷ 21초등B4
ⓒ의 사용 방법을 쓰시오.

소영이가 ⓒ 유도적(역) 스캐닝 기법으로 원 버튼 스위치를 사용하도록 지도

❸ 14중등A12
괄호 안의 ⓒ에 해당하는 말을 쓰시오.

학생 B에게는 훑기(scanning)를 통해 화상 키보드를 사용하도록 하였어요. 간접 선택 기법인 훑기에는 여러 가지 선택 기법이 있는데, 그중에서 학생 B에게는 스위치를 누르지 않아도 일정 시간 간격으로 커서가 움직이도록 미리 설정해 주고, 커서가 원하는 키에 왔을 때 스위치를 눌러 그 키를 선택하게 하는 (ⓒ) 선택 기법을 사용하게 하고 있어요.

❹ 09중등37
'훑기' 방법에 대한 적절한 설명을 〈보기〉에서 모두 고르시오.

─── 〈보기〉 ───
ⓒ 항목이 순차적으로 자동 제시되고 사용자는 원하는 항목에 커서가 머물러 있을 때 스위치를 활성화하여 선택한다.
ⓔ 항목을 제시하는 속도와 타이밍은 기기 제작 시 설정되어 있어 조절이 어려우므로, 사용자는 운동 반응 및 시각적 추적 능력을 충분히 갖추어야 한다.

더알아보기 **훑기(scanning)를 위한 운동 요소** ⑥ 18유아A8

① **스위치 조절의 구성요소**
스위치를 사용하기 위해서는 대상자가 스위치를 의도치 않게 활성화하는 것을 막기 위해 정확한 순간을 기다려야 한다. 또한 스위치를 활성화하거나 끝낼(close) 수 있어야 하고, 일정한 시간 동안 스위치가 활성화된 상태를 유지할 수 있어야 한다. 스위치를 눌러서 선택하는 것과 스위치를 누르고 있다가 손을 떼서(release) 선택하는 것도 필요하다.

② **컴퓨터 커서와 스위치 조절 능력**
스위치 훑기를 사용해서 컴퓨터의 커서를 조절하는 방식은 개인의 운동 조절 능력에 따라 결정된다. 훑기 방법에는 자동적 훑기(⑩ 선택세트에 따라 커서가 자동으로 움직이고 스위치로 선택함), 반전 훑기(⑩ 스위치가 활성화될 때만 원하는 항목으로 이동함, 선택하기 위해 스위치를 풀어 주어야만 함), 단계적 훑기(⑩ 스위치가 활성화될 때마다 한 단계씩 움직임)가 있다.

⚑ **Beukelman&Mirenda(2017)**

운동요소	커서 조절 방법		
	자동적 훑기	직접 훑기	단계적 훑기
기다리기	높음	중간	낮음
활성화	높음	낮음	중간
유지하기	낮음	높음	낮음
풀기(해제)	낮음	높음	낮음
기다리기	높음	중간	중간
재활성화	높음	중간	중간
피로도	낮음	중간	높음

⚑ **Cook&Hussey(2014)**

운동 요소	커서 조절기법		
	자동적 훑기	반전 훑기	단계적 훑기
기다리기(대기)	높음	중간	낮음
활성화(작동)	높음	낮음	중간
유지하기(누르기)	낮음	높음	낮음
떼놓기(해제)	낮음	높음	중간
피로도	낮음	낮음	높음
감각적·인지적 주의력	높음	높음	낮음

기출 POINT 16

⑤ 24초등A2

㉤에 들어갈 ㉣의 사용자 특성을 1가지 쓰시오.

> Q. 우리 아이는 인지 기능은 정상이나 호흡이 거칠고 불규칙해서 다른 사람들이 아이의 말을 알아듣기 어려워 일 년 전부터 보완·대체 의사소통체계를 사용하고 있습니다. 그런데 운동장애가 심해져서 다른 방법이 필요할 것 같습니다. 학교와 집에서 사용하기 위해 담임 선생님께서 ㉣ 단계적 훑기 기법을 추천하셨습니다.
> A. 단계적 훑기는 간접 선택 기법의 일종입니다. 담임 선생님께서는 인지 기능이나 운동 기능보다는 (㉤) 때문에 추천하신 것 같습니다. 그 방법이 쉽습니다.

⑥ 18유아A8

재민이에게 적절한 훑기 선택 조절 기법을 쓰고, 해당 기법이 적절한 이유를 재민이의 특성에 근거하여 쓰시오.

■ 재민이의 특성

> • 뇌성마비 경직형 사지마비임
> • 신체활동에 대한 피로도가 높은 편임
> • 주의 집중력이 높은 편임
> • 발성 및 조음에 어려움이 있으며 놀이 활동에 참여하고자 하나 활동 개시가 어려움
> • 활동 시간에 교사의 보조를 받아 부분 참여가 가능함
> • 코너체어 머리 지지대에서 고개를 좌우로 정위할 수 있으나, 자세를 유지하기 어려움

더알아보기 스캐닝의 종류

- **자동 스캐닝**

  스위치를 누르면 커서가 배열된 항목을 자동으로 스캐닝한다. 커서가 원하는 항목에 도달하였을 때 다시 스위치를 누르면 선택된다. 이러한 스캐닝 방법은 스위치를 정확하게 누를 수 있지만 계속해서 스위치를 누르고 있거나 스위치 활성화 상태를 유지할 수 없는 사람이 사용하면 좋다.

- **역 스캐닝**

  커서가 항목들을 가로질러 움직일 수 있도록 스위치를 계속 누르고 있다가 원하는 항목에 도달하였을 때 스위치를 놓는다. 이러한 스캐닝 방법의 대표적 사례는 라디오 시계의 알람을 설정할 때로, 화살표 버튼을 누르고 원하는 기상시간에 도달할 때까지 숫자가 지나는 것을 주시하다 원하는 기상시간에 도달했을 때 정확하게 버튼에서 손을 떼야 한다.

- **단계 스캐닝**

  커서가 원하는 항목에 도달할 때까지 스위치를 눌러 한 항목씩 진행한다. 스위치를 누르는 표시가 사라지면 원하는 항목임을 암시한다. 일반적인 사례는 자동차 오디오에서 좋아하는 두 대역의 방송 주파수 사이를 이동하는 것이다. 원하는 주파수의 프로그램이 나올 때까지 여러 번 스위치를 반복해서 눌러야 한다. 단계 스캐닝은 각각의 항목으로 움직이기 위해 스위치를 필요한 만큼 눌러야 하므로 피로할 수 있다. 그러나 스위치를 정확한 시점에 눌러야 하는 부담감이 없고 비교적 단순하므로, 인지능력이 떨어지거나 처음 스캐닝 조작을 배우는 사람에게 유용하다.

- **선형 스캐닝**

  항목이 선택될 때까지 커서나 지시기가 첫째 줄의 각 항목, 둘째 줄의 각 항목, 그리고 그다음 줄의 각 항목으로 이동한다. 청각적 선택세트에서도 선형 스캐닝 방식이 사용될 수 있는데, 예를 들면 AAC 사용자가 "예"라고 말할 때까지 "오늘 어떤 셔츠 입을래요?", "빨간 셔츠?", "파란 셔츠?", "줄무늬 셔츠?"와 같이 계속해서 질문을 하는 것이다. 이는 항목이 특정 순서로 한 번에 하나씩 제시되기 때문에 항목이 많을 경우에는 비효율적이다.

- **원형 스캐닝**

  항목이 원을 그리며 배열되어 있는 것으로, 시계 초침처럼 원형 안에 있는 개별 항목을 자동으로 한 번에 한 항목씩 스캐닝한다. 원형 스캐닝은 시간이 많이 소요되지만, 배우기 쉽기 때문에 인지능력이 떨어지거나 처음 AAC를 통해 의사소통을 배우는 아동에게 도움이 된다.

- **행렬 스캐닝**

  '그룹−항목 스캐닝' 또는 '가로−세로 스캐닝'이라고도 하며, 한 번에 한 항목이 아닌 전체 열이 활성화된다. 원하는 항목이 있는 열에 도착했을 때 사용자는 스위치를 눌러 열을 선택하고, 그 열에 있는 항목이 각각 하나씩 스캐닝되고 원하는 행에 왔을 때 다시 스위치를 눌러 선택하는 방식이다. 많은 항목을 포함하고 있는 선택세트는 효율성을 높이기 위해 보통 행렬 스캐닝 방식을 사용한다.

- **빈도 스캐닝**

  스캐닝 속도를 향상시키기 위해 사용하는 또 다른 방법은 항목이나 문자를 자주 사용하는 순서로 배열하는 것이다. 즉, 가장 많이 사용하는 문자나 항목에 커서가 처음 위치해서 활성화되도록 배열한다. 이렇게 하면 의사소통 시간이나 문자 입력 시간을 절약할 수 있다.

04 전략(strategies)

1. 전략의 개념

전략이란 상징, 보조도구, 기법을 통해 의사표현을 원활하게 하기 위한 다양한 방법을 의미한다.

2. 전략의 유형

① **보완대체의사소통 사용자 훈련**: AAC 사용자의 의사소통을 촉진시키는 방법으로 의사소통판을 색깔별로 코팅해 주거나 단어 예측 프로그램을 사용하는 것 등을 들 수 있다. 즉, 메시지를 가장 효과적이고 효율적으로 전달할 수 있는 방법을 찾는 것이다.

색깔 부호화의 예 (마이토키 스마트)　　단어 및 문장 예측의 예 (이지컴)　　사용 빈도별 문장 리스트의 예 (진소리)

[출처] 『한국보완대체의사소통. 평가 및 중재 프로그램』(KAA&KAI)

② **보완대체의사소통 대화상대자 훈련**: AAC 지도에 있어서는 AAC 체계를 사용하는 중도·중복장애 학생을 훈련시키는 것과 함께, 학생의 일상생활 장면에서 접할 기회가 높은 다양한 대화상대자에게도 AAC에 참여하는 방법을 가르치는 것이 중요하다.

❶ 25중등A2, ❷ 19유아A8

🔔 대화상대자 훈련에 대한 보다 구체적인 내용은 'Chapter 04-06. 대화상대자 교수전략'에 제시되어 있다.

기출 POINT 17

❶ 25중등A2
밑줄 친 ⓒ은 보완 대체 의사소통(AAC)의 구성 요소 중 무엇에 해당하는지 쓰시오.

학생들에게 ⓒ 의사소통판을 사용하는 친구의 상대자로서 어떻게 반응하고 역할해야 하는지 가르치는 게 필요해요.

❷ 19유아A8
ⓒ은 보완대체의사소통(AAC)의 4가지 구성요소 중 무엇에 해당하는지 쓰시오.

민 교사: 집에서도 승우와 대화할 때 어머니의 역할이 중요해요. 그럴 때는 ⓒ 어머니께서 승우가 의사를 표현할 수 있을 거라는 기대를 가지고 기회를 제공하여, 의사를 표현하는 동안 충분히 기다려 주는 것이 필요하지요.

보완대체의사소통 진단 및 평가

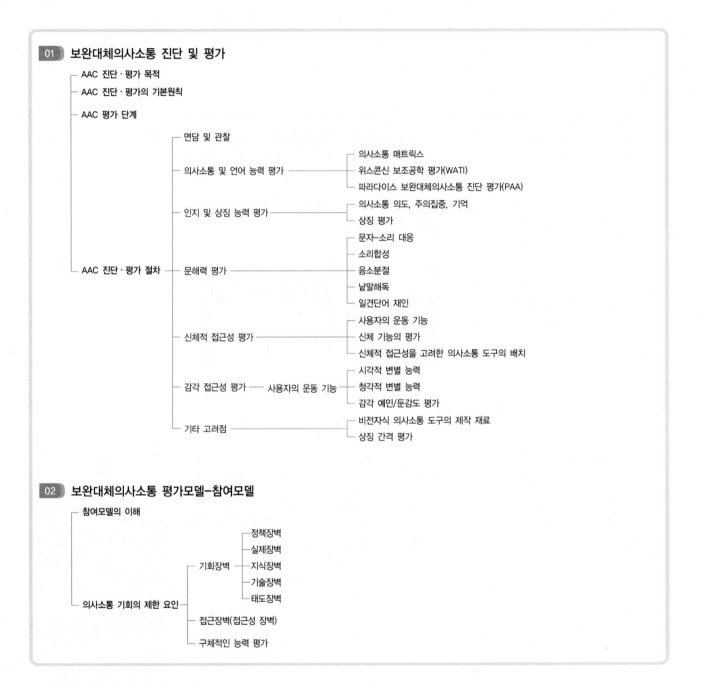

01 **보완대체의사소통 진단 및 평가**

- AAC 진단·평가 목적
- AAC 진단·평가의 기본원칙
- AAC 평가 단계
- AAC 진단·평가 절차
  - 면담 및 관찰
  - 의사소통 및 언어 능력 평가
    - 의사소통 매트릭스
    - 위스콘신 보조공학 평가(WATI)
    - 파라다이스 보완대체의사소통 진단 평가(PAA)
  - 인지 및 상징 능력 평가
    - 의사소통 의도, 주의집중, 기억
    - 상징 평가
  - 문해력 평가
    - 문자-소리 대응
    - 소리합성
    - 음소분절
    - 낱말해독
    - 일견단어 재인
  - 신체적 접근성 평가
    - 사용자의 운동 기능
    - 신체 기능의 평가
    - 신체적 접근성을 고려한 의사소통 도구의 배치
  - 감각 접근성 평가 ── 사용자의 운동 기능
    - 시각적 변별 능력
    - 청각적 변별 능력
    - 감각 예민/둔감도 평가
  - 기타 고려점
    - 비전자식 의사소통 도구의 제작 재료
    - 상징 간격 평가

02 **보완대체의사소통 평가모델-참여모델**

- 참여모델의 이해
- 의사소통 기회의 제한 요인
  - 기회장벽
    - 정책장벽
    - 실제장벽
    - 지식장벽
    - 기술장벽
    - 태도장벽
  - 접근장벽(접근성 장벽)
  - 구체적인 능력 평가

01 보완대체의사소통 진단 및 평가

1. AAC 진단·평가 목적

AAC 진단·평가의 목적은 AAC 체계를 사용하는 사람들과 그들을 지원하는 사람들이 AAC 사용자의 현재 의사소통 특성을 확인하는 것이다. 따라서 AAC 진단·평가의 주요 목적은 장애학생의 의사소통 능력을 증진하고 독립적인 참여를 증가시키는 데 있으며, 구체적인 내용은 다음과 같다.

① 개인의 현재 의사소통 능력을 이해하는 데 도움이 된다. 즉, AAC 진단·평가에서는 음성, 제스처, 표정, 상징 등 다양한 의사소통 형태의 사용을 확인한다.

② 개인의 의사소통 요구 사항을 파악하는 것이 중요하다. 이는 AAC 전략이나 기술이 어떤 요구 사항을 충족시킬 수 있는지 파악하는 데 도움이 된다.

③ 개인이 사용할 수 있는 가장 효과적인 AAC 체계 및 기술을 결정한다. 이는 비전자식 부터 전자식까지 다양한 AAC 체계 중 개인에게 가장 적합한 AAC 체계를 결정하는 것을 의미한다.

④ 개인에게 적합한 AAC 체계를 결정하고 사용하는 계획을 제공한다. AAC 진단·평가는 개인이 새로운 AAC 체계를 사용하도록 계획하는 데 필요한 정보를 제공한다. AAC 사용 훈련, 점진적인 도입, 적응 등을 포함할 수 있다.

⑤ AAC 체계의 효과성을 모니터링한다. AAC 진단·평가는 AAC 체계가 궁극적으로 개인의 의사소통 능력을 향상시키는지 확인하는 역할을 해야 한다. AAC 체계가 효과적이지 않다면, 재평가를 통해 원인을 파악하고 새로운 방법을 시도하도록 도와야 한다.

2. AAC 진단·평가의 기본원칙

① AAC 진단·평가는 모든 사람이 의사소통할 수 있다는 전제를 기반으로 한다.

② AAC 진단·평가는 개별화된 접근으로 각 개인의 필요, 관심사, 능력, 제한 등을 고려하는 것이 중요하다.

③ AAC 진단·평가는 일상적인 의사소통 환경에서 실제적이고 기능적인 의사소통을 수행할 수 있는 능력을 중점적으로 평가해야 한다.

④ AAC 진단·평가는 다양한 의사소통 형태(예 제스처, 표정, 그림, 상징, 글씨, 음성출력 장치 등)를 존중한다.

⑤ AAC 진단·평가는 역동적 평가 과정이다. 즉, AAC 진단·평가는 한 번만 진행되는 것이 아니라 지속적으로 반복되어야 하는 과정이다. 의사소통 상대방은 환경마다 바뀌고, 만나는 사람들도 달라지며, 기존에 만나던 사람들의 필요와 능력도 시간이 지남에 따라 변하기 때문이다. 따라서 AAC 체계는 이러한 변화를 수용할 수 있도록 주기적으로 조정되어야 한다.

⑥ AAC 진단·평가는 의사소통에 참여하는 모든 사람, 즉 사용자·가족·친구·교사·치료사 등이 팀을 이루어 수행되어야 한다.

3. AAC 평가 단계

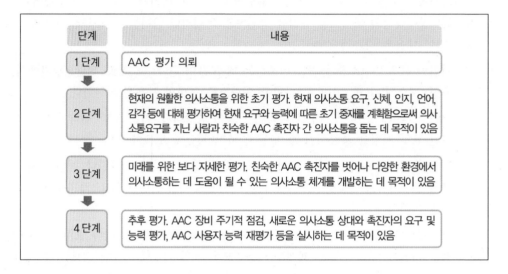

단계	내용
1단계	AAC 평가 의뢰
2단계	현재의 원활한 의사소통을 위한 초기 평가. 현재 의사소통 요구, 신체, 인지, 언어, 감각 등에 대해 평가하여 현재 요구와 능력에 따른 초기 중재를 계획함으로써 의사소통요구를 지닌 사람과 친숙한 AAC 촉진자 간 의사소통을 돕는 데 목적이 있음
3단계	미래를 위한 보다 자세한 평가. 친숙한 AAC 촉진자를 벗어나 다양한 환경에서 의사소통하는 데 도움이 될 수 있는 의사소통 체계를 개발하는 데 목적이 있음
4단계	추후 평가. AAC 장비 주기적 점검, 새로운 의사소통 상대와 촉진자의 요구 및 능력 평가, AAC 사용자 능력 재평가 등을 실시하는 데 목적이 있음

4. AAC 진단·평가 절차

Light 등(2003)은 언어 능력, 작동 능력, 사회적 능력, 조절 능력으로 AAC 능력을 소개하였다. AAC 진단·평가에서는 각각의 영역에서 학생의 의사소통 능력 수준을 판별하는 것도 중요하지만, 각 영역별 능력이 서로 영향을 준다는 것 또한 고려되어야 한다.

(1) 면담 및 관찰

면담	• 부모를 비롯한 주요 양육자는 학생이 가정에서 누구와, 어떻게, 언제, 어떤 방법으로 소통하는지에 대한 의미 있는 정보를 제공한다. 이들은 의사소통 단절을 일으키는 상황을 알려주고, 학생들이 의사소통하고 싶어 하는 주제 및 관심에 대한 정보를 제공하며, 이전에 시도했던 여러 중재 전략에 대한 중요한 정보를 제공한다.
	• 기본적으로 수집되어야 하는 의사소통에 대한 면담 정보는 다음과 같다.
	  - 기본 정보: 학생의 진단장애, 가족 환경 정보, 발달 정보, 교육 및 치료 내용, 의료 정보 등
	  - 선호도 정보 수집: 의사소통 주제가 개인의 선호를 반영할 때 의사소통이 가장 활발하게 이루어지므로 학생 선호에 대한 정보를 수집해야 한다.
	  - 집중시간 확인: 양육자와의 면담이나 교사의 직접 관찰을 통해 학생이 선호하는 활동에 집중할 수 있는 시간을 확인할 수 있다.
	  - 사회적 관계망 확인: 학생을 둘러싼 의사소통 상대방이 누가 있는지, 의사소통 상대방이 어느 정도로 다양한지, 자연스러운 환경에서의 의사소통 상대방이 있는지 등에 대한 정보를 확인하기 위해 필요하다.

- **생태학적 활동 기록지**
  - 첫째, 학생이 필요로 하는 의사소통 지원의 형태가 무엇인지 판별한다.
  - 둘째, AAC 사용자가 비장애 또래와 비교하여 활동에 참여할 때 방해받는 요인이 무엇인지 파악하는 데 도움이 된다.

시간	활동명	비장애 또래 참여 정도 (무엇을 어떻게)	AAC 사용자 참여 정도 (무엇을 어떻게)	필요한 보조기기	요구되는 전략	책임 소재

- **AAC SETT* 체크리스트**
  - 의사소통의 상황과 맥락을 평가하는 대표적인 체크리스트이다.
  - 각각의 자료를 수집한 후, 학생의 의사소통 의도성, 의사소통 복잡성, 의사소통 주고받기(turn-taking), 의사소통 시도로 구분하여 학생의 의사소통 발달단계를 파악한다.

> **Keyword**
>
> **SETT**
> S(학생), E(환경), T(과제), T(도구)의 약자

관찰

영역	AAC SETT 체크리스트 의사소통 프로파일 핵심 내용
의사소통 의도성	학생이 의사소통 상대방(예 교사, 부모)에게 본인의 의사를 표현하고 이를 지속하며 일관성 있게 표현하는지 확인한다. AAC SETT 프로파일의 각 단계별 특성을 참고하여 의도성 단계를 파악한다.
의사소통 복잡성	의사소통을 위해 사용하는 상징의 수준을 파악한다. 비상징(상징 이전, 상징 사용 전 반사행동), 전 상징(비도구적 상징 사용), 상징 사용(기초 상징, 상징 조합)의 3단계로 구분된다. 각각의 상징 단계별 핵심 내용은 IEP 작성 시 목표로 적용될 수 있다.
의사소통 주고받기	상대방과 의사소통을 유지할 수 있는지 확인한다. 구체적으로는 단순히 반응에만 의존하는지, 차례와 순서를 교대로 주고받는지 등이다. 이는 사회적 능력과도 연결된다.
의사소통 시도	의사소통의 시작 및 주도권이 누구에게 있는지 확인한다. 성인 시도이면 반응적인 소통에 머무는 것이고, 학생 시도이면 일관성 있게 나타나는지 확인한다.

(2) 의사소통 및 언어 능력 평가

① AAC를 사용하는 학생의 언어학적 지식과 기술을 이해하는 것은 효과적인 중재 전략을 선택하고 적절한 목표를 구성하는 데 중요하다.

② 특히 언어는 문해력과 학업 성취의 근간이기 때문에 AAC 체계는 언어와 문해력을 발달시키는 도구로 사용되어야 한다.

③ 의사소통 및 언어 능력 평가 방법

　㉠ **의사소통 매트릭스** : 제스처, 발성, 눈짓 등과 같이 비상징적 의사소통 수단을 사용하는 학생들을 위해서 의사소통 매트릭스를 사용할 수 있다. 의사소통 매트릭스는 의사소통의 네 가지 주요 기능과 일곱 가지 수준의 의사소통 행동 등을 포함한다.

🚩 **의사소통 매트릭스 예시(의사소통 기능)**

단계	거절하기	획득하기	참여하기	정보 제공 및 요구하기
I	불편함 표현	편안함 표현	다른 사람에 대한 관심 표현	—
II	항의	• 특정 행동 반복 • 어떤 것을 추가로 획득	관심 유도	—
III	어떤 것을 거부 또는 거절	• 특정 행동을 추가로 요구	• 관심을 요구 • 애정 표현	—
IV		• 새로운 행동을 요구 • 특정 사물을 추가로 요구 • 선택 • 새로운 사물을 요구	• 사람들에게 반가움 표현 • 어떤 것을 주거나 나눠줌 • 사용자의 관심을 어떤 것에 돌리려고 유도	• "예" 또는 "아니오"로 질문에 대답 • 궁금한 사항에 대해 질문
V		눈앞에 보이지 않는 사물을 요구	• 사회에서 통용되는 예법을 사용	• 사물의 명칭이나 사람의 이름 명명 • 의견을 포함
VI				
VII				

　㉡ 위스콘신 보조공학 평가(WATI)
　　• WATI는 보조기기를 선정하기 위한 평가도구이다.
　　• WATI의 의사결정은 항상 학부모를 포함하고, 참여 및 의사결정 단계에서 학생을 포함하는 팀에 의해 진행된다.

　㉢ 파라다이스 보완대체의사소통 진단 평가(PAA)
　　다섯 가지의 평가 영역으로, 지체 및 중복장애 학생 평가까지 가능하여 학교 현장에서 손쉽게 AAC 대상자를 선별 및 진단할 수 있다.

🏳 **파라다이스 보완대체의사소통 진단 · 평가 예시** ❶ 14초등A6

평가 영역	평가 내용
자세	근 긴장도를 감소시킬 수 있는 안정된 자세
신체 및 운동 기능	• 직접 선택이 가능한 신체 부위(손, 발, 눈, 머리 등) • 상징 선택을 위한 상징 크기, 배열, 선택 능력
감각 능력	시야 측정, 시각 능력, 색지각, 빛 민감도, 청각 능력 진단
인지 능력	사물 영속성, 부분과 전체의 개념 이해, 범주화 능력, 사물의 기능 이해, 사물과 적절한 상징의 대응 관계 파악
언어 능력	수용언어 및 표현언어 능력, 어휘 이해도 측정, 상징 결정

(3) 인지 및 상징 능력 평가

① 의사소통 의도, 주의집중, 기억

㉠ AAC 평가에서 학생의 지적/인지 능력을 평가하는 것이 중요한 이유는 학생이 주변을 인지하고 자신의 의도로 주변인 및 환경에 변화를 일으킬 수 있다는 자극-반응을 인지하는지 확인할 수 있기 때문이다.

㉡ 학생의 인식, 의사소통 의도, 기억, 상징 표상 능력, 지식(상식) 등은 학생이 AAC 체계를 사용하는 방법을 익히는 데 직접적인 영향을 주는 중요한 평가 영역이다.

㉢ 인지 능력 진단에서는 AAC 적용과 관련된 기본 인지 능력으로 사물 영속성, 부분과 전체의 개념 이해, 범주화 능력을 포함한다. ❶ 22유아B2

㉣ 또한 사물의 기능에 대한 이해 및 사물과 적절한 상징의 대응 관계를 파악하는 것도 중요하다.

② 상징 평가

AAC 사용자와 상대방은 비상징(상징을 사용하지 못하는 단계) 또는 상징 단계에서 서로 다른 언어학적 단계에 있을 확률이 높다. 따라서 교사는 간단한 체크리스트를 통해 이를 선별할 수 있어야 한다.

기출 POINT 1

❶ 14초등A6

학생에게 AAC를 적용하고자 할 때, '언어영역'을 제외한 사용자 평가 영역 중 3가지만 쓰시오.

더⊞아보기

AAC 지도를 위한 평가영역은 '파라다이스 보완대체의사소통 기초능력평가(PAA)'에 기초할 때 운동 능력(자세 및 이동 능력, 신체 기능), 감각 능력, 인지 능력, 언어 능력 영역을 포함한다.

기출 POINT 2

❶ 22유아B2

㉠에 해당하는 평가 항목을 쓰시오.

AAC 사용 평가 항목	평가 결과
상징	그림 상징이 적합함
보조도구	의사소통판보다는 5개 내외의 버튼이 있는 음성출력기기가 놀이 참여 지원에 적합함
기법/기술	(㉡)
(㉠)	사물영속성 개념이 있으며, 보드게임에 필요한 4~5개의 그림 상징을 이해할 수 있음
운동 능력	한 손가락으로도 버튼을 잘 누를 수 있음
기타	기다리지 않고 도움 없이 버튼 누르기를 좋아함

상징 도상성 평가	• 실제 AAC를 사용하는 학생의 상징 표상 능력을 진단하기 위해서는 학생이 다양한 상징들을 판별하는 능력이 있는지를 알아보아야 한다. 이러한 판별은 주로 상징의 도상성을 확인하는 것과 연결된다.
	  – 상징의 **투명성**: '투명한 상징'이란 상징이 의미하는 것을 가장 쉽고 빨리 이해할 수 있는 상징이다.
	  – 상징의 **반투명성**: '반투명한 상징'이란 상징과 실제 나타내는 것이 설명된 이후에 그 의미가 이해되기 쉬운 상징이다.
	  – 상징의 **불투명성**: '불투명한 상징'이란 상징과 실제 나타내는 것의 의미를 연결하여 설명을 해도 상징의 의미가 잘 전달되지 못하는 상징이다.
	• 일상 경험이나 상식이 부족하다면 AAC 체계에서 사용되는 상징을 이해하기 어렵다. 따라서 학생들의 일상에서 상징과 관련된 경험을 늘리는 것이 중요하다.
	• 교사는 무작정 학생에게 상징을 제시하고 이를 사용하도록 지도하기에 앞서, 학생의 의사소통 도구에 사용될 상징의 유형 및 범주화를 평가해야 한다.

상징 유형 평가	• 간단히 학교에서 진행할 수 있는 상징 유형 평가는 파라다이스 보완대체의사소통 진단평가(PAA) 중 인지 능력 평가이다. • AAC 사용을 위해서는 현행 수준에서 사용자의 능력과 요구에 따라 상징이 선택되어야 한다. 따라서 학생이 선호하고 알고 있는 사물(예 자동차)을 도구적 상징 유형 중에 어떻게 사용하는지 확인한다. 또, 다양한 상징(예 실물-사진-그림-선화-글자)에서 선호하는 유형을 확인한다. • 단, 반드시 실물 다음에 사진, 사진 다음에 그림, 그림 다음에 선화, 선화 다음에 글자라는 위계대로 상징 유형을 제시하는 것은 지양한다. 상징 유형을 평가하는 것은 현행 수준에서 학생이 선호하고 쉽게 사용할 수 있는 상징 유형을 파악하기 위함이지 이를 위계적 순서대로 교수하기 위함이 아님을 고려해야 한다. • 상징 유형 평가에서 상징의 이름을 알고 있는 것(예 칫솔)보다 적합한 상징 유형의 실제 사용(예 이빨 닦을 때 사용하는 것은? → 칫솔을 보여줌)에 초점을 두어야 한다.
상징 범주화 평가	상징의 범주화는 분류 개념과 연결된다. 따라서 동일 범주의 사물(예 색연필)과 전혀 다른 범주의 사물(예 사탕)을 여러 개 제시한 후, 이를 범주(예 학용품 VS 음식)로 분류하는지 확인한다. 사물 수준에서 범주화가 가능하다면 상징의 유형을 사진 → 그림 → 글자 순서로 변경하여 범주화할 수 있는지 확인한다.

(4) 문해력 평가

AAC 사용자의 문해력 평가는 초기 문해력 평가로 진행할 수 있다. 모든 평가는 정확도가 최소 80%에 미치지 못할 때를 교수가 필요한 기준으로 한다.

문자-소리 대응	음운인식은 소리를 정확하게 듣고 구별하고 결합하는 능력이다. 해독 능력을 갖추려면 구어가 소리 단위인 음소로 구성된다는 것을 이해하고, 낱말을 음소로 분절·결합할 수 있는 음운인식 능력이 있어야 한다.
소리합성	소리합성 기술은 음운처리의 가장 중요한 구성요소이다.
음소분절	음소분절은 소리합성과 반대되는 것으로, 낱말을 듣고 개별 소리로 쪼개는 능력이다.
낱말해독	해독(decoding, 새로운 낱말 읽기)은 글자를 말소리로 전환시킬 수 있는 능력으로 문자-소리 대응, 소리합성 기술의 조합이다. 앞서 문자-소리 대응, 소리합성 기술이 있는 것으로 판정된 학생들은 해독 기술에 대한 평가를 실시한다. 해독에는 의미단어 소리 내어 읽기, 무의미 단어 소리 내어 읽기가 포함된다. 소리 듣기와 소리 구별 연습이 충분하면 학생들은 모르는 단어를 읽을 때도 문자-소리 대응지식을 이용하여 소리 내어 읽을 수 있는 해독 능력이 향상된다.
일견단어 재인	일견단어 재인 평가는 앞서 음운 인식에서 어려움이 있었던 학생도 평가해봐야 하는 기술이다. 대개 일견단어 재인은 자발적으로 나타난다. 특히 AAC 사용자는 AAC 디스플레이에서 상징과 낱말이 함께 제시됨에 따라 자발적으로 일견단어를 학습하게 된다. 학생의 이름, 가족 이름, 좋아하는 활동명 등의 낱말을 인식하는 것이 이에 해당한다.

(5) 신체적 접근성 평가

① 사용자의 운동 기능

㉠ 자세와 앉기 평가하기

- 이 평가는 바른 자세를 취할 수 있는지, 어떤 자세 보조기기가 필요한지 등을 평가하여 AAC 체계를 사용할 때의 적절한 자세에 대해 알아본다. AAC 체계를 사용하기 위해서는 안정적이고 바른 자세를 유지하는 것이 필요하다.
- 자세는 근긴장도를 감소시킬 수 있는 안정된 자세를 기반으로 수정한다. 남은 움직임을 최소화하여 피로를 줄일 수 있는 수정이 필요하며, 최대 수준의 기능을 성취하기 위해 필요한 최소한의 중재를 제공하는 데 초점을 맞춘다.
- 자세 평가는 휠체어나 일반 의자에 앉은 자세를 먼저 관찰하되, 의자를 이용하여 바른 자세를 취할 수 없다면 보조기기를 이용한 지원 방안을 고려한다.
- 평가팀은 학생이 의자에서 앉은 자세를 취할 수 있도록 적절히 수정해준 뒤, 새로운 자세에서 나타날 수 있는 변형이나 압력 통증, 신경근육의 구축 등의 요인을 살펴본다.

더알아보기 AAC 사용을 위한 착석 자세 요소

AAC 사용을 위한 이상적인 목표는 대칭적인 착석 자세이다. 이를 위한 최적의 착석 자세 요소는 다음과 같다.

- **골반, 고관절, 허벅지**
  - 엉덩이 양쪽이 동일한 무게를 감당한다.
  - 골반은 약간 앞쪽으로 기울거나 중립적인 자세를 취한다.
  - 골반은 의자의 뒷모서리 중앙에 닿는다.
  - 고관절은 90도까지 기울어져 있다.
  - 두 허벅지의 길이가 같다.

- **몸통**
  - 양 어깨가 대칭적이다.
  - 몸통은 직립 또는 약간 앞쪽으로 기울어져 있다.

- **어깨, 팔 및 손**
  - 상박은 약간 앞쪽으로 구부려져 있다.
  - 팔꿈치는 중간 정도로 구부려져 있다.

- **다리, 발 및 발목**
  - 무릎은 90도로 구부러져 있다.
  - 발뒤꿈치가 바닥에 닿는다.

- **머리와 목**
  - 머리와 목은 몸의 정중선을 향한다. ❶ 24중등A7
  - 턱은 약간 당겨져 있다.

기출 POINT 3

❶ 24중등A7
학생 B의 특성을 고려하여 ⓒ의 이유를 2가지 서술할 것. (단, '원시반사'가 포함된 서술은 제외함)
▪ 학생 B

- 경직형 뇌성마비, 비대칭성 긴장성 경반사
- GMFCS 5단계

특수교사: AAC 기기나 모니터를 ⓒ 몸의 정중선에 위치하도록 하는 것이 중요합니다.

ⓒ 불수의적 근육 반응, 원시반사의 존재에 대한 정보 수집하기

② 신체 기능의 평가

ⓐ 신체 기능의 평가는 상징 선택 및 표현에 필요한 운동 능력을 알아보는 것이다. 의사소통판이나 AAC 기기를 사용할 경우 상징을 직접 지적하거나 스위치 등의 간접적인 방법을 사용하기 때문에 학생의 신체 기능을 알아보아야 한다. 이는 학생마다 매우 다양하므로 개인별로 일관성 있고 정확하게 사용할 수 있는 신체 부위와 선택 가능한 움직임 패턴을 파악해야 한다.

ⓑ 신체 기능 평가의 목표는 학생의 운동 문제를 묘사하는 것이 아니라, 평가 과정에서 손을 사용하지 못한다면 향후 대안적인 접근으로서 사용할 수 있는 신체 기능이 무엇인지 관찰을 통해 찾아내는 것이다.

　예 직접적인 선택 기술 외에 의사소통 방법으로 사용할 수 있는 눈 깜빡임, 얼굴 표정, 머리 흔들기 등의 개인 능력도 평가한다.

ⓒ 신체 기능의 평가는 선택 가능한 신체 기능을 알아내는 것 외에 신체 기능을 효율적으로 표현할 수 있는 방법을 찾아내는 과정이다. 그러므로 상황이나 자세에 따라 효율적으로 표현할 수 있는 신체 부위를 찾아내는 데 중점을 둔다.

직접 선택 방법	• 신체의 어느 부위가 되었건 학생이 스스로 조절하여 직접 선택할 수 있는 신체 부분을 확인하는 것이다. • 직접 선택하기가 가능한 신체의 부위를 찾을 때에는 손/손가락 → 팔꿈치 → 얼굴 → 머리 → 발 → 다리의 순서로 자발적으로 움직이는 정도를 평가한다. ❶ 13중등28 • 특별한 조정 없이 개인의 손가락, 손, 머리, 눈 움직임의 범위와 정확성을 평가한다. **예** 컴퓨터 화면 위에 수평 격자 표면을 사용하여 손의 움직임을, 수직 표면을 사용하여 머리 조절과 눈 움직임 통제를 평가함 • 선택 능력을 살펴보기 위해서 교사가 AAC 기기의 화면에 다양한 목표 상징들을 배치한 후, 그 후에 학생이 각각의 상징들을 바라보거나 다양한 신체 부분을 활용하여 선택하게 한다. 주의할 점은 AAC 기기의 화면에서 스스로 어떤 메시지를 만들어 보라고 지시하는 것은 지양해야 하는데, 이는 학생의 움직임보다는 인지나 언어 능력을 평가하는 것일 수 있기 때문이다. • 최근 AAC는 앱을 기반으로 확대되고 있으므로, 단순히 화면을 눌렀다 떼는 자극 반응 게임 앱으로 화면을 직접 터치할 수 있는지 평가할 수 있다.
간접 선택 방법	• 간접 선택 방법은 다양한 훑기 전략을 사용할 수 있도록 개인의 능력을 평가하는 것과 함께 여러 종류의 스위치를 활성화하기 위해 사용할 수 있는 몸의 위치를 판단하는 것이다. • 훑기 평가의 첫 단계는 스위치 활성화를 위한 신체의 위치를 확인하는 것이다. 이때, 인지·시각·의사소통 요구를 감소시키는 것이 중요하다. • 스위치 활성화 부위를 판별하기 위해서는 일반적으로 손가락 → 손 → 머리 → 발 → 다리 → 무릎 순서로 평가한다. 가장 먼저 손의 최상의 가동 범위를 확인하고, 만약 손 조절 능력이 불충분하면 머리 → 발 → 다리 → 무릎 순으로 평가한다. • 스캐닝을 위해서는 좋은 시각적 추적능력과 고도의 집중력, 순서화에 대한 능력이 필요하다. 🔔 38쪽의 '더 알아보기-훑기를 위한 운동 요소와 커서 조절 방법' 참고

기출 POINT 4

❶ 13중등28

학생 B를 위한 교사의 지원방법으로 옳은 것만을 있는 대로 고르시오.

ⓔ 학생 B의 컴퓨터 사용을 위해 직접 선택 능력을 평가할 때에는 손의 조절, 발과 다리의 조절, 머리 및 구강과 안면의 조절 순으로 한다.

더알아보기 신체 및 운동 능력의 평가

관찰과 인터뷰	• 일정 시간 동안 개인을 관찰하여 직접선별 능력을 평가함 • 개인, 가족 구성원, 양육자, 다른 사람들과의 면담을 통해 현재 움직임의 유형과 활동에 관한 정보를 수집함
운동의 정확성과 범위 진단	• AAC 팀에 의한 손과 헤드 스틱 조절 기능을 평가함 • 다양한 유형의 표적을 디스플레이 표면에 배치하여 학생이 손이나 발로 만지고, 헤드 스틱이나 라이트포인터, 눈 응시를 사용하여 눈으로 가리키는(eye-pointing) 능력을 평가함
조절 능력의 활용과 확대	• 부가적인 평가로 다양한 크기의 표적에 정확하게 접근하는 정도와 표적의 최대 범위·수를 평가함 • 키가드, 다양한 디스플레이 표면 각도, 다양한 느낌의 표면, 머리와 상체지지 기기와 같은 수정이 사용자 움직임의 정확성, 효용 범위를 최대화할 수 있는지의 정도를 평가함
부정적 영향력에 대한 평가	운동 조절 기능 평가를 통해 나타나는 비정상적 반응이나 자세, 과도한 근육 긴장도나 피로와 같은 부정적 영향을 평가하고 이를 최소화할 수 있는 범위를 결정함

③ 신체적 접근성을 고려한 의사소통 도구의 배치

  ㉠ **의사소통 도구의 배치**: 의사소통 도구의 배치는 사용자의 자세, 시각 및 운동 조절 능력과 관련된다.

   예 사용자가 수직 자세를 유지하여 손과 팔의 움직임에 안정감이 있다면, 바닥과 수평으로 설치된 테이블이나 휠체어 위에 의사소통 도구를 배치한다. 그러나 손의 사용 및 신체적 운동 조절 능력에 제한이 있는 경우에는 책상 바닥면과 30~40도 기울기로 의사소통 도구를 배치하는 것이 바람직하다.

  ㉡ **의사소통 도구의 위치**: 의사소통 도구의 위치는 사용자의 시각 능력과 운동 능력에 따라 결정된다. 가장 손쉽게 시각 능력을 확인하는 방법은 장애학생이 선호하는 물건을 학생의 시야 정중앙에 두고, 교사가 팔을 뻗은 범위 내(약 30cm)에서 제시한 후 4점 포인트로 정사각형을 찍는다고 생각하고 이동시킬 때, 장애학생이 이를 시각 추적하여 따라 보는지를 확인한다. 이후 교사의 팔 길이의 반의 추가 범위(약 45cm) 또는 팔 길이 반(약 15cm) 이내의 범위에서 제시하여 시각 추적을 확인한다.

  ㉢ **의사소통 도구의 크기**: 사용자가 필요로 하는 어휘의 수(예 핵심어휘)와 상징의 유형(예 그림·사진·글씨)을 결정한 후, 개별 상징의 크기와 상징 간 거리를 고려하여 의사소통판의 크기를 최종 결정한다.

(6) 감각 접근성 평가

① 사용자의 운동 기능

　㉠ **시각적 변별 능력**: 시력, 시야, 안구운동 기능, 빛과 색에 대한 민감성, 시각 안정성, 기능적 시각 능력 등을 고려해야 한다.

시력	• 목표물의 크기나 목표물이 판별된 거리를 확인하는 것이다. 도구적 상징을 사용할지, 비도구적 상징을 사용할지 결정하기 위해 시력 정보가 필요하다. • 도구적 상징이 선택될 경우에는 사용될 상징의 유형, 크기, AAC 사용자의 눈과의 거리 등에 대한 정보가 필요하다.
시야	시선의 변화 없이 사물을 볼 수 있는 범위를 의미한다. 중심시야 손상, 주변시야 손상, 맹점, 저하된 민감성 등이 평가되어야 한다.
안구운동 기능	• '안구운동'이란 쳐다보는 방향으로 눈을 부드럽게 움직일 수 있도록 해주는 눈 근육의 작용을 의미한다. 눈이 시각적인 고정을 수행하고 유지하며 사물을 찾아내고 훑을 뿐 아니라 움직이는 사물을 추적하도록 해주는 것이다. • 안구운동장애로 복시, 사시, 안구진탕증(불수의적 눈 움직임) 등이 있다. • 개인의 안구운동 기능, 협응 정도에 따라 AAC 도구의 위치, 상징 배열의 형태, 디스플레이에 배치된 항목의 간격 등을 결정해야 한다.
빛 민감성	눈부심에 민감하면 AAC 디스플레이를 사용하는 데 어려움이 있을 수 있다. 눈부심을 최소화하기 위해 주위 밝기를 확인하고, 디스플레이의 화면이 빛을 반사하여 눈부심이 있다면 화면의 위치 선정이 중요하다.
색 민감성	• 뇌성/피질시각장애(Cerebral/Cortical Visual Impairment; CVI)가 있는 학생은 익숙하지 않은 시각적 자극에 반응하기 어려우며, 시각적 반응이 느리다. 또한 특정 색상에 대한 뚜렷한 선호도를 보이며, 특정 시야의 자극에만 반응하는 등 전반적으로 색 지각에 어려움이 있다. • 시각적 변별을 위해 보색·대비색, 바탕색, 인식하는 색깔 확인 등이 필요하다. 특정 AAC 디스플레이에 사용되는 색을 인식하는 데 문제가 있으면 화면을 보고 상징을 선택할 수 없기 때문에 색의 파장을 가진 색 부호화를 사용해서는 안 되고, 변별할 수 있는 대비색 또는 보색의 화면 구성이 필요하다.

　㉡ **청각적 변별 능력**
　　• 소리가 나는 쪽으로 고개를 돌리거나 소리를 듣고 반응하는지를 확인하는 것이다.
　　• 청력 진단은 의사소통기기를 사용할 수 있는지의 여부를 진단하기 위해 필요하며, 일반적인 청력검사에 의해 실시된다.

　㉢ **감각 예민/둔감도 평가**: 감각에 대한 예민 또는 둔감은 감각을 활용하여 정보를 처리하는 데 영향을 준다. 특히 감각에 어려움이 있는 자폐성장애 학생에게는 감각 평가가 더욱 중요하다.

(7) 기타 고려점

① 비전자식 의사소통 도구의 제작 재료

㉠ 의사소통 도구를 제작할 때에는 견고성, 교체 가능성, 구입상의 용이성, 무게 등을 고려해야 한다.

㉡ 사용하는 그림이나 상징은 특정 잡지나 사진 등 교체가 어려운 것보다는 대중이 모두 쉽게 이해할 수 있고 교체가 용이한 것이어야 한다.

② 상징 간격 평가

㉠ 상징 간의 간격은 개별 사용자의 선호도 및 능력(시각·지각·운동 능력)에 따라 간격을 벌리거나 띄우는 등 개별화된 접근이 필요하다.

> 예 A라는 사용자는 선택 항목 간 간격이 넓고 큰 여백 공간이 있을 때 선택 항목들을 더 잘 구별할 수 있는 반면에, B라는 사용자는 의사소통판에서 선택 항목 간 간격이 조밀하고 대신 색으로 구별될 때 원하는 선택 항목을 더 잘 변별할 수 있다.

㉡ 상징의 크기와 상징 간 거리는 사용자에 맞게 개별화하여 제작하고, 실제 사용 정도를 수시로 피드백해서 수정해야 한다.

---

02 보완대체의사소통 평가모델 – 참여모델(participation model)

1. 참여모델(뷰켈만과 미렌다, 1988)의 이해 ❶ 15초등A6

① 참여모델은 생활연령이 같은 일반 또래의 기능적 참여에 기초하여 AAC 평가를 수행하고 중재를 계획할 수 있도록 하는 체계적인 과정을 말한다.

② 참여모델은 다음과 같은 순서로 진행된다.

㉠ AAC를 사용하게 될 학생의 참여 유형과 의사소통 요구를 진단한다. 이때 장애 학생의 참여 정도는 일반 또래의 참여 유형과 비교하여 효과성을 분석한다. 이는 참여를 방해하는 구체적인 요인을 확인하는 단계이다.

㉡ AAC를 사용하게 될 학생의 의사소통 기회를 제한하는 요인을 기회장벽과 접근장벽으로 나누어 평가한다.

㉢ AAC 교수에 요구되는 구체적인 현재 의사소통 능력을 평가한다. 다른 사람과 의사소통하는 방법을 관찰하여 자연적인 언어의 사용 능력을 평가하고, 구어의 명료도 및 언어 이해 능력과 언어의 기능을 관찰하여 구어 사용 가능성을 평가한다. 여기에는 AAC 체계를 사용하게 될 경우 AAC 기기 선정을 위한 고려사항, 즉 AAC의 휴대성, 내구성, 외관, 배우는 데 걸리는 시간, 질과 명료도, 의사소통의 '자연스러움' 정도 등이 포함된다.

기출 POINT 5

❶ 15초등A6
다음에서 설명하는 AAC 평가 모델의 명칭을 쓰시오.

- 보완·대체의사소통과 관련된 의사결정과 중재를 하기 위한 평가 모델임
- 생활연령이 동일한 일반학생의 생활 패턴과 그에 따른 의사소통 형태를 근거로 보완·대체의사소통 평가를 수행함
- 자연스러운 환경 내에서 의사소통을 가로막는 기회장벽과 접근장벽을 평가함

2. 의사소통 기회의 제한 요인 ❶ 12중등4

(1) 기회장벽

기회장벽은 AAC 대상자를 제외한 다른 사람에 의해 강제되는 것으로, AAC 체계나 중재의 제공만으로 단순히 해결할 수 없는 장벽을 말한다.

① **정책장벽(policy barriers)**
- ㉠ 정책장벽은 AAC 사용자의 상황을 좌우하는 법률이나 규정으로 인한 장벽을 의미한다.
- ㉡ 학교, 직장, 거주시설, 병원, 재활센터, 요양소 등에는 주로 그 시설의 관리 규약을 담은 문서에 관련 정책이 요약되어 있는데, 학교의 경우 비장애학생과 장애학생이 분리되어 학습하는 것도 정책 장벽에 속할 수 있다.

② **실제장벽(practice barriers)**
- ㉠ 실제장벽은 가정, 학교 또는 직장에서 이루어지고 있는 일반적인 절차나 관습을 말한다.
- ㉡ 가정, 학교, 직장에서 실제 정책이 아님에도 일상적으로 자리잡게 된 장벽이 해당된다. 예를 들면, 많은 학교가 교육청의 기금으로 마련한 AAC 도구를 학교 안에서만 사용하도록 제한하고 있는데, 이는 교육청의 '공식적인' 정책이 아니다.

③ **지식장벽(knowledge barriers)**
- ㉠ 지식장벽은 AAC 사용자가 아닌 다른 누군가의 정보 부족으로 인한 장벽으로, 이러한 정보 부족은 결국 참여의 기회를 제한할 수 있다. ❶ 25유아A6, ❷ 18중등A12
- ㉡ AAC에 대한 인식 부족, AAC 중재 부족, 공학에 대한 이해 부족, 교수전략 부족 등 AAC에 관한 지식 부족은 의사소통에 어려움이 있는 학생들의 효과적인 참여를 방해한다.
- ㉢ AAC 평가의 목적에는 이러한 지식의 부족을 파악하여 이를 최소화하는 노력도 포함되어야 한다.

④ **기술장벽(skill barriers)**
- ㉠ 광범위한 지식에도 불구하고 촉진자들이 AAC 기법이나 전략을 제대로 실행하는 데 어려움을 지녀 참여의 기회가 제한되는 것이다. ❷ 18중등A12
- ㉡ AAC 기술이나 전략에 대한 실제적인 적용 방법을 몰라서 어려움을 겪는 것 역시 기술장벽에 포함된다. 📌 자동차에 대한 이론과 지식이 있어 자동차 운전면허 시험을 통과했더라도 실제 도로에서는 자동차를 몰 수 없을 수 있다.
- ㉢ 따라서 AAC 중재 계획을 책임지고 있는 개인들의 기술 수준을 진단하는 것은 매우 중요하다.

기출 POINT 6

❶ 12중등4
다음은 보완대체의사소통(AAC) 체계의 적용을 방해하는 장벽에 대한 설명이다. (가)에 들어갈 내용으로 알맞은 것은?

AAC는 구어 사용이 곤란한 특수학교(급) 학생들에게 효과적인 의사소통 체계가 될 수 있음에도 불구하고, 그 적용을 방해하는 여러 가지 장벽이 존재한다. 참여모델에 따르면, (가)은/는 AAC 도구가 어떤 활동에 필요한 어휘를 저장할 만큼 충분한 용량을 갖고 있지 않을 때 발생할 수 있다. 그리고 지식장벽은 (나)이/가 AAC 사용법에 대한 정보가 부족할 때 발생할 수 있다.

기출 POINT 7

❶ 25유아A6
① 밑줄 친 ㉣은 보완대체의사소통(AAC) 참여모델의 기회 장벽 중 무엇에 해당하는지 쓰고, ② 이를 최소화하기 위한 방안 1가지를 쓰시오.

김 교사: 그런데 오늘 ㉣ 아이들이 민우가 AAC 기기를 사용하지 않을 때는 꺼 두어도 된다고 말하면서 자꾸 끄더라고요. 민우랑 이야기하려면 늘 켜 둬야 하는 것을 몰라서 그러는 것 같아요.

❷ 18중등A12
뷰켈만과 미렌다의 참여모델에서 언급한 장벽 중 ㉠을 통해 해결할 수 있는 기회 장벽 유형을 2가지 쓰시오.

㉠ 이번 워크숍에서는 학생 J가 사용 중인 AAC 기기를 개발한 전문가와 함께 기기에 새로운 상징을 추가해 보고, 유형에 따라 상징을 분류하는 방법을 실습합니다. 또한 배터리 문제 발생 시 해결할 수 있는 기기 관리 방법에 대해서도 안내할 예정입니다.

기출 POINT 8

❶ 23유아A8
@은 보완대체의사소통(AAC) 참여모델의 기회장벽 중 무엇에 해당하는지 쓰시오.

@ AAC 기기를 추천받았을 때 민서가 AAC 기기를 사용하면 아예 말을 못하고 친구들과 어울리지 못할까봐 사용을 반대했었지요.

⑤ 태도장벽(attitude barriers)

    ㉠ 개인의 태도와 신념이 참여의 장벽이 되는 경우이다. **❶ 23유아A8**

    ㉡ 예를 들어, AAC 사용자에 대한 교사의 매우 낮은 기대는 AAC 사용자의 참여를 제한할 수 있다. 또, 문제행동을 보이는 학생은 문제행동을 먼저 교정하고 감소시켜야 한다는 신념이 의사소통 참여를 제한할 수 있다.

더알아보기 기회의 장벽을 없애기 위한 구체적 지원 내용

일반학급 교사 지원		또래학생 지원	
AAC에 대한 소개	• AAC의 의미와 AAC가 필요한 대상에 대한 설명 • AAC 사용 사례에 대한 동영상 자료 제시 후 AAC의 효과와 장점, 필요성 강조	설명하기	• 태블릿 PC AAC 도구를 소개하고 용도 설명하기 • 상징, 어휘의 의미와 용도 설명하기 • 상징 조합이 의미하는 것 지도하기
AAC에 대한 정보 제공	• AAC 도구 내용과 표현 방법, 프로그램 조작 방법 설명 • 학생이 일반학급에 통합되어 있는 모든 상황에서 의사소통 도구를 유용하게 사용할 수 있도록 꾸준한 지원	시범 보이기	질문을 하고 그에 적절한 대답을 태블릿 PC에서 찾아 지적하는 것을 시범 보이기
		요구하기	• 자신이 말을 못한다는 가정을 하고 짝꿍과 짝을 지어 의사소통 시도해 보기 • 중도장애 학생의 입장에서 적절한 요구하기, 기술 알려주기
대화 상대자 교수	• 학생에게 의사표현의 기회를 제공하는 방법 교수 • 다른 사람과 순서를 주고받는 대화 기술 • 시간지연 전략 지도	기다리기	중도장애 학생과 대화 시 의사소통판을 사용하도록 일정 시간(5초간) 기다리기
		메시지 확인하기	중도장애 학생이 태블릿 PC를 사용해 의사표현한 것에 대해 확인해주는 방법 교수하기

(2) 접근장벽(접근성 장벽)

① 접근장벽은 사회나 지원체계의 제한이 아닌 AAC 사용자의 능력 제한이나 의사소통 체계의 제한으로 인해 발생하는 장벽이다. 예를 들어, 접근장벽은 당사자의 AAC 도구가 어떤 활동에 필요한 어휘를 저장할 만큼 충분한 용량을 갖고 있지 않을 때 발생할 수 있다. **❶ 11중등13**

    예 손의 사용이 어려운 지체장애 학생이 AAC 도구를 사용하려면 거치대가 있어야 하는데, 휠체어에 연결할 수 있는 적절한 거치대가 없어서 AAC 도구를 사용할 수 없는 경우도 포함된다.

② 접근장벽은 이동성의 부족, 사물 조작과 관리의 어려움, 인지적 기능과 의사결정의 문제, 읽고 쓰기의 결함, 감각－지각적 손상(즉, 시각장애나 청각장애) 등과도 관련될 수 있다.

③ 학생의 지적능력, 의사소통 기술, 문해 능력, 운동 능력, 감각 반응에 따라 접근성 장벽이 나타날 수 있기 때문에 다양한 영역에서 복합적인 평가가 중요하다. 또한 접근성 장벽이 어떻게 변하는지 파악하기 위해 개별 당사자의 현행 수준(예 현재 요구)에 대한 정확하고 구체적인 평가가 필요하다.

기출 POINT 9

❶ 11중등13
다음은 김 교사가 중도 뇌성마비 중학생 A에게 음성산출 도구를 적용하는 보완대체의사소통 중재 과정이다. 각 과정별 적용의 예로 적절한 것을 모두 고르시오.

① 기회장벽평가: (가) 학생 A가 음성산출도구의 터치스크린을 이용해서 자신이 원하는 상징을 정확하게 지적할 수 있는지 평가하였다.
② 접근장벽평가: (나) 학생 A가 휠체어에 앉을 때 랩 트레이나 머리 지지대 등이 필요한지 알아보기 위해 자세히 평가하였다.

(3) 구체적인 능력 평가

구체적인 능력 평가란 AAC 사용자의 다양한 능력을 평가하는 것이다.

① 현재의 의사소통 능력 평가

> 예 관찰, 인터뷰, 의사소통 행동을 직접 유도하기, 현재 의사소통에 대한 정보 수집

② 자연적인 말을 할 가능성 평가

> 예 다른 사람과의 의사소통 방법 관찰, 자연적 언어 평가, 명료도, 언어 이해도, 언어 기능

③ 환경적 수정 가능성 평가

> 예 물리적 환경 변경, 물리적 구조 변경

④ AAC 사용자가 AAC 체계와 장비를 활용할 가능성 평가

> 예 다양한 AAC 도구 중에서 어떤 것이 적절할지 판단하는 것, AAC의 휴대성 및 내구성·외관, AAC 도구 사용을 배우는 데 필요한 시간

CHAPTER 04 보완대체의사소통 교육

01 AAC 교육 목적과 목표
- AAC 교육 목적
- AAC 교육 목표 선정 기준
- AAC 교육의 기대효과

02 AAC 교육의 준비
- 관찰과 면담을 통한 현행 수준 측정
- 의사소통 발달 평가
- 의사소통 환경 평가
- 활동 및 강화제 선호도 평가

03 AAC 교육 실행
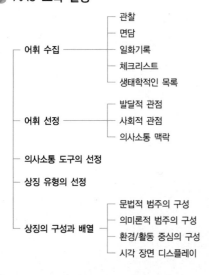
- 어휘 수집
  - 관찰
  - 면담
  - 일화기록
  - 체크리스트
  - 생태학적인 목록
- 어휘 선정
  - 발달적 관점
  - 사회적 관점
  - 의사소통 맥락
- 의사소통 도구의 선정
- 상징 유형의 선정
- 상징의 구성과 배열
  - 문법적 범주의 구성
  - 의미론적 범주의 구성
  - 환경/활동 중심의 구성
  - 시각 장면 디스플레이

04 AAC 교육성과 점검
- 교육성과 평가
  - 학생을 대상으로 한 성과
  - 주변인을 대상으로 한 성과
- 일반화와 유지 평가

05 AAC 교수전략
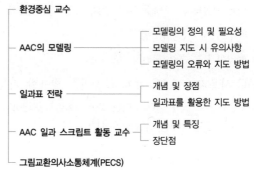
- 환경중심 교수
- AAC의 모델링
  - 모델링의 정의 및 필요성
  - 모델링 지도 시 유의사항
  - 모델링의 오류와 지도 방법
- 일과표 전략
  - 개념 및 장점
  - 일과표를 활용한 지도 방법
- AAC 일과 스크립트 활동 교수
  - 개념 및 특징
  - 장단점
- 그림교환의사소통체계(PECS)

06 대화상대자 교수전략
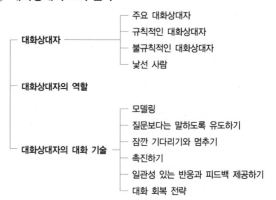
- 대화상대자
  - 주요 대화상대자
  - 규칙적인 대화상대자
  - 불규칙적인 대화상대자
  - 낯선 사람
- 대화상대자의 역할
- 대화상대자의 대화 기술
  - 모델링
  - 질문보다는 말하도록 유도하기
  - 잠깐 기다리기와 멈추기
  - 촉진하기
  - 일관성 있는 반응과 피드백 제공하기
  - 대화 회복 전략

07 통합교육에서의 AAC 활용
- AAC에 대한 인식 개선
  - 특수학급 교사
  - 통합학급 교사 및 지원인력
  - 또래학생
  - 물리적 환경 구성

01   AAC 교육 목적과 목표

1. AAC 교육 목적

① AAC 사용 방법의 학습 : 수업에 참여하고 또래와 소통할 수 있도록 의사소통 수단을 배우는 것

② 교과학습을 위한 AAC의 사용 : 의사소통이 어려운 학생의 교과학습 참여도를 높이는 것

③ AAC로 상호작용하기 : 교과 시간 외에도 일상생활에서 AAC로 상호작용하는 것

AAC 교육의 목적

2. AAC 교육 목표 선정 기준

AAC 교육의 목표는 학생의 특성과 요구에 따라 개별적으로 수집한다. 교육 목표로 선정한 의사소통 기술의 적절성을 판단하는 기준은 다음과 같다.

① 학생에게 가치가 있는가?

② 일상생활에서 학생의 기능을 증진하는 기술인가?

③ 현재 생활에 유익함을 주는 기술인가?

④ 실생활에서 사용할 기회가 많은 기술인가?

⑤ 학생이 성공적으로 학습할 수 있는 기술인가?

⑥ 지역사회에서 학생의 지위를 향상시키는 기술인가?

⑦ 학생의 어려움이나 요구를 설명할 수 있는 기술인가?

⑧ 생활연령 기준에 적합한 기술인가?

3. AAC 교육의 기대효과

① 말과 언어의 발달

② 사회적 상호작용 증진

③ 수업 활동 참여 증대

④ 생활 적응 향상

⑤ 도전행동 조절

02 AAC 교육의 준비

1. 관찰과 면담을 통한 현행 수준 측정

① 학생에게 맞는 의사소통 방법을 결정하기 위해 일정 시간 동안 관찰하여 의사소통 능력의 기초선을 측정한다.

② 장애학생의 현재 의사소통 수준을 측정하는 방법 중 가장 많이 사용되는 것은 관찰과 면담이다.

- **관찰**: 일과 중 자연적인 상황에서 이루어지는 활동을 살펴보며 정보를 얻는 방법
- **면담**: 학생, 가족 구성원, 담임교사, 지원인력, 또래, 교과교사 등 장애학생 주변의 친숙한 사람들과의 대화를 통해 정보를 얻는 방법

③ 학생의 현재 수준을 측정할 때는 변인에 따라 수행력의 차이가 나타날 수 있으므로 학생의 행동과 함께 대화상대자의 행동, 관찰 환경, 활동 및 상황, 시간 등의 요인을 기록한다.

2. 의사소통 발달 평가

① 의사소통 발달에 대한 표준화된 평가는 영유아 언어발달검사(SELSI)로, 이는 수용언어와 표현언어 평가를 할 수 있어 현장에서 유용하게 사용된다.

② 그러나 의사소통이 어려운 장애학생은 표준화된 언어발달검사에 응하기 어렵기 때문에 형식적인 검사를 통한 진단은 제한적일 수밖에 없다. 이 경우 관찰을 통해 의사소통 측면에서 필요한 몇 가지 항목을 간소화하여 프로파일 형태로 평가할 수 있다.

⚑ **의사소통 발달 평가의 예**

관찰 영역	1	2	3	4
눈 맞춤이 가능하다.				
소근육 운동이 가능하다.				
머리를 가눌 수 있다.				
행동(가리키기, 주고받기, 끄덕이기 등)이 가능하다.				
감정 표현(기쁨, 화남, 거부)이 가능하다.				
자기 이름을 부르면 반응을 한다.				
간단한 지시("이리 와", "이것 봐" 등)를 이해한다.				
말소리를 산출할 수 있다.				
사람이나 사물을 명명할 수 있다.				
문장을 만들 수 있다.				

[출처] 고은(2014.)

3. 의사소통 환경 평가

① 학생의 의사소통 환경을 개별적으로 점검하여 일상생활 중 의사소통을 시작하고 반응할 기회가 얼마나 제공되는지 점검해야 한다. 의사소통이 일어날 수 있는 물리적 환경과 사회적 환경은 개인마다 다르기 때문이다.

② 의사소통 환경 평가는 학생의 일상적인 환경에서 규칙적이고 반복적으로 이루어지는 일과를 먼저 파악한다. 각각의 맥락에서 학생의 대화상대자는 누구이며, 대화상대자의 의사소통 및 상호작용 유형은 어떠하며, 의사소통을 유발할 만큼 학생에게 흥미롭고 관심 있는 자료를 이용하고 있는지 등을 파악한다.

③ 의사소통 환경 평가의 목적은 장애학생의 주변 환경과 여건을 점검하여 현재의 지원이나 노력이 적절한지 파악하고 환경 요인을 개선하는 데 있다.

4. 활동 및 강화제 선호도 평가

① AAC 교육의 준비 단계에서 학생이 선호하는 활동과 강화제를 조사한다. 학생이 선호하는 구체적인 사물이나 활동을 강화제로 사용하면 동기유발에 효과적이다.

② 다만, 학생의 제한된 표현 능력으로 인해 무엇을 좋아하는지 정확하게 판단하기 어렵기 때문에 선호도 조사를 통해 강화될 만한 물건과 활동을 찾는다.

    ㉠ 선호도는 학생이 좋아할 만한 물건이나 활동을 제시한 뒤, 그중에서 학생이 선택한 놀이의 지속시간 등을 직접 관찰하여 평가한다.

    ㉡ 부모 면담에 비해 더 많은 시간과 노력이 필요하지만, 좀 더 정확한 정보를 얻을 수 있다.

03 AAC 교육 실행

1. 어휘 수집

① AAC 교육 목표에 따른 현행 수준을 측정하고 발달 평가, 환경 평가, 선호도 평가 등 교육 준비를 마친 후의 다음 단계는 먼저 지도할 어휘목록을 수집하는 것이다.

② 어휘는 관찰, 면담, 일화기록, 체크리스트, 생태학적인 목록을 활용하여 수집한다.

관찰	자연적인 맥락에서 상호작용하는 것을 직접 관찰
면담	가족, 보호자, 학생 주변의 대화상대자 등 정보를 제공해줄 수 있는 사람으로부터 정보 수집
일화기록	학생이 참여하는 매일의 일과 활동을 관찰한 기록을 분석하여 필요한 어휘를 수집

체크리스트	학생이 직접 수행하는 것을 관찰하거나 면담을 통해 점검 또는 연령별 언어 발달표의 어휘목록을 참고하거나 AAC를 사용하는 또래의 어휘목록을 참고
생태학적인 목록 (환경적 목록)	자연적인 상황의 환경을 분석하여 어휘를 수집

2. 어휘 선정

① 어휘 수집단계에서 목록화한 모든 어휘를 한꺼번에 지도할 수 없으므로, 수집한 어휘 중 먼저 지도할 어휘를 선정해야 한다. 어휘 선정 시에는 발달적 관점, 사회적 관점, 의사소통 맥락을 고려한다.

발달적 관점	• 지도할 어휘는 학생의 인지 수준을 고려하여 선정한다. 인지 수준에 적합한 어휘목록은 잠재적 유용성이 있다. • 현재의 장소에서 바로 사용하고 자주 표현할 수 있으며, 학생의 상황을 쉽게 표현할 수 있어 지도할 때 유용하다. 또한 학생의 연령과 읽기 · 쓰기 능력의 습득 여부에 따라 어휘목록을 선정하면 학습 가능성이 커진다. • 그러나 발달적 관점만 고려한다면 학생의 흥미와 관심사, 개인적인 상황과 독특한 맥락, 특성을 반영하지 못한다. 그러므로 개별 학생에게 흥미 있고, 의미 있는 실용적 어휘를 함께 선정해야 한다. 이때에는 환경분석 조사표에서 빈도가 높은 어휘목록을 선정하는 것이 효과적이다.
사회적 관점	• 학생이 속한 문화와 사회적 역할, 지역사회 여건, 학생의 성별 · 연령이나 학교급, 요구에 따라 필요한 어휘가 달라질 수 있으므로 사회적 관점을 고려하여 선정한다. • 예를 들어, AAC 기기의 어휘목록은 학생의 성별과 연령을 고려하여 필요한 어휘로 구성해야 하며, 출력되는 음성도 학생의 성별과 연령에 적합해야 한다. • 의사소통은 다른 사람과의 상호작용을 통해 이루어지므로 어휘목록은 사회적 맥락에 적합한 기능적 사용에 초점을 두어 선정한다.
의사소통 맥락	• 학생이 생활하는 주요 환경이 어디인지에 따라 어휘의 종류와 선정 목적이 달라지며, 주로 대화하는 사람이 누구인지에 따라서도 사용할 어휘는 달라진다. • 의사소통 맥락을 고려하여 선정한 어휘는 사용자가 원하는 것이나 필요로 하는 것을 정확하게 표현하고 사용하는 데 어려움이 없는지 검토하여 수정 · 보완한다.

② 발달적 관점과 사회적 관점, 의사소통 맥락을 고려하여 선정하더라도 지도할 어휘를 최종적으로 선정할 때는 학생의 연령과 문해력 수준에 적합하게 다음과 같은 사항을 고려한다.

문자 습득 전 단계	• 이 단계에 있는 학생의 어휘는 의사소통할 때 기본적으로 알아야 할 어휘 위주로 선정한다. • 예를 들어, 음식을 먹을 때, 목욕할 때, 게임을 할 때 등 구체적인 활동이나 필요한 상황에서 사용할 수 있는 어휘를 선정한다.
문자 습득을 하지 못한 단계	• 글을 읽고 쓰는 것을 가르쳤으나, 학습하지 못한 학생에게는 개인적 요구를 충족시켜줄 수 있는 어휘를 우선 선정한다. 효율성을 고려하여 구나 절, 문장 형태를 사용하되, 학생의 생활연령을 고려해야 한다. • 예를 들어, '좋아요'의 뜻으로 유아기 학생에게 웃는 얼굴의 상징을 이용한다면, 청소년기 학생에게는 엄지손가락을 들어 올리는 상징을 사용하는 것이 적절하다.
문자 습득 단계	글을 읽을 수 있는 학생의 AAC 어휘는 의사표현의 속도와 표현의 효율성을 고려하여 선정한다. 의사소통은 적절한 시기에 상대방과 주고받는 타이밍이 중요하다.

더알아보기 그 밖에 AAC 교육을 위한 어휘 선정 시 고려할 사항

- 어휘는 일회성으로 선정할 것이 아니라 필요에 따라 지속해서 확장해준다. 예를 들어, 수업 시간에 사용하는 교과용 어휘는 학습 주제에 따라 자주 보완한다. 수업 시간마다 필요한 주제에 따라 어휘를 미리 준비해준다면 학생의 의사소통 및 수업 참여도가 달라질 수 있다.
- 비장애 또래가 같은 상황에서 사용하는 일반적인 어휘목록을 고려하여 선정한다. 어휘목록은 학생의 연령, 성, 사회문화적 배경, 이해 수준 등과 대화상대자와의 친숙한 정도, 대화 상황 및 장소 등 개별적인 환경을 고려한다(Beukelman&Mirenda, 2013).
- 수집하여 선정한 어휘 외에 장소, 물건, 관계, 움직임, 감정, 긍정/부정, 중지, 이름이나 소유격, 사물과의 관계, 반대되는 말, 색, 위치, 모양을 나타내는 말 등을 포함한다.
- 모든 어휘는 단어 외에도 표현의 효율성을 위해 구나 절, 문장의 형태를 포함한다. 시간적 제약을 받는 표현이나 자주 쓰는 표현들은 문장으로 제시하는 것이 시간과 노력을 단축한다.
- 대화를 이어나가는 데 필요한 어휘들을 포함한다. 예를 들어, 대화상대자의 이해를 돕거나 기다릴 수 있도록 "제가 대답하는 데 시간이 걸리니 잠시만 기다려 주세요."등의 메시지를 포함한다.

3. 의사소통 도구의 선정

① 의사소통 도구는 의사소통 카드와 의사소통판, 음성출력 스위치와 음성출력 카드, 버튼식 의사소통기기, 음성합성 방식의 의사소통기기, AAC 앱 등 매우 다양하다.

② 의사소통 도구를 선정할 때에는 휴대성, 내구성 및 사용법을 배우는 데 걸리는 시간과 기술, 음성의 질과 명료도, 비용 등 도구의 특성을 살펴보는 것도 중요하지만 학생과 가족의 선호도를 우선시한다.

4. 상징 유형의 선정

① 상징은 학생의 인지 능력 및 생활연령을 고려하여 이해하기 쉽고 사용하기 쉬운 것으로 선정한다. 동시에 향후 의사소통 기능의 범위와 폭이 향상될 것을 고려하여 장기적으로 사용하고 확장할 수 있는 것을 사용한다. 상징은 사진, 그림, 글자, 숫자 외에도 손짓기호, 실제 사물이나 축소형 사물, 사물의 일부분 등 여러 가지 양식을 함께 사용할 수 있다.

② 교사는 상징체계별 상대적 장단점을 파악하여 적합한 유형을 결정한다. 어떤 상징 유형을 사용할지에 관한 결정은 AAC를 사용하는 학생과 학생의 환경 특성에 따른다.

🚩 **학생과 환경 특성에 따른 의사소통 상징 유형의 선택**

학생과 환경 특성	의사소통 상징 유형의 선택
의사소통 대화상대자가 몸짓상징을 모른다.	보편적으로 이해할 수 있는 그림상징이나 제스처를 사용한다.
중도의 운동장애가 있다.	신체 한 부위의 움직임(예 지적하기, 스위치 작동하기, 눈 응시하기 등)을 사용하여 표현할 수 있는 그림상징을 사용한다.
암기하거나 기억하는 데 어려움이 있다.	항상 제시할 수 있는 의사소통판과 같은 그림상징을 사용한다.
이동하는 활동이 많고 활동적이다.	별도의 의사소통판이나 도구가 필요하지 않은 제스처나 손짓기호를 사용한다.
즉각적인 의사소통이 중요하다.	기기의 버튼을 누르거나, 의사소통 책의 페이지를 펼치는 등 의사소통의 준비가 필요 없는 제스처나 손짓기호를 사용한다.
구어를 모방하지 못한다.	모방 기술이 필요하지 않은 제스처나 그림상징 둘 다 사용한다.
제스처를 사용하기는 하지만, 다른 사람이 이해하기 어렵다.	제스처를 더 쉽게 이해할 수 있는 형태로 바꾸거나, 손짓기호 체계를 사용한다.
낯선 사람도 쉽게 이해할 수 있는 제스처를 사용한다.	제스처 사용을 계속 강화하고, 체계적인 손짓기호로 확장한다.
대화상대자가 가까이 없거나 주의를 기울이지 않을 때는 의사소통하기 어렵다.	자연스러운 제스처(예 손 올리기) 또는 음성출력 기기와 같이 대화상대자의 주의를 끌 수 있는 의사소통 유형을 사용한다.

5. 상징의 구성과 배열

(1) 선정한 어휘목록은 일정한 체계에 따라 조직·배열되어야 언어학습을 촉진할 수 있으며, 언어 사용의 기능성을 높일 수 있다.

(2) 상징의 배열은 빠르고 정확한 정보 전달력을 높이기 위해 중요하다.

(3) 상징은 문법적 범주, 의미론적 범주, 환경과 활동 중심, 시각 장면 디스플레이 등으로 구성하여 사용할 수 있다.

① 문법적 범주의 구성

㉠ 언어 습득을 촉진하고자 하는 목적으로 전통적으로 가장 많이 사용되어 온 방법은 구어의 어순대로 배열하는 방법이다. ❶ 20중등A7

㉡ 영어는 왼쪽에서 오른쪽으로, 사람 → 행위 → 수식어 → 명사 → 부사의 순서로 나열한다. 또한, 의사소통판의 위나 아래쪽에 자주 사용되는 글자나 구절을 배열하여 왼쪽에서 오른쪽으로 단어를 연결함으로써 문장을 구성한다.

㉢ 어휘를 구성할 때 일관성 있는 문법 구조를 갖출 경우 사용이 용이하다.

㉣ 문법적 범주로 구성한 의사소통판은 시각적으로 식별하기 쉽게 색을 이용한 색 표시 전략(color coding)*을 사용할 수 있다.

② 의미론적 범주의 구성

㉠ 의미론적 범주는 사람, 장소, 활동 등과 같이 상위의 의미론적 범주에 따라 상징을 배열하는 방법이다.

㉡ 범주 개념을 이해하는 학생은 의미론적 범주로 구성된 의사소통판을 효과적으로 사용할 수 있다.

㉢ 그러나 단순한 의사소통을 넘어서 언어발달을 촉진하기 위해서는 의미론적 범주만을 사용하기보다는 언어발달을 촉진할 수 있는 다른 배열 방법을 함께 사용하는 것이 바람직하다.

③ 환경/활동 중심의 구성

㉠ 환경/활동 중심의 구성은 초기 의사소통 방법을 지도하기에 용이한 구성 방법으로, 하나의 환경이나 활동에 필요한 어휘들을 의사소통판에 모아서 구성해준다.

❶ 13추가중등B5

㉡ 의사소통판에 특정 활동에 참여할 수 있는 다양한 어휘 목록을 담을 수 있기 때문에 여러 단어를 연결하여 사용하는 등 언어발달을 촉진하는 기능도 할 수 있으며, 발달적 관점에서는 이러한 구성이 초기의 언어 사용을 가장 효과적으로 증진시킨다는 보고도 있다.

㉢ 활동 수가 늘어날 경우 모든 의사소통 상황에서 자주 사용되는 핵심 어휘에 대한 의사소통판과, 상황과 때와 장소에 따른 어휘로 구성된 부수 어휘판을 나누어 제시하여 지도할 수 있다.

기출 POINT 1

❶ 20중등A7
㉡에 해당하는 어휘 목록 구성 전략을 1가지 쓰시오.

■ ㉡ 어휘 목록의 예

- 나, 너, 우리, 학교, 집, 밥, 과자
- 을, 를, 이, 가, 에, 에서, 으로
- 가다, 먹다, 오다, 공부하다

🔑 **Keyword**

색 표시 전략

- 색 표시 전략은 의사소통판이나 도구의 어휘를 구성할 때, 시각적 신호인 색을 이용하여 어휘를 쉽게 찾을 수 있도록 하는 방법을 의미함
- 대개는 어휘의 품사별 혹은 문법적 범주에 따라 색으로 분류함
- 상징을 색으로 구분하여 제시하면 상징을 찾는 속도와 효율성 향상에 효과적임
- 특히 문법 범주에 따라 색 표시 전략을 사용하여 의사소통판을 제시하면 상징의 순서를 배우는 데 도움이 되어 구문 학습 능력이 향상됨

기출 POINT 2

❶ 13추가중등B5
㉠에서 의사소통판을 제작하기 위해 사용할 수 있는 어휘 목록 구성 전략을 쓰고, 그 전략이 효과적인 이유를 1가지만 쓰시오.

■ 어휘 수집

학교 식당에서 필요한 어휘를 수집함

■ 어휘 구성

㉠ 수집한 어휘들을 학교 식당에서 효율적으로 사용할 수 있도록 조직화하여 의사소통판을 구성함

더알아보기 AAC 어휘 선택 방법

- **핵심 어휘(core vocabulary)**
  - 우리가 가장 자주 사용하는 고빈도 어휘(평소에 말하는 것의 약 80%는 핵심 어휘로 구성됨)를 말한다.
  - 핵심 어휘는 일반적으로 다양한 주제와 다양한 맥락에서 사용할 수 있으며, 다른 어휘와 함께 새로운 메시지를 만드는 데 사용된다.
  - 핵심 어휘는 주로 대명사·전치사·관형사·동사·형용사 및 접속사로 구성되며, 명사는 거의 포함되지 않는다.
  - 핵심 어휘를 사용하면 다양한 구문과 문장을 만들 수 있다.
  - 핵심 어휘는 인지능력과 무관하게 빈도가 높은 어휘로 구성된다.
  - 핵심 어휘를 배우는 데에는 많은 시간과 직접적인 교육이 필요하지만, 일단 학습하면 유용하게 사용할 수 있다.
  - 그러나 핵심 어휘는 상징으로 표현할 때 명사처럼 명확하지 않으며, 특히 동사나 형용사 등의 상징은 의미를 직관적으로 이해하기 어렵기 때문에 공간 개념과 함께 문맥 안에서 이해하도록 지도한다.
- **개인 어휘(부수 어휘, fringe vocabulary)**
  - 개인 어휘는 자주 사용되지 않고 일정한 상황이나 영역에서 사용되는 어휘를 말한다.
  - 핵심 어휘가 장소와 주제에 걸쳐 고빈도로 사용될 수 있는 적은 수의 어휘목록이라면, 개인 어휘는 사용 가능성이 적은 많은 수의 어휘목록을 말한다.
  - 핵심 어휘는 여러 맥락과 환경에서 사용되지만, 개인 어휘는 사용 빈도가 낮고 일부 상황에서만 사용될 수 있다.
  - 핵심 어휘에는 다양한 품사가 포함되지만, 개인 어휘에는 대부분 명사가 포함된다.
  - 개인 어휘는 특정 주제와 관련이 있으며 특정 학생에게 매우 중요할 수 있다. 핵심 어휘가 메시지의 기본 구조가 된다면, 개인 어휘는 개별화된 세부 정보에 해당한다. ❶ 11중등13

기출 POINT 3

❶ 11중등13
다음은 김 교사가 중도 뇌성마비 중학생 A에게 음성산출 도구를 적용하는 보완대체의사소통 중재 과정이다. 각 과정별 적용의 예로 적절한 것을 모두 고르시오.

■ 핵심어휘 선정

(다) 부모 면담을 통해 학생 A에게 특별한 장소나 사람, 취미와 관련된 어휘를 조사하여 선정하였다.

▷ 어휘 목록 구성 전략

전략	방법	언어발달 촉진 효과
문법적 범주 ❶ 20중등A7	• 구어의 어순, 즉 문법 기능에 따라 어휘를 배열한다. • 피츠제럴드 키(Fitzgerald Key): 왼쪽에서 오른쪽으로 사람 → 행위 → 수식어 → 명사 → 부사의 순서로 나열하고, 판의 위나 아래쪽에 자주 사용되는 글자나 구절을 배열한다. • 각 범주별로 시각적 식별을 쉽게 하기 위해 색깔을 다르게 하는 경우가 많다.	왼쪽에서 오른쪽으로 단어를 배열하여 문자를 구성하는 능력을 학습한다.
의미론적 범주	의미론적 범주(사람, 장소, 활동 등)에 따라 상징을 배열한다.	• 언어발달을 촉진할 가능성에 대해서는 실험적으로 연구된 바가 없고, 구성 방법 자체가 언어적 속성이 적다. • 언어발달이 주요 목표인 경우에는 언어발달 촉진을 위한 다른 배열을 함께 사용하는 것이 좋다.
환경/활동 중심으로 구성 ❷ 15초등A6	• 각각의 의사소통판을 특정한 환경(예 가게)이나 활동(예 소꿉놀이하기)에 맞는 어휘들로 구성한다. • 특별하거나 일상적인 활동에 참여를 촉진하는 풍부한 어휘를 담을 수 있다. • 연령에 맞게 지역사회, 학교 또는 직업 환경에서 사용하도록 고안할 수 있고, 중재자가 비교적 손쉽게 해당 활동에 필요한 어휘만으로 의사소통판을 구성할 수 있다.	• 여러 단어를 연결하여 사용하는 등 언어발달을 촉진하는 기능을 할 수 있다. • 발달적인 관점에서는 이러한 구성이 초기의 언어 사용을 가장 증진시킨다는 보고도 있다. • 학생의 활동 참여와 어휘 습득을 증진시킬 수 있다.

기출 POINT 4

❶ 20중등A7

(나)의 ⓒ에 해당하는 어휘 목록 구성 전략을 1가지 쓰고, ㉠의 수업 내용을 고려하여 어휘 목록을 구성할 때, 어휘를 배열하는 방법을 1가지 서술할 것.

(나) 보완대체의사소통기기 활용 계획

- 활용 기기: 태블릿 PC
- 애플리케이션을 활용한 수업 내용
  - ㉠ 문장을 어순에 맞게 표현하기
- 어휘 목록
  - 문법 요소, 품사 등 수업 내용에 관련된 어휘 목록 선정
- 어휘 목록의 예
  - 나, 너, 우리, 학교, 집, 밥, 과자 ⎤
  - 을, 를, 이, 가, 에, 에서, 으로   ⎬ ⓒ
  - 가다, 먹다, 오다, 공부하다   ⎦

❷ 15초등A6

어휘 목록을 다음과 같이 구성하였다. 어떤 어휘 목록 구성 전략을 사용한 것인지 쓰시오.

안녕하세요.	감사합니다.	경찰관	소방관	누구
우체부	의사	환경미화원	힘든 점	좋은 점
언제	어디	무엇인가요?	어떤 일을 하세요?	일하세요?

④ 시각 장면 디스플레이(VSD)
　　㉠ 개념: 시각 장면 디스플레이는 상황, 장소, 개인 경험, 특별한 일 등을 나타낸 사진, 아이콘, 그림 등의 시각적 자료에 핫스팟을 설정하여 저장된 메시지가 산출되도록 구성한 AAC 전략이다.
　　㉡ 작동 방법: AAC 기기의 화면에 학생의 일상생활 장면의 사진을 제시하여, 그 상황에서 발생할 수 있는 의사소통 어휘(주요 인물·사물·동작 등)를 구성한다. 각 어휘는 핫스팟을 설정하여 어휘를 터치하거나 누르면 음성이 출력된다.
　　㉢ 장점
　　　　• VSD는 실제 장면으로 구성된 화면을 사용하므로 필요한 어휘나 상징을 쉽게 찾을 수 있어 인지 능력에 어려움이 있는 학생도 사용할 수 있다.
　　　　• 시각 장면을 활용하는 VSD는 시각적인 학습자의 특성이 강한 자폐성장애 학생의 의사소통에 효과적이다.
　　　　• VSD 기반의 화면 구성은 학생들의 선호도가 높으며, 동기유발에 효과적이고 자발적인 의사소통을 기대할 수 있어 영유아 및 아동, 초기 의사소통 단계에서 유용하다.
　　　　• AAC 사용자의 일상생활이나 선호하는 활동 등을 배경으로 디스플레이를 구성하기 때문에 일상생활과 관련성이 높다.
　　　　• 더 빨리, 더 쉽게, 더 정확하게 어휘를 찾을 수 있다.

시각 장면 디스플레이

⑷ 상징의 배열

① 최근에 개발된 AAC 프로그램이나 앱에서는 역동적 배열(dynamic display) 방식을 사용하고 있다.
　　㉠ '역동적 화면'이란 화면(예 식품군)에서 하나의 범주(예 음료)를 선택하면, 다음 화면이 음료 메뉴 화면으로 바뀌고, 음료 중 하나(예 바나나우유)를 선택하면 자동으로 서술어(예 "주세요", "좋아해요" 등) 메뉴 화면으로 바뀌는 것이다.
　　㉡ 이는 학생이 자연스럽게 문장을 형성하도록 촉진한다.

② 그 밖에 상징 배열의 일반적인 지침은 다음과 같다.

   ⊙ 일반적으로 상징은 왼쪽에서 오른쪽으로 짚어갈 수 있도록 구성한다.

   ⓛ 한 판에 배열하는 상징의 수는 학생이 필요로 하는 상징의 수와 크기, 운동 능력 등을 고려하여 정한다.

   ⓒ 상징 1개의 크기는 사용자의 시력, 운동 능력, 필요한 상징의 수를 고려하여 정한다.

   ⓔ 상징 간의 간격은 정확하게 선택할 수 있도록 적절한 간격을 두어 배치한다.

   ⓜ 의사표현 속도를 높이기 위해 주부와 술부를 나누어 배치하거나 배경색으로 구분한다.

   ⓗ 의사소통판에 사용되는 어휘는 특정 의사소통 상황에서 자주 사용되는 핵심 어휘 그리고 상황과 때와 장소에 따른 어휘를 나누어 배치한다.

   ⓢ 의사소통 책으로 만들 때 페이지별로 범주화하여 찾기 쉽도록 색인 표시를 한다.

04 AAC 교육성과 점검

1. 교육성과 평가

① AAC 교육이 학생의 삶을 변화시켰는지 점검하기 위해 효과성을 측정할 수 있어야 한다.

② AAC 교육성과의 평가는 학생과 주변인을 대상으로 한다.

학생을 대상으로 한 성과	• 학생의 의사소통 기술 습득 정도와 만족도를 평가함 • 기능적 의사소통 능력을 평가함 • 사회적 상호작용, 또래와의 관계 등 일상생활에서 학생의 사회적 관계에 미치는 영향을 평가함 • 그 밖에 수업 참여 태도, 일상생활에서 선택하기, 자발적 의사소통 시도하기 등의 변화를 측정함
주변인을 대상으로 한 성과	특정 활동과 상황에서 학생이 얼마나 성공적으로 참여하는지를 검토하는 것으로, 만약 바라는 만큼의 참여 수준에 도달하지 못했다면 기회장벽과 접근장벽 요인을 검토함 - 학생이 AAC 방법으로 도움이나 요구를 표현하기도 전에, 주변에서 알아서 해주거나 대신 해주지는 않았는가? - 학생의 의사소통 능력에 대해 주변인들의 기대 수준이 너무 낮은 것은 아닌가? - 학생의 문제가 아니라 주변인들이 의사소통을 촉진하는 방법을 모르는 것은 아닌가? - 학생의 의사소통 방법에 대해 주변인들에게 충분한 정보를 주었는가?

2. 일반화와 유지 평가

일반화와 유지 평가는 학생이 습득한 의사소통 기술을 여러 상황에서 다양한 대화상대자와 함께 사용하고 있는지 평가하는 것이다.

▷ **AAC 지도의 효과 평가를 위한 네 가지 지표**

지표	설명	내용
조작적 지표	AAC 사용자가 AAC 기술을 얼마나 잘 사용하는가에 대한 지표	• **속도**: 사용자가 얼마나 빨리 의사소통할 수 있는가 [예] 분당 단어 수 • **정확도**: 의도한 내용을 얼마나 정확하게 전달할 수 있는가 [예] 총 발화 중 상대방에게 이해된 발화의 수 • **융통성**: 얼마나 다양하게 의사소통할 수 있는가 [예] 하루 중 사용한 새로운 어휘나 주제의 수
표상적 지표	AAC 사용자의 상징 사용 및 문법적 능력에 대한 지표	• **상징 인식**: 인식하고 지적할 수 있는 상징의 수 • 수용 언어 능력 • 문법적 표현 능력 • 읽기/철자 능력
상호작용 지표	대화상대자와 상호작용할 수 있는 능력에 대한 지표	• 의사소통 양식의 수와 유형별 사용 빈도 • 의사소통 기능의 수와 유형별 사용 빈도 • 상대방의 대화 내용에 반응한 빈도 • 대화 주제를 개시한 빈도 • 의사소통에 문제가 생겼을 때 이를 개선한 방법
심리사회적 지표	AAC 사용자 및 사용자의 의사소통 환경에 있는 사람들의 태도와 정서적 상태에 대한 지표	• AAC 사용자의 의사소통에 대한 만족도 • 대화 상대자의 AAC에 대한 만족도 • **사용자 및 대화 상대자의 심리적 상태**: AAC에 대한 적응도

05 **AAC 교수전략**

1. 환경중심 교수(Milieu Teaching ; MT)

① 환경중심 교수란 자연적으로 발생하는 사건을 사용하여 의사소통을 촉진하는 자연적인 접근 방법의 하나다.

② 주어진 자연스러운 상황이나 환경에서 언어를 습득하기에 충분한 의사소통 기회를 제공하지 못한다는 제한점이 인식됨에 따라 강화된 환경중심 교수가 등장하였다.

　㉠ 전통적인 환경중심 언어중재의 접근법에서 사용된 환경중심 교수전략(모델링, 요구－모델, 시간지연, 우연교수)을 동일하게 강조한다.

　㉡ 아동의 언어를 촉진하기 위한 물리적 환경을 제공하는 환경적 배열 또는 환경조절 전략을 활용한다.

　㉢ 사회적 의사소통 상호작용과 새로운 언어형태를 모델링하기 위한 반응적 상호작용 전략을 강조한다.

더 알아보기 Beukelman&Mirenda ❶ 13추가중등B5, ❷ 11중등13

전략	설명
요구 모델	복합의사소통장애(CCN)를 지닌 사람이 선호하는 항목이나 활동에 접근하거나 관여할 경우, 교사는 "뭘 원해?", "저것은 뭘까?"라고 질문한다. 반응이 없거나 확장된 반응을 제공한다면, 촉진자는 해당 반응을 시범 보인다. 예 아동이 인형을 갖고 놀고 있다면 부모는 인형을 가리키면서 "그게 뭐야?"라고 물은 후에, 아동이 반응을 하지 않거나 부정확하게 반응한다면 '인형'에 대한 수어를 시범 보인다.
기대의 시간지연	교사는 질문을 하거나 상징을 시범 보이거나 원하는 항목을 보이는 곳에 놓아둔 다음, 기대하는 표정을 하고 눈을 맞추면서 기다린다(즉, 멈춘다). 예 부모는 이야기책에 있는 그림을 지적하면서, "이게 누구야?"라고 물은 뒤, CCN을 지닌 학생이 수어를 제시하거나 상징을 지적할 수 있는 기회를 제공하기 위해 기대하며 기다린다.
빠뜨리기/닿지 않는 곳에 물건 놓아두기	활동에 필요한 항목을 빠뜨린다. 예 저녁 식사를 준비하면서 샐러드 재료만 늘어놓고 샐러드 그릇을 주지 않거나, 그릇을 손이 닿지 않는 선반에 놓아두어 CCN을 지닌 아동이 그릇을 요구하도록 한다.
불완전 제시	처음에 요구한 항목을 불완전하게 제시한다. 예 CCN을 지닌 아동이 잼 바른 토스트를 요구했다면, 잼이나 버터를 빼고 빵만 제공하여 이들 각 항목을 따로 요구하도록 만든다.
행동연쇄간섭	진행 중인 활동을 중단시켜 요구할 기회를 만든다. 예 CCN을 지닌 아동이 식당에서 줄을 서서 음식을 받는다면, 다음 음식을 받으러 움직이기 전 음식 제공자에게 특정 음식을 먼저 요구해야 한다.
다른 항목 제공하기	요구한 것과 다른 항목을 제공한다. 예 CCN을 지닌 아동이 차를 요구하면 일부러 커피를 제공하여 자신의 요구를 분명히 하고자 수정 전략을 사용하도록 만든다.

기출 POINT 5

❶ 13추가중등B5
㉡에서 의사소통을 촉진하기 위해 사용한 전략을 쓰시오.

■ 의사소통 표현하기 기술 교수

㉡ 처음에는 시범을 보이지 않고 영미의 관심에 주의를 기울이면서 요구하기, 그림상징을 선택하여 답하기의 순서로 의사 표현하기 기술을 지도함. 긍정적 반응에는 강화를 제공하고 오반응이나 무반응에는 올바른 반응을 보여 주어 따라하도록 함

❷ 11중등13
다음은 김 교사가 중도 뇌성마비 중학생 A에게 음성산출도구를 적용하는 보완대체의사소통 중재 과정이다. 각 과정별 적용의 예로 적절한 것을 모두 고르시오.

■ 일상생활에서 음성산출도구 사용 유도

(마) 미술시간에 학생 A의 손이 닿지 않는 곳에 풀과 가위를 두고 기다리는 등 환경 조성 전략을 사용하여, 음성산출도구로 의사소통할 수 있도록 유도하였다.

2. AAC의 모델링

(1) 모델링의 정의 및 필요성

① AAC의 모델링은 AAC를 사용하여 하고 싶은 말을 표현하는 것을 직접 보여주어 반응을 촉진하고, 대화하는 동안 상징카드나 AAC 기기의 어휘를 가리키거나 누르는 것을 관찰학습을 통해 지도하는 전략이다.

② 예를 들어, 교사는 말을 하면서 동시에 주요 내용에 해당하는 그림이나 사진 등의 상징을 가리킨다. 이를 통해 학생은 언어 자극(예 구어)과 보조 자극(예 상징)을 동시에 수용하고, 두 자극을 동일한 자극으로 연결하게 된다.

③ AAC를 사용하는 학생이 AAC를 안정적으로 사용하기 위해서는 교사의 모델링을 통한 많은 양의 입력이 필요하다.

(2) 모델링 지도 시 유의사항

① 모델링은 여러 명의 모델이 시범을 보여주는 것이 효과적이다.

② 모델링은 AAC를 사용하는 모든 상황에서 제공한다. 자연스러운 상황에서 대화를 주고받는 것을 모델링하는 것은 AAC를 사용하는 학생이 생활 속에서 의사소통 기술을 학습하는 좋은 기회가 된다.

③ 모델링의 빈도는 최대한 자주 제공한다.

④ 모델링은 학생이 사용하는 것과 동일한 AAC 방법과 도구를 사용한다. 동일한 상징, 손짓기호, 의사소통판, AAC 도구를 사용해야 학습의 전이가 쉽다.

⑤ 모델링은 학생의 언어 수준에 따라 제시한다. 학생이 현재 표현할 수 있는 수준보다 조금 더 높은 수준으로 유도하여 모델링한다.

⑥ 표현하는 내용 중 중요한 의미의 어휘를 모델링한다. 말하는 모든 내용의 단어를 모델링할 필요는 없다. 오히려 필요 없는 내용은 배제하고 의미를 전달하는 데 가장 중요한 단어를 의사소통판에서 지적하거나 AAC 도구에서 찾아 버튼을 누르는 것이 더 효과적이다. 처음에는 핵심적인 단어 중심으로 모델링해주며, 점차 더 많은 모델링을 통해 문법에 맞는 문장을 표현할 수 있도록 확장한다.

⑦ 문장 표현 등 언어 발달과 확장을 위해 모델링한다. 효과적인 의사소통을 위해 핵심어 위주로 의사를 전달하고 소통하면서도 언어 발달을 위해 정확한 문장 표현과 함께 올바른 구두 모델을 제공한다. 예를 들어, 학생이 '강아지' 음성출력 버튼을 눌러서 답하는 것으로 강아지를 좋아한다는 표현을 성공적으로 할 경우, 교사는 "나는 강아지가 좋아요."라고 정확한 구어 모델을 제시하고, 동시에 '나', '강아지', '좋아요' 3개 단어를 조합하는 것을 보여주어 올바른 문법 표현을 모델링한다. 대화를 이어 가기 위해 '정말이야?', '너', '강아지', '좋아요'를 연결하여 "정말이야? 네가 강아지를 좋아하는구나!"라고 모델링한다. 이때 무엇을 좋아하는지만 질문하기보다는 의견을 말하는 것이 의사소통의 참여를 끌어내는 데 더 유익하다.

(3) 모델링의 오류와 지도 방법

모델링의 오류	지도 방법
표현하는 모든 단어를 모델링한다.	말하는 모든 것을 모델링하는 것은 혼란스러움을 가중한다. 모든 단어가 아니라 가장 중요한 핵심 단어만 먼저 모델링한다.
모델링은 빠르게 여러 번 반복한다.	가장 중요한 핵심 단어에 대한 모델링은 약간 느린 속도로 보여준다.
학생이 바라볼 때만 모델링을 시도한다.	학생이 주의를 집중하지 못하더라도 계속해서 모델링을 시도한다. 학습 효과는 반복되는 경험을 통해 시간이 지나면서 누적되어 발생할 수도 있다. 따라서 규칙적이고 일관되게 모델링한다.
학생이 응답할 때만 모델링을 시도한다.	대부분의 학생은 모델화된 행동을 즉각적으로 표현하지 못한다. 따라서 반응하도록 유도해도 초기에는 대부분 반응을 보이지 않는다. 이때는 잠시 멈춰서 기다리는 것이 필요하다. 그래도 응답하지 않는다면 다음 단어를 모델링하고 활동을 지속한다. 새로 배운 방법으로 의사소통하려면 여러 번 반복해서 보고 듣는 경험이 누적되어야 한다.
상징을 지적하거나 누르는 행동을 모방하는 것으로 모델링을 지도한다.	모델링은 한 단어를 그대로 따라하거나 반복하여 지적하거나 버튼을 누르게 할 필요는 없다. 오히려 학생이 표현하고 싶게 만드는 것이 무엇인지를 고민하는 것이 더 효과적이다.
모델링을 통해 상징을 지적하거나 누르는 행동을 학습하면 모델링을 중단한다.	학생이 독립적으로 사용하는 것을 학습한 이후에는 모델링의 수준을 높여서 계속 모델링해준다. 단어의 개수를 늘리거나, 문장의 복잡성·문법 측면에서 수준을 확장하여 모델링한다.
가장 기본적인 요구하기 기능을 학습하도록 모델링한다.	의사소통판을 제시하고 그중 하나를 선택해서 요구하도록 지도하는 것이 가장 쉬운 모델링 방법이다. 단순히 요구하는 것 외에 다양한 의사소통 기능(의견 말하기, 설명하기, 정보 제공하기 등)으로 확장할 기회를 제공한다.

3. 일과표 전략(schedule system)

(1) 개념 및 장점

① 일과표 전략이란 학생의 일과 중에 예정된 활동을 그림상징으로 표현한 일과표를 활용하여 의사소통의 기회를 만드는 것을 말한다.

② 일과표는 하루에 이루어지는 활동의 순서를 상징으로 제시하여 일과의 개요와 활동 순서를 인식하고, 다음에 해야 할 활동에 관한 정보를 제공한다.

③ 초기 단계에서는 실물이나 사물의 부분을 활용하는 것이 효과적이며, 연령에 맞는 상징카드나 의사소통판 등을 함께 사용할 수도 있다.

④ 일과표 전략은 예정된 활동이 무엇인지 알려주기 때문에 한 활동에서 다른 활동으로 쉽게 전환하도록 돕는다. 특히 자폐성장애 학생과 같은 활동에 대한 예측성의 요구가 높은 학생의 행동지원에도 적합하다.

(2) 일과표를 활용한 지도 방법

① 모든 활동을 시작하기 전에 일과표를 제시하고 바라보게 한다. 무슨 일을 할 시간인지 첫째 칸에 있는 사물이나 상징을 보면서 확인하게 한다. 예를 들어, 첫 번째 칸에 있는 '책'을 가리키며 국어 수업 시간임을 알게 한다.

② 그리고 바로 국어 수업을 준비하는 데 필요한 역할을 부여한다.

③ 일과에 해당하는 사물이나 카드를 지적했을 때 즉각적이고 긍정적인 신호로 촉진한다.

④ 활동을 마쳤을 때는 해당하는 상징을 바로 떼거나 제거한다. 활동을 마치고 다음 활동으로 전환하기 전에 일과표를 제시하여 다음 활동을 의미하는 사물이나 카드를 가리키게 한다.

⑤ 이러한 반복적 활동은 일과 순서와 해야 할 일의 목록을 익히는 데 도움이 된다.

⑥ 일과표를 활용한 의사소통 지도는 점차로 자연적인 상황에서 수행할 수 있도록 촉진 소거 절차를 계획한다.

4. AAC 일과 스크립트 활동 교수

(1) 개념 및 특징

① 일과 스크립트 활동 교수는 스크립트를 활용한 구조화된 언어 교수 방법으로, 교사가 주도하는 반복 연습형의 짧은 회기를 개별적 또는 소그룹으로 반복하여 실시하는 구조화된 방법이다.

② '스크립트'란 특정한 공간 및 시간 맥락에 적합한 행동들을 목적과 순서에 따라 진행하는 것으로, 특정 상황에서 행할 수 있는 구체적인 행동과 하위 활동을 예측할 수 있도록 인지적 맥락을 활용한 교수법이다.

③ 스크립트는 상황의 친숙도에 따라 효과가 달리 나타날 수 있으므로, 새로운 활동이나 과제를 제시하기보다는 학생의 인지 부담을 줄이고 언어 능력을 최대한 발휘할 수 있는 스크립트로 구성한다.

④ 스크립트 상황에 익숙해지면 요소 중 하나를 의도적으로 바꾸거나 빠뜨리는 등의 변형을 통해 학생의 자발적인 언어 사용을 유도한다.

(2) 장단점

① 스크립트 중재의 장점

㉠ 학생의 개별화된 목표어휘를 적용하는 데 교사의 부담을 줄여줄 수 있다.

㉡ 사회화된 언어 사용(예 허락을 요구하는 사항, 같이 놀자는 제의, 다양한 감정 표현 등) 교수에 적절하다.

㉢ 잦은 의사소통 실패, 교사의 잦은 교정적 피드백 등으로 의사소통 자체를 부정적인 경험으로 인식하는 학생에게 효과적이다.

② 스크립트 중재의 단점

    ㉠ 구조화된 접근법인 스크립트 중재는 단시간 내에 효과를 얻을 수 있지만, 습득된 기술을 학습 외의 조건에서 일반화하는 데 한계가 있다.

    ㉡ 학생의 반응만을 강화하고 의사소통 시도하기의 교수를 간과하여 기능적인 기술을 교수하는 데 실패했다는 비판을 받는다.

    ㉢ 언어의 기능보다는 형태를 강조하고, 의사소통 맥락에서 새로운 어휘를 다루기보다는 단순히 명명하기만을 가르친다는 비판을 받는다.

5. 그림교환의사소통체계(PECS)

① PECS는 기능적인 의사소통 기술을 가르치기 위해 학생이 원하는 사물을 의사소통 상징과 교환하여 의사소통 상호작용을 시작하도록 학습한다.

② 원하는 것을 상징카드와 자발적으로 교환하는 것에 주안점을 두며, 이러한 교환과정을 통해 동기를 부여함으로써 요구하기 기술을 향상시킬 수 있다.

③ PECS는 의사소통 기능을 요구하는 것으로 시작하여 여러 가지 의사소통 기능을 배우는 6단계 절차로 이루어진다.

> 의사소통 방법 알기 → 거리 확장과 일관성 → 그림 변별하기 → 문장으로 표현하기 → 반응적인 요구하기 → 말하기

06   대화상대자 교수전략

1. 대화상대자

① 의사소통을 지원하기 위해서는 학생을 대상으로 의사소통 기술을 지도하는 것도 중요하지만, 대화하게 될 사람을 대상으로 한 교육이 우선되어야 한다.

② 학생의 의사소통 시도에 대해 대화상대자가 어떻게 반응하고, 얼마만큼 기다려주고, 응답은 어떤 식으로 해주는지에 따라 의사소통 상호작용의 질과 언어 발달에 미치는 영향은 달라진다.

③ 대화상대자는 학생과의 접촉 빈도에 따라 몇 가지 유형으로 나누어볼 수 있다.

주요 대화상대자	• 교사, 학급 또래, 가족이 포함됨 • 이들은 학생과 의사소통할 시간이 많으므로 일관성 있는 의사소통 방법으로 대화하도록 교육이 필요함
규칙적인 대화상대자	• 친척, 학교 보건 교사, 학교 식당 조리사 등 • 학생과의 의사소통 빈도는 낮더라도 비교적 규칙적이어서 장소, 상황에 필요한 대화를 반복하여 나누면 학생의 의사소통 방법에 익숙해질 수 있음
불규칙적인 대화상대자	• 지역사회센터나 복지관에서 마주치는 사람 등 • 학생이 자주 만나는 사람은 아니지만, 다양한 범주의 의사소통 상대와 효과적으로 의사소통하는 기회를 통해 의사소통 기술을 확장하도록 지도함
낯선 사람	• 처음 보는 낯선 사람과 대화하기 위해서 불규칙적인 대화상대자와 마찬가지로 장애학생의 의사소통 방법에 대해 미리 설명이 이루어져야 함 • 학생이 표현하는 것을 대화상대자가 이해하지 못할 수 있으므로 의사소통판에 상징 외에 글자를 같이 제시해주어 이해를 도울 수 있음

2. 대화상대자의 역할

① AAC 대화상대자 훈련은 대화상대자가 중도·중복장애 학생의 의사소통 발달 원리를 이해하고, 발달을 촉진하기 위한 촉매자로서의 역할을 충분히 수행할 수 있도록 지원하는 데 초점을 둔다. ❶ 13추가중등B5

② 좋은 대화상대자는 의사소통의 필요성과 목적에 충분히 공감하고 학생의 의사소통 능력에 관해 긍정적 신뢰가 있어야 한다.

③ 학생이 표현하는 의사소통 양식을 이해하고 유연하게 수용하여 가능한 많은 사람과 소통하도록 유도할 수 있어야 한다.

④ 새로운 AAC 방법을 배우는 학생이 포기하지 않고 정기적이고 안정적으로 사용할 수 있도록 충분한 시간을 할애하고 지속해서 일관성 있게 반응한다.

⑤ 가정이나 학교, 지역사회에서 가능한 한 많이 사용할 수 있도록 실제적인 동기를 부여해야 하며, 의사소통할 기회를 확보한다.

⑥ 또한 대화상대자는 학생이 언제라도 사용할 수 있도록 의사소통에 필요한 상징, 도구, 전략에 대해 고민하고 적절한 방법을 찾기 위해 학생과 좋은 관계를 형성하고 협력할 수 있어야 한다.

기출 POINT 6
❶ 13추가중등B5
AAC 사용자에게 의사소통 표현하기 기술을 교수할 때 '대화상대자 훈련'을 실시하는 목적을 1가지만 쓰시오.

3. 대화상대자의 대화 기술

대화상대자는 일차적인 교육 실시자로서 의사소통 교육에 직접적인 영향을 미친다. 대화상대자가 의사소통의 중요성에 관해 충분히 이해하고 공감할 수 있어야 학생의 의사소통 기술을 촉진할 수 있다. 대화상대자에 따라 훈련 횟수나 기간은 다르지만, 학생이 AAC를 활용하여 의사소통을 할 수 있도록 다양한 대화 기술을 갖추어야 하며, 이에 관한 교육이 선행되어야 한다. 대화상대자가 갖추어야 하는 대화 기술은 다음과 같다.

(1) 모델링

① 모델링은 대화상대자가 가장 먼저 배워야 할 의사소통 교수전략이다.

② 대화상대자들은 어떤 행동과 방법을 모델링해줄 것인지, 모델링할 시기와 모델링이 중요한 이유에 대해 공감하고 합의해야 한다. 그렇게 해야 AAC 방법에 관한 일관된 모델링이 이루어질 수 있다.

③ 처음 대화를 시작할 때는 말하는 모든 단어에 대해 모델링할 필요는 없다. 이때에는 대화의 내용 중 가장 중요한 핵심 단어에 주의를 기울이게 하며 모델링을 제시한다.

④ 초기 단계에서의 모델링은 학생이 흥미로워하는 활동이나 주제에 관한 대화로 시작하여 주의와 반응을 유도한다. 한두 번의 모델링만으로는 새로운 의사소통 방법을 학습하지 못하므로 지속해서 모델링을 제시한다.

(2) 질문보다는 말하도록 유도하기

① 대화상대자들은 학생과 의사소통할 때 질문에 답하는 역할만 제시하거나 이미 답을 알고 있는 질문만 하는 등의 식상한 대화에서 벗어나야 한다. 지루하고 반복적인 훈련보다는 흥미로운 주제에 대해 말할 기회를 만들어내는 것이 더 중요하다.

② 가장 가볍게 시작할 수 있는 의사소통은 일과에 관한 대화를 하는 것이다. 일과 중에 무엇을 보고 있는지, 무엇이 보이는지, 무엇을 하는지, 감정과 기분이 어떤지에 대한 일상적인 질문으로 대화를 주고받는 기회를 확대할 수 있다.

(3) 잠깐 기다리기와 멈추기

① AAC를 사용하여 의사소통하기 위해서는 상대적으로 더 많은 시간을 할애해야 한다. 하나의 상징을 찾아서 말할 수도 있고, 필요한 상징을 여러 개 찾은 후에 표현할 수도 있으므로 충분한 준비 시간이 필요하다. 즉시 반응을 보이지 않을 때는 촉진하거나 재촉하지 말고 최소한 5초 정도 기다리며, 눈 맞춤으로 들을 준비가 되었음을 학생이 느끼게 한다. ❶ 19유아A8, ❷ 13추가중등B5

② 잠깐 기다리기와 멈추기는 대화 중 대화할 차례를 알려주는 신호가 된다. 잠시 멈춰서 대화할 차례임을 보여주어 학생에게 응답할 시간을 준다. 이때 응답 시간은 학생의 특성을 고려하여 정한다. 예를 들어, 지체장애 학생은 불수의 움직임과 신체의 경직 등으로 인해 더 많은 시간이 걸리므로, 개별적으로 필요한 시간이 어느 정도인지 관찰하여 정한다.

기출 POINT 7

❶ 19유아A8
ⓒ은 보완대체의사소통(AAC)의 4가지 구성요소 중 무엇에 해당하는지 쓰시오.

민 교사: 집에서도 승우와 대화할 때 어머니의 역할이 중요해요. 그럴 때는 ⓒ 어머니께서 승우가 의사를 표현할 수 있을 거라는 기대를 가지고 기회를 제공하여, 의사를 표현하는 동안 충분히 기다려 주는 것이 필요하지요.

❷ 13추가중등B5
ⓒ에서 의사소통을 촉진하기 위해 사용한 전략을 쓰시오.
■ 의사소통 표현하기 기술 교수

ⓒ 의사소통 상황에서 영미에게 기대되는 반응이 나타날 때까지 수 초간 어떠한 촉진도 주지 않고, 목표기술을 자발적으로 사용할 수 있도록 기회를 제공함

⑷ 촉진하기

① **언어적 촉진** : 예를 들어, "하고 싶은 말이 있니? 그러면 의사소통판에서 하고 싶은 말을 찾아봐!"라는 언어적 촉진을 하는 것이다.

② **몸짓 촉진** : 의사소통판을 손이나 시선으로 가리키면서 사용하도록 촉진하는 것이다. 언어적 촉진과 몸짓 촉진은 모두 유용하며, 의사소통 방법을 학습할 때까지 반복적으로 제공한다.

③ **신체적 촉진** : 어떠한 발문에도 자발적으로 표현하지 않는다면 학생의 손 위에 교사의 손을 얹어 의사소통판에서 표현할 것으로 예측되는 내용을 지적한다. 이러한 촉진은 점차 소거하여 자발적으로 시도하도록 계획한다. 의사소통 행동을 촉진할 때도 모델링을 함께 제공하여 지도한다.

⑸ 일관성 있는 반응과 피드백 제공하기

① 학생의 의사소통 시도에 반응해주는 것은 상호작용과 대화의 흐름을 자연스럽게 촉진한다.

② 반응은 다음의 네 단계로 진행한다.

1단계	의사소통의 시도를 인정한다. 학생이 교사가 있는 방향을 쳐다보는 행동만 해도 눈을 맞추며 대화할 준비를 한다.
2단계	의미를 부여한다. 학생의 모든 의사소통 시도에 대해 의미를 부여한다. 예를 들어 학생이 교사가 있는 쪽을 쳐다보면 "선생님 불렀어?"라고 그 의미를 읽어준다. 학생이 하는 행동과 말의 의미를 알 수 없거나 관련 없는 표현을 하더라도 그에 대한 의미를 부여하며 결과를 보여준다.
3단계	학생이 표현한 내용을 확장한다. 학생이 교사가 있는 쪽을 쳐다보며 "선생님!" 하고 불렀을 때 "'선생님, 도와주세요'라고 말한 것이지?"라고 표현 내용을 확장한다.
4단계	바꿔 말하기 등의 다양한 의사소통 표현 방법을 지도한다. 예를 들어, 게임을 하는 상황에서 "내가 할 차례야."라고 표현했다면, 그 다음에는 "네 차례야."라는 표현도 지도한다.

③ 학생이 표현하는 언어적·비언어적 요소들을 의사소통의 의도가 담긴 표현으로 간주하고, 표현한 행동과 소리에 대해 적극적으로 피드백한다. 때로는 학생이 표현한 말소리가 불명료할 때 정확한 발음의 피드백을 제시하고, 정확한 언어로 표현하도록 촉진한다.

④ 메시지 확인하기(message confirm) 전략은 학생이 표현한 내용을 즉각적으로 강화해줄 수 있는 대표적인 교수전략이다.

　㉠ 상징카드 등을 지적하여 표현할 때 표현한 내용에 대해 정확하게 메시지를 확인한 후에 다른 단어를 추가하여 말하는 식으로 내용을 확장해준다.

　㉡ 이처럼 대화상대자가 제공하는 청각적 피드백은 표현언어를 촉진하는 자극이 된다.

기출 POINT 8

❶ 16초등B4
대화의 ⓒ에서 김 교사가 은지의 음성
출력 의사소통기기 사용을 촉진하기 위
해 '메시지 확인하기 전략'을 사용하였
다. ⓒ에 들어갈 교사의 말을 쓰시오.

김 교사: (음성출력 의사소통기기와
스위치를 은지의 휠체어용 책상에
배치한다.) 이 모둠에서는 은지가
한번 발표해 볼까요? (음성출력 의
사소통기기와 은지를 번갈아 보며
잠시 기다린다.)
은지: (자신의 음성출력 의사소통기
기를 본 후 교사를 바라본다.)
김 교사: 은지야, '양달은 따뜻해요'
라고 말해 보자. (음성출력 의사소
통기기에서 양달 상징에 불빛이 들
어왔을 때, 은지의 스위치를 눌러
'양달은 따뜻해요'라는 음성이 산출
되도록 한다. 그런 다음 은지가 스
위치를 누르는 것을 기다려준다.)
은지: (음성출력 의사소통기기에서
양달 상징에 불빛이 들어왔을 때,
스위치를 눌러 '양달은 따뜻해요'
라는 음성이 산출되도록 한다.)
김 교사: (ⓒ   )

ⓒ "식물은 왜 양달에서 더 잘 자랄까요?"라는 교사의 질문에 학생이 의사소통판에서 '양달'과 '따뜻해요'라는 상징을 선택했을 때, 교사는 "양달은 따뜻해요. 그래요. 맞아요. 양달은 따뜻해요."라고 학생의 표현에 반응하며 다시 한번 확인해준다. **❶ 16초등B4**

(6) 대화 회복 전략

① 다른 사람과 대화하기 위해서는 언어의 형태와 내용에 관한 지식뿐만 아니라 사회적·화용론적 기술이 필요하다. 이러한 지식과 기술이 부족하면 의사소통 단절(communication breakdown)이 발생한다.

② 다른 사람들은 대화가 단절되면 반복하기(repetition), 바꾸어 말하기(revision), 간략히 말하기(simplification), 단서 추가하기(cue) 등의 대화·회복 전략(conversational repair strategies)을 사용하여 의사소통을 유지하려고 노력한다. 그러나 AAC를 사용하는 학생들은 대화가 단절되었을 때 이러한 전략만으로는 대화를 이어가기 어렵다.

③ AAC 사용 학생이 대화를 이어나갈 수 있도록 대화상대자가 사용할 수 있는 대화 회복 전략은 다음과 같다.

전략	설명	예시
제한된 선택사항 제시하기	• 말하는 내용이 무엇인지 알아내기 위해 몇 가지 제한된 선택사항을 제시함 • 말하는 내용에 따라 시간, 장소, 대상, 주제 등의 범주가 무엇인지 범위를 좁혀가면서 학생이 말하고자 하는 내용을 찾음	• 지금 무엇에 대한 것을 말하는 거야? • 지금 나에게 묻는 거야? 묻는 것이라면 무엇을 묻는 거야? 신체, 장소, 물건, 감정이야? • 지금 어디에서 있었던 일을 말하는 거야? 집? 학교? 다른 곳?
표현한 내용이 맞는지 확인하기	• 들은 내용이 맞는지 확인하고 넘어감 • 대화하며 학생이 원하는 생각을 점차 발전시키도록 질문함 • 감정을 표현하기 어려운 학생의 감정 상태를 먼저 체크함	• 지금 말한 것이 ○○라는 것이 맞니? • 지금 ○○한 기분이라고 말하는 거지?
대화가 단절된 것 확인하기	• 학생이 표현하는 것을 알아들을 수 없거나 잘못 이해하면, 대화에서 나온 정보를 체크하여 다시 질문함 • 대화하려는 내용을 하나씩 분리하여 질문함	• 주말에 본 드라마가 무엇인지 거기서부터 다시 이야기할까? • 메뉴에 대해 좀 더 이야기할까? 여기까지만 말할까, 아니면 더 이야기할까?

07 통합교육에서의 AAC 활용

1. AAC에 대한 인식 개선

AAC를 사용하는 학생이 학교에서 수용되고 참여하기 위해서는 학교 차원에서 AAC를 이해하고 수용하는 문화가 조성되는 것이 중요하다. 특수교사는 통합학급 교사 및 학교의 모든 구성원들이 장애학생의 의사소통 특성과 대안적 의사소통 방법에 대해서 올바르게 이해할 수 있도록 노력해야 한다.

구성원 및 환경	역할 및 내용	
특수학급 교사	• AAC를 특수학급 및 통합학급에 적용하기 위해서는 특수학급 교사가 AAC에 대한 긍정적 인식과 충분한 지식을 갖추고, 촉진자가 되어 AAC를 활용할 수 있도록 돕는 것이 중요함 • 장애학생이 어떤 의사소통 방법을 사용하며, 어떻게 이러한 의사소통 방법을 활용하여 학급 수업에 참여할 수 있도록 기회를 주어야 하는지, 교사가 학생의 의사소통 시도에 어떻게 반응해 주어야 하는지, 또래와의 상호작용을 어떻게 촉진할 수 있는지 등에 대해 통합학급 교사에게 안내하고 지원해야 함	
통합학급 교사 및 지원인력	• 기본적 이해 : AAC에 대한 기본적 이해와 대상 학생이 사용하는 AAC 체계 사용 방법을 습득함 • 의사소통 기회 제공 방법 : 수업과 일상생활 안에서 어떻게 장애아동에게 의사소통 기회를 만들어줄 수 있는지 알고 이를 실행해야 함 • 대화기술 : 학생의 의사소통 행동을 잘 파악하고 일관성 있게 반응하며, AAC 사용을 직접 모델링하거나 학생의 반응이 즉각적이지 않을 수 있음을 알고 응답을 기다려주어야 함	
또래학생	⚑ **AAC 사용자가 통합된 학급에서 또래학생들에게 AAC를 이해시키기 위한 전략**	
	다양한 방식의 의사소통에 대한 지식 확대	– 사람들이 이야기하는 것을 관찰하고 의사소통의 형태(예 제스처, 구어, 손짓기호, 음성출력 의사소통 도구, 사진, 시선, 몸짓, 얼굴표정, 글자판)를 기록하기 – 음소거된 TV 클립을 시청하고 사용된 의사소통 방식 식별하기, 어떤 내용에 대한 것인지 토론하기 – 외국어로 말하는 사람의 비디오 영상을 보고 비구어적 의사소통을 통해 어떤 내용일지 의미를 유추해보기
	AAC 체계에 대한 지식 증대	– 다양한 AAC 체계를 직접 체험해보기 – AAC 회사의 카달로그나 구글 이미지 검색을 통해 그림이 있는 포토 앨범이나 스크랩북 개발하기 – AAC를 사용하는 학생이 자신의 AAC를 학급에 소개하기 – 다양한 형태의 AAC와 보조기술을 강조하는 비디오(예 유튜브) 보기

AAC 의사소통의 장벽 이해하기	- AAC를 사용하는 사람들에 대한 책을 읽고 토론하기 - 구어를 사용하지 않는 역할극을 해보고 그 어려움에 대해 토론하기 - 실생활·비디오·역할극에서 의사소통 단절(communication breakdowns)을 알아보고, 그러한 단절이 일어난 이유·결과·바로잡기에 대해 토론하기 - 학생들이 비언어적 의사소통을 통해 의견을 표현하고 질문을 해야 하는, 말을 하지 않는 수업 시간을 갖고 그 어려움과 도전에 대해 토론하기
	• 단순히 AAC에 대해 설명하는 것보다는 의사소통의 다양한 방법에 대해 인식하도록 하고, 구어를 사용하지 못할 때의 어려움을 경험하며, 장애 친구의 의사소통 어려움에 공감하도록 지도하는 것이 중요함 • AAC에 대한 구체적인 지식과 사용 경험을 통해 단순히 AAC에 대한 긍정적 인식을 갖는 것을 넘어서 AAC를 함께 사용할 수 있는 의사소통 파트너가 될 수 있도록 해야 함
물리적 환경 구성	• AAC 상징을 활용하여 교실 및 학교의 물리적 환경을 꾸미기 • AAC 상징을 활용하여 일과나 학급 규칙을 쉽게 전달하기 • 중요한 시설이나 설비에 AAC 그림상징을 부착하여 교실이나 교과실, 체육관을 구조화하기

특수교육공학

01 특수교육공학의 이해

- 특수교육공학의 정의
- 특수교육공학의 영역
- 특수교육공학의 장점
  - 능력의 신장(A)
  - 매체의 대체(B)
  - 장애의 보상(C)

02 보조공학의 이해

- 보조공학의 정의
  - 보조공학 장치
  - 보조공학 서비스
- 보조공학의 연속성
  - 로우테크와 하이테크
    - 첨단공학
    - 일반공학
    - 기초공학
    - 무공학
  - 하드테크와 소프트테크
  - 기기와 도구
  - 고려사항
- 보조공학 전달체계
  - 보조공학 전달체계의 이해
  - Cook&Hussey의 일반적인 보조공학 전달체계

03 보조공학 사정 및 유형

- 보조공학 사정의 원칙(Bryant 등)
  - 정의
  - 세 가지 특성
    - 생태학적 사정
    - 실천적 사정
    - 계속적 사정
  - 보조공학 사정 및 중재의 원칙
- 보조공학 사정 모델
  - 인간 활동 보조공학 모델(HAAT)
  - SETT 구조 모델
  - 보조공학 숙고 과정 모델(AT 모델)
  - 인간–공학 대응 모델(MPT 모델)

01 특수교육공학의 이해

1. 특수교육공학의 정의

특수교육공학이란 특수교육 대상자의 학습을 촉진하고 수행을 유지 혹은 개선하기 위해 제공되는 공학기기 및 이를 이용한 교수전략 그리고 관련 서비스에 대한 이론과 실제이다.

❶ 07중등6

기출 POINT 1

❶ 07중등6
특수교육 현장에서 활용되는 특수교육공학에 대한 설명으로 적절하지 않은 것은?
① 특수교육공학 프로그램은 교수-학습과정을 보조하는 도구의 하나로 활용된다.
② 특수교육공학 기기를 활용할 때에는 장애학생의 학습기술 향상을 최우선 목표로 한다.
③ 특수교육공학은 장애학생 교육에 사용되는 공학기기와 서비스, 그리고 이를 이용한 수업전략을 포함한다.
④ 특수교육공학 기기 및 프로그램의 적용을 위해서는 과제와 학생의 교육적 요구를 체계적으로 사정하는 것이 중요하다.

2. 특수교육공학의 영역

① 특수교육공학은 장애학생의 효율적인 교육과 생활을 위한 공학기기, 서비스, 전략과 실제로 구성된다.

   ㉠ 공학기기: 첨단공학기기(high-technology devices)부터 일반공학기기(medium-technology devices), 기초공학기기(low-technology devices) 등이 포함된다.

   ㉡ 서비스: 교수·학습을 위한 소프트웨어부터 각종 공학기기의 준비, 사용, 사후 관리에 대한 일련의 과정이 포함된다.

   ㉢ 전략과 실제: 효율적인 활용을 위한 전략과 실제 적용이 포함된다.

② 우리나라의 경우 「장애인 등에 대한 특수교육법」에 특수교육 관련 서비스로서 보조공학기기 지원, 학습보조기기 지원, 통학 지원 및 정보접근 지원 등 특수교육공학에 관련된 내용이 포함되어 있다.

3. 특수교육공학의 장점

Lewis(1993)는 특수교육 대상자들에게 제공할 수 있는 특별한 이점을 ABC 모델로 제시하였다.

(1) 능력의 신장(Augment ability)

① 능력의 신장은 인지적·신체적 손상으로 인해 저하된 능력을 공학기기를 이용하여 증진시키는 것을 의미한다.

② 예를 들어, 저시력인 경우 문자 확대기를 이용함으로써 잔존 능력을 적절히 이용할 수 있다.

(2) 매체의 대체(Bypass)

정보의 입출력과 관련하여 정보의 입력이 불가능한 경우, 혹은 정보를 시각적으로 확인할 수 없는 경우에 음성을 통한 입력 그리고 청각적 부호를 통한 출력을 제공하는 것 등이 해당한다.

(3) 장애의 보상(Compensate for disability)

장애의 보상이란 장애로 인한 비효율성을 최소화하는 것으로, 철자를 자동으로 점검하는 프로그램이나 문장을 자동으로 완성하여 학습자의 신체적 수고를 최소화하는 프로그램 등이 이에 해당한다.

02 보조공학의 이해

1. 보조공학의 정의

보조공학이란 장애인의 신체적·인지적 기능을 유지 또는 향상시키기 위한 목적으로 지원되는 보조공학 장치(기기)와 서비스이다.

(1) 보조공학 장치

보조공학 장치 또는 보조공학 기기는 장애를 가진 개인의 기능적 능력을 증진·유지·향상시키기 위해 사용되는, 시중에서 구할 수 있는 기성품이나 개조 또는 주문 제작된 장치 또는 제작 도구를 의미한다.

(2) 보조공학 서비스

보조공학 서비스는 장애인에 관련된 보조기구의 선정·구입·사용 등을 직접적으로 보조하는 모든 서비스를 말하며, 다음과 같은 여섯 가지의 서비스를 포함한다.

① 장애인의 기능 평가

② 보조공학 기기 구입 시 서비스(구매 또는 임대)

③ 보조공학 기기의 선택, 디자인, 맞춤, 개조, 대체, 응용, 유지, 수리 및 교체

④ 현재의 교육 및 재활 계획과 프로그램에 관련된 보조공학 기기를 활용한 치료·중재 서비스 조정 및 사용

⑤ 장애인 및 가족을 대상으로 하는 기술적 훈련 및 보조

⑥ 고용주, 전문가, 서비스인을 대상으로 하는 기술적 훈련 및 보조

2. 보조공학의 연속성

(1) 로우테크와 하이테크 ❷ 11중등22

보조공학은 기기에 적용된 기술력의 정도에 따라, 무공학에서 첨단공학에 이르기까지 연속적으로 구성되어 있다. 기초공학에서 첨단공학으로의 이동은 비용, 융통성, 내구성, 훈련의 요구 정도, 세밀성, 이동 가능성, 유지 요구 등과 같은 보조공학 기기의 특징이 점차 복잡해지고 사용자에게 요구되는 비용 및 조건이 증가하는 것을 의미한다. ❶ 25중등A2

① 첨단공학(high-technology) : 컴퓨터, 상호작용 멀티미디어 시스템 등의 정교한 기기

② 일반공학(medium-technology) : 비디오 기기, 휠체어 등의 덜 복잡한 전기 기기 혹은 기계

③ 기초공학(low-technology)

⊙ 덜 정교화된 기기 혹은 기계

⊙ 연필잡기에 어려움을 보이는 학생을 위한 쥐기 보조도구나 그림을 이용한 의사소통판처럼 고난도의 기술이 요구되지 않는 비교적 덜 복잡한 기술

기출 POINT 2

❶ 25중등A2
밑줄 친 ⊙은 어떤 측면에서 보조공학 기기를 구분하고 있는지 [A]를 참고하여 쓰시오.

> 특수 교사 : 그러셨군요. 학생을 위한 보조공학 기기를 선택하여 적용할 때에는 ⊙ 보조공학의 연속적 구성에 대해 살펴보는 것도 도움이 돼요. 하이테크 기기가 로우테크 기기보다 항상 좋은 것은 아니에요. 예를 들어, 음성 인식이 출력되는 의사소통판을 사용하는 것이 필요한 학생도 있지만, 그림으로 구성한 간단한 의사소통판을 사용하는 것이 더 효율적인 학생도 있거든요. [A]

❷ 11중등22
특수교육공학에 관한 설명으로 옳은 것만을 모두 고르시오.

> ⓒ 교실에서 휠체어를 탄 장애학생이 지나갈 수 있도록 책상 사이의 간격을 넓혀 주는 것은 로우테크 놀로지의 적용이라고 할 수 있다.
> ⓔ 특수교육공학은 사용된 과학 기술 정도에 따라 노테크놀로지부터 하이테크놀로지에 이르기까지 다양하게 분류될 수 있다.

④ 무공학(no-tech solutions)

　㉠ 기기 혹은 기계를 포함하지 않는, 체계적 교수 절차의 사용 혹은 물리치료사나 작업치료사와 같은 관련 서비스

　㉡ 휠체어가 다니는 공간을 확보하기 위하여 교실을 확장시켜주는 등과 같이 아무런 기술적 지원 없이도 해결 가능한 것

(2) 하드테크와 소프트테크 ● 11중등22

① 하드테크(hard-tech)는 주변에서 구입하거나 수집이 가능하여 쉽게 이용할 수 있는 것으로, 형태와 실체가 있어 만지거나 접촉해서 쉽게 알 수 있는 것들이다. 예를 들어 간단한 마우스스틱, 컴퓨터, 소프트웨어 등이 여기에 속한다.

② 소프트테크(soft-tech)는 의사결정, 전략, 훈련, 서비스 전달 등 인간 영역(보조공학 전달 모형의 구성요소 중 하나)에 해당하는 것으로, 일반적으로 사람이나 문서 자료, 컴퓨터를 통해 얻는 것들이다. 즉, 인간의 지식과 경험·훈련·교재를 통해 서서히 습득되는 것으로, 보조공학 서비스가 여기에 해당한다.

(3) 기기와 도구

① 기기(appliances)는 각 개인의 기능 수준에 상관없이 도움을 줄 수 있는 기구 또는 장치이다.

② 도구(tools)는 사용하려면 어느 정도의 기술 개발이 요구되는 것을 말한다.

③ 기기와 도구의 구별 방법은 사용 결과의 질이 사용자의 기술 수준에 따라 달라지는지 여부에 달려 있다. 예를 들어 키가드, 확대 렌즈, 자세보조용구 등은 기능적 결과가 사용자의 기술 수준에 따라 달라지지 않으므로 모두 기기이다. 그러나 전동 휠체어의 조이스틱 컨트롤은 사용자의 기술 수준에 따라 그 기능적 결과가 달라지므로 도구로 분류된다.

(4) 고려사항

① 맞춤화를 허용하는 개방형 장치가 일반적으로 가장 유용하다.

② 복잡한 장치나 고급 테크놀로지를 적용하기 전에 낮은 단계를 우선 고려해야 한다.
● 11중등22

③ 장치나 프로그램 사용 전에 모든 기능을 완벽하게 알고 있어야 한다고 생각하지 않아야만 학습 초기부터 적용이 효과적으로 이루어질 수 있고, 경험을 통해 능숙해질 수 있다.

기출 POINT 3
● 11중등22
특수교육공학에 관한 설명으로 옳은 것만을 모두 고르시오.
㉢ 사람이 제공하는 서비스 영역을 의미하는 소프트테크놀로지가 없이는 하드테크놀로지를 성공적으로 적용할 수 없다.

기출 POINT 4
● 11중등22
특수교육공학에 관한 설명으로 옳은 것만을 모두 고르시오.
㉠ 장애학생에게 공학을 적용할 때에는 하이테크놀로지보다 로우테크놀로지를 먼저 고려하는 것이 바람직하다.

3. 보조공학 전달체계

(1) 보조공학 전달체계의 이해

① 보조공학 전달체계란 보조공학 기기와 서비스를 장애학생에게 전달하는 전반적인 과정을 말한다.

② 보조공학 전달체계의 각 과정은 장애학생의 요구와 활용 목적에 맞게 적절한 공학 기기와 서비스를 제공하기 위한 세부 활동을 포함하고 있다.

(2) Cook&Hussey(2009)의 일반적인 보조공학 전달체계 ❶ 12중등40

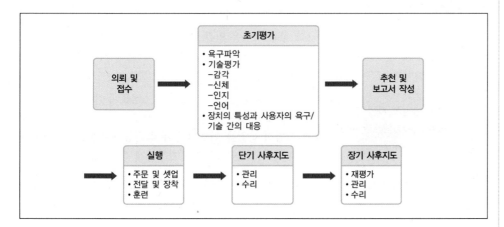

기출 POINT 5

❶ 12중등40
다음은 보조공학 서비스 전달 과정이다. 이 전달 과정에 대한 설명으로 옳은 것만을 〈보기〉에서 있는 대로 고르시오.

의뢰 및 접수
↓
(가)
↓
추천 및 보고서 작성
↓
실행
↓
단기 사후지도
↓
(나)

〈인간 활동 보조공학
(Human Activity Assistive
Technology) 모델〉

─〈보기〉─
ⓒ (가)는 초기 평가 단계로서 사용자에게 알맞은 보조공학을 제공하기 위해 장치의 특성과 사용자의 요구 및 기술 간의 대응을 해야 한다.
ⓔ (가) 단계에서는 사용자의 감각, 신체, 인지, 언어 능력을 평가하는데, 공학 장치를 손으로 제어하기 어려운 학생의 경우에 다리보다는 머리나 입을 이용하여 제어가 가능한지를 먼저 고려해야 한다.
ⓜ (나) 단계에서는 보조공학이 장애학생에게 적용된 이후에도, 보조공학이 사용자의 요구나 목표의 변화에 부합하는지를 지속적으로 재평가하는 장기적인 사후지도가 이루어져야 한다.

03 보조공학 사정 및 유형

1. 보조공학 사정의 원칙(Bryant 등)

(1) 보조공학 사정의 정의

보조공학 사정이란 특수교육대상자의 인지적·신체적·정서적 어려움을 유발하는 부정적 요인이 무엇인지를 찾아내어, 이를 최소화하고 학습자의 장점을 극대화하기 위한 기기를 탐색하는 일련의 과정을 의미한다.

(2) 보조공학 사정의 세 가지 특성

생태학적 사정 (ecological assessment) ❷ 18중등A10, ❸ 12중등40	보조공학 사정은 인간, 활동, 보조공학, 주변 상황을 체계적으로 고려해야 나중에 보조공학 시스템이 거부되거나 그 사용이 표기되는 경우를 방지할 수 있다.
실천적 사정 (practical assessment) ❶ 24초등A2	보조공학 사정은 기능적 성과에 초점을 두어야 한다. 즉, 지체장애를 갖고 있는 학생의 경우, 보조공학을 사정하고 중재하는 일차적 목적은 이들의 신체적 손상과 결함을 보완하는 것이 아니라 기능적 수행을 가능하게 하는 데 있다.
계속적 사정 (ongoing assessment)	보조공학 사정은 중재계획의 목표에 비추어 진전 상황을 지속적으로 평가하고 필요한 경우 수정해야 한다.

(3) 보조공학 사정 및 중재의 원칙

① 보조공학 중재의 목적은 사람을 재활시키거나 손상을 치료하는 데 있는 것이 아니라 기능적 활동을 수행하는 것을 가능하게 만드는 보조공학 시스템을 제공하는 데 있다.

❶ 12중등40

② 보조공학 사정과 중재는 인간, 활동, 보조공학, 주변 상황을 고려해야 한다.

③ 보조공학 사정은 지속적이고 신중해야 한다.

④ 보조공학 사정과 중재는 협력과 소비자 중심적 방법을 필요로 한다.

⑤ 보조공학 사정과 중재는 데이터를 수집하고 해석하는 방법에 대한 이해를 필요로 한다.

2. 보조공학 사정 모델

(1) 인간 활동 보조공학 모델(HAAT)

① 인간 활동 보조공학 모델은 공학적 지원을 통한 학생의 활동 참여 증진에 주안점을 두고 있다.

㉠ 활동은 전반적인 보조공학 체계의 궁극적 목표로, 누가 무엇을 수행하는 과정이며 인간 성능의 기능적인 결과를 나타내는 것이다.

ⓛ 어떤 시스템을 구체화하는 것은 보통 활동을 수행하려는 인간의 욕구와 희망에 의해 시작된다. 글을 쓴다거나 요리를 하는 활동은 보조공학의 목표를 분명하게 한다. 이러한 활동은 일련의 과제를 수행함으로써 성취될 수 있고, 각 활동은 주변 배경 안에서 이루어진다. 이처럼 활동과 주변 배경이 결합되어 목표를 달성하는 데 요구되는 인간의 기술을 구체화시킨다.

ⓒ 활동 수행 기술이 부족한 사람에게는 보조공학이 사용되고, 보조공학을 활용하기 위해서는 다시 기술이 요구된다. 이러한 기술은 그 사람의 개인적 능력에 맞게 조정된 다음 보조공학 시스템에 연결되는데, 결과적으로 이를 통해 원하는 활동을 달성하게 된다.

② 인간 활동 보조공학 모델을 구성하는 인간, 활동, 보조공학, 맥락의 네 가지 요소는 다음과 같은 하부요소를 포함한다.

㉠ 인간(human) : 신체적·인지적·정서적 숙련 정도 관련 요소

㉡ 활동(activity) : 자기보호, 노동, 학업, 여가 등과 같은 실천적 측면

㉢ 보조공학(assistive technology) : 공학적 인터페이스, 수행 결과, 환경적 인터페이스 등의 외재적 가능성

㉣ 맥락(context) : 물리적·사회적·문화적·제도적 요소

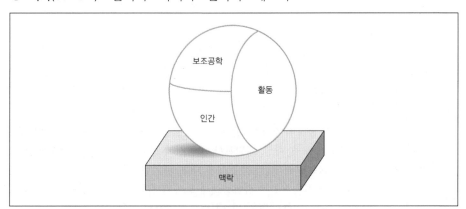

▷ HAAT 모델

> 예 척수손상 장애학생 ○○은 쓰기 과제를 수행하려고 한다. ○○은 척수손상으로 손을 사용할 수 없지만 말은 분명하게 할 수 있으므로 음성 언어를 문자로 변환시켜 주는 음성인식장치로 쓰기 과제를 수행할 수 있다. 그러나 학교나 공공장소에서는 여러 사람이 있기 때문에 음성인식에 오류가 생기지 않도록 소음제거 마이크를 사용해야 한다. 이러한 상황에서 ○○을 위한 보조공학시스템은 활동(글쓰기), 주변 배경(소음이 많은 공간), 인간 기술(말하는 것), 보조공학(음성인식장치)으로 구성된다. ❶ 23중등B9

③ HAAT 모델의 특성은 다음과 같다.

㉠ HAAT 모델은 임상적 관점이나 손상에 초점을 맞추는 시각을 지양하고 장애인의 참여 가능성에 초점을 둔다. 그리고 수행을 장애나 손상의 관점에서 바라보기보다

기출 POINT 8

❶ 23중등B9
밑줄 친 ⓒ과 ⓔ을 포함하여 학생 A가 달성해야 할 목표를 서술하시오.
(단, HAAT 모형의 4가지 요소를 모두 제시할 것)
(가) 학생 A의 특성

- 뇌병변 장애로 양손과 양발을 사용하지 못함
- 과제 수행에 적극적임
- 구어 사용이 어려움
- 수업 참여 시 인지적 어려움이 없음

(다) 대화

특수교사 : 인간활동보조공학(HAAT) 모형을 통해 사정해 볼 수 있어요. HAAT 모형은 공학적 지원을 통해 학생의 활동 참여 증진에 주안점을 두고 있습니다.
통합학급 교사 : 그럼 다음 주에 ⓒ 편지 쓰기를 하는데, 학생 A에게 HAAT 모형을 적용할 수 있을까요?
특수교사 : 학생 A의 기능을 평가하여 선택한 보조공학기기는 ⓔ 헤드마우스입니다.

사용자, 보조공학, 환경 간의 부조화로 이해할 것을 강조한다는 측면에서 ICF의 장애 개념과도 일치한다.

ⓒ 자신이 참여를 원하는 활동과 활동이 일어나는 환경을 탐색함으로써 개인이 원하는 것을 성취하는 데 초점을 맞춘다.

ⓒ 장애인이 수행을 용이하게 하는 보조공학 기기를 사용하여 주어진 환경 안에서 활동하도록 촉진한다.

ⓔ 보조공학 서비스 전문가가 개인의 기능과 욕구를 인식하도록 직관적이고 전체론적인 접근법을 제공한다.

(2) SETT 구조 모델

① SETT 구조 모델은 학생이 보조공학을 선택할 때 필요한 네 가지 주요 영역인 학생 (student), 환경(environment), 과제(task), 도구(tools)를 강조하는 모델이다. 이는 보조공학을 사용하는 일련의 과정이 교육자나 관련된 사람들과 가족, 그리고 학생 모두의 참여를 통해 이루어지는 과정임을 전제로 한다. ❶ 24초등A2

② 참여자들은 보조공학 사용 여부를 결정하기 전에 체계화된 질문들을 이용하여 SETT에 관한 구체적인 정보들을 먼저 수집한다.

영역	설명
학생	• 참여자들은 학생이 해야 할 일을 함께 결정한다. 즉, 자립적으로 성취할 수 없는 학생을 위한 목표는 무엇인가에 대한 결정을 한다. • 학생이 해야 할 필요가 있는 것을 먼저 확인한 후 학생의 능력, 선호도, 특별한 요구(예 학생이 스위치에 접근하려면 머리를 왼쪽으로 기울여야 한다.)에 대한 정보를 수집한다.
환경	• 참여자들은 물리적 환경에 존재하는 것들을 찾아서 목록을 작성한다. 교수환경 조정, 필요한 교구, 시설, 지원교사, 접근성에 관한 문제점들(예 물리적 환경, 교수적 환경, 또는 공학적 환경에의 접근성)에 대해 파악한다. ❷ 18유아A8 • 이때 학생을 지원해주는 사람들에게 도움이 될만 한 지원 자료들도 수집해야 한다. 지원 자료는 해당 학생의 태도나 기대치도 포함한다.
과제	• 학생이 수행해야 할 모든 과제들이 조사되어야 한다. 학생에게 필요한 활동들을 과제에 포함시켜서 그 학생이 전반적인 환경에서 더 많은 활동에 참여할 수 있게 하고, IEP 목표를 달성할 수 있게 한다. • 일단 정보가 수집되면, 참여자들은 중요한 요소들을 검토하여 과제의 본질을 변형시키지 않는 범위 내에서 최선의 조정사항을 결정하도록 한다.
도구	• 도구는 참여자들의 초기 결정 그리고 뒤따르는 사항들에 대한 지속적인 결정에 사용된다. 즉, 참여자들은 학생과 환경, 필요한 과제들에 대해 잘 알고 있기 때문에 결정에 초점을 둘 수 있다. • 첫째, 도구는 가능성이 있는 보조공학 해결책(무공학, 기초공학부터 첨단공학까지)을 함께 심사숙고한다. 둘째, 가장 적절한 혹은 가장 가능성이 있는 해결책을 찾고, 여러 참여자들은 선택된 공학에 필요한 교수전략을 결정한다. 셋째, 사용 기간 동안 도구의 효과성을 어떻게 점검할 것인지에 관한 방법을 결정한다.

기출 POINT 9

❶ 24초등A2
자바라(J. Zabara)의 SETT 구조 모델에 근거하여 [A]에 추가로 고려해야 할 구성요소를 쓰시오.

우리 아이는 인지 기능은 정상이나 호흡이 거칠고 불규칙해서 다른 사람들이 아이의 말을 알아듣기 어려워 일 년 전부터 보완·대체의사소통체계를 사용하고 있습니다. 그런데 운동장애 [A]가 심해져서 다른 방법이 필요할 것 같습니다. 학교와 집에서 사용하기 위해 담임 선생님께서 단계적 훑기 기법을 추천하셨습니다.

기출 POINT 9

❷ 18유아A8

① 김 교사가 재민이에게 필요한 지원을 계획하기 위해 사용한 보조공학 평가 모델을 쓰시오. 이 평가 모델에 근거하여 ② 현재 재민이의 '환경 특성'에서 평가해야 할 내용 중 빠진 내용을 쓰고, ③ 관련 하위 내용 3가지를 쓰시오.

재민이의 특성	• 뇌성마비 경직형 사지마비임 • 신체활동에 대한 피로도가 높은 편임 • 주의 집중력이 높은 편임 • 발성 및 조음에 어려움이 있으며 놀이 활동에 참여하고자 하나 활동 개시가 어려움 • 활동 시간에 교사의 보조를 받아 부분 참여가 가능함 • 코너체어 머리 지지대에서 고개를 좌우로 정위할 수 있으나 자세를 유지하기 어려움
환경 특성	• 자유 놀이 시간에 별도의 교육적, 물리적 수정이 이루어지지 않음 • 교사 지원: 교사가 유아들에게 개별 지원을 제공하나 재민이에게만 일대일로 지속적인 지원을 제공하는 데 어려움이 있음 • 교실 지원: 다양한 놀잇감이 마련되어 있으나 재민이가 조작할 수 있는 교구는 부족함 • 태도 및 기대: 재민이가 독립적으로 놀이 활동에 참여할 수 있기를 희망함 • 시설: 특이사항 없음
수행 과제 특성	• 개별화교육계획과의 연계 목표: 재민이의 사회성, 의사소통 기술 향상 • 자유 놀이 활동과 연계된 수행 과제: 또래에게 상호작용 시도하기, 놀이 개시하기
도구에 대한 의사결정	• 노 테크(No tech): 놀이 규칙과 참여 방법 수정 • 보조공학 도구: 싱글스위치를 이용한 보완대체의사소통 방법 활용 • 요구 파악 및 활용도 높은 도구 선정: 코너체어 머리 지지대에 싱글스위치를 부착하고, 8칸 칩톡과 연결하여 훑기 방법 지도 • 적용을 위한 계획 수립과 실행을 위한 지속적인 자료 수집

(3) **보조공학 숙고 과정 모델**(AT consideration process)

① 보조공학 숙고 과정 모델은 보조공학을 선택하는 직접적인 과정에 대해 설명한다.

② 다른 사정 모델과 비교하여 상대적으로 정교성이 떨어진다는 단점이 있다.

단계	설명
검토	학생의 능력에 대해 검토한다. 이때 학생의 능력은 모든 중요한 측면에서의 학생의 기능적 능력과 학문적 수행을 포함한다. 또한, 관찰이나 표준 자료를 포함하여 모든 사용 가능한 평가 자료를 검토한다. ❶ 18중등A10
개발	학생의 능력과 교육적 발전에 필요한 요건(주나 지역의 교육과정 규범)에 맞추어 연간 목표, 목적 기준을 개발한다. 이때 참여자들은 학생이 보조공학의 도움을 받아 주어진 목표와 목적을 달성할 수 있는지 토론해야 한다.

조사	학생이 두 번째 단계의 목표와 목적을 수행하는 데 필요한 모든 과제들을 조사한다. 학생이 기술을 발휘하거나 기대를 충족시킬 수 있는 구체적인 환경을 알아봐야 한다.
평가	세 번째 단계에서 확인된 모든 과제의 난이도를 평가한다. 보조공학은 학생이 과제를 독립적으로 수행할 수 없을 때 사용되어야 한다.
확인	학생에게 맞는 모든 지원과 서비스를 확인해서 네 번째 단계에서 정해놓은 목표와 목적을 달성하는 것이다. 이 단계는 특정한 보조공학 지원 혹은 서비스에 관한 결정을 포함하기도 한다.

기출 POINT 10

❶ 18중등A10

다음 보조공학 사정 모델의 명칭을 쓰고, ⓛ에 들어갈 학생의 신체적 특성을 ㉣에 근거하여 쓰시오.

단계	주요 내용	유의점
학생 능력 검토	• (ⓛ) • 활동적인 과제를 수행함 • 다양한 방과 후 활동에 참가하고 있음	사례사, 관찰, 면담, 진단서 등 다양한 자료를 포함할 것
목표 개발	• 과제 수행과 다양한 방과 후 활동에 적극적으로 참가하기 • 이를 위한 휠체어 선정하기	목표 달성의 실현가능성에 대해 토론할 것
과제 조사	• 목표 달성에 필요한 다양한 과제 조사 • 과제 수행, 방과 후 활동과 관련한 구체적인 환경 및 맥락 조사	학교, 가정 등 다양한 장소에서 조사할 것
과제의 난이도 평가	각 과제별 난이도 평가	모든 과제에 대해 평가를 실시함
목표 달성 확인	• 과제 수행과 다양한 방과 후 활동에 적절한 휠체어 선정 • A는 왼쪽 바퀴에, B는 오른쪽 바퀴에 동력이 전달되도록 주행능력 평가	• 팔 받침대 높이를 낮게 하여 책상에 대해 접근성을 높임 • 활동 공간에 따라 보조바퀴(caster)의 크기를 조정함

(4) 인간-공학 대응 모델(MPT 모델)

① 인간-공학 대응 모델은 보조공학 기기 사용의 심리사회적 측면을 설명하고자 시도한 모델이다. 예를 들어, 심리적 측면은 기기의 사용과 비사용에 영향을 줄 수 있는데, 보조공학 기기를 사용했을 때 낙인의 우려가 있다면 보조공학 기기 사용에 대해 부정적으로 인식하여 결국 사용하지 않게 된다.

② MPT 모델은 인간과 보조공학, 그리고 이 둘의 최적의 대응을 촉진하는 환경의 중요성을 강조한다. 즉, 사용자의 개성·기질 및 선호도, 보조공학의 주요 특성, 물리적·사회적 환경, 지원 및 기회 그리고 이 모든 요소들이 잠재적으로 보조공학 기기 사용에 미치는 영향에 초점을 두고 있다.

③ MPT 모델

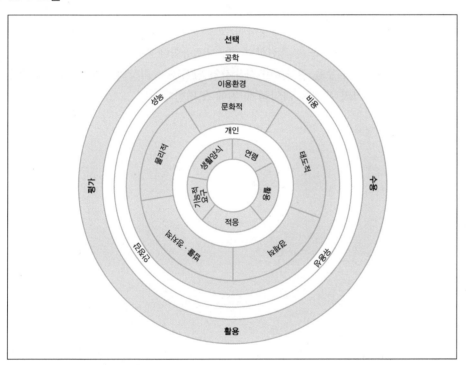

개인 관련 요소	가장 안쪽의 첫째 층은 성별, 연령, 생활양식 등 개인과 관련된 요소로 구성되어 있다.
이용환경	다음 층은 물리적·사회적 환경으로, 문화·태도·정책 등으로 구성되어 있다.
공학적 요소	가장 밖에 형성된 셋째 층은 비용, 유용성, 안정감과 같은 공학적 요소로 구성되어 있다.

④ MPT 모델의 특징 및 장점

　㉠ MPT 모델은 사용자와 서비스 제공자가 현재 처해 있는 맥락에서 어떤 보조공학 기기가 그를 위한 적절한 해결책인지를 주의 깊게 고려하도록 돕는다.

　㉡ MPT 모델은 사용자 주도적 접근과 그에 수반되는 평가도구들을 활용함으로써 보조공학 사용자로 하여금 공학이 적절한 해결책인지를 판단하고, 공학을 선택할 때 고려해야 할 개인적 요소와 환경적 요소를 이해할 수 있도록 사용자에게 권한을 부여한다는 데 특징이 있다. 즉, 사용자가 자신의 생활 속에서 보조공학 기기가 차지하는 비중을 평가하는 생활 전반에 대한 접근을 취하며, 보조공학 선택의 초기 과정부터 개입하여 자신의 기능 수준, 현재 사용하는 기기에 대한 만족도, 기기의 잠재적 유용성을 평가할 뿐만 아니라 정보를 수집할 수도 있다.

　㉢ 보조공학에 대한 사용자의 인식과 보조공학 기기 사용에 대한 성향을 탐색하는 자기 보고식 설문지를 작성하여 보조공학 기기의 평가와 선택 과정의 초기부터 사용자가 참여하도록 촉진한다. 즉, 보조공학에 대한 경험 및 태도, 보조공학을 사용하는 능력 등을 평가하여 사용자인 당사자와 최상의 대응을 이룰 수 있는 보조공학 기기의 특징을 파악하기 위해 노력한다.

지체장애 학생을 위한 컴퓨터 보조공학

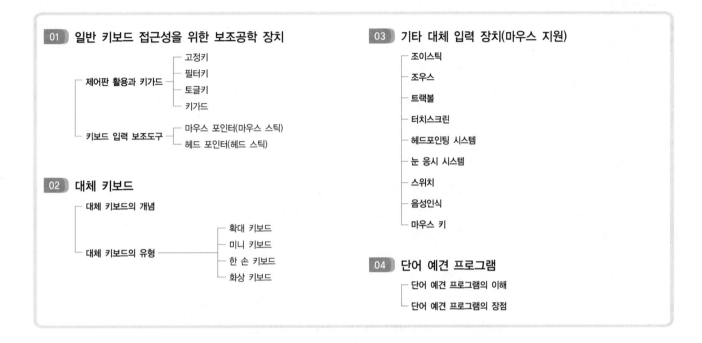

01 일반 키보드 접근성을 위한 보조공학 장치

제어판 활용과 키가드
- 고정키
- 필터키
- 토글키
- 키가드

키보드 입력 보조도구
- 마우스 포인터(마우스 스틱)
- 헤드 포인터(헤드 스틱)

02 대체 키보드

대체 키보드의 개념

대체 키보드의 유형
- 확대 키보드
- 미니 키보드
- 한 손 키보드
- 화상 키보드

03 기타 대체 입력 장치(마우스 지원)
- 조이스틱
- 조우스
- 트랙볼
- 터치스크린
- 헤드포인팅 시스템
- 눈 응시 시스템
- 스위치
- 음성인식
- 마우스 키

04 단어 예견 프로그램
- 단어 예견 프로그램의 이해
- 단어 예견 프로그램의 장점

---

01 일반 키보드 접근성을 위한 보조공학 장치

1. 제어판 활용과 키가드

키보드 통제 능력은 컴퓨터에 내장되어 있는 '제어판'을 이용하거나 물리적으로는 키가드 (key-guard)를 보완적으로 사용함으로써 향상 가능하다. 제어판은 컴퓨터의 상태 점검, 프로그램 제거, 언어 추가, 접근성 등을 사용자에 맞게 조정할 수 있도록 해주는데 이 중 키보드 조작의 편의를 위해서는 '접근성'을 변경해야 한다.

(1) 고정키

① 고정키 시스템은 운동 조절 능력이 부족한 장애인이 컴퓨터의 명령키와 같은 특수키를 이용할 수 있게 해준다. ❷ 11중등36

② 두 개의 키를 동시에 누르기가 힘든 경우 [Shift], [Ctrl], [Alt] 키 등을 눌러 있는 상태로 고정하여 한 손만 사용할 수 있는 장애인이 멀티키 기능을 수행할 수 있게 한다.

❶ 25중등B6

기출 POINT 1

❶ 25중등B6
밑줄 친 ⓒ의 명칭을 쓰시오.

ⓒ 키보드 사용 시 동시에 2개 이상의 키를 누르기가 어려워, 하나의 키를 미리 눌러 놓은 상태로 만들어 놓는 기능키 설정 방법 지도

❷ 11중등36
(나)에 들어갈 내용을 쓰시오.

키보드를 이용할 때 두 개 이상의 키를 동시에 누르는 데 어려움이 있는 지체장애 학생을 위해서는 윈도우 프로그램의 '내게 필요한 옵션'에 있는 (나) 기능을 활용할 수 있다.

(2) **필터키** ❷ 23초등B1, ❸ 21중등B6, ❹ 17중등B6, ❺ 14중등A12

필터키 시스템은 '필터키 설정' 선택을 통해 탄력키와 느린키 기능을 설정할 수 있도록 활성화시킬 수 있다.

① **탄력키(bounce key)**: 빠른 속도로 계속해서 두 번 누르는 것, 즉 일정 시간이 지나기 전에 반복해서 누른 키를 수용하지 않는다. 발작 증세를 보이는 사람과 파킨슨병이 있는 사람을 포함한 손떨림이 있는 이들이 보다 수월하게 키보드를 조작할 수 있도록 지원한다. ❶ 25중등B6

② **느린키(slow key)**: 신중히 그리고 보다 강한 압력에 의해 자판을 누르는 경우에 한해 컴퓨터가 이를 인식하고 실행하도록 한다. 느린키는 자판을 가볍게 누르는 것을 무시하는데, 사용자가 의도하지 않고 우연히 자판을 친 것으로 가정한다. 느린키는 손의 떨림, 근 약화와 피로, 소근육 및 대근육 운동 조절이 어려운 학생에게 유용하다.

③ **반복키(repeat key)**: 키를 길게 누르고 있을 때 해당 키 입력이 반복적으로 인식되도록 한다. 이는 문서 작성 시 한 글자를 여러 번 입력해야 하거나, 키를 반복 입력해야 할 때 유용하다.

　ⓐ 반복 시작 지연시간 설정: 키를 길게 누를 때, 반복 입력이 시작되기까지의 지연시간을 설정함

　ⓑ 반복 속도 설정: 반복 입력이 시작된 후의 속도를 설정함

더알아보기 **[윈도우 설정]–[접근성]–[키보드]–[필터키]**

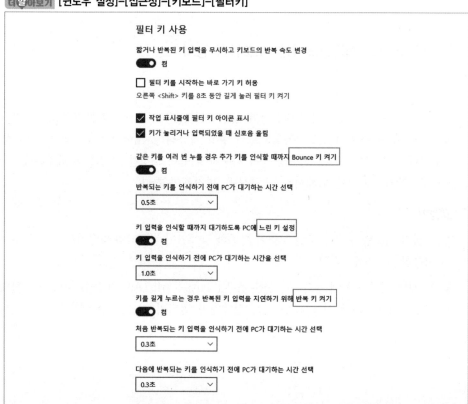

기출 POINT 2

❶ 25중등B6

밑줄 친 ⓒ의 명칭을 쓰시오.

ⓒ 타이핑 시 의도하지 않게 키보드의 키가 오래 동안 눌렸을 때, 일정 시간이 지나기 전에는 반복해서 누른 키를 수용하지 않도록 만들어 놓는 기능키 설정 방법 지도

❷ 23초등B1

① ⓒ에 해당하는 것을 쓰고, ② ⓓ을 가능하게 하는 세부 기능을 1가지 쓰시오.

운영체제의 키보드 기능 설정 방법을 지도해야 합니다. 예를 들면, ⓒ 동시에 2개의 키를 누르기가 어려울 때 하나의 키를 미리 눌러 놓은 상태로 만들어 놓은 기능을 하는 키가 있습니다. …(중략)… 그리고 필터키의 장점은 ⓓ 원하는 자판을 바르게 누를 수 있게 해 준다는 것입니다.

❸ 21중등B6

밑줄 친 ⓛ~ⓜ 중 틀린 곳 2가지를 찾아 기호를 쓰고, 그 이유를 각각 서술할 것.

| H | 키보드 입력 시 키가드를 제공하고 한 번에 같은 키 값이 여러 번 찍히지 않도록 ⓔ 고정키 시스템 기능 설정하기 |

❺ 14중등A12

괄호 안의 ㉠에 해당하는 말을 쓰시오.

학생 A는 컴퓨터로 문서 작업을 할 때 어려움이 있어요. 예를 들어, '학습'이라는 단어를 칠 때 'ㅎ'을 한 번 누르고 나서 손을 떼야 하는데 바로 떼기가 어려워요. 그래서 'ㅎ'이 계속 입력되어 화면에 나타나, 지우고 다시 치느라 시간이 오래 걸려요. 이럴 때는 윈도우 프로그램의 '내게 필요한 옵션' 중에서 반복된 키 입력을 자동으로 무시하는 (㉠) 기능을 활용하게 하고 있어요.

(3) 토글키

[Caps Lock], [Num Lock], [Scroll Lock] 키를 누를 때 청각적 신호를 제공함으로써 컴퓨터에 대한 시각 장애인의 접근성을 향상시킨다.

기출 POINT 2

❹ 17중등B6

(가)는 학생 S의 특성이고, (나)는 사회과 '도시의 위치와 특징' 단원의 전개 계획이다. ⓒ~ⓔ 중에서 바르지 않은 것 2가지를 찾아 그 이유를 제시하시오.

(가)	• 황반변성증으로 교정시력이 0.1이며, 눈부심이 있음 • 묵자와 점자를 병행하여 학습하고, 컴퓨터 사용을 많이 함 • 주의 집중력이 좋으나, 지체·중복장애로 인해 상지의 기능적 사용에 어려움이 있고, 빛에 매우 민감하게 반응함 • 키보드를 통한 자료 입력 시 손이 계속 눌려 특정 음운이 연속해서 입력되는 경우가 자주 있음 <예> ㄴㄴㄴ나

차시	주요 학습 내용	학생 S를 위한 고려 사항
2~4	인터넷을 통해 유명하거나 매력적인 도시 찾아보기	컴퓨터 환경 설정 수정(윈도우용) • ⓒ 고대비 설정을 통해 눈부심을 줄이고 대비 수준을 높임 • ⓒ 토글키 설정을 통해 키보드를 한 번 눌렀을 때 누르는 시간에 관계 없이 한 번만 입력되게 함
5~6	도시별 특징을 찾고 보고서 작성하기	ⓔ 키보드를 누를 때 해당키 값의 소리가 나게 '음성인식' 기능을 설정함
7	관련 웹 콘텐츠를 통해 단원 평가하기	색에 관계 없이 인식될 수 있는 콘텐츠를 활용함

(*왼쪽 표의 첫 열 "(나)" 병기*)

(4) 키가드

① 키가드는 표준 키보드의 위에 놓고 사용하는 것으로, 운동신경장애가 있는 사용자가 다른 키를 건드리지 않고 원하는 키를 찾아 정확하게 입력할 수 있게 돕는 장치이다.

❶ 21초등B1, ❷ 20유아A2, ❸ 13추가초등A5

② 이 방식은 마우스 스틱 사용자나 머리에 헤드 스틱을 장착하여 키보드를 입력하는 사용자들도 유용하게 사용할 수 있다.

🚩 **키가드를 설치한 키보드**

기출 POINT 3

❶ 21초등B1
① ⓒ을 사용하기 위해 부착하는 보조공학기기의 명칭을 쓰고, ② 그 기기의 사용 장점을 1가지 쓰시오.
■ 대상 학생의 교육적 요구 파악

> ⓒ 표준 키보드를 사용하여 입력하는 데 어려움이 있음

❷ 20유아A2
보조공학의 관점에서 ⓒ~ⓜ 중 틀린 것을 1가지 찾아 기호를 쓰고, 대안을 제시하여 고쳐 쓰시오.

> 장 교사: ⓒ 손가락 조절이 어려워 한 번에 여러 개의 키를 동시에 누르는 유아들에게 타이핑 정확도를 향상시킬 수 있도록 키가드를 사용하게 해야겠어요.

❸ 13추가초등A5
학생의 특성을 고려하여 우선적으로 제공해야 할 컴퓨터 활용 보조공학기기를 1가지 찾아 기호를 쓰고, 학생과 보조공학기기의 특성에 기초하여 선정한 이유를 쓰시오.
■ 학생의 특성

> • 진전형 뇌성마비로 인해 상지에 불수의 운동이 나타남
> • 교정 시력 : 왼쪽 0.1, 오른쪽 FC/50cm
> • 인지 수준은 보통이나 조음 명료도가 낮음
> • 학습 매체 평가 결과 묵자를 주요 학습 수단으로 사용하고 있음
> • 동 학년 수준의 학업 수행 능력을 보임

> ─── <보기> ───
> ㉠ 보이스 아이   ㉡ 스탠드 확대경
> ㉢ 옵타콘   ㉣ 음성인식장치
> ㉤ 입체복사기   ㉥ 조이스틱
> ㉦ 키가드   ㉧ 트랙볼

2. 키보드 입력 보조도구 ❶ 20유아A2, ❷ 13추가중등B1

(1) 마우스 포인터(마우스 스틱)

마우스 포인터는 입에 물고 키보드의 키를 입력한다. 끝 부분이 고무팁으로 처리되어 키를 누를 때 미끄럼을 방지할 수 있다.

(2) 헤드 포인터(헤드 스틱)

① 머리에 장착하고 키보드의 키를 입력한다. 끝 부분이 고무팁으로 처리되어 키를 누를 때 미끄럼을 방지할 수 있다.

② 팔다리를 사용할 수 없는 중증의 사지마비 지체장애인의 경우 유용하다.

③ 주로 화상 키보드와 함께 사용된다.

④ 사용자는 커서 움직임을 시각적으로 추적할 수 있어야 하고 머리 조절력이 필요하다.

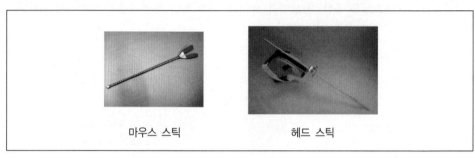

| 마우스 스틱 | 헤드 스틱 |

⚐ **입력 보조장치**

---

02 대체 키보드

1. 대체 키보드의 개념

① 대체 키보드란 표준 키보드를 사용하는 데 불편함이 있는 장애학생들의 요구사항을 충족시켜줄 수 있도록 특별히 고안된 키보드이다. 양손 사용이 충분하지 못할 경우, 타이핑 속도가 늦은 한 손 사용자인 경우, 문자로 뜻을 전달하는 것보다 단어나 구의 조합으로 의사소통하는 경우, 소근육 운동이 제한적인 경우, 시각적 차이가 분명한 키만 구별할 수 있는 사용자인 경우에 사용할 수 있다.

② 특별히 고안된 키보드로 프로그램 키보드, 소형 키보드, 조합 키보드, 화면 키보드, 한 손 사용자를 위한 키보드 등이 있다.

2. 대체 키보드의 유형

(1) 확대 키보드

① 확대 키보드는 전체적인 크기뿐만 아니라 개별 키의 크기도 표준형보다 크고, 키의 수도 필요한 수만큼 단순화하여 사용할 수 있다.

② 밝은 색의 큰 자판과 알아보기 쉬운 라벨을 사용하여 자판 위치의 혼돈을 줄임으로써 한결 쉽게 정보를 입력할 수 있다는 점에서, 키보드의 키를 잘 찾지 못하는 학생에게 매우 유용한 입력 장치이다.

③ 확대 키보드는 정확한 키 입력을 위해 더 큰 목표 범위가 필요한 소근육 운동 조절이 어려운 학생에게 도움이 된다. ❶ 20유아A2

④ 확대 키보드를 사용하기 위해서는 모든 키에 접근할 수 있는 충분한 관절운동 범위가 필요하다.

(2) 미니 키보드

① 미니 키보드는 표준형보다 훨씬 작은 크기의 키보드이다. 따라서 표준형 키보드의 모든 키에 접근하기 어렵거나, 관절운동 범위에 제한이 있는 학생에게 유용하다. 관절운동 범위에 제한이 있더라도 정확성이 좋은 경우에는 손가락뿐만 아니라 마우스 스틱이나 헤드 스틱 같은 포인팅 장치를 사용할 수 있다.

② 또한 한 손만을 사용하는 학생에게도 효율적인 입력장치가 될 수 있다.

(3) 한 손 키보드

① 손의 기민성이 좋고 한 손을 사용하는 학생은 다양한 키보드 옵션을 이용할 수 있다.

② 미니 키보드가 하나의 옵션이 될 수도 있고, 표준형 키보드와 같은 물리적 외형을 갖춘 형태를 사용할 수도 있어 왼손 및 오른손 사용자 모두의 욕구를 충족시킬 수 있다. 이때 학생은 간편하게 키보드의 적합한 한 면만 사용하면 된다.

(4) 화상 키보드

① 화상 키보드는 '스크린 키보드'라고도 불리며, 소근육 운동 동작에 제한이 있어 일반 키보드와 마우스 사용이 어려운 학생에게 적용할 수 있다.

② 화상 키보드는 키보드 이미지를 컴퓨터 모니터에 위치시킨 것이다. ❶ 23초등B1

③ 대부분의 화상 키보드는 맞춤설정이 가능하고, 키의 크기・색상・폰트 등을 변화시킬 수 있는 유연성이 있다. 선택할 수 있는 다양한 화상 키보드 레이아웃을 제공하고 학생의 요구를 수용할 수 있다. ❷ 12중등39

④ 화상 키보드 선택 방식

  ㉠ 자신이 원하는 키에 마우스 포인터를 위치시키고 마우스를 클릭하면 선택된다.

  ㉡ 마우스 포인터를 문자 위에 위치시키고 사용자가 미리 설정한 일정 시간 동안 머무르면 키스트로크가 등록되는 방식도 있다.

기출 POINT 5

❶ 20유아A2
보조공학의 관점에서 ⓒ~ⓔ 중 틀린 것을 1가지 찾아 기호를 쓰고, 대안을 제시하여 고쳐 쓰시오.

> 김 교사: 지체장애 유아들은 컴퓨터를 사용할 때 표준형 키보드를 사용할 수도 있지만, 장애유형과 정도에 따라 대체 키보드를 사용해야 해요. ⓒ 소근육 운동 조절이 어려운 유아는 미니 키보드가 도움이 된다고 하네요.

기출 POINT 6

❶ 23초등B1
ⓔ에 들어갈 말을 쓰시오.

> Q : 저희 반 학생은 머리제어 마우스를 사용하는데요, 표준 키보드 사용이 어려워서 부모님이 대신 로그인을 해주십니다. 혼자서 할 수 있는 방안이 있나요?
> A : 소프트웨어적으로 해결하는 것이 좋을 것 같아 (ⓔ)을/를 제안합니다. 컴퓨터 운영체제에도 내장되어 있어 구동도 용이하고, 다른 대체 마우스와도 같이 사용할 수 있습니다.

❷ 12중등39
특수교육공학 장치의 구조나 기능에 대한 설명으로 옳은 것만을 〈보기〉에서 있는 대로 고른 것은?

─〈보기〉─
> ⓒ 화면 키보드(on-screen key board)는 마우스나 대체 마우스를 이용하여 컴퓨터 화면상의 키보드에 입력할 수 있도록 되어 있으며, 사용자의 요구에 맞게 자판의 크기나 배열을 변형시킬 수 있다.

더알아보기 윈도우 운영체제(OS) 화상 키보드

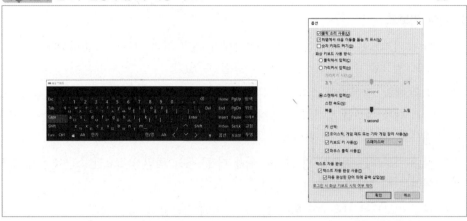

| 확대 키보드 | 미니 키보드 | 한 손 키보드 | 화상 키보드 |

기출 POINT 7

❶ 20유아A2
보조공학의 관점에서 ① ㉡~㉤ 중 틀린 것을 1가지 찾아 기호를 쓰고, ② 대안을 제시하여 고쳐 쓰시오.

장 교사: 그렇군요. ㉤ 마우스를 조정하기 어려운 유아는 트랙볼, 조이스틱을 활용하도록 해야겠어요.

---

03 **기타 대체 입력 장치(마우스 지원)**

1. 조이스틱

① 일반적으로 조이스틱은 게임류 소프트웨어를 작동시킬 때 많이 활용하는 것으로, 조이스틱의 보편적인 목적은 마우스와 같이 컴퓨터 화면상의 커서를 이동 및 조작하는 것이다. ❶ 20유아A2

② 조이스틱 핸들은 많이 움직이지 않아도 커서를 모니터의 모든 지점까지 쉽게 움직일 수 있으므로 관절운동 범위에 제한이 있는 학생이 사용하면 좋다.

③ 마우스를 사용할 수 있는 손의 사용능력은 있으나 화면에 나타나는 마우스의 움직임을 따라 일을 하는 경우, 손을 이용하지 않고 컴퓨터를 작동시키거나 사용해야 하는 경우, 간단한 방법 및 조작으로 컴퓨터를 작동시키거나 사용해야 하는 경우에 많이 사용한다.

④ 조이스틱 핸들을 잡는 능력에 따라 특수 핸들이 필요할 수 있고, 의도하지 않은 클릭을 방지하기 위한 핸드-가드와 핸들을 움직이는 동안 버튼을 계속 누르지 않아도 되는 드래그-록(drag-lock) 버튼, 버튼 기능을 대신할 수 있는 스위치도 필요하다.

⑤ 조이스틱의 기능 및 장단점은 다음과 같다.
　㉠ 컴퓨터 사용에 대한 동기 유발
　㉡ 의사교환 시스템과 환경조정 시스템 조정 가능

ⓒ 신체의 다른 부분(예 관절, 입 등)으로 컴퓨터 조절 가능

ⓓ 화면 키보드를 이용하면 문자나 자료 입력 가능

ⓔ 전동 휠체어 조정과 같은 운동기능 연습 가능

2. 조우스

① 얼굴의 입·볼·턱 등으로 조이스틱을 활용하여 컴퓨터 커서를 조절하며, 호흡을 통한 클릭과 커서가 멈춰 있는 시간을 통한 드웰 클릭 기능*도 사용이 가능하다.

② 특히 상지 사용에 어려움이 있는 지체장애인에게 적합한 특수 마우스이다.

3. 트랙볼

① 트랙볼은 볼 마우스를 뒤집어 소켓 내에 심어 놓은 형태로 되어 있다. 사용자는 위에 있는 볼을 손가락이나 다른 신체부위를 사용하여 굴려서 커서를 원하는 위치에 놓은 다음, 선택을 하기 위해 볼 위 혹은 좌우에 배치되어 있는 단추를 누른다. 20초등A2, ❶ 12중등39

② 트랙볼은 크기에 따라 미니, 표준, 대형 트랙볼로 나뉜다. 미니 트랙볼은 근이영양증 학생 같이 소근육 운동 조절이 매우 우수하고 관절운동 범위가 많이 제한된 사람이 사용하면 좋고, 대형 트랙볼은 상지의 소근육 운동 조절이 좋지 못한 어린 학생과 발로 트랙볼을 조작하는 학생에게 적합하다.

4. 터치스크린

① 터치스크린은 컴퓨터 모니터에 직접 접촉하는 입력 방식으로, 현금지급기 등 일상에서도 쉽게 볼 수 있다. 선택하고자 하는 것을 건드리기만 하면 되므로 매우 직접적이고 직관적인 방법이다.

② 접촉 시 컴퓨터가 그에 상응하는 반응을 보이므로 인과관계를 가르치는 데도 도움이 된다.

5. 헤드포인팅 시스템

① 헤드포인팅 시스템은 고가의 하이테크 제품으로, 학생의 머리(보통 이마나 모자챙·안경테 등에 부착)에 특수 반사물질을 붙이고, 컴퓨터 모니터 상부에 위치한 탐지기의 적외선 또는 광센서로 반사물질의 위치와 움직임을 탐지한다.

② 학생의 머리 움직임에 따라 커서가 이동하고, 마우스 클릭은 스위치를 활성화하거나 특정 소프트웨어를 사용하여 일정 시간 동안 한 지점에 머물면 실행된다.

③ 헤드포인팅 시스템은 보통 문자입력을 위해 화상 키보드를 함께 사용한다.

④ 헤드포인팅 시스템은 마우스 조작을 손으로 할 수 없는 학생에게 필요한 접근방법이나, 커서의 움직임을 시각적으로 추적할 수 있고 머리 조절력이 좋아야 사용할 수 있다.
❶ 21중등B6

🔒 **Keyword**

드웰 클릭 소프트웨어

마우스의 클릭을 대신하는 프로그램으로, 마우스 클릭이 곤란한 사람이 아이콘이나 메뉴에 잠시 머무르기만 해도 클릭되는 솔루션이다.

기출 POINT 8

❶ 12중등39
특수교육공학 장치의 구조나 기능에 대한 설명으로 옳은 것만을 〈보기〉에서 있는 대로 고른 것은?

— 〈보기〉 —

ⓒ 트랙볼은 볼마우스를 뒤집어 놓은 것과 같은 형태로서, 움직이지 않는 틀 위에 있는 볼을 사용자가 움직일 수 있어 운동능력이 낮은 학생이 제한된 공간에서도 쉽게 사용할 수 있다.

기출 POINT 9

❶ 21중등B6
(가)를 고려하여 (나)의 밑줄 친 ⓒ~ⓔ 중 틀린 곳을 찾아 기호를 쓰고, 그 이유를 서술하시오.

(가) 학생 특성

- 중도 뇌성마비
- 앉기 자세 유지가 어려우며 신체 피로도가 높음
- 등을 대고 누운 자세에서 과도한 신전근을 보임
- 배를 대고 엎드린 자세에서 과도한 굴곡근을 보임

(나) 지도계획

ⓒ 헤드포인팅 시스템을 활용하여 워드프로세서 입력 지도하기

더알아보기

아이 트래커(eye tracker)

• '아이트래킹'이란 기기가 눈의 초점이 정확히 어디에 있는지 감지하여 눈의 움직임만으로 의사소통할 수 있도록 돕는 기술이다.

• 아이트래킹을 하는 기기인 아이트래커에는 신체 접촉이 필요한 것과 비신체적 접촉방법이 있다.

6. 눈 응시 시스템 ❶ 24중등A7

① 커서 조정을 위해 안구 움직임을 사용한다. 즉, 적외선 탐지 카메라를 사용하여 학생이 보는 곳을 정한 다음 그 지점에 마우스 포인터를 위치시킨다. 클릭은 스위치나 시스템 자체 또는 눈을 깜빡거리는 방법으로 실행한다.

② 확실한 근육 움직임은 없지만 안구의 수의적 조절능력이 좋을 경우 안구운동으로 포인터를 조정한다.

조이스틱   조우스   트랙볼

터치스크린   헤드포인팅 시스템   눈 응시 시스템

기출 POINT 10

❶ 24중등A7

㉠의 방식을 사용하는 기기의 명칭을 쓰시오.

(가) 학생 A의 특성

> • 경직형 뇌성마비, 목 조절이 어려움
> • GMFCS 5단계

(나) 대화

> 교육 실습생: 선생님, 오늘 ○○수업 참관 시간에 학생 A를 만났는데, 눈이 마주치니 학생 A가 저를 보고 웃었어요. 저도 학생 A와 의사소통을 하고 싶은데 방법이 없었어요. 어떤 기기를 사용할 수 있을까요?
>
> 특수교사: 학생 A가 비교적 자유롭게 움직일 수 있는 신체 부분이 눈입니다. 그러면 학생 A의 눈동자의 움직임을 이용하는 기기를 사용할 수 있습니다. 기기에 있는 작은 카메라로 눈동자의 움직임을 찍고 그 방향을 읽어 AAC 기기의 마우스 포인터를 움직이는 겁니다. 선택은 시선이 일정 시간 머물거나 눈을 깜박이는 동작으로 합니다. 컴퓨터와 연결하면 눈동자의 움직임으로 컴퓨터도 사용할 수 있어요. ㉠

7. 스위치

① 스위치는 손의 경직이나 마비 등으로 일반 키보드(대체 키보드 포함), 일반 마우스, 조이스틱, 트랙볼 등을 사용하기 어려운 경우 사용하는 대체입력장치이다.

② 컴퓨터 사용 시 스위치의 장점은 다음과 같다.

　㉠ PC에 연결하면 컴퓨터 조작이 가능하다.

　㉡ 손, 주먹, 손바닥, 머리, 입, 이마, 얼굴 근육의 한 부위, 발, 팔꿈치 등 신체의 어느 한 부위만으로도 사용이 가능하다.

　㉢ 누르거나, 밀거나, 당기거나, 터치하거나, 손으로 꽉 쥐거나, 입으로 불거나 하는 기능으로 사용할 수 있도록 다양화되어 있다.

　㉣ 스위치를 눌렀을 때 불이 들어오거나 소리가 나오는 등 시각, 청각 기능이 있어 시청각적 피드백이 제공된다.

　㉤ 휠체어나 워커, 책상, 휠체어 이동용 책상 등에 부착하여 사용할 수 있다.

③ 컴퓨터에 직접 스위치를 꽂아서 사용하지는 못하기 때문에 '스위치 인터페이스'라는 컴퓨터와 스위치를 연결해주는 중간 장치를 통해 컴퓨터를 사용하게 된다.

④ 스위치는 각각의 기능이 다르기 때문에 성공적인 기능을 습득하기 위해서는 오랜 기간의 연습이 필요하다.

> **예** 최중도 뇌성마비나 척수손상으로 장애 정도가 심각한 학생의 경우 불기 빨기 스위치(sip and puff switch)를 이용하여 호흡만으로도 컴퓨터를 조정할 수 있다. 불기 빨기 스위치는 컴퓨터에 연결한 후 마우스를 머리에 쓰고 머리를 움직이며 포인터를 이동하고, 불기와 빨기를 통해 클릭과 더블 클릭을 실행할 수 있도록 하는 도구이다. 미세한 움직임에 반응하므로 원숙하게 사용하기까지는 일정 기간의 훈련이 필요하다.

8. 음성인식

음성인식 테크놀로지는 말을 해서 컴퓨터를 작동시키거나 문자를 입력하는 것이다. 음성인식 소프트웨어를 컴퓨터에 설치하면 음성 단어가 컴퓨터 명령 또는 문자로 전환될 수 있다. ❶ 17중등B6

기출 POINT 11
❶ 17중등B6
㉡~㉤ 중에서 바르지 않은 것 2가지를 찾아 그 이유를 제시하시오.
> ㉣ 키보드를 누를 때 해당키 값의 소리가 나게 '음성인식' 기능을 설정함

9. 마우스 키

① 마우스 키는 키보드의 숫자 키패드를 사용하여 마우스 포인터를 움직이고 모든 마우스 기능을 실행할 수 있는 기능이다.

② 마우스 포인터의 이동 및 가속도를 개인의 요구에 맞게 조정할 수 있으므로 마우스 사용은 못하지만 키보드 사용이 가능한 학생은 마우스 키를 통해 포인터를 움직이고, 클릭과 더블클릭 및 드래그를 할 수 있다.

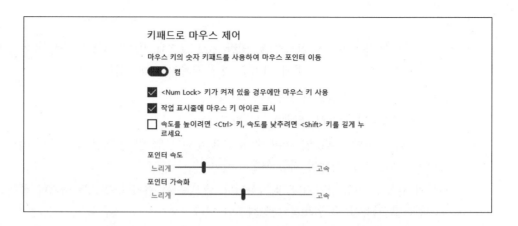

기출 POINT 11

❷ 20초등A2

'한국형 웹 콘텐츠 접근성 지침 2.1' 중 '운용의 용이성'에 근거하여, (가)의 ⓛ과 ⓒ에 공통으로
들어갈 웹 활용 필수 보조공학기기 1가지를 [B]에서 찾아 쓰시오.

(가) 협의회 자료

	성명	정운	민아
학생 정보	특성	• 불수의 운동형 뇌성마비 • 상지의 불수의 운동이 있어 소근육 운동이 어려움 • 독서활동을 좋아함	• 저시력 • 경직형 뇌성마비 • 상지의 소근육 운동이 다소 어려움 • 확대독서기 이용 시 쉽게 피로하여 소리를 통한 독서를 선호함
특수교육 관련서비스	상담지원 ⋮	(생략)	
	학습보조 기기 지원	자동책장넘김장치	㉠ 전자도서단말기
	보조공학 기기 지원	(ⓛ)	(ⓒ)
	(㉣) 지원	동영상 콘텐츠 활용 지원	• 대체 텍스트 제공 • 동영상 콘텐츠 활용 지원

[B] 제공 가능한 공학기기

• 키가드	• 트랙볼
• 헤드 포인터	• 확대 키보드
• 조우스	• 눈 응시 시스템
• 조이스틱	

③ 16중등A7

다음은 김 교사가 중학생 영수(뇌병변, 저시력)의 쓰기 지도를 위해 작성한 계획서이다. 영수의 컴퓨터 접근 특성을 고려할 때, ㉠~㉢ 중에서 틀린 내용 1가지의 기호를 쓰고 그 이유를 설명하시오.

- ■ 컴퓨터를 통한 쓰기 지도 계획
  - 목표: 컴퓨터를 이용하여 글쓰기를 할 수 있다.
  - 영수의 컴퓨터 접근 특성
    - 일상생활에서 사용하는 간단한 단어는 말할 수 있음
    - 대근육 및 소근육 운동 기능이 떨어져 키보드 또는 마우스를 통한 글자 입력이 어려움
    - 근긴장도가 높아 주먹을 쥔 상태에서 트랙볼을 사용함
    - 트랙볼을 이용하여 마우스 포인터를 이동시켜 특정 키(key)를 선택함
    - 빛에 민감하여 눈의 피로도가 높음
  - 지도 단계

단계	지도 내용	유의점
1단계	• 책상 높낮이 조절, 모니터 높낮이 및 각도 조절 • 컴퓨터 입력 기기 준비: 화상 키보드, 트랙볼	윈도우 프로그램을 기반으로 함
2단계	• 화상 키보드 환경 설정 옵션 ☑ 클릭 소리 사용(U) ☐ 숫자 키패드 켜기(D) ─ 화상 키보드 사용 방식: ○ 클릭해서 입력(C) ● 가리켜서 입력(H) 　가리키기 시간(O): 　짧게 ─────●─── 길게 　　　　　2초 ○ 스캔해서 입력(S) 　스캔 속도(N): 　빠름 ──●──── 느림 　　　　1초 키 선택: ☑ 조이스틱, 게임 패드 또는 기타 게임 장치 사용(M) ☑ 키보드 키 사용(K)　[스페이스바 키 ▼] ☐ 마우스 클릭 사용(E) 로그온 시 화상 키보드 시작 여부 제어 화상 키보드 정보 　　[확인]　[취소] • 화상 키보드 사용 방식: '가리켜서 입력' 선택 • 가리키기 시간: 2초 　마우스 포인터를 특정 키 위에 2초 이상 유지시키면 해당 키의 값이 입력됨	㉠ 영수의 특성을 고려하여 마우스 포인터의 움직임 속도를 조절함 ㉡ 키보드 개별 키의 크기를 확대하기 위해 '숫자 키패드 켜기'를 설정하지 않음 ㉢ '로그온 시 항상 키보드 시작'을 설정하여 컴퓨터 시작 시에 항상 사용할 수 있게 함

3단계	화상 키보드 연습 트랙볼을 조정하여 마우스 포인터를 특정 키 위에 위치시키기 	ㄹ 반전 기능을 이용하여 대비 수준을 조정함
4단계	글 쓰기 • 기본 자모음 입력하기 • 기능키와 함께 단어 입력하기 • 다양한 기능키를 활용하여 짧은 문장 완성하기	ㅁ 간단한 단어 입력을 위해 대체 입력 프로그램인 스크린리더를 병행하여 사용함

④ 09중등36

척수손상으로 사지마비가 된 지체장애 학생 A는 현재 수의적인 머리 움직임과 눈동자 움직임만 가능하며, 듣기와 인지 능력 및 시력은 정상이나 말은 할 수 없다. A가 사용하기에 적합한 보조공학기기를 〈보기〉에서 고른 것은?

─〈보기〉─
ㄱ 헤드 포인터 ㄴ 음성합성장치 ㄷ 의사소통판 ㄹ 전자지시기기
ㅁ 음성인식장치 ㅂ 폐쇄 회로 텔레비전(CCTV) ㅅ 광학 문자 인식기(OCR)

기출 POINT 12

❶ 24초등A2
다음은 단어 예측 프로그램에 대한 설명이다. ⓐ에 들어갈 내용을 쓰시오.

─〈작동 원리〉─
⌨ 키보드로 첫 글자를 입력한다.
📖 (ⓐ)
⌨ 자신이 원하는 단어를 선택한다.
📖 원하는 문장이 나타난다.

❷ 21중등B6
(가)를 고려하여 (나)의 밑줄 친 ㄴ~ㅁ 중 틀린 곳을 찾아 기호를 쓰고, 그 이유를 서술하시오.
(가) 학생 특성

• 뇌성마비
• 양손 사용이 가능함
• 손 떨림 증상이 있어 키보드로 정확하게 입력하는 것이 어려움

(나) 지도계획

철자 중 일부를 입력하여 단어 완성하기가 가능한 ㅁ 단어 예측 프로그램 지도하기

❸ 17초등B2
ㄱ을 사용할 때 학생 A에게 줄 수 있는 이점 1가지를 쓰시오.

Q	불수의 운동형 뇌성마비 학생 A는 노트필기가 어려워 쓰기 대체방법으로 컴퓨터를 이용하고 있는데, 불수의적 움직임으로 인해 어려움이 많습니다. 이러한 어려움을 해결해 줄 수 있는 보조공학 기기나 프로그램을 알고 싶습니다.
A	학생 A처럼 직접 선택 방식으로 글자를 입력하는 경우에는, 키가드와 버튼형 마우스 같은 컴퓨터 보조기기나 ㄱ 단어 예측 프로그램이 도움이 됩니다.

04 **단어 예견 프로그램**(word prediction program)

1. 단어 예견 프로그램의 이해

① 단어 예견 프로그램이란 사용자가 화면상에 나타난 단어 목록에서 원하는 단어를 선택하여 문장을 완성할 수 있게 하는 프로그램이다. **❶ 24초등A2, ❷ 21중등B6**

② 단어 예견 프로그램은 인터넷 웹 브라우저에서도 확인 가능한데, 인터넷 주소를 쓰는 부분에 웹 사이트 주소를 쓸 경우, 예전에 입력한 주소인 경우는 첫 자만 입력하면 그와 유사한 사이트 주소를 보여준다.

2. 단어 예견 프로그램의 장점 **❸ 17초등B2**

① 쓰기 및 입력 시 생산성과 정확성을 증가시킬 수 있다.

② 단어 이해 증진을 통하여 어휘 사용 기능을 증가시킬 수 있다.

③ 불필요한 키보드 사용 및 조작을 줄여 피로감을 감소시킬 수 있다.

시각장애 학생을 위한 컴퓨터 보조공학

01 컴퓨터의 활용(제어판을 통한 환경 수정)

- 마우스 포인터
- 고대비와 마우스 키
- 돋보기
- 텍스트 음성 변환
- 디스플레이

02 대체 출력장치(기타 하드웨어 및 프로그램)

- 음성합성장치
- 음성출력장치
- 스크린 리더
- 화면 확대 프로그램

01 컴퓨터의 활용(제어판을 통한 환경 수정)

1. 마우스 포인터

① 마우스 포인터 옵션에서 커서의 너비를 넓게 하면 저시력 학생이 커서를 쉽게 확인할 수 있도록 하는 데 유리하다.

② 마우스 등록 정보의 포인터 옵션 중 포인터 속도 선택을 보통보다 느리게 해주면 시각장애 학생이 쉽게 마우스의 움직임을 추적할 수 있다.

③ 마우스 휠 기능 조절을 통해 휠의 1회 회전 시 스크롤할 양을 줄여주는 것도 정보의 추적을 보다 수월하게 해준다.

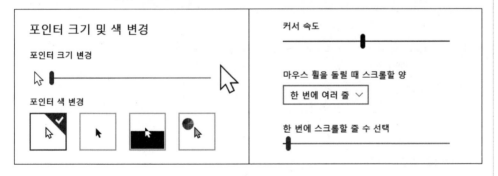

2. 고대비와 마우스 키

① 고대비 옵션을 통해 읽기 쉽도록 구성된 색상 및 글꼴을 선택할 수 있다.

② 마우스 옵션에서 마우스 키를 활성화하여 마우스의 움직임을 확인할 수 없는 시각장애 학생을 위해 마우스의 기능을 키보드가 대신할 수 있게 조정해줄 수 있다. 마우스 키는 키보드의 숫자 키보드로 마우스 포인터를 움직이게 할 수 있다.

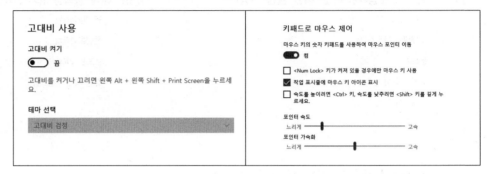

3. 돋보기

① 돋보기를 사용하여 디스플레이의 일부를 확대해준다.

② 돋보기 기능은 전체 화면 또는 별도 창에 실행하거나 마우스 포인터를 따라 움직이는 렌즈로 실행할 수 있다.

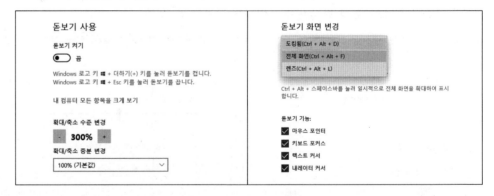

4. 텍스트 음성 변환

'음성' 메뉴를 통해 텍스트 음성 변환, 즉 음성합성(speech synthesis)에 적용할 음성, 속도 및 기타 옵션을 조정할 수 있다.

5. 디스플레이

'디스플레이' 중 설정 메뉴를 통해 화면 해상도를 낮춰주면 인터넷에 제시된 글자와 그래픽을 보다 확대된 상태로 볼 수 있다.

02 대체 출력장치(기타 하드웨어 및 프로그램)

1. 음성합성장치(speech synthesizer)

① 음성합성장치란 문자, 숫자, 구두점 형태의 텍스트 정보를 음성으로 들려주는 기기를 말한다. [11중등36]

② 시각장애 학생의 경우, 컴퓨터에 저장된 자료나 모니터에 나타나는 텍스트 정보를 읽을 수 없기 때문에 이를 읽을 수 있도록 해주는 하드웨어나 소프트웨어가 필요하다. 이와 같이 텍스트 자료를 소리 내어 읽는 하드웨어와 소프트웨어의 결합 중 하드웨어에 해당하는 부분이 음성합성장치이다.

2. 음성출력장치

맹학생에게 묵자로 된 정보를 음성으로 변환하여 전달하면 더 많은 정보를 쉽게 접할 수 있다. 음성출력장치로 보이스 아이와 녹음도서가 있다.

① 보이스 아이는 바코드 심벌로 저장된 디지털 문자정보를 자연인에 가까운 음성으로 변환하여 들려주는 기기로, 이 장치를 사용하기 위해서는 사전에 제작된 보이스 아이 심벌이 있어야 한다.

② 녹음도서는 인쇄물의 내용을 카세트 테이프나 CD에 미리 녹음해놓은 것으로, 최근에는 인터넷으로 음성전자도서를 다운로드받아 이를 음성으로 듣거나 점자로 출력할 수 있다.

3. 스크린 리더 ❶ [22초등A4]

① 스크린 리더란 음성합성장치와 연계하여 제어 버튼, 메뉴, 텍스트, 구두점 등 화면의 모든 것을 음성으로 표현해주는 소프트웨어를 말한다.

② 즉, 화면을 검색한 후 정보를 변환하여 음성합성장치를 통해 소리가 나오게 하는 소프트웨어 프로그램이다.

4. 화면 확대 프로그램

① 화면 확대는 모니터에 확장된 텍스트 및 이미지를 제공하는 것으로, 텍스트·메뉴·아이콘 등을 분명하게 볼 수 없는 저시력 학생에게 도움이 된다.

② 윈도우에서 기본적으로 제공하는 기능을 이용할 수도 있으나(예 돋보기), 별도의 프로그램을 이용하면 다양한 기능을 지원받을 수 있다. 특히 우리나라에서 가장 많이 사용되고 있는 화면 확대 프로그램인 '줌 텍스트'는 현재 무상으로 지원되고 있는데, 모니터상의 화면을 1배에서 최대 36배까지 확대할 수 있으며 화면 전체 확대 기능과 분할 확대 기능 그리고 렌즈 및 라인 형태 확대 기능을 갖고 있다.

기출 POINT 1

❶ [22초등A4]
ⓒ에 해당하는 것 1가지를 다음에서 찾아 기호를 쓰고, 그 이유를 쓰시오. (가)

- 시력은 이상 없음
- 듣기 및 말하기에 어려움이 없음
- /북/에서 /ㅂ/를 /ㄱ/로 바꾸어 말하면 /국/이 되는 것을 알지 못함
- /장구/를 /가구/로 읽고 의미를 이해하는 데 어려움이 있음

ⓒ 은수에게 컴퓨터를 활용한 대체 출력 보조공학 지원하기

ⓐ 대체 키보드
ⓑ 스크린 리더
ⓒ 눈 응시 시스템
ⓓ 전자 철자 점검기
ⓔ 화면 확대 프로그램
ⓕ 자동 책장 넘김 장치

기출 POINT 2

① 11중등36

다음은 장애학생의 컴퓨터 접근에 대한 설명이다. (가)와 (나)에 들어갈 내용으로 옳은 것은?

컴퓨터 경고음을 듣는 데 어려움이 있는 청각장애 학생을 위해서는 시각적인 경고를 활용할 수 있다. 글을 읽는 데 어려움이 있는 학습장애 학생의 컴퓨터 접근을 위해서는 (가)을/를 활용할 수 있다. 키보드를 이용할 때 두 개 이상의 키를 동시에 누르는 데 어려움이 있는 지체장애 학생을 위해서는 윈도우 프로그램의 '내게 필요한 옵션'에 있는 (나) 기능을 활용할 수 있다.

	(가)	(나)
①	음성 합성기	고정키(sticky key)
②	음성 합성기	탄력키(filter key)
③	화면 읽기 프로그램	토글키(toggle key)
④	화면 읽기 프로그램	탄력키(filter key)
⑤	단어 예측 프로그램	고정키(sticky key)

⚑ 기타 Windows의 내게 필요한 옵션 ① 11중등36

[접근성]-[청각] -[오디오]	**오디오 경고를 시각적으로 표시** 알림에 대한 시각적 경고 표시 방법 선택 시각적 경고 없음 활성 창의 제목 표시줄 깜박임 활성 창 깜박임 전체 화면 깜박임
[접근성]-[청각] -[선택 자막]	**선택 자막** 오디오를 텍스트로 표시하여 사운드 없이 디바이스를 사용합니다. **미리 보기** 드롭다운 메뉴를 사용하여 Windows에 선택 캡션을 표시하는 방법 변경 다음과 같이 자막 표시

CHAPTER 08 웹 접근성(정보 접근성)

01 웹 접근성의 정의

02 한국형 웹 접근성 지침 2.1의 원칙과 실제

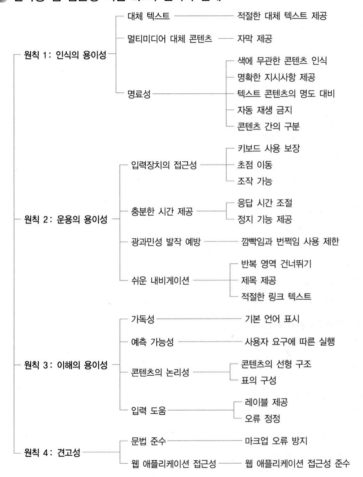

- 원칙 1: 인식의 용이성
  - 대체 텍스트 ─── 적절한 대체 텍스트 제공
  - 멀티미디어 대체 콘텐츠 ── 자막 제공
  - 명료성
    - 색에 무관한 콘텐츠 인식
    - 명확한 지시사항 제공
    - 텍스트 콘텐츠의 명도 대비
    - 자동 재생 금지
    - 콘텐츠 간의 구분

- 원칙 2: 운용의 용이성
  - 입력장치의 접근성
    - 키보드 사용 보장
    - 초점 이동
    - 조작 가능
  - 충분한 시간 제공
    - 응답 시간 조절
    - 정지 기능 제공
  - 광과민성 발작 예방 ─── 깜빡임과 번쩍임 사용 제한
  - 쉬운 내비게이션
    - 반복 영역 건너뛰기
    - 제목 제공
    - 적절한 링크 텍스트

- 원칙 3: 이해의 용이성
  - 가독성 ─── 기본 언어 표시
  - 예측 가능성 ─── 사용자 요구에 따른 실행
  - 콘텐츠의 논리성
    - 콘텐츠의 선형 구조
    - 표의 구성
  - 입력 도움
    - 레이블 제공
    - 오류 정정

- 원칙 4: 견고성
  - 문법 준수 ─── 마크업 오류 방지
  - 웹 애플리케이션 접근성 ─── 웹 애플리케이션 접근성 준수

03 한국형 웹 접근성 지침 2.2의 원칙과 실제

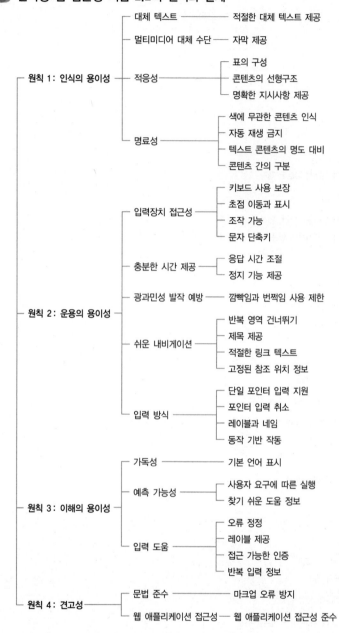

원칙 1: 인식의 용이성
- 대체 텍스트 ——— 적절한 대체 텍스트 제공
- 멀티미디어 대체 수단 —— 자막 제공
- 적응성
  - 표의 구성
  - 콘텐츠의 선형구조
  - 명확한 지시사항 제공
- 명료성
  - 색에 무관한 콘텐츠 인식
  - 자동 재생 금지
  - 텍스트 콘텐츠의 명도 대비
  - 콘텐츠 간의 구분

원칙 2: 운용의 용이성
- 입력장치 접근성
  - 키보드 사용 보장
  - 초점 이동과 표시
  - 조작 가능
  - 문자 단축키
- 충분한 시간 제공
  - 응답 시간 조절
  - 정지 기능 제공
- 광과민성 발작 예방 —— 깜빡임과 번쩍임 사용 제한
- 쉬운 내비게이션
  - 반복 영역 건너뛰기
  - 제목 제공
  - 적절한 링크 텍스트
  - 고정된 참조 위치 정보
- 입력 방식
  - 단일 포인터 입력 지원
  - 포인터 입력 취소
  - 레이블과 네임
  - 동작 기반 작동

원칙 3: 이해의 용이성
- 가독성 ——— 기본 언어 표시
- 예측 가능성
  - 사용자 요구에 따른 실행
  - 찾기 쉬운 도움 정보
- 입력 도움
  - 오류 정정
  - 레이블 제공
  - 접근 가능한 인증
  - 반복 입력 정보

원칙 4: 견고성
- 문법 준수 ——— 마크업 오류 방지
- 웹 애플리케이션 접근성 —— 웹 애플리케이션 접근성 준수

01 웹 접근성의 정의

'웹 접근성'이란 웹 콘텐츠에 접근하려는 모든 사람들이 어떤 컴퓨터나 운영체제 또는 웹 브라우저를 사용하든지 또는 어떤 환경에 처해 있든지에 구애받지 않고 웹 사이트에서 제공하는 모든 정보에 접근하고 이용할 수 있도록 보장하는 것이다. ❶ 16유아A3

02 한국형 웹 접근성 지침 2.1의 원칙과 실제

인식의 용이성, 운용의 용이성, 이해의 용이성, 견고성과 같은 4가지 원칙과 각 원칙을 준수하기 위한 13개 지침 및 해당 지침의 준수 여부를 확인하기 위한 24개의 검사 항목으로 구성되어 있다.

1. 원칙 1 : 인식의 용이성(perceivable)

- 인식의 용이성은 사용자가 장애 유무 등에 관계없이 웹 사이트에서 제공하는 모든 콘텐츠를 동등하게 인식할 수 있도록 콘텐츠를 제공하는 것을 의미한다.
- 인식의 용이성은 대체 텍스트, 멀티미디어 대체 수단, 명료성의 3가지 지침으로 구성되어 있다.

인식의 용이성 지침 ❶ 23초등B1	검사 항목
1.1. (대체 텍스트) 텍스트 아닌 콘텐츠에는 대체 텍스트를 제공해야 한다.	1.1.1. (적절한 대체 텍스트 제공) 텍스트 아닌 콘텐츠는 그 의미나 용도를 이해할 수 있도록 대체 텍스트를 제공해야 한다.
1.2. (멀티미디어 대체 콘텐츠) 동영상, 음성 등 멀티미디어 콘텐츠를 이해할 수 있도록 대체 콘텐츠를 제공해야 한다.	1.2.1. (자막 제공) ❹ 12중등20 멀티미디어 콘텐츠에는 자막, 대본 또는 수어를 제공해야 한다.
1.3. (명료성) 콘텐츠는 명확하게 전달되어야 한다.	1.3.1. (색에 무관한 콘텐츠 인식) ❷ 21중등B10, ❸ 16유아A3, ❹ 12중등20 콘텐츠는 색에 관계없이 인식될 수 있어야 한다.
	1.3.2. (명확한 지시사항 제공) 지시사항은 모양, 크기, 위치, 방향, 색, 소리 등에 관계없이 인식될 수 있어야 한다.
	1.3.3. (텍스트 콘텐츠의 명도 대비) 텍스트 콘텐츠와 배경 간의 명도 대비는 4.5 : 1 이상이어야 한다.
	1.3.4. (자동 재생 금지) 자동으로 소리가 재생되지 않아야 한다.
	1.3.5. (콘텐츠 간의 구분) 이웃한 콘텐츠는 구별될 수 있어야 한다.

기출 POINT 1

❶ 16유아A3
ⓒ에 들어갈 말을 쓰시오.

황 교사 : 누구든지 장애에 관계없이 웹 사이트를 통해 원하는 서비스를 이용할 수 있도록 (ⓒ)이/가 보장되어야 한다고 생각해요.

기출 POINT 2

❷ 21중등B10
(가)에서 고려해야 할 웹 접근성 지침상의 원리를 학생 L의 특성과 관련지어 1가지 쓰시오.

■ L 학생
- 청지각 변별에 어려움이 있어 동영상 자료 활용 시 자막이 있어야 함
- 색 변별에 어려움이 있어 색상 단서만으로 자료 특성을 구별하기 어려움
- 낯선 장소나 상황에 적응하는 것이 어려움

❸ 16유아A3
다음의 내용 중 시각장애 유아의 특성을 고려할 때 정보인식을 방해하는 내용 2가지를 찾아 그 기호와 이유를 각각 쓰시오.

민 교사 : 이번에 학교 홈페이지를 새롭게 만들고 있는데, 우리 아이들이 좀 더 쉽게 사용할 수 있도록 ⓐ 홈페이지의 구성을 내용에 따라 다양한 색으로 처리하여 구별할 수 있도록 하면 좋겠어요.

❹ 12중등20
웹 접근성 지침에 따른 것만을 있는 대로 고르시오.

ⓒ 빠른 탐색을 돕기 위해 동영상, 음성 등 멀티미디어 콘텐츠에 자막이나 원고 대신 요약 정보를 제공하였다.
ⓔ 회원가입 창의 필수항목은 색상을 배제하고도 구분할 수 있도록 '*' 등의 특수문자와 색상을 동시에 제공하였다.

기출 POINT 2

● 23초등B1

'한국형 웹 콘텐츠 접근성 지침 2.1(개정일 2015. 3. 31)'의 '인식의 용이성'에 근거하여, 웹 콘텐츠 선택 및 제작 시 ㉠과 ㉡을 위해 필요한 준수 사항을 각각 1가지씩 쓰시오. (단, '명료성' 지침은 제외할 것)

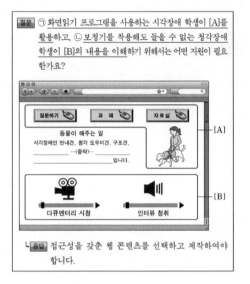

(1) 적절한 대체 텍스트 제공

이미지 등 텍스트 아닌 콘텐츠를 이용할 경우, 그 의미나 용도를 동등하게 인식할 수 있도록 적절한 대체 텍스트를 제공해야 한다. 또한 대체 텍스트는 간단명료하게 제공해야 한다.

(2) 자막 제공

멀티미디어 콘텐츠를 장애인도 비장애인과 동등하게 인식할 수 있도록 제작하기 위해서는 자막, 대본 또는 수어 중 한 가지 이상의 대체 수단을 제공해야 한다. 여기서 가장 중요한 점은 멀티미디어 콘텐츠와 동등한 내용을 제공하는 것이다.

① 자막 제공: 멀티미디어 콘텐츠를 재생시킬 때마다 자동적으로 자막을 화면에 표시할 수 있는 멀티미디어 콘텐츠는 이 검사 항목을 만족시키는 것으로 간주할 수 있다. 자막은 멀티미디어 콘텐츠에 포함된 음성(대사)과 동등하여야 한다. 필요에 따라 자막을 여러 벌 제공하고 사용자가 사용하는 자막을 지정할 수 있다.

② 대본 제공: 자막과는 달리 멀티미디어가 재생되는 과정에서 시나리오를 제공하는 경우도 이 검사 항목을 만족시키는 것으로 간주한다. 대본은 멀티미디어 콘텐츠에 포함된 음성(대사)과 동등하여야 한다. 필요에 따라 대본을 여러 벌 제공하고 사용자가 사용하는 대본을 선택할 수 있다.

③ **수어 제공** : 비디오 콘텐츠에 수어를 중첩하여 녹화한 콘텐츠도 이 검사 항목을 만족시키는 것으로 간주한다. 수어는 멀티미디어 콘텐츠에 포함된 음성(대사)과 동등하여야 한다.

(3) 색에 무관한 콘텐츠 인식

콘텐츠에서 제공하는 모든 정보는 특정한 색을 구별할 수 없는 사용자, 흑백 디스플레이 사용자, 흑백 인쇄물을 보는 사용자 및 고대비 모드 사용자가 인식할 수 있도록 제공되어야 한다.

① **색에 의한 정보 표현 방지** : 차트나 그래프 등을 고대비 모드*로 화면에 표시하면 모든 색이 단색(회색조)으로 표시되어 사용자가 색을 구분하지 못하는 경우가 발생한다. 따라서 사용자가 경조 모드에서도 콘텐츠를 인식할 수 있도록 색을 이용하여 정보를 제공하지 않아야 한다. 즉, 색은 시각적인 강조를 위해서만 사용해야 한다.

② **무늬를 이용한 정보 제공** : 서로 다른 정보를 무늬로 구분하여 표시하면 경조 모드 사용자, 단색 디스플레이 사용자, 흑백 인쇄물 사용자도 충분히 정보를 구분할 수 있다. 무늬와 색을 동시에 이용한 콘텐츠는 색각 장애가 있는 사용자도 접근이 가능하다.

(4) 명확한 지시사항 제공

특정 요소를 가리키거나 지시사항을 전달하는 콘텐츠에 한정해 적용하는 것으로, 콘텐츠의 사용에 필요한 지시사항을 시각이나 청각 등과 같은 특정 단일 감각에만 의존하는 방법으로 제공해서는 안 된다. 즉, 여러 가지 다른 감각을 통해서도 지시사항을 인식하는 데 문제가 없도록 콘텐츠를 제공해야 한다. 텍스트 콘텐츠(대체 텍스트 포함)는 보조 기술을 통해 다른 감각으로의 변환이 가능하기 때문에 텍스트 지시사항에는 추가적인 음성 콘텐츠를 제공할 필요는 없다.

① **색, 크기, 모양 또는 위치와 같은 정보에 대한 인식** : 웹 콘텐츠는 콘텐츠에 접근하는 사용자들이 색, 크기, 모양 또는 위치에 관한 정보를 인식하지 못하더라도 원하는 콘텐츠에 접근할 수 있도록 제작되어야 한다.

> **예** 특정 요소를 "동그란 버튼을 누르시오" 또는 "오른쪽 버튼을 누르시오"라고 가리킬 때, 그 대상이 되는 버튼이 '동그란 버튼' 또는 '오른쪽 버튼'이라는 대체 텍스트를 포함하고 있지 않을 경우 시각장애를 지닌 사용자는 어떤 요소를 지칭하는지 알 수 없다. 따라서 이러한 경우, 가리키고자 하는 요소의 실제 명칭이나 그 요소가 포함하고 있는 대체 텍스트를 사용해 지칭하거나, 불가피하게 색·크기·모양·위치와 같은 정보를 사용해 특정 요소를 가리킬 때는 이를 보완할 수 있는 다른 감각을 이용하는 정보를 제공해야 한다.

② **음성이나 음향 정보의 인식** : 사용자에게 음성이나 음향을 사용해 지시사항을 전달하는 경우, 사용자가 소리를 들을 수 없더라도 전달하고자 하는 지시사항을 인식할 수 있어야 한다.

> **예** 온라인 시험 진행 중 사용자에게 비프 음으로 정답인지 오답인지를 사용자에게 알려주면, 청각장애 사용자나 스피커가 설치되어 있지 않은 환경에 있는 사용자는 정답과 오답 여부를 확인할 수 없다. 이 경우에 비프 음과 함께 정답과 오답 여부를 시각적으로 확인할 수 있는 수단을 제공하면 더 많은 사용자가 지시사항을 인지할 수 있게 된다.

🔒 **Keyword**

고대비 모드
전경과 배경 간의 명도 대비를 강조하여 표시하는 것으로, 해당 항목을 보다 뚜렷하게 식별할 수 있도록 도와줌

(5) 텍스트 콘텐츠의 명도 대비

웹 페이지에서 보이는 텍스트 콘텐츠(텍스트 및 텍스트 이미지)와 배경 간에 충분한 대비를 제공하여 저시력 장애인, 색각 장애인, 노인 등도 콘텐츠를 인식할 수 있도록 제공해야 한다. 다만 로고, 장식 목적의 콘텐츠, 마우스나 키보드를 활용하여 초점을 받았을 때 명도 대비가 커지는 콘텐츠 등은 예외로 한다.

① **콘텐츠의 명도 대비** : 웹 페이지가 제공하는 텍스트 콘텐츠(텍스트 및 텍스트 이미지)와 배경 간의 명도 대비는 4.5 : 1 이상이어야 한다.

② **폰트 크기에 따른 명도 대비** : 텍스트 콘텐츠를 구성하고 있는 텍스트 폰트에 18포인트 이상 또는 14포인트 이상의 굵은 폰트를 사용하는 경우에는 명도 대비를 3 : 1까지 낮출 수 있다.

③ **화면 확대가 가능한 콘텐츠** : 화면 확대가 가능하도록 구현한 텍스트 콘텐츠(텍스트 및 텍스트 이미지)의 명도 대비는 3 : 1까지 낮출 수 있다.

(6) 자동 재생 금지

웹 페이지에서 자동으로 소리(동영상, 오디오, 음성, 배경 음악 등 콘텐츠가 제공하는 모든 소리)가 재생됨으로 인해 화면 낭독 프로그램 사용자가 콘텐츠를 인식하고 사용하는 데 방해받지 않아야 한다. 단, 3초 미만의 소리는 허용한다. 3초 이상 재생되는 소리는 제어할 수 있는 수단(멈춤, 일시정지, 음량 조절 등)을 함께 제공해야 한다. 참고로 플랫폼은 콘텐츠가 제공하는 배경음의 음량을 조절하더라도 화면 낭독 프로그램의 음량에는 영향을 주지 않아야 한다.

① **자동 재생음을 허용하는 경우** : 자동으로 재생되는 소리는 3초 내에 멈추거나, 지정된 키(예 esc 키)를 누르면 재생을 멈추도록 구현한다.

② **사용자 요구에 의한 재생** : 콘텐츠에 포함된 멀티미디어 파일은 정지 상태로 제공하며, 사용자가 요구할 경우에만 재생할 수 있도록 제어판(멈춤, 일시 정지, 음량 조절 등)을 제공한다.

(7) 콘텐츠 간의 구분

웹 페이지를 구성하는 이웃한 콘텐츠는 시각적으로 구분되도록 제공해야 한다. 모든 이웃한 콘텐츠는 시각적으로 구분될 수 있도록 구현해야 한다. 이웃한 콘텐츠를 시각적으로 구분하기 위한 예는 다음과 같다.

① 테두리를 이용하여 구분한다.

② 콘텐츠 사이에 시각적인 구분선을 삽입하여 구분한다.

③ 서로 다른 무늬를 이용하여 구분한다.

④ 콘텐츠 배경색 간의 명도 대비(채도)를 달리하여 구분한다.

⑤ 줄 간격 및 글자 간격을 조절하여 구분한다.

⑥ 기타 콘텐츠를 시각적으로 구분할 수 있는 방법을 사용하여 구분한다.

2. 원칙 2 : 운용의 용이성(operable)

- 운용의 용이성은 사용자가 장애 유무 등에 관계없이 웹 사이트에서 제공하는 모든 기능들을 운용할 수 있게 제공하는 것을 의미한다.
- 운용의 용이성은 입력장치 접근성, 충분한 시간 제공, 광과민성 발작 예방, 쉬운 내비게이션의 4가지 지침으로 구성되어 있다.

운용의 용이성 지침	검사 항목
2.1. (입력장치의 접근성) 콘텐츠는 다양한 입력장치로 접근할 수 있어야 한다.	2.1.1. (키보드 사용 보장) 모든 기능은 키보드만으로도 사용할 수 있어야 한다. ❶ 21중등B10
	2.1.2. (초점 이동) 키보드에 의한 초점은 논리적으로 이동해야 하며, 시각적으로 구별할 수 있어야 한다.
	2.1.3. (조작 가능) 사용자 입력 및 컨트롤은 조작 가능하도록 제공되어야 한다.
2.2. (충분한 시간 제공) 콘텐츠를 읽고 사용하는 데 충분한 시간을 제공해야 한다.	2.2.1. (응답 시간 조절) 시간제한이 있는 콘텐츠는 응답 시간을 조절할 수 있어야 한다.
	2.2.2. (정지 기능 제공) 자동으로 변경되는 콘텐츠는 움직임을 제어할 수 있어야 한다.
2.3. (광과민성 발작 예방) 광과민성 발작을 일으킬 수 있는 콘텐츠를 제공하지 않아야 한다.	2.3.1. (깜빡임과 번쩍임 사용 제한) 초당 3~50회의 주기로 깜빡이거나 번쩍이는 콘텐츠를 제공하지 않아야 한다. ❷ 17중등B6
2.4. (쉬운 내비게이션) 콘텐츠는 쉽게 내비게이션할 수 있어야 한다.	2.4.1. (반복 영역 건너뛰기) 콘텐츠의 반복되는 영역은 건너뛸 수 있어야 한다. ❸ 12중등20
	2.4.2. (제목 제공) 페이지, 프레임, 콘텐츠 블록에는 적절한 제목을 제공해야 한다.
	2.4.3. (적절한 링크 텍스트) 링크 텍스트는 용도나 목적을 이해할 수 있도록 제공해야 한다. ❸ 12중등20

기출 POINT 3

❶ 21중등B10
(가)에서 고려해야 할 웹 접근성 지침상의 원리를 학생 M 특성과 관련지어 1가지 쓸 것.

■ M 학생

- 반짝이고 동적인 시각 자극에 민감하여 종종 발작증세가 나타남
- 마우스 사용이 어려우며 모든 기능을 키보드로 조작함
- 학습한 과제의 일반화에 어려움을 보임

❷ 17중등B6
한국형 웹 콘텐츠 작성 지침 2.1과 학생 S의 특성에 기초하여 ⑭의 이유를 서술하시오.

■ 학생 S의 특성

- 황반변성증으로 교정시력이 0.1이며, 눈부심이 있음
- 묵자와 점자를 병행하여 학습하고, 컴퓨터 사용을 많이 함
- 주의 집중력이 좋으나, 지체중복장애로 인해 상지의 기능적 사용에 어려움이 있고, 빛에 매우 민감하게 반응함

■ 관련 웹 콘텐츠를 통해 단원 평가 시 학생 S를 위한 고려 사항

- ⑮ 색에 관계 없이 인식될 수 있는 콘텐츠를 활용함
- ⑯ 깜빡이거나 번쩍이는 콘텐츠가 없는 사이트를 활용함

❸ 12중등20
웹 접근성 지침에 따른 것만을 있는 대로 고르시오.

- ㉠ 반복적인 내비게이션 링크를 뛰어넘어 핵심 부분으로 직접 이동할 수 있도록, 건너뛰기 링크를 제공하였다.
- ㉢ 주변 상황에 관계없이 링크의 목적지를 찾아갈 수 있도록, '여기를 클릭하세요'와 같은 링크 텍스트를 제공하였다.

(1) 키보드 사용 보장

웹 페이지에서 제공하는 모든 기능을 키보드만으로도 사용할 수 있도록 제공해야 한다. 다만, 사용자의 반응 속도나 지속성이 중요한 요소인 붓질, 헬리콥터나 비행기 등의 훈련에 사용되는 시뮬레이션 콘텐츠 등과 시각적인 방법으로만 접근이 가능한 지리 정보 콘텐츠, 가상 현실 콘텐츠 등은 이 검사 항목의 예외로 할 수 있다.

(2) 초점* 이동

웹 페이지에서 제공하는 모든 기능을 키보드만으로 사용하는 경우에도 사용자 입력 간의 초점 이동은 적절한 순서를 따라야 하며, 이 과정에서 콘텐츠는 조작이 불가능한 상태가 되거나 갑작스러운 페이지의 전환 등이 일어나지 않아야 한다. 또한 초점을 받은 콘텐츠는 저시력 장애인과 지체장애인들이 인지할 수 있도록 시각적으로 구별되어야 한다.

(3) 조작 가능

웹 페이지에서 제공하는 모든 이웃한 컨트롤은 개별적으로 선택하고 사용할 수 있도록 충분한 크기로 제공해야 한다.

① **컨트롤의 크기**: 콘텐츠에 포함된 모든 컨트롤은 대각선 방향의 길이를 6.0mm 이상으로 제공하는 것이 바람직하다.

② **링크, 사용자 입력, 기타 컨트롤 등의 안쪽 여백**: 링크, 사용자 입력 및 기타 컨트롤은 테두리 안쪽으로 1픽셀 이상의 여백을 두고, 이곳에서는 위치 지정 도구*의 조작에 반응하지 않도록 구현하는 것이 바람직하다.

🔑 **Keyword**

초점

웹 페이지 안에서 프로그램 또는 사용자의 행위(탭 키를 이용한 이동)에 의해 어떤 요소가 선택되었을 경우 초점이 그 요소에 있다고 말함. 이때 어떤 요소가 선택되었다는 것은 그 요소가 사용 가능한 상태임을 의미함. 대부분의 응용 소프트웨어에서 초점을 받은 요소는 다른 요소와 구분할 수 있도록 밑줄을 보이게 하거나, 테두리를 씌우거나 색을 변경하는 등 시각적으로 구별할 수 있는 기능을 제공함

🔑 **Keyword**

위치 지정 도구

마우스나 터치패드, 터치스크린과 같이 컴퓨터 화면의 특정 지점을 직접 지정할 수 있는 장치. 터치스크린을 채용한 기기에서는 끝이 뭉툭한 손가락으로도 콘트롤을 선택하거나 활성화할 수 있어야 하므로, 콘트롤은 조작 가능한 크기로 제공되어야 함

(4) 응답 시간 조절 ◎ 10중등40

웹 콘텐츠 제작 시 시간제한이 있는 콘텐츠*는 가급적 포함하지 않는 것이 바람직하며, 보안 등의 사유로 시간제한이 반드시 필요할 경우에는 이를 회피할 수 있는 수단을 제공해야 한다.

🔒 **Keyword** │ **시간제한이 있는 콘텐츠**

시간을 통제할 수 있도록 구현된 콘텐츠로, 자동 갱신되도록 구성된 콘텐츠, 몇 초 후에 다른 페이지로 이동하도록 구성된 콘텐츠, 자동으로 스크롤되는 콘텐츠, 짧은 시간 동안 나타났다 일정 시간 후에 자동으로 사라지는 대화상자·팝업창·레이어 팝업 등 일정 시간 사용하지 않으면 웹 페이지에 대한 접근이 강제로 차단되거나 사용할 수 없게 되는 콘텐츠

(5) 정지 기능 제공

웹 콘텐츠는 스크롤 및 자동 갱신되는 콘텐츠를 장애인 사용자가 이용할 수 있도록 일시 정지할 수 있는 수단을 제공해야 한다.

① **이동하거나 스크롤되는 콘텐츠 사용 배제**: 스크롤 및 자동 갱신되는 콘텐츠를 사용하지 않는다.

② **이동하거나 스크롤되는 콘텐츠**: 저시력 장애인이나 지적장애인 등은 이동하거나 스크롤되는 콘텐츠를 사용하기 어려우므로, 웹 콘텐츠는 사용자가 이동이나 스크롤을 일시 정지시키고, 지나간 콘텐츠 또는 앞으로 나타날 콘텐츠를 선택할 수 있는 컨트롤(예 '앞으로 이동', '뒤로 이동', '정지' 등)을 제공해야 한다.

(6) 깜빡임과 번쩍임 사용 제한 ● 20초등A2

깜빡이거나(flashing) 번쩍이는(blinking) 콘텐츠로 인해 발작을 일으키지 않도록 초당 3~50회 주기로 깜빡이거나 번쩍이는 콘텐츠를 제공하지 않아야 한다. 10인치 이상의 스크린을 채용하고 있는 정보통신 기기(태블릿 기기, PC 모니터, 무인 안내기 등)에서는 콘텐츠에 의한 광과민성 발작* 가능성을 특히 주의해야 한다.

기출 POINT 4

❶ 20초등A2
'한국형 웹 콘텐츠 접근성 지침 2.1' (개정일 2015. 3. 31.) 중 '운용의 용이성'에 근거하여 (나)의 [C]에서 적절하지 않은 것을 찾아 기호를 쓰고 바르게 고쳐 쓰시오.
(나) 협의회 회의록

• 일시: 2019년 3월 13일 15:00
• 장소: 회의실

[C] 웹 콘텐츠 제작 시 고려 사항
ⓜ 읽거나 사용하는 데 충분한 시간을 제공함
ⓗ 콘텐츠의 깜빡임 사용을 제한하여 광과민성 발작 유발을 예방함
ⓢ 빠르고 편리한 사용을 위하여 반복되는 메뉴를 건너뛸 수 있게 함
ⓞ 콘텐츠의 모든 기능에 음성 인식으로 접근하여 사용할 수 있도록 함

❷ 10중등40
웹 접근성 지침의 내용으로 옳은 것을 〈보기〉에서 모두 고르시오.

─〈보기〉─
㉠ 웹에서 프레임의 사용은 많아야 한다.
㉡ 웹상의 동영상에는 자막이 있어야 한다.
㉢ 웹의 운용이 키보드만으로도 가능해야 한다.
㉣ 웹에서 변화하는 문자의 사용은 적어야 한다.
㉤ 웹의 정보는 색깔만으로도 구분할 수 있어야 한다.

🔒 **Keyword**

광과민성 발작(증후)
빛의 깜빡거림에 의해 발작을 일으키는 증상. 주로 초당 3~50회 주기의 번쩍거림이 광과민성 발작을 일으키는 원인이 되며, 초당 20회 부근의 번쩍거림이 발작을 가장 잘 일으키는 주파수로 알려져 있음

Keyword

• **반복 영역** : 반복되는 영역, 메뉴, 링크 모음과 같이 동일한 내용이 여러 웹 페이지에 걸쳐 같은 위치에서 나타나는 영역
• **건너뛰기 링크** : 반복영역의 순차적인 내비게이션을 생략하고 웹 페이지의 핵심 영역으로 이동할 수 있는 수단(버튼, 텍스트 링크를 의미)
• **핵심 영역** : 웹 페이지의 핵심이 되는 주제 또는 콘텐츠를 담고 있는 영역. 웹 페이지별로 사용자에게 전달하고 싶은 핵심 주제를 담고 있는 콘텐츠가 위치한 영역. 예를 들어 뉴스 포털의 경우, 헤드라인 뉴스가 위치한 곳이 핵심 영역에 해당됨

(7) 반복 영역 건너뛰기

키보드 사용자는 페이지가 로드된 이후 모든 웹 페이지에 공통적으로 들어있는 메뉴 및 링크 목록 등을 탭 키를 이용하여 순차적으로 내비게이션한 후에 핵심 영역에 도달하게 된다. 화면 낭독 프로그램을 이용하는 사람들은 페이지가 로드되거나 갱신될 때마다 모든 웹 페이지에 공통적으로 들어있는 메뉴 등을 다시 듣게 된다. 키보드 사용자와 화면 낭독 프로그램 사용자가 겪게 되는 이러한 불편을 방지하기 위해, 사용자가 메뉴 등과 같은 반복 영역을 바로 건너뛰어 핵심 영역으로 직접 이동할 수 있는 수단을 제공해야 한다.

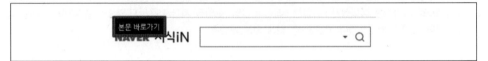

(8) 제목 제공

페이지, 프레임, 콘텐츠 블록의 제목은 사용자가 웹 콘텐츠를 운용하기 쉽게 도와준다. 제목은 간단명료해야 하며 해당 페이지, 프레임, 콘텐츠 블록을 유추할 수 있도록 제공해야 한다.

(9) 적절한 링크 텍스트

링크는 주변 맥락을 통하여 용도나 목적지를 명확하게 이해할 수 있는 링크 텍스트를 제공해야 한다.

① 맥락을 통해 이해할 수 있도록 링크 텍스트 제공 : 링크의 용도나 목적지를 링크 텍스트만으로 또는 주변의 맥락으로부터 충분히 이해할 수 있도록 링크 텍스트를 제공해야 한다.

② 이미지 링크 구성 : 아이콘(icon)으로 링크 텍스트를 대신하여 표현한 경우(예 홈 페이지로 이동하기 위한 링크를 집 모양의 아이콘 이미지로 대신하고 해당 아이콘에 홈 페이지로 이동하는 링크를 걸어놓은 경우), 해당 아이콘 이미지만으로도 링크의 용도나 목적지, 내용 등을 충분히 이해할 수 있도록 직관적이고 명료하게 제공한다.

3. 원칙 3 : 이해의 용이성(understandable)

- 이해의 용이성은 사용자가 장애 유무 등에 관계없이 웹 사이트에서 제공하는 콘텐츠를 이해할 수 있도록 제공하는 것을 의미한다.
- 이해의 용이성은 가독성, 예측 가능성, 콘텐츠의 논리성, 입력 도움의 4가지 지침으로 구성되어 있다.

이해의 용이성 지침	검사 항목
3.1. (가독성) 콘텐츠는 읽고 이해하기 쉬워야 한다.	3.1.1. (기본 언어 표시) 주로 사용하는 언어를 명시해야 한다.
3.2. (예측 가능성) 콘텐츠의 기능과 실행 결과는 예측 가능해야 한다.	3.2.1. (사용자 요구에 따른 실행) 사용자가 의도하지 않은 기능(새 창, 초점 변화 등)은 실행되지 않아야 한다. ❶ 16유아A3
3.3. (콘텐츠의 논리성) 콘텐츠는 논리적으로 구성해야 한다. ❷ 12중등20	3.3.1. (콘텐츠의 선형 구조) 콘텐츠는 논리적인 순서로 제공해야 한다.
	3.3.2. (표의 구성) 표는 이해하기 쉽게 구성해야 한다.
3.4. (입력 도움) 입력 오류를 방지하거나 정정할 수 있어야 한다.	3.4.1. (레이블 제공) 입력 서식에 대응하는 레이블을 제공해야 한다.
	3.4.2. (오류 정정) 입력 오류를 정정할 수 있는 방법을 제공해야 한다.

(1) 기본 언어 표시

웹 브라우저는 웹 페이지를 구성하는 텍스트 콘텐츠의 언어 정보를 바탕으로 텍스트 콘텐츠를 화면에 표시하거나 보조 기술로 전달한다. 다국어를 지원하는 화면 낭독 프로그램을 사용하는 경우, 텍스트 콘텐츠의 언어 정보를 화면 낭독 프로그램으로 전달하여 정확한 발음으로 읽어주도록 제어하기도 한다. 따라서 웹 페이지의 기본 언어는 정확히 정의해야 한다.

(2) 사용자 요구에 따른 실행

컨트롤이나 사용자 입력은 초점을 받았을 때에 의도하지 않는 기능이 자동적으로 실행되지 않도록 콘텐츠를 개발해야 한다. 즉, 컨트롤이나 사용자 입력의 기능은 사용자의 마우스 클릭이나 키보드 조작에 의하여 실행되어야 한다. 특히 사용자가 인지하지 못한 상황에서 새 창, 팝업 창 등이 열리지 않아야 한다.

기출 POINT 5

❶ 16유아A3
다음의 내용 중 시각장애 유아의 특성을 고려할 때 정보인식을 방해하는 내용 2가지를 찾아 그 기호와 이유를 각각 쓰시오.

민 교사: ⓐ 홈페이지에 접속하면 팝업창이 자동으로 뜨게 하면 좋겠어요.

❷ 12중등20
웹 접근성 지침에 따른 것만을 있는 대로 고르시오.

ⓓ [Tab] 키를 이용하여 웹을 탐색하는 장애학생들을 위해 오른쪽에서 왼쪽, 위에서 아래로의 일반적인 순서에 따라 논리적으로 이동할 수 있도록 콘텐츠를 선형화하였다.

Keyword

콘텐츠의 선형 구조

콘텐츠가 보조기술로 제공되는 순서. 웹 페이지의 모든 콘텐츠는 시각적인 2차원 공간의 상하좌우로 배치되어 있어 원하는 곳을 바로 찾아가거나 기능을 바로 선택하여 실행할 수 있음. 그러나 화면 낭독 프로그램 사용자는 모든 콘텐츠를 순차적으로 접근할 수 있기 때문에 시각적 배치가 아닌 읽어주는 순서가 중요함. 이를 '콘텐츠의 선형 구조'라고 하며, 이 구조는 논리적이어야 함

Keyword

레이블

사용자가 웹 콘텐츠 내의 구성요소를 식별할 수 있도록 제시된 텍스트나 텍스트 대체 수단이 있는 구성요소. 네임(name)은 숨겨져 있을 수 있으며 보조기술에 의해서만 노출되는 반면, 레이블은 노출되어 있어 모든 사용자가 볼 수 있음. 대부분의 경우 네임과 레이블은 동일함. 한편, 레이블은 HTML의 Label 요소에 한정되지 않음. 여기서 HTML의 Label 요소는 모든 사용자 입력(예 텍스트 입력 상자, 라디오 버튼, 체크 박스, 드롭다운 메뉴 등)의 용도 또는 역할에 대한 설명을 의미함

(3) 콘텐츠의 선형 구조*

콘텐츠는 보조 기술 사용자가 맥락을 이해할 수 있도록 논리적인 순서로 제공해야 한다.

① **콘텐츠의 선형 구조 유지** : 웹 페이지를 구성하는 모든 콘텐츠는 사용자가 그 내용을 이해할 수 있도록 선형 구조로 작성되어야 한다.

② **내용, 표현 및 기능 분리** : 브라우저 화면에 표시되는 콘텐츠의 순서가 웹 페이지에 수록된 콘텐츠의 선형 구조와 항상 같은 것은 아니다. 예를 들어, 스타일 시트를 사용하면 웹 페이지를 구성하는 콘텐츠의 순서를 변경하지 않고도 화면에 표시되는 콘텐츠의 배치를 임의로 변경할 수 있다. 따라서 웹 페이지를 구성하는 콘텐츠의 나열 순서는 그 맥락을 이해할 수 있도록 논리적으로 구성해야 한다. 시각적으로 배치를 변경해야 하는 경우에도 콘텐츠의 선형 구조는 유지되어야 한다.

(4) 표의 구성

표를 제공할 경우, 표의 이해를 돕기 위한 내용 및 구조에 대한 정보를 제공해야 한다.

① **표 정보 제공** : 데이터를 표로 구성할 경우, 표의 내용·구조 등을 이해할 수 있도록 정보를 제공하여 표의 이용 방법을 예측할 수 있도록 한다.

② **표의 구성** : 표의 내비게이션을 위하여 표의 셀은 제목 셀과 데이터 셀이 구분되도록 구성해야 한다.

(5) 레이블* 제공

사용자 입력은 용도를 이해할 수 있도록 레이블을 제공해야 한다.

• **사용자 입력에 대응하는 레이블 제공** : 사용자 입력의 근처에 사용법을 알려주는 레이블을 보조 기술이 인식할 수 있도록 해당 컨트롤과 대응시켜 제공해야 한다. 레이블과 사용자 입력 간의 관계를 보조 기술이 인식할 수 있도록 대응시키지 않고 단순히 텍스트로만 제공할 경우, 보조 기술은 해당 사용자 입력에 대한 레이블을 인식할 수 없다.

(6) 오류 정정

입력 서식 작성 시, 사용자의 실수로 오류가 발생할 경우 이를 정정할 수 있는 방법을 제공해야 한다.

• **사용자 입력 오류 안내** : 온라인 서식에서 오류가 발생하는 경우, 사용자에게 오류가 발생한 위치와 오류가 유발된 이유 등에 관한 정보를 알려주어야 한다. 예를 들어 이름, 주소, 전화번호, 이메일 주소를 입력하도록 구성한 입력 서식에서 일부 항목을 기입하지 않고 제출하였을 경우, 어떤 항목의 입력이 누락되었는지를 알려주어야 한다. 시스템 또는 플랫폼에서 발생한 오류에는 이 검사 항목이 적용되지 않는다.

4. 원칙 4 : 견고성(robust)

- 견고성은 사용자가 기술에 관계없이 웹 사이트에서 제공하는 콘텐츠를 이용할 수 있도록 제공하는 것을 의미한다.
- 견고성은 문법 준수, 웹 애플리케이션 접근성의 2가지 지침으로 구성되어 있다.

견고성 지침	검사 항목
4.1. (문법 준수) 웹 콘텐츠는 마크업 언어의 문법을 준수해야 한다.	4.1.1. (마크업 오류 방지) 마크업 언어의 요소는 열고 닫음, 중첩 관계 및 속성 선언에 오류가 없어야 한다.
4.2. (웹 애플리케이션 접근성) 웹 애플리케이션은 접근성이 있어야 한다.	4.2.1. (웹 애플리케이션 접근성 준수) 콘텐츠에 포함된 웹 애플리케이션은 접근성이 있어야 한다.

(1) 마크업 오류 방지

마크업 언어*로 작성된 콘텐츠는 해당 마크업 언어의 문법을 최대한 준수하여 제공하는 것이 바람직하다. 특히 요소의 열고 닫음, 중첩 관계의 오류가 없도록 제공해야 한다. 또한 요소의 속성도 마크업 문법을 최대한 준수하여 제공하는 것이 바람직하다.

(2) 웹 애플리케이션 접근성 준수

웹 콘텐츠를 사용하는 데 필요한 플러그인 또는 웹 페이지의 기능을 실행하는 데 필요한 웹 애플리케이션은 사용자가 웹 페이지에 접근하여 사용하는 것을 방해하지 않아야 한다. 웹 애플리케이션은 다음에 설명한 모든 요구사항을 적용하여 제작하여야 한다.

① **접근성 프로그래밍 인터페이스 사용 지원** : 웹 애플리케이션은 운영체제 또는 플랫폼이 제공하는 접근성 프로그래밍 인터페이스를 사용하여 제작되어야 한다. 그렇지 않으면 보조 기술이 웹 애플리케이션의 접근성 기능을 지원하지 못하는 경우가 발생할 수 있다.

② **접근성 프로그래밍 인터페이스 대체 수단 제공** : 웹 애플리케이션을 구현하는 과정에서 운영체제(플랫폼 포함)가 제공하는 접근성 프로그래밍 인터페이스가 정의되지 않은 새로운 기능을 구현할 경우에는 그 기능의 명칭, 역할, 상태 및 값에 관한 정보를 운영체제(또는 플랫폼)의 접근성 프로그래밍 인터페이스로 전달하도록 구현함으로써 보조 기술이 그 정보를 이용할 수 있게 해야 한다.

③ **보조 기술 지원** : 국내의 보조 기술로 접근이 불가능한 웹 애플리케이션은 가능한 한 사용하지 않는 것이 좋으며, 꼭 사용해야 하는 경우에는 해당 웹 애플리케이션에 대한 대체 수단을 제공해야 한다.

마크업 언어
텍스트의 각 부분에 의미를 나타내는 정보를 기술할 수 있도록 정의한 언어. HTML, 확장 마크업 언어(XML) 등이 해당함

03 **한국형 웹 접근성 지침 2.2의 원칙과 실제(2022)**

인식의 용이성, 운용의 용이성, 이해의 용이성, 견고성과 같은 4가지 원칙과 각 원칙을 준수하기 위한 14개 지침 및 해당 지침의 준수 여부를 확인하기 위한 33개의 검사 항목으로 구성되어 있다.

1. 원칙 1: 인식의 용이성

인식의 용이성 지침	검사 항목
5.1. 대체 텍스트	5.1.1. (적절한 대체 텍스트 제공) 텍스트 아닌 콘텐츠는 그 의미나 용도를 인식할 수 있도록 대체 텍스트를 제공해야 한다.
5.2. 멀티미디어 대체 수단	5.2.1. (자막 제공) 멀티미디어 콘텐츠에는 자막, 대본 또는 수어를 제공해야 한다.
5.3. 적응성	5.3.1. (표의 구성) 표는 이해하기 쉽게 구성해야 한다.
	5.3.2. (콘텐츠의 선형구조) 콘텐츠는 논리적인 순서로 제공해야 한다.
	5.3.3. (명확한 지시사항 제공) 지시사항은 모양, 크기, 위치, 방향, 색, 소리 등에 관계없이 인식될 수 있어야 한다.
5.4. 명료성	5.4.1. (색에 무관한 콘텐츠 인식) 콘텐츠는 색에 관계없이 인식될 수 있어야 한다.
	5.4.2. (자동 재생 금지) 자동으로 소리가 재생되지 않아야 한다.
	5.4.3. (텍스트 콘텐츠의 명도 대비) 텍스트 콘텐츠와 배경 간의 명도 대비는 4.5 : 1 이상이어야 한다.
	5.4.4. (콘텐츠 간의 구분) 이웃한 콘텐츠는 구별될 수 있어야 한다.

(1) 표의 구성

표는 이해하기 쉽게 구성해야 한다.

① 표를 제공할 경우, 표의 이해를 돕기 위해 내용 및 구조에 대한 정보를 제공해야 한다.

표 정보 제공	데이터를 표로 구성할 경우, 표의 내용·구조 등을 이해할 수 있는 정보를 제공하여 표의 이용 방법을 예측할 수 있도록 해야 한다.
표의 구성	표의 내비게이션을 위하여, 표의 셀은 제목 셀과 데이터 셀이 구분되도록 구성해야 한다.

② 기대효과 : 제목 셀과 데이터 셀이 구분되도록 구현한 데이터 테이블은 시각장애인에게 데이터 셀에 대한 제목 셀의 내용 또는 데이터 셀과 제목 셀 간 관계를 알려주므로 내용을 파악하기 쉽다.

(2) 콘텐츠의 선형구조

콘텐츠는 논리적인 순서로 제공해야 한다.

① 콘텐츠는 보조기술 사용자가 맥락을 이해할 수 있도록 논리적인 순서로 제공해야 한다.

콘텐츠의 선형구조 유지	웹 페이지를 구성하는 모든 콘텐츠는 사용자가 그 내용을 이해할 수 있도록 선형구조로 작성해야 한다.
내용, 표현 및 기능 분리	브라우저 화면에 표시되는 콘텐츠의 순서가 웹 페이지에 수록된 콘텐츠의 선형구조와 항상 동일한 것은 아니다. 예를 들어, 스타일 시트를 사용하면 웹 페이지를 구성하는 콘텐츠의 순서를 변경하지 않고도 화면에 표시되는 콘텐츠의 배치를 임의로 변경할 수 있다. 따라서 웹 페이지를 구성하는 콘텐츠의 순서는 그 맥락을 이해할 수 있도록 논리적으로 구성해야 한다. 또한, 배치를 시각적으로 변경해야 하는 경우에도 콘텐츠의 선형구조는 유지해야 한다.

② 기대효과

　　㉠ 콘텐츠의 선형구조가 논리적인 콘텐츠는 지적장애·언어장애 및 학습장애가 있는 사용자도 콘텐츠를 이해하는 데 도움을 준다.

　　㉡ 콘텐츠의 선형구조가 논리적인 웹 콘텐츠는 스타일 시트를 바꾸거나 기능을 제거하더라도 그 내용을 순서대로 읽어 문서의 의미를 이해하기가 쉽다.

2. 원칙 2: 운용의 용이성

운용의 용이성 지침	검사 항목
6.1. 입력장치 접근성	6.1.1. (키보드 사용 보장) 모든 기능은 키보드만으로도 사용할 수 있어야 한다.
	6.1.2. (초점 이동과 표시) 키보드에 의한 초점은 논리적으로 이동해야 하며, 시각적으로 구별할 수 있어야 한다.
	6.1.3. (조작 가능) 사용자 입력 및 컨트롤은 조작 가능하도록 제공되어야 한다.
	6.1.4. (문자 단축키) 문자 단축키는 오작동으로 인한 오류를 방지하여야 한다.
6.2. 충분한 시간 제공	6.2.1. (응답 시간 조절) 시간제한이 있는 콘텐츠는 응답 시간을 조절할 수 있어야 한다.
	6.2.2. (정지 기능 제공) 자동으로 변경되는 콘텐츠는 움직임을 제어할 수 있어야 한다.
6.3. 광과민성 발작 예방	6.3.1. (깜빡임과 번쩍임 사용 제한) 초당 3~50회 주기로 깜빡이거나 번쩍이는 콘텐츠를 제공하지 않아야 한다.
6.4. 쉬운 내비게이션	6.4.1. (반복 영역 건너뛰기) 콘텐츠의 반복되는 영역은 건너뛸 수 있어야 한다.
	6.4.2. (제목 제공) 페이지, 프레임, 콘텐츠 블록에는 적절한 제목을 제공해야 한다.
	6.4.3. (적절한 링크 텍스트) 링크 텍스트는 용도나 목적을 이해할 수 있도록 제공해야 한다.
	6.4.4. (고정된 참조 위치 정보) 전자출판문서 형식의 웹 페이지는 각 페이지로 이동할 수 있는 기능이 있어야 하고, 서식이나 플랫폼에 상관없이 참조 위치 정보를 일관되게 제공·유지해야 한다.
6.5. 입력 방식	6.5.1. (단일 포인터 입력 지원) 다중 포인터 또는 경로 기반 동작을 통한 입력은 단일 포인터 입력으로도 조작할 수 있어야 한다.
	6.5.2. (포인터 입력 취소) 단일 포인터 입력으로 실행되는 기능은 취소할 수 있어야 한다.
	6.5.3. (레이블과 네임) 텍스트 또는 텍스트 이미지가 포함된 레이블이 있는 사용자 인터페이스 구성요소는 네임에 시각적으로 표시되는 해당 텍스트를 포함해야 한다.
	6.5.4. (동작 기반 작동) 동작 기반으로 작동하는 기능은 사용자 인터페이스 구성요소로 조작할 수 있고, 동작기반 기능을 비활성화할 수 있어야 한다.

(1) 문자 단축키

문자 단축키는 오작동으로 인한 오류를 방지하여야 한다.

① 단일 문자 단축키(예 대/소문자, 구두점, 기호 등 글자키나 숫자키 또는 특수문자키)를 제공하는 경우, 오류를 방지하기 위하여 다음 중 하나 이상을 충족해야 한다.

비활성화	단축키를 끌 수 있는 방법을 제공해야 한다.
재설정	한 개 이상의 기능키(예 Ctrl, Alt, Shift, Option, Command 등)를 조합하여 단축키를 재설정할 수 있어야 한다.
초점을 받은 경우에만 활성화	사용자 인터페이스 구성요소(예 폼 콘트롤, 링크, 콘텐츠 에디터 등)가 초점을 받은 경우에만 단축키가 활성화되어야 한다.

② 기대효과
- ㉠ 음성명령 사용자가 입력을 위해 음성을 사용하는 것만으로도, 의도하지 않게 단일 문자 단축키를 실행시키는 오작동을 방지할 수 있다.
- ㉡ 손 사용이 원활하지 않은 사용자의 단일 문자 단축키 사용 오류를 방지할 수 있다.
- ㉢ 단일 문자 단축키 재설정 기능을 활용하여 익숙한 단축키로 변경할 수 있다.

(2) 고정된 참조 위치 정보

전자출판문서 형식의 웹 페이지는 각 페이지로 이동할 수 있는 기능이 있어야 하고, 서식이나 플랫폼에 상관없이 참조 위치 정보를 일관되게 제공·유지해야 한다.

① 페이지 구분이 있는 전자출판문서 형식의 웹 페이지는 참조 위치 정보(예 페이지 번호와 같은 페이지 구분자)와, 각 페이지로 이동할 수 있는 기능을 제공해야 한다. 또한, 콘텐츠의 확대/축소 등으로 서식이나 플랫폼이 변경되어 참조 위치 정보가 사라지거나 일관된 위치에 제공·유지되지 않을 경우, 참조 위치 정보를 사용하여 콘텐츠의 특정 부분을 지칭해야 하는 상황(예 강의 등)에서 어려움이 있을 수 있기 때문에, 해당 참조 위치 정보는 서식이나 플랫폼이 변경되더라도 일관된 위치에 제공·유지해야 한다.

② 기대효과 : 콘텐츠를 확대해서 사용하는 사용자(예 저시력, 전맹, 인지장애 등)와 확대하지 않고 사용하는 사용자가 페이지 구분자(예 페이지 번호 등)를 사용하여 동일한 페이지를 참조할 수 있게 된다.

(3) 단일 포인터 입력 지원

다중 포인터 또는 경로기반 동작을 통한 입력은 단일 포인터 입력으로도 조작할 수 있어야 한다.

① 두 개 이상의 손가락을 동시에 사용해야 하는 다중 포인터(예 핀치 줌, 두 손가락 탭 등) 또는 쓸어 넘기기 등의 경로기반 동작(예 스와이프, 끌기와 놓기, 그리기 등)을 통한 입력으로 작동하는 모든 기능은 단일 포인터 입력으로도 조작할 수 있어야 한다. 다만, 다음과 같은 경우에는 예외로 간주한다.

    ⑦ **필수적인 경우**: 피아노 앱의 건반 동시 누르기와 같은 다중 포인터나, 서명과 같은 경로기반 동작을 통한 입력이 반드시 실행되어야 하는 경우

    ⑥ 운영체제나 사용자 에이전트(**예** 브라우저), 보조기기 등이 지원하는 동작(**예** 운영체제가 제공하는 손가락 두 개 끌어서 스크롤하기)을 통한 입력

② **기대효과**

    ⑦ 한 손가락 또는 스틱 포인팅 장치를 사용하거나, 다중 포인터 동작을 통한 입력이 불가능하거나 어려운 사용자도 해당 장치나 동작을 통한 입력을 할 수 있다.

    ⑥ 손 떨림이나 시각장애 등으로 끌기 동작 또는 복잡하거나 정교한 동작, 그리기 동작을 통한 입력이 어려운 사용자도 해당 동작을 통한 입력을 적절하게 수행할 수 있다.

    ⓒ 복잡한 조작 과정이나 수단을 통한 입력을 이해하기 어려운 인지장애 또는 학습장애 사용자도 해당 조작 과정이나 수단을 통한 입력을 보다 쉽게 수행할 수 있다.

(4) 포인터 입력 취소

단일 포인터 입력으로 실행되는 기능은 취소할 수 있어야 한다.

① 단일 포인터 입력으로 실행되는 기능은 해당 입력이 실수로 실행되는 것을 방지하기 위하여, 다음 중 하나 이상을 준수해야 한다.

    ⑦ **다운 이벤트만으로 실행 금지**: 기능은 다운 이벤트만으로 실행되지 않아야 한다.

    ⑥ **중지 또는 실행 취소**: 기능은 업 이벤트에 완료되어야 하며, 실행 전에 중지시키거나 실행 후에 취소시킬 수 있어야 한다.

    ⓒ **되돌리기**: 다운 이벤트로 실행된 모든 기능은 업 이벤트로 되돌릴 수 있어야 한다.

    ⓔ **필수적인 경우**: 기능을 완료하는 데 다운 이벤트가 반드시 필요하다. 기능을 완료하는 데 다운 이벤트가 필수적인 경우로는 화면 피아노 건반, 슈팅게임 등이 있다.

② **기대효과**

    ⑦ 사용자가 잘못된 입력임을 인식했을 때 동작을 취소하거나 실행결과를 되돌릴 수 있다.

    ⑥ 우발적으로 오동작을 일으킬 확률을 줄여준다.

(5) 레이블과 네임

텍스트 또는 텍스트 이미지가 포함된 레이블이 있는 사용자 인터페이스 구성요소는 네임에 시각적으로 표시되는 해당 텍스트를 네임에 포함해야 한다.

① 사용자 인터페이스 구성요소(**예** 메뉴, 링크, 버튼 등)에서 시각적으로 표시되는 텍스트를 네임에 제공하지 않은 경우 보조기술이 해당 사용자 인터페이스 구성요소를 인식할 수 없기 때문에, 네임에는 시각적으로 표시되는 텍스트를 제공해야 한다.

더 알아보기

• **업 이벤트**: 사용자가 키보드의 키를 놓거나, 마우스 버튼을 놓는 등의 '완료' 동작을 말함

• **다운 이벤트**: 사용자가 키보드의 키를 누르거나, 마우스 버튼을 클릭하는 등의 '시작' 동작을 말함

• 이 이벤트들은 웹 접근성 측면에서 중요한데, 적절히 처리함으로써 다양한 사용자들이 더 쉽게 웹 콘텐츠에 접근할 수 있게 됨. 예를 들어, 시각장애 사용자가 키보드를 사용하여 웹 사이트를 탐색할 때 업 이벤트와 다운 이벤트 사이의 적절한 피드백과 처리가 중요한 역할을 함

② 또한 네임과 텍스트를 다르게 제공한 경우 해당 정보 사용자(예 음성명령 사용자)가 혼란을 겪을 수 있기 때문에, 네임과 텍스트는 동일하게 제공하는 것이 좋으며, 동일하지 않게 제공할 경우 텍스트는 네임의 앞부분에 제시하는 것이 좋다. 단, 텍스트나 텍스트 이미지가 포함된 레이블이 없는 사용자 인터페이스 구성요소에는 본 지침이 적용되지 않는다.

③ 기대효과

㉠ 음성 입력 사용자는 시각적으로 표시되는 텍스트를 사용하여 사용자 인터페이스 구성요소를 제어할 수 있다.

㉡ 텍스트 입력 변환(TTS) 사용자는 보조기술을 통해 음성으로 전달되는 텍스트와 시각적으로 표시되는 텍스트가 일치하기 때문에, 해당 사용자 인터페이스 구성요소를 혼란 없이 보다 쉽게 인지·활용할 수 있다.

(6) 동작 기반 작동

동작 기반으로 작동하는 기능은 사용자 인터페이스 구성요소로 조작할 수 있고, 동작 기반 기능을 비활성화할 수 있어야 한다.

① 사용자가 장치를 움직이거나 사용자의 움직임을 통하여 작동하는 기능(예 흔들어서 실행 취소, 손동작을 이용한 사진 촬영 등)은 사용자 인터페이스 구성요소로 조작할 수 있어야 하며, 의도하지 않은 동작으로 기능이 작동하는 것을 예방하기 위해 해당 기능을 비활성화할 수 있어야 한다. 다만, 다음과 같은 경우에는 예외로 간주한다.

㉠ 접근성 지원 인터페이스 : 동작이 접근성 지원 인터페이스를 통해 기능을 조작하는 데 사용되는 경우(예 안구 마우스)

㉡ 필수적인 경우 : 동작이 기능의 실행에 반드시 필요하고, 동작의 실행에 대한 비활성화가 기능 자체를 무효화할 수 있는 경우(예 만보기)

② 기대효과

㉠ 장치가 고정되어 있거나 특정 동작을 행할 수 없는 사용자도 기능을 사용할 수 있다.

㉡ 정확한 동작을 할 수 없거나, 의도하지 않은 동작으로 기능이 실행되는 것을 방지할 수 있다.

3. 원칙 3 : 이해의 용이성

이해의 용이성 지침	검사 항목
7.1. 가독성	7.1.1. (기본 언어 표시) 주로 사용하는 언어를 명시해야 한다.
7.2. 예측 가능성	7.2.1. (사용자 요구에 따른 실행) 사용자가 의도하지 않은 기능(새 창, 초점에 의한 맥락 변화 등)은 실행되지 않아야 한다.
	7.2.2. (찾기 쉬운 도움 정보) 도움 정보가 제공되는 경우, 각 페이지에서 동일한 상대적인 순서로 접근할 수 있어야 한다.
7.3. 입력 도움	7.3.1. (오류 정정) 입력 오류를 정정할 수 있는 방법을 제공해야 한다.
	7.3.2. (레이블 제공) 사용자 입력에는 대응하는 레이블을 제공해야 한다.
	7.3.3. (접근 가능한 인증) 인증 과정은 인지 기능 테스트에만 의존해서는 안 된다.
	7.3.4. (반복 입력 정보) 반복되는 입력 정보는 자동 입력 또는 선택 입력할 수 있어야 한다.

(1) 찾기 쉬운 도움 정보

도움 정보가 제공되는 경우, 각 페이지에서 동일한 상대적인 순서*로 접근할 수 있어야 한다.

① 단일 페이지 웹 애플리케이션 또는 웹 페이지 세트에서 다음 도움 정보 중 하나 이상이 제공되면, 최소한 하나의 도움 정보는 해당 페이지에서 동일한 상대적인 순서대로 제공되어야 한다.

　㉠ 담당자 상세 연락처 : 전화번호, 이메일, 운영시간 등
　㉡ 담당자 연락 방법 : 메신저, 채팅창, 게시판, SNS 등
　㉢ 도움말 옵션 : FAQ, 사용법 등
　㉣ 자동화된 연결방법 : 챗봇 등

② 도움 정보가 특정 페이지에서만 접근할 수 있는 등 각 페이지에서 상대적으로 동일한 위치에 제공되지 않으면, 도움 정보의 위치를 찾기 어려운 사용자는 해당 도움 정보에 접근하기 어렵다.

③ 기대효과 : 도움 정보가 상대적으로 동일한 위치에 제공되지 않으면, 사용자는 원하는 도움 정보를 찾는 데 어려움을 겪을 수 있다. 그러나 도움 정보가 동일한 상대적인 순서대로 제공되면, 사용자는 해당 도움 정보에 보다 쉽게 접근할 수 있다.

Keyword

동일한 상대적인 순서

다른 항목 대비 상대적으로 동일한 순서(또는 위치)로서, 순서가 있는 항목들 내에 다른 항목이 추가 또는 제거되더라도 원래 항목들이 동일한 상대적인 순서대로(또는 위치에) 제시되는 경우를 말함. 예를 들어, 확장형 내비게이션 메뉴에 상세 수준의 내비게이션 메뉴를 추가 또는 제거하거나, 읽기 순서에서 하위단계 메뉴 섹션을 추가 또는 제거하더라도 원래 항목들은 동일한 상대적 순서(또는 위치)를 유지해야 함

⬛예 원래 항목 A, C, D, E에서 B 항목을 추가한 경우 → A, B, C, D, E

⬛예 원래 항목 A, C, D, E에서 C 항목을 제거한 경우 → A, D, E

(2) 접근 가능한 인증

인증 과정은 인지 기능 테스트에만 의존해서는 안 된다.

① 사용자 로그인 등과 같은 인증 과정이 인지 기능 테스트(예 로그인을 위한 비밀번호 입력, 터치스크린 화면의 패턴 인식, 임의의 문자열 기억, 계산 수행, 특정 객체를 포함하고 있는 이미지 찾기 등)에 의존하는 경우, 인지 기능 테스트에 의존하지 않는 인증 방법을 적어도 하나 이상 제공해야 한다.

② 인지 기능 테스트에 의존하지 않고 인증을 하기 위해서는 브라우저가 아이디/비밀번호를 저장할 수 있도록 마크업된 서식, 공개인증을 통한 서드 파티, 신체(얼굴·지문 등)나 물건(휴대폰·USB 등)을 이용한 인증 등을 이용할 수 있다. 다만, 이미 사용자 자신에게 익숙하여 별도의 인지적인 노력을 필요로 하지 않는 사용자의 이름이나 이메일 주소, 전화번호는 인지 기능 테스트로 간주하지 않는다.

③ **기대효과**: 기억, 읽기, 숫자계산 등에 어려움이 있는 사용자도 인지 능력에 상관없이 인증 과정을 수행할 수 있다.

(3) 반복 입력 정보

반복되는 입력 정보는 자동 입력 또는 선택 입력할 수 있어야 한다.

① 하나의 과정 중 특정 단계에서, 이전 단계에서 사용자가 이미 입력했거나 사용자에게 제공되었던 동일한 정보를 반복 입력해야 하는 경우, 반복되는 입력 정보는 자동으로 채워지거나 사용자가 해당 정보를 선택 입력할 수 있어야 한다.

② 예를 들어, 온라인 구매에서 주문자와 수령자 주소가 동일한 경우, 이전 단계에서 입력한 주문자 주소를 수령자 주소에 재입력 없이 선택하여 채울 수 있다. 다만, 패스워드와 같이 보안 목적 등으로 재입력이 필수적인 경우는 예외로 간주한다.

③ **기대효과**
   ㉠ 기억 또는 인지 기능에 어려움을 겪는 사용자의 특정 정보에 대한 반복적인 입력으로 인한 스트레스와 실수 발생 가능성을 줄일 수 있다.
   ㉡ 움직임에 제약이 있는 사용자(예 스위치 콘트롤 또는 음성 입력 사용자)의 텍스트 입력 부담을 줄여줄 수 있다.

4. 원칙 4 : 견고성

견고성 지침	검사 항목
8.1. 문법 준수	8.1.1. (마크업 오류 방지) 마크업 언어의 요소는 열고 닫음, 중첩 관계 및 속성 선언에 오류가 없어야 한다.
8.2. 웹 애플리케이션 접근성	8.2.1. (웹 애플리케이션 접근성 준수) 콘텐츠에 포함된 웹 애플리케이션은 접근성이 있어야 한다.

보편적 학습설계

---

01 보편적 설계와 보편적 학습설계

보편적 설계의 이해
- 정의
- 원리
  - 공평한 사용
  - 사용상의 융통성
  - 단순하고 직관적인 사용
  - 지각할 수 있는 정보
  - 오류에 대한 관용
  - 낮은 신체적 수고
  - 접근과 사용에 적절한 크기와 공간

보편적 학습설계의 이해
- 정의
- 이론적 배경(뇌의 사고 시스템)
  - 다양한 인지적 네트워크 지원
  - 다양한 전략적 네트워크 지원
  - 다양한 정서적 네트워크 지원

보편적 설계와 보편적 학습설계의 비교
- 접근과 참여의 수단
- 활용
- 도전

보편적 학습설계와 보조공학의 비교

02 보편적 학습설계의 원리 2.2(CAST, 2018.)
- 다양한 표상수단 제공
- 다양한 행동과 표현수단 제공
- 다양한 참여수단 제공

---

01 보편적 설계와 보편적 학습설계

1. 보편적 설계의 이해

(1) 보편적 설계의 정의

① 보편적 설계란 모든 사람들이 사용할 수 있도록 다원적·유동적 요구를 포용할 수 있는 공통 설계요인을 최대한 반영한 디자인이다.

② 보편적 설계는 제품의 생산 후보다는 생산 전에 장애인에 대한 편의를 고려함으로써 많은 특별한 종류의 보조공학 장치와 보조공학 서비스에 대한 요구를 줄일 수 있다.

(2) 보편적 설계의 원리 ❶ 10유아18

원리	정의	지침
공평한 사용	설계는 다양한 능력을 가진 사람들에게 유용하고 시장성이 있어야 한다.	• 1a. 모든 사용자들에게 동일한 사용 수단을 제공하라(가능하면 똑같이, 가능하지 않다면 등가로). • 1b. 어떠한 사용자도 분리되거나 낙인찍히지 않도록 하라. • 1c. 사생활, 보장성, 그리고 안정성에 대한 조항은 모든 이용자들에게 공평하게 제공하라. • 1d. 모든 사용자들의 흥미를 끌도록 설계하라.
사용상의 융통성	디자인은 광범위한 개인적 성향과 능력을 수용해야 한다.	• 2a. 사용방법상의 선택권을 제공하라. • 2b. 오른손잡이 또는 왼손잡이가 접근하고 이용할 수 있도록 편의를 도모하라. • 2c. 사용자의 정확성과 정밀도를 촉진하라. • 2d. 사용자의 속도를 위해 적응성을 제공하라.
단순하고 직관적인 사용	사용자의 경험, 지식, 언어 기술 또는 현재의 주의집중 수준에 관계없이 이해하기 쉬운 디자인을 이용해야 한다.	• 3a. 불필요하게 복잡한 것을 제거하라. • 3b. 사용자의 기대와 직관에 일치되게 하라. • 3c. 광범위한 문해력과 언어 기술을 수용하라. • 3d. 그것의 중요성과 일치하는 정보를 배열하라. • 3e. 과제수행 중 그리고 과제수행 후에는 효과적인 촉진과 피드백을 제공하라.
지각할 수 있는 정보	주의의 조건 또는 사용자의 지각능력에 관계없이 사용자에게 필요한 정보를 효과적으로 전달해야 한다.	• 4a. 필수적인 정보를 풍부하게 표현하기 위해 다양한 방식(그림, 음성, 촉감)을 사용하라. • 4b. 필수적인 정보의 '가독성'을 최대화하라. • 4c. 기술할 수 있는 다양한 방법으로 요소들을 차별화시켜라. • 4d. 지각이 제한적인 사람들이 사용하는 공학제품 또는 기기들에 호환성을 제공하라.
오류에 대한 관용	우발적이거나 의도하지 않은 행동으로 인해 발생할 수 있는 위험한 그리고 부정적인 결과를 최소화해야 한다.	• 5a. 위험과 오류를 최소화하기 위한 요소를 배열하라(가장 많이 쓰이는 요소, 가장 접근 가능한 요소, 위험요소들을 제거하고, 격리시키고, 혹은 보호장치를 하라). • 5b. 위험과 오류에 대한 경고를 제공하라. • 5c. 안전구조의 특징을 제공하라. • 5d. 주의를 필요로 하는 과제수행 시 무의식적 행동을 하지 않도록 하라.

낮은 신체적 수고	효율적이고 편리하게 그리고 최소한의 신체적 노동으로 사용할 수 있어야 한다.	• 6a. 사용자가 자연스러운 신체적 자세를 유지할 수 있도록 하라. • 6b. 작동시키는 데 있어 적당한 힘을 사용하게 하라. • 6c. 반복적인 동작을 최소화하라. • 6d. 지속적인 신체적 수고를 최소화하라.
접근과 사용에 적절한 크기와 공간	사용자의 신체적 크기, 자세 혹은 이동성에 상관없이 접근, 도달, 작동 그리고 활용할 수 있는 적절한 크기와 공간이 제공되어야 한다.	• 7a. 사용자가 앉거나 혹은 서 있더라도 주요 요소에 대한 뚜렷한 시야를 제공하라. • 7b. 모든 구성 요소를 앉아 있거나 서 있는 사용자가 편안하게 도달할 수 있도록 제작하라. • 7c. 손이나 악력의 크기에 따라 조절이 가능하도록 하라. • 7d. 보조공학 기기의 사용 혹은 개인적 지원을 위한 적절한 공간을 제공하라.

기출 POINT 1

❶ 10유아18

휠체어를 사용하는 지체장애 유아 준호와 시각장애 유아 영주에게 '보편적 학습 설계' 원리를 적용하여 교육적 지원을 하고자 한다. 〈보기〉에서 교사가 바르게 적용한 것을 모두 고르시오.

---〈보기〉---
㉠ 실수에 즉각적으로 반응하는 보조공학 기구를 선택하여 제공한다.
㉡ 교실에서 교사 자리 가까이에 준호와 영주를 위한 장애유아 지정석을 제공한다.
㉢ '교통안전 규칙 지키기'를 지도할 때, 그림, 언어, 촉각 표시 등의 다양한 모드가 함께 사용된 도로교통 표지판을 제작하여 활용한다.
㉣ '미디어 바르게 활용하기'를 지도할 때, 지적 능력이나 사용하는 언어에 구애받지 않도록 쉬운 로고나 표지판 등이 포함된 학습 자료를 제작하여 활용한다.

2. 보편적 학습설계(UDL)의 이해

(1) 보편적 학습설계의 정의

① 보편적 학습설계는 보편적 설계의 개념을 교육 분야에 적용한 것이다.

② 보편적 학습설계는 다양한 특성을 가진 모든 학생이 동등하게 교육과정에 접근하고 참여할 수 있도록 교육과정의 계획 단계에서부터 대상자들의 일반성과 특수성을 고려하는 설계이다.

(2) 보편적 학습설계의 이론적 배경(뇌의 사고 시스템) ❷ 11중등40

보편적 학습설계의 원리는 뇌의 신경 네트워크(인지적 네트워크, 전략적 네트워크, 정서적 네트워크)와 관련된 이론으로부터 도출되었다.

① 인지적 네트워크: 정보 수집 기능을 담당하며, 학습에 있어 '무엇(what)'을 배우는가와 관련된다.

② 전략적 네트워크: 수집된 정보를 조직화하고 생각을 표현하고 실제 수행하는 기능을 담당하며, 학습에 있어서는 '어떻게(how)' 학습하는가 혹은 어떻게 문제를 해결하는가와 관련된다.

③ 정서적 네트워크: 학습에 대한 동기와 관심에 따른 차이를 설명해주는 것으로, '왜(why)' 배우는가와 관련된다.

기본 활동 요소	교육과정 개발 원리	원리를 지원하는 교수방법
다양한 인지적 네트워크 지원	원리 1. 인지적 학습을 지원하기 위해 다양하고 융통성 있는 표상방법을 제공한다.	• 다양한 사례 제공 • 핵심적인 특징 강조 • 다양한 매체와 형태 제공 • 배경맥락 지원
다양한 전략적 네트워크 지원	원리 2. 전략적 학습을 지원하기 위해 다양하고 융통성 있는 행위 및 표현방법을 제공한다. ❶ 13추가중등B3	• 융통성 있고 고도로 숙련된 수행 모델 제공 • 지원과 함께 연습 기회 제공 • 지속적이고 적절한 피드백 제공 • 기능을 시범 보일 수 있는 융통성 있는 기회를 제공
다양한 정서적 네트워크 지원	원리 3. 정서적 학습을 지원하기 위해 다양하고 융통성 있는 참여를 위한 선택권을 제공한다.	• 내용과 도구에 관한 선택의 여지 제공 • 조절 가능한 도전 수준 제공 • 보상에 관한 선택의 여지 제공 • 학습 맥락에 관한 선택의 여지 제공

더 알아보기

보편적 학습설계의 이론적 배경

① 뇌의 사고 시스템
② 다중지능이론
③ 디지털 테크놀로지의 발달

기출 POINT 2

❶ 13추가중등B3
ⓒ의 시험 방법 조정의 예는 보편적 학습 설계의 3가지 원리 중 어떤 것에 해당되는지 쓰시오.

또래와 동일한 지필 시험을 보기 어려운 장애학생들을 위해서 시험 보는 방법을 조정해 줄 수 있어요. 예를 들면, ⓒ 구두로 답하거나 컴퓨터를 사용하여 답하기, 대필자를 통해 답을 쓰게 할 수 있어요.

기출 POINT 2

❷ 11중등40

다음에 설명하는 보편적 학습설계의 원리에 해당하는 것만을 〈보기〉에서 모두 고르시오.

> • 이 원리는 응용특수공학센터(CAST)에서 장애학생을 포함한 모든 학생이 교육과정에 접근할 수 있도록 하기 위하여 제안한 세 가지 원리 중의 하나이다.
> • 이 원리는 뇌가 어떻게 학습하는지에 관한 뇌 사고 시스템 연구에서 밝혀낸 '전략적 시스템'과 연관되어 있다.
> • 이 원리에는 장애학생을 비롯한 모든 학생의 학업 성취도를 측정하고 평가하기 위해서 교육과정 내에 다양한 옵션을 마련하는 것이 포함된다.

---〈보기〉---

> ㉠ 학생 개개인의 인지 능력을 고려하여 다양한 옵션의 기억 지원 방법을 제공한다.
> ㉡ 학생 개개인의 운동 능력을 고려하여 다양한 옵션의 신체적 반응 양식을 제공한다.
> ㉢ 학생의 동기를 최대화하기 위해 다양한 옵션의 도전과 지원 수준을 마련해 준다.
> ㉣ 학생 개개인의 표현 능력을 향상시키기 위해 다양한 옵션의 글쓰기 도구를 제공한다.
> ㉤ 학생 개개인의 이해를 돕기 위해 배경 지식을 활성화시킬 수 있는 다양한 옵션을 제공한다.

3. 보편적 설계와 보편적 학습설계의 비교

영역	보편적 설계	보편적 학습설계
접근과 참여의 수단	생산물과 환경은 부가적인 조정의 필요 없이 모든 사람들에 의하여 사용될 수 있게 한다.	교육과정은 교사에 의한 추가적인 조정의 필요 없이 모든 학습자들에 의해 활용 가능해야 한다.
활용	사용자들이 모든 접근을 통제하며, 다른 사람들의 도움이 없거나 거의 필요하지 않다.	학습자들이 접근 수단을 통제하지만 교사들은 교수와 촉진, 학습자들의 학습에 대한 평가를 계속한다.
도전	• 만약 제거할 수 없다면 최소화한다. • 접근에 대한 장애는 가능한 한 많이 없앤다. • 가장 좋은 설계는 가장 쉽고 광범위한 접근을 제공한다.	• 몇몇 인지적인 도전들이 여전히 유지되어야 한다. • 접근에 대한 장애들은 없어져야 하지만, 적합하고 적당한 도전은 유지되어야 한다. • 만약 접근이 너무 없다면, 학습은 더 이상 일어나지 않을 것이다.

4. 보편적 학습설계와 보조공학의 비교

① 보조공학은 개별 아동에 대한 일시적·소모적인 접근인 데 반해, UDL은 지속적 접근성에 초점을 둔다. **❶ 10중등9**

② 보조공학은 제품이 완성된 후 적합성을 고려하는 반면, UDL은 개발 전에 적용된다.

기출 POINT 3

❶ 10중등9

보편적 학습설계(UDL)에 대한 설명으로 옳은 것을 〈보기〉에서 모두 고르시오.

──〈보기〉──

㉠ 보편적 학습설계는 교육과정이 개발된 후에 적용되는 보조공학과는 다르게 교육과정이 개발되기 전에 이루어지는 것이다.

㉡ 보편적 학습설계는 교육내용이나 교육자료를 개발할 때 대안적인 방법을 포함시킴으로써 별도의 교수적 수정을 하지 않도록 하는 것이다.

㉢ 보편적 학습설계는 건축 분야의 보편적 설계에서 유래한 개념으로, 학습에서의 인지적 도전 요소를 제거하고 지원을 최대한으로 제공하는 것이다.

㉣ 보편적 학습설계는 일반교육과정의 수준을 낮추는 것이 아니라, 융통성 있는 다양한 방법을 제시함으로써 장애학생이 일반교육과정에 접근할 수 있도록 하는 것이다.

02 보편적 학습설계의 원리 2.2(CAST, 2018.) 〔기출 POINT 4〕

원리	'인지적 신경망' '학습의 내용' 무엇을 학습하는가	'전략적 신경망' '학습의 방법' 어떻게 학습하는가	'정서적 신경망' '학습의 이유' 왜 학습하는가
	I. 다양한 표상수단 제공	II. 다양한 행동과 표현수단 제공	III. 다양한 참여수단 제공
접근	1. 지각을 위한 선택권 제공 • 정보 제시를 맞춤화하는 방식 제공하기 • 청각 정보의 대안 제공하기 • 시각 정보의 대안 제공하기	4. 신체적 행동의 선택권 제공 • 응답 및 탐색 방식 다양화하기 • 도구, 보조공학에 대한 접근 최적화하기	7. 흥미를 북돋우는 선택권 제공 • 개인의 선택과 자율성 최적화하기 • 관련성, 가치, 진정성 최대화하기 • 위협과 혼란(주의산만) 최소화하기
형성	2. 언어 및 상징의 선택권 제공 • 어휘와 상징 명확히 하기 • 구문과 구조 명확히 하기 • 텍스트, 수학 표기법, 상징의 해독 지원하기 • 언어에 관계없이 이해 촉진하기 • 멀티미디어로 설명하기	5. 표현과 의사소통의 선택권 제공 • 의사소통을 위해 멀티미디어 사용하기 • 구조와 구성을 위해 다양한 도구 사용하기 • 연습과 수행에 대한 지원을 점차 줄이면서 유창성 구축하기	8. 노력과 일관성의 지속을 돕는 선택권 제공 • 목적과 목표의 중요성 강조하기 • 도전을 최적화하기 위해 요구와 자원을 변경하기 • 협력과 공동체 육성하기 • 숙달 지향적 피드백 증대하기
내면화	3. 이해를 돕는 선택권 제공 • 배경지식을 활성화하거나 보완하기 • 패턴, 중요한 특징, 아이디어, 관계 강조하기 • 정보처리 및 시각화 안내하기 • 전이와 일반화 최대화하기	6. 실행기능을 돕는 선택권 제공 • 적절한 목적 설정 안내하기 • 계획과 전략 개별 지원하기 • 정보 및 자원 관리 촉진하기 • 진보 점검 능력 증진하기	9. 자기조절을 돕는 선택권 제공 • 동기부여를 최적화하는 기대와 신념 정리하기 • 개인적 대처기술과 전략 촉진하기 • 자기평가와 반성 개발하기
목적	자원 및 지식이 풍부한 학습자	전략적이고 목적 지향적인 학습자	목적이 있고 동기화된 학습자

기출 POINT 4

⑤ 21초등A6

응용특수교육공학센터(CAST)의 보편적 학습설계 원리 중 [A]에 적용된 원리를 1가지 쓰시오.

■ 소희의 특성
- 읽기 능력이 지적 수준이나 구어 발달 수준에 비해 현저히 낮음
- 인터넷을 즐겨 사용함
- 자신의 경험을 이야기하는 것을 좋아함

■ 소희를 위한 교수·학습 환경 분석에 따른 지원 내용 선정

분석 결과		지원 내용	
• 사이버 예절 알기 자료를 인쇄물 또는 음성자료로만 제공 • 서책형 자료로만 제공	➡	• 디지털 교과서 • 동영상 자료 • PPT 자료 • 요약본	[A]

---

⑥ 17중등A9

(가)는 학생 P의 특성이고, (나)는 통합학급 교사와 특수교사가 협의한 내용이다. 특수교육공학 응용센터(CAST)의 보편적 학습설계(UDL)에 근거하여 ⓒ에 적용 가능한 원리를 쓰고, 그 예를 1가지 제시하시오.

(가)	• 상지의 소근육 운동 기능에 어려움이 있는 지체장애 학생으로 경도 지적장애를 동반함 • 특별한 문제행동은 없으며, 학급 친구들과 원만한 관계를 유지하고 있음
(나)	퀴즈(지필 평가) 실시 ⓒ UDL의 원리를 적용하여 P의 지필 평가 참여방법을 조정한다.

---

⑦ 17유아B4

(가)를 참고하여 (나)의 ⓛ, ⓒ에 적용한 '보편적 학습설계'의 원리를 각각 쓰시오.

(가)	• 장애명 : 발달지체(언어발달지체, 뇌전증) • 언어이해 : 3~4개 단어로 된 간단한 문장을 이해함 • 언어표현 : 그림 카드 제시하기 또는 지적하기로 자신의 의사를 표현함
(나)	• (유아 활동) ⓛ 교사의 질문에 그림 카드로 대답한다. • (교사 활동) ⓒ 준희를 위해 동화 내용을 4장의 장면으로 간략화한 그림 동화 자료로 제시한다.

❽ 15초등B5

(나)에서 최 교사가 사용한 ㉣과 ㉤은 응용특수공학센터(CAST)의 보편적 학습설계(UDL)의 원리 중 어떤 원리를 적용한 것인지 각각 쓰시오.

(나) 교수·학습 과정안

교수·학습 활동	보편적 학습설계 지침 적용
〈활동 1〉 전체학급 토의 및 소주제별 모둠 구성 • 전체학급 토의를 통해서 다양한 직업분류 기준 목록 생성 • 직업분류기준별 모둠을 생성하고 각자 자신의 모둠을 선택하여 참여	• 직업의 종류와 특성을 토의할 때 필수적으로 알아야 할 어휘를 쉽게 설명한 자료를 제공함 • ㉣ 흥미와 선호도에 따라 소주제를 스스로 선택하게 함
〈활동 2〉 모둠 내 더 작은 소주제 생성과 자료 수집 분단 및 공유 • 분류기준에 따라 조사하고 싶은 직업들을 모둠 토의를 통해 선정 • 1인당 1개의 직업을 맡아서 관련된 자료 수집 • 각자 수집한 자료를 모둠에서 발표하고 공유	• 「인터넷 검색절차지침서」를 컴퓨터 옆에 비치하여 자료 수집에 활용하게 함 • ㉤ 발표를 위해 글로 된 자료뿐만 아니라 사진과 그림, 동영상 자료 등 다양한 매체를 이용하게 함

❾ 14유아A1

㉢에 적용된 보편적 학습설계 원리 2가지를 쓰시오.

■ 활동 방법

㉢ ⎰
• 움직임 카드에 따라 약속된 움직임을 표현한다.
  – 약속한 움직임대로 낙엽이 움직이는 모습을 표현해 보자.
  – 유아는 카드를 보고, 몸짓 또는 손짓으로 낙엽의 움직임을 나타내거나 낙엽 그림 카드를 가리키거나 돈다.

─ 누웠습니다.	⎨ 우수수 떨어집니다.	◎ 빙글빙글 돕니다.	데굴데굴 굴러갑니다.

• 카드의 수를 늘려가며 움직임을 연결하여 표현한다.
  – 모둠별로 움직여 보자(파랑 모둠: 현구, 노랑 모둠: 혜지 포함).
  – 카드 2장을 보고 연결해서 낙엽처럼 움직여 보자.
  – 도는 것을 좋아하는 현구와 친구들이 함께 낙엽의 움직임을 나타낸다.
  예 낙엽이 빙글빙글 돌다가 데굴데굴 굴러 갑니다.

❿ 12초등3

UDL의 원리 중 다양한 표상(정보 제시) 수단 제공 원리를 적용한 사례를 모두 고르시오.

㉠ 나누어 주는 자료 중 중요한 부분을 미리 형광펜으로 표시해 놓았다.
㉡ 문학작품을 읽고 난 후 소감을 글, 그림 등으로 제출하도록 하였다.
㉢ 배경 지식을 활성화하기 위해 주제와 관련 있는 동영상을 보여 주었다.
㉣ 독후감 과제 수행 시 자신의 수준과 취향에 맞는 내용을 선택하도록 하였다.
㉤ 학급문고에 국어 수업 내용과 관련 있는 다양한 종류의 오디오북을 구비해 놓았다.

더알아보기 UDL 3.0(2024)

UDL 3.0은 세 가지 원칙에 대한 전반적인 주제와 관련하여 다음과 같이 확장되었다.

① 참여 수단
- 학습자의 관심과 정체성을 중심에 두고, 이를 확인하고 지속시키기
- 교수 및 학습에서 소속감의 역할 강조하기
- 학습자와 교육자 모두에게 기쁨과 놀이의 역할을 촉진하기
- 공감 육성 및 회복적 실천을 통한 피해 복구

⚑ Engagement

Guidelines Version 2.2	Guidelines Version 3.0
Provide options for recruiting interest (7)	Design options for welcoming interests and identities (7)
Optimize individual choice and autonomy (7.1)	Optimize choice and autonomy (7.1)
Optimize relevance, value, and authenticity (7.2)	Optimize relevance, value, and authenticity (7.2)
	Nurture joy and play (7.3)
Minimize threats and distractions (7.3)	Address biases, threats, and distractions (7.4)
Provide options for sustaining effort and persistence (8)	Design options for sustaining effort & persistence (8)
Heighten salience of goals and objectives (8.1)	Clarify the meaning and purpose of goals (8.1)
Vary demands and resources to optimize challenge (8.2)	Optimize challenge and support (8.2)
Foster collaboration and community (8.3)	Foster collaboration, interdependence, and collective learning (8.3)
Foster collaboration and community (8.3)	Foster belonging and community (8.4)
Increase mastery-oriented feedback (8.4)	Offer action-oriented feedback (8.5)
Provide options for self-regulation (9)	Design options for emotional capacity (9)
Promote expectations and beliefs that optimize motivation (9.1)	Recognize expectations, beliefs, and motivations (9.1)
Facilitate personal coping skills and strategies (9.2)	Develop awareness of self and others (9.2)
Develop self-assessment and reflection (9.3)	Promote individual and collective reflection (9.3)
	Cultivate empathy and restrative practices (9.4)

② 표상 수단
- 다양한 정체성, 관점, 담론을 진정성 있게 표현하기
- 사람, 문화 및 언어에 대한 인식을 고려하기
- 다양한 인식 방법과 의미 형성을 가치 있게 여기기

🚩 Representation

Guidelines Version 2.2	Guidelines Version 3.0
Provide options for perception (1)	Design options for perception (1)
Offer ways of customizing the display of information (1.1)	Support opportunities to customize the display of information (1.1)
Offer alternatives for auditory information (1.2)	Support multiple ways to perceive information (1.2)
Offer alternatives for visual information (1.3)	Support multiple ways to perceive information (1.2)
	Represent a diversity of perspectives and identities in authentic ways (1.3)
Provide options for language and symbols (2)	Design options for language and symbols (2)
Clarify vocabulary and symbols (2.1)	Clarify vocabulary, symbols, and language structures (2.1)
Clarify syntax and structure (2.2)	Clarify vocabulary, symbols, and language structures (2.1)
Support decoding of text, mathematical notation, and symbols (2.3)	Support decoding of text, mathematical notation, and symbols (2.2)
Promote understanding across languages (2.4)	Cultivate understanding and respect across languages and dialects (2.3)
	Address biases in the use of language and symbols (2.4)
Illustrate through multiple media (2.5)	Illustrate through multiple media (2.5)
Provide options for comprehension (3)	Design options for building knowledge (3)
Activate or supply background knowledge (3.1)	Connect prior knowledge to new learning (3.1)
Highlight patterns, critical features, big ideas, and relationships (3.2)	Highlight and explore patterns, critical features, big ideas, and relationships (3.2)
Guide information processing and visualization (3.3)	Cultivate multiple ways of knowing and making meaning (3.3)
Maximize transfer and generalization (3.4)	Maximize transfer and generalization (3.4)

③ 행동과 표현 수단
- 다양한 형태의 의사소통을 존중하고 가치 있게 여기기
- 편견을 해소하며, 역사적으로 침묵되었거나 무시된 표현 양식을 중심에 두고 가치 있게 여기기
- 배타적 관행에 도전하여 더 접근 가능하고 포용적인 공간과 시스템 구축하기

⚑ Action&expression

Guidelines Version 2.2	Guidelines Version 3.0
Provide options for physical action (4)	Design options for interaction (4)
Vary the methods for response and navigation (4.1)	Vary and honor the methods for response, navigation, and movement (4.1)
Optimize access to tools and assistive technologies (4.2)	Optimize access to accessible materials and assistive and accessible technologies and tools (4.2)
Provide options for expression and communication (5)	Provide options for expression and communication (5)
Use multiple media for communication (5.1)	Use multiple media for communication (5.1)
Use multiple tools for construction and composition (5.2)	Use multiple tools for construction, composition, and creativity (5.2)
Build fluencies with graduated levels of support for practice and performance (5.3)	Build fluencies with graduated support for practice and performance (5.3)
	Address biases related to modes of expression and communication (5.4)
Provide options for executive functions (6)	Design options for strategy development (6)
Guide appropriate goal-setting (6.1)	Set meaningful goals (6.1)
Support planning and strategy development (6.2)	Anticipate and plan for challenges (6.2)
Facilitate managing information and resources (6.3)	Organize information and resources (6.4)
Enhance capacity for monitoring progress (6.4)	Enhance capacity for monitoring progress (6.4)
	Challenge exclusionary practices (6.5)

01 컴퓨터 보조수업(CAI)

1. 컴퓨터 보조수업의 정의

컴퓨터를 직접 수업매체로 활용하여 지식, 태도, 기능의 교과 내용을 학습자에게 가르치는 수업방법이다. 여기에서는 교수-학습용 프로그램인 코스웨어*를 통해 학습내용을 제시하고, 학습과정을 상호작용적으로 지도하고 통제하며 학습결과를 평가한다.

2. 컴퓨터 보조수업의 유형 ❸ 16유아A3

유형	설명
반복연습형 ❹ 18초등B2	새로운 지식이나 기술을 습득한 후, 학습한 내용을 정착시키고 숙련도를 향상시키기 위해 사용한다.
개인교수형	• 새로운 지식이나 기술을 가르치고자 할 때 제공되는 CAI 유형이다. • 먼저 학습목표를 제시하고, 학습내용을 컴퓨터 화면을 통해 작은 단위로 제시하며, 학습자의 학습결과를 확인하기 위한 연습이나 문제를 제시하고, 학습결과에 대한 피드백을 제공한다.
시뮬레이션형 ❶ 21중등B10	• 비용이나 위험부담이 높은 학습과제의 경우 컴퓨터를 이용하여 최대한 유사한 환경을 개발하여 제공하는 형태이다. ❷ 20초등B6 • 시뮬레이션형은 실제로 행하는 것보다 위험 부담이 적고, 경험을 반복할 수 있다는 장점이 있다.
게임형	• 교육용 소프트웨어에 경쟁, 도전, 흥미 요소를 포함시켜 학습자가 능동적으로 학습에 참여하도록 하여 원하는 학습목표에 도달하도록 하는 형태이다. • 학습자는 게임에 몰입하는 동안 자연스럽게 학습목표에 도달할 수 있다. • 효과적인 게임을 개발하기 위해서는 그래픽과 영상, 음향효과가 고품질이어야 하며, 학습자에게 적합한 수준의 난이도를 유지함으로써 도전감을 줄 수 있어야 한다.
문제해결형	학습자가 도전적인 문제를 해결하기 위해 주어진 정보와 데이터를 수집하고, 문제를 분명하게 진술하며, 가설을 세우고, 실험을 하며, 해결안을 도출한다.
발견학습형	• 귀납적 방법을 사용하는 형태로, 학습자에게 제시된 문제를 시행착오나 체계적 접근법을 통하여 해결한다. • 학습자가 가설을 세운 다음, 데이터베이스에 질문을 던지면서 귀납적으로 접근한 후 시행착오를 통해 가설을 검증하게 된다.

더 알아보기 컴퓨터 보조수업(CAI)

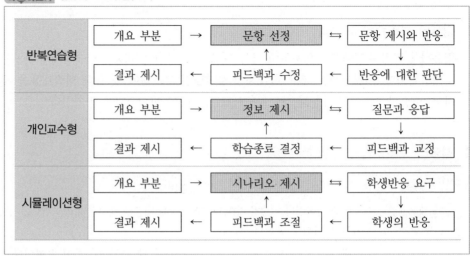

반복연습형	개요 부분 → 문항 선정 ⇆ 문항 제시와 반응
	결과 제시 ← 피드백과 수정 ← 반응에 대한 판단
개인교수형	개요 부분 → 정보 제시 ⇆ 질문과 응답
	결과 제시 ← 학습종료 결정 ← 피드백과 교정
시뮬레이션형	개요 부분 → 시나리오 제시 ⇆ 학생반응 요구
	결과 제시 ← 피드백과 조절 ← 학생의 반응

기출 POINT 1

❹ 18초등B2

[B]에 제시된 교육용 소프트웨어의 유형을 쓰시오.

(가)

학생	현재 학습 수준
일반 학생	두 자리 수 × 한 자리 수 문제를 풀 수 있음
지혜, 진우 (학습부진)	한 자리 수 × 한 자리 수 문제를 풀 수 있음
세희 (지적장애)	곱셈구구표를 보고 한 자리 수 곱셈 문제를 풀 수 있음

〈교사 제작 교육용 소프트웨어 구현 장면〉

[B]

3. 컴퓨터 보조수업의 장단점

(1) 컴퓨터 보조수업의 장점

① 개개인에게 맞는 수준과 속도로 학습을 할 수 있게 해준다.

② 학습내용을 흥미 있는 방식으로 제시하여 동기유발이 쉽다.

③ 학습에의 주의집중 수준을 높일 수 있다.

④ 효과적인 훈련 및 연습을 제공해준다.

⑤ 교수자료가 다감각적으로 제시된다.

⑥ 빈번하고 즉각적인 피드백이 가능하다.

(2) 컴퓨터 보조수업의 단점

① 질 높은 프로그램의 개발이나 소프트웨어의 선정이 어렵다.

② 기계적인 정답만을 찾아내는 학습이 이루어질 수 있다.

③ 교수학습 상황에서 정서적 교류가 거의 불가능하다.

④ 정의적 영역의 학습효과가 크지 않다.

4. 소프트웨어의 개발

(1) 교수학습용 소프트웨어 제작 시 일반적인 고려사항

① 학습목표와 활용방안을 교수학습용 소프트웨어에 구체적이고 명백하게 반영해야 한다.

② 교수학습용 소프트웨어의 내용이 명확하고 조직적으로 전달되며 학습될 수 있도록 구성되어야 한다.

③ 학습자 및 사용자의 요구와 수준, 특성을 정확하게 파악하여 학습동기를 효과적으로 유발시켜서 진행할 수 있도록 해야 한다.

④ 학습자들이 쉽게 교수학습용 소프트웨어를 사용할 수 있도록 하여야 한다.

(2) 장애를 가진 학습자를 위한 교수학습용 소프트웨어 개발 시 고려사항 ❶ 10초등2

① 교수학습용 소프트웨어는 학습목표에 맞게 주제가 적절해야 하고, 컴퓨터가 갖는 특성에 맞게 적절하게 구성되어야 한다. 구체물 제시 혹은 현장학습과 같은 현실 상황이 학습목표에 더 적절하다면 소프트웨어를 제작하거나 적용할 필요가 없다. 그러나 현실 상황의 재현이 힘들 경우에는 가상현실을 적용하는 것도 바람직하다.

② 교수학습용 소프트웨어는 학습자의 흥미 수준에 적합해야 하며, 이를 통해 동기를 제공할 수 있도록 설계되어야 한다. 이것은 인지장애를 가진 학습자들을 위한 교수학습용 소프트웨어를 개발 및 제작할 때 반드시 포함되어야 하는 사항이다.

③ 교수학습용 소프트웨어는 학습자들에게 좌절감이나 실패를 유도하지 않고, 도전의 기회를 제공하는 것이 중요하다. 장애를 가진 학습자들은 일반 아동에 비해 실패 경험이 많으며, 이는 학습에 상당한 영향을 미치므로 학습자가 가지고 있는 학습능력을

기출 POINT 2

❶ 10초등2

교사는 학급 내 학습장애 학생의 수업 효과를 높이기 위해 개별 학생의 특성에 맞는 컴퓨터 보조수업(CAI) 프로그램을 선정하여 적용하고자 한다. 프로그램 선정 시 고려해야 할 중요한 조건들을 〈보기〉에서 모두 고르시오.

〈보기〉
㉠ 프로그램은 단계적으로 구성되어 있고, 각 단계별 내용 간에는 연계성이 있어야 한다.
㉡ 교사가 프로그램의 내용을 쉽게 변화시킬 수 있는 다양한 옵션이 있어야 한다.
㉢ 학생의 능력 수준에 따라 프로그램의 진행 속도나 내용 수준을 조절할 수 있어야 한다.
㉣ 학생의 집중력을 높이기 위해 화려하고 복잡한 그래픽이나 애니메이션으로 구성되어 있어야 한다.
㉤ 학생이 프로그램 내의 지시를 잘 따를 수 있도록 화살표 등 신호체계가 눈에 띄게 표시되어 있어야 한다.
㉥ 학생의 특성이 고려되어 개발된 프로그램이기 때문에 제시된 과제에 동일한 반응시간이 주어져 있어야 한다.

토대로 조절할 수 있는 기회를 제공할 수 있도록 소프트웨어가 설계 및 제작되어야
한다.

④ 교수학습용 소프트웨어는 개인이 프로그램을 사용하는 데 능동적으로 참여할 수 있
어야 하고 상호작용 장면을 제공해야 한다. 특히, 인터넷과 네트워크 기능이 학급 및
가정에 보편화되면서 쌍방향 기능을 가진 소프트웨어가 많이 제공되고 있는데, 이러한
기능은 계속적으로 유의미하게 적용될 필요가 있다.

⑤ 교수학습용 소프트웨어는 피드백과 강화의 기능이 적절해야 한다. 사용자의 학습 유
형에 따라서 외적 통제소재 혹은 내적 통제소재를 통해서 강화가 제공되어야 한다.

⑥ 교수학습용 소프트웨어는 개별적이어야 하며, 프로그램을 사용하는 개인과 상호작용이
이루어져야 한다. 이러한 형태는·특히 나이가 어린 사용자와 낮은 인지적 기능을 가진
사용자에게 중요하다.

⑦ 학습자의 기능 수준이 낮을수록 청각, 시각, 촉각에 대한 통제가 더 중요하다. 따라서
교수학습용 소프트웨어에서 사용자가 문자를 읽을 수 있어도 어떤 경우에는 제시되지
않도록 하는 것이 좋다. 그리고 경도장애의 경우 종합적 청각자극이나 과다한 시각적
자극은 주의를 산만하게 할 가능성을 가지고 있기 때문에, 적절한 빈도로 제공하는
것이 중요하다.

⑧ 소프트웨어에서 지시문의 선택과 통제는 사용자의 능력 한도 내에서 제공되어야 한다.

⑨ 화면의 유형은 학습자의 기능적 수준과 학습요구를 반영해야 한다. 개인의 시각은 상단
왼쪽에서부터 하단 오른쪽으로 움직이기 때문에 문자, 동영상, 그래픽, 애니메이션 등의
배치는 신중하게 고려되어야 한다.

⑩ 학습자가 소프트웨어를 사용할 때 오류 확인이 가능해야 하며, 사용자의 잘못된 입력
과는 관계없이 프로그램이 쉽게 끝나서는 안 된다.

5. 효과적인 교수용 프로그램의 특징

좋은 프로그램	좋지 않은 프로그램	학습 원리
학습기술에 관련된 응답을 많이 제공하는 프로그램	학습기술과 관련이 없는 활동을 많이 포함하거나, 조작하는 데 많은 시간이 요구되는 프로그램	과제 수행에 시간을 많이 들일수록 많이 배운다.
학습한 기술이나 개념을 지원하는 그래픽이나 애니메이션이 들어 있는 프로그램	수업목표에 관련 없이 그래픽이나 애니메이션이 포함된 프로그램	그래픽이나 애니메이션이 학생의 학습활동에 관심을 촉진시키는 반면, 주의를 산만하게 하여 기능 습득에 방해가 되거나 연습시간을 감소시킬 수도 있다.

강화가 집중적으로 이루어지며, 학급에서 이루어지는 강화 형태와 유사한 점이 포함된 프로그램	강화용 그래픽을 제공하거나, 매번 옳았다는 응답이 있고 난 후에 활동이 이루어지는 프로그램	학생들의 맞는 답변에 대해 너무 빈번한 강화를 해주면, 웬만한 강화에는 별로 반응을 하지 않게 되며, 강화활동에 소비하는 시간으로 학습시간이 지연된다.
강화가 과제의 완성이나 유지와 관련된 프로그램	학생이 바르게 반응했을 때의 강화(예 미소 짓는 얼굴)보다 틀리게 반응했을 때 더 많은 강화(예 폭발)를 제공하는 프로그램	실제로 어떤 프로그램은 학생들이 고의로 틀린 답을 하게 하여 보다 자극적인 강화를 경험하게 하기도 한다.
학생들이 실수한 곳을 찾아 교정할 수 있도록 피드백을 제공하는 프로그램	질문에 대한 응답으로 '맞음', '틀림', '다시 하세요'만을 제시하는 프로그램	몇 번의 시도 후에도 정답에 관한 피드백이 없는 것은 학생들을 좌절하거나 포기하게 만든다.
신중하게 계열화된 항목의 작은 단위로 연습을 제공하는 프로그램	다양하고 넓은 영역에서 연습하도록 했거나, 잠정적 항목의 광대한 세트에서 마음대로 항목을 끌어내게 만든 프로그램	유사한 항목들 사이의 잠재적 혼동을 감소시키기 위해 신중하고 계열적으로 고려된 작은 단위의 항목들이 주어졌을 때 정보를 더 빨리 숙달할 수 있다.
다양한 방법으로 연습을 제공하는 프로그램	항상 같은 방법 또는 항목 중에서 같은 단위로 연습을 제공하는 프로그램	연습이 다양하게 이루어지지 않는다면 새로운 상황이나 환경에서 일반화시키기가 힘들다.
누적된 사고를 할 수 있게 해주는 프로그램	누적된 사고를 할 필요가 없는 프로그램	자신이 배운 것을 잊지 않기 위해서는 선행 지식 및 기술에 대한 반복이 필요하다.
추후에 교사가 학생들의 과제 수행기록을 확인할 수 있는 프로그램	기록 기능이 포함되어 있지 않은 프로그램	교사는 학생들의 컴퓨터 과제 수행을 통제하기가 어렵다. 따라서 학생의 수행기록에 교사가 접근할 수 있게 하여 해당 프로그램 효과를 판단하고 추가적인 서비스의 필요성 여부를 결정하게 한다.
문제 제시 속도, 피드백 형태, 문제의 난이도, 연습시도 횟수 등과 같은 선택사항이 제공되는 프로그램	모든 학생들에게 동일한 학습 내용과 학습방법 등이 제시되는 프로그램	다양한 선택사항을 사용함으로써 비용이 감소되며, 교사로 하여금 적절한 개별화 수업을 제공하도록 할 수 있다.

02 멀티미디어 활용 수업

1. 멀티미디어의 정의

① '멀티미디어'란 다양한 매체를 활용하여 언어적 정보와 회화적 정보를 제시하는 것이다.

    ㉠ 언어적 정보에는 인쇄물을 통해 제시되는 텍스트와 구어를 통해 전달되는 텍스트가 있다.

    ㉡ 회화적 정보에는 삽화, 사진, 애니메이션, 비디오 등이 있다.

② 멀티미디어 학습 혹은 수업은 단일 미디어 자료를 활용하는 것보다 다양한 방식에 의해 자료를 제시했을 때 학습자의 학습효과가 향상됨을 전제하고 있다. 즉, 멀티미디어는 언어적 정보와 시각적 정보를 동시에 제공하는 것이 학습에 유용하다는 것이다.

2. 멀티미디어 설계의 원칙

원칙	내용
멀티미디어의 원칙	학생들은 언어적 정보만 제시되었을 때보다 언어적 정보와 시각적 정보가 동시에 제공되었을 때 더 나은 학습을 할 수 있다.
공간적 접근의 원칙	학생들은 언어적 정보와 시각적 정보가 공간적으로 인접해 있을 때 더 나은 학습을 할 수 있다.
시간적 접근의 원칙	학생들은 언어적 정보와 시각적 정보가 동시에 혹은 시간적으로 거의 유사하게 제시되었을 때 더 잘 학습할 수 있다.
일관성의 원칙	학생들은 학습과 관련 없는 단어, 삽화, 소리 등이 제외되었을 때 더 나은 학습을 할 수 있다.
형식의 원칙	학생들은 화면상의 애니메이션 혹은 텍스트가 독립적으로 제시되었을 때보다, 애니메이션과 내레이션이 동시에 제시되었을 때 더 나은 학습을 할 수 있다.
잉여의 원칙	학생들은 애니메이션, 텍스트, 내레이션의 결합 형태보다는 애니메이션과 내레이션의 결합 형태에서 더 나은 학습을 할 수 있다.
개인차의 원칙	학습 숙련도가 높은 학습자보다 학습 숙련도가 낮은 학습자에게 더 효과적이다.

3. 멀티미디어 활용 수업의 장단점

(1) 멀티미디어 활용 수업의 장점

① 자료를 제공한다.

② 학습의 개별화를 촉진한다.

③ 학습 동기를 유발하고 자신감을 갖게 한다.

④ 비용이 절감되고, 안전성이 증대되며, 훈련시간이 단축된다.

⑤ 구조화된 학습 환경을 제공한다.

(2) 멀티미디어 활용 수업의 단점

① **구입상의 어려움** : 멀티미디어 시스템을 갖추기 위해서는 고가의 하드웨어와 소프트웨어를 구입해야 한다.

② **관리상의 어려움** : 고가의 하드웨어와 소프트웨어를 구입하더라도 장비와 사용 연한이 짧기 때문에 지속적으로 교체해야 한다.

③ **교육상의 어려움** : 새로운 하드웨어와 소프트웨어를 다룰 수 있는 기술의 습득이 필요하다.

03 교육용 소프트웨어의 선정과 평가

1. 교육용 프로그램의 선정 ❶ 13중등40

(1) 질 높은 프로그램의 개발이나 소프트웨어의 선정은 무척 까다로운 절차로, 소프트웨어의 개발 혹은 선정에 있어서는 일반적으로 정확성, 피드백, 학습자 통제, 선수학습, 사용의 용이성 등을 고려해야 한다.

(2) 소프트웨어의 선정 과정은 반드시 특수교사와 일반교사 그리고 학부모 및 공학 관련 전문가로 구성된 초학문적 팀에 의해 이루어져야 한다.

(3) 일반적으로 소프트웨어 프로그램 선정 시 고려해야 할 조건은 다음과 같다.

① 학습자, 학습과제, 수업사태 및 교수·수업장면의 특성

프로그램 및 자료는 학습자의 특성(예 장애 정도 및 유형, 학습자의 읽기 능력, 연령 수준 등), 학습 유형, 수업사태에 기여할 수 있는 바, 교수학습 장면(예 장소, 대상 집단의 크기 등)에 따라 효과 차이가 발생한다. 특히, 특수교육공학은 장애를 보완하거나 이전에 하지 못했던 것을 할 수 있도록 하는 새로운 능력을 부여할 수 있다.

② 물리적 속성

㉠ 교수학습 매체의 물리적 속성은 시각매체, 인쇄매체, 동영상 및 소리매체, 동작, 색채, 실물 등 매체 종류에 따른 매체 자체의 속성을 의미한다. 따라서 단순히 매체 간의 비교를 통한 선택보다는 매체의 물리적 속성을 고려하여 프로그램을 선정해야 한다.

㉡ 예를 들어, 시각매체는 학습자들의 사물 확인, 공간 관계 분류, 구체적인 개념 획득 및 운동기능 지도에 필요하며, 실물은 학습자에게 생소한 사물의 인지적 기능 및 운동기능 지도에 보다 효과적이다.

㉢ 매체의 속성을 고려함은 동일한 매체일지라도 매체를 구성하고 있는 요소의 특성에 따라 교육적 효과가 달라진다는 점을 충분히 고려할 필요가 있음을 의미한다.

기출 POINT 3

❶ 13중등40
다음은 장애학생의 교수·학습용 소프트웨어 프로그램 선정을 위한 평가에 대해 설명한 것이다. ㉠~㉣에 대한 설명으로 적절한 것만을 〈보기〉에서 있는 대로 고르시오.

학급에서 교수·학습용 소프트웨어 프로그램을 선정할 때에는 거시적 관점의 ㉠ <u>외부 평가</u>와 미시적 관점의 ㉡ <u>내부 평가</u> 과정을 거친다. 이러한 평가 과정은 ㉢ <u>팀 접근</u>을 통해 이루어지는 것이 바람직하며, ㉣ <u>장애학생의 교육적 요구에 부응하고 학습 장면에서 실제적 효용성을 보일 수 있는 프로그램</u>으로 선정해야 한다.

〈보기〉

가. ㉠을 위해 팀을 구성할 때에는 장애 특성에 대한 지식이나 교과지도 경험이 없는 전문가들로 구성하여 프로그램 선정에 개인적인 관점을 배제하고 프로그램의 기술과 공학에 초점을 두는 평가를 한다.

나. ㉡은 학급 단위로 학급 구성원 개개인을 위해 실시하며 수업과 관련된 일반적인 사항 및 공학기기의 적합성 등을 고려한다.

다. ㉢에서 초학문적 팀 접근을 실시할 때에는 다양한 영역의 전문가들의 협력을 기초로 서로의 정보와 기술, 그리고 역할을 공유하고 최종 결정은 팀의 합의를 거친다.

라. ㉣은 교수자 중심의 접근으로 설계되어 학습 방식 및 전개 방식이 교사의 수업과 조화를 이루는 것이 좋다.

마. ㉣은 장애학생에게 제공되는 피드백과 강화가 적절해야 하는데, 특히 강화는 교사가 장애학생에게 제공하는 방식과 유사한 것이 좋다.

③ 실용적 요소

    ㉠ 실용적 요소란 교수학습 매체를 구입하거나 제작하기 위한 비용이나 기자재의 활용과 같은 요소를 고려해야 함을 의미한다. 즉, 교수학습 매체의 제작비용, 유지비용, H/W 및 S/W의 활용도, 교수자의 선호도 및 제작기간 등을 고려하는 것이다.

    ㉡ 그러나 실용적 요소를 너무 강조하면 효과성과 적절성이 떨어질 수 있음에 유의할 필요가 있다.

2. 교육용 프로그램의 평가

장애학생의 특성과 요구에 적합한 교육을 제공하기 위한 목적으로 사용될 프로그램은 외부평가와 내부평가의 과정을 통해 최종 선정된다. 평가의 과정 역시 선정에서와 마찬가지로 초학문적 팀 접근이 이루어져야 한다. 각각의 구성원은 각자의 역할에 초점을 두어 외부평가, 내부평가, 기술적 평가와 교육적 평가 등을 실시해야 한다.

구성원	역할
특수교사	• 교육과정에 기초한 기능적 어휘 선정 • 학습자의 학업 특성 정보 제공
일반교사 (원적학급교사)	• 원적학급 교육내용에 대한 정보 제공 • 일반학생 소프트웨어 교육내용 제공
학부모	• 학생의 가정생활환경 정보 제공 • 가정에서의 기능적 어휘 관련 정보 제공
공학 관련 전문가	• 소프트웨어 프로그램 수행 관련 정보 제공 • 장애학생의 공학매체 활용에 관한 교육방법 의견 교환

(1) 외부평가 [13중등40]

외부평가란 외부 전문가로 구성된 팀에 의해서 종합적이고 거시적인 평가정보를 제공하는 평가이다.

① 외부평가자의 자질

    ㉠ 평가자는 소프트웨어가 적용되는 대상자에 대한 전문적인 지식과 경험을 가져야 한다. 평가자는 장애학생의 각 장애 영역에 따른 인지, 심리, 교육 특성 등에 대한 전문적인 지식이 있어야 한다.

    ㉡ 평가자는 교과 지도 경험이나 교과 관련 전문 지식을 가져야 한다. 장애를 가지고 있는 학습자의 교과내용에 대한 경험이나 지식이 없으면 평가 결과가 적절하지 않을 수 있으므로, 평가자에게는 교수학습용 프로그램과 관련한 내용의 지도 경험이나 전문 지식이 필수적이라고 할 수 있다.

    ㉢ 평가자는 특수교육 현장의 고유한 특성과 컴퓨터 및 디지털 관련 공학 간의 상호관계를 이해하여야 한다. 멀티미디어 교수학습용 소프트웨어를 평가할 때, 프로그램 혹은 디지털 관련 기술에만 초점을 맞추어 평가할 경우 장애를 가진 학습자의 고유한 특성이 간과되기 쉽다.

② 외부평가의 단계

1단계	평가할 교수학습용 프로그램을 수집하고 프로그램의 목표, 주요 대상자, 사용 시 고려사항에 대한 정보를 확인한다.
2단계	프로그램의 주요 내용과 대상자의 특성을 고려하여 관련 전문가들로 팀을 구성한다.
3단계	이 프로그램이 사용될 현장의 정보를 확인하고, 이 프로그램을 사용할 주 대상자인 교수자와 학습자들을 참여시켜 현장 조사를 실시한다.
4단계	평가팀의 기본적인 평가와 현장 조사 자료를 토대로 정밀 평가를 실시한다.
5단계	평가 결과에 대한 재평가 및 정보를 제공한다.

③ 외부평가 결과에 기초한 교수자의 고려사항

　⑦ 교수학습용 프로그램 평가는 정확한 과정으로 이루어졌는가?

　ⓒ 교수학습용 프로그램 평가는 개인이나 팀으로 이루어졌는가?

　ⓒ 평가자는 어떠한 배경을 바탕으로 교수학습용 프로그램을 평가하였는가?

　ⓔ 평가 중에 고려된 주요 요인 및 항목(예 장애 유형, 장애 정도, 연령)은 무엇인가?

(2) 내부평가

내부평가란 학급이라는 단위로 학급 구성원인 학습자 개개인을 대상으로 실시하여 미시적인 평가정보를 제공하는 평가이다. 내부평가에서는 수업과 관련된 일반적인 사항, 교육의 적절성, 공학기기의 적합성에 대해 고려해야 한다. [13중등40]

① 수업 정보

　⑦ 수업 정보 영역에는 수업과 직접적인 연관이 있는 학습자와 교수자의 특성이 포함된다.

　ⓒ 학습내용의 분석 및 종합, 학습자의 평가 및 분석, 학습자가 가지고 있는 창의성 증진을 위한 측면 등을 고려해야 한다.

② 교육 적절성

　⑦ 교수학습용 프로그램의 내부평가에서 또 다른 주요 고려사항은 프로그램이 교수학습 장면에서 얼마나 적절하게 활용될 수 있는지이다. 이를 위해 교수자는 다음의 요소를 고려해야 한다.

　　• 멀티미디어의 특성과 교수학습 장면의 여러 요소를 고려하여야 한다.

　　• 학습자들의 입력에 대한 프로그램 반응의 방법이 여러 가지 행동수정의 원리에 근거하여 고려되었는지 확인해야 한다.

　　• 교수학습용 소프트웨어가 학습자가 재시도하거나, 반응에 대한 자기 교정적인 또 다른 기회를 제공할 수 있도록 제작되었는지 확인해야 한다.

　　• 학습자의 학습동기에 대한 측면에 대해서도 고려해야 한다. 동기를 촉진시키는 교수학습용 소프트웨어는 다양한 입력 형태가 제공되는 것이 일반적이다. 그리고 학습자와 컴퓨터 프로그램 간의 상호작용이 가능해야 한다.

ⓛ 이 밖에도 교육의 적절성을 평가하기 위해 학습내용에 대한 효과적인 주의집중을 위한 내용을 가지고 있는지, 학습내용을 평가하기 위해서 어떠한 방법을 선택하고 있는지에 대해 확인하는 것이 필요하다.

③ 공학기기의 적합성

㉠ 화면 구성이 복잡해서는 안 되며 문자, 그래픽, 애니메이션, 비디오가 적절하게 배치되고 그 수가 적절한지를 파악하여야 한다.

㉡ 대부분의 교수학습용 소프트웨어는 입력장치의 조정으로 프로그램이 진행되기 때문에 입력장치에 대한 고려가 있어야 한다. 일반적으로 마우스와 키보드 이외에 다른 입력기기로 조작할 수 있는지, 그리고 다른 대체 입력기기가 쉽게 설치되고, 마우스·키보드와 비교했을 때 사용상의 어려움이나 불이익은 없는지에 대해 파악하는 것이 필요하다.

㉢ 기타 장비에 대한 고려가 필요하다. 일반적으로 컴퓨터는 입출력을 위해 프린터, DVD, 외부 메모리, 디지털 카메라, 캠코더, VCR 등의 기타 장비들이 필요한데, 이러한 장비가 학습내용상 학습자들에게 필요한지 그 적절성을 파악하여 설치 및 운영하여야 하며, 또한 이러한 기기들의 기본적인 사용상 주의점에 대한 정보가 있어야 한다.

⑶ 기술적 평가와 교육적 평가

① 기술적 평가 : 기술적 측면에서는 현재 사용 가능한 컴퓨터 환경에서 별도의 하드웨어나 소프트웨어의 설치 없이 프로그램이 제대로 구동되는지, 기술적인 오류는 없는지, 사용 설명서와 보조자료는 잘 갖추어져 있는지, 화면의 색상과 음질, 디자인의 품질이 떨어지지 않는지를 살펴보아야 한다.

② 교육적 평가 : 교육적인 측면에서 평가는 원하는 학습목표가 달성될 수 있도록 학습내용이 체계적으로 짜여져 있는지, 불필요한 내용이나 혼란을 줄 만한 내용은 없는지, 어휘 수준이 학습자에게 적합한지, 학습자와의 상호작용이 적절한지, 내용의 제시 방법이 효과적인지, 학습자의 관심을 끌 수 있는지 등을 확인하는 것이 중요하다(백영균 외, 2006).

김은진
스페듀
기본이론서

Vol. 4

Special Education

행동지원

CHAPTER 01 학교차원 긍정적 행동지원

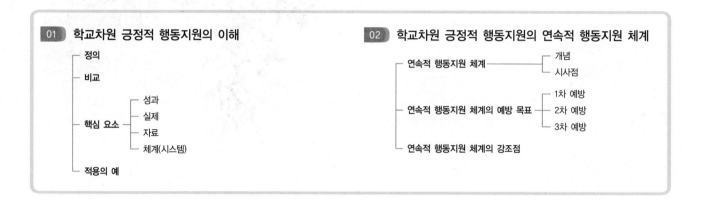

01 학교차원 긍정적 행동지원의 이해
- 정의
- 비교
- 핵심 요소
  - 성과
  - 실제
  - 자료
  - 체계(시스템)
- 적용의 예

02 학교차원 긍정적 행동지원의 연속적 행동지원 체계
- 연속적 행동지원 체계
  - 개념
  - 시사점
- 연속적 행동지원 체계의 예방 목표
  - 1차 예방
  - 2차 예방
  - 3차 예방
- 연속적 행동지원 체계의 강조점

01 학교차원 긍정적 행동지원(School Wide PBS ; SW-PBS)의 이해

1. 학교차원 긍정적 행동지원의 정의

① 학교차원 긍정적 행동지원이란 학교 안에서 모든 학생들이 사회적 또는 학업적 성취를 달성하기 위해 필요한 행동을 지원하고 긍정적 사회문화를 정착시키기 위한 체계적인 접근 방식이다.

② 학교차원 긍정적 행동지원의 목적은 학교 시스템과 절차를 개선하여 교사들의 긍정적인 행동 변화를 촉진하고 학생의 행동을 변화시켜 학교 환경을 바꾸는 것에 있다.

2. 학교차원 긍정적 행동지원과 개인차원 긍정적 행동지원 비교

① 학교차원의 긍정적 행동지원은 긍정적 행동지원의 적용을 개인에서 학교 단위로 확장한 것이다.

② 개인차원 긍정적 행동지원에서 행동지원의 대상은 주로 심각한 문제행동을 보이는 소수의 아동들이다. 반면, 학교차원 긍정적 행동지원은 문제행동을 많이 나타내는 소수의 아동뿐만 아니라 학교에 소속된 모든 아동들이 긍정적 행동지원의 이념을 실천하는 것이다. 즉, 행동지원의 대상이 개별 아동이 아닌 학교이다.

3. 학교차원 긍정적 행동지원의 핵심 요소 ❶ 14중등B2

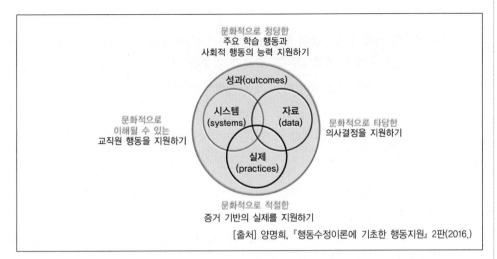

문화적으로 정당한
주요 학습 행동과
사회적 행동의 능력 지원하기

성과(outcomes)

문화적으로
이해될 수 있는
교직원 행동을 지원하기

시스템 (systems) **자료 (data)**

문화적으로 타당한
의사결정을 지원하기

실제 (practices)

문화적으로 적절한
증거 기반의 실제를 지원하기

[출처] 양명희, 『행동수정이론에 기초한 행동지원』 2판(2016.)

핵심 요소	설명
성과 (outcome)	성과는 학생, 가정, 교사가 모두 인정하고 강조하는 학생의 사회적 능력 향상과 학업성취를 의미
실제 (practice)	제안된 성과를 성취하는 증거기반의 중재와 전략을 의미
자료 (data use)	성과와 실제와 시스템을 선택하고 점검하고 평가하기 위해 사용되는 정보
체계 (system)	정확하고 지속 가능한 실제의 실행과 자료의 효율적인 사용과 성과의 성취를 위해 필요한 지원

학교차원의 긍정적 행동지원의 실행을 위한 핵심은 학생의 사회적 능력 향상과 학업성취를 위한 성과를 이루기 위해서는 학생들의 행동을 지원하는 증거기반의 실제와 그 실제의 적용에 대한 의사결정을 지원하는 근거 자료와 그 실제가 효율적으로 적용되도록 학교의 교직원을 지원하는 시스템을 갖추어야 한다는 데 있다.

(1) 성과

① 성과란 학교차원 긍정적 행동지원을 통해 궁극적으로 달성하려고 하는 목표다.

② 따라서 학교에서는 성과를 구체적으로 확인 가능하도록 진술하여야 하고, 이를 성공적으로 실행하고 있는지 확인할 수도 있어야 한다.

기출 POINT 1

❶ 14중등B2
(가) 학교 차원의 긍정적 행동지원의 4가지 구성요소 중 (나)에 잘못 반영된 것 2가지를 찾아 쓰고, 그 이유를 (가)와 (나)에 근거하여 각각 쓰시오.
(가) 학교 차원의 PBS 4가지 구성요소 (Sugai & Horner, 2002)

사회적 능력과 학업 성취

ⓐ 성과 (outcomes)

직원 행동 지원

ⓒ 체계 (systems) ⓑ 자료 (data)

의사결정 지원

ⓓ 실제 (practices)

학생 행동 지원

(나) ○○학교가 실행하고 있는 3차적 예방 내용

• 긍정적 행동지원팀의 지원을 통해 심각한 문제행동을 지닌 학생의 사회적 능력과 학업 성취에 대한 성과를 강조한다.
• 교사의 지도 경험을 바탕으로 심각한 문제행동이 여전히 지속되고 있다고 생각되는 개별 학생을 중재 대상으로 선정한다.
• 심각한 문제행동을 지닌 개별 학생에게 교사의 개인적 경험에 비추어 효과가 있었던 중재를 실시한다.

(2) 실제

① 실제란 학교가 지향하는 성과를 이루기 위한 증거기반의 중재와 전략을 의미한다.

② 증거기반의 실제란 학생들의 행동을 지원하기 위해 매일 사용되는 모든 중재와 전략들은 연구를 통해 반복적으로 그 효과가 입증된 것이어야 한다는 것이다. ❶ 17유아A8

③ 증거기반의 실제를 적용해야 하는 것은 제한된 자원으로 최대의 성과를 이루기 위함이다.

④ 이때 주의해야 할 점은 그러한 증거기반의 실제를 충실하게 적용해야 한다는 것이다.

(3) 자료

① 자료란 증거 기반의 실제를 적용하면서 상태를 확인하고, 변화가 필요한지 진단하고, 중재의 효과를 결정하기 위해 수집되어야 할 정보를 의미한다.

② 학교는 효과적인 의사결정을 지원하기 위한 자료를 기록하며 수집하고 분석해야 한다.

 ㉠ 정기적인 자료 수집을 통해 중재가 계획대로 정확하게 실행되고 있는지 평가

 ㉡ 학생과 교사에게 기대한 만큼의 성과가 얼마나 나타났는지를 평가

③ 수집된 자료는 증거기반의 실제나 학교정책과 같은 것을 결정할 때 중요한 근거가 된다.

더 알아보기 | 학교차원 긍정적 행동지원의 의사결정 과정

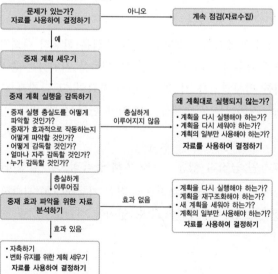

- 학교차원의 긍정적 행동지원이 효과적으로 실행되려면 주관적 판단이 아닌 객관적 자료에 근거한 의사결정이 이루어져야 한다.
- 학교차원의 긍정적 행동지원의 실행에서 의사결정을 위해 사용할 수 있는 자료에는 보관된 기록, 평가서/설문지, 면담, 직접 관찰자료 등이 있다.

- 학교의 학교차원 긍정적 행동지원 팀은 위와 같은 과정을 거치면서 자료를 사용하여 중재의 충실도를 방해하는 요인을 찾아내고, 그 부분에서 수정이 가능한지 아니면 좀 더 기다려야 하는지 또는 중재를 중단해야 하는지를 결정한다.

기출 POINT 2

❶ 17유아A8

㉠과 ㉡이 지칭하는 용어를 각각 쓰시오.

> 홍 선생님이 지금까지 많은 노력을 기울여 온 결과라고 볼 수 있습니다. 홍 선생님은 지난해부터 직무연수를 받은 대로 ㉠ 우수한 여러 연구에서 효과가 있는 것으로 입증된 교육 방법을 적용해 오고 있습니다. … (생략) … 그런데 이런 방법을 적용할 때 선생님들이 ㉡ 각각의 교육 방법에서 제시하고 있는 절차, 시간, 적용 지침을 제대로 따르고 있는지 점검하는 것이 중요합니다.

⑷ 체계(시스템)

① 체계란 긍정적 행동지원의 실제를 정확하게 지속적으로 적용하기 위해 스텝들에게 필요한 교수적 또는 제도적 지원을 할 수 있는 조직기반을 의미한다.

② 증거기반의 실제가 채택되었더라도 그것을 지원할 적절한 조직 구조가 제대로 갖추어지지 않는다면 그 실제가 지속적으로 실행되고 유지되기 어렵기 때문에, 실제가 실행되도록 하는 시스템을 갖추는 것은 참으로 중요하다.

4. 학교차원 긍정적 행동지원 적용의 예

학교의 긍정적 행동지원 팀은 운동장에서 기대행동이 계획대로 잘 실행되고 있는지 의문을 갖게 되었다. 운동장에서의 기대행동에 대한 중재 계획이 실행되고 있음에도 여전히 문제행동으로 인해 교무실로 의뢰되는 수가 많기 때문이다.

그리하여 팀은 논의 후, 중재가 충실하게 실행되고 있는지 집중적으로 조사하였다. 교직원들에게 운동장에서의 기대행동에 대해 동의하는지, 기대행동을 학생들에게 교수했는지, 학생들의 바람직한 행동에 대해 정적으로 강화했는지 질문했다. 그 결과, 팀은 어떤 기대행동에 대해서는 교직원 사이에 서로 의견이 다름을 확인했다.

그래서 팀은 각 학년 대표 교사들과 논의하여 몇몇 기대행동을 수정하기로 했다. 이렇게 수정된 기대행동을 위한 교사 훈련이 계획되었고, 운동장에 새로운 표지판과 포스터를 붙였으며, 교직원의 역할이 새롭게 배정되었다. 그리고 4주 동안 전 교직원이 다시 개정된 기대행동에 대해 중재를 실행했고, 팀은 수정된 중재가 충실히 실행되는지 확인하기 위해 직접 관찰을 실시했다.

관찰 자료를 통해 중재 계획이 충실히 실행되었음을 확인하고, 팀은 새로운 중재가 의미 있는 변화를 만들었는지 판단하기 위해 자료를 수집했다. 그런데 여전히 다수의 아동이 학년별 바깥놀이 시간에 문제행동을 보이고 있었다. 구체적으로는 1학년 학생의 대부분과 3학년 남학생 2명이 부가적인 중재의 대상이 되어야 하는 것으로 나타났다.

이에 팀은 세 집단(1학년 교사, 1학년 학생, 3학년 남학생 2명)에게 더 심도 있는 지원이 필요하다고 판단하고, 이를 위한 중재계획을 세웠다. 교사 교육 계획안과 교수 스케줄을 확인한 결과, 1학년 교사들은 필요한 기술을 학생들에게 가르친 것으로 나타났다.

하지만 관찰 결과, 그들은 그들이 가르친 기대행동을 운동장에서 지원하는 전략을 실행하지 않았다. 교사들은 활발하게 돌아다니지도 않았고, 학생들에게 촉구를 주지도 않았으며, 적절한 행동에 대해 긍정적인 피드백을 주지도 않았다. 사실 그들이 그 기대행동을 충실하게 가르쳤는지도 확실하지 않았다.

팀은 1학년 교사들에게 기대행동을 가르치는 것과 감독하는 것의 책임을 다시 일깨워주고, 그중에서 책임자를 선출하여 다른 교사들과 의사소통할 수 있는 통로를 만들었다. 팀은 바람직한 행동에 관한 교육을 다시 실시했고, 체육교사의 도움으로 1학년 학생과 교사 전체가 함께 게임을 하면서, 앞서 정한 책임자로부터 지도 방식을 보고 배우도록 추천했다. 1학년 교사들은 운동장에서 아동이 안전하고 책임감 있는 행동을 했을 때 이를 칭찬하고 피드백을 주는 체제를 개발했으며, 부적절한 행동에 대해서는 일관된 결과를 경험하도록 하는 규칙을 마련했다.

그리고 교감이 지속적으로 문제행동을 보이는 3학년 남학생 2명의 지도를 맡았다. 아동들은 교감과 바람직한 행동을 연습했고, 1학년들이 노는 모습을 관찰하고, 관찰 기록을 교감에게 제출했다. 그리고 운동장에서 1학년 학급을 위해 바람직한 행동에 관한 역할 놀이를 했다. 이 아동들은 제한된 시간에만 3학년 바깥놀이 시간에 참여할 수 있고, 참여할 때마다 담당교사로부터 피드백을 받았다.

이후 아동들은 3학년 놀이에 참여하는 시간을 조금씩 늘렸고, 아무런 문제도 일으키지 않은 첫날, 교감으로부터 다시 문제를 일으키지만 않으면 완전히 3학년 놀이에 참여해도 좋다는 허락을 받았다. 교감은 운동장에서 아동들에게 행동에 대한 지속적인 피드백을 주는 교사와 함께 일주일에 한 번씩 상황을 체크했다.

02 학교차원 긍정적 행동지원의 연속적 행동지원 체계

1. 학교차원 긍정적 행동지원의 연속적 행동지원 체계 ❶ 17초등B1

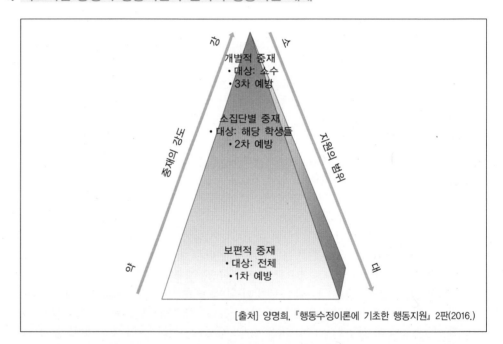

개별적 중재
• 대상: 소수
• 3차 예방

소집단별 중재
• 대상: 해당 학생들
• 2차 예방

보편적 중재
• 대상: 전체
• 1차 예방

중재의 강도 / 지원의 범위 / 소 / 수 / 강 / 약 / 다

[출처] 양명희, 『행동수정이론에 기초한 행동지원』 2판(2016.)

① '연속적 행동지원 체계'란 전체를 위한 보편적 중재가 제공되는 틀 안에서 소집단을 위한 집중적 중재와 개인을 위한 개별적 중재를 포함한 모든 강도의 행동지원이 연결되어 있는 것이다.

② 연속적 행동지원 체계의 시사점은 다음과 같다.

㉠ 각 지원체계는 서로 유기적 관련이 있다.

㉡ 학생의 문제행동 강도가 증가함에 따라 행동지원 연속체의 상위로 가면서 행동지원의 강도도 함께 증가한다. 즉, 중재가 적절한 시간 동안 충실하게 실행되었는데도 불구하고 학생이 긍정적으로 반응하지 않으면 좀 더 강도 높은 다른 중재가 실행되어야 한다는 뜻이다.

기출 POINT 3

❶ 17초등B1
ⓒ에 들어갈 말을 쓰시오.

일반교사: 그렇군요. 정서·행동장애로 진단받지는 않았지만 지금 문제행동을 보이는 학생이나 앞으로 보일 가능성이 있는 학생도 도움을 받을 수 있으면 좋겠어요.
특수교사: 그래서 학교의 모든 학생들에게 질 높은 학습 환경을 제공하고 문제행동 위험성이 있는 학생에게는 소집단 중재를 하고, 지속적으로 문제행동을 보이는 학생에게는 개별화된 중재를 제공하는 (ⓒ)을/를 갖추는 것이 필요합니다.

ⓒ 삼각형 양쪽에 있는 화살표는 삼각형의 위로 갈수록 중재의 강도가 강해지고 아래로 갈수록 지원의 범위가 넓어짐을 나타낸다. 즉, 전체 삼각형에서 윗부분으로 올라갈수록 학생에게 제공되는 지원의 강도는 강해지고 지원을 받는 대상 학생의 범위는 좁아지며, 아랫부분으로 내려올수록 지원의 강도는 약해지고 대상 학생의 범위는 넓어지는 것을 볼 수 있다.

③ 연속적 행동지원의 개념은 중재반응모형(RTI)*과 매우 유사하다.
  ㉠ 학생을 지원하기 위한 다층체계(multi-tiered systems) 모델을 적용한다.
  ㉡ 중재 수준의 적절성을 결정하기 위해 증거기반 중재를 사용한다.
  ㉢ 학생의 중재반응과 관련된 의사결정을 할 때 자료를 수집하고 사용한다.
  ㉣ 학생 선별 및 진단과 진보 점검을 위한 평가과정이 있다.

④ 학교차원의 긍정적 행동지원에서는 모든 소집단 중재와 개별 중재를 실행할 때 그 대상 학생들에 대해 학교 교직원 전체가 전체 학생을 대상으로 설정한 기대행동을 적용하도록 되어 있다. 즉, 문제행동은 그 의미가 없어지게 하고 적절한 행동은 바람직한 관심을 받는 분위기가 학교 전체에서 지속적으로 주어진다는 것이다.

⑤ 뿐만 아니라 2차와 3차 예방 단계에서 주어지는 소집단 중재와 개별 중재는 반드시 1차 예방 단계에서 제공된 보편적 중재와 직접적으로 연결되는 내용을 선택하도록 되어 있다.

⑥ 이렇게 연속적 행동지원 체계를 갖추면 대상 학생들에게는 학교의 가치가 담긴 바람직한 기대행동에 대한 반복적인 연습과 보상의 기회가 계속 주어질 뿐만 아니라, 소집단 중재와 개별 중재의 효과도 더 잘 유지되고 일반화될 가능성이 높아지게 된다.

🔒 Keyword
중재반응모형
중재반응모형은 학생이 학업 성취에서 향상이 없을 때 점점 더 강도 높은 중재를 제시하면서 학습장애가 있는지를 결정하도록 하는 학습장애 판별 방법이다. 중재반응모형은 3단계 접근(📖 전체 → 소집단 → 개별)으로 설명할 수 있다. 1단계에서 일반학급에서 보편적 교수 방법으로 가르쳤는데 반응이 좋지 않으면, 2단계에서 소집단으로 가르치고, 그래도 반응이 좋지 않으면 3단계에서 개별화된 프로그램을 적용해보는 다단계 접근을 한다.

2. 연속적 행동지원 체계의 예방 목표 ❶ 20유아A7

예방 단계	목표	중재			
		대상 범위	강도	성격	적용 방법
1차 예방	새로운 문제행동의 발생을 예방하기	학교 전체 학생	하	보편적	범단체적
2차 예방	기존 문제행동의 수를 감소시키기	고위험 학생과 위험 가능 학생	중	목표 내용 중심적	소집단적
3차 예방	기존 문제행동의 강도와 복잡성 줄이기	고위험 학생	상	집중적	개별적

기출 POINT 4
❶ 20유아A7
3단계로 구성된 유치원 차원의 긍정적 행동적 지원을 실시할 때, ① 1단계의 중재 대상과 ② 2단계의 중재 방법을 쓰시오.

(1) 1차 예방

① 1차 예방 단계에서는 새로운 문제행동이 발생하거나 발전하지 않도록 하기 위해, 학교의 모든 환경에서 모든 시간대에 전체 교사들에 의해 모든 학생을 대상으로 친사회적인 행동을 습득하고 사용할 수 있도록 공동의 가치나 기대행동을 가르치고 강화하는 보편적 중재를 사용한다. ❶ 13초등A3

기출 POINT 5
❶ 13초등A3
교사가 영진이의 표적행동 발생 전에 ㉠과 같은 보편적 중재를 적용하여 얻고자 하는 목적 1가지를 쓰시오.

㉠ 쉬는 시간 컴퓨터 사용 순서와 개인별 제한 시간에 대한 규칙을 학급 전체 학생에게 수업을 마칠 때마다 가르친다.

② 1차 예방은 모든 학생에게 적용된다는 점에서 보편적 중재이며, 새로운 문제행동이 발생하거나 커지지 않도록 하는 분위기 조성에 주력한다는 점에서 예방적 접근이다.

③ 1차 예방의 핵심 개념은 학생들이 본인이 어떻게 행동해야 할지를 알고 있다고 가정하지 말고 기대행동을 직접 가르쳐야 한다는 것이다. 학교 및 학급의 규칙 만들기를 위한 원칙은 다음과 같다. ❶ 19초등A1, ❷ 16초등B2

기출 POINT 6

❶ 19초등A1
㉠ 보편적 지원의 활동 ⓐ~ⓓ 중 적절하지 않은 것 1가지를 골라 기호와 이유를 쓰시오.

ⓐ 학교 차원의 기대 행동은 '기본예절 지키기', '안전하게 행동하기', '책임감 있게 행동하기'의 3가지로 정하였다.
ⓑ 문제행동이 심한 학생들에게 개별화된 집중 교육을 실시하였다.
ⓒ 학교 차원의 기대 행동을 시각 자료로 제작하여 해당 장소에 게시하였다.
ⓓ 학교 차원의 기대 행동을 가르친 후, 학생들이 지키고 있는지 지속적으로 관찰했고, 이러한 점검이 이루어지고 있음을 학생들에게도 알려 주었다.

❷ 16초등B2
㉢이 학급 차원의 '긍정적 행동지원 3단계 예방 모델' 중 어디에 해당하는지 쓰고, 그렇게 판단한 이유를 해당 모델의 개념적 특성과 관련하여 쓰시오.

최 교사: 제가 지난번에 말씀드린 대로 ㉢ 학급 규칙을 정해서 적용해 보셨나요?

- 교실 규칙은 새 학년이 시작될 때 개발되어야 하고, 학생과 일년 내내 주기적으로 논의되어야 한다.
- 필요하다면 규칙을 개발하는 데 학생을 참여시킨다.
- 규칙의 행동은 관찰 및 측정 가능해야 한다.
- 규칙은 긍정적인 용어로 진술되어야 한다. 긍정적인 용어로 규칙을 서술해야 한다는 것은 학생들에게 해서는 안 되는 행동보다는 지향해야 하는 행동으로 진술되어야 한다는 것을 의미한다.
- 규칙의 수는 5개를 초과해서는 안 된다. 교사는 학생이 기억하기 쉽고 교사가 강화하기 쉽도록 최소한의 규칙을 만들어야 한다.
- 규칙은 교실 안에 게시되어야 한다. 규칙을 게시하는 것은 학생과 교사의 기억을 상기시키는 역할을 한다.
- 규칙을 지키거나 어긴 결과에 대한 교사의 반응은 명확하고 공정해야 한다.
- 교사는 규칙을 준수하거나 어겼을 때를 대비해서 결과에 대해 일관성 있게 행동해야 한다. 규칙에 대한 가장 기본적인 교사의 행동은 규칙을 위반하면 일관되게 결과를 적용하고, 규칙을 준수한 학생에게는 강화를 한다는 것이다.
- 필요하다면 규칙은 한 학년 내내 검토되고 수정되어야 한다.

(2) 2차 예방

① 2차 예방의 목적은 조기에 문제를 판별하고, 이러한 문제를 조정하기 위해 집중적이며 정확한 표적 중재를 제공하는 것이다.

② 2차 예방에서는 1차 예방의 보편적 중재보다는 더 많은 행동지원을 실시하지만, 고도로 개별화된 집중적 중재를 적용하는 것은 아니다. 여기에서는 문제가 되는 학생들에게 교사의 관심과 점검을 더 많이 제공하고, 대상 학생들의 필요에 맞는 사회적 또는 학업적 기술 향상을 위한 지도가 소집단 단위로 자주 실시된다.

③ 2차 예방에서 제공되는 소집단 중재는 반드시 1차 예방에서 실시한 학교차원의 보편적 중재의 내용과 직접적으로 연관되어야 한다.

④ 2차 예방에서 적용하는 중재 내용은 크게 두 종류로 분류할 수 있다.
  ㉠ 교사의 관심과 점검을 더 많이 제공한다. 이것은 1차 예방의 보편적 중재에 더 잘 반응할 수 있도록 좀 더 적극적으로 지원하는 것이다.
  ㉡ 학생들에게 필요한 사회적·학업적 기술을 지도하기 위해 비슷한 필요가 있는 학생들을 소집단으로 묶어 지원하는 것이다. 이때 선택된 중재의 내용은 반드시 보편적 중재의 내용과 연결되도록 해야 한다.

(3) 3차 예방 ❶ 13중등32

① 3차 예방의 주된 목표는 1차와 2차 예방의 노력에도 불구하고 여전히 존재하는 문제 행동의 강도와 복잡성을 경감하는 것이다.

② 3차 예방에서는 높은 강도로 만성적인 문제행동을 보이는 소수의 학생들을 대상으로 구체적이고 개별화된 지원을 집중적으로 실행한다.

③ 개별 중재도 2차 예방의 소집단 중재와 마찬가지로 학생들이 학교의 핵심 가치를 알 수 있도록 반드시 1차 예방의 보편적 중재 내용과 연계되어야 한다. 개별적 중재가 보편적 중재와 연계되어 있으면 학생은 자신이 속한 모든 환경으로부터 지속적이고 효과적으로 지원받을 수 있는 가능성이 커진다.

④ 3차 예방의 실행은 개별차원 긍정적 행동지원에서 제시한 것과 같은 절차를 따른다.

　ㄱ 즉, 1차와 2차 예방의 노력에도 불구하고 여전히 존재하는 문제행동에 대해 행동 기능 평가를 실시하여, 행동에 대한 가설을 수립하고 문제행동을 조작적으로 정의 하여 직접 관찰한다.

　ㄴ 그리고 관찰을 통해 수집된 정보로 가설을 확정하고, 여기서 판단된 문제행동의 기능에 따라 대상 학생을 위한 행동지원 계획을 수립하여 맞춤형 개별 중재를 실 행한다.

　ㄷ 개별 중재를 위해서는 배경/선행 사건에 대한 중재를 실시하고, 문제행동과 동일한 기능을 갖는 바람직한 대체행동을 가르치고, 문제행동이 발생한 경우 일관성 있는 후속결과를 제공한다.

　ㄹ 더 나아가서 삶의 형태를 변화시키려는 전략과 지속적 지원을 가능하게 하는 전 략을 실행한다.

3. 연속적 행동지원 체계의 강조점

학교차원 긍정적 행동지원의 연속적 행동지원 체계는 1차부터 3차까지의 예방에서 실시 하는 모든 수준의 중재가 반드시 보편적 중재의 목표와 직접적으로 연관되어 있어야 하며, 모든 단계에서 학교 전체의 가치를 담고 있는 기대행동의 교수가 강조되어야 하고, 모든 중재는 체계적이고 일관성 있게 지속적으로 실행되어야 함을 강조한다.

기출 POINT 7

❶ 13중등32
반사회적 행동을 하는 학생들에 대한 학교 차원의 긍정적 행동지원에 관한 설명 중 옳은 것은?
① 교사는 집단 따돌림이 발생한 것을 알았더라도, 즉각적으로 개입하지 않 는다.
② 반사회적 문제행동에 대한 3차적 예 방 조치로 학교는 발생한 반사회적 행동을 조기에 판별·중재하거나 개 선하는 노력을 해야 한다.
③ 문제행동의 공격성 수준을 낮출 수 있도록 학교 분위기를 긍정적으로 조 성하기 위하여 교직원에게 학생들의 모든 행동을 수용하도록 교육한다.
④ 행동 문제가 발생되지 않도록 하는 1차적 예방 조치로서, 반사회적 행 동의 개선 가능성이 높은 학생들을 대상으로 집중적인 행동 지도를 시 행한다.
⑤ 학교가 미리 설정한 행동 규칙을 위 반한 경우에는 지속적으로 일관성 있게 제재를 가하되, 적대적이고 신 체적인 제재나 가해는 하지 않는 것 이 효과적이다.

CHAPTER 02 개별차원 긍정적 행동지원

01 긍정적 행동지원의 이해

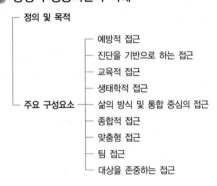

- 정의 및 목적
- 주요 구성요소
  - 예방적 접근
  - 진단을 기반으로 하는 접근
  - 교육적 접근
  - 생태학적 접근
  - 삶의 방식 및 통합 중심의 접근
  - 종합적 접근
  - 맞춤형 접근
  - 팀 접근
  - 대상을 존중하는 접근

02 긍정적 행동지원의 실행 절차

- 문제행동의 식별과 중재의 필요성 결정
- 정보 수집을 통한 기능평가
- 가설 설정
- 긍정적 행동지원 계획 수립 및 실행
- 행동지원계획 수행의 효과 평가

03 긍정적 행동지원의 실제

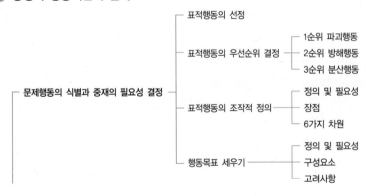

- 문제행동의 식별과 중재의 필요성 결정
  - 표적행동의 선정
  - 표적행동의 우선순위 결정
    - 1순위 파괴행동
    - 2순위 방해행동
    - 3순위 분산행동
  - 표적행동의 조작적 정의
    - 정의 및 필요성
    - 장점
    - 6가지 차원
  - 행동목표 세우기
    - 정의 및 필요성
    - 구성요소
    - 고려사항

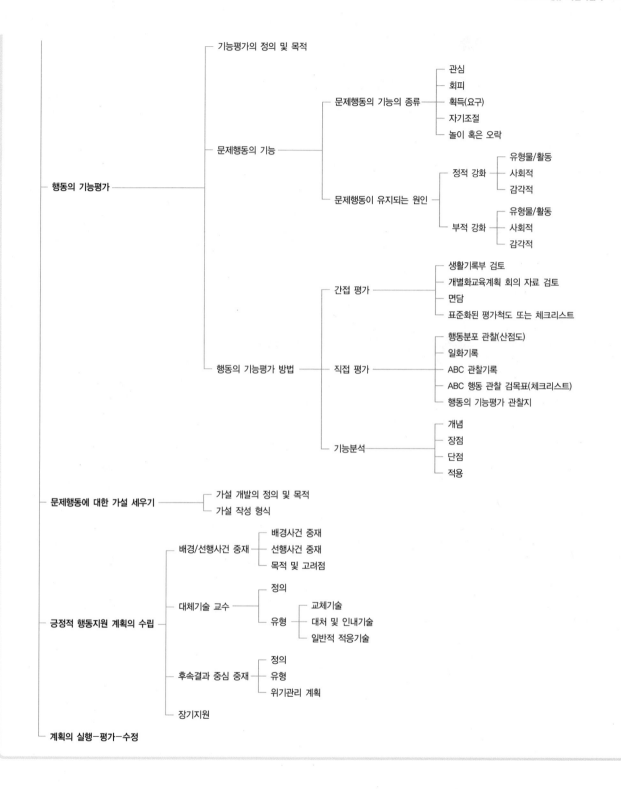

01 긍정적 행동지원의 이해

1. 긍정적 행동지원의 정의 및 목적

① 긍정적 행동지원은 학생의 삶의 질을 향상시킬 수 있는, 의미 있고 오래 지속되는 변화를 가져오기 위해 문제행동의 원인이 될 수 있는 환경을 재구성하고, 문제행동을 대체할 수 있는 기술을 가르치고, 문제행동에 대해 적절히 반응하는 종합적인 문제해결 접근법이다. **❶ 19유아A4**

② 긍정적 행동지원은 행동분석을 응용하여, 문제행동으로 인하여 일어나는 사회적 문제에 대해 사람 중심의 가치 맥락에서 관점을 변화시킨다.

③ 긍정적 행동지원은 평가 자료에 기초하여 환경을 재구조화함으로써 개인의 행동문제를 감소시키고, 자신의 생활에서 사회적·개인적·전문적 삶의 질을 향상시키도록 돕는다.

④ 긍정적 행동지원의 목표는 가정, 학교, 지역사회에서 문제행동을 보이는 개인은 물론 행동을 지원하는 사람들의 삶의 질을 높이는 데 있다. **❷ 10중등23**

더알아보기 **전통적 행동수정과 긍정적 행동지원 비교**

전통적 행동수정	긍정적 행동지원
• 문제행동에 대한 반응적이고 성과 중심적인 접근 • 문제행동의 중재에만 관심 • 문제행동이 발생한 후에 중재가 이루어짐 • 문제행동을 감소시키기 위해 체벌 중심의 중재를 사용함	• 아동의 문제행동뿐 아니라 주변 환경까지도 고려하는 생태학적 접근 • 문제행동뿐 아니라 문제행동이 발생하는 전후 상황에도 관심 • 문제행동의 예방에 초점을 둠 • 아동의 존엄을 기초로 긍정적 중재 중심의 중재를 사용함

기출 POINT 1

❶ 19유아A4
발달지체 유아 지후의 문제행동에 대하여 지후의 행동을 기능 평가한 후, 유아의 삶의 질 향상을 목적으로 제공하는, 행동 문제에 대한 예방과 대처 그리고 대안 행동 교수를 포함하는 장기적이고 생태학적인 행동 중재 및 지원은 무엇인지 쓰시오.

❷ 10중등23
장애학생의 문제행동 지원에 관한 설명으로 옳은 것을 모두 고르시오.

ⓒ 긍정적 행동지원은 바람직한 행동을 증가시키고, 문제가 되는 행동을 감소 및 제거하는 데 초점을 맞춘다.
ⓔ 긍정적 행동지원의 목표는 가정, 학교, 지역사회에서 문제행동을 보이는 개인은 물론 행동을 지원하는 사람들의 삶의 질을 높이는 데 있다.

2. 긍정적 행동지원의 주요 구성요소

주요 요소	설명
예방적 접근	실패가 예견되는 상황을 피하고, 학생으로 하여금 자신을 조절하도록 한다.
진단을 기반으로 하는 접근	환경적 사건들과 그에 대한 반응을 분석하여 문제행동의 기능을 이해하고, 학생의 선호도와 강점을 강조한다.
교육적 접근	학생의 문제행동을 교정하는 것이 아닌, 학생의 의사소통과 상호작용을 증진하는 것이 목적이다. 즉, 학생이 어려워하는 환경에 변화를 주어 문제행동을 예방하고, 학생에게 문제에 대처하거나 그 상황을 바꿀 수 있는 기술을 교육한다.
생태학적 접근	문제행동은 장애 때문이 아니라 환경적 사건이나 조건 때문에 발생할 수 있으며, 아동은 개인에게 자신이 원하는 결과를 주는 역할을 하기도 한다는 전제하에 문제행동을 이해하기 위해 환경을 살필 것을 요구한다.
삶의 방식 및 통합 중심의 접근	문제행동의 감소만이 아니라, 삶의 방식이 변하는 더 넓은 성과를 목적으로 한다.
종합적 접근	문제행동의 예방, 대체기술의 교수, 문제행동에 대한 반응, 개인 삶의 방식의 개선을 이루기 위해 다양한 중재를 적용한다.
맞춤형 접근	중재는 학생 개인의 필요와 학생이 처한 환경에 맞추어 실제적이고 현실적으로 구성한다.
팀 접근	중재의 목표와 가치에 동의하는 팀의 협력이 요구된다.
대상을 존중하는 접근	학생의 입장에서 문제행동을 이해하고 학생의 필요와 선호도에 관심을 갖는다.

02 긍정적 행동지원의 실행 절차 ❶ 12중등22, ❷ 10유아13

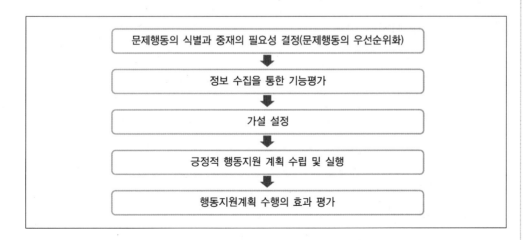

기출 POINT 2

❷ 10유아13
〈보기〉에서 '가설 세우기' 단계 이전에 해야 할 일들을 모두 고르시오.

── 〈보기〉 ──
ⓐ 문제행동의 기능분석을 한다.
ⓑ 문제행동을 조작적으로 정의한다.
ⓒ 채원이에게 효과적인 대체행동 기술을 지도한다.
ⓓ 문제행동의 유발 요인을 미리 제거하거나 수정한다.
ⓔ 채원이의 선호 활동을 파악하고 채원이의 선택을 존중한다.

기출 POINT 2

❶ 12중등22

다음은 학생 A의 문제행동을 개선시키기 위한 긍정적 행동지원 절차이다. 이 절차에 따라 김 교사가 적용한 단계별 예로 옳은 것만을 〈보기〉에서 모두 고르시오.

> • 단계 1: 어떤 행동을 중재할 것인지 결정하기
> • 단계 2: 목표행동 관련 정보 수집하기
> • 단계 3: 가설 설정하기
> • 단계 4: 긍정적 행동지원 계획 수립 · 실행하기
> • 단계 5: 행동지원 계획 평가 · 수정하기

〈보기〉

㉠ 단계 1: 목표행동을 '학생 A는 자신의 옆에 있는 친구를 자주 공격한다.'로 진 술한다.

㉡ 단계 2: 학생 A의 목표행동 기능을 파악하기 위하여 A-B-C 분석을 실행하고, 행동에 영향을 미칠 수 있는 학습 및 행동 발달 수준을 파악하기 위한 다양한 정보를 수집한다.

㉢ 단계 3: 이전 단계에서 수집한 개괄적 정보를 요약하고, 행동의 기능적 관계를 파악하기 위하여, '학생 A에게 하기 싫어하는 과제를 주면, 공격행동이 증가할 것이다.'로 가설을 설정한다.

㉣ 단계 4: 학생 A에게 배경 · 선행사건 조정, 대체행동 교수, 후속결과 활용 및 행동감소 전략 등과 같은 중재전략을 구성하여 적용한다.

㉤ 단계 5: 중재 계획에 따라 학생 A를 지도한 뒤, 중재 전략의 성과를 점검하여 수정이 필요한지를 평가한다.

---

03 **긍정적 행동지원의 실제**

1. 문제행동의 식별과 중재의 필요성 결정

(1) 표적행동의 선정

① '표적행동'이란 행동지원을 통해 향상되도록 변화시키기 위해 관찰하고 측정할 행동 을 의미한다.

② 표적행동은 바람직한 행동일 수도 있고 바람직하지 않은 행동일 수도 있다. 바람직한 행동이 너무 적게 나타나 증가시켜야 할 필요가 있다면 그 행동이 표적행동이 되는데, 이 경우 표적행동을 '목표행동'이라고 부르기도 한다.

③ 표적행동을 선정할 때는 학생 본인에게도 도움이 되고 사회적으로 가치 있는 행동 중에서 그 심각성의 정도에 따라 우선순위를 결정하여 정해야 한다.

(2) 표적행동의 우선순위 결정 ❶ 25유아B2, ❷ 22중등B5, ❸ 15유아B2, ❹ 14유아A6

① 아동의 다양한 문제행동에 대해 가장 우선적으로 대처해야 하는 문제행동이 무엇인지 결정한다.

② 중재의 우선순위를 결정하기 위해서는 문제행동의 심각성이나 관심의 정도를 고려해야 한다.

우선순위	정의	예시
1순위 파괴행동	자신과 주위 사람의 건강 및 생명을 위협할 만한 행동	깨물기, 눈 찌르기, 머리 치기, 음식 거부하기, 자해하기 등
2순위 방해행동	자신과 타인의 학습과 활동을 심각하게 방해하는 행동	물건 파손하기, 교실에서 도망가기 등
3순위 분산행동	자신과 타인의 주의를 경미하게 방해하거나 분산시키는 행동	틱, 머리 또는 손 흔들기, 반향어 등

기출 POINT 3

❶ 25유아B2

① 동호의 문제행동 중 가장 먼저 중재해야 할 행동을 찾아 쓰고, ② 여러 가지 문제행동을 동시에 중재하기 어려울 때, 문제행동의 수준에 따른 3가지 유형 중 우선적으로 중재해야 할 유형부터 순서대로 쓰시오.

> 1. 2024년 4월 ○일
>   • 문제행동: 최근 친구뿐만 아니라 선생님을 때리는 행동이 나타남
> 2. 2024년 4월 □일
>   • 문제행동: 점심시간에 친구의 반찬을 손으로 집어 먹음
> 3. 2024년 4월 △일
>   • 문제행동: 대집단 활동 시간에 의자에 기대어 앉아 몸을 앞뒤로 흔드는 행동을 보임

❷ 22중등B5

괄호 안 ㉠에 공통으로 들어갈 문제행동 유형을 쓰시오.

> 특수교사: 책상에 머리를 부딪치는 행동은 (㉠)에 해당하고요, 교실을 돌아다니는 행동은 방해 행동에 해당합니다.
> 통합교사: 그럴 땐 어떤 것을 먼저 중재해야 할까요?
> 특수교사: (㉠)을/를 우선적으로 중재해야 합니다.

기출 POINT 3

❸ 15유아B2

(가)에 나타난 경수의 행동 중 우선적으로 지도해야 할 순서를 장면의 번호에 따라 차례로 쓰고, 그와 같이 선정한 이유 1가지를 쓰시오.

(가) 행동 관찰 내용

> • 장면 1: 비가 와서 바깥놀이 시간에 놀이터에 못 나가게 되자, 경수는 "바깥놀이 시간, 바깥놀이 시간이에요."하며 계속 울었다.
> • 장면 2: 찰흙놀이 시간에 평소 물컹거리는 물건을 싫어하는 경수가 찰흙을 만지지 않으려 하자, 김 교사는 경수에게 찰흙 한 덩어리를 손에 쥐어 주고, 찰흙놀이를 하도록 하였다. 그러자 경수는 찰흙을 친구에게 던지고 소리를 질렀다.
> • 장면 3: 이야기 나누기 시간에 경수는 부드러운 천으로 만들어진 자신의 옷만 계속 만지고 있었다.

❹ 14유아A6

㉠~㉢에 나타난 진우의 문제 행동 중 우선순위를 정할 때 1순위에 해당하는 내용의 기호를 쓰고, 그 이유를 쓰시오.

> ㉠ "싫어, 안 해."하며 그 자리에 누워 뒹굴며 울음
> ㉡ "싫어, 안 해."하며 우유곽을 바닥에 집어던짐
> ㉢ "싫어."하며 가지고 있던 장난감을 또래들에게 던짐

(3) 표적행동의 조작적 정의

① 변화되어야 할 표적행동이 결정된 후에는 행동지원을 위해 학생의 표적행동 수준을 측정할 수 있어야 한다.

② 표적행동의 조작적 정의란 행동에 대한 객관적이고 구체적인 정보를 제공해 행동을 직접 관찰하고 측정하기 쉽게 해주는 것을 의미한다. ❷ 22중등B5, ❹ 18유아A7

③ 어떤 행동에 대한 정의가 없거나 그 정의가 주관적이어서 관찰자마다 다른 정의를 가질 경우 신뢰할 만한 관찰과 평가를 기대하기 어렵다. 따라서 서로 다른 관찰자가 하나의 행동을 보고 행동이 발생했는지에 대해 동의할 수 있으려면 행동의 조작적 정의가 필요하다. 뿐만 아니라 같은 관찰자가 행동을 관찰할 때에도 관찰할 행동이 발생했을 때 다른 행동들과 변별할 수 있으려면 행동의 조작적 정의가 필요하다. ❶ 23유아B1

④ 행동의 조작적 정의는 다음과 같은 장점이 있다.

ㄱ. 행동에 대한 객관적이고 구체적인 정보를 제공하여 행동을 직접 관찰하고 측정하기 쉽게 해준다.

ㄴ. 행동에 대한 개인의 주관적 편견을 최소화하고 관찰된 행동과 그 상황에만 관심의 초점이 모이게 해준다.

ㄷ. 조작적으로 정의된 행동목표는 학생을 포함하여 학생의 행동지원에 관련된 사람들 간의 의사소통을 원활하게 해준다.

ㄹ. 명확한 행동목표는 학생의 현재 행동 수준을 결정하고 중재 방법을 선택하는 데 도움을 준다. 뿐만 아니라 중재의 결과에 대한 구체적인 평가 기준으로 활용된다.

기출 POINT 4

❶ 23유아B1
(나)와 (다)에 근거하여 ① ⓒ에 제시되어야 하는 내용이 무엇인지 쓰고, ② ⓒ이 필요한 이유를 1가지 쓰시오.

(나)

> 김 교사: 원감 선생님과 제가 현우의 또래 상호작용 행동을 관찰했어요. 그런데 우리 둘의 관찰 결과에 차이가 있어요.
> 박 교사: 아, 행동 관찰 시에는 관찰해야 할 행동의 명칭뿐 아니라, 행동에 대한 구체적인 (ⓒ)을/를 해야 합니다.

(다)

관찰 결과 요약		
관찰 행동	평균 행동 발생 빈도(회)	
	김 교사	원감
시작행동	4	7
반응행동	11	15
확장된 상호작용	3	8

❷ 22중등B5
밑줄 친 ⓒ의 개념을 서술하고, 괄호 안의 ⓒ에 해당하는 예를 1가지 서술하시오.

> 통합교사: 학생 D의 문제행동은 '책상에 머리를 부딪친다.'가 되는 건가요?
> 특수교사: 아닙니다. 문제행동은 ⓒ 조작적 정의의 방법으로 진술해야 합니다. 예를 들어, 학생 D가 '책상에 머리를 부딪치는 행동'을 조작적으로 정의하면, (ⓒ)와/과 같이 표현할 수 있습니다.

❹ 18유아A7
㉠에 해당하는 용어를 쓰시오.

> 강 교사: 태희의 행동을 정확히 관찰하려면 ㉠ 먼저 태희의 공격적 행동을 관찰 가능한 구체적인 형태로 명확히 정하셔야 하겠군요.

더 알아보기

조작적 정의는 행동의 운동적 측면에 대한 관찰 가능하고 측정 가능한 동의된 특성을 진술한다. 따라서 이 특성이 정확히 진술되어야 누구라도 그 행동이 수행되었는지 아닌지에 대해 동의할 수 있게 된다.

⑤ 행동의 조작적 정의를 위해서는 행동을 여섯 가지 차원으로 설명할 수 있어야 하고, 여섯 가지 차원 중에서 한 가지 이상을 사용할 수 있다. ❸ 21유아A2

행동의 차원	내용
빈도	• 빈도는 일정 시간 동안 행동이나 사건이 일어난 횟수를 의미한다. 즉, 행동이 얼마나 자주 일어나는지를 뜻한다. • 행동의 측정 단위로 빈도를 사용하는 경우 행동은 1회/2회 등으로 구별될 수 있어야 하며, 그 행동이 발생하는 데 걸리는 시간이 비교적 짧고 상대적으로 비슷할 때 사용하는 것이 좋다.
지속시간	• 지속시간은 행동이 시작되기부터 종료되기까지 걸리는 시간을 말한다. 즉, 일정 기간 내에 행동이 얼마나 오랫동안 일어나는지 그 시간의 길이를 뜻한다. • 신경질 내며 우는 행동의 경우와 같이 신경질적 행동에 포함되는 발 구르기, 소리 지르기, 물건 집어던지기, 머리카락 잡아당기기 등의 하위 행동을 하나씩 구분하여 측정하기 어려울 때는 신경질 부리는 전체 행동의 시작부터 끝까지의 지속시간을 측정할 수 있다.
지연시간	• 지연시간이란 선행사건(또는 변별자극이 주어진 시간)으로부터 그에 따르는 행동(또는 반응)이 시작되는 시간까지 걸리는 시간을 의미한다. • 지연시간이 짧을수록 학생은 지시에 즉각적으로 반응한 것이다.
위치	위치란 행동이 일어난 장소를 말한다. 예 분노폭발 행동이 급식실에서 발생한 경우에 행동의 위치는 급식실이 되며, 교사가 화장실 가는 것을 허락하지 않자 아동이 바지에 오줌을 쌌다면 이때 행동의 위치는 바지가 된다.
형태	형태란 행동의 모양을 의미한다. 예 교사가 질문할 때 아동의 손 들기 행동은 '교사의 질문에 대해 아동이 팔을 들어올려서 팔꿈치를 펴고 팔을 머리 위로 쭉 뻗는 행동'으로 정의될 수 있다.
강도	강도란 행동의 세기, 에너지, 노력의 정도를 뜻한다. 즉, 반응하는 행동의 크기나 힘을 의미한다. 목소리 크기의 경우 '65dB 이상의 크기로 말하는 목소리 크기'라고 직접 소리의 크기 단위를 사용하여 그 강도를 정의할 수도 있고, 간접적으로 행동 반응이 환경에 미치는 정도로 정의할 수도 있다. 예 교사의 허락 없이 이야기할 때 그 소리의 크기를 '교실 전체 학생이 들을 수 있다.'로 정의할 수 있다.

❸ 21유아A2

㉠의 목표를 평가할 때 ㉡을 고려하여 ㉢을 2가지 쓰시오.

김 교사: ㉠ '우현이는 제시된 2가지의 놀잇감 중 1가지를 스스로 선택하여 친구 옆에서 3분 이상 놀 수 있다.'를 우선적인 목표로 설정하려고 해요.

박 교사: 우현이가 목표행동을 습득했다는 것을 확인하려면 평가 기준을 구체적으로 세워야 하는데 어떻게 할 계획인가요?

김 교사: ㉡ 1시간 동안의 자유놀이 시간 중 선택하는 기회를 제공하였을 때 스스로 몇 번 선택했는지 빈도를 기록하여 비율을 측정하려고 해요. ㉢ 이 목표 행동 습득을 확인할 수 있는 또 다른 측정자원으로 무엇이 있을까요?

영희의 분노폭발 행동에 대한 예시

빈도	행동의 발생 수	영희는 하루에 네 번 분노폭발 행동을 했다.
지속시간	행동이 지속되는 시간 길이	영희의 분노폭발 행동은 65분 동안 지속되었다.
지연시간	선행자극과 반응행동의 시작 사이에 걸리는 시간 길이	교사가 영희에게 개별 수학 문제지를 풀라고 지시하자 20분 동안 분노폭발 행동을 하고 문제지를 풀기 시작했다.
위치	행동이 일어난 장소	영희는 주로 학교 식당에서 분노폭발 행동을 했다.
형태	반응행동 모양	영희는 분노폭발 행동을 할 때 소리를 지르고, 식당 바닥을 발뒤꿈치로 내리치고, 자기 머리카락을 잡아당긴다.
강도	행동의 힘 또는 크기	영희가 분노폭발 행동을 할 때 소리를 지르면 30m 떨어진 교실에서도 들을 수 있다.

(4) 행동목표 세우기

① 문제가 되는 행동을 찾아서 조작적으로 정의한 다음에는 행동목표를 세운다.

② 행동목표 세우기란 학생의 문제행동에 대해 장·단기적으로 기대하는 행동을 기술하는 것이다.

③ 문서화된 행동목표를 세워야 하는 이유는 다음과 같다.

  ㉠ 문서화된 행동목표는 행동에 대한 중재가 끝났을 때에 기대하는 바람직한 행동이 무엇인지 알게 해주고, 관련자들 각자의 책임을 분명히 하는 데 도움이 되며, 행동 목표와 관련된 정보를 서로 공유할 때 그 뜻을 명확하게 해준다. 문서화된 행동목표는 학생에게 기대하는 행동 수준을 알려주는 역할도 한다.

  ㉡ 명확한 행동목표는 행동을 지원하는 사람들로 하여금 행동을 지원할 때 학생의 현재 행동 수준을 결정하는 데 도움을 주며, 나아가 어떤 중재 방법을 선택할 것인지를 결정하는 데 도움을 준다.

  ㉢ 행동목표는 중재를 실시한 결과에 대한 구체적인 평가를 가능하게 해준다.

④ 행동목표를 작성할 때 포함되어야 할 네 가지 구성요소는 다음과 같다.

❶ 18유아A1, ❷ 15초등B4, ❸ 14유아B1, ❹ 13초등A3, ❺ 13유아B1, ❻ 24중등B10, ❼ 25초등B2

구성요소	설명	예시	
학습자	'학습자(아동)'는 행동을 변화시켜야 할 필요가 있는 개별 아동을 의미한다.	성결이는, 유진이는	
행동	행동 부분을 진술할 때는 아동에게 바람직한 변화가 이루어졌을 때 학생이 어떻게 행동하게 될 것인지 그 내용을 기술한다. 이때 행동을 정의하는 단어는 관찰, 측정, 반복이 가능한 동사를 사용하는 것이 좋다.	○	말하다, 쓰다, 구두로 읽다, 가리키다, 주다, 보다, 접는다, 색칠한다, 손을 든다, 던지다 등
		×	이해하다, 인식하다, 안다, 인지하다, 발견하다, 찾아내다, 읽다, 증진하다, 연습한다, 참는다 등

기출 POINT 5

❶ 18유아A1
메이거(R. Mager)가 제시하는 목표 진술의 3가지 요소와 ㉠에서 각 요소에 해당하는 진술 내용을 찾아 쓰시오.

  ㉠ 교사가 숟가락을 잡은 진수의 손을 잡고 입 주위까지 가져다 주면 3일 연속으로 10회 중 8회는 음식을 입에 넣을 수 있다.

❷ 15초등B4
다음에 근거하여 준수의 학습 목표를 메이거(R. Mager)의 목표 진술 방식에 따라 쓰시오.

  · 표적 기술: 지폐 변별하기
  · 자료: 1,000원 지폐, 5,000원 지폐
  · 구어 지시: "_____원을 짚어 보세요."
  · 기준: 연속 3회기 동안 10번의 시행 중 9번 정반응

❸ 14유아B1
다음은 강 교생과 홍 교사가 나눈 대화의 일부이다. 대화 중 ①과 ②에 들어갈 말을 쓰시오.

  강 교생: 선생님, 제가 단기목표를 '송희는 "주세요"라고 말할 수 있다.'로 작성했는데 어떨까요?
  홍 교사: 선생님이 작성하신 것은 단기목표 작성의 세 가지 요소 중 '성취해야 할 행동'은 들어가 있지만 (①)와(과) (②)이(가) 포함되지 않았어요.
  강 교생: 네, 수정하겠습니다.

❹ 13초등A3
메이거(R. Mager)의 행동적 목표 진술 방식에 따른다면, 행동 목표 1과 2가 바람직하지 않은 이유를 각각 쓰시오.

  ■ 행동 목표
  1. 국어 수업시간 내내 3일 연속으로 바르게 행동할 것이다.
  2. 쉬는 시간에 컴퓨터 앞에 앉아 있는 친구의 손등을 때리는 행동이 감소할 것이다.

❺ 13유아B1
㉠~㉢은 단기목표 작성 시 필요한 3가지 요소 중 어디에 해당하는지 각각 쓰시오.

  은지는 ㉠ 유치원 일과 중에 ㉡ 매일 3회 중 2회 이상 ㉢ 한 손으로 물건을 잡고 나머지 한 손으로는 물건을 조작해야 하는 활동 한 가지를 수행할 것이다.

조건	같은 행동이라도 특정 조건에서는 바람직한 행동이 되지만 다른 조건에서는 바람직하지 않은 행동이 될 수 있다. 따라서 행동목표를 진술할 때는 기대되는 표적행동과 관련된 선행자극으로서 환경적 상황, 사용될 자료, 도움의 정도, 구어적·문어적 지시 등의 '조건'을 제시해야 한다.	환경적 상황	• 급식시간에 • 놀이터에서
		사용될 자료	• 10개의 덧셈 문제가 있는 문제지가 주어지면 • 식기가 주어질 때
		도움의 정도	• 보조교사의 도움 없이 • 교사의 신체적 촉구가 있으면
		구어적·문어적 지시	• 스웨터를 입으라는 구어적 지시를 주면 • 전자레인지의 사용 설명서를 보고
기준	행동이 얼마나 어떻게 변화될 것인지에 대한 수용할 만한 최소한의 수행 수준을 의미한다. 즉, 중재의 결과로 아동이 수행할 수 있는 행동 수준의 양을 행동의 빈도, 지속시간, 비율 등으로 표현하는 것이다.	빈도	10개의 사물 명칭을 정확히 발음한다.
		지속시간	30분 동안 수행한다.
		지연시간	지시가 주어진 후 1분 이내에 시행할 것이다.
		비율(%)	주어진 기회의 80%를 정확히 반응할 것이다.

⑤ 행동목표를 구체적 형식으로 표현하면 다음과 같다.

> "[아동/학습자]가 [조건]에서/할 때, [기준] 수준으로 [행동]할 것이다."
>
> ㉠ 영진이는 수학시간에 합이 30이 넘지 않는 덧셈 시험문제가 주어질 때, 연속 3일
>   학습자   조건   기준
> 동안 분당 5개의 정답률로 문제를 풀 것이다.
>   행동
> ㉡ 수현이는 연속 5일간 국어 수업시간 동안 교사의 허락이 있는 경우를 제외하고
>   학습자   기준   조건
> 국어시간 내내 자기 자리에 앉아 있을 것이다.
>   행동

⑥ 행동목표를 세우기 위해 고려해야 할 사항

  ㉠ 가능한 한 간단하고 명확하게 표현해야 한다.

  ㉡ 행동목표의 네 가지 구성요소가 포함되어야 한다.

  ㉢ 주요 동사는 관찰 가능한 용어여야 한다.

  ㉣ 긍정적 표현을 사용해야 한다. "～하지 않는다."보다는 "～한다."라는 표현이 좋다.

  ㉤ 조건은 반복될 수 있어야 한다.

  ㉥ 기준은 측정될 수 있어야 한다.

  ㉦ 행동은 관찰될 수 있어야 한다.

  ㉧ 단순히 "증가할 것이다." 또는 "향상될 것이다." 등의 표현은 삼간다.

---

❻ 24중등B10

밑줄 친 ㉢의 행동목표 진술에서 빠진 요소를 1가지 포함하여 학생 A의 행동 목표를 바르게 고쳐 쓰시오. [단, 메이거(R. F. Mager)의 행동 목표 진술에 근거하여 쓸 것]

• 행동 목표: ㉢ 학생 A는 수업 시간에 자리에 앉아 있을 수 있다.

❼ 25초등B2

㉢을 반영한 학습목표를 메이거의 행동적 목표로 쓰시오. (단, 숙달 수준을 80% 이상의 정확도로 할 것)

〈뺄셈 연산 학습지 중 일부〉

• 계산해 봅시다.

특수교사: 학습지를 살펴보니까 뺄셈 연산에서 (㉢) 오류가 나타나요. 우선, 이 부분에 중점을 두고 지도하면 좋겠어요.

더 알아보기

Mager의 행동목표 진술 방식

• 도착점 행동
• 상황이나 조건
• 수락의 기준

더알아보기 바르지 못한 행동목표를 교정하는 예

바르지 못한 행동목표	문제점		바른 행동목표
A는 '크다'와 '작다'의 개념을 이해할 것이다.	조건이 명시되어 있지 않다.	→	교사가 두 가지 사물을 제시할 때
	기준이 없다.	→	10번의 기회 중 9번을 정확하게
	이해하는 것은 행동이 아니다.	→	큰 물건을 교사에게 줄 것이다.
B는 2주 내로 교사가 지시할 때 게시판에서 자기 이름을 구별할 수 있을 것이다.	2주 안에 한 번만 이름을 구별해도 되는지 명확하지 않다.	→	4월 20일까지 연속 5일간
	기준이 없다.	→	주어진 기회의 80%만큼
	'구별하다'는 행동이 아니다.	→	게시판에서 자기 이름을 손가락으로 가리킬 것이다.
재선이는 혼자서 계단을 사용하여 90%는 이동할 것이다.	조건이 명확하지 않다.	→	학교 건물 1층과 2층 사이에 있는 계단을 신체적 촉구나 벽에 있는 지지대를 붙잡지 않고
	기준이 모호하다.	→	연속 3일간 계단 수의 90%를
	행동이 구체적이지 않다.	→	오른발과 왼발을 번갈아 가면서 오르내릴 것이다.

2. 행동의 기능평가(functional assessment)

(1) 기능평가의 정의 및 목적

① 행동의 기능평가란 문제행동과 기능적(예측 가능한) 관계가 있는 선행사건이나 후속결과에 관한 정보를 수집하는 것으로, 그 결과를 통해 문제행동에 관한 가설을 만든다.

② 기능평가의 목적은 문제행동 발생 원인을 찾는 것, 즉 문제행동을 유발 또는 유지하게 하는 환경적 원인을 찾아 그에 대해 가장 효과적인 중재를 적용하는 데 있다. **❶ 16유아A1**

③ 문제행동의 기능을 조사하지 않은 채 문제행동 자체만 제거하려는 전통적 행동수정 기법을 적용하는 것에는 다음과 같은 문제점이 있다.

　㉠ 중재 효과가 지속되지 못하며, 일반화되지 않는다.

　㉡ 또 다른 문제행동이 생길 수 있다. 문제행동이란 학생이 환경을 조정하기 위해 사용하는 수단이기 때문에, 특정 문제행동을 제거하더라도 학생은 여전히 환경을 조정하기 위해 다른 문제행동을 나타낼 수 있다.

　㉢ 문제행동을 제거하기 위해 혐오자극을 사용하면 일시적이거나 즉각적인 효과를 볼 수 있지만 이는 중재자와 아동의 관계를 악화시킨다.

기출 POINT 6

❶ 16유아A1

ⓒ에 들어갈 용어를 쓰시오.

박 교사 : 현수가 보이는 행동의 원인과 의도를 파악하기 위한 (ⓒ)을/를 해 보면 좋겠어요. 이를 위해서 현수의 행동을 관찰해 볼 수 있는 ABC평가, 면접, 질문지 등 다양하고 체계적인 방법을 사용할 수 있어요.

④ 행동의 기능평가를 실시했을 때 얻을 수 있는 이점은 다음과 같다.

　㉠ 문제행동을 유지하게 하는 사건에 대한 가정적 진술을 만들 수 있다.

　㉡ 기능평가 과정에서 수집한 관찰 결과들을 모아서 가설을 개발하기 때문에, 가설을 지지하고 입증하는 관찰 자료 수집이 가능하다.

　㉢ 행동의 기능평가 자료를 기반으로 행동지원 계획을 세울 수 있다.

　㉣ 문제행동을 악화시킬 수 있는 위험요인을 찾아내어 그러한 오류를 감소시킬 수 있다.

(2) 문제행동의 기능

① 문제행동의 기능의 종류(Evans&Meyer, 1985.) ❶ 25중등A11, ❷ 14초등A2, ❸ 13유아A4

기능	설명
관심	행동의 목적이 다른 사람의 관심을 끌기 위한 것이다. **예** 교사가 다른 친구를 도와주고 있을 때 친구를 때려서 교사를 자신 쪽으로 오게 한다.
회피	행동의 목적이 특정 사람이나 활동을 피하기 위한 것이다. **예** 그리기를 싫어하는 학생은 도화지를 찢음으로써 그리기를 하지 않아도 되기에 찢기 행동이 회피기능을 획득하게 만든다.
획득(요구)	행동의 목적이 원하는 것을 획득하기 위한 것이다. **예** 친구를 때리고 친구가 가지고 노는 장난감을 뺏음으로써 원하는 것을 얻게 된다. 때로는 원하는 물건을 잃거나 원하는 활동이 끝나서 그것을 유지하기 위해 행동을 하기도 한다.
자기조절	행동의 목적이 자신의 각성 수준을 조절하기 위한 것이다. **예** 외부 자극에 대처하여 자신을 안정시키기 위해 소리 지르기를 한다. 이는 '상동 행동' 또는 '자기자극 행동'이라 부른다.
놀이 혹은 오락	자기조절과 유사하게 보이는 행동으로, 심심하거나 무료해서 놀이나 오락으로 행동을 하는 것이다. **예** 무료한 시간을 보낼 때 습관적으로 자신의 손톱을 물어뜯는 행동을 한다.

② 문제행동이 유지되는 원인(문제행동이 가진 후속결과의 기능)을 아래의 여섯 가지로 분류하였다.

		얻거나 피하고자 하는 자극의 종류		
		유형물/활동	사회적	감각적
행동의 유지 원인	정적 강화	①－㉠	②－㉡	③－㉢
	부적 강화	④－㉣	⑤－㉤	⑥－㉥

더 알아보기

문제행동의 기능은 크게 유쾌자극을 얻으려는 것과 혐오자극을 피하려는 것 두 가지로 나누어진다.

기출 POINT 7

❶ 25중등A11
ABC 관찰 요약에 근거하여 학생 K의 문제행동의 기능을 쓰시오.
(가) ABC 관찰 요약

선행 사건(A)	문제 행동(B)	후속 결과(C)
어려운 과제를 제시함	큰 소리로 비속어를 말함	조용한 공간으로 보내 진정하게 함

❷ 14초등A2
다음은 정우의 문제행동에 대한 기능평가 결과이다. ㉠에 해당하는 정우의 문제행동 기능을 쓰시오.

· 정우는 자신이 좋아하는 물건을 친구가 가지고 있으면 그 친구를 강하게 밀치고 빼앗는 행동을 자주 보임
· 정우가 친구의 물건을 빼앗을 때마다, 교사는 물건을 빼앗긴 친구를 다독거려 달래 줌
· 정우는 교사의 별다른 제지 없이 빼앗은 물건을 가짐
· 정우가 가진 문제행동의 기능은 (㉠)이라고 할 수 있음

❸ 13유아A4
㉠과 ㉡에 알맞은 내용을 쓰시오.

우선 민기가 왜 그런 행동을 하는지 아는 것이 중요해요. 아이들이 문제행동을 하는 이유를 몇 가지로 구분해 볼 수 있어요. 예를 들면, 자신이 원하는 물건을 얻거나 활동을 하려할 때와 감각자극을 추구하고자 할 때입니다. 그 외에도 (㉠)와(과) (㉡)을(를) 위해서도 이러한 행동을 합니다.

기출 POINT 8

❶ 16초등B2

ⓔ과 같은 상황이 나타나고 있는 이유를 [A]에 근거하여 쓰시오.

김 교사: 학급 규칙을 정해 적용했음에도 ⓔ 지시를 거부하는 영우의 행동은 여전히 자주 발생하고 있어요.

	시간	선행 사건	행동	후속 결과
[A]	10:20	교사는 학생들에게 학습를 풀도록 지시함	영우는 교사를 향해 큰 소리로 "이런 걸 왜 해야 돼요?"라고 함	교사는 "오늘 배운 것을 잘 이해했는지 보려는 거야."라고 함
		✓	영우는 책상에 엎드리며 "안 할래요"라고 함	교사는 "그러면 좀 쉬었다 하거라."라고 함
	10:30	교사는 옆 친구와 짝을 지어 학습 활동을 하도록 지시함	영우는 "하기 싫어요!"하면서, 활동 자료를 바닥으로 던져버림	교사는 "영우야! 자료 올려놓고, 교실 뒤로 가서 서 있어."라고 단호히 말함
		✓		영우는 그대로 즉시 일어나서 뒤로 감

❷ 13추가유아A4

최 교사의 설명에 근거하여 유추해 볼 때, 두통약을 먹기 전까지 나타났던 머리 때리기 행동의 유지변인이 무엇인지 쓰시오.

최 교사: 우리 반 광희와 아주 비슷한 행동이네요. 광희도 머리를 때리는 자해행동을 했었는데, 행동분포관찰(산점도)를 이용해서 유용한 정보를 얻을 수 있었어요. 다른 평가 자료와 종합해 보았을 때, 광희의 행동은 관심이나 과제와도 무관해 보였고 무언가를 요구하는 것도 아니었어요. 결국 주변의 선행자극이나 후속결과와의 연관성은 찾기가 어려웠죠. 단지 처방받은 두통약을 먹은 후 서너 시간 동안은 머리 때리기가 줄어드는 것으로 관찰되었어요.

ⓐ 첫 번째 문제행동의 기능은 얻고자 하는 유형물이나 활동이 주어지는 정적 강화에 의해 유지되는 문제행동이다. 예를 들어, 엄마를 따라 가게에 간 아동이 장난감을 사달라고 떼쓰거나, ASD 아동이 음식을 얻기 위해 손등을 물어뜯으며 소리를 지르는 행동 등이다. 이러한 행동에 대해서는 의사소통 방법을 체계적으로 가르치거나 선행사건을 변화시켜 문제행동이 발생할 가능성을 최소한으로 줄여야 한다.

ⓑ 두 번째 문제행동의 기능은 관심과 같은 사회적 자극을 얻는 것이다. 이 경우, 문제행동은 관심과 같은 사회적 자극이 주어지는 정적 강화에 의해 유지된다. 예를 들어, 교사의 관심을 끌기 위해 수업을 방해하는 행동 또는 부모의 관심을 끌기 위해 부모와 손님의 대화에 끼어들어 질문을 하거나 문제행동을 일으키는 경우 등이다. 이런 행동에 대해서는 차별강화나 소거 등에 의해 바람직하지 않은 행동에 강화가 주어지지 않도록 하여, 그 행동을 감소시킬 뿐 아니라 바람직한 행동을 통해 충분한 사회적 강화를 받을 수 있도록 지도해야 한다.

ⓒ 세 번째 문제행동의 기능은 생물학적인 내적 자극이나 감각적(시각적·청각적·촉각적) 자극을 얻는 것이다. 이 경우 문제행동은 스스로 만들어내는 자동적 정적 강화에 의해 유지되기 때문에 환경 변화에 관계없이 비교적 일정한 비율로 나타난다. 예를 들어, 자기 눈앞에서 손을 흔들거나 떠는 행동을 할 때 그 시각적 자극의 느낌이 좋아 행동을 지속하는 것이다. 이런 경우 아동의 주변 환경을 다양하게 해주어서 감각자극의 결핍을 막을 수 있다.

ⓓ 네 번째 문제행동의 기능은 어려운 과제나 싫은 요구와 같은 구체적 활동을 피하는 것이다. 이 경우 문제행동은 싫어하는 활동을 제거해주는 부적 강화에 의해 유지된다. 예를 들어, 어려운 질문에 답을 해야 할 때 소리를 지르고 울면 질문을 취소해주는 경우이다. 이런 경우는 문제행동을 대신할 수 있는 의사표현 방법을 가르쳐주거나 피하려는 활동을 마칠 때까지 그 활동을 하도록 요구한다. **❶ 16초등B2**

ⓔ 다섯 번째 문제행동의 기능은 모든 사람이 자기를 바라보는 것과 같이 자신에게 주어지는 사회적 관심이나, 찡그린 얼굴 표정이나 꾸중 같은 부정적 사회적 자극을 피하는 것이다. 이 경우, 문제행동은 부정적 사회적 자극이 제거되는 부적 강화에 의해 유지된다. 예를 들어, 모두가 자기를 쳐다보는 상황에서 발표하는 것을 피하기 위해 징징거리면서 우는 행동이다.

ⓕ 여섯 번째 문제행동의 기능은 고통, 가려움과 같이 내적이거나 감각적인 자극을 피하는 것이다. 예를 들어, 아동이 주변의 특정 소음이 싫어서 머리를 심하게 흔들거나 귀를 틀어막는 행동이나, ASD 아동이 누군가에게 안길때 안기는 압력을 피하기 위해 안아주는 사람을 밀쳐내는 행동 등이다. **❷ 13추가유아A4**

더 알아보기 문제행동의 기능과 유지시키는 후속결과

행동의 기능	유지시키는 후속결과
관심을 얻기 위해 • 성인(교사, 부모, 치료사 등)에게서 사회적 관심 • 또래에게서 사회적 관심	**정적 강화** 관심은 학생이 그 행동을 다시 하게 될 가능성이나 비율을 높인다.
유형의 무언가를 얻기 위해 • 사물 • 활동 • 사건	**정적 강화** 유형물은 학생이 그 행동을 다시 하게 될 가능성이나 비율을 높인다.
감각자극을 얻기 위해 • 시각적　• 미각적 • 청각적　• 운동감각적 • 후각적　• 고유수용적	**자동 정적 강화*** 행동을 하는 것 자체로 공급되는 감각은 학생이 그 행동을 다시 하게 될 가능성이나 비율을 높인다. 예 자기자극 행동
관심에서 도피하기 위해 • 또래나 성인의 관심 • 또래와의 사회적 상호작용	**부적 강화** 혐오적인 상호작용에서 제외되는 것은 행동의 가능성이나 비율을 높인다.
도피하기 위해 • 벅찬 혹은 지루한 과제 • 장면, 활동, 사건	**부적 강화** 혐오적인 자극을 제거하는 것은 행동의 가능성이나 비율을 높인다.
감각자극에서 도피하기 위해 고통스럽거나 불편한 내적 자극	**자동 부적 강화** 행동을 함으로써 고통스럽거나 불편한 내적 자극을 줄이는 것 자체가 그 행동을 다시 하게 될 가능성 그리고/또는 비율을 높인다. 예 신체적 불편이나 고통

[출처] 이효신 역, 『교사를 위한 응용행동분석』(2014.)

(3) 행동의 기능평가 방법

① 기능평가를 위한 간접 평가 : '간접 평가'란 학생을 실제 관찰하는 것이 아닌 다른 방법으로 학생에 대한 정보를 수집하는 방법이다. **❶ 25유아B2**

　㉠ 생활기록부 검토

　㉡ 개별화교육계획 회의 자료 검토

　㉢ 면담

　　• 문제행동을 하는 학생 본인이나 학생을 가장 잘 알고 있는 사람들(예 부모, 교사, 관련 서비스 제공자)에게 여러 가지 적절한 질문을 하는 방법이다. **❷ 10중등23**

　　• 면담은 학생과 문제행동에 대한 최대한의 정보를 알아내는 것이 목적이므로 개괄적 정보와 구체적 정보를 모두 얻도록 구성할 수 있다.

Keyword

'자동적 강화'란 사회적 상황에서 다른 사람에 의해 강화되는 것이 아니라, 어떠한 행동을 수행함으로써 자동적으로 강화가 뒤따르는 것을 의미한다.

기출 POINT 9

❶ 25유아B2
김 교사가 [A]에서 사용한, 행동의 기능평가 방법은 무엇인지 쓰시오.

> • 문제행동 : 최근 친구뿐만 아니라 선생님을 때리는 행동이 나타남
> • 평가 척도 : 동기평가척도(Motivation Assessment Scale : MAS) 검사 결과 때리기 행동의 기능은 '관심 끌기'였음
> • 면담 결과 : 동호 출산 후 어머니는 산후 우울증이 있었다고 함. 어머니 대신 동호를 양육해 주시던 외할머니가 돌아가셔서 우울증이 더 심해져 동호를 거의 돌보지 못했다고 함 [A]
>
> 어머니가 실시한 동기평가척도(MAS) 검사로 동호의 때리기 기능이 '관심 끌기'임을 알게 되었고, 어머니와의 면담을 통해 애착형성의 문제를 확인하였다. 동호가 평소에 좋아하는 감촉이 부드러운 인형을 준비해서 가끔씩 끌어안을 수 있도록 지원해야겠다.

❷ 10중등23
장애학생의 문제행동 지원에 관한 설명으로 옳은 것을 모두 고르시오.

> ㉠ 면담은 비형식적 방법으로 면담 대상자는 학생을 잘 아는 사람과 학생 본인이다.

② 표준화된 평가척도 또는 체크리스트

- 행동이 얼마나 자주 일어나는지 또는 얼마나 심각한지를 척도, 또는 주어진 내용목록에 동의하는 정도에 따라 평가자의 기억에 의존하여 작성하는 것이다.
- 표준화된 평가척도 또는 체크리스트를 사용하는 간접 평가는 면접에 비해 실시하기 용이하고 시간이 적게 소요되어 효율성이 높다는 장점이 있지만, 문제행동을 유발하는 구체적인 선행사건을 파악하지 못할 수 있다.

더알아보기 동기평가척도(MAS) ❶ 23유아A2

- 특정 문제행동에 관한 문항에 부여한 척도 점수를 기입하여 행동의 동기에 해당하는 항목별로 합산한다.
- 항목별 합산 점수를 비교하여 순위를 매기면 특정 문제행동의 동기가 무엇인지 알 수 있다.

기출 POINT 10

❶ 23유아A2

■ 문제행동 동기평가척도(MAS) 결과

구분	감각	회피	관심 끌기	선호물건/활동
문항점수	1. 1 5. 1 9. 2 13. 1	2. 1 6. 2 10. 1 14. 4	3. 5 7. 4 11. 5 15. 5	4. 1 8. 3 12. 3 16. 2
전체점수	5	8	19	9
평균점수	1.25	2	4.75	2.25

* 평정척도: 전혀 그렇지 않다 0점 ~ 항상 그렇다 6점

문제행동 동기평가척도
(Motivation Assessment Scale)

학생 이름		작성자		작성한 날	
문제행동					
평가장소					

· 본 질문지는 개인이 특정한 방식으로 행동하는 상황에 대한 정보를 파악하여 적절한 강화 및 중재 방안을 결정하기 위한 것이다. · 선정된 문제행동은 최대한 구체적이어야 한다. 예를 들어, "공격적인 행동을 보인다"고 하는 것보다, "옆 친구를 주먹으로 때린다"처럼 명확하고 분명한 것이 좋다. · 각 문항을 잘 읽고 그 행동을 가장 잘 설명하고 있다고 생각되는 점수에 ○표 한다.	전혀 그렇지 않다	거의 그렇지 않다	보통 그렇지 않다	중간 정도 그렇다	대개 그렇다	거의 항상 그렇다	항상 그렇다
1. 학생이 오랜 시간 혼자 있을 때 계속적이고 반복적으로 문제행동을 보이는가?	0	1	2	3	4	5	6
2. 어려운 과제를 수행하기를 요구한 후 문제행동이 발생하는가?	0	1	2	3	4	5	6
3. 문제행동이 다른 사람들과 이야기하고 있을 때 일어나는가?	0	1	2	3	4	5	6

···(중략)···

구분	감각	회피	관심끌기	선호물건/활동
문항점수	1. 5. 9. 13.	2. 6. 10. 14.	3. 7. 11. 15.	4. 8. 12. 16.
전체점수				
평균점수				
상대순위				

② **기능평가를 위한 직접 평가** : '직접 평가'란 자연스러운 상황에서 아동의 문제행동을 관찰하고 기록하는 것으로, 학생 개인의 실제 수행에 대한 객관적 자료를 제공한다.

ㄱ **행동분포 관찰(산점도)** ❶ 25유아B3, ❷ 21유아A3, ❸ 19초등B2, ❹ 18중등A11, ❺ 15초등A2, ❻ 13추가유아A4

- 행동분포 관찰은 직접적인 기술 평가도구이며, 교사로 하여금 시간과 상황 전반에 걸쳐 목표 행동 정도를 추산할 수 있게 해준다(곽승철 외).
- 관찰자는 각각의 시간 간격 사이에 발생한 활동을 보고, 주어진 날 특정한 시간에 목표행동이 발생했는지를 표시한다.
- 행동분포 관찰 방법은 문제행동이 가장 빈번하게 발생하는 시간과 자주 발생하지 않는 시간대를 시각적으로 쉽게 알아볼 수 있도록 구성된다.
- 행동분포 관찰은 목표행동 발생의 실제적 빈도를 나타내지는 않지만, 시간과 상황에 관련된 행동 패턴을 보여준다. 이는 행동문제가 일어난 시간, 특정인의 존재 또는 부재, 물리적 혹은 사회적 상황, 특정 활동 등의 관계를 밝히는 데 사용할 수 있다.
- 학생의 문제행동이 주로 발생하는 시간대를 알고자 할 때 사용할 수 있다. 이와 같이 행동분포 관찰을 통해 얻은 정보는 더 자세한 정보를 수집해야 할 시간대를 결정하는 데 도움을 준다.

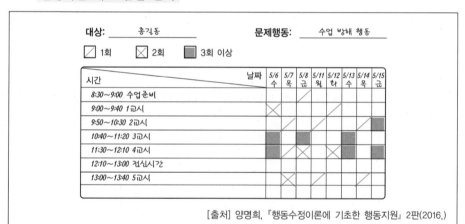

[출처] 양명희, 『행동수정이론에 기초한 행동지원』 2판(2016.)

더 알아보기 **산포도 사정**(곽승철 외, 2017.)

- 산포도 사정은 문제행동이 가장 많이 발생할 것 같은 때와 발생할 것 같지 않은 때가 언제인지를 알아보기 위해 실시하며, 문제행동이 자주 발생하는 시간과 대체적으로 무작위로 나타나는 시간대가 언제인지를 알아보는 데 사용된다.
- 산포도 사정을 실시하면 면담 정보를 보충할 수 있고 보다 효율적이고 효과적인 직접 관찰을 유도할 수 있다. 그래서 산포도 사정은 간접적인 FBA 방법을 수행한 다음에 사용하는 것이 유익하며, 직접관찰을 실시하기 전에 하는 것이 바람직하다.
- 산포도는 매일의 행동을 부호화하기 위해서 일정한 시간 간격으로 표를 만든 것이다. 표 안에서 각 시간 간격은 행동의 발생이 고율인지 저율인지 무발생인지를 표현하는 데 사용된다.
- 교사는 완성된 표를 분석함으로써 문제행동이 하루 중 어떤 특정한 시간대와 관계된 것인지, 특정한 사람의 출현이나 부재에 관련된 것인지, 활동이나 사건, 물리적 환경이나 사회적 환경, 혹은 어떤 복합적인 요소 때문에 나타나는 것인지를 파악할 수 있다.

기출 POINT 11

❶ 25유아B3
① 박 교사가 제시한 관찰 기록 방법의 사용 목적을 쓰고, ② 밑줄 친 ㉠이 잘못된 이유 1가지를 쓰시오.

관찰 기록지				
유아명	승호	관찰 시간	09:00~13:00	
표적행동		손가락을 튕기는 행동		

시간 \ 날짜	11/4 월	11/5 화	11/6 수	11/7 목	11/8 금
09:00~09:10 등원 및 정리					
09:10~09:30 대집단 활동					
09:30~11:40 자유놀이					
11:40~11:50 그림책 읽기					
11:50~12:40 점심시간					

※ □=0회, ▨=1~3회, ▧=4회 이상

송 교사: 그렇군요. 선생님이 기록하신 걸 보니, 승호의 손 튕기기 행동이 그림책을 읽을 때 가장 많이 나타나네요. ㉠ 표적행동의 빈도를 빨리 낮추려면 중재를 바로 시작해야겠어요.

❷ 21유아A3
박 교사가 사용한 직접 관찰 방법은 무엇인지 쓰시오.

어느 시간에 많이 발생하는지, 또 혹시 발생하지 않는 시간은 있는지 시간대별로 알아본 결과 큰 책 읽기 시간에 울음 행동이 가장 많이 발생하고 실외 활동 시간에 가장 적었어요.

❸ 19초등B2
은지의 행동을 관찰·분석하기 위하여 ㉣과 같은 방법을 사용하는 목적을 1가지 쓰시오.

■ ㉣ 주간 행동 관찰 기록

시간 \ 요일	일	화	수	목	금
8:30~ 9:00 수업준비					
9:00~ 9:40 1교시					
9:50~10:30 2교시					
10:40~11:20 3교시					
11:30~12:10 4교시					
12:10~13:00 점심시간					
13:00~13:40 5교시					

(▢ 1회, ▨ 2회, ▧ 3회 이상)

❺ 15초등A2
㉠을 하기 위해 사용한 관찰(기록) 방법을 쓰시오.

민수의 ㉠ 교실 이탈 행동이 가장 많이 일어나는 시간대를 한눈에 파악할 수 있도록 관찰 기록지를 작성해 봤어요. 그랬더니 하루 중 민수의 교실 이탈 행동은 과학 시간대에 가장 많이 발생하더군요. 그래서 과학 시간에 일화기록과 ABC 관찰을 통해 교실 이탈 행동에 대한 보다 자세한 정보를 수집했어요.

기출 POINT 11

❹ 18중등A11

(나)에 제시된 관찰기록 방법의 명칭을 적고, 그 목적을 1가지 쓰시오. 그리고 밑줄 친 ⓒ을 실시하는 이유를 1가지 서술하시오.

(나) 학생 H의 문제행동 관찰기록 결과지

○이름: 학생 H   ○문제행동: 수업 중 자리이탈 행동

미발생: ☐   1회: ▱   2회: ▨   3회 이상: ▦

시간	일자 내용	11/ 13 월	11/ 14 화	11/ 15 수	11/ 16 목	11/ 17 금	11/ 20 월	11/ 21 화	11/ 22 수	11/ 23 목	11/ 24 금
09:00~09:50	1교시										
10:00~10:50	2교시							▱			
11:00~11:50	3교시	▦	▱		▦	▦	▦		▦	▦	
12:00~12:50	4교시	▦		▦				▱	▦		▨
13:40~14:30	5교시	▱	▨			▨		▱			▨
14:40~15:30	6교시										
15:40~16:30	7교시										

일반교사: 그렇다면 (나)의 관찰기록 결과만 살펴보면 될까요?

특수교사: 아니요. ⓒ (나)의 관찰기록 결과를 분석한 다음에 다른 방식의 직접관찰을 할 필요가 있습니다.

❻ 13추가유아A4

아래와 같은 양식을 이용한 관찰 방법을 쓰고, 이러한 방법으로 얻을 수 있는 정보는 무엇인지 쓰시오.

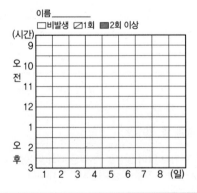

ⓛ 일화기록

- 일화기록은 학생의 행동을 직접 관찰하여 이야기식으로 기록하는 것으로, 일정한 형식이 없는 비공식적인 방법이다.
- 한 학생의 누적된 일화기록을 검토하면 문제행동의 패턴을 알 수 있다.

아동이름: 김명철 **관찰시간**: 2010. 3. 5. 11:00~11:15		**생년월일**: 2005. 3. 1. **관찰장소**: ○○유치원 토끼반(6세반)
상황		자유놀이 시간이 끝나고 가지고 놀던 장난감을 정리하고 이야기 시간을 준비하라는 선생님의 지시가 주어졌다. 교실에는 20명의 유아들이 있다.
관찰 내용		선생님의 장난감을 정리하라는 지시와 함께 장난감을 정리하는 시간임을 알리는 피아노 연주 소리가 들리자 다른 아이들은 가지고 놀던 장난감을 정리하고 자기 자리를 찾아 앉고 있다. 정리 시간이 끝났는데도 명철이가 계속해서 장난감을 가지고 놀이를 계속하고 있자 선생님이 자리에 앉을 것을 요구했다. 그러나 명철이는 아무 반응 없이 장난감을 가지고 계속 놀고 있다. 선생님이 명철이가 가지고 노는 장난감을 정리하자 명철이는 두 다리를 뻗고 소리를 지르며 울었다. 선생님이 제자리로 가서 앉으라고 지시하자 명철이는 두 발로 바닥을 크게 두드리며 더 큰 소리로 울었다. 그러자 선생님은 명철이를 두 팔로 들어 제자리로 옮기려고 했다. (생략)

[출처] 양명희, 『행동수정이론에 기초한 행동지원』 2판(2016.)

ⓒ ABC 관찰기록

- 자연스러운 상황에서 문제행동의 선행사건(A; Antecedent), 문제행동(B; Behavior), 후속결과(C; Consequence)를 시간의 흐름에 따라 직접 관찰하며 기록하는 방법이다. ❶ 21중등A10, ❷ 19유아A4, ❹ 17중등A6, ❺ 16초등B2, ❻ 12중등22
- ABC 관찰기록은 하루 일과를 모두 기록하는 것이 아니라 문제행동이 발생할 때 문제행동을 중심으로 그 전후 사건을 기록한다. 이를 통해 행동의 연결고리를 이해할 수 있고, 행동에 대한 많은 정보를 얻을 수 있다. ❸ 19유아B2
- ABC 관찰기록을 통해 문제행동의 ABC 외에도 어떤 문제행동들이 함께 나타나는지, 언제, 어디서, 누구와 있을 때 가장 잘 발생하는지, 어떤 결과를 얻게 되는지에 대한 정보도 알 수 있다. 즉, 문제행동에 영향을 미치는 변수를 찾을 수 있다. 이를 통해 아동 행동에 대한 검증 가능한 가설을 세울 수 있다.

기출 POINT 12
❸ 19유아B2
ABC 서술식 사건표집법의 장점을 1가지 쓰시오.

❻ 12중등22
다음은 학생 A의 문제행동을 개선시키기 위한 긍정적 행동지원 절차이다. 이 절차에 따라 김 교사가 적용한 단계별 예로 옳은 것만을 모두 고르시오.

ⓛ 단계 2: 학생 A의 목표행동 기능을 파악하기 위하여 A-B-C 분석을 실행하고, 행동에 영향을 미칠 수 있는 학습 및 행동 발달 수준을 파악하기 위한 다양한 정보를 수집한다.

기출 POINT 12

❶ 21중등A10

(나)의 괄호 안의 ㉠에 해당하는 내용을 (가)를 참고하여 쓰시오.

(가) 문제행동 수집 자료

• 피관찰자 : 학생 F	• 관찰자 : 김 교사	• 관찰일시 : 2020. 11. 20.

시간	선행 사건(A)	학생 행동(B)	후속 결과(C)
13:00	"누가 발표해 볼까요?"	(큰 소리로) "저요, 저요."	"그래, F가 발표해 보자."
13:01		"어…어…." (머뭇거린다)	"다음에는 대답을 제대로 해 보자, F야."
13:02		(웃으며 자리에 앉는다)	
	…		
13:20	"이번에는 조별로 발표를 해 봅시다."	(큰 소리로) "저요, 저요."	(F에게 다가가서) "지금은 다른 조에서 발표할 시간이에요."
13:21		(교사를 바라보며 미소 짓는다)	
	…		
13:40	"오늘의 주제는…."	(교사의 말이 끝나기도 전에) "저요, 저요." (자리에서 일어난다)	"지금은 선생님이 말하는 시간이에요."
13:41		(교사를 바라보며 미소 짓는다)	
	…		

(나) 대화

> 김 교사 : 선생님, 지난 수업에서 학생 F의 문제행동을 평가해 보니 그 기능이 (㉠)(으)로 분석되었습니다.

❷ 19유아A4

(나)의 관찰 결과를 볼 때, 지후가 '소리를 지르며 짜증을 내는' 행동의 기능은 무엇인지 쓰시오.

(나)

시간	선행 사건	행동	후속 결과
11:00	이야기 나누기가 시작된다.	소리를 지르며 짜증을 낸다.	소파에 앉아 있도록 한다.
11:05	반죽 만들기가 시작된다.	자리로 돌아와 즐겁게 참여한다.	—
11:20	이야기 나누기가 시작된다.	소리를 지르며 짜증을 낸다.	소파에 앉아 있도록 한다.

❹ 17중등A6

다음은 수업시간에 확인하는 질문을 과도하게 하는 정서·행동장애 학생에 대한 행동관찰 기록의 일부이다. 직접관찰법의 명칭을 쓰시오.

(가) 행동관찰 기록

• 관찰 대상: 학생 B	• 날짜: 5월 20일
• 관찰자: 교사	• 장소: 미술실

시간	선행 사건	행동	결과
09:05	교사가 학생들에게 수업 자료를 꺼내라고 말한다.	B가 "꺼낼까요?"라고 질문한다.	교사가 "그래요."라고 말한다.
09:12	교사가 준비된 재료들을 하나씩 말해 보라고 한다.	B가 "하나씩요?"라고 질문한다.	교사는 "네."라고 대답한다.
09:16	교사가 책상 위에 준비물을 올려 놓으라고 말한다.	B가 "책상 위로 올려요?"라고 질문한다.	교사는 "그래요."라고 답한다.

❺ 16초등B2

㉮~㉰ 중에서 각 기호의 내용이 ABC 관찰요소(선행 사건, 행동, 후속 결과) 중 어디에 해당하는지 쓰시오.

(나) ABC 관찰기록

• 학생: ○영우	• 날짜: 2015. 9. 18.	• 관찰자: ○○○
• 장소: ○○초등학교 6학년 5반 교실		
• 상황: 통합학급의 수학 시간		

	시간	선행 사건	행동	후속 결과
[A]	10:20	교사는 학생들에게 학습지를 풀도록 지시함	영우는 교사를 향해 큰 소리로 "이런 걸 왜 해야 돼요?"라고 함	교사는 "오늘 배운 것을 잘 이해했는지 보려는 거야."라고 함
		✓	영우는 책상에 엎드리며 "안 할래요!"라고 함	교사는 "그러면 좀 쉬었다 하거라."라고 함
	10:30	교사는 옆 친구와 짝을 지어 학습 활동을 하도록 지시함	영우는 "하기 싫어요!" 하면서, 활동 자료를 바닥으로 던져버림	교사는 "영우야 자료 올려놓고, 교실 뒤로 가서 있어."라고 단호히 말함
		✓		
	10:35	㉮ 영우가 의자 위로 올라 앉아 교실을 둘러봄	㉯ 진성이는 "야, 너 때문에 안 보여."라고 함	㉰ 교사는 "영우야, 바르게 앉아."라고 함

ⓔ ABC 행동 관찰 검목표(체크리스트)

- ABC 관찰기록을 발전시킨 것으로, 관찰자가 면담 등을 통해 미리 확인한 있을 수 있는 선행사건, 문제행동, 후속결과 등을 관찰 검목표에 기록해두고 관련 사건이 나타날 때마다 해당 칸에 체크 표시를 하여 기록하는 것이다.
- 검목표에 기록될 선행사건, 문제행동, 후속결과의 내용은 각 학생에 맞게 작성해야 한다.
- ABC 행동 관찰 검목표는 관찰자가 학생의 계속되는 행동에 크게 방해받지 않고 빨리 기재할 수 있다는 장점이 있지만, 행동에 대한 자세한 정보는 제공받지 못한다는 단점이 있다.

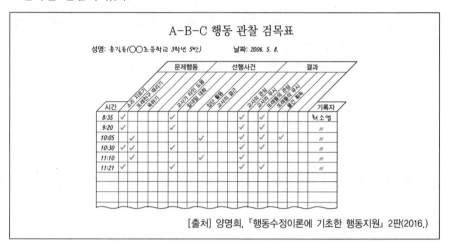

[출처] 양명희, 『행동수정이론에 기초한 행동지원』 2판(2016.)

ⓜ 행동의 기능평가 관찰지

- 행동의 기능평가 관찰지는 ABC 행동 관찰 검목표를 더욱 발전시킨 것으로, 타당도와 신뢰도를 갖춘 방법으로 입증되었다.
- 이 기록지에는 행동 발생 기간, 선행사건이나 문제행동을 예견해주는 요인들(A), 발생한 행동(B), 문제행동을 한 아동에게 실제로 주어지는 결과(C), 추정되는 문제행동의 기능 등을 기록한다.

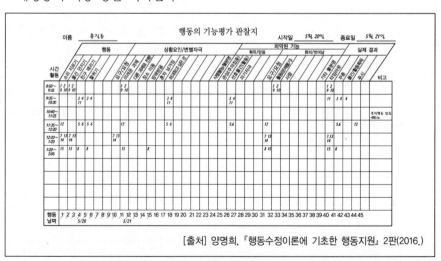

[출처] 양명희, 『행동수정이론에 기초한 행동지원』 2판(2016.)

▶ 간접 평가와 직접 평가의 장단점

방법	장점	단점
간접 평가 ❶ 13추가유아A4	• 개괄적 정보를 알려준다. • 자세한 진단이 필요할 것인지 신속히 알려준다. • 다양한 시간대와 환경에 대한 정보를 수집한다. • 학생 본인의 관점을 알려준다.	• 정보 제공자가 학생을 아는 정도에 따라 정보의 수준이 달라질 수 있다. • 구체적 정보를 구하기 어려울 수 있다. • 표준화된 검사의 경우 상업적으로 제작되었기 때문에 모든 학생에게 적용 가능한 것은 아니다.
직접 평가	• 행동 발생 당시의 정보를 직접 수집한다. • 자연스러운 환경에서 실시할 수 있다. • 환경, 선행사건, 행동, 후속결과에 대한 구체적인 정보를 제공한다.	• 시간이 많이 걸린다. • 행동의 직접 관찰이 다른 일과에 방해가 된다. • 문제행동 발생을 놓칠 수 있다. • 자주 발생하는 행동은 관찰과 기록이 어렵다. • 발생 빈도가 낮은 행동은 수집된 정보가 충분치 않을 수 있다.

③ 기능평가를 위한 기능분석

　㉠ 기능분석의 개념

　　• 기능평가는 행동의 선행사건과 후속결과를 찾아내는 다양한 접근 과정을 의미하고, 기능분석은 어떤 행동과 관련 있는 환경을 체계적이고 계획적인 방법으로 조작하여 그 행동을 통제하는 선행조건의 역할이나 그 행동을 유지하게 하는 결과를 검증하는 방법을 의미한다. ❸ 10중등23

　　• 기능분석은 기능평가의 하위개념으로, 기능평가를 통해 알게 된 문제행동의 원인을 설명하는 가설을 실험적으로 검증한다. 이를 위해 문제행동이 발생했을 때 나타나는 후속결과(📵 정적 자극, 회피자극)를 조작하거나 선행사건(📵 과제의 난이도, 과제의 길이, 활동의 선택)을 체계적으로 조작하여 새로 만들어진 환경에서 표적행동이 어떻게 변화하는지 관찰한다. ❶ 24초등B1, ❷ 20초등B1

　㉡ 기능분석의 장점

　　• 기능분석은 기능평가 방법 중에서도 가장 정확하고 엄격한 방법이다.

　　• 기능분석은 아동 행동과 환경 사이의 기능적 관계를 명확히 밝혀주기 때문에, 행동의 변화를 가져올 변수를 찾을 수 있고 좀 더 효과적인 중재 방법을 개발할 수 있다. 21유아A3

PART
02

기출 POINT 13

❶ 13추가유아A4
아래의 설명에 해당하는 평가 방법을 쓰시오.

• 면담이나 평정척도 등이 활용된다.
• 평가자의 정보 수준에 의존할 수밖에 없는 단점이 있다.
• 개인이나 행동에 관한 전체적인 정보를 제공한다는 장점이 있다.

기출 POINT 14

❶ 24초등B1
[B]를 근거로 ⓒ에 해당하는 용어를 쓰시오.

수석교사: 영지가 나타내는 행동의 원인이 무엇인지 살펴보셨나요?
담임교사: 네, 행동과 관련된 다양한 정보를 수집하고, 수업 시간에 영지의 행동 관찰을 통해 행동과 전후 상황과의 상관관계를 파악했어요. 그리고 과제 난이도를 조작하거나 관심 [B] 을 적게 두는 조건 등을 설정하여 (ⓒ)을/를 실시한 결과, 영지가 과제를 회피하고자 할 때 문제행동을 나타낸다는 것을 알 수 있었어요.

❷ 20초등B1
㉠에 해당하는 방법의 명칭을 쓰시오.
■ 가설 검증

㉠ 명확한 가설 검증과 구체적인 표적행동 기능 파악을 위해 표적행동에 대한 선행사건과 후속결과를 실험적이고 체계적으로 조작하는 기능적 행동평가 절차를 실시함

❸ 10중등23
장애학생의 문제행동 지원에 관한 설명으로 옳은 것을 모두 고르시오.

ⓒ 기능평가는 문제행동의 기능을 검증하기 위해 선행 사건과 후속 결과를 실험·조작하는 활동이다.
ⓓ 기능분석은 특정 행동을 신뢰할 수 있게 예언하고, 그 행동을 지속시키는 환경 내의 사건을 정의하기 위해 이루어지는 일련의 활동 과정이다.

기출 POINT 15

❶ 13추가유아A4
일반적으로 자해행동은 그 정도가 심각한 경우 기능분석 절차가 적용되기 어렵다. 그 이유를 간단히 쓰시오.

기출 POINT 16

❷ 22초등A5
ⓒ에 근거하여 성규에게 적용한 ㉣의 기능을 쓰시오.

■ 성규의 소리 지르기 행동 기능분석

ⓒ ABC 분석		
선행사건	행동	후속결과
수업 중 제공된 스티커를 모두 사용해버림	소리 지르기	스티커 제공
스티커를 사용하지 않는 다음 활동을 위해 스티커를 회수함	소리 지르기	계속 수업 진행

〈성규의 소리 지르기 행동 기능분석 그래프〉

ⓒ 기능분석의 단점
- 기능분석은 빈번하게 나타나는 행동에만 주로 사용되고, 행동의 원인에 대한 타당한 결론을 찾기 위해 많은 자료와 시간을 요하는 문제행동에는 사용하기 어렵다.
- 기능분석은 심한 자해행동이나 자살과 같이 위험한 행동에는 적용할 수 없다.

❶ 13추가유아A4

- 기능분석은 체계적인 여러 단계의 실행과정을 거쳐야 하기 때문에 많은 시간과 경비와 인력이 요구된다.

㉣ 기능분석의 적용 ❶ 23유아A2, ❷ 22초등A5, ❸ 21유아A3
- 간접 평가와 직접 평가를 통해 학생 A가 어려운 과제를 회피하기 위해 공격적 행동을 할 것이라는 가설이 수립되었다.
- 이를 검증하는 기능분석을 위해서는 몇 차례 계속하여 쉬운 과제를 제시하다가, 다음 몇 차례 동안은 어려운 과제를 계속하여 제시해주는 것을 반복 실시하는 ABAB 설계를 적용해볼 수 있다.
- 이렇게 자료를 수집한 결과 일관성 있게 어려운 과제를 받았을 때만 공격적 행동이 증가한다면, 공격적 행동이 회피 기능으로 작용한다는 가설을 입증할 수 있다.

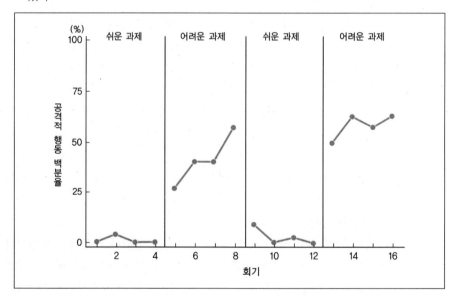

기출 POINT 16

❶ 23유아A2

가설 설정의 구성 요소를 포함하여 ㉠에 들어갈 가설을 쓰고, 〈조건 2〉는 무엇인지 쓰시오.

- ABC 관찰 요약

A	B	C
교사가 다른 유아와 상호작용하고 있음	소리 내어 울기	교사가 서우를 타이르고 안아 줌

- 문제행동 동기평가척도(MAS) 결과

구분	감각	회피	관심 끌기	선호물건/활동
문항점수	1. __1__ 5. __1__ 9. __2__ 13. __1__	2. __1__ 6. __2__ 10. __1__ 14. __4__	3. __5__ 7. __4__ 11. __5__ 15. __5__	4. __1__ 8. __3__ 12. __3__ 16. __2__
전체점수	5	8	19	9
평균점수	1.25	2	4.75	2.25

*평정척도: 전혀 그렇지 않다 0점 ~ 항상 그렇다 6점

- 기능평가 결과를 토대로 설정한 가설

가설	㉠

- 기능분석 결과: 변인 간 기능적 관계가 입증됨

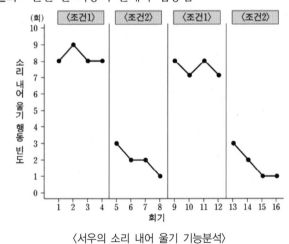

〈서우의 소리 내어 울기 기능분석〉

❸ 21유아A3

지호의 울음 행동 기능은 무엇인지 (나)에 근거하여 쓰시오.

(가)

김 교사 : 박 선생님, 지호의 울음 행동이 주로 어떤 시간에 발생하던가요?

박 교사 : 어느 시간에 많이 발생하는지, 또 혹시 발생하지 않는 시간은 있는지 시간 대별로 알아본 결과 큰 책 읽기 시간에 울음 행동이 가장 많이 발생하고, 실외 활동 시간에 가장 적었어요.

최 교사 : 큰 책 읽기 시간에는 아마도 유아들이 붙어 앉다 보니 신체적 접촉이 생겨서 그러는 것 같아요.

김 교사 : 지호가 좋아하는 박 선생님이 앞에서 책 읽어 주시느라 지호와 멀어지는 것도 이유인 것 같아요.

박 교사 : 그럼, 두 가지 이유 중 어떤 것이 맞는지 가설로 설정하여 검증해봐야겠어요.

(나)

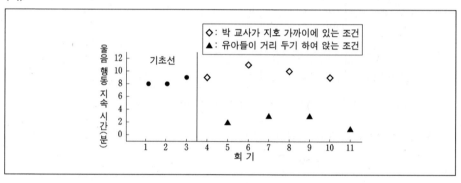

더 알아보기 기능분석의 절차 및 해석

기능분석 기초 절차

- 기능분석은 일반적으로 네 가지 조건으로 구성된다(유관 관심, 유관 도피, 고립, 통제 조건).
- 통제조건에서는 문제행동이 비교적 낮게 나타날 것으로 예상하는데, 그 이유는 강화제를 자유롭게 사용할 수 있고, 개인에게 요구되는 일이 없기 때문이다.
- 각 조건은 동기조작과 문제행동에 대한 잠재적인 강화요소가 포함되어 있다. 조건은 체계적으로 한 번에 한 조건씩 제시되며, 문제행동의 결과라고 예측할 만한 조건이 어떤 것인지 알기 위해 순서를 번갈아가며 실시한다.
- 시행 동안에 문제행동의 발생을 기록한다.
- 문제행동이 다른 조건에 비해 하나 혹은 그 이상의 조건하에서 일관적으로 발생함으로써 어떤 조건이 원인인지를 결정할 수 있을 때까지 반복 시행한다.

조건	선행사건 조건(동기조작)	문제행동의 결과
놀이(통제)	선호하는 활동을 지속적으로 할 수 있고, 사회적인 관심이 제공되며, 과제가 주어지지 않음	문제행동은 무시되거나 자연스럽게 다른 쪽으로 유도함
유관 관심 ❷ 20초등B1	관심을 주지 않거나 딴 곳으로 돌림	부드러운 꾸짖음이나 안심시키는 형태의 관심("그렇게 하면 다른 사람이 아파.")
유관 도피 ❶ 25초등B1	3단계의 촉구 절차를 사용하여 과제가 지속적으로 주어짐	과제가 제거되고 과제수행에 대한 촉구가 중단되어 휴식을 할 수 있음
고립	낮은 단계의 환경적 자극	문제행동은 무시되거나 자연스럽게 다른 쪽으로 유도함

기능분석의 해석

문제행동의 기능은 행동이 고빈도로 발생한 조건을 규명하기 위해 실시한 분석의 결과 그래프를 시각적으로 관찰하여 결정할 수 있다.

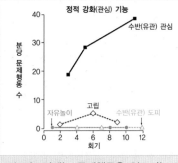

정적 강화(관심) 기능

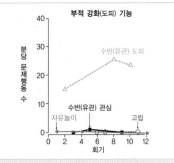

부적 강화(도피) 기능

- 놀이조건에는 문제행동을 일으키는 아무런 동기조작이 없기 때문에 문제행동이 적을 것으로 기대됨
- 유관 관심 조건에서 증가한 문제행동은 사회적 정적 강화에 의해 유지되는 문제행동임을 알 수 있음

유관 도피조건에서 빈번한 문제행동은 부적 강화에 의해 유지되는 것임을 알 수 있음

기출 POINT 17

❶ 25초등B1

㉠에 들어갈 내용을 쓰시오.

부장 교사: 지난번에 말씀하신 지수의 문제행동에 대한 기능 분석(Functional Analysis : FA)은 어떻게 되었나요?

담임 교사: 교차처치설계를 실시했고, 다음 그래프와 같은 결과가 나왔어요. 보시는 바와 같이 과제수행 요구 조건에서 문제행동이 가장 많이 나타났어요.

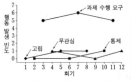

〈문제행동의 기능분석 그래프〉

부장 교사: 과제 수행 요구 조건은 어떻게 설정했나요?

담임 교사: 먼저 지수에게 과제를 수행할 것을 요구했어요. 이때 지수의 문제행동이 발생하면 지수에게 잠시 휴식 시간을 주었어요.

부장 교사: 그렇다면 지수는 과제 수행을 요구받았을 때 가장 불편해하는군요. 지수의 문제행동은 (㉠)의 기능을 가지고 있다고 볼 수 있겠군요.

❷ 20초등B1

㉠에 해당하는 방법의 명칭을 쓰시오.

- 표적행동: 수업 시간에 소리를 지르는 행동
- 기능적 행동평가 및 가설 설정
  - ABC 관찰을 통해 가설을 설정함
- 가설 검증
  - ㉠ 명확한 가설 검증과 구체적인 표적행동 기능 파악을 위해 표적행동에 대한 선행사건과 후속결과를 실험적이고 체계적으로 조작하는 기능적 행동평가 절차를 실시함
  - 이 절차에 대한 '결과 그래프 및 내용'은 다음과 같음

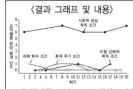

〈결과 그래프 및 내용〉

- 각 회기를 15분으로 구성하고, 불필요한 자극이 제거된 교실에서 하루 4회기씩 평가를 실시함
- 4가지 실험 조건을 각 5회기씩 무작위 순서로 적용함
- 각 실험 조건에서 발생하는 표적행동의 분당 발생 빈도를 기록하고 그래프로 시각화하여 분석함

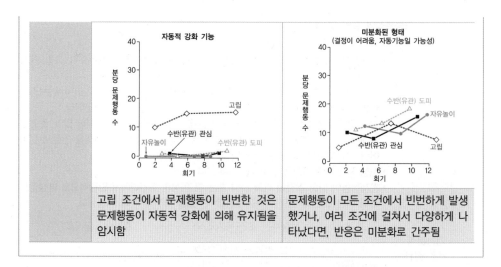

자동적 강화 기능	미분화된 형태 (결정이 어려움, 자동기능일 가능성)
고립 조건에서 문제행동이 빈번한 것은 문제행동이 자동적 강화에 의해 유지됨을 암시함	문제행동이 모든 조건에서 빈번하게 발생했거나, 여러 조건에 걸쳐서 다양하게 나타났다면, 반응은 미분화로 간주됨

3. 문제행동에 대한 가설 세우기

(1) 가설 개발의 정의 및 목적

① 가설은 기능평가를 통해서 얻은 정보와 행동지원 계획 간의 관련성을 안내해주어 행동지원 계획을 제시하는 역할을 한다.

② 가설 수립은 그 정확도에 따라 수집된 진단정보와 중재를 연결시키고, 긍정적 행동지원에서 다루게 될 환경적 상황을 알게 해준다.

(2) 가설 작성 형식

① 문제행동에 대한 간접 평가와 직접 관찰 평가를 통해 얻은 자료를 토대로 문제행동에 대한 검증 가능한 가설을 세울 수 있다. 검증 가능한 가설을 세울 때는 행동을 유발하는 선행사건과 문제행동에 대한 진술 외에도 간접 평가와 직접 관찰 평가에서 얻은 정보를 통해 알게 된 문제행동의 추정 기능을 포함시켜야 한다. ❹ 12중등22

② 즉, 가설 문장에 반드시 4가지 요소가 포함되어야 한다. ❶ 23유아A2, ❷ 19초등B2

   ㉠ 가설은 아동의 이름을 포함해야 한다. 행동지원은 개별화되어야 하기 때문에 누구의 문제행동인지 밝혀져야 한다.

   ㉡ 가설은 선행사건을 포함해야 한다. 문제행동 직전에 발생한 선행사건뿐 아니라 문제행동과 관련이 있다면 배경사건도 포함한다.

   ㉢ 가설에는 문제행동을 기술해야 한다. 구체적이며 관찰 가능한 용어로 문제행동을 기술한다.

   ㉣ 가설에는 추정되는 문제행동의 기능을 밝혀주어야 한다. 이는 추정된 기능이기 때문에 반드시 확증하는 과정을 필요로 한다.

③ 4가지 요소가 포함된 가설 문장은 다음 두 가지의 형식으로 표현될 수 있다. ❸ 14유아A6

기출 POINT 18

❶ 23유아A2
ABC 관찰 요약 결과를 바탕으로 가설 설정의 구성요소를 포함하여 가설을 작성하시오.

■ ABC 관찰 요약

A	B	C
교사가 다른 유아와 상호작용하고 있음	소리 내어 울기	교사가 서우를 타이르고 안아 줌

❷ 19초등B2
ⓓ의 내용에 근거하여 아래의 행동 가설을 수립하였다. ⓐ와 ⓑ에 들어갈 내용을 각각 쓰시오.

■ ⓓ 행동 관찰 결과(실과시간)

- 다른 학생들이 앉아 있는 동안에도 자주 교실 안을 돌아다님
- 교사가 주의를 주지 않으면 계속 돌아다니는 행동을 보임
- 교사가 은지의 이름을 부르면서 지적을 해야 자리에 앉음
- 교사가 다른 학생을 지도하는 동안에 돌아다니는 행동이 잦음

- 학생: 은지는
- 배경/선행사건: (ⓐ)
- 추정되는 행동의 기능: (ⓑ)
- 문제행동: 교실 안을 돌아다닌다.

❹ 12중등22
다음은 학생 A의 문제행동을 개선시키기 위한 긍정적 행동지원 절차이다. 이 절차에 따라 김 교사가 적용한 단계별 예로 옳은 것만을 모두 고르시오.

㉢ 단계 3: 이전 단계에서 수집한 개괄적 정보를 요약하고, 행동의 기능적 관계를 파악하기 위하여 '학생 A에게 하기 싫어하는 과제를 주면, 공격행동이 증가할 것이다'로 가설을 설정한다.

형식 1. "[선행사건 또는 배경사건] 상황에서 [아동 이름]은/는 [추정된 행동의 기능]을/를 위해 [문제행동]을 한다."

예 엄마께 야단을 맞고 등교한 날, 지각하여 선생님의 벌점 지시를 들으면, 보미는 지시 수행을 피하기 위해 자해행동을 한다.

선행사건 또는 배경사건	엄마께 야단을 맞고 등교한 날, 지각하여 선생님의 벌점 지시를 들으면
아동 이름	보미는
추정된 행동의 기능	지시 수행을 피하기 위해
문제행동	자해행동을 한다.

형식 2. "[아동 이름]은/는 [선행사건 또는 배경사건]이 발생했을 때 [추정된 행동의 기능]을/를 위해 [문제행동]을 나타낸다."

예 진수는 친구가 안경에 대해 얘기하면, 그 얘기를 듣지 않기 위해 크게 소리 지른다.

아동 이름	진수는
선행사건 또는 배경사건	친구가 안경에 대해 얘기하면
추정된 행동의 기능	그 얘기를 듣지 않기 위해
문제행동	크게 소리 지른다.

[출처] 양명희, 『행동수정이론에 기초한 행동지원』 2판(2016.)

기출 POINT 18

❸ 14유아A6

문제행동의 기능이 '회피하기'일 때 긍정적 행동 지원을 위해 진우(발달지체, 5세)의 문제행동에 대한 가설을 수립하여 쓰시오.

	•이름: 김진우	•관찰자: 박 교사	
날짜	A(선행사건)	B(행동)	C(후속결과)
9/9 10:20	자유선택활동을 마치고 교사는 정리하는 시간임을 알림	⊙ "싫어, 안 해."하며 그 자리에 누워 뒹굴며 울음	교사가 다가가 진우를 일으켜 세우려고 손을 잡자 이를 뿌리침
9/10 11:00	오전 간식시간을 마무리하고 교사는 이야기 나누기 시간임을 알림	ⓒ "싫어, 안 해."하며 우유곽을 바닥에 집어 던짐	교사가 진우에게 우유곽을 줍게 하고 분리수거함에 담게 함
9/11 12:20	바깥놀이를 마치고 교사는 손을 씻고 교실로 들어가는 시간임을 알림	"싫어, 안 가. 손도 안 씻어."하며 교실로 들어가지 않겠다며 바닥에 주저앉음	교사는 진우를 일으켜 세워 세면대로 데리고 갔으나 ② 손을 씻지 않아서 학급 규칙에 따라 진우가 모아 놓은 스티커 중 2개를 떼어냄
9/12 10:20	자유선택활동을 마치고 교사는 정리하는 시간임을 알림	ⓒ "싫어."하며 가지고 있던 장난감을 또래들에게 던짐	교사는 진우의 행동을 제지하며 친구들에게 장난감을 던지면 친구들이 다칠 수 있다고 말함

4. 긍정적 행동지원 계획의 수립

문제행동에 대한 가설이 수립되고 나면 긍정적 행동지원 계획을 수립해야 한다. 다음의 네 가지 주요 중재 요소는 동시에 수행될 수도, 그렇지 않을 수도 있다.

I. 배경/선행사건 중재	II. 대체기술 교수	III. 문제행동에 대한 반응	IV. 장기지원
• 문제를 유발하는 배경 및 선행사건을 수정 또는 제거 • 바람직한 행동을 유발할 수 있는 긍정적인 선행 및 배경사건 적용	• 문제행동과 동일한 기능을 수행하는 대체행동(교체기술)을 지도 • 어려운 상황에 대처할 수 있는 기술 및 인내심 지도 • 전반적인 능력 신장을 위한 일반적인 기술 지도	• 문제행동으로 인한 성과 감소 • 교육적 피드백 제공 또는 논리적인 후속결과 제시 • 위기관리 계획 개발	• 삶의 양식을 변화 • 지속적인 지원을 위한 전략 수행

(1) 배경/선행사건 중재

① 배경사건 중재

ㄱ. '배경사건'이란 선행사건에 대한 반응 가치를 높임으로써 행동의 발생 가능성을 높여주는 환경적 사건이나 상태 또는 자극을 말한다.
- 배경사건이란 문제행동이 일어나기 전 어느 정도의 기간 동안 학생이 경험한 사회적·환경적·생리적 상태이다.
- 피로감, 질병, 사회적인 어려움, 약물 부작용 등의 배경사건은 특정 행동을 더 혹은 덜 발생하도록 만든다.
- 배경사건은 후속결과의 가치를 결정하기에 의미가 있다.
- 배경사건은 문제행동의 직접적 유발요인은 아니지만 같은 선행사건에 대해서 학생이 반응하는 정도에 영향을 미친다.

ㄴ. '배경사건 중재'란 이러한 배경사건을 제거하거나, 배경사건의 영향을 개선하여 문제행동의 발생을 예방하는 것이다.

예) 학생이 아침을 먹지 않고 등교한 경우 학생에게 음식의 가치는 더 커지는데, 그런 상황에서 교실 탁자에 간식이 놓여 있다면 학생은 탁자로 달려가 간식을 집어 먹으려 할 수 있다. 이 경우 '아침을 먹지 않은 행동'은 '함부로 음식을 먹는 행동'을 직접적으로 유발하지는 않았으나, 허락 없이 음식을 먹는 행동의 발생 가능성을 높여준 것이다.

② 선행사건 중재

ㄱ. '선행사건'이란 문제행동 직전에 일어난 상황변인으로 문제행동을 예측하게 해준다. 선행사건의 주요 요소를 네 가지로 분류할 수 있다(이성봉 외).
- 행동이 발생하기 직전에 현장에 같이 있던 사물이나 활동
- 행동이 발생하기 직전에 아동이 있었던 장소나 시간
- 행동이 발생하기 직전에 현장에 같이 있던 사람
- 행동이 발생하기 직전에 진행되고 있던 아동의 신체적·심리적 상태

ㄴ. '선행사건 중재'란 문제행동을 유발 또는 유지하는 환경적 원인을 찾아, 문제행동이 발생하기 전에 문제행동의 유발요인이 되는 환경을 재구성하는 것이다.

❶ 22중등B5, ❸ 15초등A2

ㄷ. 행동의 기능에 따른 선행사건 중재 전략은 다음과 같다. ❷ 17유아A8, ❺ 09유아20

기출 POINT 19

❶ 22중등B5

괄호 안 @에 공통으로 들어갈 용어를 쓰시오.

기능평가 결과, 수학 학습지가 어려워서 과제를 회피하기 위하여 그런 문제행동이 나타나는 것으로 보입니다. 우선, 문제행동을 촉발하는 요인을 변화시키거나 제거하는 (@) 중재를 계획할 필요가 있습니다.

■ 행동지원 계획

배경사건 중재	충분한 휴식 시간 부여
(@) 중재	• 과제 난이도 조정 • 과제 선택 기회 부여
대체행동 교수	기능적 의사소통 훈련 실시
후속결과 중재	타행동 차별강화 실시

❷ 17유아A8

[A]는 홍 교사가 실시한 긍정적 행동지원 방법이다. 이 중 선행사건 조절에 해당하는 내용 2가지를 찾아 쓰시오.

우리 선생님들은 그 지침을 잘 따르고 있을 뿐만 아니라 유아들이 유치원 생활에 잘 적응할 수 있도록 도와주고 있어요. 예를 들어, [A] 홍 선생님의 경우 준서에게 도움을 요청하는 방법도 알려주고, 좋아하는 활동 자료를 선택할 수 있게 하며, 차별 강화를 사용하기도 합니다. 어제는 활동 중에 쉬는 시간을 자주 제공했더니 준서가 이전보다 적극적으로 활동에 참여했어요.

❸ 15초등A2

다음은 민수의 교실 이탈 행동에 대해 저학년 특수학급 김 교사와 고학년 특수학급 정 교사가 나눈 대화이다. @과 같이 문제행동 유발의 요인이 되는 환경을 재구성하는 중재가 무엇인지 쓰시오.

정 교사: 네, 그 방법과 함께 과학 시간에는 @ 민수의 수준에 맞게 과제의 난이도와 분량을 조절해 주거나, 민수가 선호하는 활동과 연계된 과제를 제시하면 좋겠네요.

❺ 09유아20

유치원에서 활동에 잘 참여하지 않는 발달지체 유아 지영이에 대한 기능 평가에 근거하여 문 교사가 적용한 중재 방법과 그에 따른 지원내용이 바르게 연결되지 않은 것은?

① 선행사건 조절: 지영이를 위하여 칸막이로 활동 공간을 구분하였다.

② 선행사건 조절: 30분 정도 진행하던 이야기나누기 시간을 15분으로 줄여 진행하였다.

③ 선행사건 조절: 등원 시 교실에 들어가기 싫어하는 지영이를 위하여 바깥놀이를 첫 번째 활동으로 제공하였다.

❹ 14유아A6
(가)를 반영하여 (나)에 나타난 문제행동의 선행사건을 중재한 것이다. 사용된 중재명을 쓰시오.

(가) 진우의 행동 특성

- 핸드벨 소리를 좋아함
- 교사에게 스티커 받는 것을 좋아함
- 학급 내에서 역할 맡기를 좋아함

(나) 문제행동 중재

활동을 마칠 때 교사가 핸드벨을 흔들며 마치는 시간을 알린다.

기능	중재 전략	예시
관심 끌기	성인의 관심, 시간, 계획	• 성인과 함께 작업한다. • 성인이 주기적으로 관심을 제공한다.
	또래의 관심, 시간, 계획	• 또래와 짝을 지어준다. • 또래가 교수한다.
	학생에 대한 접근성 증가	• 좌석 배치를 바꿔준다. • 주기적으로 교실을 돌아다닌다.
	좋아하는 활동 제공	교사가 자리를 비울 때는 더 좋아하는 과제를 하게 한다.
회피	과제의 난이도 조절	쉬운 과제를 제시한다.
	선택의 기회 제공	학생에게 선택의 기회를 제공한다.
	학생의 선호도와 관심사를 활동에 추가	학생의 취미나 관심사를 활동에 포함시킨다.
	활동을 통해 의미 있고 기능적인 성과를 얻게 함	가치 있는 성과가 이루어질 수 있는 활동을 제시한다.
	과제의 길이 조절	• 짧은 활동을 제공한다. • 쉬는 시간을 자주 제공한다.
	과제 수행 양식 수정	• 자료/매체를 변경한다. • 필기도구 대신 컴퓨터를 사용하도록 한다.
	행동적 모멘텀 및 과제 분산	어려운 과제를 제시하기 전에 쉬운 과제를 제시한다.
	예측 가능성 향상 ❹ 14유아A6	앞으로 할 일이나 활동의 변화에 대한 단서를 제공한다.
	교수 전달 방식 변경	즐거운 톤의 목소리를 사용한다.
원하는 것 얻기	미리 알려주기	활동을 마칠 시간이 다 되어감을 알려준다.
	전이 활동 계획	아주 좋아하는 활동과 좋아하지 않는 활동 사이에 보통으로 좋아하는 활동을 계획한다.
감각자극 얻기	대안적 감각 강화 제공	청각적 자극을 강화하기 위해 라디오를 제공하거나, 시각적 강화를 제공하기 위해 시각적 자극을 제공한다.
	풍부한 환경 제공	흥미롭고 자극이 많은 활동으로 환경을 구성한다.

③ 배경/선행사건 중재의 목적 및 고려점

　㉠ 배경/선행사건 중재의 목적은 잘못된 환경의 수정을 통해 문제행동을 예방하는 신속한 접근을 하는 것이다.

　㉡ 배경사건 중재나 선행사건 중재는 대부분 문제행동을 감소시키기 위해 일시적으로 적용하는 것으로, 학생이 배경사건이나 선행사건 중재를 필요로 하지 않을 만큼 대체기술을 습득하게 되면 소거시키는 것이 바람직하다.

(2) 대체기술 교수

① 대체기술 교수의 정의

ㄱ 선행사건 중재는 학생이 아닌 학생 주변의 물리적 환경, 사회적 환경 또는 교수 환경의 변화를 의미하는 것이다. 그러나 선행사건 중재를 계속 제공하는 것은 어렵기 때문에 학생에게 문제행동이 아닌 바람직한 방법으로 자신이 원하는 것을 요구할 수 있고, 원하지 않는 것을 피할 수 있는 기술인 대체기술을 교수하는 것도 문제행동을 예방하는 중요한 방법이다.

ㄴ '대체기술 교수'란 문제행동을 대체하는 바람직한 행동을 교수하는 전략으로, 대체행동을 선택할 때는 그것이 문제행동보다 학생의 에너지를 적게 소모시키는 행동, 즉 더 쉬운 행동이어야 하고 학생의 입장에서 효과적이어야 한다.

❶ 20유아B4, ❸ 19유아A4, ❹ 13유아A4

ㄷ 대체기술 교수에는 교체기술(replacement skills), 대처 및 인내기술(coping and tolerance skills), 일반적 적응기술(general adaptive skills)의 세 유형이 있다.

❷ 19중등A14

기출 POINT20

❹ 13유아A4

ㄷ에 들어갈 알맞은 말을 쓰고, 방법 선정 시 고려해야 할 사항 2가지를 쓰시오.

김 교사: 박 선생님, 민기의 우는 행동을 줄여 주려면 어떻게 해야 할까요?
박 교사: 민기에게 우는 행동 대신 손을 들게 하는 방법을 가르쳐 보세요. 이러한 방법을 (ㄷ) 지도라고 하지요.

기출 POINT 20

❶ 20유아B4
대체행동을 선택할 때 고려해야 할 점을 2가지 쓰시오.

❷ 19중등A14
밑줄 친 ㄱ의 특성을 행동 기능 측면에서 서술하고, 괄호 안의 ㄴ에 해당하는 기술의 명칭을 쓰시오.
■ 지원 계획

• 학생 S의 문제행동을 대신할 수 있는 ㄱ 교체기술, (ㄴ), 일반적 적응기술을 지도함
• 교체기술을 사용하더라도 컴퓨터 게임을 할 수 없는 상황에서 사용할 수 있는 (ㄴ)을/를 지도함
  예 스트레스 상황 속에서 안정을 취하는 방법

❸ 19유아A4
(나)의 내용을 고려할 때, '소리를 지르며 짜증을 내는' 행동을 대신해 교사가 학생에게 가르칠 수 있는 대안 행동(alternative behavior)을 1가지 쓰시오.
(나)

시간	선행 사건	행동	후속 결과
11:00	이야기 나누기가 시작된다.	소리를 지르며 짜증을 낸다.	소파에 앉아 있도록 한다.
11:05	반죽 만들기가 시작된다.	자리로 돌아와 즐겁게 참여한다.	—
11:20	이야기 나누기가 시작된다.	소리를 지르며 짜증을 낸다.	소파에 앉아 있도록 한다.

② 대체기술 교수의 유형

⊙ 교체기술은 문제행동과 같은 결과를 가져올 수 있는 바람직한 기술이다.
❶ 25중등A11, ❸ 23유아A2

- 교체기술의 목적은 학생에게 문제행동과 동일한 결과를 가져올 수 있는 효과적인 방법을 제공하는 것이다.
  > 예) 친구가 가지고 노는 장난감을 갖고 싶을 때 그냥 뺏거나 때리는 것이 아니라, 친구에게 장난감을 요청하는 기술을 가르치는 것이 뺏거나 때리는 행동에 대한 교체기술이다.

더 알아보기 문제행동의 기능별 교체기술의 예시

- 무엇인가를 얻고자 하는 것이 문제행동의 기능일 때는 주로 원하는 물건이나 활동, 관심을 바람직한 방법으로 요청하기를 교체기술로 가르칠 필요가 있다.
  > 예) 갖고 싶은 물건이 닿지 않을 때 소리 지르며 발을 동동 구르지 않고, 갖고 싶은 물건을 손가락으로 가리키도록 가르칠 수 있다.
- 무엇인가를 피하고자 하는 것이 문제행동의 기능일 때는 적절한 방법으로 거절하기, 쉬는 시간 요청하기, 도움 요청하기 등을 배워야 한다.
  > 예) 과제가 어려우면 팔을 물어뜯는 대신에 의사소통판에 있는 도움 요청하기 버튼을 누르도록 가르칠 수 있다. 이렇게 문제행동을 의사소통의 형태로 이해하고, 바람직한 방법으로 자신이 원하는 바를 전달하도록 가르치는 방법이 기능적 의사소통 훈련(FCT)이다. 즉, 문제행동에 대한 교체기술을 기능적 의사소통 훈련으로 가르치는 것이다. 기능적 의사소통훈련을 위해서는 반드시 먼저 문제행동의 기능이 파악되어야 하고, 문제행동과 동일한 기능을 가지면서 사회적으로 수용되는 의사소통 수단을 찾아 가르쳐야 한다.
- 파괴적이고 공격적인 문제행동을 교체할 수 있는 적절한 의사소통 수단으로는 구어로 말하기, 수어 사용하기, 손가락으로 가리키기, 버튼 누르기, 상징 만지기, 고개 끄덕이기, 카드 들어올리기 등 다양한 방법이 있다.

- 교체기술은 문제행동 발생 후에 가르치는 것이 아니라 문제행동이 발생하기 전에 가르쳐야 하고, 문제행동이 발생할 수 있는 상황에서 사용할 수 있도록 촉진하는 것이 바람직하다. 예를 들어, 아이가 친구들과 놀기 시작하면 바로 갖고 놀고 싶은 장난감이 있으면 친구에게 가지고 놀아도 되는지 물어봐야 한다고 말해줄 수 있다.
- 교체기술을 선택하는 기준에는 노력, 결과의 질, 결과의 즉각성, 결과의 일관성, 처벌 개연성이 있다. **❷ 24초등 교직논술, ❹ 22초등A5, ❺ 20초등B1, ❻ 15유아B2, ❼ 14초등A2**

교체기술 선택기준 (반응 효율성)	내용
노력	• 노력은 육체적 움직임이나 인지적 노력으로, 다른 모든 요인이 같다면 가장 노력이 적게 드는 효율적인 반응을 선택한다. • 학생이 습득해야 할 교체기술(예 요청하기)은 학생의 문제행동(예 때리고 뺏기)보다 최소한 더 어렵지 않아야 한다.
결과의 질	• 결과의 질 또는 강도는 행동의 결과로 제시되는 사건이나 물건에 대한 선호도 또는 강화 정도를 의미한다. • 학생이 습득하는 교체기술은 문제행동과 동일하거나 그보다 더 나은 결과를 가져와야 한다.
결과의 즉각성	• 결과의 즉각성이란 특정 반응이 다른 반응에 비해 더 빨리 결과를 가져오면 학생들은 이러한 반응을 더 자주 사용하게 되는 것을 의미한다. • 교수하게 될 교체기술은 문제행동에 비해 더 신속하게 원하는 결과를 가져올 수 있어야 한다.
결과의 일관성	• 결과의 일관성은 후속결과를 얻는 데 필요한 학생의 반응 횟수를 의미한다. • 교체기술의 계속적 사용을 위해서 학생이 교체기술을 사용했을 때 주변 사람들이 일관되게 적극적이며 즉각적으로 반응해주어야 한다. • 특히, 교체기술이 원하는 결과를 얻는 데 더욱 효과적인 방법이라는 것을 알게 하는 단계에서는 교체기술을 사용할 때마다 매번 반응해주어야 한다.
처벌 개연성	• 처벌 개연성은 반응에 뒤따라서 혐오적이거나 불쾌한 후속결과가 나타날 가능성을 아는 것이다. • 문제행동에 대해서는 혐오적 결과가 주어지며, 교체기술 사용에 대해서는 언제나 긍정적 경험이 주어지도록 한다.

• 교체기술 교수의 제한점은 다음과 같다.
  - 문제행동의 기능을 언제나 존중해줄 수 있는 것은 아니다.
  - 하나의 대체기술만으로 문제상황을 예방하거나 변경시키기가 매우 어렵다.

④ 22초등A5
반응 효율성을 고려하여 ⓓ이 적절하지 않은 이유를 쓰시오.
■ 중재 내용

> 강화 계획: ⓓ 대체행동의 교수 초기에는 변동간격강화를 사용함

⑤ 15유아B2
경수에게 가르칠 대체행동을 선정할 때, 대체행동의 효율성 측면에서 김 교사가 고려할 사항 1가지를 쓰시오.

기출 POINT21

⑤ 20초등B1

©에 들어갈 반응 효율성 점검 내용을 쓰시오.

■ 중재 계획
• 대체행동 지도 전략 : '반응 효율성 점검표'를 이용하여 표적행동을 대신할 수 있는 교체기술을 선택하여 지도함

〈반응 효율성 점검표〉

교체기술 선택 기준	반응 효율성 점검 내용	점검 결과
노력	(©)	예 아니오
결과의 일관성	표적행동을 할 때보다 더 일관되게 사회적 관심을 얻을 수 있는 교체기술인가?	예 아니오
결과의 질	표적행동을 할 때 얻을 수 있는 사회적 관심보다 준수가 더 좋아하는 사회적 관심을 얻을 수 있는 교체기술인가?	예 아니오

⑦ 14초등A2

ⓒ을 대체행동의 효율성 측면에서 1가지 쓰시오. 그리고 ①~④ 중에서 정우의 문제행동에 대한 지도 방법으로 적절하지 않은 제안 1가지를 찾아 번호를 쓰고, 그 이유를 쓰시오.

최 교사 : 여러 가지 방법이 있겠지만, 이렇게 문제행동의 원인이 파악된 상태에서는 ① 친구를 밀치고 빼앗는 문제행동보다는 바람직한 행동으로 자신의 의사를 표현할 수 있도록 도와주는 것이 좋아요.

강 교사 : 아, 그래요. 그런데 제가 정우에게 어떤 행동을 가르쳐야 할까요?

최 교사 : 문제행동에 대한 대체행동을 선정할 때에는 정우가 이미 할 수 있는 행동 중에서 선택하는 것이 좋아요. 그리고 ⓒ 이 외에도 고려할 점이 몇 가지 더 있어요.

강 교사 : 그런데, 대체행동을 가르쳐 주기만 하면 정우가 할 수 있을까요?

최 교사 : 아니죠. 우선 ② 정우가 새로 배운 대체행동으로 친구에게 물건을 달라고 할 때에는 요청한 물건을 가지게 해 주고 칭찬도 해 주세요. 그리고 ③ 정우가 밀치는 행동으로 친구의 물건을 빼앗으려 할 때에는 정우의 행동을 못 본 체하세요. 또한 ④ 정우가 좋아해서 빼앗을 만한 물건을 학급에 미리 여러 개 준비해 두시면 문제행동을 예방하는 데 도움이 될 거예요.

ⓛ 대처 및 인내기술은 힘들고 재미없는 상황에서 문제행동을 하지 않고 인내하며 대처할 수 있는 기술을 의미한다. 즉, 자신이 상황을 변화시킬 수 없을 때에도 문제행동이 아닌 사회적으로 수용 가능한 대처기술을 사용하는 것이다. **❶ 19중등A14**

- 대처 및 인내기술 전략에는 다음의 방법들이 있다.
  - **강화지연법**: 학생이 요구하는 것에 대해 필요한 교체기술을 가르치면서 점진적으로 시간 간격을 늘려가며 강화를 지연시키는 것이다. 예를 들어, 교사의 관심을 받고자 소리를 지르는 학생에게 교사는 먼저 교체기술(**예** "도와주세요"라고 쓰인 카드 들기)을 사용하도록 촉구를 적용한다. 학생이 교체기술을 사용하면 교사는 "잠깐만!"이라는 말과 함께 신호를 주고, 정한 시간만큼 기다린 후에 바로 가서 관심을 준다. 이때 기다리는 시간은 점점 증가시키고 교체기술 사용에 대한 촉구는 점진적으로 소거시킨다.
  - **분노조절 훈련**: 불편한 상황에 대처하는 방법으로, 화가 난 상황에서 화를 조절할 수 있도록 돕는다.
  - **긴장완화 훈련**: 깊은 호흡을 하거나 근육의 긴장을 이완시켜서 흥분을 가라앉히도록 한다.
  - **사회적 문제해결 훈련**: 문제상황이나 문제의 유발 요인을 파악하고 문제에 대한 해결방안을 찾고 평가한 후 대안적 방법으로 반응하도록 한다.
  - **자기관리 기법**: 스스로 목표를 설정하고 자신의 행동을 점검·강화·평가하도록 한다.
- 대처 및 인내기술 교수의 제한점은 다음과 같다.
  - 대개 대처 및 인내기술만으로 문제행동을 예방하기 어렵다.
  - 대체기술이나 일반적인 적응기술을 가르치지 않거나, 선행사건/배경사건을 변화시키지 않고 학생에게 불편한 상황을 견디도록 하는 것은 비윤리적이다.

ⓒ 일반적 적응기술은 문제행동의 발생을 예방하고 의미 있는 생활을 향상시킬 수 있는 기술이다. 예를 들어, 어려운 학습문제를 피하기 위해 문제행동을 하는 학생에게는 '학업기술'이 일반적 적응기술에 해당하는데, 학생이 학업기술을 갖게 되면 문제행동을 예방할 뿐 아니라 학생의 학교생활에서 성취를 경험할 수 있기 때문이다.

- 목적은 문제상황을 예방하고, 학생이 자신의 선호도와 흥미를 추구할 수 있도록 사회적·의사소통적·학업적 능력을 향상시키는 데 있다.
- 일반적 적응기술 교수의 제한점은 다음과 같다.
  - 대체기술을 가르치는 것보다 많은 노력을 필요로 한다.
  - 즉각적인 필요에 의해서 먼저 대체기술의 학습이 필요할 수 있다.

기출 POINT 22

❶ 19중등A14
다음은 정서·행동장애 학생 S를 위해 작성한 긍정적 행동지원 내용의 일부이다. ⓒ에 해당하는 기술의 명칭을 쓰시오.

■지원계획

- 학생 S의 문제행동을 대신할 수 있는 교체기술, (ⓛ), 일반적 적응기술을 지도함
- 교체기술을 사용하더라도 컴퓨터 게임을 할 수 없는 상황에서 사용할 수 있는 (ⓒ)을/를 지도함
  예 스트레스 상황 속에서 안정을 취하는 방법

더알아보기 문제행동의 예방

'예방적 접근'이란 문제행동을 미연에 방지하기 위해 학생의 교육환경을 수정하거나 학생에게 필요한 선수 기술을 가르쳐주는 것을 말한다.

- **기대행동 지도** : '기대행동'이란 교육환경의 문화와 가치를 반영하는 것으로, 그 환경에서 기대되거나 요구되는 행동이다. 학생들에게 기대하는 행동이 무엇인지 선택하고, 그에 대한 구체적인 사회적 행동 을 결정하여, 그 내용을 교육환경에 게시하고, 학생들에게 그 행동을 직접 가르치고, 교육환경에서 이를 행하도록 적용하는 것은 학생들의 문제행동을 예방하는 데 도움이 된다. 중요한 점은 정해진 내 용은 적용되는 환경의 모든 곳에서 언제나 일관성 있게 시행되도록 격려되어야 한다는 것이다.
- **일과 시간표 조정** : 시간표에 의해 일과가 진행되면 학생들은 어떤 활동이 언제 일어날지 미리 알 수 있기 때문에 일과가 무리 없이 진행되기 쉽다. 또한 일과 시간표가 일관성 있게 유지되는 것은 학생들 의 문제행동에 대한 예측과 예방에 도움이 된다.
- **물리적 또는 사회적 환경 조정** : 물리적 구조의 요소 중 가장 대표적인 '사회적 밀도'는 일정한 크기의 교육환경 내에 있는 학생의 수를 의미한다. 문제행동을 예방하기 위해서는 교실 내의 복잡하고 산만한 공간을 피해 독립적 과업을 수행할 수 있는 공간을 계획하는 것이 좋다. 사회적 환경의 요소 중 성인의 감독의 양이나 질은 학생의 바람직한 행동과 높은 관련성이 있다.
- **배경/선행사건 중재**
- **대체기술 교수**

(3) 문제행동에 대한 후속결과 중심 중재(문제행동에 대한 반응)

① 문제행동에 대한 후속결과 중심 중재 ❶ 23유아A2, ❷ 09유아20

- ㉠ 행동이 발생하기 전에 존재하는 상황·사건·사물·사람을 포함한 다양한 자극의 제시나 변화를 '선행사건'이라고 하며, 행동이 발생한 후에 주어지거나 발생되는 상황·사건·사물·사람을 포함한 다양한 자극의 제시나 변화를 '후속결과'라 한다.
- ㉡ 문제행동에 대한 반응에는 문제행동으로 인하여 얻을 수 있는 성과를 감소시키고, 행동에 대한 교수적 피드백이나 논리적인 결과를 가르치며, 위기관리 계획을 수립하는 것 등이 포함된다.
- ㉢ 문제행동에 대한 반응 전략에는 강화, 소거, 벌 등이 있다.

② 위기관리 계획(crisis management)

- ㉠ '위기행동(도전행동)'은 장애학생 본인과 주변 사람의 신체적·심리적 안전에 위협이 되는 심각한 문제행동으로, 즉각적인 조치와 많은 관심이 요구된다.
- ㉡ 위기관리는 문제행동을 감소시키는 것이 주 목적이 아닌, 문제행동이 대상 학생과 다른 사람에게 심각한 해가 되는 위험한 상황에서 대상 학생과 다른 사람을 보호하는 것에 주안점을 둔다. 즉, 대상 학생의 문제행동으로 인한 위기 및 응급 상황에 대비한 절차를 수립하는 것이다. ❶ 24초등B1, ❷ 17유아B1
- ㉢ 위기관리 계획은 긍정적 행동지원 모델 내 3차 예방이 필요한 학생 중 위기행동을 나타내는 학생들을 고려하여 수립할 수 있다.

기출 POINT 23

❶ 23유아A2
서우를 위한 행동지원 계획 수립 시, 중 재과정 중 서우의 소리 내어 울기 행동 이 나타날 때 적용해야 하는 행동지원 방법의 명칭을 쓰시오.

❷ 09유아20
유치원에서 활동에 잘 참여하지 않는 발달지체 유아 지영이에 대한 기능 평 가에 근거하여 문 교사가 적용한 중재 방법과 그에 따른 지원내용이 바르게 연결되지 않은 것은?
④ 후속결과 조절 : 활동 시작 전에 지 영이가 좋아하는 친구를 옆자리에 앉게 하였다.
⑤ 후속결과 조절 : 활동에 잘 참여한 경 우 지영이가 원하는 자유놀이를 할 수 있도록 하였다.

기출 POINT 24

❶ 24초등B1
[A]를 근거로 ㉠에 들어갈 긍정적 행 동지원의 요소를 쓰시오.

요즘 들어서 자리 이탈이 점점
심해지고 수업 방해와 다른 갈등
상황으로 이어져서 긍정적 행동
지원 계획을 세워야 할 것 같아
요. 교실 밖으로 뛰쳐나가는 돌 [A]
발적인 행동으로 인해 위험한 상
황이 발생할 수도 있어서 급히
대응할 수 있도록 (㉠) 계획도
수립해야 되겠어요.

❷ 17유아B1
최 교사는 선우의 행동이 자신과 타인 의 안전을 위협하는 위험한 상황을 초 래한다고 판단하였다. 최 교사가 이러 한 상황에 대비하여 계획해야 하는 긍 정적 행동지원의 요소를 쓰시오.
■ 장면 : 자유놀이

ㄹ 위기관리 계획의 고려사항은 다음과 같다.
- 위기관리 계획이 필요하다고 정해지면, 먼저 위기를 유발하는 문제행동의 전조 신호를 파악하고 학생 및 타인의 안전을 위해 대상 학생의 행동을 완화시킬 수 있는 절차 및 방법을 강구한다. **예** 산책하기, 심호흡하기, 음악 듣기 등
- 대상 학생이 안정을 회복할 때까지 머물 수 있는 장소 확보, 도움을 줄 수 있는 실행 지원 인력 확보, 위기관리 절차 계획 및 실행에 관한 문서화 등이 고려되어야 한다.
- 무엇보다도 위기관리 실행으로 인해 유발될 수 있는 교실 내 방해 정도를 최소화 하는 것이 중요하다. 교실에서 위기 발생 시 회복기까지 해당 교실에서 대상 학생의 문제행동에 집중적으로 대처하고 다른 학생들은 자습하게 하는 것은 교실에 있는 학생들의 안전에 해가 될 수 있으므로 적절하지 않다. 대상 학생을 다른 조용한 장소로 데리고 가는 것이 대상 학생과 학급 학생 모두에게 보다 안전한 조치가 될 뿐 아니라 학급 학생들의 학업 방해도 최소화할 수 있다. ❸ 14중등B2
- 위기관리 절차는 과도하게 사용해서는 안 되고, 위기상황을 통제하기 위해 사용 되는 일시적인 절차일 뿐이다.

(4) 장기지원

장기지원은 문제행동을 보이는 학생들의 삶의 방식의 변화와 지원을 유지하기 위한 전략 이다. 장기지원은 아동 개인뿐 아니라 아동을 둘러싼 모든 사람들에게 긍정적이고, 의미 있는 성과를 얻고 유지하게 한다.

① 삶의 방식의 변화
선택, 학교와 지역사회 통합, 관계 맺기, 가치 있는 역할, 전반적 건강과 안녕

② 지원을 유지하기 위한 전략
ㄱ 학생에게 새롭게 학습한 대체기술들을 유지하고 일반화시킬 수 있도록 교수한다.
ㄴ 다른 사람들이 학생을 지원할 수 있도록 준비시킨다.
ㄷ 학생의 환경적 변화를 다룬다.

5. 계획의 실행 - 평가 - 수정 ❶ 12중등22

① 긍정적 행동지원의 마지막 단계는 계획을 실제로 실행하고, 평가하고, 필요한 수정을 하는 것이다. 이 단계에서는 행동지원 계획이 효과가 있는지, 아동에게서 원하는 변화가 나타나고 있는지, 행동지원이 좀 더 효과적이기 위해서는 어떤 수정이 필요한지 등을 결정한다.

② 성과요소에는 아동 행동의 변화, 아동의 삶의 질 변화, 개별 교사의 변화, 기관 차원의 변화가 있다.

③ 그러나 행동지원의 성과를 평가하기 위해 절대적인 기준이 적용되어서는 안 된다. 즉, 개별 아동의 상황이나 특성 등에 따라 그 기준을 달리해야 한다.

❸ 14중등B2
ⓐ의 잘못된 점을 지적하고 바르게 수정하시오.
■ 위기관리 계획

- 위험한 물건을 미리 치운다.
- 위기상황 및 대처 결과를 기록에 남긴다.
- ⓐ 교사는 교실에서 학생 A의 문제행동에 대해 집중적으로 대처하고, 위기상황이 종료될 때까지 다른 학생들은 교실에서 자습하게 한다.

기출 POINT 25

❶ 12중등22
다음은 학생 A의 문제행동을 개선시키기 위한 긍정적 행동지원 절차이다. 이 절차에 따라 김 교사가 적용한 단계별 예로 옳은 것만을 모두 고르시오.

ⓔ 단계 5: 중재 계획에 따라 학생 A를 지도한 후, 중재 전략의 성과를 점검하여 수정이 필요한지를 평가한다.

행동의 직접 관찰과 측정

01 행동의 형성적 직접 관찰의 필요
- 직접 관찰
- 형성적 관찰
  - 개념
  - 결과 해석

02 행동의 측정 단위와 자료 요약 방법
- 행동의 직접적 측정 단위
  - 횟수/빈도
  - 시간의 길이
  - 기타
- 측정된 행동의 요약 방법
  - 행동의 직접적 측정 단위
  - 비율
  - 백분율

03 행동의 직접 관찰 방법의 종류
- 서술기록
  (행동 묘사
  관찰기록)
  - 일화기록
  - 표본기록
  - ABC 기록
- 영속적 산물기록
  (행동 결과물
  중심 관찰기록)
  - 개념
  - 장점
  - 단점
- 사건기록
  (행동 특성
  중심 관찰기록)
  - 빈도 관찰기록
  - 통제제시 기록법(반응기회 관찰기록)
  - 기준치 도달 관찰기록
  - 강도기록
  - 지속시간 기록법
  - 반응시간 기록법(지연시간 관찰기록)
- 간격기록
  (시간 중심
  관찰기록)
  - 전체 간격 관찰기록
  - 부분 간격 관찰기록
  - 순간 관찰기록(시간 표집법)
- 평정기록
  - 범주기록
  - 척도기록
  - 검목표기록

04 관찰 방법에 따른 자료 요약
- 영속적 산물기록법
- 빈도 관찰기록법
- 통제제시 기록법
- 지속시간 기록법
- 반응시간 기록법
- 간격기록법

05 행동 관찰과 측정의 일치도
- 빈도 관찰기록법의 관찰 일치도
- 통제제시 기록법의 관찰 일치도
- 간격기록법의 관찰 일치도
  - 전체 일치도
  - 시간 간격 일치도
  - 발생 일치도
  - 비발생 일치도
- 지속시간 기록법의 관찰 일치도
- 반응시간 기록법의 관찰 일치도

06 관찰자 일치도의 장점

07 관찰과 측정의 정확성 및 일치도를 높이는 방법
- 관찰과 측정에 대한 반응성
- 관찰자 표류(관찰자 취지)
- 관찰자의 기대
- 관찰의 복잡성

01 행동의 형성적 직접 관찰의 필요

1. 직접 관찰

직접 관찰은 학생의 행동을 객관적이고 체계적인 형식을 갖추어 관찰하고 기록하는 것을 의미한다. 학생의 행동을 직접 관찰하고 측정해야 하는 이유는 다음과 같다.

① 행동의 관찰과 측정으로 학생 행동의 현재 수준을 정확히 알 수 있으므로 학생 행동에 대해 적절한 의사결정을 할 수 있다.

② 행동의 정확한 관찰과 측정은 중재 프로그램의 효과를 정확하게 평가할 수 있게 해 준다. 어떤 행동에 대해 시행하고 있는 중재의 효과를 계속적으로 평가하여 중재의 지속, 수정, 종결 등의 결정을 할 수 있게 도와준다.

③ 행동의 정확한 관찰과 측정 결과는 중재 효과를 입증하고 전문가나 학생, 학생의 부모와 의사소통하는 데 효과적으로 사용될 수 있다.

2. 형성적 관찰

(1) 개념

① '형성적 관찰 평가'란 오랜 시간을 두고 자연적인 상황에서 학생의 수행을 자주 반복하여 관찰한 결과를 평가하는 것이다.

② '총괄적 관찰 평가'란 일정 간격을 두고 학생의 수행을 일정 간격 전후로 두 번 측정하고 비교하는 방법이다.

(2) 결과 해석

① 중재를 적용하는 과정의 자료를 살펴보지 않고 처음과 마지막의 자료만 가지고 결론을 내리는 것은 위험하다. 중재효과에 대한 정확한 결정을 내리기 위해서는 중재가 적용되는 전체 과정의 자료가 있어야 한다.

② 형성적 관찰은 자료의 패턴이나 경향을 알려주며, 교사로 하여금 더욱 효율적이고 시기적절한 중재를 결정할 수 있도록 돕는다. 행동에 대한 형성적 관찰 자료는 중재가 종료되지 않고 실행되고 있는 동안에도 중재 효과를 평가하고 수정하도록 돕는다.

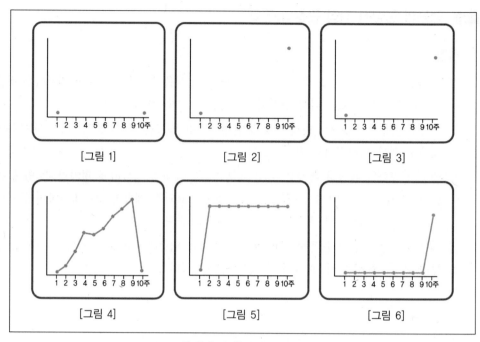

🚩 총괄적 및 형성적 관찰 평가

02 행동의 측정 단위와 자료 요약 방법

1. 행동의 직접적 측정 단위

행동을 관찰하여 얻은 자료는 그 행동을 어떤 차원에서 조작적으로 정의하느냐에 따라서 다양한 방법으로 측정될 수 있다. 행동의 여섯 가지 차원에는 횟수/빈도, 지속시간, 지연시간, 형태, 위치, 강도가 있다.

(1) 횟수/빈도 ❶ 20유아B2

① 횟수/빈도는 행동이나 사건이 일어난 횟수를 세는 방법이다.

② 빈도로 행동을 측정하는 경우 관찰할 행동의 시작과 끝이 분명하여 각 행동의 발생 여부를 구별할 수 있어야 한다.

③ 관찰시간이 매번 일정하거나 반응할 기회의 수가 일정하게 정해진 경우에는 행동을 빈도로 측정하는 것이 좋다.

④ 예를 들어, 매일 30분간의 수학시간에 자리를 이탈하는 횟수를 측정하거나, 구조화된 환경에서 열 번 인사할 기회를 주어서 바르게 인사한 횟수를 측정하는 경우이다.

기출 POINT 1

❶ 20유아B2
[A]에 근거하여 ① ㉠에 해당하는 관찰 기록 방법이 측정하고자 하는 행동의 측면을 쓰고, ② 그 행동의 특성을 1가지 찾아 쓰시오.

김 교사: [A] 요즘 준우가 자유선택활동 시간에 너무 자주 "아" 하고 짧게 소리 질러요. 제가 준우에게 가서 "쉿"이라고 할 때만 멈추고 제가 다른 영역으로 가면 또 소리 질러요. 소리를 길게 지르지는 않지만, 오늘도 스무 번은 지른 것 같아요. 소리 지르는 횟수가 줄었으면 좋겠어요.
이 교사: 그럼 제가 자유선택활동 시간에 준우가 ㉠ 몇 번이나 소리 지르는지 관찰하면서 기록할게요.

(2) 시간의 길이

시간의 길이는 행동이 시작되는 시간부터 마치는 시간까지 걸리는 지속시간을 나타낼 때와 선행사건(또는 변별자극이 주어진 시간)으로부터 그에 따르는 행동(또는 반응)이 시작되는 시간까지 걸리는 지연시간을 나타낼 때 사용된다.

(3) 기타

행동의 강도를 직접 측정하는 경우는 측정도구를 사용해야 하며, 행동에 따라 그 측정 단위가 달라진다. 소리의 크기는 데시벨(dB), 길이의 단위(cm · m · km), 무게의 단위 (g · kg · t) 등을 사용할 수 있다.

2. 측정된 행동의 요약 방법

(1) 행동의 직접적 측정 단위

행동의 직접적 측정 단위인 횟수, 시간의 길이, 거리의 단위, 무게의 단위, 강도의 단위 등은 그 자체로 행동의 요약을 나타낸다. 이는 각 측정 단위의 합 또는 평균값으로 표현할 수 있다.

(2) 비율(rate)

① 비율이란 정해진 시간 안에 발생한 행동의 수를 시간으로 나누어 단위 시간당 나타나는 행동의 빈도율을 의미한다.

② 비율은 전체 회기에 걸쳐 매 회기마다 관찰한 시간이 다를 때 행동의 양을 일정한 척도로 바꾸어줄 수 있는 장점이 있다. ❶ 13초등A3

③ 비율은 반응의 정확도뿐만 아니라 숙련도에 대한 정보도 제공해준다. 얼마나 자주 발생하는지 알고 싶을 때는 시간당 또는 분당 반응 수로 나타낼 수 있다.

(3) 백분율(percentage)

① 백분율은 전체를 100으로 하여 관찰된 행동이 차지하는 비율을 나타내는 것이다. 예를 들어, 교사의 질문 10개 중 6개의 정답 반응을 한 경우 백분율은 60%이다.

② 백분율은 매 회기마다 반응 기회의 수나 관찰시간이 동일하지 않아도 같은 기준으로 볼 수 있도록 해주기 때문에 누구나 이해하기 쉽다는 장점이 있다.

③ 그러나 행동의 발생 기회가 적거나 관찰시간이 짧을 경우에는 한 번의 행동이 백분율에 미치는 영향이 커서 행동의 변화를 민감하게 나타내주지 못한다. 예를 들어, 같은 행동이라고 할지라도 행동의 발생 기회가 5회였다면 1회의 행동은 전체 기회의 20%가 되지만, 행동 발생 기회가 20회였다면 1회의 행동은 전체의 5%가 되기 때문이다.

기출 POINT 2

❶ 13초등A3

ⓒ에 해당하는 관찰 방법을 쓰고, 관찰 결과를 비율로 요약하면 좋은 점을 쓰시오.

■ 표적행동: 친구의 손등을 때리는 행동
■ 관찰 방법: (ⓒ)

날짜	시간	행동 발생 표시	총 발생 수	비율
9/27	09:40~ 09:50	////	4	0.4/분
	10:30~ 10:50	////	4	0.2/분
	11:30~ 11:40	//	2	0.2/분

03 행동의 직접 관찰 방법의 종류

1. 서술기록(행동 묘사 관찰기록, narrative recording)

(1) 서술기록의 개념

'서술기록'이란 특정 사건이나 행동의 전모를 이야기하듯 있는 그대로 사실적으로 묘사하는 방법이다. 서술기록에는 일화기록, 표본기록, ABC 기록 등이 있다.

(2) 서술기록의 유형

① 일화기록(anecdotal recording)

㉠ '일화기록'이란 특정한 시간이나 장소의 제한 없이 관찰자가 기록할 만한 가치가 있다고 느꼈던 어떤 짧은 내용의 사건, 즉 일화에 대해 간략하게 서술하는 기록이라고 할 수 있다. ❶ 24유아A8

㉡ 일화기록은 사건이 발생한 후에 기록하므로 과거형으로 서술되는데, 사건이 발생한 후 가능한 한 빠른 시간 내에 기록하는 것이 바람직하다.

㉢ 일화기록을 사용하여 기록할 때의 지침은 다음과 같다. ❷ 17유아B1

• 관찰날짜, 시간, 장소, 진행 중인 활동 등을 기록하여 행동이나 사건의 배경을 확인할 수 있다.

• 관찰 대상 학생의 말과 행동을 구별해서 기록한다. 관찰 대상 학생이 사용한 말은 인용부호(" ")를 사용해서 기록한다.

• 관찰 대상 학생의 말과 행동뿐만 아니라 다른 사람의 말과 행동도 기록한다.

• 관찰자의 주관적인 느낌·해석과 실제 일어난 사실을 구별하여 관찰 대상 학생의 행동에 대해 객관적이고 사실적으로 기록한다.

• 여러 시기에 일어난 서로 다른 일화들은 함께 기록하지 말고 각각의 일화를 일어난 순서대로, 독립적으로 기록한다.

관찰대상	김○○	성별	남	생년월일	2008년 2월 6일
관찰일자	2016년 5월 6일	관찰장소	통합학급	관찰시간	오후 1:30-1:38
기록	교사가 학생들에게 "지금부터 각자 수학 연습문제를 푸세요."라고 지시하였다. ○○은 책상 위에 머리를 대고 자신의 장난감 자동차를 책상 가장자리에 굴리고 있다. 교사가 ○○에게 다가가 장난감을 빼앗으며 "연습문제를 풀어야지!"라고 말하였다. ○○은 울기 시작하였다. 교사가 "도와줄까?"라고 물었다. ○○은 발로 책상 다리를 치면서 "아냐, 아냐, 가 버려."라고 하며 점점 더 크게 소리를 질렀다.					
요약	○○은 수업시간에 독립적인 과제를 수행하도록 요구될 때 과제수행을 피하기 위해 종종 책상 위에 머리를 대고 엎드려 울거나 소리를 지른다.					

⚑ 일화기록 관찰지의 예

더 알아보기

관찰기록 방법에는 서술기록, 산물기록, 사건기록, 간격기록, 평정기록 등이 있다.

기출 POINT 3

❶ 24유아A8
㉡에 해당하는 관찰 기록법을 쓰시오.

연우의 의사소통 능력의 향상을 위하여 유치원과 가정에서 보다 체계적인 지원이 필요하다고 생각했다. 이를 위해 ㉡ 연우의 의사소통 장면을 주의 깊게 관찰하여 그 내용을 간결하고 객관적인 글로 기록하려 한다. 이 자료는 연우의 의사소통 발달 정도를 파악하고 중재를 계획하는 데 도움이 될 것이다.

❷ 17유아B1
다음은 5세 발달지체 유아 선우의 긍정적 행동지원 계획 수립을 위해 통합학급 최 교사가 수집한 일화기록 자료의 일부이다. ㉠~㉤ 중 일화기록 방법으로 잘못 기술된 것 2가지를 찾아 기호와 그 이유를 각각 쓰시오.

㉠ 점심식사 시간에 선우는 기분이 안 좋은지 식사를 하지 않고 앉아 있다. 옆에 앉은 혜미가 선우에게 "밥 먹어, 선우야."라고 하자 반찬 가운데 계란말이만 먹고, 혜미에게 무엇인가 말을 하려고 한다. ㉡ 혜미가 선우에게 "뭐라고? 밥을 먹어야지."라고 이야기한다. 그러자 앞에 앉아 있던 지수도 "맞아! 점심시간에는 밥 먹는 거야."라고 말한다. 김 선생님께서 ㉢ "선우야, 밥 먹고 있니?"라고 묻자 선우는 숟가락을 쥐고 일어난다. ㉣ 선우는 소리를 지르며 숟가락으로 식판을 두드린다. ㉤ 선우의 편식으로 점심식사 시간에 이런 일이 자주 발생하고 있다.

② 표본기록(specimen recording)

　㉠ '표본기록'이란 일정한 시간 또는 미리 정해진 활동이 끝날 때까지 사건이 발생한 순서대로 상세하게 이야기식으로 서술하는 기록으로서, '진행기록'이라고도 한다.

　㉡ 일화기록과 마찬가지로 객관적인 사실만 기록하고 관찰자의 해석이나 주관적인 판단은 기록해서는 안 되며, 꼭 필요한 경우에는 관찰지의 오른쪽 한 면을 이용하여 보충설명이나 관찰자의 해석을 별도로 기록함으로써 객관적인 자료와 구분하도록 한다.

　㉢ 표본기록은 서술기록이라는 점에서 일화기록과 비슷하지만 세 가지 차이점이 있다.

❶ 20유아B1

기출 POINT 4
❶ 20유아B1
표본기록에 비해 일화기록이 실시 방법 측면에서 갖는 장점을 2가지 쓰시오.

　　• 일화기록과는 달리 표본기록은 사전에 관찰시간과 관찰장소를 선정한다.

　　• 관찰자가 관찰대상의 의미 있는 행동을 선택하여 기록하는 일화기록과는 달리, 표본기록은 정해진 시간 내에 발생하는 관찰대상의 모든 행동과 주변 상황을 상세하게 서술한다.

　　• 사건이 발생한 후에 기록되는 일화기록과 달리, 표본기록은 사건들이 진행되는 동안 기록하게 되므로 현재형으로 서술된다. 이때 사건의 발생 순서대로 기록하되 사건이 바뀔 때마다 시간을 기록하게 되는데, 관찰시간은 보통 10분 내외가 적당하며 30분을 초과하지 않도록 한다.

관찰대상	최○○	성별	남	생년월일	2012년 11월 08일
관찰일자	2014년 9월 11일	관찰장소	○○어린이집	관찰시간	오전 9:25~9:30
기록	9:25	○○은 블록영역에서 스펀지블록을 가지고 놀다가 옆에 앉은 영훈이와 같은 파란색 스펀지블록을 잡게 되자 자기가 가지려고 뺏는다. 영훈이가 스펀지를 다시 빼앗아 가자, 이를 쳐다보던 ○○이가 영훈이의 얼굴을 왼손으로 꼬집는다. 교사가 "친구를 꼬집으면 안 돼요!"라고 말해도 울기만 한다. 그러다 ○○이가 울음을 그치고 교사는 다른 친구를 살피러 간다.			
	9:29	○○은 다시 스펀지블록을 가지고 논다. 은지가 늘어놓은 종이블록을 하나 가져가려고 한다. 은지가 "아아앙~"하며 싫다는 표현을 하자 ○○은 갑자기 손을 뻗어 은지의 얼굴을 꼬집고 은지는 울어버린다. 교사가 다시 와서 "친구 얼굴을 꼬집으면 안 된다고 했지요!"라고 말하자 또 뒤로 넘어가며 소리를 지르고 운다. 교사가 바로 앉히려고 해도 계속 소리를 지르며 울고 교사의 얼굴을 쳐다보지 않은 채 이쪽저쪽 다른 친구들만 쳐다본다.			
요약	• 시현이는 자신이 원하는 대로만 놀려고 하고 마음대로 되지 않으면 친구를 꼬집는다. • 시현이는 교사가 자신의 잘못을 지적하면 소리를 지르며 운다.				

🚩 **표본기록 관찰지의 예**

③ ABC 기록

　㉠ 'ABC 기록'이란 관심을 두는 행동이 잘 발생할 만한 상황에서 일정한 시간 동안 관찰하면서, 해당 행동이 발생할 때마다 그 행동을 중심으로 행동이 발생하기 직전 사건인 선행사건(A)과 행동이 발생한 직후의 사건인 후속사건(C)을 시간의 흐름에 따라 사실적으로 서술하는 기록이다.

　㉡ 일화기록 및 표본기록에서와 마찬가지로 객관적인 사실만 기록한다.

　㉢ ABC 기록은 행동과 관련된 선행사건과 후속사건에 대한 객관적인 정보를 얻을 수 있지만, 이러한 정보는 상관관계만 입증할 뿐 기능적 관계는 입증해주지 않는다.

(3) 서술기록의 장단점

① 장점 : 관찰 대상의 활동이나 사건에 관한 객관적인 기록과 사건이나 행동의 전후관계에 대한 정보 및 문제행동에 대한 구체적이고 체계적인 정보를 얻을 수 있다.

② 단점 : 양적 정보를 제공하기 어렵기 때문에 관찰결과에 대한 일반화가 어렵고, 사건이나 활동에 대한 사실적 서술이나 묘사를 해야 하기 때문에 시간이 오래 걸린다.

2. 영속적 산물기록(행동 결과물 중심 관찰기록, product recording)

(1) 영속적 산물기록의 개념

① '영속적 산물기록'이란 행동의 결과가 반영구적으로 남는 것을 관찰할 때 사용할 수 있는 방법으로, 행동의 결과가 무엇인지 정의한 다음, 행동의 결과가 일어나는 시간에 그 결과를 관찰한다.

② 예를 들어, 학생의 시험 답안지, 학생이 집어던진 연필의 수, 학생이 훔친 지우개의 수, 손을 씻은 후 비누통에 남아 있는 물비누의 양, 재떨이에 있는 담배꽁초의 수, 놀이터에 남겨진 개인 소지품, 식사 후 식탁에 떨어뜨린 음식물의 양 등을 영속적 산물기록으로 기록할 수 있다.

(2) 영속적 산물기록의 장점

① 행동의 발생 과정을 실시간으로 관찰할 필요가 없다. 예를 들어, 교사는 학생이 제출한 시험 답안지를 모아 두었다가 적절한 시기에 채점할 수 있다.

② 접근하기 어렵거나 부적절한 시간과 장소에서 일어나는 행동들을 쉽게 측정할 수 있다. 예를 들어, CCTV를 통해 아동들의 자유놀이를 녹화해두면, 편리한 시간에 원하는 방법으로 표적행동을 관찰 및 기록할 수 있다.

(3) 영속적 산물기록의 단점 **❶** 17초등B1

① 즉시 기록하지 않으면 다른 사람들이 행동의 결과를 치워버릴 수 있다는 단점이 있다. 예를 들어, 부러뜨린 연필을 교실 바닥에 던진 경우, 다른 아이가 쓰레기통에 버릴 수 있다.

기출 POINT 5

❶ 17초등B1
[자료 1]은 현수가 수학 시간에 부러뜨린 연필을 교사가 수업 후 개수를 세어 작성한 기록지의 일부이다. 교사가 사용한 기록법이 무엇인지 쓰고, 이 기록법의 단점을 쓰시오.
■ 자료 1

회기	조건	부러뜨린 연필의 개수
1	기초선	11
2	기초선	12
3	기초선	11
4	기초선	12
5	기초선	12
6	기초선	12
7	자기점검	9
8	반응대가	12

② 같은 행동의 결과를 서로 비교하기 어렵다. 예를 들면, 훔친 연필도 그 종류나 크기·질 등이 다를 수 있는데, 단순히 훔친 연필의 숫자만 기록하면 서로 비교하기 어렵다.

③ 학생 행동의 강도·형태나 시간 등의 양상을 설명해주지 못한다. 예를 들어, 찢겨진 책이 몇 장인지에 대한 정보는 학생이 책을 찢을 때의 강도나 형태 등에 대한 정보를 제공해주지 못한다.

3. 사건기록(행동 특성 중심 관찰기록, event-based recording)

(1) 빈도 관찰기록(frequency recording)

① 빈도 관찰기록 방법은 전체 관찰시간을 짧은 시간 간격으로 구분하여, 아동을 관찰하고 하나의 시간 간격 안에 발생한 행동의 빈도를 기록하는 것이다. ❹ 24중등B10

② 관찰 절차

> ㉠ 전체 관찰시간을 짧은 시간 간격으로 나눈다(시간 간격으로 나누지 않고 전체 관찰 시간을 그대로 두고 관찰하는 경우도 있음).
> ㉡ 아동 행동을 관찰한다.
> ㉢ 관찰시간 간격 안에 행동이 발생할 때마다 빈도를 기록한다.
> ㉣ 자료를 빈도 수 또는 비율로 요약한다. ❸ 13초등A3

③ 빈도 관찰기록에서 관찰 가능한 행동은 시작과 끝이 명백한 불연속적인 행동이어야 하므로, 관찰 행동의 시작과 끝에 대한 조작적 정의가 필요하다.

④ 빈도 기록법은 다음과 같은 행동에는 사용할 수 없다.

> ㉠ 정확한 수를 기록할 수 없을 만큼 높은 빈도로 발생하는 행동의 경우 빈도 기록법은 부적절하다. 예를 들어, 상동행동(손뼉 치기 또는 흔들기), 눈 깜빡이기 같은 행동은 발생 빈도가 너무 높아서 정확한 빈도를 세기 어렵다. ❷ 15중등A6
> ㉡ 한 가지 행동이나 반응이 연장되어 발생할 수 있는 경우 빈도 기록법은 부적절하다. 예를 들어, 자리 이탈 행동을 기록할 때 점심시간까지 지속된 자리 이탈 행동을 한 번으로 기록하는 것은 부정확한 표기가 될 수 있다.

⑤ 빈도 관찰기록의 장단점

장점 ❶ 19유아B2	단점
• 행동의 발생 횟수를 가장 직접적이고 정확하게 기록할 수 있다. • 수업을 직접적으로 방해하지 않고, 비교적 사용하기 쉽다. • 시간 간격마다 행동 발생빈도를 기록하므로 문제행동이 언제 가장 많이 발생하는지 시간 흐름에 따른 행동 발생 분포를 알 수 있다.	• 행동의 빈도만으로 행동의 형태가 어떤지 설명해주지 못한다. • 지나치게 짧은 시간 간격으로 자주 또는 오랜 시간에 걸쳐 나타나는 행동에는 적용하기 어렵다.

기출 POINT 6

❶ 19유아B2
빈도 사건표집법의 장점 1가지를 쓰시오.

❷ 15중등A6
자폐성장애 학생의 바람직하지 않은 행동인 '손바닥을 퍼덕이는 상동행동'의 손바닥을 퍼덕이는 횟수를 관찰·측정하여 행동을 수정하고자 한다. 이 행동을 빈도(사건)기록법으로 측정하는 것이 부적합한 이유를 쓰고, 이에 적합한 관찰기록 방법의 명칭을 쓰시오.

❸ 13초등A3
㉡에 해당하는 관찰 방법을 쓰고, 관찰 결과를 비율로 요약하면 좋은 점을 쓰시오.
■ 표적행동: 친구의 손등을 때리는 행동
■ 관찰 방법: (㉡)

날짜	시간	행동 발생 표시	총 발생 수	비율
9/27	09:40~09:50	////	4	0.4/분
	10:30~10:50	////	4	0.2/분
	11:30~11:40	//	2	0.2/분

- **아동**: 이○○(빛고을초등학교 3학년, 9세)
- **표적행동**: 식사 중 자리 이탈 행동
- **표적행동의 조작적 정의**: 음식을 담은 식판을 식탁에 놓고 자리에 앉아 숟가락이나 젓가락을 잡은 후 엉덩이가 자리에서 10cm 이상 떨어진 상태에서 3초 이상 지속

날짜	시간	행동 발생	합계	관찰시간	빈도/시간	분당 비율
9/12	12:35~1:05	✓✓✓✓✓✓✓✓✓✓✓✓	12	30분	12/30	0.4회
9/13	12:30~12:55	✓✓✓✓✓✓✓✓✓✓	10	25분	10/25	0.4회
9/14	12:30~1:00	✓✓✓✓✓✓✓✓✓	9	30분	9/30	0.3회
9/15	12:35~1:10	✓✓✓✓✓✓✓✓✓✓✓✓✓✓	14	35분	14/35	0.4회

→ 해당 빈도 관찰기록지로 기록할 경우, 매일 관찰한 시간의 길이가 달랐어도 행동 요약을 비율로 하였기 때문에 매일의 급식 시간 자리 이탈 행동을 서로 비교할 수 있다.

📌 **빈도 관찰기록지의 예 1**

- **아동**: 이○○(빛고을초등학교 3학년, 9세)
- **표적행동**: 수업 중 자리 이탈 행동
- **표적행동의 조작적 정의**: 교사의 허락 없이 자기 의자를 떠나는 행동으로, 연구 대상의 엉덩이가 의자에서 떨어진 모든 상태(예 의자 위에 무릎 세워 앉기, 다른 자리로 이동하기 등)

날짜	시간	행동 발생									총 빈도
		1	2	3	4	5	6	7	8	9	
6/1	13:15~14:00						/	//	///	////	10
6/2	9:00~9:45								//	///	5
6/3	9:45~10:40							/	//	///	6
6/4	14:10~14:55					/	/	//	///	////	11

→ 해당 빈도 관찰기록지로 기록할 경우, 매번 관찰한 수학 시간의 길이가 45분으로 같으므로 총 빈도 수로 매 수학 시간과 급식 시간의 자리 이탈 행동을 서로 비교할 수 있다. 또한 전체 관찰 시간 45분을 5분 간격으로 나누어 관찰했기 때문에 수학 시간 중 어느 때에 자리 이탈이 많은지 분석할 수 있다.

📌 **빈도 관찰기록지의 예 2** ❹ 24중등B10

❹ **24중등B10**
밑줄 친 ㉠에 해당하는 관찰 기록법의 명칭을 쓰시오.

■ **관찰행동**: 자리 이탈 행동

> 수업 시간에 선생님의 허락 없이 일어나서 엉덩이가 의자에서 떨어진 상태(예 다른 자리로 이동하기, 서서 돌아다니기)

■ **㉠ 관찰 기록지**

날짜	관찰 시간	행동 발생				합계
		1	2	3	4	
5/16	10:00~10:40	/	//	//	//	7
5/17		//	/	/	//	6
5/18		/	//	/	/	5
5/19		/	/	/	/	4

더 알아보기 **간격-빈도기록**(interval-frequency recording) ❺ 07중등19, ❻ 06유아7

- 간격-빈도기록은 전체 관찰시간을 일정한 간격으로 나눈 후 관찰 간격별로 관찰행동이 발생하는 횟수를 기록하는 것으로서 '간격 내 빈도기록'이라고도 한다.
- 간격기록과 빈도기록이 결합된 형태라고 할 수 있으며, 관찰행동이 얼마나 자주 발생하는지에 대한 정보와 더불어 관찰행동이 얼마나 여러 번 발생하는지에 대한 정보를 제공해준다.

관찰행동 : 다른 아동 때리기(조작적 정의 : 다른 아동의 머리나 등을 손으로 침)			
관찰자 A		관찰자 B	
관찰시간	관찰행동 발생	관찰시간	관찰행동 발생
30초		30초	
1분		1분	
1분 30초	/	1분 30초	/
2분		2분	
2분 30초	//	2분 30초	/
3분		3분	
3분 30초		3분 30초	
4분		4분	
4분 30초	/	4분 30초	//
5분		5분	

- 관찰자 간 신뢰도 : (100+100+100+100+50+100+100+100+50+100) ÷ 10 = 90%

- **아동** : 이○○, 김○○, 박○○, 양○○, 정○○, 이△△
- **표적행동** : 소리 내어 읽기
- **표적행동의 조작적 정의** : 별도로 제시된 조작적 정의에 따라 연구 대상이 읽는 단어에서 대체, 발음 오류, 삽입, 반복 등의 오반응이 발견되면 해당 칸에 체크 표시(✓)를 하시오.

날짜	연구 대상 / 반응	이○○	김○○	박○○	양○○	정○○	이△△
4/3	대체	✓✓✓✓				✓	✓✓✓✓✓
	발음 오류		✓✓✓✓✓		✓✓✓✓✓ ✓		✓
	삽입	✓		✓✓✓✓✓		✓	
	반복				✓✓✓✓✓ ✓✓		

→ 해당 빈도 관찰기록지로 기록할 경우, 여러 명의 연구 대상의 행동 빈도를 측정할 수 있다.

⚐ **빈도 관찰기록지의 예 3**

❺ 07중등19
행동 관찰 방법의 명칭을 쓰고, 관찰자 간 일치율을 구하시오(단, 표의 ✓는 1회의 발생 횟수를 나타낸 것임).
■ 파괴행동 발생 횟수

시간(분)	발생 횟수	
	주 관찰자	보조 관찰자
0~10	✓✓✓✓	✓✓✓✓
10~20	✓✓✓✓	✓✓✓
20~30	✓✓	✓✓✓✓
30~40	✓✓	✓✓

❻ 06유아7
다음은 김 교사와 박 교사가 '때리기' 행동을 5회기 동안 관찰한 결과이다. 사용한 기록방법을 쓰고 관찰자 간 신뢰도를 구하시오.

회기 / 교사	1	2	3	4	5
김 교사	///	////	//////	////	////
박 교사	///	/////////	///////////		////

(2) **통제제시 기록법**(반응기회 관찰기록, controlled presentations recording)

기출 POINT 7

❶ 19중등B7
㉠에서 사용한 사건(빈도)기록법의 유형을 쓰시오.

▪ 비연속 시행 훈련(DTT) 적용

㉠ 수업 차시마다 주방 전열기 사진 5장을 3번씩 무작위 순서로 제시하여 총 15번의 질문에 학생이 바르게 답하는 빈도를 기록함

① 통제제시 기록법은 사전에 일정한 수로 설정된 행동의 기회를 제시하면서 행동의 발생 유무를 기록하는 것이다. ❶ 19중등B7

> 예 교사가 회기 내에서 학생이 요구에 반응할 기회나 시도를 10회 제공하는 것으로 정하고, 각 시도에 대해 정반응인지 오반응인지를 기록한다. 통제제시는 교사가 단순히 각 회기의 정반응 수를 확인함으로써 진전을 점검할 수 있다.

② 관찰 절차

> ㉠ 학생에게 주어지는 기회가 무엇인지 명확하게 정의한다(예 교사가 개별 학생을 대상으로 질문하는 것을 반응 기회로 정의할 수 있다).
> ㉡ 학생 행동을 관찰할 시간 길이나 그 시간 동안에 학생에게 주어질 기회의 수를 미리 설정한다.
> ㉢ 주어진 시간 동안에 학생에게 기회를 제공한다.
> ㉣ 표적행동이 발생했는지의 여부를 관찰하고 기록한다.
> ㉤ 발생한 표적행동 수를 주어진 기회의 수로 나누고 100을 곱하여, 주어진 기회 수에 대한 표적행동의 발생 횟수의 퍼센트를 기록한다.

③ 특징: 빈도기록을 수정한 형태나, 빈도기록과의 차이는 행동의 기회가 통제된다는 점이다.

④ 관찰결과: 제시된 전체 반응기회 수(시행 수)에 대한 관찰행동 발생횟수의 백분율을 계산하여 나타낼 수 있다.

- **아동**: 이○○
- **표적행동**: 교사의 질문에 정답을 말하는 행동(정답은 ＋, 오답은 －로 표시)
- **기회의 조작적 정의**: 한 자릿수의 덧셈이나 뺄셈에 대한 교사의 구두 질문
  예 "2 더하기 6은?", "7 빼기 5는?"

날짜	정반응	전체 기회 수	백분율
5/4	✓✓✓✓	10	40%
5/6			

→ 해당 관찰기록지를 통해, 아동이 교사의 덧셈이나 뺄셈의 구두 질문 10개 중 4개의 질문에 정반응을 하여 전체 질문의 40%만큼 정반응하였음을 알 수 있다.

날짜	기회와 반응											정반응수	백분율
	기회	1	2	3	4	5	6	7	8	9	10		
5/4	반응	＋	－	＋	＋	－	－	＋	－	－	－	4	40%
	반응												

→ 해당 관찰기록지를 통해, 정반응과 오반응의 빈도를 구분하여 기록하도록 만들 수도 있다.

🚩 **통제제시 기록 관찰지의 예 1**

- **아동**: 김○○
- **표적행동**: 지시 따르기

촉구의 수준	날짜: 10/4	날짜: 10/5	날짜: 10/6	날짜: 10/8
힌트	1 2 3 4 5 6 7 8 9 10	1 2 3 4 5 6 7 8 9 10	1 2 3 4 5 6 7 8 9 10	1 2 3 4 5 6 7 8 9 10
언어적 지시	1 2 3 4 5 6 7 8 9 10	1 2 3 4 5 6 7 8 9 10	1 2 3 4 5 6 7 8 9 10	1 2 3 4 5 6 7 8 9 10
몸짓 촉구	1 2 3 4 5 6 7 8 9 10	1 2 3 4 5 6 7 8 9 10	1 2 3 4 5 6 7 8 9 10	1 2 3 4 5 6 7 8 9 10
부분적 신체 촉구	1 2 3 4 5 6 7 8 9 10	1 2 3 4 5 6 7 8 9 10	1 2 3 4 5 6 7 8 9 10	1 2 3 4 5 6 7 8 9 10
전체적 신체 촉구	1 2 3 4 5 6 7 8 9 10	1 2 3 4 5 6 7 8 9 10	1 2 3 4 5 6 7 8 9 10	1 2 3 4 5 6 7 8 9 10

→ 해당 관찰기록지를 보면, 교사의 지시(예 "컵을 주렴", "숟가락을 주렴" 등)를 어느 정도 수준의 촉구로 수행할 수 있는지 측정하고 있음을 알 수 있다. 이 그래프에서는 4회기를 기록할 수 있게 되어 있고, 한 회기마다 10번 시도할 수 있게 되어 있다. 교사의 지시에 대해 어느 수준으로 지시를 수행할 수 있는지 관찰하고, 해당하는 촉구 수준에 있는 시도 횟수를 의미하는 번호를 찾아 동그라미(●)로 표시하고 동그라미를 서로 연결하여 선 그래프가 되게 했다. 그 결과 이 그래프에서 아동의 표적행동은 회기마다 증가하고 있음을 알 수 있다.

🚩 **통제제시 기록 관찰지의 예 2**

대상자 이름 : _____   날짜 : ___년 __월 __일 ~ __월 __일

관찰자 이름 : _____   행동 : 20개 단어 중 정확하게 읽은 단어 수

부진아동 문자지도 결과표

문항 \ 자료 날짜	자료 1 월 일	자료 2 월 일	자료 3 월 일	자료 4 월 일	자료 5 월 일	자료 6 월 일	자료 7 월 일
1	아가	기수	고기	구두	가거라	드리다	파자마
2	파다	피부	이모	부츠	오너라	로보트	두루미
3	하마	바보	누나	두부	기리다	스스로	수제비
4	사자	수리	오리	다리	어머니	다리미	아저씨
5	차다	조사	나무	소주	아버지	스피커	아주머니
6	나라	미소	우리	가다	부수다	마시다	카나리아
7	파자	바지	이사	우주	푸르다	리어카	사투리
8	하자	사소	허파	두루	구르다	고사리	타자기
9	사라	마루	고모	고파	그치다	저고리	다시마
10	바다	소파	고추	자아	오로지	기러기	피아노
11	가파	보더	으퍼	차거	크리머	허수가	히투퍼
12	하타	토니	키흐	쿠자	오수가	스사히	자보트
13	나자	차카	히가	허푸	구수미	나다라	자피기
14	카라	아터	프너	타처	가라미	보무스	트코머
15	사바	초푸	투로	더저	크디러	이즈쿠	거더두
16	차바	즈치	코미	치투	바소서	초터파	타프보
17	마사	기바	처부	가트	도부사	하피트	누라우
18	차카	노러	자우	히피	크리키	쿠츠초	츠너프
19	나파	도므	구프	소루	머하시	아서보	스모가
20	라라	시저	후키	파히	고소호	무디라	으시자
1~10 정답 수							
%							
11~20 정답 수							
%							

(표시) ○ : 정확하게 읽은 문자, × : 정확하게 읽지 못한 문자

→ 해당 관찰기록지를 사용할 때는 아동에게 미리 계획된 읽기 자료를 주고 아동으로 하여금 자료에 있는 단어를 구두로 읽도록 한다. 관찰자는 관찰지에 날짜를 기록한 다음, 해당 자료에 대한 아동의 읽기를 관찰하여 아동의 반응을 표시한다. 여기에서는 정반응에 대해 단어에 동그라미 표시를 하도록 했다. 20개의 문항을 다 실시하여 문항마다 아동의 반응을 표시한 다음, 1번부터 10번까지의 받침 없는 의미 단어에 대한 정답 수와 백분율을 기록하고, 11번부터 20번까지의 받침 없는 무의미 단어에 대한 정답 수와 백분율을 기록한다. 이때 아동에게 주어지는 단어의 수는 언제나 20개로 일정하게 했다.

🚩 **통제제시 기록 관찰지의 예 3**

(3) 기준치 도달 관찰기록(trial to criterion recording)

① 기준치 도달 관찰기록 방법은 사전에 설정된 준거에 도달할 때까지 행동의 기회를 제공하면서 행동 발생 여부를 기록하는 것이다.

② 기본 유형 중 하나인 빈도기록을 수정한 형태로, 빈도기록과의 차이는 행동의 기회가 통제되고 숙달준거가 설정된다는 점이다.

③ 관찰 절차

> ㉠ 제시될 행동의 기회를 정의한다. 이때 행동의 기회를 '반응기회' 또는 '시행'이라고 한다. 예 교사의 한 자릿수 뺄셈에 대한 구두질문
> ㉡ 관찰행동을 정의한다. 예 교사의 한 자릿수 뺄셈에 대한 구두질문에 정답을 말하기
> ㉢ 숙달준거를 설정한다. 예 교사의 한 자릿수 뺄셈에 대한 구두질문에 연속 3회 정답 말하기
> ㉣ 반응기회(시행)를 제시할 시간을 선정한다.
> ㉤ 선정된 시간에 반응기회(시행)를 제시한다.
> ㉥ 설정된 숙달준거에 도달할 때까지 반응기회(시행)를 제시하고 관찰행동의 발생 여부를 기록한다.
> ㉦ 관찰결과는 숙달준거에 도달하기까지 제시된 반응기회(시행)의 횟수로 나타낸다.

- **관찰자**: 오○○   **아동**: 김○○
- **교사**: 최○○   **장소**: 2학년 3반 교실, 국어시간
- **표적행동의 정의**: 교사의 지시 3초 내에 교사의 지시 반복 없이 지시를 수행하는 것
- **반응 기회의 정의**: 교사가 아동에게 행동을 수행하도록 요구하는 모든 지시
  예 "교과서 ○○쪽을 펴라." "제자리에 앉아라." "책을 소리 내어 읽어라." 등
- **기준치**: 교사의 지시에 연속 3회 수행하기
- **기록 방법**: 교사의 지시가 주어지고 3초 이내에 지시 내용을 수행하면 +, 그렇지 않으면 − 표시

날짜	목표 도달 기준치	기회에 대한 아동의 반응										기준치 도달까지 걸린 횟수
		1	2	3	4	5	6	7	8	9	10	
4/2	연속 3회 수행	−	−	−	−	−	−	−	+	+	+	10
4/3	연속 3회 수행	−	−	−	−	+	−	+	+	+	−	9
4/4	연속 3회 수행	−	−	+	−	−	+	+	+	−	+	8
4/5	연속 3회 수행	−	+	−	+	+	+	−	+	+	−	6
4/6	연속 3회 수행	+	−	+	+	+	+	+	−	−	+	6

→ 해당 아동은 4월 2일에 기준치까지 도달하는 데 10회의 지시가 있었고, 4월 3일에는 9회, 4월 4일에는 8회로 기준치까지 도달하는 횟수가 감소하고 있음을 알 수 있다.

🏳 **기준치 도달 관찰기록 관찰지의 예 1**

기출 POINT 8

❶ 15초등B4

다음에서 교사가 학생의 수행을 관찰하여 기록한 방법의 명칭을 쓰시오.

- 표적 기술: 지폐 변별하기
- 자료: 1,000원 지폐, 5,000원 지폐
- 구어 지시: "_____원을 짚어 보세요."
- 기준: 연속 3회기 동안 10번의 시행 중 9번 정반응

| / 오반응 |
| ○ 정반응 |
| □ 회기 중 정반응 시행의 수 |

	2-18	2-20	2-21	2-25	2-27	2-28	3-4	3-6	3-7	3-11	3-13	3-14	3-18	3-20	3-21	
	20	20	20	20	20	20	⑳	⑳	19	20	⑳	⑳	⑳	⑳	⑳	100
	19	19	19	19	19	19	⑲	⑲	⑲	⑲	⑲	⑲	⑲	⑲	⑲	95
	18	18	18	18	18	18	18	⑱	18	⑱	⑱	⑱	18	18	18	90
	17	17	17	⑰	17	17	17	17	⑰	17	⑰	17	⑰	⑰	⑰	85
	16	16	16	16	⑯	⑯	16	⑯	16	⑯	16	16	⑯	⑯	⑯	80
	15	15	15	⑮	⑮	⑮	⑮	⑮	⑮	15	⑮	⑮	⑮	⑮	⑮	75
	14	⑭	14	14	⑭	⑭	⑭	14	14	14	14	⑭	14	⑭	⑭	70
	13	⑬	⑬	⑬	13	⑬	13	13	⑬	⑬	13	⑬	⑬	⑬	⑬	65
	12	12	⑫	⑫	12	12	⑫	⑫	⑫	12	⑫	⑫	12	⑫	⑫	60
	11	11	11	⑪	⑪	11	11	11	⑪	11	⑪	11	⑪	⑪	⑪	55
	⑩	10	10	10	10	10	10	⑩	10	⑩	10	⑩	⑩	⑩	⑩	50
	9	⑨	9	9	9	⑨	⑨	⑨	9	⑨	⑨	⑨	⑨	⑨	⑨	45
	8	8	⑧	⑧	8	8	⑧	⑧	⑧	8	⑧	8	⑧	⑧	⑧	40
	⑦	7	7	7	7	⑦	⑦	7	⑦	7	⑦	7	⑦	⑦	⑦	35
	6	6	6	6	6	6	6	⑥	6	⑥	⑥	⑥	⑥	⑥	⑥	30
	5	5	5	⑤	5	5	⑤	⑤	⑤	⑤	⑤	⑤	⑤	5	5	25
	4	4	④	4	④	④	④	④	④	④	4	④	④	④	④	20
	3	③	3	③	3	③	③	③	③	③	③	③	③	3	③	15
	②	②	②	②	②	②	②	②		②	②	②	②	2	②	10
	①	①	①	①	①	①	①	①	①	①	①	①	①	①	①	5
회기	1	2	3	4	5	6	7	8	9	10	11	12	13	14	15	%

표적행동/기술	가득 찬 것과 가득 차지 않은 것 분류하기
준거	3회기 연속적으로 시도의 90% 정반응
자료	식당의 소금통, 후추통, 설탕통, 케첩통, 겨자통, 냅킨통
학생	Carmen

→ 해당 그래프는 관찰자가 아동 행동을 관찰하면서 하는 기록이 동시에 그래프가 되도록 개발된 것이다. 즉, 관찰지와 그래프를 통합한 것으로, 표적행동은 아동이 가득 찬 것과 가득 차지 않은 것을 분류하는 것이다. 기준치 도달 기록 방법이 적용된 해당 그래프의 기준은 아동이 3회기 연속적으로 시도한 것의 90%만큼 정반응하는 것이다. 이 그래프는 맨 위에 날짜를 기록하고, 맨 아래에는 회기를 기록한다. 매 회기마다 아동에게는 20번 시도할 수 있는 기회가 주어진다.

🚩 **기준치 도달 관찰기록 관찰지의 예 2** ❶ 15초등B4

학생 : Hisa 　　교사 : Ms. Ebenezer 　　장소 : 1층 복도 화장실
목표 : 일주일 동안 손 씻기 단계의 100%를 독립적으로 완수함

촉구코드	*I*(독립적) *V*(언어적 단서) *g*(몸짓) *P*(신체적 도움)

단계	9/6	9/6	9/8	9/8	9/10	9/10	9/13	9/15	9/17	9/20	9/22	9/24	9/27	9/29	10/1	10/3
17.																
16.																
16.																
14.																
13. 휴지통에 종이 수건 버리기	*g*	*g*	*I*	*I*	*I*	*I*	*I*	*I*	*I*	*I*	*I*	*I*	*I*	*I*	*I*	*I*
12. 손 비비기	*I*	*I*	*I*	*I*	*I*	*I*	*I*	*I*	*I*	*I*	*I*	*I*	*I*	*I*	*I*	*I*
11. 종이 수건 한 개 빼기	*g*	*g*	*g*	*g*	*g*	*g*	*I*	*I*	*I*	*I*	*I*	*I*	*I*	*I*	*I*	*I*
10. 종이 수건 빼는 곳으로 가기	*g*	*g*	*g*	*g*	*g*	*g*	*V*	*V*	*V*	*V*	*g*	*V*	*g*	*V*	*V*	*I*
9. 찬물 잠그기	*g*	*P*	*g*	*P*	*P*	*P*	*P*	*g*	*P*	*P*	*P*	*P*	*g*	*g*	*g*	*g*
8. 더운물 잠그기	*P*	*P*	*P*	*P*	*P*	*P*	*P*	*P*	*g*	*g*	*g*	*g*	*g*	*g*	*g*	*I*
7. 손을 3회 비비기	*g*	*g*	*V*	*V*	*V*	*I*	*I*	*I*	*I*	*I*	*I*	*I*	*I*	*I*	*I*	*I*
6. 손을 물 밑에 대기	*g*	*g*	*I*	*I*	*I*	*I*	*I*	*g*	*I*	*I*	*I*	*I*	*I*	*I*	*I*	*I*
5. 펌프 누르기	*I*	*I*	*I*	*I*	*I*	*I*	*I*	*I*	*I*	*I*	*I*	*I*	*I*	*I*	*I*	*I*
4. 손을 비누 펌프 밑에 대기	*g*	*g*	*g*	*g*	*g*	*g*	*g*	*V*	*V*	*V*	*V*	*I*	*V*	*I*	*I*	*I*
3. 더운물 틀기(빨강)	*P*	*P*	*P*	*P*	*P*	*P*	*P*	*P*	*g*	*V*	*B*	*V*	*I*	*g*	*g*	*g*
2. 찬물 틀기(파랑)	*P*	*P*	*P*	*P*	*P*	*P*	*P*	*P*	*V*	*V*	*V*	*V*	*V*	*V*	*V*	*V*
1. 세면대로 가기	*V*	*V*	*V*	*V*	*V*	*V*	*V*	*V*	*I*	*I*	*I*	*I*	*I*	*I*	*I*	*I*

→ 해당 그래프의 왼쪽에는 손 씻기 행동연쇄 단계가 번호와 함께 아래에서부터 단계별로 제시되어 있고, 아래쪽에는 날짜를 쓰게 되어 있다. 회기마다 아동에게 13단계의 손 씻기 행동을 하게 하고, 각 단계에서 아동이 어느 정도의 도움으로 그 행동을 할 수 있었는지를 그래프 위쪽에 제시한 촉구 코드로 구별하여 기록한다. 이 그래프에서는 회기마다 독립적으로 수행한 단계 수의 합계에 해당하는 숫자(왼쪽에 있는 단계 숫자를 사용함)와 같은 높이의 좌표에 동그라미(●)로 표시하고 회기별로 동그라미를 연결하여 선 그래프가 되게 했다. 예를 들어 10월 3일의 경우, 아동은 11개의 단계에서 독립적으로 수행하였음을 알 수 있다.

⚑ 기준치 도달 관찰기록 관찰지의 예 3 ❶ 24유아B2

---

❶ 24유아B2

교사가 사용한 관찰 기록 방법이 무엇인지 쓰고, 목표행동과 [A]에 근거하여 ©에 들어갈 내용을 쓰시오.

아동	현수	관찰자	강○○
중재 시작	4월 7일	중재 종료	4월 25일
목표 행동	탈 수 있는 자동차를 스스로 선택하여 타면서 논다.		
종료 준거	©		
촉구 코드	P(촉진), I(독립적 수행)		

단계/기획	4/7	4/8	4/9	4/10	4/21	4/22	4/23	4/24	4/25	%*
10	I	I	P	P	I	I	P	I	I	100
9	P	P	P	I	I	P	I	P	I	90
8	P	P	P	P	I	I	I	I	I	80
7	P	P	P	I	I	I	I	I	I	70
6	P	I	P	P	I	I	I	I	I	60
5	P	P	I	I	P	I	I	I	I	50
4	P	P	P	I	I	P	I	I	I	40
3	P	P	I	I	P	I	I	I	P	30
2	P	I	I	P	I	I	I	I	P	20
1	P	P	I	I	I	I	I	I	I	10

→ 독립적 수행 비율 　　* 날짜별 독립적 수행 비율

02

(4) 강도기록(intensity recording)

① 강도기록의 개념

㉠ 강도기록은 관찰기간 동안 행동이 발생할 때마다 행동의 강도를 기록하는 것이다.

㉡ '행동의 강도'란 행동의 힘, 에너지, 발휘력 등의 정도를 의미하며 '행동의 크기'라고도 한다.

㉢ 관찰방법 : 행동의 강도를 측정할 때는 관찰기간 동안 행동이 발생할 때마다 보통 특수도구를 사용한다. 예를 들어 관심대상이 목소리 크기라면 음성측정기를 사용하여 데시벨 수준을 측정할 수 있고, 관심대상이 손의 쥐는 힘이라면 악력계를 사용하여 악력을 측정할 수 있다. 행동의 강도를 측정할 때 특수도구 이외에 척도기록을 사용하기도 한다.

㉣ 관찰결과 : 관찰기간 동안 측정된 측정치의 합을 행동의 발생횟수로 나눈 평균으로 나타낼 수 있다.

- **관찰장소** : 운동장
- **관찰장면** : 체육시간
- **관찰행동** : 다른 아동 때리기(조작적 정의 : 다른 아동의 머리나 등을 손으로 친다.)
- **관찰자** : 김지웅
- **관찰기록지시** : 관찰행동이 발생할 때마다 해당 행동의 강도를 다음과 같이 1~3으로 판단하여 해당 칸에 ✓로 표시하시오.

관찰시간	발생횟수	관찰행동		
		약하게	보통으로	심하게
		1	2	3
30분	1	✓		
	2		✓	
	3	✓		
	4		✓	
	5			✓
	6			✓
	7			
	8			
	9			
	10			

→ 관찰결과 : (1+2+1+2+3+3)÷6=2.0

---

② **강도기록의 장단점**

　　㉠ 장점 : 강도기록은 빈도기록에 비해 자주 사용되지는 않지만, 행동의 힘이나 크기
　　　　가 중요한 정보일 때 유용한 방법이다.

　　㉡ 단점 : 척도를 이용하여 행동의 강도를 측정하는 경우 객관적인 평가에 어려움이
　　　　있을 수 있다. 예를 들어, 때리는 행동의 강도를 강·중·약이라는 척도에 의해
　　　　분류한다고 할 때 관찰자가 느끼는 강도에 따라 때리는 행동의 강도를 다르게 평
　　　　가할 수 있다. 그러므로 기록의 일관성을 확보하기 위해 관찰자 간 신뢰도를 산출
　　　　하는 것이 바람직하다.

⑸ **지속시간 기록법(duration recording)** ❷ 22중등B6, ❹ 15초등A2, ❺ 13추가중등B2

　① 학생이 특정한 행동을 하는 시간의 길이에 관심이 있을 때 사용하는 지속시간 기록법은
　　표적행동이 시작될 때의 시간과 그 행동이 끝날 때의 시간, 행동이 지속된 시간을 계
　　산하여 기록한다. ❶ 24중등B10, ❸ 20중등B3

　② 지속시간 기록법은 시작과 끝을 쉽게 확인할 수 있는 행동에 적합하므로 행동의 시작과
　　종료를 명확하게 정의하는 것이 중요하다.

　③ 지속시간 기록법은 지나치게 짧은 간격으로 발생하는 행동에는 적용하기 어렵다. 또한
　　행동의 강도를 설명해주지 못한다는 단점이 있다.

　④ 지속시간 기록법을 사용하기에 적절한 행동의 예로는 식사를 마치는 데 걸리는 시간,
　　화장실에 머무는 시간, 주어진 과제를 마치는 데 걸리는 시간, 손가락을 빠는 시간,
　　협동놀이에 참여하는 시간 등이 있다.

기출 POINT 10

❶ 24중등B10

㉡을 참고하여 학생 A의 행동 특성에 적합한 관찰기록법의 명칭을 쓰고, 그 이유를 1가지 서술하시오.

㉡ 관찰 기록 결과를 보니 행동 발생이 줄어드는 것처럼 보이나, 학생 A는 여전히 자리에 앉아 있지 않고 돌아다님. 수업 시간 중 자리 이탈 행동이 얼마나 개선되었는지 정확히 파악해야 함

- **아동** : 김평강(서라벌초등학교 2학년)
- **관찰자** : 박온달
- **표적행동** : 손가락 빨기 행동
　입술 안쪽으로 5mm 이상 손가락을 집어넣거나 이빨로 손톱을 깨무는 행동
- **관찰 장소** : 2학년 3반 교실
　오전 국어시간, 전체 아동 35명, 표적아동은 교실의 중간 쯤에 위치
- **관찰 환경**

날짜	시간	행동 발생					관찰 결과 요약	
8/9	9:25~9:55	#1 1'	#2 2'10"	#3 1'20"	#4 1'30"	#5 1'	전체 관찰시간	30분
							전체 지속시간	7분
		#6	#7	#8	#9	#10	지속시간 백분율	23%
							평균 지속시간	1분 24초
8/10	9:25~9:55	#1 2'	#2 1'30"	#3 1'	#4 1'20"	#5 1'30"	전체 관찰시간	30분
							전체 지속시간	9분 30초
		#6 1'	#7 1'10"	#8	#9	#10	지속시간 백분율	32%
							평균 지속시간	1분 21초

[출처] 양명희, 『행동수정이론에 기초한 행동지원』 2판(2016.)

🚩 **지속시간 기록 관찰지의 예**

기출 POINT 10

❷ 22중등B6

(나)에서 사용한 관찰 기록법의 명칭을 쓰고, 괄호 안의 ⓒ에 해당하는 지속시간 백분율을 쓰시오.

(나) 관찰 결과

대상	학생 E	관찰자	초임교사
관찰 환경	• 특수학교 중학교 2학년 3반 교실, 교탁을 정면으로 바라보는 자리 • 국어 시간		
표적 행동	착석행동: 자신의 등을 의자에 붙이고 다리를 아래로 내린 상태로, 교탁 방향으로 책상과 의자를 정렬하여 앉아 있는 행동		

시간	행동 발생			
	횟수	시작시간	종료시간	지속시간
09:30~10:00 (30분)	1	9시 35분 25초	9시 36분 15초	50초
	2	9시 42분 05초	9시 42분 45초	40초
	3	9시 50분 20초	9시 51분 05초	45초
	4	9시 55분 40초	9시 56분 25초	45초
관찰 결과 요약		지속시간 (ⓒ)		

❸ 20중등B3

(나)에서 사용한 관찰기록법의 유형을 쓰고, 이 방법이 적절한 이유를 (가)의 밑줄 친 ⓐ의 목표 행동 특성과 관련지어 1가지 서술할 것.

(가) 행동지원 계획안

• 목표행동: ⓐ 수업시간에 15분 동안 계속해서 의자에 앉아 있기

(나) 관찰 기록 결과

• 대상 학생: 학생 C   • 관찰자: 교육실습생
• 관찰 행동: 의자에 앉아 있기   • 관찰 장소: 중학교 2-1 교실

날짜	시간	행동 발생					관찰 결과 요약	
5/6 (월)	13:05 ~ 13:35	#1 1분 40초	#2 1분 30초	#3 1분 50초	#4 1분 30초	#5 1분 40초	전체 관찰시간	30분
							전체 지속시간	8분 10초
		#6	#7	#8	#9	#10	지속시간 백분율	27.2%
							평균 지속시간	1분 38초

❹ 15초등A2

다음은 김 교사가 지속시간 기록법을 사용하여 민수의 교실 이탈 행동을 관찰하여 작성한 기록지 일부이다. ⑩의 명칭과 ⑭에 기입할 값을 쓰시오.

날짜	시간	문제행동 지속시간		관찰 결과 요약	
11/6	1:00~1:40	#1	8분	총관찰시간	40분
		#2	4분	총지속시간	24분
		#3	7분	평균지속시간	6분
		#4	5분	⑩	⑭

❺ 13추가중등B2

아래 관찰 기록지를 보고 지속시간 백분율을 구하시오.

- 관찰 일시 : 4월 7일(09:50~10:30)
- 관찰 행동 : 손톱 깨무는 행동

관찰자		김 교사(주 관찰자)				최 교사(보조 관찰자)			
관찰 시간 (분)	발생 횟수	시작 시간	종료 시간	지속 시간 (분)	지속 시간 백분율 (%)	시작 시간	종료 시간	지속 시간 (분)	지속 시간 백분율 (%)
40	1	10:05	10:09	4		10:05	10:08	3	
	2	10:12	10:17	5		10:13	10:18	5	
	3	10:24	10:29	5		10:25	10:29	4	

(6) 반응시간 기록법(지연시간 관찰기록, latency recording)

① 반응시간 기록법은 선행사건과 표적행동 발생 사이에 지연되는 시간을 계산하여 기록하는 것이다. ❶ 18초등A2

② 반응시간 기록법을 사용하기에 적절한 행동의 예로는 선제자극인 교사의 지시와 학생이 장난감을 치우기 시작하는 순간, 과제를 시작하는 순간, 전환을 시작하는 순간의 시간을 측정하는 것이 있다. 그 밖에 학업 과제나 자조 과제를 회피하기 위한 수단으로 파괴행동을 시작하는 시간을 측정할 수도 있다.

기출 POINT 11

❶ 18초등A2

'시작종이 울린 후 제자리에 앉기까지 걸리는 시간'을 측정할 수 있는 관찰기록 방법의 명칭을 쓰시오.

- **아동 이름**: 김유진
- **학교/학년**: 봉산초등학교 3학년　　　　　**· 나이**: 9세
- **관찰자**: 양기철　　　　　　　　　　　**· 담임교사**: 민정자
- **표적행동**: 지시 따르기
  수학시간에 개별 과제(예 연습문제 풀기)를 시작하기 위해 교사가 표적아동 혹은 교실 전체의 학생들에게 말하는 지시의 내용대로 행동한다.
- **선행사건**: 개별 과제를 위해 교사가 "○○쪽의 연습문제를 노트에 풀어 적으세요."라고 말하거나 "유인물의 연습문제를 풀기 시작하세요."라고 말한다.
- **상황요인**: 수학시간, 35명의 학생이 수업에 참여, 표적아동은 교탁 부근에 위치, 앞뒤/좌우에 유천·재중·준수·효리가 있고 준수가 옆 짝이다.

날짜	행동 발생				행동결과 요약	
5/18	#1 1'10"	#2 1'	#3 30"	#4 50"	전체 지연시간	5분 50초
	#5 1'20"	#6 1'	#7	#8	선행사건 횟수	6회
	#9	#10	#11	#12	평균 지연시간	58초

[출처] 양명희, 『행동수정이론에 기초한 행동지원』 2판(2016.)

⚑ **반응시간 기록 관찰지의 예**

4. 간격기록(시간 중심 관찰기록, interval recording)

(1) 간격기록의 개념

① 간격기록이란 관찰행동을 정의하고, 관찰시간을 짧은 시간 간격으로 나누어 표적행동의 발생 유무를 관찰하고 기록하는 방법이다.

② 자료 수집을 위한 간격기록은 행동이 발생한 실제 횟수의 근사치를 기록하는 방법으로, 행동 발생 하나하나를 기록하기보다는 행동이 발생하는 관찰 기간의 시간 간격 수를 계산하는 것이다.

③ 이 방법은 행동 특성 중심 관찰기록이 맞지 않는 높은 빈도의 행동 기록이 가능하다. 여기서 행동 특성 중심 관찰기록이 어려운 경우란 많은 아동을 관찰하거나, 한 학생의 여러 행동을 관찰하거나, 행동의 빈도가 매우 높거나 지속시간의 변화가 심한 경우이다. ❶ 15중등A6

④ 실제 행동 발생을 가장 근접하게 표시하는 관점에서 볼 때 빈도기록법이 가장 정확하고, 그다음은 간격기록, 시간표집법의 순서이다.

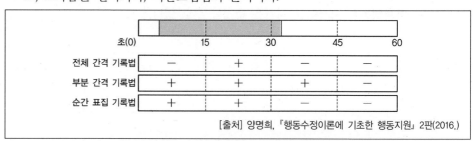

[출처] 양명희, 『행동수정이론에 기초한 행동지원』 2판(2016.)

⚑ **시간 간격별 행동 발생의 시각적 표현** ❷ 09초등14

기출 POINT 12

❶ 15중등A6
자폐성장애 학생의 바람직하지 않은 행동인 '손바닥을 퍼덕이는 상동행동'의 손바닥을 퍼덕이는 횟수를 관찰·측정하여 행동을 수정하고자 한다. 이 행동을 빈도(사건)기록법으로 측정하는 것이 부적합한 이유를 쓰고, 이에 적합한 관찰기록 방법의 명칭을 쓰시오.

❷ 09초등14
다음은 자폐성장애 학생 순희의 상동행동을 10초 간격으로 2분 동안 관찰한 결과를 도식화한 것이다. 상동행동은 관찰 시작 후 35초에서 85초까지 발생하였다. 이에 대한 설명으로 바른 것은?

① 전체간격기록법은 행동의 발생 여부가 중요한 경우에 사용된다.
② 순간시간표집법에 의해 상동행동을 관찰하면 행동발생률은 50.0%이다.
③ 전체간격기록법에 의해 상동행동을 관찰하면 행동발생률은 33.3%이다.
④ 부분간격기록법에 의해 상동행동을 관찰하면 행동발생률은 66.7%이다.
⑤ 부분간격기록법은 어느 정도 지속되는 안정된 행동을 측정할 때 사용된다.

(2) 간격 관찰기록의 유형

① 전체 간격 관찰기록(whole-interval recording)

⊙ 전체 간격 관찰기록은 관찰시간을 짧은 시간 간격으로 나누어 행동이 각각의 시간 간격 동안 지속적으로 발생했는지를 관찰하여 기록하는 방법으로, 관찰한 시간 간격 동안 행동이 계속 지속된 경우만 그 시간 간격에 행동이 발생한 것으로 인정한다. **②** 18유아A7

⊙ 따라서 행동이 한 간격에서 부분적으로 나타났다면 그 간격에서는 행동이 발생하지 않은 것으로 기록한다.

⊙ 전체 간격 관찰기록은 자리 이탈, 공부하기, 협동놀이, 주의 집중하기, 손가락 빨기 등과 같이 어느 정도 지속적인 행동에 적절하다.

⊙ 만약 틱과 같이 순간적으로 나타나는 행동을 대상으로 전체 간격 관찰기록을 하게 되면 행동 발생이 과소추정될 수 있다. **❶** 23중등A5

⊙ 관찰결과 : 행동발생의 유무는 ○와 ×, 또는 0과 1 등으로 부호화하여 기록한다. 관찰결과는 전체 간격 수에 대한 행동이 발생한 것으로 기록된 간격 수의 백분율을 계산하여 나타낸다.

- **수업 참여 행동의 정의**
  - 교사가 말을 할 때는 조용히 교사를 바라본다.
  - 교사가 가리킨 교구나 칠판, 화면을 바라보거나 지시한 활동을 한다.
  - 교사의 허락을 받고 말을 한다.
- **관찰기록지시**
  - 2분의 시간 간격 동안 대상 유아의 수업 참여 행동을 관찰하세요.
  - 시간 간격 동안 내내 수업 참여 행동을 지속했다면 해당 칸에 ✓표시를 하세요.
  - 관찰 후 수업 참여 행동이 발생한 시간 간격 수를 기록하세요.
  - 총 관찰 시간 간격 수와 표적 행동 발생 시간 간격 수의 합을 기록하고, 표적 행동이 발생한 시간 간격 수의 백분율을 계산하여 기록하세요.

시간 간격 날짜	1	2	3	4	5	6	7	8	9	10	합계	백분율
4월 12일	−	+	−	+	−	−	−	−	−	+	3	3/10(30)%
4월 13일	+	+	−	+	−	+	+	+	−	+	7	7/10(70)%
4월 14일	−	−	+	+	−	−	+	−	+	−	4	4/10(40)%

🚩 **전체 간격기록 관찰지의 예 : 수업 참여 행동**

PART 02

기출 POINT 13

❶ 23중등A5
⊙에서 사용한 2가지 기록법의 특성을 순서대로 서술하시오. (단, 실제 행동 발생과 비교한 기록의 정확성 측면에서 쓸 것)

- 목표행동 : 갑자기 손목을 꺾으면서 앞·뒤로 빨리 반복적으로 파닥거리는 행동
- 관찰기록 방법 : 전체간격기록법, 부분간격기록법

- 전체간격기록법 사용 시 행동 발생 비율 : 25%
- 부분간격기록법 사용 시 행동 발생 비율 : 100%

② 18유아A7
⊙의 행동발생 기록 방법을 쓰시오.

홍 교사 : 저는 태희의 공격적 행동특성을 조금 더 지켜 본 후에 ⊙ 전체 간격기록법이나 부분간격기록법 중에서 적절한 방법을 선택하려고요.

기출 POINT 14

❶ 25초등A5

ⓔ에 들어갈 내용을 쓰시오.

- 표적 행동 : 수업 중 책상에 엎드리기
- 기능 평가 결과 : 교사의 관심 끌기
- 관찰 시간 : 수업 시간 40분, 4분 간격
- 관찰 방법 : 시간 간격 관찰 기록법
- 관찰 결과

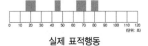

  - 전체 간격 관찰 기록 : 표적 행동 30% 발생
  - 부분 간격 관찰 기록 : 표적 행동 (ⓔ)% 발생
  - 순간 관찰 기록 : 표적 행동 40% 발생

❷ 19초등A4

부분간격기록법에 따라 행동 발생률(%)을 구하시오.

실제 표적행동

② **부분 간격 관찰기록(partial-interval recording)**

ㄱ 부분 간격 관찰기록은 관찰시간을 짧은 시간 간격으로 나누어 각각의 시간 간격 동안에 행동이 발생하는지를 관찰하여, 관찰한 시간 간격 동안에 최소한 1회 이상 발생하면 그 시간 간격에 행동이 발생한 것으로 기록한다. **❷ 19초등A4**

ㄴ 부분 간격 관찰기록에서는 한 간격에서 행동이 몇 번 발생하는가 또는 얼마나 오래 지속되는가에 상관없이 발생 유무만 기록하면 된다. 따라서 일단 한 간격에서 행동이 발생했다고 기록하고 나면 해당 간격의 나머지 시간 동안에는 행동을 관찰하지 않아도 된다.

ㄷ 부분 간격 관찰기록은 미소짓기, 소리 지르기, 때리기, 몸 흔들기와 같이 짧은 시간에 걸쳐 발생 빈도가 높은 과잉행동을 관찰할 때 많이 사용되지만 행동 발생이 과대추정될 수 있다. **❶ 25초등A5**

ㄹ 관찰결과 : 행동발생의 유무는 ○와 ×, 또는 0과 1 등으로 부호화하여 기록한다. 관찰결과는 전체 간격 수에 대한 행동이 발생한 것으로 기록된 간격 수의 백분율을 계산하여 나타낸다. **❶ 25초등A5, ❷ 19초등A4**

더 알아보기 **전체 · 부분 간격 관찰기록의 단점**

- 간격 자료 수집은 표시를 하는 간격이 짧기 때문에 가르치는 일과 간격 자료를 수집하는 일을 동시에 하는 것이 어렵다. 때로는 제3의 관찰자가 필요하기도 하다.
- 또한, 자료양식을 보면서 기록해야 하기 때문에 행동 발생을 놓칠 수도 있고, 결과적으로 부정확한 자료가 될 수 있다.

🚩 **시간표집법의 종류 및 특성**

종류		관찰방법	기록	적용 행동
등간 기록법	전간 기록법	구간 내내 관찰	관찰 구간 내내 행동이 '지속된' 경우 발생한 것으로 기록	지속시간이 길어야 의미 있는 행동인 경우
	부분간격 기록법		관찰 구간 중 '1회 이상' 발생하면 기록	지속시간에 관계 없이 행동 발생 여부가 중요한 경우
순간표집법		특정 순간 관찰	정해진 순간(주로 관찰 간격의 마지막 시점)에 행동이 발생한 경우 기록	지속시간이 길거나 자주 발생하는 행동 또는 여러 명의 아동을 동시에 관찰해야 하는 경우

날짜	2011. 5. 9.	시간	12:30~13:10	관찰자	김수미
상황	점심식사 후 아이들이 운동장에서 놀고 있다.				

S1 주원	S2 동훈	S3 영아	S4
+S̸ +A− +T− N	+S− ̸A− +T− N	+S− +A− +T̸ N	+S− +A− +T− N
+S− +A̸ +T− N	+S− ̸A− +T− N	+S− +A− +T̸ N	+S− +A− +T− N
+S− +A̸ +T− N	+S− ̸A− +T− N	+S− +A− +T̸ N	+S− +A− +T− N
+S− +A̸ +T− N	+S− ̸A− +T− N	+S− +A̸ +T− N	+S− +A− +T− N
+S̸ +A− +T− N	+S− ̸A− +T− N	+S− +A̸ +T− N	+S− +A− +T− N
+S̸ +A− +T− N	+S− ̸A− +T− N	+S− +A̸ +T− N	+S− +A− +T− N
+S̸ +A− +T− N	+S− ̸A− +T− N	̸S− +A− +T− N	+S− +A− +T− N
+S− +A− +T̸ N	+S− ̸A− +T− N	+S− +A̸ +T− N	+S− +A− +T− N
+S− +A̸ +T− N	+S− ̸A− +T− N	+S− +A̸ +T− N	+S̸ +A− +T− N
+S− +A̸ +T− N	+S− ̸A− +T− N	+S− ̸A− +T− N	+S̸ +A− +T− N
+S̸ +A− +T− N	+S− ̸A− +T− N	+S− +A̸ +T− N	+S̸ +A− +T− N
+S̸ +A− +T− N	+S− ̸A− +T− N	+S− +A̸ +T− N	+S̸ +A− +T− N
+S− +A̸ +T− N	+S− ̸A− +T− N	+S− +A̸ +T− N	+S− +A− +T− N
+S̸ +A− +T− N	+S− ̸A− +T− N	+S̸ +A− +T− N	+S− +A− +T− N
+S̸ +A− +T− N	+S− ̸A− +T− N	+S− +A̸ +T− N	+S− +A− +T− N
+S̸ +A− +T− N	+S− ̸A− +T− N	+S− +A̸ +T− N	+S− +A− +T− N
+S− +A− +T̸ N	+S− +A− ̸T− N	+S̸ +A− +T− N	+S− +A− +T− N
+S̸ +A− +T− N	+S− ̸A− +T− N	+S− ̸A− +T− N	+S− +A− +T− N
+S̸ +A− +T− N	+S− ̸A− +T− N	+S̸ +A− +T− N	+S− +A− +T− N
+S̸ +A− +T− N	+S− ̸A− +T− N	+S̸ +A− +T− N	+S− +A− +T− N
+S− +A− +T− N	+S− +A− +T− N	+S− +A− +T− N	+S− +A− +T− N
+S− +A− +T− N	+S− +A− +T− N	+S− +A− +T− N	+S− +A− +T− N
+S− +A− +T− N	+S− +A− +T− N	+S− +A− +T− N	+S− +A− +T− N
+S− +A− +T− N	+S− +A− +T− N	+S− +A− +T− N	+S− +A− +T− N
S12 A6 T2	S 19A 1T	1S4 2A10 T3	S A T

%S+	%S− 60	%S+	%S−	%S+ 5	%S− 20	%S+	%S−
%A+	%A− 30	%A+ 95	%A−	%A+ 10	%A− 50	%A+	%A−
%T+	%T− 10	%T+ 5	%T−	%T+	%T− 15	%T+	%T−

→ 해당 그래프를 보면 주원이, 동훈이, 영아를 각각 20개의 시간 간격 동안 부분 간격 관찰기록 방법을 사용하여 관찰한 것을 알 수 있다. 동일한 관찰지를 전체 또는 순간 관찰기록으로도 사용 가능하다. 위와 같이 관찰할 여러 행동에 대한 문자 부호(S+, S−, A+, A−, T+, T−)를 관찰지에 미리 써놓는 것을 '준비형'이라고 한다.

⚑ **부분 간격기록 관찰지의 예 : 준비형**

아동 : 이은교(강물초등학교 1학년, 7세)	날짜 : 5월 15일

관찰자 : 오나완

관찰 장소 : 강물초등학교 1학년 3반 교실, 수학시간 45분

표적행동 : 수업 비참여 행동(떠들기, 학업 중지, 신체 접촉)

표적행동의 조작적 정의 :
- **떠들기(N)** : 아동이 낸 음성 또는 비음성(연필 두드리기 등)
- **학업 중지(O)** : 교사를 바라보지 않고 다른 곳을 응시하는 행동
- **신체 접촉(P)** : 아동의 신체 일부로 다른 아동의 신체에 접촉하는 행동(예 쓰다듬기, 때리기)

관찰 방법 : 15초 동안 아동의 행동을 관찰하고, 해당하는 행동이 발생한 경우 관찰한 시간 간격에 해당 부호(N, O, P)를 적는다.

1				2				3				4				5			
O	O	O			O	N	N	O	O	O	O	P	P	O	O				

6				7				8				9				10			
O	P	O			O	O	O	O		O	N	O	O			O	O	O	O

11				12				13				14				15			
O	O	O	P	O		O	O		O	O	O	O	N	N	O		O	O	O

16				17				18				19				20			

→ 관찰할 행동에 해당하는 부호를 관찰한 시간 간격의 빈칸에 직접 기록하는 것을 '부호형'이라고 한다. 부호형 관찰지를 사용할 때는 아동을 15초 동안 관찰하면서 아동이 떠들기(N), 학업 중지(O), 신체 접촉(P) 중 하나의 행동을 하는 순간, 해당 부호를 관찰한 시간 간격에 기록한다. 세 가지 행동 중 어느 문제행동도 발생하지 않은 경우는 빈칸으로 두며, 이는 수업에 참여한 것으로 간주한다. 이렇게 기록하면 아동이 어떤 종류의 수업 비참여 행동을 가장 많이 하는지, 수업에 참여하지 않는 시간 간격은 전체 시간 간격에 비해 어느 정도인지를 알 수 있다. 예를 들어, 위의 자료에서 은교는 수학시간에 교사를 바라보지 않고 다른 곳을 바라보는 행동을 가장 많이 하고 있다.

⚑ 부분 간격기록 관찰지의 예 : 부호형

③ 순간 관찰기록(momentary-interval recording, 시간 표집법 ; time sampling)

❶ 25중등B4, ❸ 12유아26, ❹ 09유아22

㉠ 순간 관찰기록은 관찰시간을 짧은 시간 간격으로 나누고, 행동이 각 간격의 한 순간(📝 마지막 순간)에 나타났을 때 해당 간격에 행동이 발생했다고 기록하는 것이다.

㉡ 이 방법이 다른 간격기록법과 다른 점은 각 간격에서 한 순간에만 관찰하면 다음 시간 간격이 끝날 때까지는 관찰하지 않아도 된다는 것이다. 이러한 특성으로 인해 순간 관찰기록은 여러 명의 아동을 관찰할 때 유용하다.

📝 4명의 아동을 관찰하고자 할 때 1분을 주기로 하여 각 15초의 마지막 순간에 각 아동을 관찰하면서 10분 동안 관찰을 실시했다면, 각 아동에 대한 10회의 관찰기록을 얻을 수 있다.

㉢ 순간 관찰기록은 엄지손가락 빨기, 상동행동, 과제에 집중하기, 자리 이탈 행동 등과 같이 빈번하면서도 다소 안정된 비율로 나타나는 행동이나 지속시간이 긴 행동의 기록에 적합하다.

㉣ 순간 관찰기록의 간격은 주로 초 단위가 아닌 분 단위로, 좀 더 실용적으로 가르치는 일과 자료 수집을 동시에 할 수 있고 교사의 관찰시간을 절약해준다.

❷ 18유아A7

㉤ 그러나 관찰 간격이 길어질수록 기록된 자료와 실제 행동 발생 간의 유사성은 감소한다.

㉥ 관찰결과 : 행동발생의 유무는 ○와 ×, 또는 0과 1 등으로 부호화하여 기록한다. 관찰결과는 전체 간격 수에 대한 행동이 발생한 것으로 기록된 간격 수의 백분율을 계산하여 나타낸다. **❶ 25중등B4**

기출 POINT 15

❸ 12유아26

다음은 유아특수 교사와 유아 교사가 발달지체 유아인 현주의 목표 행동을 관찰하여 나타낸 관찰 기록지이다. 이에 대한 설명으로 옳은 것은?

관찰자 \ 관찰구간	1	2	3	4	5	6	7	8	9	10	11	12	13	14	15	16
유아특수 교사	+	−	+	+	−	+	+	−	+	+	−	−	−	+	+	−
유아 교사	+	−	−	+	+	−	+	−	+	+	−	+	−	+	+	−

① 두 교사의 관찰자 간 신뢰도는 75%이다.
② 위의 관찰 기록지에서는 현주의 목표 행동 발생 원인을 파악할 수 있다.
③ 각 관찰구간에서 목표 행동이 5초 동안 지속되는 경우에만 +로 표시하였다.
④ 각 관찰구간에서 목표 행동이 15초 동안 지속되는 경우에만 +로 표시하였다.
⑤ 두 교사의 관찰에서 현주의 목표 행동 발생 횟수가 같기 때문에 구인 타당도가 높다고 할 수 있다.

기출 POINT 15

❶ 25중등B4
밑줄 친 ㉠에 해당하는 관찰기록법의 명칭을 쓰고, 밑줄 친 ㉠에 근거하여 수집된 자료(관찰 결과)를 보고하는 방법을 쓰시오.

일반 교사 : 선생님, 지난번에 알려 주신 방법대로 학생 A의 상동 행동을 기록해 봤는데 어려웠어요. 학생 A는 몸 흔들기, 머리 흔들기, 손바닥으로 얼굴이나 머리 두드리기를 해요. 학생 A의 상동 행동을 관찰하고 기록할 때 어떤 방법이 유용한지 다시 한 번 설명해 주실 수 있으세요?
특수 교사 : 그럼요, 선생님. 먼저 일정한 시간 간격을 정해 두고, 시간 간격의 끝을 알리는 진동을 사전에 설정해 두세요. ㉠ 시간 간격의 끝을 알리는 소리가 들릴 때, 학생 A를 관찰하고 상동 행동 중에 한 가지 이상을 보이는 경우 해당 시간 간격에 +표시를, 상동 행동을 하지 않을 경우는 −표시를 하세요.
일반 교사 : 네, 선생님. 그렇게 해 보도록 할게요.

❷ 18유아A7
( )에 적합한 관찰기록법의 명칭을 쓰고, 해당 기록법의 행동발생 기록 방법을 쓰시오.

강 교사 : 네. 태희만 관찰할 때는 그럴 수도 있겠네요. 만약 선생님께서 수업을 진행하시면서 여러 유아들의 행동을 동시에 관찰하실 때는 말씀하신 시간간격 기록법의 두 가지 방법보다 (   )이/가 효과적일 겁니다.

❹ 09유아22
순간표집기록법에 관한 진술로 맞는 것은?
① 순간표집기록법으로는 여러 유아의 상호작용 행동을 관찰할 수 없다.
② 순간표집기록법은 상호작용 행동의 선행사건 및 후속결과에 대한 정보를 제공한다.
③ 상호작용 행동에 대한 조작적 정의 여부는 관찰자 간 신뢰도에 영향을 미치지 않는다.
④ 상호작용 행동이 매 간격의 마지막 순간에 나타났을 때 해당 간격에 행동이 발생한 것으로 기록한다.
⑤ 상호작용 행동 발생률은 행동발생 간격 수를 행동이 발생하지 않은 간격 수로 나누고 100을 곱하여 구한다.

더알아보기 **간격기록법**(전체·부분)**과 시간표집법의 주요 사항과 차이점**

- 간격기록법과 시간표집법은 둘 다 얼마나 자주 행동이 발생했는지에 대한 근사치를 제공한다. 행동 발생기록은 정확한 행동 발생 횟수를 제공하는 사건기록법만큼 정확하지 않다.
- 간격기록법은 관찰 기간을 시간표집법보다 더 작은 간격으로(일반적으로 분 단위보다는 초 단위) 나누기 때문에 실제 발생에 더 가까운 근사치를 제공한다.
- 시간표집법은 긴 관찰 기간(예 오전 내내)에 사용되는 반면, 간격기록법은 일반적으로 짧은 관찰 기간(예 15분)에 사용된다.
- 시간표집법은 관찰 기간을 좀 더 긴 간격으로 나누기 때문에 가르치면서 관리하기가 용이하다.
- 간격기록법에서는 행동 발생이 간격 시간의 어느 때라도 표시되고 기록되지만, 시간표집법에서는 행동 발생이 간격의 끝에서만 표시되고 기록된다.
- 간격기록법과 시간표집법에서는 행동 발생 횟수가 아닌 행동이 발생한(혹은 발생하지 않은) 간격의 수가 보고된다. 따라서 이 방법으로 수집된 자료에서는 행동 발생 횟수에 대한 정보는 알 수 없다.

[출처] 이효신 역, 『교사를 위한 응용행동분석』(2014)

더알아보기 **플라체크**(placheck)

1. 시간표집법의 한 변형으로서, 집단 전체의 활동을 측정하고 평가할 때 편리하게 활용될 수 있다.

2. 이 방법의 일반적인 절차는 다음과 같다.
   ① 집단 내에서 관심의 대상이 되는 활동(표적행동)을 관찰 가능한 방식으로 정의한다.
   ② 정해진 관찰 간격(예 3분)이 끝나는 순간에 가능한 한 빨리 표적행동에 참여하고 있는 개체 수를 세어 기록한다.
   ③ 가능한 한 신속하게 그 표적행동이 출현한 지역에 머물고 있는 모든 개체의 수를 세어 기록한다. 마지막으로, 표적행동에 참여한 개체 수의 백분율을 환산하여 표적행동의 측정치로 정한다.

3. 예를 들어, 20분간의 자율학습 시간에 자발적으로 학습 활동에 참여하는 학생들이 얼마나 되는지를 측정하려고 한다. 학급 인원 30명 중 10명은 화단 정리에 동원되어 학급에는 현재 20명의 학생이 남아 있다. 관찰은 4분 간격으로 5번 실시된다. 첫 번째 4분을 알리는 신호음을 듣고 교사는 재빨리 학습 활동에 참여하고 있는 학생의 수를 세었다. 20명 중 10명(10/20)만 공부를 하고 있었다. 두 번째 4분이 되었을 때는 20명 중 15명(15/20)이 공부하고 있었다. 수업 중간에 화단 정리를 하던 학생 중 5명이 돌아왔기 때문에 세 번째 4분이 되었을 때는 25명 중 20명(20/25)이 공부하고 있는 것으로 관찰되었다. 화단 작업을 마치고 나머지 5명이 학급으로 돌아왔다. 네 번째와 다섯 번째 관찰 시간에는 전체 30명 중 20명(20/30)과 25명(25/30)이 각각 공부하고 있었다. 아래의 공식에 따라 관찰 결과들을 백분율로 환산하면 각각 50%, 75%, 80%, 66.7%, 83.3%가 된다. 따라서 20분간의 자율학습 시간 중 학생들의 학습 활동 참여율은 평균 71%이다.

$$집단활동(\%) = \frac{표적행동\ 수행\ 인원\ 수}{활동지역\ 전체\ 인원\ 수} \times 100$$

(3) 간격기록과 빈도기록의 차이점(이승희, 2024.)

비교항목	간격기록	빈도기록
기록단위	시간(관찰간격)	행동
기록내용	행동의 발생 유무	행동의 발생횟수
기록방식	○와 ×, 0과 1 등으로 행동 발생 유무 부호화	빗줄표(/)로 행동의 발생횟수 표기
자료요약	전체 간격 수에 대한 행동이 발생한 것으로 기록된 간격 수의 백분율	관찰기간(분)과 함께 그 기간에 발생한 행동의 횟수 또는 관찰기간 동안 발생한 행동의 횟수를 관찰기간(분)으로 나눈 행동의 비율
제공정보	행동이 얼마나 자주 발생하는지에 대한 정보(즉, 행동-시간의 관계)	행동이 얼마나 여러 번 발생하는지에 대한 정보(즉, 행동의 횟수)

(4) 간격 관찰기록의 장단점

① 장점: 간격기록은 짧은 시간 내에 관찰행동에 대한 많은 정보를 수집할 수 있고, 시간과 행동 간의 관계를 밝힐 수 있으며, 관찰자 간 신뢰도를 산출하기 용이하다.

② 단점: 행동 발생의 원인이나 특성에 관한 정보를 파악하기 어렵고, 적절한 시간 간격을 설정하지 못할 경우 낮은 발생비율의 행동에 대해서는 과대추정, 높은 발생비율의 행동에 대해서는 과소추정의 문제가 발생할 수 있다.

5. 평정기록(rating recording)

(1) 평정기록의 개념

① '평정기록'이란 관찰행동을 관찰한 후 사전에 준비된 평정수단(범주, 척도, 또는 검목표)을 사용하여 행동의 양상, 정도, 또는 유무를 판단해 기록하는 방법이다.

② 관찰하면서 기록하는 간격기록이나 사건기록과는 달리 평정기록은 관찰한 후 기록하게 되는데, 관찰시간은 간격기록이나 사건기록과 마찬가지로 10~30분 정도가 적절하다.

(2) 평정기록의 유형

① 범주기록(category recording)

㉠ 범주기록은 연속적으로 기술된 몇 개의 질적 차이가 있는 범주 중 관찰행동을 가장 잘 나타내는 범주를 선택하여 기록하는 것이다.

㉡ 범주기록에서 범주는 명료하고, 철저하며, 상호배타적이어야 한다.

㉢ 관찰결과는 3~5개의 범주 순서대로 전체 문항 수에 대한 그 범주를 선택하여 기록한 문항 수의 백분율을 계산하여 나타낼 수 있다.

관찰행동	범주	기록
자신의 감정 표현하기	1) 자신의 감정을 잘 표현하지 않는다.	
	2) 자신의 감정을 표현하나, 상황에 부적절한 경우가 많다.	✓
	3) 상황에 따른 자신의 감정을 표현하나, 단순하게 표현한다.	
	4) 상황에 따른 자신의 감정을 풍부하게 표현한다.	
자신의 감정 조절하기	1) 자신의 감정을 조절하지 못한다.	
	2) 교사가 도와주면 자신의 감정을 조절한다.	✓
	3) 자신의 감정은 대부분 스스로 조절한다.	
	4) 자신의 감정을 조절하고 적절하게 표현한다.	

⚑ **범주기록의 예**

② 척도기록(scale recording)

　㉠ 척도기록은 행동의 정도를 몇 개의 숫자로 표시해 놓은 척도, 즉 숫자척도에 관찰
　　행동을 가장 잘 나타내는 숫자를 선택하여 기록한다.

　㉡ 척도기록에서는 보통 3점, 5점, 7점 척도가 사용된다. 숫자척도에서 숫자를 배정할
　　때 유의할 점은 가장 긍정적인 척도치에 가장 큰 숫자를 배정하는 것이다.

	관찰행동	아주 못함	못함	보통	잘함	아주 잘함
1	친구의 감정을 이해하고 말로 위로한다.	1	②	3	4	5
2	친구의 감정을 이해하고 행동이나 신체적 접촉을 통해 위로한다.	1	2	③	4	5
3	장난감 등을 친구와 나누어 쓴다.	1	2	3	4	⑤
4	친구에게 양보를 한다.	1	2	③	4	5

⚑ **척도기록의 예**

③ 검목표기록(checklist recording)

　㉠ 검목표기록은 일련의 행동이나 특성들의 목록, 즉 검목표에 해당 행동이나 특성의 유무를 기록하는 것이다.

　㉡ 행동의 정도를 나타내는 척도기록과는 달리 검목표기록은 보통 행동의 유무만 나타낸다.

　㉢ 검목표를 작성할 때의 유의사항은 다음과 같다.

　　• 각 문항은 간결하면서도 구체적이고 이해하기 쉬워야 한다.

　　• 각 문항은 대등한 문장형태로 구성되어야 한다. 즉, 모든 문항 간에 단어배열, 주어, 서술어 등이 상응해야 한다.

　　• 긍정적인 측면에서 행동을 기술한다.

　㉣ 검목표 관찰결과는 전체 문항 수에 대한 행동의 유무 중 '유'로 기록된 문항 수의 백분율을 계산하여 나타낼 수 있다.

	관찰행동	기록
1	선 위로 걸을 수 있다.	+
2	한 발로 5~10초간 서 있을 수 있다.	+
3	한 발로 뛸 수 있다.	−
4	도움 없이 미끄럼틀을 탈 수 있다.	−
5	페달을 돌리며 세발자전거를 탈 수 있다.	−

⚑ 검목표기록의 예

(3) 평정기록의 장단점

① 장점: 일반적으로 평정기록을 사용하면 빠르고 명확하게 많은 것을 관찰하여 평가할 수 있다.

② 단점: 관찰행동의 발생 상황이나 관련 정보를 정확하게 파악하기 어렵다는 한계가 있다.

더 알아보기 관찰기록 방법

기록 방법		내용
서술 기록	일화기록	특정한 시간이나 장소에 제한 없이 관찰자가 기록할 만한 가치가 있다고 느꼈던 어떤 짧은 내용의 사건, 즉 일화에 대해 간략하게 기록하는 것
	표본기록	일정한 시간 또는 미리 정해진 활동이 끝날 때까지 사건이 발생한 순서대로 상세하게 이야기식으로 기록하는 것
	ABC 기록	관심을 두는 행동(예 공격적 행동, 친사회적 행동 등)이 발생할 만한 상황에서 일정한 시간 동안 관찰하면서, 해당 행동이 발생할 때마다 그 행동을 중심으로 행동이 발생하기 직전 사건인 선행사건과 행동이 발생한 직후의 사건인 후속사건을 시간의 흐름에 따라 사실적으로 기록하는 것
간격 기록	전체간격	전체 관찰시간을 일정한 간격으로 나눈 후, 행동이 간격의 처음부터 끝까지 나타났을 때 해당 간격에 행동이 발생했다고 기록하는 것
	부분간격	전체 관찰시간을 일정한 간격으로 나눈 후, 행동이 간격의 어느 한순간에 한 번이라도 나타났을 때 해당 간격에 행동이 발생했다고 기록하는 것
	순간간격	전체 관찰시간을 일정한 간격으로 나눈 후, 행동이 각 간격의 한순간(예 마지막 순간)에 나타났을 때 해당 간격에 행동이 발생했다고 기록하는 것
사건 기록	빈도기록	관찰기간 동안 행동이 발생한 횟수를 기록하는 것
	강도기록	관찰기간 동안 행동이 발생할 때마다 행동의 강도를 기록하는 것
	지속시간기록	관찰기간 동안 행동이 발생할 때마다 행동의 지속시간을 기록하는 것
	지연시간기록	관찰기간 동안 행동이 발생할 때마다 행동의 지연시간을 기록하는 것
산물 기록	학업산물기록	학업적 행동을 관찰행동으로 하는 산물기록
	비학업 산물기록	비학업적 행동을 관찰행동으로 하는 산물기록
평정 기록	범주기록	연속적으로 기술된 몇 개의 질적 차이가 있는 범주 중 관찰행동을 가장 잘 나타내는 범주를 선택하여 기록하는 것
	척도기록	행동의 정도를 몇 개의 숫자로 표시해놓은 척도, 즉 숫자척도에 관찰행동을 가장 잘 나타내는 숫자를 선택하여 기록하는 것
	검목표기록	일련의 행동이나 특성들의 목록, 즉 검목표에 해당하는 행동이나 특성의 유무를 기록하는 것
수정 유형	통제된 제시 기록법	사전에 일정 수로 설정된 행동의 기회를 제시하면서 행동의 발생 여부를 기록하는 것
	준거도달 시행 기록	사전에 설정된 준거에 도달할 때까지 행동의 기회를 제공하면서 행동의 발생 여부를 기록하는 것
결합 유형	ABC 검목표 기록	선행요인(A), 행동(B), 후속결과(C)별로 작성된 검목표에 행동이 발생할 때마다 그 행동의 선행요인, 해당 행동, 그 행동의 후속결과를 '✓'로 표시하여 기록하는 것
	간격-빈도기록	전체 관찰시간을 일정한 간격으로 나눈 후 관찰간격별로 관찰행동이 발생하는 횟수를 기록하는 것

04   관찰 방법에 따른 자료 요약

학생의 행동을 직접 관찰한 결과를 요약한 자료는 학생 행동의 현재 수준을 알려주고, 학생의 행동에 대해 다른 사람과 의사소통하는 것을 도와주며, 중재 효과를 결정하고, 중재에 대한 새로운 결정을 하는 것을 돕는다.

관찰기록 방법	자료요약 방법	예
영속적 산물기록법	횟수	부러진 연필 7개
	비율	시간당 집어던진 책 7권
	백분율	준비물의 70%를 준비하지 못함
빈도 관찰기록법	횟수	자리 이탈 43회
	비율	허락 없이 말하기 분당 0.8회
통제제시 기록법	횟수	10번의 기회에서 6번의 지각
	백분율	문제해결전략 단계의 40% 수행
지속시간 기록법	시간의 누계	50분에서 35분 동안 자리 이탈
	평균시간	평균 과제집중 시간 4분
	백분율	관찰시간의 20% 동안 협동놀이
반응시간 기록법	평균시간	교사의 지시 후 지시를 따르기까지의 평균 지연시간 2분
간격기록법 (전체, 부분, 순간)	백분율	관찰된 시간간격의 70%에서 수업방해 행동

05   행동 관찰과 측정의 일치도

'관찰과 측정의 일치도'란 같은 것을 측정할 때 일관되게 같은 결과를 산출할 수 있는 정도를 의미한다. 같은 행동에 대해 누가 관찰하든지 언제나 같은 해석을 할 수 있을 때 관찰자 간 관찰 일치도가 높다. ❶ 18유아A7

1. 빈도 관찰기록법의 관찰 일치도

① 빈도 관찰기록을 사용한 경우에는 한 회기에서 발생한 행동의 전체 빈도(총 빈도 수)에 대한 관찰 일치도를 산출한다.

② 두 관찰자가 관찰한 행동의 발생 빈도에 대해 (작은 수)/(큰 수) × 100으로 관찰 일치도를 산출한다.

③ 예를 들어, 한 관찰자가 아동이 한 회기에 자리 이탈을 10번 했다고 보고하고, 다른 관찰자는 8번 자리 이탈을 했다고 보고하면 두 관찰자 간 관찰 일치도는 8/10 × 100 = 80%가 된다.

$$\text{관찰자 간 일치도(\%)} = \frac{\text{작은 수}}{\text{큰 수}} \times 100$$

기출 POINT 16

❶ 18유아A7

밑줄 친 ㉡에 해당하는 용어를 각각 쓰시오.

강 교사: 네, 그렇죠. ㉡ 선생님과 제가 태희의 공격적 행동을 동일한 방법으로 관찰했을 때 결과가 서로 어느 정도 일치하는지를 보는 것도 중요하니까요.

2. 통제제시 기록법(반응기회 기록법)의 관찰 일치도

① 통제제시 기록법은 한 회기에서 발생한 각 행동을 정반응 또는 오반응으로 측정했는지에 대해 관찰 일치도를 산출할 수 있다.

② 아래의 표와 같이 아동이 한 회기에 10개의 단어를 읽을 때 바르게 읽으면 ○표, 틀리게 읽으면 ×표를 하여 관찰한 경우, 각 행동마다 관찰자 간에 일치한 정도를 보고자 할 때 (일치한 반응의 수)/(전체 반응의 수) × 100으로 관찰 일치도를 구할 수 있다. 아래의 예에서는 10번 중에 8번 관찰자 간에 일치했으므로 8/10 × 100 = 80%의 관찰 일치도가 산출된다. **❶ 18중등A2**

반응기회	1	2	3	4	5	6	7	8	9	10
관찰자 A	○	○	×	○	○	○	○	×	×	○
관찰자 B	○	○	×	×	○	○	○	○	×	○
일치 정도	일치	일치	일치	불일치	일치	일치	일치	불일치	일치	일치

$$관찰자\ 간\ 일치도(\%) = \frac{일치한\ 반응\ 수}{전체\ 반응\ 수} \times 100$$

기출 POINT 17

❶ 18중등A2
ⓒ에 들어갈 내용을 쓰시오.

특수교사: 관찰을 할 때에는 관찰자들의 평가 결과가 얼마나 유사한지 관찰자 간 일치도를 파악해야 합니다. 이 자료는 반응기회 기록 방법으로 두 사람이 함께 관찰한 결과에요. 그럼 관찰자 간 일치도를 계산해 볼래요?

관찰지 \ 기회	1	2	3	4	5	6	7	8	9	10
관찰자 1	×	×	○	×	×	○	×	×	○	○
관찰자 2	×	×	○	○	○	×	○	×	○	○

정반응= ○, 오반응= ×

교육실습생: 예, 관찰자 간 일치도는 (ⓒ)%입니다.

3. 간격기록법의 관찰 일치도

시간 간격	1	2	3	4	5	6	7	8	9	10
관찰자 A	−	+	+	−	+	+	+	+	+	+
관찰자 B	+	+	+	−	+	+	+	+	−	+
일치 정도	불일치	발생 일치	발생 일치	비발생 일치	발생 일치	발생 일치	발생 일치	발생 일치	불일치	발생 일치

(1) 전체 일치도(total agreement)

① 전체 일치도는 두 관찰자 중에서 더 적은 수의 시간 간격에서 행동이 발생한 것으로 보고한 시간 간격의 수를 더 많은 시간 간격에서 행동이 발생한 것으로 보고한 시간 간격의 수로 나눈 뒤 100을 곱하여 백분율로 나타낸다.

$$관찰자\ 간\ 일치도(\%) = \frac{적은\ 수}{많은\ 수} \times 100$$

② 전체 일치도는 두 관찰자가 같은 행동에 대해 발생의 일치를 나타낸 것인지 알기 어렵다.

③ 예를 들어, 간격 1과 9에서 관찰자는 서로 행동 발생에 대한 의견이 일치하지 않았음에도 전체 일치도는 100%로 계산된다.

(2) 시간 간격 일치도(interval agreement) ❶ 11중등21

① 시간 간격 일치도는 두 관찰자가 행동의 발생 유무에 대해 서로 일치하는 시간 간격의 수를 두 관찰자가 서로 일치한 시간 간격의 수와 일치하지 않은 시간 간격의 수를 합한 수로 나눈 뒤 100을 곱하여 계산한다.

$$관찰자\ 간\ 일치도(\%) = \frac{행동\ 발생과\ 비발생에\ 일치한\ 간격\ 수}{행동\ 발생과\ 비발생에\ 일치한\ 간격\ 수 + 불일치한\ 간격\ 수} \times 100$$

② 예를 들어, 두 관찰자는 시간 간격 1과 9를 제외한 8개의 시간 간격에서 행동 발생 유무에 대해 서로 일치한 의견을 보였으므로, 시간 간격 일치도는 8/(8 + 2) × 100 = 80%이다.

(3) 발생 일치도(occurrence agreement)

① 발생 일치도는 두 관찰자가 행동의 발생에 대해 서로 일치하는 시간 간격의 수를 행동 발생에 대해 일치하는 시간 간격의 수와 일치하지 않는 시간 간격의 수를 합한 수로 나누어 100을 곱한다.

$$관찰자\ 간\ 일치도(\%) = \frac{행동\ 발생에\ 일치한\ 간격\ 수}{행동\ 발생에\ 일치한\ 간격\ 수 + 행동\ 발생에\ 불일치한\ 간격\ 수} \times 100$$

② 예를 들어, 두 관찰자가 행동의 발생에 대해 일치한 간격은 7개의 시간 간격이고, 행동의 발생에 대해 불일치한 시간 간격은 1과 9이므로 발생 일치도는 7/(7 + 2) × 100 = 78%이다.

③ 발생 일치도는 행동의 발생 빈도가 낮은 행동에 사용할 수 있다.

(4) 비발생 일치도(nonoccurrence agreement)

① 비발생 일치도는 두 관찰자가 행동의 비발생에 대해 서로 일치하는 시간 간격의 수를 행동 비발생에 대해 일치하는 시간 간격의 수와 일치하지 않는 시간 간격의 수를 합한 수로 나누어 100을 곱한다.

$$관찰자\ 간\ 일치도(\%) = \frac{행동\ 비발생에\ 일치한\ 간격\ 수}{행동\ 비발생에\ 일치한\ 간격\ 수 + 행동\ 비발생에\ 불일치한\ 간격\ 수} \times 100$$

② 예를 들어, 두 관찰자가 행동의 비발생에 대해 일치한 것은 1개의 시간 간격이고, 비발생에 대해 일치하지 않은 시간 간격은 1과 9이므로, 비발생 일치도는 1/(1 + 2) × 100 = 33%이다.

③ 비발생 일치도는 행동의 발생 빈도가 높은 행동에 사용할 수 있다.

기출 POINT 18

❶ 11중등21

다음은 학생 A의 행동을 담임 교사와 동료 교사가 동시에 관찰하여 기록한 간격기록법 부호형 자료이다. 관찰자 간의 일치율을 구하시오. (단, 소수점 이하 첫째 자리 반올림)

■ 행동 부호

H=때리기 T=말 걸기 P=꼬집기

■ 담임 교사

초 분	10"	20"	30"	40"	50"	60"
1'	T	T	H	TH		
2'		T	T		P	P
3'	H	TH			T	T
4'	T		PH		T	T
5'	T	T		T		

■ 동료 교사

초 분	10"	20"	30"	40"	50"	60"
1'	T	T	H	TH		
2'		T	T		P	
3'	H	H			T	T
4'	T		PT		T	T
5'	T	T		T		

4. 지속시간 기록법의 관찰 일치도

① 지속시간 기록법을 사용하여 아동 행동을 관찰한 경우는 한 회기에 관찰된 행동의 지속시간의 누계에 대해 관찰 일치도를 산출한다.

② 두 관찰자가 관찰한 행동의 지속시간의 누계에 대해 (짧은 시간)/(긴 시간) × 100으로 관찰 일치도를 계산한다.

③ 예를 들어, 한 관찰자는 아동의 손가락 빠는 시간의 지속시간을 한 회기에 15분으로 측정했는데, 다른 관찰자는 12분으로 측정했다면 12/15 × 100 = 80%의 관찰 일치도가 산출된다.

$$\text{전체 지속시간 관찰자 간 일치도(\%)} = \frac{\text{짧은 시간}}{\text{긴 시간}} \times 100$$

④ 지속시간 기록을 평균 지속시간으로 구한 경우 관찰자 간 일치도는 다음과 같이 계산한다. ❶ 13추가중등B2

$$\begin{aligned} &\text{평균 지속시간 관찰자 간 일치도(\%)} \\ &= \frac{\text{반응1 지속시간HOA} + \text{반응2 지속시간HOA} \cdots + \text{반응}n \text{ 지속시간HOA}}{\text{관찰된 반응 수}(n)} \times 100 \end{aligned}$$

기출 POINT 19

❶ 13추가중등B2

아래 관찰 기록지를 보고 평균 지속시간 일치도를 구하시오.

- 관찰 일시 : 4월 7일(09:50~10:30)
- 관찰 행동 : 손톱 깨무는 행동

관찰자		김 교사(주 관찰자)				최 교사(보조 관찰자)			
관찰시간(분)	발생횟수	시작시간	종료시간	지속시간(분)	지속시간백분율(%)	시작시간	종료시간	지속시간(분)	지속시간백분율(%)
40	1	10:05	10:09	4		10:05	10:08	3	
	2	10:12	10:17	5		10:13	10:18	5	
	3	10:24	10:29	5		10:25	10:29	4	

5. 반응시간 기록법의 관찰 일치도 **①** 21중등B7

① 반응시간 기록 방법으로 관찰한 경우는 한 회기에서 측정된 평균 지연시간에 대해 관찰 일치도를 산출한다.

② 두 관찰자가 측정한 평균 지연시간에 대해 (작은 수)/(큰 수) × 100으로 두 관찰자 간의 관찰 일치도를 측정한다.

③ 예를 들어, 아동이 한 회기 동안에 교사의 지시를 따르는 데 걸리는 평균 지연시간을 한 관찰자는 5분으로 측정했고, 다른 관찰자는 4분 30초로 측정했다면 두 관찰자 간 관찰 일치도는 4.5/5 × 100 = 90%가 된다.

$$\text{전체 관찰자 간 일치도(\%)} = \frac{\text{작은 수}}{\text{큰 수}} \times 100$$

④ 반응시간 기록을 평균 지연시간으로 구한 경우 관찰자 간 일치도는 다음과 같이 계산한다.

$$\text{평균 반응시간 관찰자 간 일치도(\%)}$$
$$= \frac{\text{반응1 지연시간HOA + 반응2 지연시간HOA}\cdots + \text{반응}n \text{ 지연시간HOA}}{\text{관찰된 반응 수}(n)} \times 100$$

더 알아보기 관찰의 타당도와 신뢰도

- **관찰의 타당도**
관찰에서의 타당도란 관찰자가 관찰하고자 하는 것을 실질적으로 관찰하고 있는가를 나타내는 개념이다. 관찰자가 관찰하기 쉬운 장면 혹은 관찰하기 쉬운 행동만을 관찰한다면 처음에 설정한 사정의 목적과는 거리가 있는 결과를 산출할 수 있다. 그러므로 관찰자는 사정 목록에 타당한 행동들을 가장 잘 관찰할 수 있는 장면과 상황, 그리고 시간을 선택하여 관찰하고자 했던 대표적인 행동 표본을 관찰할 수 있도록 계획하고, 관찰해야 한다.

- **관찰의 신뢰도** **①** 13추가유아A7
관찰에서의 신뢰도란 관찰하려는 것을 얼마나 안정적이고 일관성 있게 관찰하였는가를 나타내는데, 여기에는 관찰자 내 신뢰도와 관찰자 간 신뢰도가 있다. 일반적으로 관찰의 신뢰도란 관찰자 간 신뢰도를 의미한다.

06 관찰자 일치도의 장점 **①** 23중등A5

① 새로 훈련된 관찰자의 능력을 평가하는 데 사용될 수 있다.

② 체계적인 관찰자 일치도를 구하는 과정에서 관찰자 표류를 확인할 수 있다.

③ 둘 이상의 관찰자들이 일관성 있게 유사한 측정 결과를 얻고 있다면, 그 연구에서 기술된 표적행동의 정의가 분명하고 모호한 점이 없다는 것을 의미한다.

④ 높은 관찰자 일치도를 보인다면, 측정자료의 변화는 관찰자 요인에 의한 것이 아닌 바로 독립변수(교사의 중재)에 의한 효과임을 뒷받침한다.

기출 POINT 20
① 21중등B7

행동 관찰 결과에서 알 수 있는 '총 지연 시간 관찰자 일치도'와 '평균 발생당 지연 시간 관찰자 일치도'를 각각 계산하여 쓰시오.

반응 관찰자	반응 지연 시간(분)		
	11월 1일	11월 2일	11월 3일
아버지	6	10	9
어머니	6	8	10

기출 POINT 21
① 13추가유아A7

다음 글을 읽고 문장을 완성하시오.

관찰을 할 때 목표행동을 조작적으로 정의하는 것은 유아의 행동을 일관성 있게 측정하였다는 것을 나타내는 지표인 (   )을(를) 높이기 위한 것이다.

기출 POINT 22
① 23중등A5

(다)의 과정이 필요한 이유를 1가지 서술하시오.
(다)

- 기록 자료

간격 관찰자	1	2	3	4	5	6	7	8	9	10	11	12
관찰자 A	+	+	+	-	+	+	-	+	+	-	+	+
관찰자 B	+	+	-	-	+	+	+	+	-	+	+	+

* 행동 발생: +, 행동 비발생: −

- 관찰자 간 자료 비교를 위한 계산식과 결과:

$$\frac{\text{관찰 일치 간격 수}}{\text{관찰 일치 + 관찰 불일치 간격 수}} \times 100$$

$= 83.33\%$

07 관찰과 측정의 정확성 및 일치도를 높이는 방법

1. 관찰과 측정에 대한 반응성

① 직접 관찰 시 연구 대상은 다른 사람이 자신의 행동을 관찰한다는 것을 의식하여 행동을 더 잘하게 되거나 긴장하여 더 못하게 될 수 있는데, 이를 '반응성(reaction)'이라고 한다.

　㉠ 피관찰자 반응성 : 관찰되고 있다는 것을 알게 되면서 나타나는 학생의 행동 변화로, 관찰자가 원하는 것이 무엇인가를 파악해서 그에 맞게 행동하거나, 관찰자가 원하는 바를 알아차리고 반대로 행동할 수 있다.

　㉡ 관찰자 반응성 : 다른 사람이 자신의 자료를 평가할 것이라는 것을 관찰자가 인식할 때 발생하는 것으로, 연구자나 다른 관찰자가 동시에 같은 행동을 관찰하고 있거나, 다른 사람이 관찰자의 측정 자료는 비디오나 오디오로 나중에 다시 본다는 것을 알게 되었을 때 나타난다. ❷ 21중등B7

② 관찰 대상의 반응성을 감소시키는 방법 ❶ 25초등B1

　㉠ 연구 대상의 행동을 비디오 카메라에 녹화한 후 비디오 테이프를 통해 관찰하기

　㉡ 연구 대상이 관찰 과정에 익숙해지는 적응 기간을 제공하여 자신의 행동이 관찰된다는 사실을 의식하지 않도록 하기

2. 관찰자 표류(관찰자 취지) ❷ 21중등B7

① '관찰자 표류'란 시간이 흐르면서 관찰자의 관찰 기준이 점진적으로 바뀌는 현상을 의미한다. 즉, 관찰자가 행동에 대한 원래의 정의로부터 바람에 떠밀리듯 표류하게 된다는 것이다.

② 관찰자 표류가 나타나는 원인은 표적행동에 대한 원래의 정의를 관찰자가 확대 또는 축소하여 해석하는 데 있다.

③ 관찰자 표류를 감소시키는 방법

　㉠ 관찰자가 두 명 이상일 경우 관찰 도중에 두 관찰자가 서로 영향을 받지 않도록 관찰자 간 접촉을 최소화하기

　㉡ 관찰자가 수시로 관찰 기준을 점검할 수 있도록 표적 행동의 조작적 정의와 관찰 기준에 대한 성문화된 관찰 지침서를 작성하기

　㉢ 필요시 연구 도중에라도 관찰자 훈련을 반복하기

기출 POINT 23

❶ 25초등B1
밑줄 친 ㉡의 이유를 피관찰자의 행동 측면에서 1가지 쓰시오.

부장 교사 : 중재할 때 영상 촬영은 어떻게 하실 계획인가요?
담임 교사 : 부모님의 동의를 얻은 후 카메라를 설치할 생각입니다. 지난번 연수 때 배운 대로 ㉡ 카메라를 지수가 볼 수 없도록 숨겨 두거나, 여의치 않을 경우 중재와는 상관없이 상시적으로 설치해 두려고 합니다.

❷ 21중등B7
밑줄 친 ㉠에 해당하는 용어를 쓰고, 밑줄 친 ㉡의 의미를 1가지 서술하시오.
■ 주요 내용
• 표적행동 : 지시에 대한 반응 지연 시간 줄이기
• 선행 사건 : 컴퓨터 사용을 중지하라는 지시
• 학생 행동 목표 : 컴퓨터 끄기
• 유의 사항
　－ ㉠ 의도하지 않은 측정 방법의 오류 또는 기준이 변경되지 않도록 유의함
　－ ㉡ 관찰자 반응성에 유의함

3. 관찰자의 기대

① 관찰자가 중재의 목적을 알고 있거나 연구자로부터 관찰에 대해 피드백을 받게 되는 경우, 중재 효과를 의식하여 관찰 기준이 느슨해지는 관찰자 기대가 나타날 수 있다.

② 즉, 관찰자가 피관찰자의 행동을 사실적으로 기록하는 것이 아니라, 일어나기를 기대하는 방향으로 기록하는 것이다.

③ 관찰자의 기대로 인한 영향을 감소시키는 방법 : 관찰자에게 중재 목적 알리지 않기

4. 관찰의 복잡성

① 한 관찰자가 여러 행동을 관찰해야 하거나, 관찰 과정이 복잡(예 관찰행동이 너무 많은 하위범주로 세분화되어 있거나, 관찰 부호체계가 복잡한 경우 등)하다면 일관성 있는 관찰을 기대하기 어렵다.

② 관찰의 복잡성으로 인한 영향을 감소시키는 방법 : 높은 관찰자 일치도 기준을 설정하고 관찰자 훈련 실시하기

단일대상연구의 기초

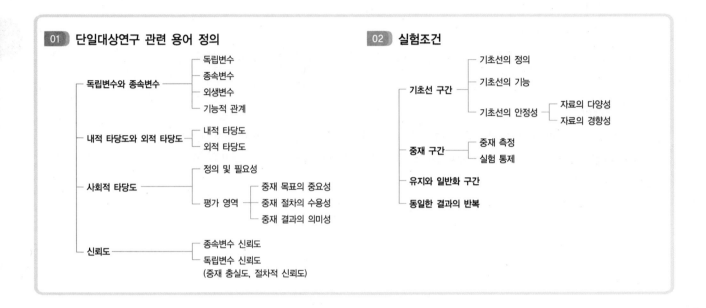

01 단일대상연구 관련 용어 정의

- 독립변수와 종속변수
  - 독립변수
  - 종속변수
  - 외생변수
  - 기능적 관계
- 내적 타당도와 외적 타당도
  - 내적 타당도
  - 외적 타당도
- 사회적 타당도
  - 정의 및 필요성
  - 평가 영역
    - 중재 목표의 중요성
    - 중재 절차의 수용성
    - 중재 결과의 의미성
- 신뢰도
  - 종속변수 신뢰도
  - 독립변수 신뢰도
    (중재 충실도, 절차적 신뢰도)

02 실험조건

- 기초선 구간
  - 기초선의 정의
  - 기초선의 기능
  - 기초선의 안정성
    - 자료의 다양성
    - 자료의 경향성
- 중재 구간
  - 중재 측정
  - 실험 통제
- 유지와 일반화 구간
- 동일한 결과의 반복

01 단일대상연구(single subject research) 관련 용어 정의

개별 대상들의 행동 변화를 체계적이고 경험적으로 입증하기 위한 것으로, 개별 대상의 행동과 중재 간의 기능적 관계를 밝힘으로써 중재의 효과를 입증하는 실험연구 방법이다.

1. 독립변수와 종속변수

(1) **독립변수**(independent variable)

① 다른 변수에 영향을 주는 변수이다.

② 행동의 원인, 행동에 대한 설명, 행동에 영향을 주는 자극 또는 행동을 변화시키기 위해 사용되는 중재나 교수방법으로서 교사나 연구자가 조정할 수 있는 변수이다.

(2) **종속변수**(dependent variable)

① 다른 변수에 의해 영향을 받는 변수이다.

② 중재나 교수방법을 통해 변화되어야 할 학생의 표적행동을 의미한다.

(3) 외생변수(extraneous variable)

① 연구자가 조작한 독립변수 외에 종속변수에 영향을 미치는 변인이다.

② 외생변수의 개입은 독립변수의 효과를 확인하는 데 방해가 된다. 따라서 외생변수를 다른 말로 오염, 혼동변수, 간섭, 매개변인, 잡음변인이라고도 한다.

(4) 기능적 관계(functional relation)

① 기능적 관계란 독립변수의 변화에 따라 종속변수가 체계적으로 변화하는 관계를 일컫는다. 즉, 독립변수의 변화로 종속변수의 변화를 예측할 수 있는 관계이다.

② 종속변수의 변화가 우연이나 동시발생 혹은 외생변수의 영향이 아닌, 오직 독립변수의 영향으로 인해 나타났음을 예측할 수 있을 때 기능적 관계가 성립된다.

2. 내적 타당도와 외적 타당도

(1) 내적 타당도

① 내적 타당도는 독립변수를 적용하여 나타난 종속변수의 변화(행동의 변화)가 독립변수 때문인지 아니면 다른 것 때문인지를 나타내는 것이다.

② 내적 타당도가 높다는 것은 종속변수의 변화가 실제로 독립변수의 조작 때문임을 입증하는 것이고, 동시에 외생변수가 잘 통제되었음을 의미한다.

③ 내적 타당도를 높이기 위해서는 연구와 관련된 변수들을 추가·제거 또는 변화시키지 않고 연구의 처음부터 끝까지 일관성 있게 유지하는 것이 필요하다.

④ 내적 타당도를 위협하는 외생변수에는 사건/역사, 성숙, 측정도구의 변경, 탈락, 통계적 회기, 차별적 선택, 검사 효과 등이 있다.

(2) 외적 타당도

① 외적 타당도는 연구 결과를 일반화할 수 있는 정도를 말한다. 즉, 연구에서 얻은 결과를 다른 상황에도 적용할 수 있다면 이는 외적 타당도가 높은 것이다.

② 단일대상연구에서는 연구 결과의 일반화를 입증하기 위해 연구에 사용된 실험처치를 다른 대상자에게 적용해보는 체계적 반복* 연구 방법을 실시한다.

③ 외적 타당도를 위협하는 외생변수에는 호손효과 또는 반동효과, 신기성과 일탈효과, 실험자 효과, 복수 중재 간섭 등이 있다.

🔒 Keyword

체계적 반복

체계적 반복은 독립변수, 종속변수, 연구 대상 등을 조금씩 다르게 변경할 때의 효과를 분석하고자 하는 것이다.

생태학적 타당도

통제된 실험실 또는 이와 유사한 상황의 연구 결과를 다른 상황에서 얼마나 일반화할 수 있는지와 관련된 타당도로, 외적 타당도의 하위 개념으로 다루어지고 있다. 생태학적 타당도에 영향을 미칠 수 있는 요인으로 호손 효과, 신기성 효과, 실험자 효과, 측정도구 효과 등이 있다.

3. 사회적 타당도(social validity)

(1) 사회적 타당도의 정의 및 필요성

① 사회적 타당도란 개별 대상 연구의 중재 목표에 대한 사회적 중요성, 중재 목표를 달성하기 위해 사용된 중재 절차에 대한 사회적 수용성, 사용된 중재 결과에 대한 사회적 의미성을 평가하는 것이다.

② 사회적 타당도 검사에서는 "무엇을 변화시켜야 하는가?", "어떻게 변화시켜야 하는가?", "변화된 것이 효과적임을 어떻게 알 수 있는가?"라는 세 가지 질문을 중심으로 면담, 서면 조사 등을 통해 연구자나 치료자 이외의 사람들에게 평가받는다.

③ 사회적 타당도 평가는 중재의 실행 가능성을 평가하는 것으로, 밖으로는 연구 목적이 달성되었는지 확인해주고, 안으로는 연구자의 성과에 대한 확신을 도와준다.

④ 사회적 타당도 검사가 없으면 연구 대상이나 그 관련자의 평가적 피드백 없이 중재 연구가 계속될 것이고, 결국 비실용적인 중재를 만들 가능성이 있으며, 그러한 중재는 현장에서 사용되기 어려울 것이다. 즉, 사회적 타당도 검사는 연구를 현장과 연결하는 다리 역할을 한다.

(2) 사회적 타당도의 평가 영역 ❶ 19초등A1

① 중재 목표의 중요성

기출 POINT 1

❶ 19초등A1
[A]를 고려하여 ⓒ에 들어갈 말을 쓰시오.

3.4 중재 방법 선정 시 유의 사항
3.4.1. (ⓒ) 고려하기
[A]
- 중재 목표가 사회적으로 얼마나 중요한가?
- 중재 과정은 사회적으로 수용 가능하고 합리적인가?
- 중재 효과는 개인의 삶을 개선할 수 있는가?

개념	중재 목표의 중요성이란 문제행동이 중재를 필요로 할 만큼 심각한 것인지, 문제행동이 연구 대상의 삶에서 중요한 문제가 되는 것인지, 중재 목표는 어느 수준으로 하는 것이 적절한지를 의미한다.
중재 목표 수준을 결정하는 방법	⊙ 가장 유능한 학생들의 표준 자료를 모아서 유능한 수준을 정하거나, 유능한 집단과 유능하지 않은 집단의 표준 자료를 비교하는 것으로 그 절차를 시작할 수 있다. 이 경우 유능한 수행 수준은 곧 덜 유능한 개인의 수행 목표가 되기 때문에 연구 대상의 향상될 수 있는 잠재력을 제한하지 않는다는 장점이 있다. 그러나 동일한 최적의 수준이 모두에게 적용되는 것은 아니므로, 개인별 중재 목표에 대한 최적의 수준을 찾아야 한다. 이를 결정하기 위해서는 목표 행동을 요구하는 사람들(예 부모, 교사, 고용주 등)에게 어느 수준을 최적이라고 여기는지 물어볼 수 있다. ⓒ 실험에 근거하는 방법으로 어떤 행동을 여러 수준에서 수행하게 한 후 나타나는 각 결과를 분석하여 행동의 가장 적합한 수준을 찾는다. 실험에 근거하여 찾아낸 최적의 중재 목표 수준은 중재를 언제, 어느 정도로 실행해야 하는지를 알려주는, 사회적으로 타당한 기준이 될 수 있다.

② 중재 절차의 수용성

개념	중재 절차의 수용성이란 중재 절차의 적절성에 대해 검사하는 것으로, 중재가 강제적이었는지, 중재 적용이 쉬웠는지, 중재가 위험한 것이었는지, 중재가 주는 이득이 있었는지 등을 평가하는 것이다. ❶ 24중등A12
평가 방법	설문지 조사, 면담, 평정 척도 검사 등
중재 절차 수용도 검사의 중요성	⊙ 중재 절차 수용도 검사는 윤리적·법적 문제와 관련하여 연구 대상의 권리를 보호해주기 때문이다. ⓒ 현장에서 중재를 사용할 사람들에게 중재의 수용성 정도를 알려서 중재 선택의 폭을 넓혀주어 중재를 보급할 수 있기 때문이다. 사람들은 중재의 수용성이 좋은 것으로 평가된 중재를 사용할 가능성이 높다.
유의점	⊙ 중재 절차에 대한 수용도 평가에서 유의할 점은 중재에 대한 전체적 평가와 구체적 평가가 다양하게 이루어져야 한다는 것이다. 중재에 대한 전반적 평가만 이루어질 경우 어느 요인이 중재의 만족도를 높이는지 알 수 없고, 중재의 구체적 내용에 대한 평가만 있다면 전체로서의 중재 만족도를 알 수 없다. ⓒ 중재 절차에 대한 수용도 평가는 신뢰도를 입증해야 한다. ⓒ 평가자(연구 대상)의 익명성이 충분히 보장된 공평한 평가가 되어야 한다. ② 중재 절차 수용도 검사의 조사 대상을 넓혀 여러 부류의 대표할 만한 의견이 수집되어야 한다(예 중재를 완전히 마친 사람, 중재를 중도에 그만둔 사람, 중재를 처음부터 받지 않은 사람 등).

③ **중재 결과의 의미성**: 중재 대상의 삶에 실질적으로 어떤 영향을 미쳤는지, 중재 결과에 영향을 받는 다른 사람들은 중재 결과를 어떻게 평가하는지를 검사하는 것이다.
❶ 24중등A12

4. 신뢰도

(1) 종속변수 신뢰도

① 종속변수 신뢰도는 종속변수에 대해 측정한 자료의 객관성을 의미한다.

② 종속변수에 대한 자료를 검사를 통해 수집한 경우 검사도구의 신뢰도를 측정해야 하고, 관찰을 통해 수집한 경우 관찰자 신뢰도를 측정해야 한다.

(2) 독립변수 신뢰도(중재 충실도, 절차적 신뢰도)

① 독립변수 신뢰도는 연구자가 실행한 중재가 일관성 있게 실시된 정도, 즉 중재가 계획되고 의도했던 대로 실행된 정도를 의미한다. ❶24중등A12, ❷ 17유아A8

② 연구자가 실험 중재를 얼마나 정확하고 충실하게 따랐는지에 따라 연구 결과가 달라질 수 있다.

③ 단일대상연구의 경우 반복 연구에 의해 외적 타당도가 입증되므로, 이때 중재 충실도는 중요한 의미를 갖는다.

기출 POINT 2

❶ 24중등A12
밑줄 친 ⓒ의 측면에서 점검해야 할 내용을 1가지 서술하고, 괄호 안의 ②에 해당하는 내용을 쓰시오.

특수교사 A: 행동의 원인이 파악되면 시급하게 중재를 시작해야 할 것 같아요.
특수교사 B: 네, 그런데 아무리 시급한 상황이라 할지라도 어떤 중재를 도입하고 실행할 때에는 중재 목표의 중요성, ⓒ 중재 절차의 적절성, (②) 측면에서 사회적 타당도를 살펴보는 것이 필요하지요.

기출 POINT 3

❶ 24중등A12
밑줄 친 ⓒ의 개념에 해당하는 용어를 쓰시오.

담임교사: 제가 요즘 학생 A에게 비디오 모델링 중재법으로 '진공청소기로 청소하기'를 가르치고 있습니다. ⓒ 중재 단계를 사전에 계획한 대로 실시한 정도도 확인했습니다.

❷ 17유아A8
ⓒ이 지칭하는 용어를 쓰시오.

이런 방법을 적용할 때 선생님들이 ⓒ 각각의 교육 방법에서 제시하고 있는 절차, 시간, 적용 지침을 제대로 따르고 있는지 점검하는 것이 중요합니다.

02 실험조건

'실험조건'이란 기초선, 중재, 유지, 일반화 등 각각의 실험 구간을 의미한다.

1. 기초선 구간

(1) 기초선의 정의

① 기초선 자료는 중재 전에 자연스럽게 발생하는 행동 수준을 측정한 것이다.

② 기초선의 설정은 단일대상연구에서 중재 효과를 입증할 수 있는 중요한 비교 기준이 된다. 중재 기간 동안 행동 변화의 자료를 중재 적용 전인 기초선 기간의 자료와 비교하여 중재의 효과를 평가하는 것이다.

(2) 기초선의 기능

① '기술적 기능(descriptive function)'이란 기초선 자료가 학생의 현재 수행 수준을 나타내는 것이다. 이러한 객관적인 기록은 교사가 과소행동 또는 과다행동 등의 실재를 입증하는 데 도움이 된다.

② '예언적 기능(predictive function)'이란 기초선 자료가 사전검사와 유사한 정도로서, 기초선 자료는 중재가 제공되지 않는다면 가까운 미래에 수행 수준이 어떻게 될지를 예측하는 근거가 된다. 즉, 중재 효과에 대한 판단은 이 예측과 반대되는 것이다.

(3) 기초선의 안정성(stability) ❶ 11중등19

기초선 자료는 교사의 중재 효과를 판단하는 데 사용되기 때문에 자연스러운 행동 발생의 예를 제공하는 안정성이 중요하다. 기초선의 안정성은 자료점의 다양성과 경향성으로 평가된다.

① 자료의 다양성(variability of data)

ㄱ 자료의 다양성은 수행의 파동과 관련된다. 일반적으로 자료의 다양성이 클수록 중재 효과에 대한 결론을 내기 어렵고, 미래 수행에 관한 예측을 하기도 어렵다.

ㄴ 기초선에서 안정성이 부족한 것은 표적행동의 조작적 정의가 정확하지 않고 일관적이지 않았거나, 자료 수집자가 수집 과정에서 일관적이지 않았을 수 있다. 따라서 기초선의 안정성을 높이기 위해서는 표적행동의 정의를 검사해야 한다.

ㄷ 기초선 자료점 중 어느 것도 기초선 평균에서 50% 이상 퍼져 있지 않으면 기초선이 안정적인 것으로 파악할 수 있다.

Keyword

예언적 기능

실험변수의 투입 기간 중에 관찰된 측정치들은 실험변수가 투입되지 않을 경우에 예측된 반응 수준(흰색 자료점들)보다 월등히 높다.

회기	자료점
1	14
2	10
3	20
4	16
5	11

- 기초선 평균(산술평균) = 14.2 = 14
- 평균의 50% = 7
- 자료점의 수용 가능한 범위 = 7~21(14 ± 7)
- 모든 자료점이 수용 가능한 범위에 있으므로 이 기초선은 안정적이다.

[출처] 이효신 역, 『교사를 위한 응용행동분석』(2014)

② 자료의 경향성(trend of data)

㉠ 자료의 경향은 행동 수행의 분명한 방향 표시와 관련되는데, 여기서 경향은 같은 방향으로 향한 3개의 연속적 자료점으로 정의된다. 기초선은 경향을 나타내지 않을 수도 있고, 증가 또는 감소 경향을 나타낼 수도 있다.

㉡ 상향 기초선은 증가하는 경향을 의미한다. 상향 기초선에서는 행동을 감소시키는 것이 목표일 경우에만 중재를 시작한다. 행동이 이미 증가하고 있기 때문에 행동 증가를 목적으로 설계된 중재의 효과는 불분명해질 것이다.

㉢ 하향 기초선은 행동의 분명한 감소를 나타내는 최소한 3개의 자료점을 포함한다. 하향 기초선에서는 행동을 증가시키는 것이 목표인 경우에만 중재를 시작한다.

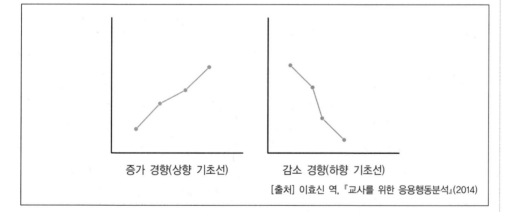

증가 경향(상향 기초선)   감소 경향(하향 기초선)

[출처] 이효신 역, 『교사를 위한 응용행동분석』(2014)

더 알아보기

Cooper 등은 기초선 관찰기간이나 수집된 자료의 수가 중요한 것이 아니라, 수집된 자료 자체가 실험연구에서 비교의 준거로 사용될 수 있을만큼 충분한 안정성을 유지하고 있느냐가 더 중요하다고 하였다.

기출 POINT 4

❶ 11중등19

다음 〈보기〉에서 종속변인의 변화가 독립변인으로 인해 발생했을 가능성이 높은 것을 모두 고르시오.

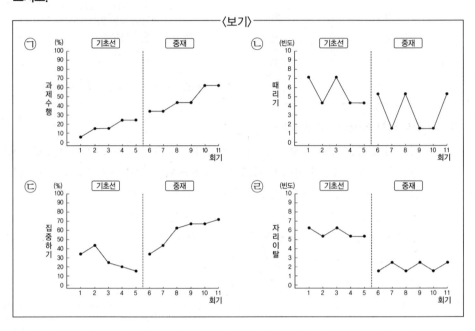

2. 중재 구간

(I) 중재 측정

① 단일대상연구의 두 번째 요소는 중재 조건하에서 대상의 수행을 반복적으로 연속 측정하는 것이다. 중재 구간은 일반적으로 기초선에 바로 뒤따르게 되나, 경우에 따라서는(예 BAB 설계) 기초선 없이 적용되기도 한다.

② 독립변인(처치 혹은 중재)을 소개하고 종속변인(학생의 수행)에 대한 효과를 측정하고 기록한다. 일반적으로 중재의 원하는 성과가 이루어졌는지를 결정하기 위해 실험이 시작되기 전에 종속변인에 대한 일정 수행 수준을 정해놓는다.

③ 중재 구간 자료에서의 경향은 중재의 효과를 나타내는 것이며, 연구자에게 중재 절차를 변경할 필요가 있는지를 결정하도록 안내해준다.

⑵ 실험 통제(experimental control)

① 실험 통제는 종속변인의 변화가 실제로 독립변인의 조작과 관련된 것임(기능적 관계가 존재하는)을 확신하기 위한 연구자의 노력이다.

② 연구자는 다른 외생변인이 행동변화의 원인이 되는 것을 최대한 막고자 한다.

> **예** 어떤 교사가 학급에서 가장 파괴적인 학생 3명을 제외한 후에 학급 내에 파괴적 행동을 감소시키기 위해 행동 규칙을 적용하기 시작했다면, 새로운 규칙 적용이 낮은 파괴 수준의 원인임을 실제로 확신할 수 없으므로, 학생 3명의 제외는 연구에서 외생변수이다.

③ 연구설계는 보다 엄격한 실험 통제를 제공하고, 연구자는 이 설계를 통하여 기능적 관계를 가정할 수 있다. 연구자들은 일반적으로 중재를 여러 번 반복하고 중재가 종속변인에 매번 어떻게 영향을 미쳤는지를 관찰함으로써 실험통제를 증명한다.

3. 유지와 일반화 구간

① 유지 구간은 중재가 성공적으로 적용되어 원하는 결과를 보였을 때 중재가 더 이상 제공되지 않더라도 종속변인의 변화가 유지되는지를 측정하는 구간이다. ❶ **22유아A2**

② 유지 구간은 시간이 지나도 변하지 않는 중재의 효과를 입증함으로써 사회적 타당도 및 생태학적 타당도를 높일 수 있다.

③ 일반화 구간은 중재를 통해 습득된 기술이나 변화된 행동이 중재 상황이 아닌 다른 자극 상황에서도 나타나는지를 측정하는 구간이다.

4. 동일한 결과의 반복(반복, replication)

① 결과의 반복이란 한 연구에서 이전에 시행되었던 독립변수의 조작을 반복하여 유사한 결과를 얻는 것을 말한다.

② 실험연구에서 반복은 다음과 같은 두 가지 중요한 목적을 갖는다.

　㉠ 독립변수 이외의 다른 변수가 행동의 변화에 영향을 미칠 가능성을 배제하기 위함이다. 동일한 외생변수가 실험에서 2번씩이나 우연히 행동에 영향을 미칠 확률은 통계적으로 아주 낮기 때문이다. 반복된 실험에서 동일한 결과를 얻는다면 외생변수의 영향으로 볼 수 있는 확률은 낮고, 독립변수만의 효과로 볼 수 있는 확률은 높다.

　㉡ 같은 결과의 반복은 행동 변화의 신뢰성을 입증한다. 동일한 결과를 다시 얻었다는 것은 그만큼 독립변수인 치료적 중재가 다시 사용될 경우 같은 결과를 얻을 수 있다는 확신을 갖도록 한다.

③ 동일한 실험과정의 반복으로 동일한 결과를 얻게 되면, 이제 독립변수와 종속변수 간의 기능적 관계는 의심할 수 없는 강력한 증거를 확보한 셈이다.

기출 POINT 5

❶ 22유아A2
㉠에 해당하는 [A]단계의 목적을 쓰시오.

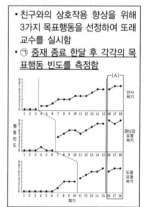

- 친구와의 상호작용 향상을 위해 3가지 목표행동을 선정하여 또래 교수를 실시함
- ㉠ 중재 종료 한달 후 각각의 목표행동 빈도를 측정함

단일대상연구 설계의 종류

01 반전설계

- AB 설계
  - 개념
  - 기능적 관계 입증
  - 내적 타당도 및 외적 타당도
  - 장단점
- ABA 설계
  - 개념
  - 기능적 관계 입증
  - 내적 타당도 및 외적 타당도
  - 장단점
- BAB 설계
  - 개념
  - 기능적 관계 입증
  - 장단점
- ABAB 설계
  - 개념
  - 기능적 관계 입증
  - 내적 타당도 및 외적 타당도
  - 장단점

02 중다기초선 설계

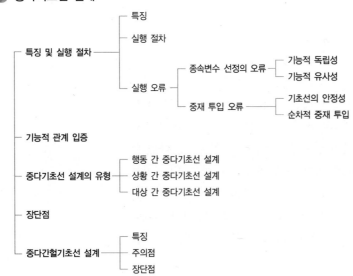

- 특징 및 실행 절차
  - 특징
  - 실행 절차
  - 실행 오류
    - 종속변수 선정의 오류
      - 기능적 독립성
      - 기능적 유사성
    - 중재 투입 오류
      - 기초선의 안정성
      - 순차적 중재 투입
- 기능적 관계 입증
- 중다기초선 설계의 유형
  - 행동 간 중다기초선 설계
  - 상황 간 중다기초선 설계
  - 대상 간 중다기초선 설계
- 장단점
- 중다간헐기초선 설계
  - 특징
  - 주의점
  - 장단점

03 기준변경설계(준거변경설계)

```
기초 ─┬─ 정의
      ├─ 실행
      └─ 기능적 관계 입증

실험통제 강화 요인(신뢰성 증가 요인) ─┬─ 하위 중재 상황의 수
                                    ├─ 하위 중재 상황의 길이
                                    ├─ 종속변수 기준 변화의 크기
                                    └─ 종속변수 수행 수준 변화의 방향

장단점
```

04 조건변경설계(중다중재설계)

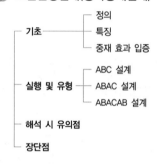

```
기초 ─┬─ 정의
      ├─ 특징
      └─ 중재 효과 입증

실행 및 유형 ─┬─ ABC 설계
             ├─ ABAC 설계
             └─ ABACAB 설계

해석 시 유의점

장단점
```

05 교대중재설계

```
기초 ─┬─ 정의
      ├─ 특징
      └─ 중재 효과 입증

실행 절차

장단점
```

01 **반전설계**(reversal design)

1. AB 설계

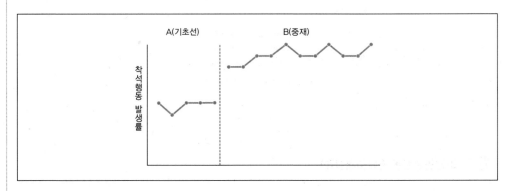

(I) **AB 설계의 개념**

가장 기본적인 단일대상연구 설계로, 좀 더 복잡한 설계들은 모두 이 단순한 설계의 확장이다.

① 'A'는 기초선 구간으로 기초선 자료가 수집·기록되며, 안정적인 기초선이 확립되면 'B' 구간이 시작된다.

② 'B'는 중재 구간으로 중재 자료가 수집·기록된다. 중재 구간 동안에 표적행동의 양, 비율, 백분율, 지속시간의 증가 혹은 감소를 평가하고 기초선 구간에서의 자료와 비교한다.

(2) **기능적 관계 입증**

AB 설계는 독립변인의 반복된 조작(중재 제공과 제거)을 제공하지 않기 때문에 우연적 사건과 외생변인에 의한 영향을 배제할 수 없다. 따라서 종속변인과 독립변인 간의 기능적 관계를 입증할 수 없고, 상관관계적인 결론만을 도출할 수 있다.

(3) **내적 타당도 및 외적 타당도**

AB 설계 자체가 동일한 대상자에게서 중재 효과를 반복적으로 입증할 수 없기 때문에 내적 타당도를 논할 수 없고, 유사한 외적 타당도에 대해서도 언급할 수 없다.

(4) **AB 설계의 장점**

학생의 행동을 비교하는 빠르고 간편한 방법이다.

(5) **AB 설계의 단점**

기능적 관계 입증이 어렵다. ❶ 12중등10

기출 POINT 1

❶ 12중등10
대화의 내용 중 옳은 것만을 있는 대로 고르시오.

ⓒ AB 설계를 통해 문제행동에 대한 기능적 분석을 하고, 인과관계도 쉽게 분석할 수 있어서 좋았어요.

2. ABA 설계

(1) ABA 설계의 개념

① ABA 설계는 인과관계를 입증할 수 있는 가장 단순한 단일대상연구 체계이다.

② AB 설계와 동일하게 기초선(A_1) 및 중재(B)가 실시되고, 중재 기간 중 종속변인이 안정세를 보인 후 다시 기초선(A_2) 조건으로 되돌아가는 방법이다.

(2) 기능적 관계 입증

ABA 설계는 기초선 반전을 통해 상관관계적이기보다는 기능적인 결론을 내릴 수 있도록 AB 설계를 강화한 설계이다.

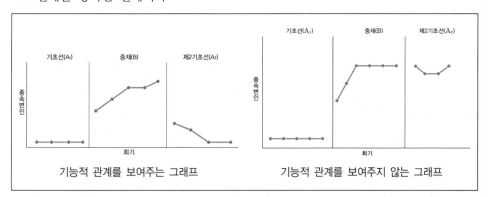

기능적 관계를 보여주는 그래프　　기능적 관계를 보여주지 않는 그래프

(3) 내적 타당도 및 외적 타당도

① ABA 설계에서 중재 기간 중 목표행동이 바람직한 방향으로 향상되다가 중재가 제거된 후 다시 기초선 수준으로 변한다면, 목표행동의 향상은 중재 때문인 것으로 결론을 내릴 수 있다. 특히 두 번째 기초선에서 목표행동의 변화가 첫 번째 기초선 수준만큼 완전히 반전될수록 내적 타당도가 높아진다.

② 동일한 실험을 다른 대상자에게 반복하여 동일한 결과를 얻을 경우, 인과관계에 대한 결론은 더욱 강화되고 결과에 대한 외적 타당도가 높아진다.

(4) ABA 설계의 장점

행동의 기능적인 분석이 가능하다.

(5) ABA 설계의 단점

① 기초선(A_2) 상태에서 실험을 종료하는 것은 현실적이고 윤리적인 문제를 유발한다.

② 반전이 불가능한 행동의 경우 ABA 설계를 적용할 수 없다. 예를 들어, 학업과 관련된 행동은 반전이 불가능하며, 주로 동기와 관련된 행동에 ABA 설계를 적용한다.

3. BAB 설계

(1) BAB 설계의 개념

① BAB 설계는 자해행동이나 공격행동을 보이는 아동들을 대상으로 사용되는 연구설계이다. ❶ 12중등10

② 처음의 기초선 자료의 수집이 불가능하거나 윤리적으로 부적절한 경우 목표행동에 대한 중재의 효과를 알아보기 위해 BAB 설계를 사용할 수 있다.

③ 기초선 자료(A_1)를 측정하지 않고 즉각적인 중재를 시작하고, 첫 번째 중재에서 행동이 정해진 기준에 도달하면 짧은 시간 동안 중재를 제거한다. 간단한 반전 이후에 중재를 재개한다.

(2) 기능적 관계 입증

BAB 설계의 기능적 관계 입증은 두 중재 기간 중의 행동 감소와 반전 기간 중의 행동 증가로 입증된다.

(3) BAB 설계의 장점

ABA 설계와 달리 중재로 실험이 종료된다는 장점이 있다.

(4) BAB 설계의 단점

첫 번째 기초선 자료가 없어 중재가 행동의 자연스러운 발생 빈도에 미치는 영향을 평가하지 못하므로, ABA 설계보다 기능적 관계 입증이 약하다.

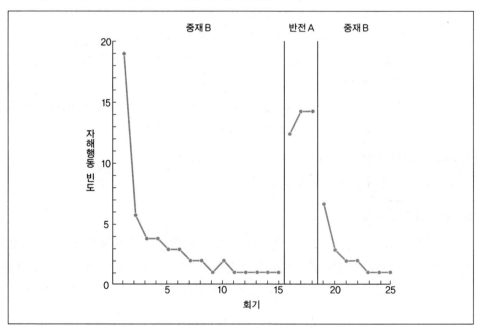

4. ABAB 설계(중재제거설계)

(1) ABAB 설계의 개념

① ABAB 설계는 행동에 대한 중재 효과 입증을 위해 중재의 적용과 철회를 연속적으로 실시한다.

② 반전설계는 A, B, A, B 4개의 구간을 갖는다. ❶ 23유아A2, ❷ 21중등B4

○ 기초선(A_1) : 중재가 도입되기 전에 존재하던 조건하에서 표적행동에 대한 자료를 수집하는 최초의 기초선으로, 안정적인 기초선 자료를 수집한다.

○ 중재(B_1) : 표적행동을 바꾸기 위해 선정된 중재의 최초 도입 구간이다. 표적행동이 준거에 도달할 때까지 혹은 행동의 바람직한 변화 경향이 나타날 때까지 중재는 계속된다.

○ 기초선(A_2) : 중재를 철회하거나 종료함으로써 원래의 기초선 조건으로 복귀한다.

○ 중재(B_2) : 중재 절차를 재도입한다.

(2) 기능적 관계 입증

① 기초선 자료를 중재 구간 자료와 반복적으로 비교함으로써 종속변인과 독립변인 간의 기능적 관계 입증이 가능하다. ❶ 13추가중등B2

② Cooper(1981)는 연구자가 기능적 관계를 입증하기 위해서는 다음의 세 가지 증거가 필요하다고 주장하였다.

○ 예언 : 특정 독립변수가 종속변수를 바꿀 것이라는 교육적 진술

○ 예언의 증명 : 첫 번째 중재 구간에서 종속변수의 증가 혹은 감소, 그리고 두 번째 기초선 구간에서 첫 번째 기초선 수행 수준으로의 복귀[중재(B_1), 기초선(A_2)]

○ 효과의 복제 : 두 번째 중재 구간에서 독립변수를 재도입한 결과 바람직한 행동 변화가 동일하게 나타남[중재(B_2)]

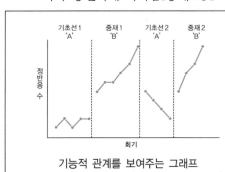

기능적 관계를 보여주는 그래프

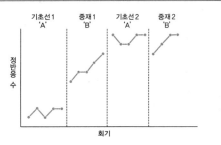

기능적 관계를 보여주지 않는 그래프

[출처] 양명희, 『행동수정이론에 기초한 행동지원』 2판(2016)

PART
02

기출 POINT 3

❶ 23유아A2
'서우의 소리 내어 울기 기능분석' 그래프를 보고 기능 분석을 위해 사용한 연구 설계 방법을 쓰시오.

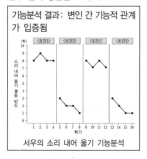

서우의 소리 내어 울기 기능분석

❷ 21중등B4
ABAB 설계 적용 과정에서 나타난 오류를 2가지 서술하시오.

• 문제행동 : 소리 지르기
• 중재 방법 : ○ 타행동 차별강화 (DRO)
• 결과 그래프

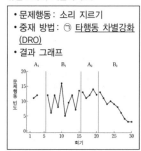

기출 POINT 4

❶ 13추가중등B2
그래프를 보고 표적행동의 변화 결과를 해석하시오.

■ Ⓐ 관찰 결과 그래프

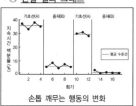

손톱 깨무는 행동의 변화

(3) 내적 타당도 및 외적 타당도

① ABAB 설계는 AB 설계의 반복 실시를 통해 내적 타당도를 강화한 설계이다. 특히 종속변인의 변화가 즉각적이고 급격하며, 두 번째 기초선 자료가 첫 번째 기초선 수준으로 완전히 반전될 때 내적 타당도가 더욱 강화된다.

② 한 대상자에 대해 입증된 인과관계가 동일한 실험 조건에서 유사한 대상자에게 반복해서 나타날 때 연구 결과의 외적 타당도가 증명된다.

(4) ABAB 설계의 장점

① ABAB 설계는 기능적 관계를 입증하는 매우 강력한 방법이다.

② 중재 단계에서 실험을 종료함으로써 AB, ABA 설계가 가진 현실적이고 윤리적인 문제를 해결해준다.

(5) ABAB 설계의 단점

① 짧은 시간 동안이라도 효율적인 중재를 제거한다는 것은 윤리적인 문제를 야기한다. 특히 목표행동이 자신 또는 타인에게 해가 되는 경우 더욱 고려되어야 한다. **❷ 12중등10**

② 학업과제의 습득 등과 같이 목표행동이 반전될 수 없는 경우 ABAB 설계를 적용하기 어렵다. **❶ 25중등A8**

기출 POINT 5

❶ 25중등A8
밑줄 친 ⓒ의 이유를 서술하시오.

특수교사 A: 선생님께서 말씀해 주신 언어 중재 방법을 학생K를 포함해서 3명 모두에게 실시해 보았어요. 그렇다면 언어 능력에 대한 중재 효과는 어떻게 알아볼 수 있을까요? A-B-A-B 설계를 사용해서 중재 효과를 알아보면 되나요?
특수교사 B: ⓒ A-B-A-B 설계보다는 다른 연구 설계 방법을 사용하는 게 적절할 듯해요.

❷ 12중등10
대화의 내용 중 옳은 것만을 있는 대로 고르시오.

ⓒ 반전설계는 중재를 제공했다가 제거하는 과정을 거치기 때문에, 때로는 윤리적인 문제가 있다는 점도 고려해야겠지요.

---

02 중다기초선 설계(multiple baseline design)

1. 중다기초선 설계의 특징 및 실행 절차

(1) 중다기초선 설계의 특징

① 중다기초선 설계는 1개 이상의 종속변인을 동시에 분석할 수 있는 설계이다.

② 여러 개의 기초선을 측정하여 순차적으로 중재를 적용하고, 그 이외의 조건을 동일하게 함으로써 목표행동의 변화가 오직 중재에 의해 변화한 것임을 입증하는 설계이다. 중다기초선 설계에서는 적절한 시점에 중재를 순차적으로 도입하는 것이 중요하다.

③ 중다기초선 설계는 중재 절차를 개인이나 상황 혹은 행동에 적용해 보고자 할 때 선택할 수 있다. 이는 반전 구간을 포함하지 않으므로 표적행동이 공격적인 활동이라든가 학습과 관련된 경우와 같이 반전설계가 적합하지 않을 때 사용될 수 있다.

(2) 중다기초선 설계의 실행 절차 ❶ 25중등A8

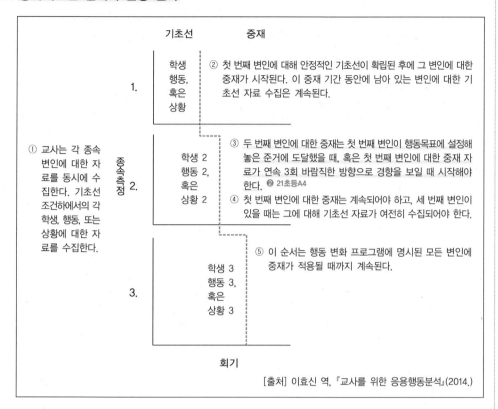

[출처] 이효신 역, 『교사를 위한 응용행동분석』(2014.)

(3) 중다기초선 설계의 실행 오류

① 종속변수 선정의 오류

ㄱ 기능적 독립성

- 각각의 표적행동/대상/상황은 기능적으로 독립적이어야 한다. 즉, 중재가 적용될 때까지 종속변수의 자료가 안정된 상태로 남아 있어야 한다. ❶ 22유아A2

  예 어떤 아동의 표적행동이 욕하기, 발차기, 침 뱉기인데 욕하기 행동에 어떤 중재를 적용하여 변화가 나타나자 발로 차는 행동과 침 뱉는 행동에는 아직 중재를 적용하지 않았는데도 변화가 나타난다면, 이 행동들은 기능적으로 독립적이라고 보기 어렵다.

- 만약 기초선이 기능적으로 독립적이지 않을 경우에는 기초선에서의 행동 변화 때문에 중재의 효과를 입증하기 어렵다.

ㄴ 기능적 유사성

- 각각의 표적행동/대상/상황은 기능적으로 유사해야 한다. 이는 동일한 중재에 대해서는 비슷한 반응을 보이는 것으로, 각각의 표적행동/대상/상황이 같은 기능을 가지고 있어서 한 가지 중재를 적용했을 때 같은 반응을 기대할 수 있음을 뜻한다.

  예 머리 빗기, 세수하기, 양치하기 행동이 모두 '과제분석'이라는 중재를 적용하여 변화를 가져온다면 세 가지 행동은 기능적으로 유사하다고 볼 수 있다.

기출 POINT 6

❶ 25중등A8
괄호 안의 ⓒ의 명칭을 쓰시오.

특수교사 B : 예를 들어, (ⓒ)을/를 사용해 보시면 좋겠어요. 이것은 선생님 반에 있는 학생 3명을 대상으로 기초선 단계와 처치 단계를 두고, 이 중재 방법이 효과적이라는 것을 증명하기 위한 연구 설계 방법이에요. 먼저, 모든 학생들을 대상으로 기초선 측정을 시작해요. 첫 번째 학생의 기초선이 안정되면, 중재를 실시해요. 첫 번째 학생에 대한 중재 효과가 기준을 충족하면 두 번째 학생에 대한 중재를 실시하고, 이처럼 순차적인 방식으로 모든 학생에게 중재를 실시해서 효과를 검증하는 설계 방법이에요.

❷ 21초등A4
다음 그래프에서 첫 번째 중재 후 두 번째 중재의 투입 시점을 결정하는 기준을 1가지 쓰시오.

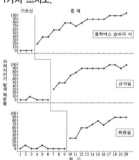

기출 POINT 7

❶ 22유아A2
① 중재를 위해 사용한 설계 방법을 쓰고, ② ㄱ에 해당하는 [A]단계의 목적을 쓰시오. ③ 그래프에 근거하여 ⓒ의 이유를 쓰시오.

- 친구와의 상호작용 향상을 위해 3가지 목표행동을 선정하여 또래 교수를 실시함
- ㄱ 중재 종료 한달 후 각각의 목표행동 빈도를 측정함
- ⓒ 도움 요청하기는 기초선 단계에서 목표행동이 증가함

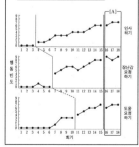

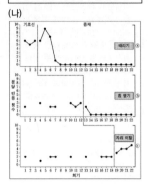

기출 POINT 8

❶ 24초등B1
(나)의 ⓒ에서 중재 효과가 나타나지 않은 이유를 (나)의 ⓐ, ⓑ와 비교하여 행동의 기능 측면에서 1가지 쓰시오.

(가)

> 담임교사: 선생님, 영지의 때리기와 침 뱉기 행동이 감소했어요. 그런데 자리 이탈 행동에 대해서는 중재 효과가 나타나지 않았어요.

(나)

• 만일 중재가 적용되었는데도 어떤 대상자에게 행동의 변화가 일어나지 않는 경우에는 일관성 없는 중재의 효과가 나타난 것으로 보고, 실험통제를 입증할 수 없게 된다. 이것은 여러 개의 기초선을 사용하는 목적인 중재 효과의 반복적인 입증이 이루어지지 못하기 때문이다. ❶ 24초등B1

더알아보기 공변현상

기초선들이 기능적으로 독립적이라는 예측이 맞지 않았을 때는 중재가 적용되지 않은 층들에서 공변현상이 나타난 것이다. 아래 그림은 중재가 적용되지 않은 층에서 공변현상이 일어난 경우를 보여주는 그래프이다.

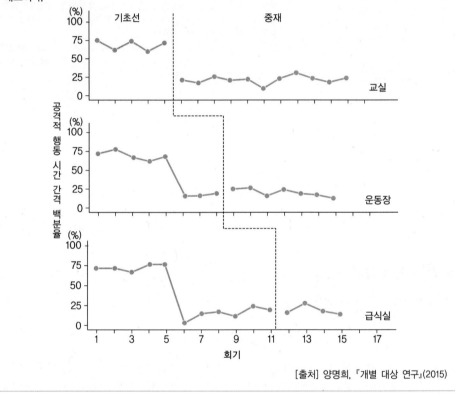

[출처] 양명희, 『개별 대상 연구』(2015)

② **중재 투입 오류** ❶ 16유아B2, ❷ 15중등B4

㉠ 기초선이 안정되었을 때 중재를 투입한다.

㉡ 순차적 중재 투입을 통해 기능적 관계를 입증한다. 즉, 첫 번째 조건에 중재를 투입하여 목표 수준의 중재 효과를 보인 뒤, 안정된 두 번째 기초선에 중재를 순차적으로 투입한다.

기출 POINT 9

❶ 16유아B2

다음은 박 교사가 3명의 유아를 대상으로 실시한 중재 결과를 보여주는 그래프이다. 사용한 연구 설계 방법의 명칭을 쓰고, 중재를 시작한 시점과 관련한 교사의 오류 2가지를 쓰시오.

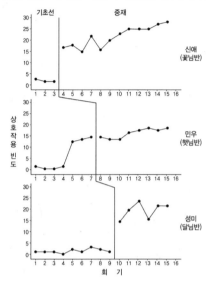

❷ 15중등B4

다음은 김 교사가 학생 A의 바람직하지 않은 행동을 감소시킨 결과이다. 이 단일대상 연구 설계의 명칭을 쓰고, 김 교사가 적용한 단일대상 연구에서 나타난 오류를 1가지 찾고, 그 이유를 2가지 쓰시오. 그리고 중다간헐기초선 설계가 이 연구 설계의 단점을 보완할 수 있는 이유를 1가지 쓰시오.

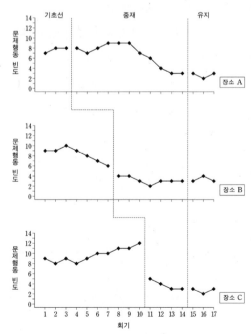

2. 기능적 관계 입증

중다기초선 설계에서의 기능적 관계는 중재가 주어지면 종속변인의 변화가 나타나고, 중재가 주어지지 않으면 종속변인의 변화가 나타나지 않는 것으로 입증된다. 따라서 중재는 기초선별로 서로 다른 시점에 투입되어야 하고, 투입 즉시 행동의 변화가 나타나야 한다.

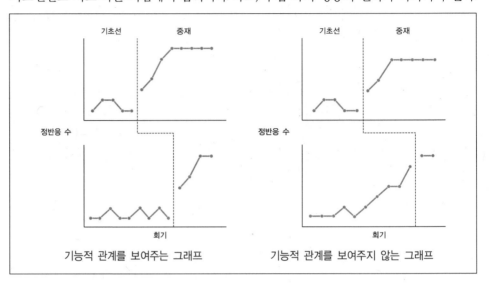

| 기능적 관계를 보여주는 그래프 | 기능적 관계를 보여주지 않는 그래프 |

3. 중다기초선 설계의 유형

(1) 행동 간 중다기초선 설계

① 동일한 상황에서 동일한 사람의 여러 행동에 적용하는 설계로, 기능적으로 유사하지만 독립적인 행동을 세 개 이상 선택한다.

② 행동 간 중다기초선 설계의 장점은 한 대상자의 유사한 행동들에 대한 중재의 효과를 보여줄 수 있다는 점이다.

③ 제한점은 행동 간의 동시 변화가 일어날 가능성이 있어, 이 경우 기능적 관계 입증이 약화된다는 것이다.

(2) 상황 간 중다기초선 설계

① 동일한 사람의 동일한 행동에 대해 여러 상황에 적용하는 설계로, 같은 대상자가 같은 행동에 대해 서로 다른 환경에서 중재를 제공받는 것이다.

② 상황 간 중다기초선 설계의 장점은 한 개인에 대한 중재 효과의 일반성을 여러 상황에서 보여줄 수 있다는 것이다. ❶ 21초등A4

③ 제한점은 서로 다른 상황에서 중재 효과에 영향을 줄 수 있는 기타 변인들을 예측하거나 통제하기 어렵다는 것이다. 또한 목표행동이 각각의 상황에서 계속적이면서 동시에 통제되어야 하기 때문에 시간 소모적이며, 다른 활동에 방해가 되고 교사에게 부담이 된다.

기출 POINT 10

❶ 21초등A4
상황 간 중다기초선설계와 대상자 간 중다기초선설계를 비교하여 차이점을 1가지 쓰시오.

(3) 대상 간 중다기초선 설계

① 동일한 상황에서 동일한 행동 문제를 가진 여러 대상에게 적용하는 설계로, 대상자들은 동일한 중재에 유사한 반응을 보일 것으로 충분히 예측할 수 있을 만큼 서로 유사해야 하며, 동시에 다른 대상자의 행동의 변화에 따라 본인의 행동에 변화를 초래하지 않을 만큼 서로 독립적이어야 한다. 그 밖의 다른 변인들은 가능한 한 동일하도록 통제한다.

❶ 20중등B9, ❷ 12중등10, ❸ 09중등22

② 대상 간 중다기초선 설계의 큰 장점은 유사한 행동 변화의 필요성이 있는 다수의 대상자에게 중재 효과를 입증할 수 있다는 것이다.

③ 제한점은 대상 간 행동의 동시변화로서 다른 대상자의 경험을 통해 비의도적인 학습이 일어날 가능성이 있다는 것이다. 또한 기초선이 길어지는 부정적인 영향이 있고, 여러 대상자를 동시에 관리해야 하는 어려움이 있다.

기출 POINT 11

❶ 20중등B9

(가)에서 사용된 단일대상설계를 1가지 쓰시오.

(가) 행동 중재 지도 내용

- 표적행동 선정
  - 학생 I: 지시 따르기 행동
  - 학생 J: 지시 따르기 행동
  - 학생 K: 지시 따르기 행동
- 표적행동 수행률

회기 학생	기초선			중재											
	1	2	3	4	5	6	7	8	9	10	11	12	13	14	15
학생 I	10	10	10	70	80	90	90	90	90	90	90	90	90	90	90
학생 J	10	10	10	10	10	70	80	90	90	90	90	90	90	90	90
학생 K	10	10	10	10	10	10	10	70	80	90	90	90	90	90	90

기출 POINT 11

❷ 12중등10

대화의 내용 중 옳은 것만을 있는 대로 고르시오.

ㄹ 동시에 3명의 학생을 대상으로 다양한 상황에서 중재를 실시하여 그 중재 효과를 입증할 수 있는 '대상자 간 중다기초선 설계'를 실시하는 것도 좋아요.

❸ 09중등22

다음 그래프는 수업을 방해하는 문제행동을 감소시키기 위한 중재의 결과를 분석한 것이다. 이를 보고 옳은 설명을 〈보기〉에서 모두 고르시오.

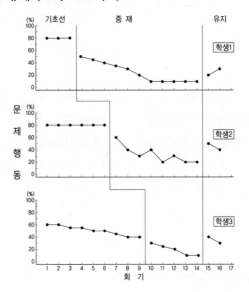

〈보기〉

㉠ 대상자 간 중다간헐기초선 설계가 사용되었다.
㉡ 이 설계는 다수의 기초선을 동시에 측정해야 한다.
㉢ 이 설계는 교사가 실제 교육 현장에서 사용하기 용이하다.
㉣ 학생 2와 학생 3의 기초선 자료는 중재를 실시하기 적합하였다.

---

4. 중다기초선 설계의 장단점

(1) 중다기초선 설계의 장점

① 중다기초선 설계는 반전설계에서처럼 중재의 철회나, 준거변경설계에서처럼 준거의 점진적 변경 없이도 기능적 관계를 확립할 수 있어 교실에서 사용하기 편리하다.

② 두 개 이상의 기초선에 시차를 두고 중재를 적용하여 경쟁 가설을 쉽게 배제할 수 있다.

③ 내적 타당도와 외적 타당도가 높은 설계 방법이다.

(2) 중다기초선 설계의 단점

① 다수의 기초선을 동시에 측정해야 한다.

② 비교적 기초선 수집 기간이 길다. 기초선 기간이 연장될수록 학습자를 지루하게 하고 지치게 하는 등 부정적인 영향을 미침으로써 타당성이 없는 결과를 초래할 수 있다. 특히 즉각적인 관심을 필요로 하는 행동일 경우 중재를 연기하는 것은 윤리적으로 부적절하다.

더알아보기 경쟁가설(rival hypothesis)

- 연구자는 학생의 행동 개선이 중재에 의한 것이라고 주장한다. 그러나 다른 사람들은 그에 동의하지 않을 수 있다. 행동 변화의 원인에 대한 이러한 이견을 '경쟁가설'이라고 한다. 만일 연구자가 자신의 주장과 반대되는 가능한 모든 경쟁가설을 거부하지 못하면 연구의 효과는 입증될 수 없다. 따라서 연구자는 경쟁가설을 배제할 수 있는 실험방법을 고안해야 한다.
- 경쟁가설은 실험 결과에 영향을 미칠 수 있는 개인차와 시간적 일치성에 근거한다.
  - 개인차에 근거한 경쟁가설이란 독립변수 이외의 통제되지 못한 미지의 피험자 요인이 연구 결과에 영향을 미칠 수 있다는 주장이다.
    - 예 무작위로 두 실험집단을 표집한 후, 한 집단은 정답을 칭찬하는 방법으로, 다른 집단은 오답을 벌하는 방식으로 지도하였다. 실험 결과 정답을 칭찬한 집단이 오답을 벌한 집단보다 더 높은 학업성취도를 얻었다고 가정할 때, 바로 제기될 수 있는 경쟁가설은 정답을 칭찬하는 집단에 본래 성적이 우수한 학생들이 다수 포함되어 그 집단의 성적이 좋은 것이지 중재 때문이 아니라고 주장하는 것이다. 이러한 경쟁가설을 배제하기 위하여 연구자는 두 집단이 서로 다르지 않고 동일하다는 점을 강조한다. 즉, 개인차 요인이 철저히 통제되었다는 점을 강조함으로써 경쟁가설을 거부한다.
  - 중재를 투입한 시간과 행동의 변화가 시작된 시간이 일치한다면 두 요인 간에는 기능적 관계가 있다고 주장할 수 있다. 그러나 같은 논리로 경쟁가설이 제기될 수 있다.
    - 예 중재가 시작되기 전 10일 동안 아동의 주의집중 행동은 거의 변화가 없었으나, '칭찬과 관심'이라는 중재조건이 투입되는 시점부터 아동의 주의집중 행동은 크게 증가되었고, 상승하는 추세를 보이고 있다. 그런데 공교롭게도 중재가 시작되는 날 아동이 태권도장에 등록하고 훈련을 받기 시작하였다. 이 경우 교사의 중재가 아닌 태권도 훈련이 아동의 주의집중을 개선한 것이라고 주장할 수 있다. 즉, 태권도 훈련과 주의력 향상의 시간적 일치성 때문에 이러한 주장을 거부할 수 없는데, 이를 시간적 일치성에 근거한 경쟁가설이라고 한다.
- 반전설계에서는 실험처치 후 기초선 상태로의 반전을 통하여 중재의 철회와 행동변화 간의 시간적 일치성을 한번 더 입증함으로써 모든 경쟁가설을 거부할 수 있다.
- 중다기초선 설계의 독특한 특징은 여러 표적행동들에 대하여 시차를 두고 실험처치를 반복한다는 점이다. 기초선 측정이 끝난 다음 모든 행동에 대해 동시에 실험처치를 실시하지 않고 시간적 차이를 두고 실험조건을 투입하는 것은, 실험조건 이외의 다른 외생변수가 행동의 변화에 영향을 줄 수 있다는 경쟁가설을 거부하기 위함이다. 만일 학생의 첫 번째 행동에 실험처치(중재)를 하는 동안 실험처치를 받지 않은 다른 행동들도 따라서 변화한다면, 실험조건 외에 다른 요인이 행동의 변화에 영향을 미치고 있다고 볼 수밖에 없어 경쟁가설을 거부하기 어렵다. 중다기초선 설계와 반전설계의 다른 점이 바로 여기에 있다는 점에 주의를 기울여 실험 결과를 분석하고 해석해야 한다.
- 교대중재설계에서는 동시에 또는 짧은 시간 내에 여러 치료조건을 반복적으로 교체 투입하면서 행동 변화와의 시간적 일치성을 확인한다. 따라서 우연적인 경쟁가설이 시간적 일치성을 입증할 수 있는 확률은 반전설계보다 월등히 낮아질 것이다. 왜냐하면 짧은 시간 내에 보다 많은 횟수의 교체 투입과 행동 변화가 시간적으로 일치해야 하기 때문이다.

5. 중다간헐기초선 설계

(1) 중다간헐기초선 설계의 특징

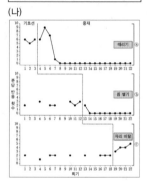

① 중다기초선 설계에서 다수의 기초선을 동시에 측정하는 부담을 줄이기 위해 중다기초선 설계를 변형한 중다간헐기초선 설계를 사용할 수 있다. ❷ 15중등B4

② 중다간헐기초선 설계와 중다기초선 설계의 다른 점은, 중다간헐기초선 설계에서는 여러 기초선 기간에 수집하는 자료의 수를 줄였다는 것이다. 이 설계에서는 연구자가 연구를 시작할 때 모든 기초선들의 자료를 수집하지만 지속적으로 중재 직전까지 수집하지는 않는다. 대신, 중재를 시작하기 전에 기초선 수준에 큰 변화가 없었음을 확신할 수 있을 정도로 간헐적으로 자료를 수집한다. ❶ 24초등B1

③ 이와 같이 간헐적으로 기초선 자료를 수집하는 이유는 인력이나 시간상의 이유로 인해 지속적으로 기초선을 측정하기가 어렵거나, 기초선 측정에 대해 대상자가 심한 반응성을 보이거나, 기초선 자료의 안정성에 대한 강한 가정을 사전에 전제할 수 있기 때문이다.

(2) 중다간헐기초선 설계의 주의점

① 충분한 수의 기초선 프로브(probe ; 간헐적인 측정)를 측정하여 이들의 자료가 기초선 기간의 반응을 제대로 반영하고 있음을 쉽게 추측할 수 있도록 해야 한다.

② 측정한 프로브 자료 중 다른 자료들과 유의하게 차이가 나는 자료가 있다면 지속적이거나 좀 더 빈번한 측정을 통하여 그와 같이 일탈된 결과의 원인을 밝히고, 진정한 기초선 자료의 수준을 성취하도록 한다.

③ 중재를 도입하기 직전에는 지속적인 혹은 좀 더 빈번한 측정을 통해 기초선의 반응 수준을 명확히 밝힌다.

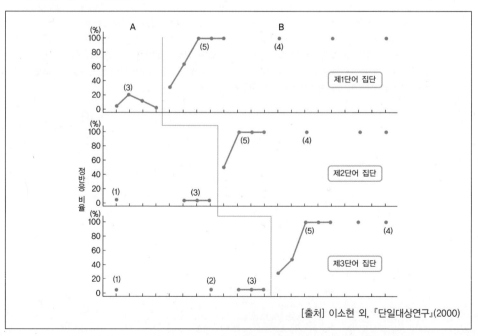

[출처] 이소현 외, 『단일대상연구』(2000)

(3) 중다간헐기초선 설계의 장점

① 기초선 기간이 길어질 경우 불필요한 기초선 측정을 막아준다. 예를 들어, 목표행동이 현재 대상자가 할 수 없는 행동으로 새로 습득해야 하는 경우에는 지나치게 긴 기초선의 측정이 불가능하다.

② 간헐적인 기초선 측정은 길어진 기초선 기간 동안에 빈번하게 나타나는 부적절한 행동을 막아준다. ❷ 15중등B4

③ 간헐적인 기초선 측정은 지속적인 기초선 측정에 대한 현실적인 대안이다.

(4) 중다간헐기초선 설계의 단점

① 간헐적인 프로브 결과가 안정적이지 못하다면 기초선을 연장해야 한다. 따라서 기초선이 안정적인 것이 확실할 때 중다간헐기초선 설계의 사용을 권장한다.

② 첫 행동에 대한 반응 일반화가 일어나는 경우에도 간헐 회기에 의한 기초선은 그러한 현상의 파악을 지연시키거나 아예 방지해버린다. 그러므로 연구자는 목표행동이나 상황, 대상자를 선정할 때 기능적 독립성을 확실히 해야 하며, 독립변인을 소개하기 전에 자료 수집을 위한 적정 수의 회기를 확인해야 한다.

---

03 기준변경설계(준거변경설계, changing criterion design)

1. 기준변경설계의 기초

(1) 기준변경설계의 정의

① 기준변경설계는 미리 계획된 종속변수의 변화 기준을 따라 종속변수의 수행 수준이 변화하는지 확인하는 설계이다. ❶ 17중등A6

② 종속변수의 변화 기준이란 행동이 중재 적용 동안에 얼마만큼 변화해야 한다고 미리 정해놓은 달성 수준을 의미한다. 중재의 효과는 행동이 주어진 기준에 도달하는 변화를 나타냈는지에 의해 결정된다. ❷ 15유아B7

③ 기준의 단계적인 변화에 맞추어 행동이 일관성 있게 변화한다면, 행동의 변화는 중재 때문임을 입증할 수 있다. 반대로 설정된 기준을 따라 변하지 않고 다른 양상을 보인다면 이는 중재가 아닌 외생변수가 작용했음을 의미한다. 따라서 기준변경설계에서는 종속변수의 수행 수준이 설정된 변화 기준에 따라 변화하는 것을 보여주어야 그 변화가 중재 때문이라고 할 수 있고 내적 타당도를 입증할 수 있다.

기출 POINT13

❶ 17중등A6
다음의 연구설계법의 명칭을 쓰시오.

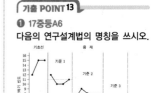

(2) 기준변경설계의 실행

① 목표행동을 신중하게 정의한다. 목표행동은 반드시 점진적이고 단계적으로 변화할 수 있는 것이어야 한다.

② 기초선 자료를 수집한다. 기초선 자료는 수용할 만한 안정세를 보이거나 반치료적 경향을 보일 때까지 수집한다.

③ 수행 수준(기준)을 결정한다.

④ 중재를 시작한다.

⑤ 첫 번째 기준이 성취되면 다음 조건을 도입한다. 이때 기준 정도는 최소한 연속 2회기 또는 연속 3회기 중 2회기를 계속해서 수행해야 한다. 그러나 기준 정도에서 안정된 경향을 보일 때까지 자료를 수집하는 것이 중요하다. 그 이유는 각 실험 조건이 다음 조건의 기초선 역할을 수행하기 때문이다.

⑥ 최종 목표에 도달할 때까지 순차적으로 다음 실험 조건을 실시한다.

⑦ 중재의 실행 도중에 교사가 설정한 하위 구간의 준거가 적합한지에 대해 끊임없이 관심을 기울여야 한다. 만약 몇 차례에 걸쳐 시도했음에도 학생이 준거를 충족시키지 못하면 교사는 강화를 주기 위한 중간 준거를 낮출 것인지 고려할 수 있다. 반대로 목표를 너무 쉽게 획득하는 경우라면 교사는 강화를 주기 위한 중간 준거를 높일 것인지를 고려해야 한다. ❸ 10중등27

(3) 기능적 관계 입증

① 기준변경설계에서는 처음의 기초선 자료가 반드시 안정적이어야 중재를 시작할 수 있다.

② 기준을 변경하기 위해서는 바로 앞 중재 기간에서 안정적인 자료 수준을 보여야 한다.

③ 한 연구에서 최소한 4번의 기준 변동에 따른 중재 효과를 보여야 기능적 관계 입증이 가능하다. ❸ 10중등27

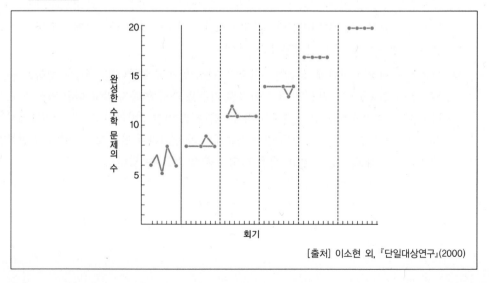

[출처] 이소현 외, 『단일대상연구』(2000)

기출 POINT 13

❷ 15유아B7

다음에서 김 교사가 계획한 연구 설계의 명칭을 쓰고, 중재 A의 효과를 판단할 수 있는 근거 1가지를 쓰시오.

목표	도형의 속성에 관하여 말 또는 행동으로 표현할 수 있다.
연구 절차	• 도형 속성 인식률 80%를 최종 목표 수준으로 설정한다. • 각 단계별로 성취 수준을 연속 2회기 유지할 경우에 다음 단계로 진행한다. • 다음의 순서대로 목표를 변경한다. 　− 1단계 기준: 도형 속성 인식률 10% 성취하기 　− 2단계 기준: 도형 속성 인식률 20% 성취하기 　　　　　　　　　　　　　　　(후략)
결과 기록	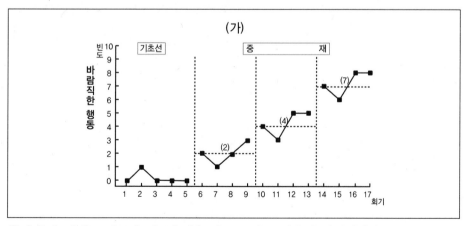중재 A에 의한 철수의 도형 속성 인식률 변화

❸ 10중등27

(가)에 적용된 설계에 대한 설명으로 옳지 않은 것은?

① (가)의 설계는 시급한 행동수정을 필요로 하는 경우에 부적절하다.
② (가)는 중간단계에서 준거에 너무 늦게 도달할지라도 중간 준거를 조정하면 안 된다.
③ (가)는 최소한 연속적으로 세 개의 구간에서 단계목표가 달성되면 기능적 인과관계가 입증된 것으로 본다.

④ 기준변경설계를 적용할 때 실험통제*를 보여주는 데 문제가 되는 경우가 있다.

㉠ 종속변수의 수행 수준이 계속 사선 모양을 나타내면서 점진적으로 바람직하게 변한다면, 그런 변화가 중재 때문인지 외생변수(예) 성숙, 시간, 중재의 신기성 등) 때문인지 확인하기 어려울 수 있다. 이런 경우에는 하위 중재 상황을 좀 더 길게 한다거나 종속변수 기준의 변화를 크게 한다면 실험통제를 좀 더 잘 보여줄 수 있다.

㉡ 종속변수의 수준 변화가 아주 빠른 속도로 설정된 기준을 넘어설 때는 실험통제를 보여주기 어렵다. 종속변수의 수준이 설정된 기준보다 약간 넘어서는 것은 괜찮을 수 있지만, 빠른 속도로 설정된 기준보다 월등하게 좋을 때는 그런 변화가 중재 때문이라는 확신을 갖기 어렵기 때문이다. 이런 경우 종속변수의 변화가 자연적으로 발생하는 것이 아님을 입증하기 위해 중재 목표 방향과 반대 방향의 변화 기준을 설정하는 것도 한 방법이 될 수 있다.

㉢ 종속변수의 수준 변화가 설정된 기준과 일치하지 않을 때(안정성이 없을 때)도 실험통제를 보여주기에 어려움이 있다. 즉, 자료가 기준 변화에 따라 계단식으로 변화하지 않고 들쑥날쑥하게 기준보다 높거나 낮게 나타날 때 중재 효과를 입증하기 어렵다는 것이다. 이런 경우 종속변수 기준 설정을 특정 수치가 아닌 일정 범위로 하거나 종속변수 수준의 목표와 역방향의 기준을 설정한다면 실험통제를 보여줄 수 있다.

㉣ 종속변수 변화 기준의 크기에 따라서 중재 효과를 입증하기 어려운 경우가 있다. 예를 들어, 종속변수 변화 기준은 점진적으로 조금씩 커지는데 종속변수 자료의 변화율이 크다면 종속변수 자료의 변화가 기준 변화에 따른 것인지 확신하기 어렵다. 따라서 종속변수 기준 변화의 크기는 연구 대상이 설정된 기준을 달성할 수 있을 만큼 작아야 하고, 종속변수 자료의 변화가 중재 때문임을 보여줄 만큼 커야 한다. 이를 해결하는 방법은 처음 한두 개의 하위 중재 상황에서는 변화 기준을 만족시키기 쉽도록 기준 변화를 작게 하고, 점점 기준 변화의 크기를 키워가는 것이다.

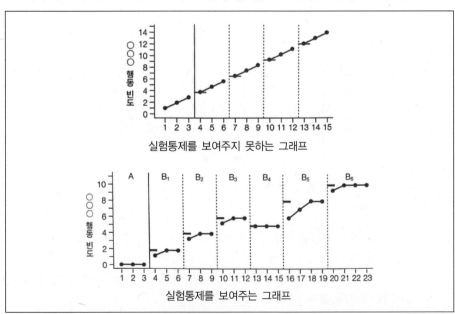

실험통제를 보여주지 못하는 그래프

실험통제를 보여주는 그래프

2. 실험통제 강화 요인(신뢰성 증가 요인) ● 18초등A2

앞에서 나열한 여러 문제점을 해결하기 위해 기준변경설계를 적용할 때 실험통제를 보다 명확하게 보여줄 수 있는 방법은 다음과 같다.

(1) 하위 중재 상황의 수

① 기준변경설계를 사용할 때 하위 중재 상황의 수를 몇 개로 해야 하는지에 대해서 정해진 기준은 없으나, 중재 효과를 최소 4번 이상 보여주는 것이 바람직하다.

② 기준변경설계는 하위 중재 상황의 수를 몇 개로 하느냐에 따라서 $A-B_1-B_2$ 설계, $A-B_1-B_2-B_3$ 설계, $A-B_1-B_2-B_3-B_4$ 설계 등이 된다.

(2) 하위 중재 상황의 길이

① 하위 중재 상황의 길이란 종속변수의 변화 기준이 바뀌기 전에 하나의 중재 상황에서 자료를 수집하는 기간을 의미한다.

② 한 설계에서 각 하위 중재 상황의 길이가 모두 같아야 할 필요는 없다. 종속변수의 수행 수준이 변경된 기준만큼 빠른 속도로 변화한다면 하위 중재 상황은 그만큼 짧아질 수 있다. 또한 기능적 관계를 강력하게 입증하기 위해 의도적으로 각 중재 상황의 기간을 서로 다르게 해볼 수도 있다. 즉, 기간이 길어져도 자료가 안정성을 유지하는 것을 보여줌으로써 실험통제를 입증할 수 있다.

(3) 종속변수 기준 변화의 크기

① 종속변수 기준 변화의 크기란 한 중재 상황에서 다음 중재 상황으로 넘어갈 수 있는 종속변수 기준 변화의 정도를 의미한다.

② 준거 변화의 크기를 다양하게 하면 종속변수의 변화가 독립변수 때문임을 더 잘 입증할 수 있다. 예를 들어, 기준의 변경 정도를 동일 간격이 아니라 1회, 3회, 2회, 4회 등으로 다양하게 변화시키는 것이다.

(4) 종속변수 수행 수준 변화의 방향

① 각 하위 중재 상황에서 설정된 기준에 따라 매우 안정된 자료를 보여주지 않는 한, 자료가 계속 치료적 방향을 나타낸다고 해서 중재 때문에 그런 결과가 나왔다고 확신하기는 어렵다. 왜냐하면 시간이나 성숙 등 외생변수의 영향을 알기 어렵기 때문이다.

② 이럴 경우 실험통제를 더욱 명확히 보여주기 위해서 기준을 한쪽 방향만이 아닌 양방향으로 설정해보는 것이 필요하다. 종속변수의 변화 기준을 단계적으로 증가시키는 중간에 더 낮은 기준을 제시하여, 그렇게 해도 주어진 기준만큼의 변화를 보이면 독립변수의 효과임을 강력히 보여주는 것이다.

더알아보기 준거변경설계의 보다 강력한 기능적 관계 입증

- **이전 기준 정도로의 반전**
  준거변경설계는 준거 변경의 방향이 항상 최종 목표를 향한 진보 방향과 같기 때문에 목표행동의 성숙이나 측정 효과와 같은 요인에 의한 자연스러운 결과가 아니라는 것을 입증하기가 어렵다. 따라서 준거변경설계에서 필수적으로 요구되는 사항은 아니지만 행동의 변화가 중재 때문임을 입증하기 위하여 이전 기준으로의 반전을 삽입하는 경우가 종종 있다.

- **기초선 조건의 삽입**
  실제로 연구에 사용되는 경우는 드물지만, 준거변경설계에서 기초선 조건으로 되돌아가는 경우를 포함시키는 것도 가능하다. 이것은 이전 기준으로의 반전보다 더 심한 반전을 의미하며, AB 설계 또는 ABA 설계와 유사하다. 이 경우에 B조건은 단계적인 기준 향상의 중재 조건을 말하며, 중재를 제거해야 한다는 윤리적인 문제가 대두될 수 있다.

기출 POINT 14

❶ 18초등A2

다음은 ⓛ을 수행하는 과정을 보여주는 기준 변경 설계 그래프이다. 이 설계의 내적 타당도를 높이기 위해 [A]에서 적용할 수 있는 방법 1가지를 쓰시오.

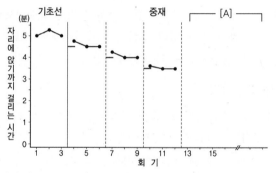

＊각 구간에 있는 X축과 평행한 선(─)은 그 구간의 기준 수준을 의미한다.

ⓛ 처음에는 정우가 시작종이 울린 후 제자리에 앉기까지 걸리는 현재의 평균 시간보다 약간 짧은 시간 내에 자리에 앉으면 토큰을 주고, 그것이 성공하면 그 시간을 단계적으로 단축해 가면서 토큰을 주는 방법을 적용할 수 있어요.

3. 기준변경설계의 장단점

(1) 기준변경설계의 장점

① 대상자의 행동 레퍼토리 안에 있으면서 단계적으로 증가 혹은 감소시킬 수 있는 행동에 적합하다. 예를 들어 쓰기·읽기 수행률, 또래 관계의 향상, 흡연 혹은 과식의 감소 등에 적용될 수 있다.

② 기준 정도의 단계적인 변화를 통해 아동에게 처음부터 불가능한 기준을 요구함으로써 좌절시킬 수 있는 가능성을 배제할 수 있다.

③ 중재와 목표행동 간의 기능적 관계를 입증하기 위해 중재를 반전시킬 필요가 없다. 단, 내적 타당도를 강화하기 위해 설계 시 기준의 반전을 넣는 경우는 예외이다.

❶ 22중등B6

④ 중다기초선 설계와는 달리 목표행동을 한 가지만 선정해도 된다.

(2) 기준변경설계의 단점

① 점진적이고 단계적으로 변화할 수 없는 행동 또는 빠른 수정이 필요한 행동에는 적절하지 않다. 10중등27

② 기준변경설계는 습득 단계의 교수에는 적절하지 않고, 주로 대상자가 이미 습득한 행동의 증가나 감소를 목적으로 하는 경우로 그 사용이 제한된다.

③ 실험통제의 입증 기준 정도의 '주관적인' 예측에 의존한다. 이 제한점은 기준 정도의 설정 및 변동과 관계된 문제로, 연구자가 특정 기준을 결정할 때마다 자신의 주관성이나 전문가적 예측이 작용한다.

④ 설계의 계획과 실행에 많은 시간과 노력이 필요하다.

---

04 **조건변경설계**(changing conditions design, 중다중재설계; multiple treatment design)

1. 조건변경설계의 기초

(1) 조건변경설계의 정의

① 학생의 행동(종속변인)에 대한 두 가지 이상의 중재(독립변인)의 효과를 연구할 때 사용된다.

② 조건변경설계는 특정 학생에게 어떤 중재가 성공적인지를 확인하기 위해 여러 가지 중재를 시도할 때 유용하다. 이 설계에서 교사는 학생이 행동을 수행할 조건(예 환경조건, 도구조건, 강화조건)을 변경하면서 학생에게 가장 효과적인 중재를 찾는다.

기출 POINT 15

❶ 22중등B6

괄호 안 ㉠에 해당하는 단일대상설계 방법의 명칭을 [A]에 근거하여 쓰고, ㉠의 장점을 반전설계와 비교하여 윤리적 측면에서 이로운 이유를 1가지 설명하시오.

초임교사: 중재를 실시하면서 착석행동 시간이 얼마나 증가하는지 지속해서 측정해 볼까 해요. 그런데 목표수준은 어떻게 잡으면 좋을까요? 지금은 착석행동 시간이 매우 짧아요.

경력교사: 그렇게 표적행동이 지나치게 낮은 비율이나 짧은 지속시간을 보이는 경우에는 최종 목표를 정하고, 이에 도달하기 위한 중간 목표들을 세우고, 단계적으로 성취하도록 하여 중재 효과를 극대화하는 방법을 사용할 수 있어요.

초임교사: (㉠)을/를 말씀하시는 건가요?

경력교사: 네, 맞아요. 성취수행 수준의 단계적 변화에 맞게 일관성 있게 표적행동이 변화한다면, 행동의 변화는 중재 때문이라고 볼 수 있어요.

초임교사: 착석행동을 보이기는 하지만, 자세의 정확도가 떨어지고 지속시간이 짧은 학생 E에게 유용하겠네요. 처음부터 90~100%를 목표 수준으로 잡지 않고 단계별로 목표달성 수준을 점차 늘려 간다면, 학생 E도 성취감을 느낄 수 있을 것 같아요.

(2) 조건변경설계의 특징

① 조건변경설계에서는 교대중재설계와 달리 중재가 순서적으로 도입된다.

② 조건변경설계도 교대중재설계와 마찬가지로 중재 간의 효과를 비교하는 대표적인 설계이다. 이 설계는 한 중재 기간과 다른 중재 기간 사이에 기초선 기간 또는 또 다른 중재 기간을 집어넣어 중재 간의 효과를 비교한다.

③ ABAB 설계와 유사하며, 실제로 반전설계의 확장 또는 변형으로 보기도 한다.

(3) 중재 효과 입증

① 조건변경설계에서 어떤 상황을 다른 상황과 비교할 때는 언제나 인접 상황과의 비교만 가능하기 때문에 A−B−A−C로 설계하는 경우 A는 인접하는 B와의 비교만 가능하고, B는 인접한 A와의 비교만 가능하므로 B와 C를 직접 비교할 수는 없다. B와 C를 직접 비교하고 싶은 경우, ABABCBC로 설계해야 한다.

② 그러나 이와 같이 중재 기간이 길어질 경우 행동의 변화가 아동의 자연 성숙이 아닌 중재 때문임을 입증하기가 어려워질 수 있기 때문에 주의해야 한다.

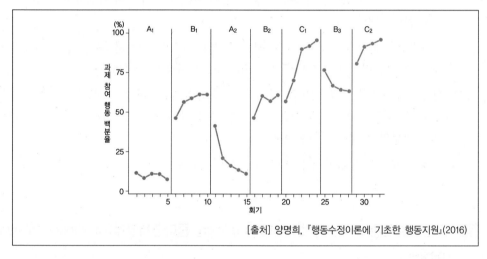

[출처] 양명희, 『행동수정이론에 기초한 행동지원』(2016)

2. 조건변경설계의 실행 및 유형

(1) ABC 설계

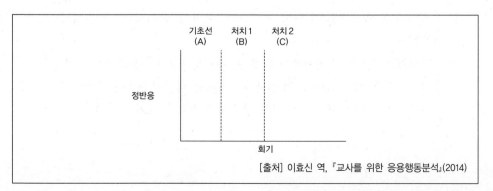

[출처] 이효신 역, 『교사를 위한 응용행동분석』(2014)

① **처치 간의 판단**: 교사가 시도한 중재의 결과가 만족스럽지 못하여 다른 중재를 시도해 보고자 할 때 사용된다. 교사는 기초선 자료를 수집하고, 첫 번째 중재를 실시한 다음, 두 번째 중재를 실시한다. 두 번째 중재는 첫 번째 중재를 수정한 것일 수도 있고 완전히 새로운 중재일 수도 있다. 중재는 행동에 대한 바람직한 효과가 성취될 때까지 연속적으로 도입되며, 각각의 중재는 각각의 구간을 가진다. 이 설계는 기초선 후에 중재가 제공되고, 중재의 철회나 복제가 없다는 점에서 확장된 AB 설계로 볼 수 있다.

❶ 12중등10

기출 POINT 16
❶ 12중등10
대화의 내용 중 옳은 것만을 있는 대로 고르시오.

ⓔ 우리 반 학생이 과제에 집중하도록 '생각 말하기(think aloud)' 중재 전략을 사용했다가 잘 안 되어서 '자기점검하기'로 중재전략을 바꾸어 시도한 ABC 설계도 유용했어요.

② **일괄교수의 구성**: 학생의 현재 수행에서 시작하여 수행이 성공적으로 이뤄질 때까지 새로운 전략을 첨부하고 보조하는 등 도움을 누가적으로 증가시킨다.

③ **도움 줄이기**: 교사는 학생이 수행을 성공적으로 하기 위해 필요한 최소한의 도움이 어느 정도인지를 알아내기 위해, 학생에게 제공했던 도움의 양을 체계적으로 감소시킨다. 도움을 줄일 때마다 새로운 구간으로 간주한다.

(2) ABAC 설계

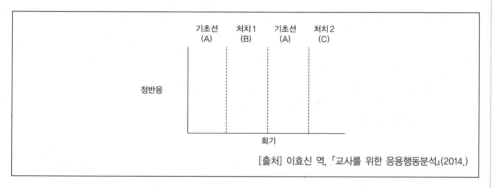

[출처] 이효신 역, 『교사를 위한 응용행동분석』(2014.)

① 이 설계에서는 두 가지 혹은 그 이상의 처치가 두 번째 기초선 조건에 의해 분리된다. 이때 중재는 완전히 다르거나 변형된 것이다.

② 기초선 조건을 사이에 끼워서 중재들을 분리하는 것은 다른 중재가 실행되고 있는 동안에 이전 중재가 계속해서 학생의 행동에 영향을 미치는 것을 예방하여 각 중재의 영향을 명백하게 해준다.

③ 그러나 여전히 복제 구간이 부족하므로 기능적 관계를 입증하는 데에는 한계가 있다.

(3) ABACAB 설계

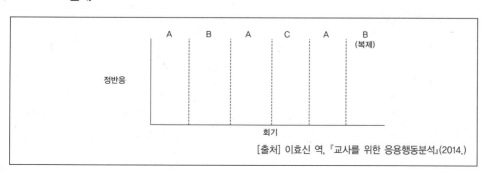

[출처] 이효신 역, 『교사를 위한 응용행동분석』(2014.)

① ABC와 ABAC 중재는 종속변인과 독립변인 간의 기능적 관계를 확정하지 못한다.

② 기능적 관계를 입증하기 위해서는 중재 효과의 복제가 있어야 하므로 가장 성공적인 중재를 또 다른 기초선 조건 뒤에 재실행하는 것이다.

3. 조건변경설계 해석 시 유의점 ❶ 14중등A3

① 결과를 해석할 때는 언제나 근접한 중재 방법끼리만 비교할 수 있다. 예를 들어, ABACAD의 순서로 실시할 경우 연구자는 B, C, D의 중재 효과를 A하고만 비교해야지 B, C, D 간에 비교할 수 없다. 그러나 ABCBCDCD의 순서로 실시할 경우 연구자는 B와 C 또는 C와 D를 비교할 수 있다.

② 혼합중재(예 BC)의 효과는 그 혼합된 형태의 중재로만 제한하여 해석해야 한다.

4. 조건변경설계의 장단점

(1) 조건변경설계의 장점

① 여러 중재 방법을 한 연구에서 검증해볼 수 있고, 각 중재 방법의 효과를 개별적으로 검증하는 것보다 시간을 절약할 수 있다.

② 근접한 중재 방법끼리는 그 효과를 비교할 수 있다.

(2) 조건변경설계의 단점

① 중재 간에 실시 시기가 다르기 때문에 한 중재에서 외부변인이나 발달변인이 개입되지 않더라도 다른 중재에서 개입될 수 있으므로 내적 타당도에 문제가 있다.

② 여러 중재가 순서적으로 실시되기 때문에 한 중재의 전이 효과가 다른 중재 기간 중에 나타나면 결과의 해석이 잘못될 수 있다.

③ 조건변경설계는 기본적으로 기능적 관계를 입증하지 못한다.

05 교대중재설계(alternating treatments design)

1. 교대중재설계의 기초

(1) 교대중재설계의 정의

① 교대중재설계는 한 대상자에게 여러 중재를 교대로 실시하여 그 중재들 간의 효과를 비교하는 연구 방법으로, 비교하려는 중재들을 한 대상자(또는 대상군)에게 빠른 간격으로 교대하여 적용한다.

② 이 설계는 변별학습원리를 이용한 연구 방법으로, 아동이 다른 물적 또는 사회적 자극에 대해 변별적으로 행동하는 것에 기초한 것이다.

기출 POINT 17

❶ 14중등A3

다음의 (가)는 자폐성장애 학생 A의 자리이탈 행동을 감소시키기 위해 단일대상연구를 실시하여 그 결과를 그래프로 나타낸 것이고, (나)는 이 그래프를 보고 특수교사들이 나눈 대화 내용이다. (나)의 ㉠~㉣ 중 틀린 것 2개를 찾아 기호를 쓰고, 그 이유를 각각 쓰시오.

(가) 단일대상연구 결과 그래프

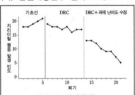

* DRC: 의사소통 차별강화(Differential Reinforcement of Communication)를 의미함

(나) 대화 내용

㉠ 김 교사: 'DRC+과제 난이도 수정'이 'DRC'보다 더 효과가 있으니까, 'DRC+과제 난이도 수정'과 자리이탈 행동 간에 기능적 관계가 있다고 할 수 있어요.

㉡ 박 교사: 이 연구에서는 첫 번째 중재를 통해 학생 A의 자리이탈 행동 변화가 적어서 두 번째 중재를 투입한 거군요.

㉢ 강 교사: 이 그래프에서 기초선을 보면, 종속변인이 꾸준히 증가하고 있는 추세이기 때문에 첫 번째 중재를 시작하기에 적절하지 않았던 것 같아요.

㉣ 민 교사: 'DRC+과제 난이도 수정'이 'DRC'보다 효과가 있지만, '과제 난이도 수정'이 'DRC'보다 더 효과적이라고 말할 수는 없어요.

---

(2) 교대중재설계의 특징

① 교대중재설계는 좀 더 체계적으로 중재 간 균형을 맞춤으로써 중다중재설계가 가지고 있는 내적 타당도 문제와 중재 간 간섭* 문제를 해소시켰다.

② 교대중재설계는 처치의 임의적 배열과 평형화를 통해 중재 간 영향을 최소화할 수 있다. 🔎 10중등27

　㉠ **임의적 배열**: 교대중재설계의 처치가 번갈아 혹은 순환적으로 실행된다는 것이다. 즉, 처치의 실행은 ABBABAAB와 같이 임의적 순서로 이루어진다. 2개의 처치가 적용될 때 학생은 각 처치에 같은 횟수만큼 노출되어야 한다. 처치가 3개라면 순환조(block rotation)를 사용한다. 각 조는 ABC, CAB, ACB, BAC, CBA 등과 같이 각 처치의 1회 제시로 구성된다. 가능한 조합이 최소한 한 번은 적용되어야 한다.

　㉡ **평형화**: 중재의 투입 순서뿐만 아니라 실험시간, 장소, 실험자 등 중재 조건 이외의 외생변수가 행동에 미칠 수 있는 영향력을 통제하기 위해 적용하는 여러 가지 방법들을 의미한다. 예를 들어, 교대중재는 하나의 회기 내에서 순서적으로 이루어질 수도 있고(A 뒤에 B), 한 회기에서 다음 회기(같은 날 오전에 A, 오후에 B)에 걸쳐 이루어지거나, 하루에 한 번(월요일에 A, 화요일에 B) 이루어질 수도 있다. 이때 일정은 평형을 이루어야 한다. 예를 들어, 한 회기에서 첫 번째로 적용된 처치는 다음 회기에서 두 번째로 적용되어야 하고, 첫째 날 오전에 적용된 처치는 둘째 날 오후에 적용되어야 하며, 첫째 주 월요일에 적용된 처치는 둘째 주 화요일에 적용되어야 한다. 이러한 평형화를 통해 이월효과나 효과 연속의 가능성을 통제한다.

③ 각 처치에 앞서 변별적 자극이나 신호, 단서를 순간적으로 제시하여 학생들에게 어떤 조건이 실행되고 있는지를 분명하게 알려줄 수 있다.

더 알아보기 균형 잡기

중재 교대 상황에서 중요한 것은 대상자에게 혼돈을 줄 수 있는 여러 자극 조건들의 균형 잡기이다. '균형 잡기'란 중재의 순서를 비롯하여 중재와 같이 제시될 수 있는 자극 조건들(시간대, 중재자, 장소 등)을 비교하는 중재끼리 균형을 맞추어 제시하는 것을 의미한다. 즉, 두 가지 중재를 적용하는 데 한 가지 중재가 특정 자극과만 짝지어지지 않도록, 각 중재마다 자극 조건이 번갈아가며 고르게 짝지어지도록 균형을 잡는 계획을 세워 중재를 교대로 실시한다. 예를 들어, 하루 중에 오전, 오후로 두 가지 중재를 교대하며 실시한다면 중재 B는 오전에, 중재 C는 오후에 실행하는 것이 아니라 중재 B와 C의 실행시간이 오전, 오후에 고르게 분포되도록 한다는 것이다. 즉, 균형 잡기는 중재에 따른 행동 변화 차이가 중재 자체에 기인하는 것을 보여주기 위한 것이다.

🔑 **Keyword**

복수 중재의 간섭

복수 중재의 간섭이란 두 가지 이상의 중재를 적용했을 때 나타날 수 있는 중재 간의 간섭을 의미한다. 복수 중재의 간섭은 순서영향 → 이월영향 → 교대영향의 세 가지로 구별되지만, 실제로는 이 세 가지를 명확하게 구분하는 것이 어렵다. 따라서 중재비교설계에서는 복수 중재의 간섭으로 인해 어떤 중재의 효과를 그 중재의 단독 효과라고 보기 어렵고, 중재 효과를 비교하기 위해 제시했던 다른 중재의 영향도 부분적으로 있을 수 있음을 고려하여 해석해야 한다.

• **순서 효과**: 중재의 순서에 의해서 앞선 중재가 뒤이어 실시된 중재의 효과에 영향을 미침
• **이월 효과**: 중재 제시 순서와 상관없이, 한 중재가 인접한 다른 중재에 영향을 미침
• **교대 영향**: 두 개의 서로 다른 중재가 비교적 빠른 속도로 교대하며 실시될 때 한 중재의 효과가 다른 중재를 적용하고 있는 상황에서도 계속해서 영향을 미칠 수 있음을 의미함

(3) 중재 효과 입증

① 교대중재설계에서는 한 중재가 다른 중재보다 꾸준히 다른 반응 수준을 나타낼 때 중재 효과의 차이를 입증하게 된다. 두 중재 효과의 강도 차이는 중재 결과를 그래프에 옮겼을 때 자료선 간의 수직적 거리의 차이에 따른다. 즉, 수직적 거리가 크면 두 중재의 효과 차이도 큼을 의미하며, 자료선이 중복되는 구간이 많으면 중재 효과가 차이를 보지 못함을 의미한다.

② 교대중재설계는 중재 간에 빠른 교대를 통해 성숙에 의한 오염변인을 통제할 수 있어 내적 타당도가 좋은 편이다.

③ 이 설계의 외적 타당도를 높이기 위해서는 다른 대상자나 대상군, 다른 행동, 조건에 대해 반복 효과를 보일 수 있도록 설계해야 한다.

더 알아보기 분할 ❶ 11유아12

> 한 처치의 자료 꺾은선이 다른 꺾은선으로부터 수직으로 분리되어 있는 '분할(fractionated)'이라고 한다. 분할은 처치가 차별적으로 효과적임을 나타낸다. 예를 들어 [그림 1]은 처치 A가 더 효과적이며, [그림 2]와 [그림 3]은 두 처치 간에 차이가 없음을 나타낸다. [그림 1]에서 자료 꺾은선은 분리되어 있고, 중재 구간의 처음 시작점이 아닌 다른 자료점에서는 만나지 않는다. 두 꺾은선은 분할적이다. [그림 2]는 두 가지 처치가 모두 종속변인을 통제하고 있음을 보여주며, [그림 3]은 서로 유의미한 차이를 보이지 않으며 두 가지 처치 모두 효과적이지 않다.
>
>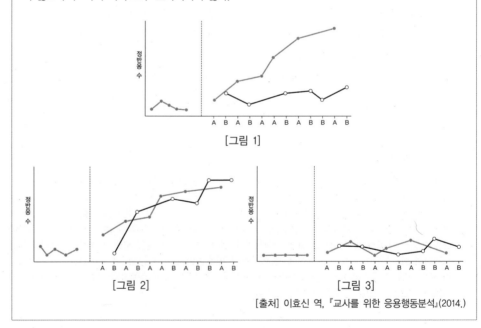
>
> [출처] 이효신 역, 「교사를 위한 응용행동분석」(2014.)

기출 POINT 18

❶ 11유아12

다음은 김 교사가 지원이의 책상 두드리기 행동이 과제제시로 인한 것인지를 알아보기 위해 과제제시 상황과 과제철회 상황에서의 행동을 기록하여 그래프로 나타낸 것이다. 이 그래프를 통해 알 수 있는 것을 〈보기〉에서 고르시오.

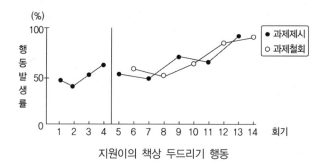

지원이의 책상 두드리기 행동

―〈보기〉―

㉠ 기초선이 안정적이었다.

㉡ AB 설계를 이용하였다.

㉢ 지원이의 행동은 강화되고 있다.

㉣ 지원이는 과제가 하기 싫어서 책상을 두드리는 것이다.

㉤ 김 교사는 과제의 양을 줄이거나 난이도를 낮추어야 한다.

❷ 10중등27

(나)에 적용된 설계에 대한 설명으로 옳지 않은 것은?

(나)

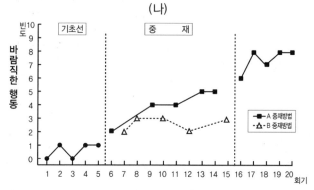

④ (나)는 중재의 임의적 배열과 평형화를 통해 중재 간 상호 영향을 최소화한다.

⑤ (나)의 설계는 두 가지 이상의 실험처치 또는 중재 조건이 표적행동에 미치는 효과를 비교할 때 활용한다.

2. 교대중재설계의 실행 절차 ❶ 20초등B1

① 모든 중재의 절차를 조작적으로 정의한다.

② 중재 간의 교대 계획을 세운다. 중재를 같은 회기나 같은 날짜 안에 교대할지, 회기나 날짜마다 번갈아가며 교대할지를 결정한다. 이러한 결정은 목표행동이나 중재 및 대상자의 특성을 고려하여 결정하여야 한다. 내적 타당도를 높이기 위해서는 가능하면 시간차가 별로 없는 빠른 교대(예 회기 내 교대)가 바람직하지만, 아동이 너무 혼란스러워하거나 중재가 너무 비슷해서 혼동의 우려가 있을 경우에는 회기 간 교대를 계획하는 것이 바람직하다. 교대계획을 세울 때는 무작위로 교대계획을 세우는 방법과, 매번 회기에 따른 중재 종류를 번갈아 바꾸는 방법이 있다. ❸ 16중등A6

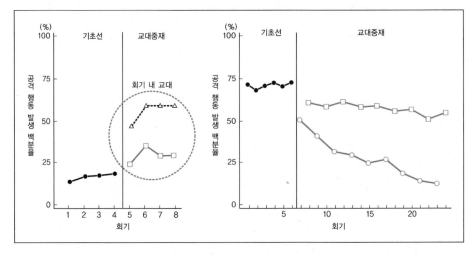

③ 중재 결과에 영향을 미칠 수 있는 변인들(훈련자, 상황, 활동 등)을 어떻게 균형을 맞출지 결정한다.

④ 기초선 자료를 수집한다(기초선 자료가 불필요하거나 안정적이지 못할 때는 기초선 측정 없이 실시할 수 있다).

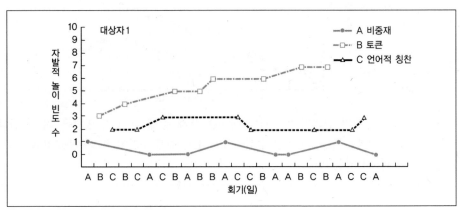

⑤ 변인들에 대한 균형 계획에 맞추어 두 중재를 교대로 적용한다. 이때 각 중재 자료를 비교하기 위해 기초선 자료도 수집할 수 있다. 이러한 교대중재는 한 중재가 다른 중재보다 뚜렷한 중재 효과를 보일 때까지 계속한다.

⑥ 연구의 마지막 단계에서는 가장 효과적인 중재만을 단독으로 실시하여 기능적 관계에 대한 확증자료로 사용할 수 있다. ❷ 17초등B1

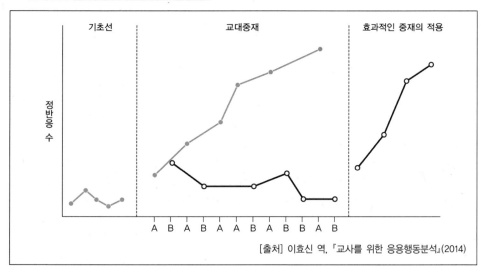

[출처] 이효신 역, 『교사를 위한 응용행동분석』(2014)

기출 POINT 19

❶ 20초등B1

〈결과 그래프 및 내용〉에 해당하는 단일대상연구 방법의 설계 명칭을 쓰시오.

■ 결과 그래프 및 내용

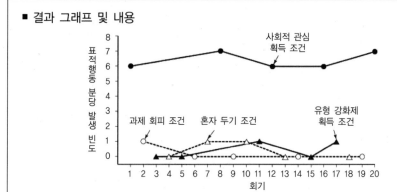

• 각 회기를 15분으로 구성하고, 불필요한 자극이 제거된 교실에서 하루 4회기씩 평가를 실시함
• 4가지 실험 조건을 각 5회기씩 무작위 순서로 적용함
• 각 실험 조건에서 발생하는 표적행동의 분당 발생 빈도를 기록하고 그래프로 시각화하여 분석함

❷ 17초등B1

아래 설계법의 장점을 반전설계법(ABAB)과 비교하여 쓰고, ©에 들어갈 말과 그 이유를 쓰시오.

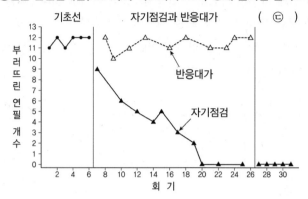

❸ 16중등A6

다음은 김 교사가 정신지체 중학생 A의 연산 수행능력 향상을 위해 '수행 자기점검 중재'와 '주의집중 자기점검 중재'를 실시하고 그 결과를 나타낸 그래프이다. 이 단일대상설계의 명칭을 쓰고, 이 설계의 내적 타당도를 높이기 위한 방법을 쓰시오.

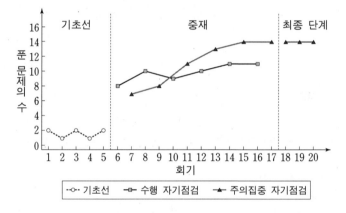

3. 교대중재설계의 장단점

(1) 교대중재설계의 장점

① 교대중재설계는 한 대상에게 두 가지 중재를 빠르게 교대하여 실시하기 때문에 기초선 자료의 측정을 반드시 하지 않아도 된다는 장점이 있다. 따라서 기초선 측정 없이 빠른 중재를 시작할 수 있다.

② 교체하여 실시하는 중재 간의 효과를 비교하기 때문에 중재 효과를 입증하기 위해 중재를 제거할 필요가 없다.

③ 반전설계나 중다중재설계가 갖는 내적 타당도나 중재 간 순서 및 간섭 효과에 대한 위협이 적다.

④ 반전설계나 중다중재설계는 중재 시작 전에 기초선 자료의 안정성이 요구되는 반면, 교대중재설계는 기초선 기간에 표적행동의 변화 정도에 상관없이 중재를 교체할 수 있다.

⑤ 중다중재설계는 오랜 시간을 두고 중재를 교체하는 데 비해, 교대중재설계는 회기별 또는 회기 내에서 중재를 교대하기 때문에 상대적으로 중재 효과를 빨리 비교할 수 있다.

(2) 교대중재설계의 단점

① 교대중재설계에서는 훈련자의 독립변인 신뢰도가 매우 중요하다. 즉, 훈련자가 미리 계획된 중재 절차를 일관성 있게 지키지 않으면 연구 결과를 신뢰하기 어렵다.

② 더 많은 변인을 통제하고 균형을 맞추어야 하는 연구 절차상의 번거로움이 있다.

③ 교대중재설계는 기본적으로 복제 구간이 없어 기능적 관계 입증이 상대적으로 약하다. 기능적 관계 입증을 위해서는 보다 효과적인 중재를 추가로 복제해야 한다.

자료의 시각적 분석

---

01 **시각적 분석 요인**

표에 있는 자료를 그래프에 옮긴 후 자료를 분석해야 하는데, 그래프를 시각적으로 분석하는 요인에는 자료의 수준, 경향, 변화율, 중첩률, 즉각성의 정도가 있다. ^{16중등A3}

기출 POINT 1

❶ 19중등A14
수준의 변화를 분석하는 방법 1가지를 서술하시오.

1. 자료의 수준(level)

① 자료의 수준은 세로 좌표의 y축 값으로 표기되는 자료의 평균치를 의미한다. ❶ ^{19중등A14}

② 한 상황 내에서의 수준을 의미하는 평균선을 그리는 방법은 한 상황 내의 모든 자료점의 y축 값을 합한 것을 그 상황 내 전체 자료점의 수로 나누어 얻어진 값을 x축과 평행하게 긋는 것이다.

③ 평균선 값을 구하는 공식은 다음과 같다.

$$평균선 \ 값 = \frac{모든 \ 자료의 \ y축 \ 값의 \ 합}{전체 \ 자료점의 \ 수}$$

④ 자료의 수준은 세로 좌표 값으로 표기되는 자료의 크기로 살펴볼 수 있는데, 크게 자료의 안정성과 변화 정도를 알아본다.

ㄱ. 한 상황 내에서는 자료 표시점들이 자료값의 평균선을 중심으로 얼마나 안정되게 모여 있는지를 살펴본다. 한 상황 내에서 자료 표시점의 80%에서 90%가 평균선의 15% 범위 내에 들면 안정적 수준이다.

ㄴ. 상황 간의 자료 수준을 비교할 때는 한 상황의 평균선 값과 다른 상황의 평균선 값을 비교하여 평균선의 값이 서로 얼마나 변했는지 알아볼 수 있다.

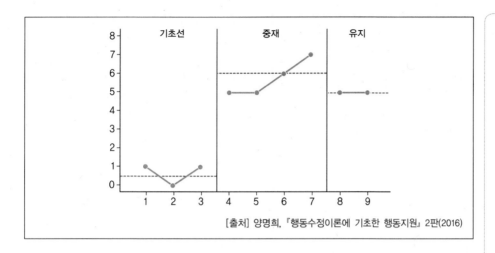

[출처] 양명희, 『행동수정이론에 기초한 행동지원』 2판(2016)

2. 자료의 경향(trend)

① 경향이란 한 상황 내에 있는 자료의 방향과 변화의 정도를 의미한다.

② 자료의 경향은 경향선(trend line)을 그려서 알아볼 수 있는데, 경향선이란 자료의 방향과 변화 정도를 잘 나타낼 수 있는 직선의 기울기를 말한다.

⚑ 반분법에 의한 경향선 그리는 순서 ❶ 09초등35

1	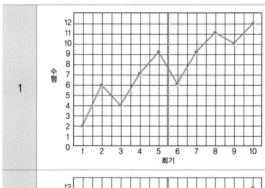	자료점이 몇 개인지 세어 자료점의 총 개수를 절반으로 나누어 수직선으로 구분한다.
2	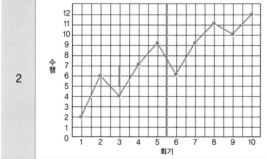	반으로 나눈 자료점들에서 x축을 중심으로 한가운데 날짜나 회기에 해당하는 자료점을 찾아 표시하고, 그 자료점을 지나도록 세로좌표와 평행이 되는 수직선을 긋는다.

3	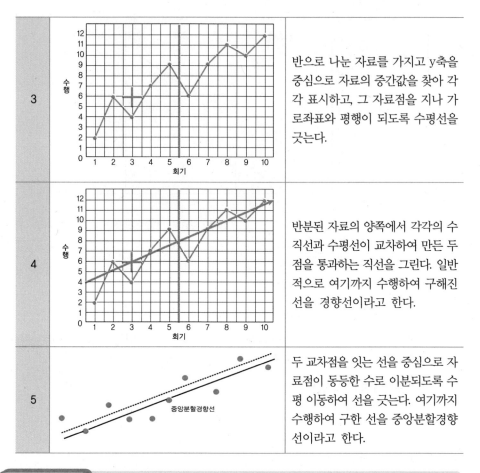	반으로 나눈 자료를 가지고 y축을 중심으로 자료의 중간값을 찾아 각각 표시하고, 그 자료점을 지나 가로좌표와 평행이 되도록 수평선을 긋는다.
4		반분된 자료의 양쪽에서 각각의 수직선과 수평선이 교차하여 만든 두 점을 통과하는 직선을 그린다. 일반적으로 여기까지 수행하여 구해진 선을 경향선이라고 한다.
5		두 교차점을 잇는 선을 중심으로 자료점이 동등한 수로 이분되도록 수평 이동하여 선을 긋는다. 여기까지 수행하여 구한 선을 중앙분할경향선이라고 한다.

기출 POINT 2

❶ 09초등35

반분법에 의해 경향선을 그리는 순서로 바른 것은?

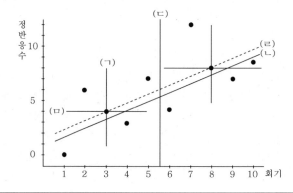

③ 한 상황 내에서 자료의 경향을 증가, 감소, 무변화로 나타내며 상황 간 자료의 비교에서는 경향이 변화하는 방향(예 증가, 감소, 무변화에서 증가 등)을 나타낸다.

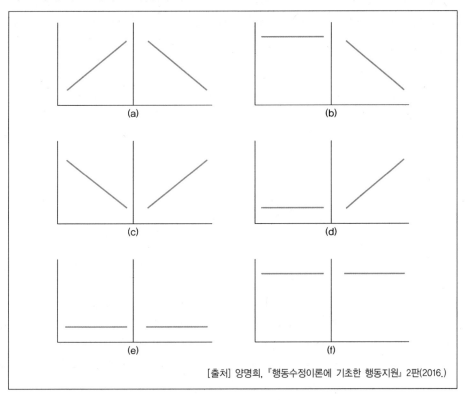

(a) (b)
(c) (d)
(e) (f)

[출처] 양명희, 『행동수정이론에 기초한 행동지원』 2판(2016.)

3. 자료의 변화율(variability)

① 자료의 변화율은 자료 수준의 안정도를 의미한다. 즉, 경향선을 중심으로 자료가 퍼져 있는 범위이다.

② 자료의 변화율은 자료의 세로좌표 값의 하한선 값과 상한선 값으로 그 범위를 나타낸다.

③ 한 상황 내에서는 변화율이 '크다' 또는 '작다'로 나타내며, 상황 간 자료의 비교에서는 각 상황 자료의 변화율의 변화를 나타낸다.

④ 자료 분석에서 변화율이 심한 경우에는 자료가 안정될 때까지 좀 더 많은 자료를 구해야 한다.

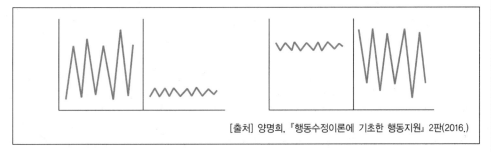

[출처] 양명희, 『행동수정이론에 기초한 행동지원』 2판(2016.)

4. 자료의 중첩 정도(overlap between phases)

① 자료의 중첩 정도는 상황 간 자료의 비교에서만 사용하는 것으로, 두 상황 간의 자료가 세로좌표 값의 같은 범위 안에 들어와 있는 정도를 의미한다.

② 자료의 중첩 정도는 비중첩률과 중첩률로 구할 수 있다.

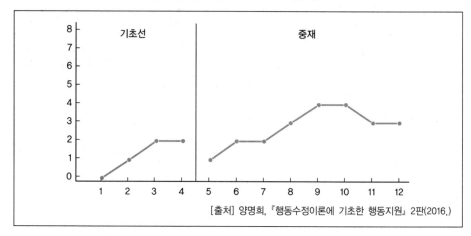

[출처] 양명희, 『행동수정이론에 기초한 행동지원』 2판(2016.)

ⓐ **자료의 비중첩률** : 첫째, 기초선의 자료 범위는 0-2다. 둘째, 중재 기간의 전체 자료점 수는 8개다. 셋째, 중재 기간의 자료 중에서 기초선 자료 범위에 들어가지 않는 자료는 5개(8, 9, 19, 11, 12회기 자료)다. 넷째, 중재 기간의 자료 중에서 기초선 자료 범위에 들어가지 않는 자료의 수 5개를 중재 기간 전체 자료점 수 8로 나누어 100을 곱하면 중재 기간 자료의 비중첩률(62.5%)을 구할 수 있다.

ⓑ **자료의 중첩률** : 첫째, 기초선의 자료 범위는 0-2다. 둘째, 중재 기간의 전체 자료점 수는 8개다. 셋째, 중재 기간의 자료 중에서 기초선 자료 범위에 들어가는 자료는 3개(5, 6, 7회기 자료)다. 넷째, 중재 기간의 자료 중에서 기초선 자료 범위에 들어가는 자료의 수 3개를 중재 기간 전체 자료점 수 8로 나누어 100을 곱하면 중재 기간 자료의 중첩률(37.55%)을 구할 수 있다.

③ 두 상황 간 자료의 세로좌표 값이 서로 중첩되지 않을수록 자료의 변화를 잘 나타낸다. 만약 자료의 중첩 정도가 클 경우 경향의 변화 없이 중첩 정도만 가지고 두 상황 간 자료의 변화를 설명하기 어렵다.

(a)처럼 자료의 비중첩률이 0%이어도 자료의 경향이 완전히 반대인 경우는 중재 효과가 크므로, 자료의 비중첩률만 가지고 중재 효과가 없다고 해서는 안 된다. 또한 (b)도 비중첩률이 0%이지만 기초선 자료에 비교하여 중재 기간 자료의 변화율이 현격히 작아졌기 때문에 중재 효과를 보여준다.

[출처] 양명희, 『개별 대상 연구』(2015.)

⚑ 자료의 중첩 정도와 중재 효과의 비교

5. 효과의 즉각성(immediacy of effect)

① 효과의 즉각성 정도란 중재의 효과가 얼마나 빠르게 나타났는지를 평가하는 것으로, 한 상황의 마지막 자료와 다음 상황의 첫 자료 간 차이를 의미한다. ❶ 19중등A14

② 중재 효과의 즉각성이 떨어질수록 중재와 행동 간의 기능적 관계는 약하며, 중재 효과가 즉각적일수록 기능적 관계는 강력하다.

기출 POINT 3

❶ 19중등A14
변화의 즉각성 정도를 분석하는 방법을 기초선과 중재선의 자료점 비교 측면에서 서술하시오.

PART

02

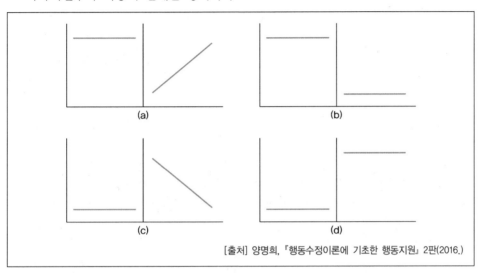

[출처] 양명희, 『행동수정이론에 기초한 행동지원』 2판(2016.)

더알아보기 시각적 분석

1. 표적행동의 수준을 시각적으로 분석하기 위해서 기초선 구간과 중재 구간의 평균을 비교한다.

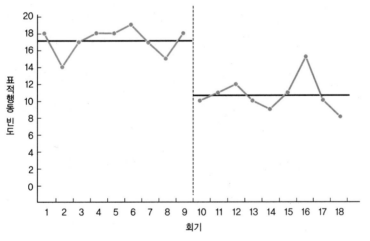

2. 표적행동의 경향과 가변성을 시각적으로 분석하기 위해서 그림과 같이 경향선과 경향에 따른 범위를 분석한다.

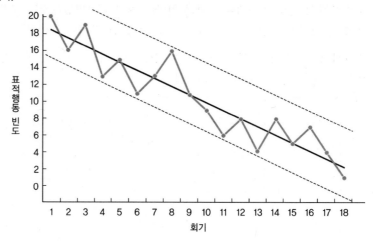

3. 중재의 효과 크기를 분석하기 위해 두 단계에 걸쳐 얼마나 많은 자료점들이 겹치는지 분석한다. 아래 그래프는 약 44%(4/9×100)의 자료점이 겹치는 현상을 보여준다.

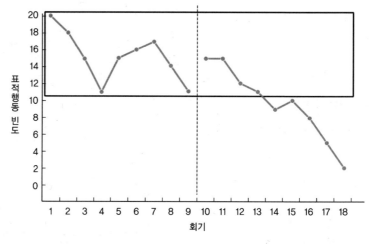

4. 그래프의 두 번째 단계의 자료점을 첫 번째 단계의 자료점과 비교했을 때 100% 겹치는 현상(PND 0%)을 보여준다.

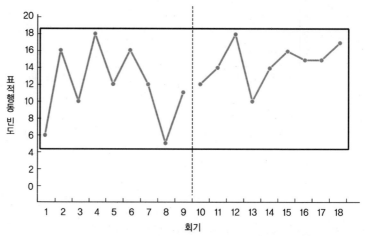

5. 기초선 구간과 중재 구간에서 행동 변화가 즉각적으로 나타나지 않았음을 보여준다.

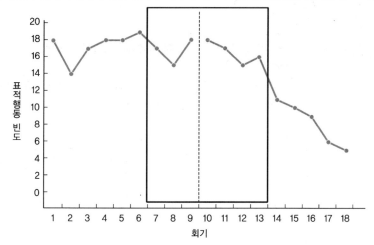

6. 중재 구간이 시작되었을 때 즉각적으로 표적행동의 변화가 나타났음을 보여준다.

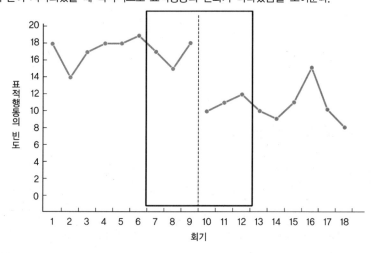

기출 POINT 4

❶ 16초등A3

ⓒ이라고 판단한 근거를 그래프의 시각적 분석 측면에서 2가지 쓰시오.

> 담임교사 : 비록 기능적인 관계를 입증할 수는 없지만 ⓒ <u>이 그래프에 나타난 결과를 보면 중재가 효과적이었다는 것을 알 수 있어요.</u>

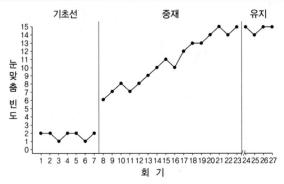

* 눈맞춤 기회를 매 회기 15번 제공하였음

02 시각적 분석의 논쟁점

자료의 시각적 분석을 할 때는 여러 분석 요인을 종합적으로 적용해야 한다. 또한 그래프를 그리고 분석하는 주된 목적이 사용하고 있는 중재에 대한 평가를 위한 것임을 잊지 말아야 한다. 즉, 자료를 그래프에 옮겨 중재 자료를 기초선 자료와 비교하여 중재 자료의 변화 경향을 살펴 중재 효과를 평가하고, 그 평가 결과에 따라 중재 내용을 수정하는 데 사용하여야 한다.

1. 시각적 분석의 장점

① 시각적 분석은 자료 분석과 결과 해석이 쉬워 통계적 전문 기술 없어도 분석할 수 있다.

② 시각적 분석은 자료를 집단이 아닌 개별로 평가하기 때문에 개별적 자료에 근거한 결정을 내릴 수 있다.

③ 중재를 적용하는 동안에도 계속해서 자료를 수집하면서 평가하는 형성평가가 가능하기 때문에 중재 도중에라도 자료에 근거하여 중재를 수정할 수 있다.

2. 시각적 분석의 단점

① 시각적 분석 방법에는 확실한 원칙이 없어 숙련된 분석가의 주관에 의존해야 한다.

② 통계적 분석은 각 자료값이 독립적이라는 가정으로 이루어지지만, 시각적 분석은 자료의 연속적 의존성이 높다. 즉, 시각적 분석에서는 한 자료값이 다른 곳에 분포되어 있는 자료값들보다 연속적으로 앞뒤에 위치하는 자료값에 미치는 영향이 더 크다.

3요인 유관분석

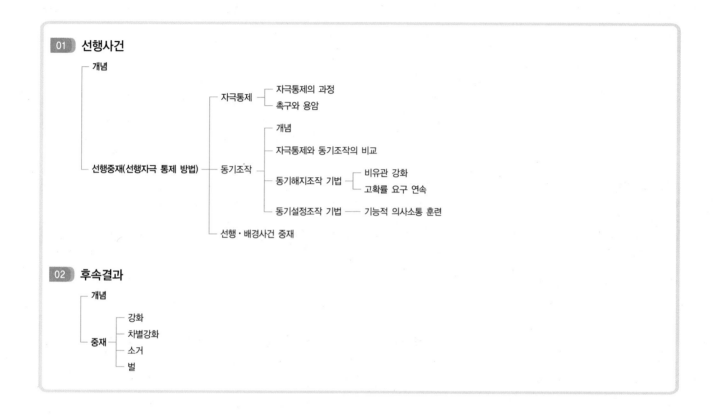

01 선행사건
- 개념
- 선행중재(선행자극 통제 방법)
  - 자극통제
    - 자극통제의 과정
    - 촉구와 용암
  - 동기조작
    - 개념
    - 자극통제와 동기조작의 비교
    - 동기해지조작 기법
      - 비유관 강화
      - 고확률 요구 연속
    - 동기설정조작 기법 ─ 기능적 의사소통 훈련
  - 선행·배경사건 중재

02 후속결과
- 개념
- 중재
  - 강화
  - 차별강화
  - 소거
  - 벌

3요인 유관분석은 응용행동분석*의 핵심으로, 작동행동을 분석할 때는 3요인 유관분석을 표현하는 ABC 공식의 기본적인 단위를 사용한다. ABC의 기본단위에는 선행사건(A), 행동(B), 후속결과(C)가 있다.

선행사건(A)	행동(B)	후속결과(C)	미래에 선행사건(A)이 존재할 때 행동(B)이 발생할 확률
방에 들어가는데 어둡다.	스위치를 켠다.	방이 환해진다.	증가
빨간 신호등이 켜졌다.	그냥 속도를 내고 지나간다.	사고를 당했다.	감소

Keyword

응용행동분석
응용행동분석은 행동주의 원리를 바탕으로 바람직한 행동을 향상시키거나 문제행동을 감소시키기 위해 사용되는 중재전략이다. 응용행동분석은 직접관찰, 측정, 환경과 행동 사이의 기능적 관계 분석을 포함한다. 응용행동분석은 ABC 분석과 동의어로 사용되기도 하는데, ABC 분석은 학생들의 문제행동이나 상황을 평가하기 위해 사용하는 분석방법으로, 행동중재의 기본 틀을 제공한다.

기출 POINT 1

① 21중등A2
괄호 안의 ⓒ에 해당하는 내용을 쓰시오.

박 교사: 그렇군요. 이뿐만 아니라 학생 A는 '책상 닦기'를 언제 시작해야 할지 잘 모르고 있습니다.
김 교사: 그와 같은 경우에는 선생님이 손뼉을 쳐서 신호를 주는 방법이 있습니다. '책상 닦기' 행동에 앞서 '손뼉 치기'라는 일정한 행동을 지속적으로 반복해 '손뼉 치기'가 '책상 닦기' 행동 시작에 관한 단서임을 제공하는 것입니다.
박 교사: '손뼉 치기'가 '책상 닦기'를 시작하게 하는 (ⓒ)이군요.

---

01 **선행사건**(Antecedents)

1. 선행사건의 개념

선행사건은 표적행동이 발생하기 직전에 그 현장에 이미 있었거나 일어난 자극과 상황으로, 행동의 발생 기회를 생성시킨다.

2. 선행중재(선행자극 통제 방법)

(1) 자극통제

자극통제는 행동 발생 전에 주어지는 선행자극에 의해 행동이 통제되는 것이다.

① 자극통제의 과정

　ㄱ 변별자극*은 선행자극에 따른 행동에 강화가 주어지는 자극이고, 델타자극은 선행자극에 따른 행동에 강화가 주어지지 않는 자극이다. **① 21중등A2**

　ㄴ 자극변별훈련은 변별자극과 델타자극을 구별하여 변별자극에 대해서만 바른 반응을 하도록 하는 것이다.

　ㄷ 변별자극이 확립되어 어떤 행동이 특정 자극에 대해서만 반응하여 나타나면 이를 자극통제가 되었다고 한다.

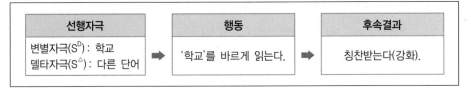

선행자극	행동	후속결과
변별자극(S^D): 학교 델타자극($S^\triangle$): 다른 단어	'학교'를 바르게 읽는다.	칭찬받는다(강화).

더 알아보기 **변별훈련 시 주의사항**

- 변별자극과 전혀 관계없는 자극에 반응하거나, 변별자극의 일부분에 대해서 반응하는 자극 과잉선택(stimulus overselectivity) 경향을 보일 수 있다. 예를 들어, 낱말카드를 이용해 '가다'라는 단어를 읽도록 변별훈련을 할 때 '가다'라는 글자가 아니라 카드에 묻은 커피 자국을 보고 '가다'라고 반응해 왔다면 새 카드를 내밀어도 읽지 못한다든지, '가다'라는 단어를 읽도록 낱말카드를 이용한 변별훈련에서 '가지'라는 낱말카드를 보면 첫 철자인 'ㄱ'만 보고 '가다'라고 읽는 경우이다. 이러한 경우에는 델타자극의 체계적 선별 계획이 필요하다.

- 변별자극과 조건화된 자극을 분별할 수 있어야 한다. 변별자극은 변별자극에 대한 반응 뒤에 주어지는 후속자극에 의해 통제 기능을 얻고, 조건화된 자극은 조건화된 자극 앞에 주어지는 선행자극에 의해 통제 기능을 얻는다는 점에서 서로 다르다.

② 촉구와 용암

　ㄱ 촉구는 변별자극의 정반응 가능성을 높이기 위해 추가적으로 제시하는 자극으로, 행동을 수행하기 전이나 수행하는 동안 주어진다.

　ㄴ 용암은 변별자극에 대해 촉구가 없어도 행동이 발생하도록 하는 것이다. 즉, 표적행동을 스스로 할 수 있을 때까지 점차 촉구를 없애나가는 방법이다.

(2) **동기조작**(Motivating Operation ; MO)

① 동기조작은 선행자극 통제 방법의 하나로, 환경적 상황을 조작해서 행동을 수정하는 방법이다.

② 동기조작은 강화제로서 갖는 자극의 가치를 변화시켜 행동 발생에 영향을 준다.

상황	동기조작(MO)	가치 변화 효과	행동 발생 빈도 변화	행동 변화 효과
배고픈 상태 (박탈)	동기설정(EO)	음식의 가치 증가	음식을 얻으려는 행동 증가	동기유발효과
배부른 상태 (포만)	동기해지(AO)	음식의 가치 감소	음식을 얻으려는 행동 감소	제지효과

ⓐ 강화제를 통해 효과가 증가하는 것을 '동기설정조작(EO)'이라고 하고, 강화제를 통해 효과가 감소하는 것을 '동기해지조작(AO)'이라고 한다.

ⓑ 행동의 발생 빈도가 증가하는 것을 '동기유발효과'라고 하고, 행동의 발생 빈도가 감소하는 것을 '제지효과'라고 한다.

③ **자극통제와 동기조작의 비교**

자극통제와 동기조작 모두 선행자극 통제방법이다. 그러나 자극통제가 행동 후에 따라오는 강화의 유무를 변별자극이 신호하고 따라서 그 변별자극에 대한 반응으로서의 행동이 촉발된다면, 동기조작은 그 행동이 일어나도록 하는 강화제의 가치에 일시적으로 영향을 줌으로써 행동의 발생에 일시적인 영향을 주는 것이다.

> ▶ **자극통제와 동기조작의 예시**
>
> 주스 팩은 변별자극으로, 손을 뻗어 주스 팩을 들고 마시는 행동을 촉발한다. 즉, 변별자극으로서 주스 팩이 주는 신호에 반응하여 시원한 주스가 목에 넘어가는 상황을 기대하고 주스를 마시는 행위가 일어난다. 이때, 주스 팩(A), 마시는 행위(B), 시원한 주스를 마실 때 느끼는 청량감(C)은 작동행동의 3요인 유관 관계에 있다.
>
> 그러나 주스 팩이 시야에 있지만 이미 점심을 많이 먹고 난 지 10분도 지나지 않았을 경우 일시적으로 주스가 주는 강화의 힘과, 더운 여름날 체육 활동 직후 주스가 주는 강화의 힘에는 큰 차이가 있다. 따라서 마실 것에 대한 포만과 결핍 상태는 관련 3요인 유관의 강화 위력을 약화시키거나 강화시킴으로써 3요인 유관이 일어나지 않도록 하거나, 좀 더 확실하게 일어나도록 영향을 미친다.
>
>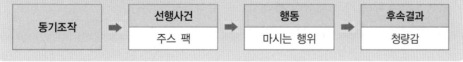

더 알아보기

4요인 유관

3요인 유관분석의 선행사건 바로 앞에 동기조작을 위치시켜 4요인 유관분석을 실시한다.

④ 동기해지조작(AO)을 활용한 행동 중재 기법

㉠ 비유관 강화(Noncontingent Reinforcement ; NCR) [4] 09중등17

- 비유관 강화는 기능평가를 통해 문제행동을 유지시키고 있는 강화자극을 확인하고, 그 강화자극을 학생에게 비유관적으로 충분히 제공함으로써 문제행동의 발생 동기를 사전에 제거하는 선행중재의 한 방법이다. [1] 21중등A10, [2] 20초등B1
- 즉, NCR은 학생의 행동 수행과 무관하게 미리 설정된 시간 간격에 따라 부적절한 행동을 유지하는 강화를 제공한다. [3] 10중등14
- 비유관 강화의 원리
  - 비유관 강화의 핵심은 이제까지 문제행동만으로 얻을 수 있었던 특정 강화를 문제행동과 상관없이 무조건적으로 자주 얻을 수 있는 환경을 조성하여 문제행동의 동기나 요구 자체를 제거하려는 것이다. 즉, 강화자극으로의 포만 상태가 동기해지조작으로서의 기능을 수행하는 것이다.
  - 학생이 부적절한 행동을 수행했을 때가 아닌 미리 설정된 시간 간격에 따라 제공되는 강화는 행동에서 강화인자를 분리하고 행동을 감소시킨다. 즉, NCR에서 부적절한 행동은 소거되는 것이다.
- 비유관 강화의 장점
  - 비유관 강화는 문제행동 감소 전략으로, 다른 어떤 긍정적 치료기법보다 활용하기 쉽다.
  - 긍정적 학습환경을 조성하는 데 큰 도움이 된다.
  - 문제행동을 소거하려 할 때 비유관 강화를 병행함으로써 소거 초기에 발생하는 소거폭발 현상을 약화시킬 수 있다. 소거폭발은 기대했던 강화자극의 중단으로 인한 욕구좌절이나 분노 때문에 발생하는데, 비유관 강화가 수시로 제공되는 환경에서는 이러한 욕구 좌절이나 분노의 기회가 감소하기 때문이다.
- 비유관 강화의 단점 [5] 21유아A5
  - 원하는 강화자극을 노력 없이 쉽게 얻을 수 있기 때문에, 문제행동에 대한 동기뿐 아니라 바람직한 행동에 대한 동기까지 감소될 수 있다.
  - 문제행동과 NCR이 우연히 일치할 경우, 원하지 않는 문제행동이 강화될 우려가 있다.
  - NCR은 학생이 행한 것에 상관없이 간격에 따라 강화가 주어지기 때문에 NCR의 결과로 행동이 체계적으로 강화되지는 않는다.

기출 POINT 2

❶ 21중등A10

ⓐ에 해당하는 중재 방법의 명칭을 쓰시오.

> ⓐ 문제행동을 예방하기 위해 학생 F의 문제행동을 유지시키는 요인을 미리 제공하는 방법입니다.

❷ 20초등B1

준수의 표적행동과 관련하여 ⓒ의 방법을 쓰시오.

> • 표적행동 : 수업 시간에 소리를 지르는 행동
> • 중재 계획
>   – 표적행동 감소 전략 : 표적행동 발생을 예방하기 위해 ⓒ 비유관 강화(Noncontingent Reinforcement ; NCR)를 사용함

❸ 10중등14

다음의 자료에 근거한 수업방해 행동 중재방법으로 적절하지 않은 것은?

③ 수업방해 행동과는 상관없이 미리 설정된 시간 간격에 따라 교사가 관심을 주되 그 행동이 우연적으로 강화되지 않도록 주의한다.

❹ 09중등17

다음 내용에서 사용된 행동수정 기법으로 옳은 것은?

> 정신지체 학생 A는 자주 수업을 방해하는 행동을 하였다. 김 교사는 기능평가를 실시하여 A가 교사로부터 관심을 받기 위해 평균 6분마다 수업방해 행동을 한다는 사실을 알았다. 수업방해 행동을 감소시키기 위해 김 교사는 A에게 매 5분마다 관심을 주었더니 수업방해 행동이 감소하였다. 이때부터 김 교사는 A에게 관심을 주는 시간 간격을 점차적으로 증가시켰다. 학기말에 A는 수업방해 행동을 하지 않았다.

더 알아보기

- **부적강화를 이용한 NCR** : 싫어하는 과제를 비유관적으로 빼줌(휴식)으로써 문제행동 감소
- **자동적 강화를 이용한 NCR** : 자해행동이 자동적 강화에 의해 유지될 경우 여러 수공예 활동을 제공하여 자해행동 감소

PART
02

기출 POINT 2

⑤ 21유아A5

ⓒ과 (나)를 활용하여 ㉣의 구체적인 방법을 쓰고, ㉤을 사용할 때 나타날 수 있는 문제점을 1가지 쓰시오.

김 교사: ⓒ 민수의 자리이탈 행동의 원인이 선생님의 관심을 얻기 위한 것으로 확인되었어요.
최 교사: 그렇군요. 그러면 민수의 자리이탈 행동을 줄이려면 어떻게 해야 할까요?
김 교사: ㉣ 자리이탈을 하지 않고도 원하는 강화를 받을 수 있게 하여 문제 행동의 동기를 제거할 수 있는 전략을 적용해 보는 것도 좋을 것 같아요.

(나)

| • 아동: 김민수 | | • 관찰자: 김○○ | | | |
| • 관찰 장면: 이야기 나누기 활동 | | • 관찰 행동: 자리이탈 행동 | | | |

날짜	시간	행동 발생	계	관찰 시간	분석
3/26	10:00~10:15	✓✓✓✓	5	15분	
3/27	10:00~10:14	✓✓✓	4	14분	약 3분마다
3/30	10:00~10:16	✓✓✓✓✓	6	16분	1회씩 발생함
3/31	10:00~10:15	✓✓✓✓	5	15분	

ⓒ **고확률 요구 연속(high-probability request sequence)**

• 고확률 요구 연속이란 학습자가 연속되는 수 개의 고확률 요구에 성공적으로 반응할 때, 계획된 저확률 요구를 재빨리 삽입하여 반응을 유도하는 방법이다.

❶ 25유아B4, ❷ 25중등B9, ❸ 12유아15

– '고확률 요구'란 학습자의 능력으로 쉽게 수행할 수 있고, 또 실제로 학습자가 잘 반응하는 것으로 알려진 요구이다. 예를 들어, 경험상 "엄마한테 뽀뽀"라고 요구할 때마다 아동이 거부하지 않고 잘 따르는 요구를 말한다.

– '저확률 요구'란 반대로 무엇을 요구하면 잘 순응하지 않고 불응할 확률이 더 높은 요구를 말한다. 예를 들어, "이 닦아!"와 같은 요구가 경험상으로 볼 때 아동의 순종반응보다 거부반응을 유도할 것이 분명하다면, 이러한 요구들은 저확률 요구이다.

기출 POINT 3

❶ 25유아B4

① 밑줄 친 ⓒ에 해당하는 중재 전략의 명칭을 쓰고, ② 괄호 안의 ⓒ에 들어갈 말의 예시를 1가지 쓰시오.

김 교사: ⓒ 먼저 대호에게 대호가 평소에 쉽게 잘 따르는 몇 가지 행동들을 하게 해요. 그 행동들을 잘하면 대호가 하지 않으려 하던 행동을 즉시 하게 해서 자연스럽게 그 행동을 할 수 있게 하는 거예요.
민 교사: 대호가 평소에 좋아하는 하이파이브 하기, 곰 인형이랑 코 비비기, 윙크하기를 활용하면 되겠어요.
…(하략)…
〈중재 전략을 적용한 수업 장면〉
김 교사: 대호야, 선생님하고 하이파이브를 해 보자.
대호: (김 교사와 하이파이브를 한다.)
김 교사: 엄지 척! 최고! 대호야, 곰 인형이랑 코 비비기를 해 보자.
대호: (곰 인형이랑 코 비비기를 한다.)
김 교사: 대호 멋져! 대호야, 윙크를 해 보자.
대호: (윙크를 한다.)
김 교사: 대호 최고! 멋져! (ⓒ)

❷ 25중등B9

[A]에 해당하는 전략을 쓰시오.

일반 교사: 학생 K가 과제를 수행하는 데 있어서도 다소 어려움이 있어요. 선호하지 않는 과제를 요구하면 힘들어 하고 하기 싫어하는데, 어떻게 지도하면 좋을까요?
특수 교사: 이렇게 해 보시면 좋을 거 같아요.
학생 K에게 먼저 신속하게 수행할 수 있으면서도 선호하는 쉬운 과제를 연속적으로 제시하여, 순응할 때마다 강화를 해 주세요. 그런 다음, 바로 [A] 연이어서 학생 K가 선호하지 않는 과제를 제시하면, 그 과제에 대해 학생 K가 순응하는 행동이 증가할 거예요.

기출 POINT 3

③ 12유아15

만 5세 발달지체 유아 인애는 주변의 사물 이름을 묻는 직접적인 질문에 대부분 반응을 보이고, 지시에 따라 물건을 가져올 수 있으며, 과일 장난감을 좋아하지만, 장난감 정리에는 어려움이 있다. 다음은 송 교사가 인애에게 장난감 정리하기를 지도하는 과정이다. 송 교사가 사용한 교수 전략은?

[상황] 자유 선택 활동 시간이 끝나고 장난감을 정리하라는 교사의 지시에 따라 또래들이 장난감을 정리하고 있지만 인애는 가지고 놀던 과일 장난감을 정리하지 않고 그대로 두고 있다.

교사 : 인애야, 사과 장난감을 가져 올래?

인애 : (사과 장난감을 주워서 교사에게 준다)

교사 : 그래, 잘했어. 바나나 장난감을 가져 올래?

인애 : (바나나 장난감을 주워서 교사에게 준다)

교사 : 와! 바나나 장난감도 잘 가져왔어. 오렌지 장난감도 가져 올래?

인애 : (오렌지 장난감을 찾아서 교사에게 준다)

교사 : 오렌지 장난감도 가져왔네. 아주 잘했어. 자, 이제 바구니에 과일 장난감을 넣는 것을 도와줄래?

인애 : (바구니에 과일 장난감들을 넣는다)

교사 : 장난감 정리 아주 잘했어!

▶ 고확률 요구 연속

교사 : "선생님과 악수!" (고확률 요구)

아동 : (손을 내밀어 교사의 손을 잡고 흔든다.)

교사 : "악수를 정말 잘했어요! 이제 공을 상자 안에 넣어요!" (고확률 요구)

아동 : (공을 상자 안에 넣는다.)

교사 : "영수 멋져! 정말 잘했어요. 이번에는 옷을 입어요!" (저확률 요구)

아동 : (도움을 받아 옷을 입는다.)

교사 : "아이 예뻐라! 영수가 옷을 입었네? 영수 최고!"

▶ 전형적 교수방법

교사 : "영수야, 옷 입어!" (저확률 요구)

아동 : (소리를 지르며 거부하여 더이상 요구할 수 없다. 분노 발작을 일으켜 하기 싫은 일을 피한다.)

[출처] 홍준표, 『응용행동분석』(2009.)

- **고확률 요구 연속의 원리**
  - 고확률 요구 연속은 동기해지조작의 동기감소 효과에 근거한 것으로, 쉬운 과제를 연속해서 제공함으로써 어려운 문제로부터 도피하려는 동기 자체를 제거하는 전략이다.
  - 고확률 요구 연속은 혐오자극을 사용하지 않고도 바로 이러한 문제행동을 감소시킴으로써 요구에 순응하는 행동을 가르칠 수 있는 적절한 방법이다.
    ❶ 20중등A11
  - Mace와 Belfiore(1990)는 쉬운 요구에 순응하던 여세로 어려운 과제에도 순응하도록 한다는 의미에서 이를 '행동적 타성'이라는 용어로 명명하였다.
- **고확률 요구 연속의 효과적 활용법**
  - 고확률 요구 연속에 사용될 과제는 이미 학습되어 아동의 행동저장고에 존재하는 것이어야 한다. 또한 고확률 요구로 사용될 과제는 반응시간이 짧고, 요구에 대한 순응이 보장되는 행동 중에서 선택한다. ❶ 20중등A11
  - 고확률 요구를 신속히 연속적으로 제시한다. 즉, 요구와 요구 간의 간격은 짧아야 한다. 그리고 최초의 저확률 요구는 마지막 고확률 요구에 대한 순응을 강화한 후 즉시 제공한다.
  - 학습자가 고확률 요구에 올바르게 반응하면 반드시 즉시 칭찬하며, 고확률 요구나 저확률 요구를 제시하기 전에 반드시 현재의 요구에 대한 반응을 칭찬한다.
  - 강력한 강화자극을 사용한다. 저확률 요구로부터 도피하기 위한 공격행동이나 자해행동이 발생할 수 있다. 도피행동에 대한 동기가 매우 높을 경우 칭찬과 같은 사회적 강화만으로는 요구에 순응하는 행동을 강화하기 어렵다. 따라서 요구에 순응하는 행동에 수반하여 양질의 정적 강화자극을 제공해야만 고확률 요구 연속의 중재효과를 높일 수 있다.
  - 고확률 요구 연속에서 학생이 지속적으로 저확률 요구에 순응하게 되면 훈련자는 고확률 요구의 수를 점진적으로 줄여야 한다. ❶ 20중등A11

교사	유아	교사
High-p 행동 요구 ("하이파이브")	반응 (하이파이브 하기)	칭찬 (엄지손가락 올리며 "최고"라고 말하기)
High-p 행동 요구 ("콩콩콩 책 어디 있나요?")	반응 (콩콩콩 책 가져오기)	칭찬 ("고마워"라고 말하기)
High-p 행동 요구 ("친구 기분이 어때요?")	반응 (우는 표정 짓기)	칭찬 ("잘했어"라고 말하기)
Low-p 행동 요구 ("친구에게 콩콩콩 책을 주세요.")	반응 (친구에게 콩콩콩 책 주기)	또래 반응으로 상호작용 지속

기출 POINT 4
❶ 20중등A11
고확률요구연속 방법의 장점을 1가지 서술할 것.

기출 POINT 5
❶ 20중등A11
고확률요구연속 방법에 사용되는 과제의 조건을 2가지 쓸 것.

기출 POINT 6
❶ 20중등A11
고확률요구연속 방법 적용 시, 학생 K가 저확률요구에 계속해서 순응하는 행동을 보일 때, 교사가 변경해야 할 사항을 1가지 서술하시오.

회기 과제 목록	1	2	9	10
고확률	손뼉치기 하이파이브 악수하기 점프하기	하이파이브 점프하기 손뼉치기 악수하기	점프하기 하이파이브 손뼉치기 악수하기	손뼉치기 악수하기 하이파이브 점프하기
저확률	의자에 앉기	의자에 앉기	의자에 앉기	의자에 앉기

• 고확률: 고확률(high-p)요구, 순응하는 과제
• 저확률: 저확률(low-p)요구, 거부하는 과제

더 알아보기

High-P 전략의 특징
• High-p 전략은 마지막 High-p 행동 수행에 대한 강화를 제공한 후 5초 이내에 Low-p 행동 수행을 요구할 때 가장 효과적임
• High-p 행동을 선택할 때에는 학생이 실제로 수행할 수 있는 행동을 선택해 요구하는 것이 중요함
• High-p행동을 Low-p 행동과 지속적으로 연결해 요구하였을 때 Low-p 행동이 가지고 있는 비선호 자극이 High-p 행동으로 전이되므로 High-p 행동의 순서를 변경하기
• Low-p 행동 발생률을 유지하기 위해서는 High-p 행동 순서를 동일하게 제공하기보다 무작위적으로 제시하기

• 고확률 요구 연속의 유의사항
  – 문제행동의 발생 직후에는 고확률 요구 연속을 사용하지 않는다. 문제행동으로 어려운 과제(저확률 요구)를 피하려는 잘못된 반응을 강화할 수 있기 때문이다.
  – 문제행동이 강화될 가능성을 최소화하기 위해 훈련 시작 단계부터 끝까지 고확률 요구 연속을 일관성 있게 실행한다. 문제행동이 발생할 때마다 이 기법의 사용을 포기하거나 중단하면 문제행동을 부적 강화할 수 있기 때문이다.
  – 교사는 알게 모르게 저확률 요구로부터 고확률 요구로의 표류를 허용할 수 있다. 즉, 교사는 저확률 요구와 연관된 도피 목적의 공격행동 및 자해행동을 예방하기 위해 쉬운 과제를 선택할 수 있다.

⑤ 동기설정조작(EO)을 활용한 행동 중재 기법
  ㉠ 기능적 의사소통 훈련(FCT)
  • 기능적 의사소통 훈련이란 문제행동과 대립되는 바람직한 의사소통 행동을 가르쳐 문제행동의 기능을 대신하도록 하는 전략이다. 이 방법은 대체행동 차별강화 전략으로, 지금까지 부적절한 문제행동을 통해 얻을 수 있었던 강화자극을 바람직한 의사소통으로 얻을 수 있도록 한다.
  • 기능적 의사소통 훈련은 앞서 언급한 비유관 강화나 고확률 요구 연속처럼 강화가치를 약화시켜 문제행동의 발생 동기를 감소시키는 동기해지조작(AO)이 아닌, 동기설정조작에 민감한 대체행동을 개발하여 문제행동과 경쟁시키고 결국 문제행동의 기능을 대신하도록 하는 것이다.

  예 어려운 과제를 제시할 때마다 자해행동으로 학습 상황으로부터 도피하는 아동이 있는 경우, 비유관 강화는 문제행동과 무관하게 도피를 충분하게 허용(쉬는 시간의 주기적 제공 등)함으로써 문제행동의 발생 동기를 약화시키는 전략이고, 고확률 요구 연속은 쉬운 과제를 연속해서 제공함으로써 어려운 문제로부터 도피하려는 동기 자체를 제거하는 전략이다. 그러나 기능적 의사소통 훈련에서는 "선생님, 쉬고 싶어요."라는 언어적 표현을 먼저 가르친다. 다음으로 아동이 문제행동으로 도피를 시도할 때는 절대로 허용하지 않는 반면(소거전략), 새로 배운 의사소통 기술을 사용하여 도피를 시도하면 적극적으로 허용하는 차별강화 전략을 사용한다.

(3) 선행·배경사건 중재

문제행동을 유발 또는 유지하는 환경적 원인을 찾아 이를 수정하거나 제거하여 더 이상 문제행동을 일으키는 요인으로 작용하지 않도록 하는 것을 의미한다.

* 자세한 선행사건 중재의 예시는 p.195~196 참고하기

02 후속결과(consequence)

1. 후속결과의 개념

행동이 발생하기 전에 존재하는 상황·사건·사물·사람을 포함한 다양한 자극의 제시나 변화를 '선행사건'이라고 하며, 행동이 발생한 후에 주어지거나 발생하게 되는 상황·사건·사물·사람을 포함한 다양한 자극의 제시나 변화를 '후속결과'라 한다.

2. 후속결과 중재

① 강화

② 차별강화

③ 소거

④ 벌

* 자세한 후속결과 중재의 예시는 chapter 8, 9 참고하기

CHAPTER 08

바람직한 행동의 증가

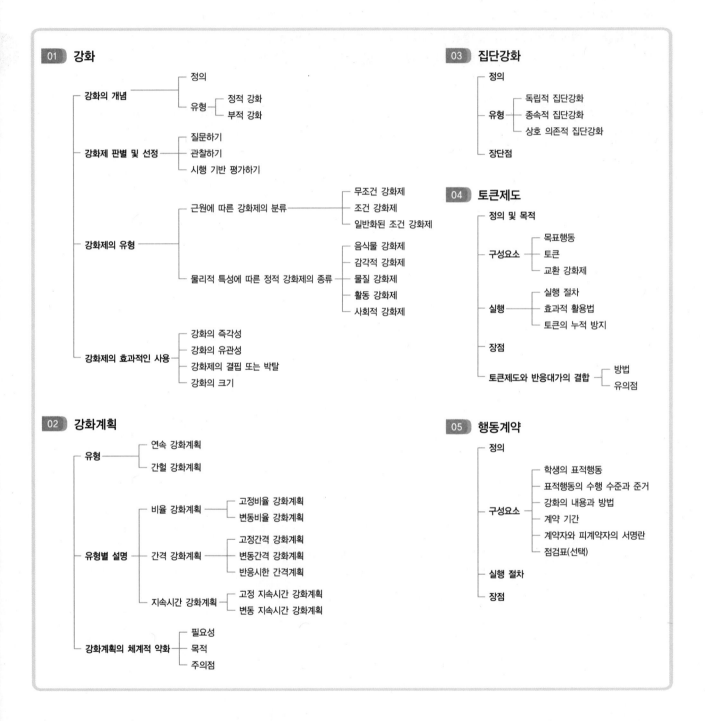

01 강화

- 강화의 개념
  - 정의
  - 유형
    - 정적 강화
    - 부적 강화
- 강화제 판별 및 선정
  - 질문하기
  - 관찰하기
  - 시행 기반 평가하기
- 강화제의 유형
  - 근원에 따른 강화제의 분류
    - 무조건 강화제
    - 조건 강화제
    - 일반화된 조건 강화제
  - 물리적 특성에 따른 정적 강화제의 종류
    - 음식물 강화제
    - 감각적 강화제
    - 물질 강화제
    - 활동 강화제
    - 사회적 강화제
- 강화제의 효과적인 사용
  - 강화의 즉각성
  - 강화의 유관성
  - 강화제의 결핍 또는 박탈
  - 강화의 크기

02 강화계획

- 유형
  - 연속 강화계획
  - 간헐 강화계획
- 유형별 설명
  - 비율 강화계획
    - 고정비율 강화계획
    - 변동비율 강화계획
  - 간격 강화계획
    - 고정간격 강화계획
    - 변동간격 강화계획
    - 반응시한 간격계획
  - 지속시간 강화계획
    - 고정 지속시간 강화계획
    - 변동 지속시간 강화계획
- 강화계획의 체계적 약화
  - 필요성
  - 목적
  - 주의점

03 집단강화

- 정의
- 유형
  - 독립적 집단강화
  - 종속적 집단강화
  - 상호 의존적 집단강화
- 장단점

04 토큰제도

- 정의 및 목적
- 구성요소
  - 목표행동
  - 토큰
  - 교환 강화제
- 실행
  - 실행 절차
  - 효과적 활용법
  - 토큰의 누적 방지
- 장점
- 토큰제도와 반응대가의 결합
  - 방법
  - 유의점

05 행동계약

- 정의
- 구성요소
  - 학생의 표적행동
  - 표적행동의 수행 수준과 준거
  - 강화의 내용과 방법
  - 계약 기간
  - 계약자와 피계약자의 서명란
  - 점검표(선택)
- 실행 절차
- 장점

PART

02

01 강화(reinforcement)

1. 강화의 개념

(1) 강화의 정의

① '강화'란 어떤 행동에 뒤따르는 행동의 후속결과, 즉 유쾌자극의 제시 또는 혐오자극의 제거로 그 행동이 증가하거나 개선되는 과정을 의미한다.

② 강화는 행동과 후속결과 간의 관계 또는 가정을 가리키는 용어이고, 강화제(reinforcer)는 행동의 후속결과로 자극이 제시되거나 제거되어 이후 행동의 증가에 책임이 있는 자극을 의미하는 용어이다. 예를 들어, 어떤 행동에 대해 유쾌한 자극을 주었고 그 결과로 그 행동이 증가했다면 주어진 자극은 정적 강화제이고, 이때 정적 강화가 일어났다고 표현한다.

(2) 강화의 유형 ❶ 23유아A7

① 정적 강화는 표적행동에 수반하여 특정 후속자극을 제공함으로써 그 행동의 미래 발생률을 증가시킨다.

② 부적 강화는 표적행동에 수반하여 특정 자극을 제거 또는 회수함으로써 그 행동의 미래 발생률을 증가시킨다.

	정적 강화	부적 강화
공통점	미래 행동 발생 가능성 증가(↑)	
차이점	유쾌자극 제시(＋)	불쾌자극 제거(－)

2. 강화제 판별 및 선정

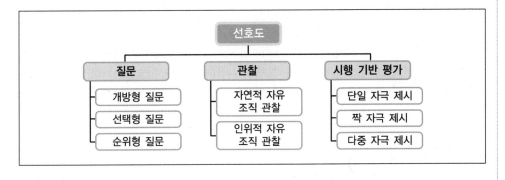

기출 POINT 1

❶ 23유아A7

ⓒ~ⓜ 중 잘못된 내용을 2가지 찾아 그 기호를 쓰고, 각각을 바르게 고쳐 쓰시오.

최 교사: 선생님, 놀이 참여도가 낮은 유아를 위해 강화 방법을 적용해 봐요.
강 교사: 그러면 좋겠어요.
최 교사: 먼저, 강화에 대해 정리해 볼게요. ⓛ 정적강화는 행동 결과로 원하는 것을 주어 그 행동이 증가되거나 유지되는 것을 말해요. ⓒ 부적강화는 행동 결과로 싫어하는 자극을 피하게 되어 행동이 감소하는 것을 말해요.

(1) 질문하기

① 질문하기는 강화 체계가 적용되는 대상자와 관련인에게 잠재적 강화제에 대해 직접 물어보는 기본적인 방법이다.

② 질문하기와 같은 선호도 평가의 간접 전략은 시행이 용이하고 빠르게 관련 자료를 수집할 수 있으나, 자극 선호를 판별하기 위해 직접적인 전략으로 활용할 수 있는 관찰과 시행 기반 평가에 비해 수집된 자료의 정확성이 낮다.

③ 질문하기의 유형

개방형 질문	대상자 또는 관련인에게 자유반응이 나올 수 있는 개방형 질문을 통해 조사한다. 예 "선호하는 음식과 음료는 무엇이니?"
선택형 질문	대상자에게 선택할 수 있는 형태의 질문을 통해 잠재적 강화제로 고려될 수 있는 선호 강화제를 조사한다. 예 "과자, 사탕, 초콜릿 중에서 어떤 것을 좋아하니?"
순위형 질문	여러 가지 음식, 사물, 활동 목록을 대상자에게 제시하고 가장 선호하는 것에서부터 가장 선호하지 않은 것 순으로 번호를 매겨보도록 한다. 대상자가 선정한 순위의 결과를 이후 관련인을 대상으로 질문하여 확인한다.

(2) 관찰하기

① 다양한 강화제를 선택할 수 있는 자연적인 상황 또는 인위적인 상황을 제시하여 대상자가 무엇에 관심을 가지고 어떤 활동에 참여하며 얼마나 오랫동안 참여하는지 등에 관해 관찰한다.

② 관찰하기의 유형

자연적 관찰	가능한 한 관찰자가 드러나지 않게 대상자의 집 또는 학교 등 일상적으로 생활하는 자연적인 상황에서 대상자가 자신의 시간에 무엇을 하면서 보내는지를 관찰하고, 대상자가 몰두하거나 선호하는 각 사물이나 활동과 참여 시간을 기록한다.
인위적 관찰	대상자는 사전에 결정된 일련의 사물 또는 활동을 접한다. 그런 다음 대상자의 흥미를 이끌 수 있는 사물 또는 활동 자료를 인위적으로 환경에 배치해 놓고, 대상자가 이러한 사물 또는 활동에 어떻게 그리고 어느 정도 관심을 보이며 얼마간 참여하는지 관찰 기록한다.

(3) 시행 기반 평가하기

① '강화 표집'이라고 하는 시행 기반 평가하기는 선호도 평가방법 중 가장 체계적인 평가방법이다. 이는 대상자가 선호도의 위계 또는 순위를 표시할 수 있도록 사물 또는 활동들을 대상자에게 체계적으로 제시하는 것이다.

② 시행 기반 평가의 유형

단일항목 제시법	• 단일항목 제시법은 '연속적 선택'이라고도 하며, 자극을 한 번에 하나씩 무작위 순서로 여러 차례 제시하고 대상자의 반응을 기록한다. • 이 방법은 제시된 자극에 대한 대상자의 선호 여부를 빠르고 쉽게 파악할 수 있으나, 자극의 선호 순위에 대한 정보는 알 수 없다. • 이 방법은 두 가지 자극을 변별하여 선택하는 데 어려움이 있는 대상자에게 적합하다.
선택 혹은 강요된 선택 제시법	• '짝 자극 제시 선택'이라고도 하며, 두 가지 자극을 동시에 제시하고 대상자가 선택한 자극을 기록한다. • 준비된 자극을 최소한 한 번씩은 다른 자극과 짝으로 제시하여 대상자가 보이는 상대적 선호를 기록한다. 가장 높은 비율로 선택된 자극이 가장 영향력 있는 강화제가 될 수 있다. • 이 방법은 효과적인 잠재적 강화제를 판별하는 데 단일항목 제시법보다 정확하다.
복합자극 제시법	• 세 가지 이상의 자극을 동시에 제시하고 학생이 선택한 자극을 기록한다. • 복합자극 제시법에는 자극 교체 여부에 따라 대상자가 선택한 자극을 제외하고 새로운 자극으로 교체하거나, 자극의 교체 없이 기존 자극을 재배열하여 선택하도록 하는 두 가지 방법이 있다. 　- **자극 교체**: 대상자가 선택한 자극을 제외한 선택하지 않은 자극들을 다음 시행에서 제시하지 않고, 제시하는 모든 자극을 새로운 자극으로 교체하는 방법 　- **자극 미교체**: 대상자가 선택한 자극을 제거하고 새로운 자극의 교체 없이 선택하지 않은 자극들의 순서 또는 배치를 재배열한 후 자극을 선택하도록 하는 방법

3. 강화제의 유형

강화제의 근원에 따라 무조건 강화제(1차 강화인자 ; primary reinforcer)와 조건 강화제 (2차 강화인자 ; secondary reinforcer, conditioned reinforcer)로 구분하여 살펴본다. 또한 강화제의 물리적 특성에 따라 음식, 감각, 물질, 활동, 사회적 강화제로 분류하여 살펴본다.

(1) 근원에 따른 강화제의 분류

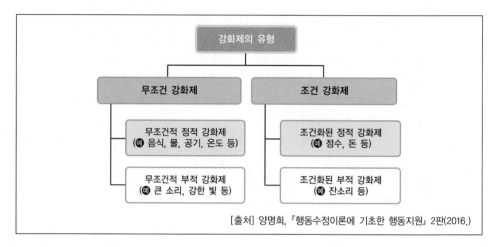

[출처] 양명희, 『행동수정이론에 기초한 행동지원』 2판(2016.)

① 무조건 강화제(1차 강화인자)

  ㉠ 무조건 강화제는 강화제와 관련하여 아무런 학습 없이도 강화제로서 기능하는 것으로 음식, 수면, 물, 산소, 온기, 쉴 곳 등 인간의 생존을 위해 필수적인 자극이나 생물학적 가치를 갖는 자극이기 때문에 사람들의 행동에 즉각적인 영향을 미친다.

  ㉡ 1차 강화인자가 효과적이기 위해서는 강화 대상 학생이 그 강화인자에 대해 결핍 상태(deprivation state)여야 한다. 초기에 존재했던 결핍 상태가 더는 존재하지 않을 때 발생하는 포만(satiation)은 1차 강화인자를 비효과적으로 만든다.

② 조건 강화제(2차 강화인자)

  ㉠ 조건 강화제는 원래 중립적이었던 자극이 다른 강화제와 짝지어지는 과정을 통해 강화제로서 기능하게 되는 것으로, 생존에 필수적이거나 생물학적 욕구와 관련 없이 경험을 통해 후천적으로 학습된 강화제이다.

  ㉡ 2차 강화인자는 칭찬과 같은 사회적 자극, 좋아하는 활동에 참여할 수 있는 기회, 다른 강화인자와 교환할 수 있는 토큰 같은 상징적 표시물 등을 포함한다.

③ 일반화된 조건 강화제(generalized conditioned reinforcer)

  ㉠ 조건화된 강화제 중 강화제가 다양한 무조건 또는 조건 강화제와 연관된 경우를 '일반화된 조건 강화제'라고 한다. 이는 조건 강화제가 강화제로서 역할을 할 수 있는 상황이 주어지지 않아도(강화제를 필요로 하는 박탈의 상태가 아니어도) 언제나 일반적으로 강화제 역할을 한다.

  ㉡ 일반화된 조건 강화제의 형태는 다음과 같다.

   • 첫 번째 형태로 관심이나 칭찬과 같은 사회적 강화인자는 일반화된 강화인자의 한 종류이다. 이러한 일반화된 강화인자는 다른 강화인자와 함께 연계함으로써 일반화된다.

   • 두 번째 형태는 토큰 강화제 또는 일상생활에서의 현금이다. 토큰과 현금은 그 자체가 강화제는 아니지만 무조건 또는 조건 강화제로 교환할 수 있는 도구이기에 강화제와 같은 유인력을 갖는다.

ⓒ 일반화된 조건 강화제의 장점은 다음과 같다.
- 아동의 포만 상태에 상관없이 제공할 수 있다.
- 연속적으로 주어도 포만 효과가 덜 나타난다.
- 강화제의 개별화에 신경 쓰지 않고도 사용할 수 있다.

(2) 물리적 특성에 따른 정적 강화제의 종류

강화제의 종류	설명
음식물 강화제	씹거나, 빨아 먹거나, 마실 수 있는 것
감각적 강화제	시각, 청각, 후각, 미각, 촉각에 대한 자극제
물질 강화제	학생이 좋아하는 물건들
활동 강화제	학생이 좋아하는 활동을 하도록 기회·임무·특권을 주는 것
사회적 강화제	여러 가지 방법으로 학생을 인정해주는 것

① 음식물 강화제 ❶ 13중등17

ㄱ 음식물 강화제는 행동에 바로 영향을 미치는 경향이 있어, 나이가 어리거나 인지 능력이 낮은 아동들에게 사용하는 것이 적절하다.

ㄴ 음식물 강화제는 생물학적으로 중요한 자극이기 때문에, 강화제가 효과적이기 위해서는 아동이 그 강화제에 대해 결핍된 상태여야 한다. 아동이 음식물 강화제에 대해 포만 상태인 경우 강화제의 효과를 기대하기 어렵다.

ㄷ 음식물 강화제의 포만 상태를 지연시키는 방법은 다음과 같다.
- 각 활동마다 각기 다른 음식물 강화제를 할당한다.
- 먹을 것을 강화제로 사용하는 시간을 단축한다.
- 포만 상태가 감지되면 다른 강화제로 바꾼다.
- 음식물 강화제의 크기를 줄인다.
- 아동에게 여러 가지 음식물 강화제를 제시하고 직접 선택하게 한다.
- 세 가지 이상의 음식물 강화제를 교대로 사용한다.
- 매번 음식물 강화제를 주지 않고 강화를 지연시킨다. 아동에게 강화제를 받기 위해 더 많은 표적행동을 시도하게 하는 것이다.

② 감각적 강화제

ㄱ 감각적 강화제란 시각, 청각, 후각, 미각, 촉각 또는 흔들림과 같은 고유 감각에 대한 자극제를 의미한다.

ㄴ 감각적 강화제는 흔히 1차 강화인자로 분류되며, 아동의 연령에 적합한 것을 고르는 것이 중요하다.

기출 POINT 2

❶ 13중등17
(가)~(다)에 대한 설명으로 옳은 것만을 모두 고르시오.
(나-1) 강화적용 후 발생한 문제 상황

학생이 인사를 할 때마다 초콜릿을 주었더니, 초콜릿에 지나친 관심을 보였다.

(나-2) 수정한 강화 계획

교사는 학생이 인사할 때마다 칭찬을 한다.

ⓒ (나)는 이차적 강화를 사회적 강화로 수정한 것이다.

기출 POINT 3

❶ 24유아B2
㉠을 제안한 이유를 쓰고, 강 교사가 사용할 강화제 유형을 쓰시오.

박 교사: 자동차를 좀 더 자주 타고 놀게 하면 좋겠네요. 현수가 좋아하는 작은 포클레인과 탈 수 있는 자동차를 이용해 ㉠ 프리맥 원리로 지도하면 좋을 거 같아요.

❷ 24초등B6
㉢을 후속 강화제로 사용한 프리맥 원리를 적용해서 ㉣을 지도할 때, ㉢과 ㉣로 활동을 구성하여 쓰시오.

• 수업 활동 계획

┌─────────────────────┐
│ • 활동 1: ㉢ 물감 표면의 촉각적인 느낌 탐색하기 │
│   ↳ ⓐ 물감을 손으로 던지는 활동하기 │
│   … (중략) … │
│ • 활동 2: ㉣ 실그림 기법으로 작품 완성하기 │
│ • 활동 3: (   ) 기법으로 작품 완성하기 │
└─────────────────────┘

❸ 22유아A6
㉤을 고려하여 연우를 신체활동에 참여시키는 방법의 예를 쓰시오.

김 교사: 선생님, 연우가 신체활동에 더 많이 참여하면 좋겠어요. 어떻게 하면 좋을까요?
최 교사: ㉤ 연우가 점토를 가지고 노는 것을 좋아하니까 프리맥 원리를 적용해 보는 것이 적절할 것 같은데요.

❹ 20유아B5
① 프리맥(D. Premack)의 원리를 적용한 ㉠에서 고빈도 행동을 찾아 쓰고, ② 물리적 특성(강화 형태)에 근거하여 ㉠에 제시된 강화제의 유형은 무엇인지 쓰시오.

㉠ 민정, 주하, 소미가 일정 시간 동안 활동에 참여하면 각자 원하는 놀이를 하게 해 준다.

❺ 14초등B3
다음은 자폐성장애 학생 동호의 행동 특성이다. 동호의 사진 찍기 활동 참여를 위해 교사가 동호의 행동 특성을 활용하여 지도할 수 있는 정적 강화 기법을 쓰고, 이를 적용한 지도 내용을 쓰시오.

• 사진 찍기를 싫어하여 사진 찍기 활동의 참여도가 낮음
• 놀이실에 있는 트램펄린에서 뛰는 활동을 매우 좋아함

❻ 14유아B5
㉢에 해당하는 강화제 유형을 쓰시오.

담임교사: 도형이가 ㉢ 금붕어에게 먹이주기를 좋아하는데 강화제로 쓸 수 있을까요?

③ 물질 강화제

㉠ 스티커, 장난감, 인형 등 아동이 좋아하는 어떤 물건이라도 물질 강화제가 될 수 있다. 이때 그 물건이 갖는 본래의 값어치는 강화제로서의 효과성과는 관계가 없다. 즉, 아동에게는 어떤 물건이라도 강화제가 될 수 있기 때문에 물건의 값과 그 효과는 무관하다. 예를 들어, 반짝이는 색종이 한 장이나 조개껍질 하나도 아동에게는 강력한 정적 강화제의 역할을 할 수 있다.

㉡ 유형의 물질 강화제는 생물학적 중요성이 있는 것은 아니지만 즉각적인 효과를 나타내기도 한다. 또한 음식물 강화제와 비슷한 문제점이 있기 때문에 포만에 주의를 기울여야 한다.

④ 활동 강화제

㉠ 특정 활동에 참여할 기회가 강화제 역할을 할 때 그 활동을 활동 강화제라고 하며, 이때에는 강화제의 개별화 원리가 중요하다. 왜냐하면 아동마다 좋아하는 활동이 다르기 때문이다. ❹ 20유아B5, ❻ 14유아B5

㉡ 활동을 정적 강화제로 적용한 프리맥의 원리는 발생 가능성이 높은 활동을 발생 가능성이 낮은 활동 뒤에 오게 하여 발생 가능성이 낮은 행동의 발생률을 증가시킬 수 있다는 것이다. 예를 들어, 문제 풀이보다 컴퓨터 게임을 좋아하는 아이에게 문제를 다 푼 사람은 컴퓨터 게임을 해도 좋다고 말하는 것이다.
❶ 24유아B2, ❷ 24초등B6, ❸ 22유아A6, ❺ 14초등B3

㉢ 그러나 교실에서 활동 강화제를 사용하는 경우 다음과 같은 제한점이 있다.

• 학생이 좋아하는 발생 가능성이 높은 활동을 언제나 발생 가능성이 낮은 활동 뒤에 오게 할 수는 없다. 예를 들어, 학생이 농구를 좋아해도 수학문제를 다 풀었을 때 체육관을 사용하지 못할 수 있다.

• 어떤 활동은 행동의 바람직한 정도에 비례해서 강화할 수 없다. 예를 들어, 현장학습에 참여할 수 있거나 없는 것처럼, 어떤 활동은 그 활동의 전부에 참여시키는 게 아니면 그 활동의 아무것에도 참여시킬 수 없는 경우가 있다. 그런 경우는 행동의 정도에 따라 강화의 정도를 맞출 수 없다.

• 어떤 활동은 행동의 수행 여부에 상관없이 주어져서 결국은 표적행동의 계속적 수행을 방해할 수 있다. 예를 들어, 학생이 철자법에 맞게 단어를 다 쓰지 않았는데도 시간이 되어 점심시간이나 체육시간이 주어지는 경우이다.

• 어떤 학생은 자기가 원하는 활동이 뒤따라 주어지지 않으면 표적행동을 계속하지 않을 수도 있다.

⑤ 사회적 강화제

　　㉠ 대인관계 상황에서 형성된 2차 강화인자를 사회적 강화제라고 한다.

　　㉡ 사회적 강화제에는 긍정적 감정 표현(예 미소, 윙크, 웃음, 고개 끄덕임, 박수, 지그시 바라
보기 등), 신체적 접촉(예 악수하기, 손잡기, 등 쓰다듬기 등) 또는 물리적 접근(예 아동
옆에 앉기, 아동 옆에 서기, 함께 식사하기 등)이나 칭찬·인정 같은 언어적 진술(예 "정말 훌
륭해!", "그게 바로 선생님이 원하는 거야." 등)이 있다. ❶ 19유아B2

4. 강화제의 효과적인 사용

(1) 강화의 즉각성

① 강화제가 효과가 있으려면, 행동/반응이 발생했을 때 즉각적으로 제시되어야 한다.
특히, 행동을 습득하는 시기에는 행동 뒤에 즉시 강화제를 제공해야 한다.

② 강화를 지연하는 시간이 증가할수록 강화의 직접적인 효과는 급격히 떨어진다.

(2) 강화의 유관성

강화제는 강화되는 그 행동 직전에 발생한 유관자극과 관련하여 주어져야 한다. 즉, 강화
제는 표적행동 발생과 관련 있는 선행자극 조건과 연관하여 주어져야 한다.

(3) 강화제의 결핍 또는 박탈 ❶ 23유아A7

학생이 강화제를 원하는 정도는 강화제의 결핍 또는 박탈의 수준이 증가하면 같이 증가
하고, 강화제의 만족 또는 포화/포만의 수준이 증가하면 떨어진다.

(4) 강화의 크기

강화의 양은 행동에 상응할 만큼 클수록 효과적이다. 한 번에 주는 강화의 양이 크면 클
수록 효과적이나, 한 번에 너무 많은 양을 주어 포만상태에 이르면 강화력을 상실하게
되므로 가장 이상적인 강화의 양을 결정하기 위해서는 요구되는 행동의 양, 난이도, 같은
보상을 얻을 수 있는 다른 방법과의 경쟁력 등을 고려해야 한다.

PART
02

기출 POINT 4
❶ 19유아B2
㉡에 해당하는 강화제 유형을 쓰시오.

박 교사: 이때 단계별로 목표 행동을
성취했을 때마다 강화를 주는데,
㉡ 칭찬, 격려, 인정을 강화제로
사용하는 것도 좋겠습니다.

기출 POINT 5
❶ 23유아A7
㉡~㉤ 중 잘못된 내용을 2가지 찾아
그 기호를 쓰고, 각각을 바르게 고쳐
쓰시오.

최 교사: ㉣ 강화제를 제공할 때 유
아가 포만상태이면 효과를 높일 수
있어요. 마지막으로 ㉤ 강화제를 효
과적으로 사용하기 위해서는 주기
적으로 강화제를 재평가하면 좋겠
어요.

02 강화계획(강화 스케줄, reinforcement schedule)

1. 강화계획의 유형

'강화계획'이란 어떤 행동을 했을 때 임의로 강화를 주는 것이 아니라 강화를 제공하는 적절한 시기와 방법에 대한 규칙을 세우는 것이다. 강화계획은 크게 연속 강화계획과 간헐 강화계획으로 분류할 수 있다.

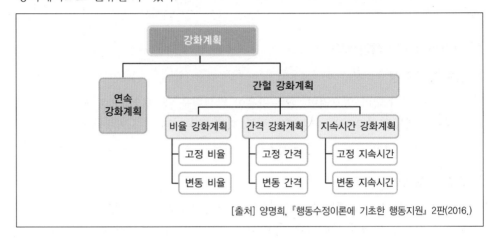

[출처] 양명희, 『행동수정이론에 기초한 행동지원』 2판(2016.)

기출 POINT 6

❶ 22유아A1
① ㉠에 해당하는 강화 스케줄이 무엇인지 쓰고, ② ㉡과 같은 강화 스케줄을 사용하는 이유를 1가지 쓰시오.

새로운 행동을 습득하는 초기에는 ㉠ 수미가 정반응을 할 때마다 동물 스티커를 주세요. 그러다가 수미가 습득 기준에 도달하면 점차 강화 스케줄을 변경하시면 됩니다. ㉡ 예를 들어, 정반응이 세 번 나올 때마다 혹은 평균 세 번 정반응이 나타날 때 동물 스티커를 주는 거죠.

❷ 15유아B1
교사는 민지의 정리정돈 활동을 지원하기 위해 다음과 같은 강화계획을 사용하였다. ①의 강화계획이 가지고 있는 제한점 1가지를 쓰시오.

민지가 ① 정리정돈을 할 때마다 칭찬을 해 주었다. 교사는 민지의 정리정돈 행동이 습득되자 그 행동이 유지되도록 하기 위해서 4회, 2회, 6회, 3회, 5회(평균 4회)의 정리정돈을 할 때마다 칭찬을 하는 (②)을(를) 적용하였다.

❸ 13중등17
(가)~(다)에 대한 설명으로 옳은 것만을 모두 고르시오.
(가-1) 강화적용 후 발생한 문제 상황

학생이 과제를 완성할 때마다 과자를 주었더니 과자를 너무 많이 먹게 되었다.

(가-2) 수정한 강화 계획

교사는 학생이 과제를 10개씩 완성할 때마다 과자를 준다.

㉠ (가)는 강화결핍으로 인해 생긴 문제이다.

(1) 연속 강화계획

① 연속 강화계획은 학생이 표적행동을 할 때마다 즉각 강화제를 제시하는 것이다. 이는 표적행동을 할 때마다 강화제가 주어지기 때문에 '1 : 1 강화계획'이라고도 한다.

② 연속 강화계획은 학생의 행동에 비해 많은 강화가 주어지기 때문에 새로운 행동 습득 시기에 유용하다. 또한 나이가 어린 아동, 지적 능력이 낮은 아동, 만성적 문제행동을 오랫동안 보이는 아동에게 새 행동을 가르칠 때 적절한 방법이다. **❶ 22유아A1**

③ 그러나 연속 강화계획은 다음과 같은 문제점을 가지고 있기 때문에, 학생이 새 행동을 습득하게 되면 연속 강화계획을 조금씩 약화시켜 간헐 강화계획으로 옮겨가야 한다. **❷ 15유아B1**

㉠ 학생이 강화 없이는 행동하지 않는 등 강화에 대한 강한 의존성을 보일 수 있다.
㉡ 습득된 행동을 유지하기 위해 계속해서 연속 강화제를 사용하기 어렵다.
㉢ 강화에 대한 포만으로 강화제가 효력을 잃게 될 수 있다. **❸ 13중등17**

(2) 간헐 강화계획

① 간헐 강화계획은 모든 표적행동에 대해 강화를 제공하는 것이 아니라, 학생이 표적행동을 했을 때 가끔씩 강화해주는 것이다. 즉, 학생이 표적행동을 했을 때 어떤 때는 강화가 주어지고 어떤 때는 강화가 주어지지 않는 것이다. 따라서 학생은 강화받기 위해 더 많은 표적행동을 해야 한다.

② 간헐 강화계획의 장점은 다음과 같다.

㉠ 학생이 강화제로부터 포만감을 느끼게 하는 것을 막을 수 있다.

㉡ 간헐 강화계획으로 유지되는 행동은 소거에 더 큰 저항을 가진다. ❶ 20초등A4

㉢ 강화를 위해 더 많은 정반응을 요구한다.

2. 강화계획의 유형별 설명

강화계획		강화시기	장점	제한점
연속		표적행동이 발생할 때마다	새로운 행동 습득에 유용	포만 문제가 생길 수 있음
간헐	비율 고정	표적행동이 정해진 수만큼 발생할 때	표적행동 비율을 높일 수 있음	부적절한 유창성 문제나 강화 후 휴지 기간 현상이 나타남
간헐	비율 변동	표적행동이 정해진 평균 수만큼 발생할 때	부정확한 반응이나 강화 후 휴지 기간을 방지할 수 있음	많은 아동에게 동시에 적용하기 어려움
간헐	간격 고정	표적행동이 정해진 시간 간격이 경과한 후, 처음 표적행동이 발생할 때	여러 아동에게 1인 교사가 실행 가능함	• 표적행동 발생비율을 낮추게 됨 • 고정간격 스캘럽 현상이 나타남
간헐	간격 변동	표적행동이 정해진 평균 시간 간격이 경과한 후, 처음 표적행동이 발생할 때	낮아지는 행동 발생률이나 고정간격 스캘럽 문제를 방지할 수 있음	간격의 길이를 다양하게 관리하는 어려움이 있음
간헐	지속시간 고정	표적행동을 일정 시간 동안 지속하고 있을 때	비교적 실행이 쉬움	요구하는 지속시간이 길어지면 강화 후 휴지 기간도 길어질 수 있음
간헐	지속시간 변동	표적행동을 지정된 평균 시간만큼 지속하고 있을 때	강화 후 휴지 기간의 예방이 가능함	지속시간을 다양하게 관리하는 어려움이 있음

기출 POINT 7

❶ 20초등A4
㉡을 위한 강화계획(스케줄) 종류를 쓰고, ㉢의 이유를 강화제 측면에서 쓰시오.

• ㉡ 민호가 습득한 '지폐 변별하기' 기술을 시간이 지난 뒤에도 수행할 수 있도록 '학습단계1'의 강화계획(스케줄)을 조정함
• 민호가 ㉢ 습득한 '지폐 변별하기' 기술을 일상생활에서 사용할 수 있도록 다양한 실제 상황(편의점, 학교 매점, 문구점 등)에서 1,000원짜리 지폐와 5,000원짜리 지폐를 변별하여 민호가 좋아하는 과자를 구입하도록 지도함

(1) 비율 강화계획(ratio schedules)

비율 강화계획은 표적행동이 발생한 횟수에 근거하여 강화계획을 세운다.

① 고정비율 강화계획

    ㉠ 고정비율 강화계획은 표적행동이 발생한 횟수에 근거하여 강화를 제시할 비율을 정하고, 정해진 수만큼 표적행동을 보일 때마다 강화를 제시하는 것이다. 예를 들어, 교사는 학생의 문제 풀이 문항 수를 증가시키기 위해 네 문제를 풀 때마다 강화를 제공한다. ❶ 22초등B3

    ㉡ 고정비율 강화계획은 행동이 발생하는 수가 증가하면 강화가 주어지는 수도 증가하기 때문에 이로 인한 문제가 발생할 수 있다(Alberto&Troutman, 2006).

        • 고정비율 강화계획은 학생이 표적행동을 하는 데 걸리는 시간은 고려하지 않고 그 행동의 횟수만 고려하기 때문에, 결과적으로 표적행동을 하는 횟수만 부적절하게 높일 수 있다. 즉, 부적절한 유창성 문제가 생길 수 있다.

        • 강화를 받은 후 일시적으로 표적행동을 하지 않는 강화 후 휴지 기간 현상이 발생할 수 있다. 이런 현상은 강화비율이 커지면 더욱 두드러지게 나타난다.

② 변동비율 강화계획

    ㉠ 변동비율 강화계획은 표적행동이 발생한 횟수의 평균에 근거하여 강화를 제시하기 때문에, 강화가 주어지기 위해 필요한 표적행동의 수는 고정되어 있지 않고 평균을 기준으로 하여 변한다. 예를 들어, 교사가 학생이 수학문제 중 평균 4문제를 푼 후에 강화를 주도록 계획한 경우, 4문제마다 매번 강화를 주는 것이 아니라 4문제, 2문제, 4문제, 6문제, 3문제, 5문제를 각각 풀었을 때 강화했다면, 학생이 푼 총 문제는 24개이고 강화는 6회 제공했으므로 평균 4문제마다 강화가 주어진 것이다.

                                             ❶ 15유아B1

    ㉡ 이런 방식으로 강화가 주어지면 몇 문제를 풀어야 강화제가 주어지는지 예측하지 못하기 때문에, 연속해서 수학문제를 열심히 풀게 됨으로써 고정비율 강화계획에서 나타날 수 있는 강화 후 휴지 기간 발생을 예방할 수 있다.

기출 POINT 8

❶ 22초등B3

ⓔ을 적용한 예를 쓰시오.

나영이는 주의 집중력이 부족하여 오래 연습하기가 어렵다. 그래서 ⓔ 나영이가 좋아하는 스티커를 활용하여 나영이에게 고정비율 강화계획을 적용하면 좀 더 적극적으로 수업에 참여할 수 있을 것 같다.

기출 POINT 9

❶ 15유아B1

교사는 민지의 정리정돈 활동을 지원하기 위해 다음과 같은 강화계획을 사용하였다. ㉴에 해당하는 강화계획을 쓰시오.

민지가 정리정돈을 할 때마다 칭찬을 해 주었다. 교사는 민지의 정리정돈 행동이 습득되자 그 행동이 유지되도록 하기 위해서 4회, 2회, 6회, 3회, 5회(평균 4회)의 정리정돈을 할 때마다 칭찬을 하는 (㉴)을(를) 적용하였다.

PART

02

(2) 간격 강화계획(interval schedules)

간격 강화계획은 시간 간격에 근거하여 강화계획을 세우는 것이다. 즉, 표적행동을 한 후에 일정한 시간이 경과한 후 처음 나타나는 표적행동을 강화하는 것이다. 간격 강화계획을 사용하기 위해 타이머를 사용할 수 있다.

① 고정간격 강화계획

㉠ 고정간격 강화계획은 일정한 시간 동안에 표적행동이 나타나는 횟수에 근거하여 강화를 제시할 시간 간격을 정하고, 표적행동 발생 후에 정해진 시간 간격이 경과한 후 발생한 첫 번째 표적행동을 강화하는 것이다. 예를 들어, 학생이 손을 들 때마다 강화하지 않고도 학생의 손 드는 행동이 유지되도록 하고 싶은 경우, 교사는 학생이 손을 들고 허락을 받아 발표한 후 5분이 지나고 나서 학생이 손을 들면 강화한다. 이 경우, 강화가 제시되고 난 후에 5분의 시간 간격 측정이 다시 시작된다. 그런데 정해진 5분이 지난 후 처음으로 표적행동이 나타나면 강화가 제시되어야 하기 때문에 정해진 시간이 끝나기 직전에 학생이 손을 들어도 강화는 주어지지 않고, 강화받은 후 5분이 훨씬 넘는 시간이 지나고 난 후 손을 들어도 강화받을 수 있다.

㉡ 고정간격 강화계획의 문제점은 다음과 같다.

- 학생이 정해진 시간 간격을 알고 있다면, 그 시간 간격 동안에는 표적행동을 하지 않고 있다가 정해진 시간 간격이 지나고 나서야 표적행동을 하여 강화를 받으려고 할 수 있다. 그렇게 되면 학생의 표적행동 발생비율을 낮추는 결과를 가져올 수 있다. ❶ 13중등17

- 학생이 한번 강화를 받은 직후에는 표적행동을 해도 정해진 시간 간격이 지나가기 전에는 강화를 받을 수 없다는 것을 알아차린 경우에는, 강화를 받고 난 직후에 학생의 표적행동이 급격히 감소하고 강화받을 시간이 되어가면 갑자기 표적행동이 증폭되는 '고정간격 스캘럽(가리비) 현상'이 나타난다.

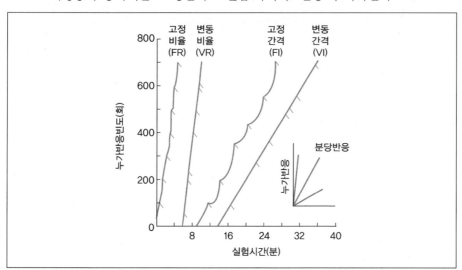

🚩 **고정간격 스캘럽 현상**

기출 POINT 10

❶ 13중등17

(가)~(다)에 대한 설명으로 옳은 것만을 모두 고르시오.

(다-1) 강화적용 후 발생한 문제 상황

학생에게 30분 동안 혼자서 책을 읽게 하고, 매 5분마다 점검하여 토큰을 주었더니, 점검할 때만 집중하여 책을 읽는 척하였다.

(다-2) 수정한 강화 계획

교사는 3분 후, 5분 후, 2분 후, 10분 후, 4분 후, 6분 후에 집중하여 책을 읽고 있는지 점검하고 토큰을 준다.

㉣ (다)는 강화포만으로 인해 생긴 문제이다.

② 변동간격 강화계획

　　㉠ 고정간격 강화계획과 변동간격 강화계획은 시간이 경과한 후 첫 번째 발생하는 표적행동 후에 강화제가 주어진다는 공통점이 있는 반면에, 변동간격 강화계획은 고정간격 강화계획과 달리 강화제가 주어지는 시간 간격이 일정하지 않다는 차이점이 있다. **❶ 23중등A2**

　　㉡ 변동간격 강화계획은 정해진 평균 시간 간격을 기준으로 강화가 주어지기 때문에 강화를 받을 시기가 고정적이지 않고 언제 강화를 받을지 예측할 수 없다. 따라서 고정간격 스캘럽과 같은 문제를 예방할 수 있다.

③ 반응시한 간격계획(interval schedules with limited hold, 효력제한)

　　㉠ 반응시한 간격계획은 간격 강화계획에서 첫 번째 반응이 나타나기까지의 경과 시간을 제한하는 방법이다. 즉, 간격이 경과하여 다음 정반응이 강화될 예정일 때 강화제가 제한된 시간 동안만 유효하고, 시간 간격이 지나고 나서 일정한 시간이 지난 후에는 표적행동을 한다고 해도 강화가 주어지지 않는 것이다.

　　㉡ 반응시한 간격계획은 간격 강화계획에서 반응비율을 증가시키는 방법이다. 단순한 간격 강화계획에서는 반응을 지체하여도 여전히 강화를 받을 수 있었던 반면, 반응시한 간격계획을 설정하면 학생은 강화제를 얻기 위해 빠르게 반응해야 한다.

　　㉢ 반응시한 간격계획은 변동간격 강화계획에도 동일하게 적용할 수 있다.

(3) 지속시간 강화계획(response-duration schedules)

지속시간 강화계획은 표적행동을 일정한 시간 동안 계속해야만 강화가 제시되는 것이다.

❶ 25초등A5

① 고정 지속시간 강화계획

　　㉠ 학생이 표적행동을 일정한 시간 동안 지속하였을 때 강화가 주어진다. **❷ 20중등B3**

　　㉡ 예를 들어, 5분 이상 자리에 앉아 있지 못하는 학생에게 5분의 고정 지속시간 강화계획을 적용하면, 학생이 5분 동안 의자에 앉아 있을 때마다 강화가 주어져야 한다. 이 강화계획이 시작되고 난 후 학생이 의자에서 일어난다면, 다시 의자에 앉을 때부터 시간을 새로 측정한다.

② 변동 지속시간 강화계획

　　㉠ 학생이 표적행동을 평균 시간 동안 지속하고 있으면 강화가 주어진다. 강화가 주어지는 지속시간 간격이 일정하지 않고 평균 지속시간 간격을 기준으로 변한다.

　　㉡ 예를 들어, 5분 이상 자리에 앉아 있지 못하는 학생에게 3분, 6분, 5분, 4분, 7분으로 설정하여 강화한 경우 학생은 평균 5분의 지속시간 강화계획에 의해 강화받은 것이다.

　　㉢ 변동 지속시간 강화계획이 적용되면 학생은 언제 강화가 제공될지 모르기 때문에 강화를 받기 위해서 의자에 지속적으로 앉아 있을 가능성이 높아진다.

3. 강화계획의 체계적 약화

(1) 강화계획의 체계적 약화의 필요성

① 강화계획은 학생에게 새로운 행동을 습득시키거나 습득된 행동을 유지하도록 하는 데 유용한 방법이다. 그러나 언제까지나 인위적인 강화계획에 의존하도록 해서는 안 되기 때문에, 만족에 대한 지연을 학습하도록 체계적으로 접근하는 것이 필요하다.

② 강화의 빈도를 점차 줄여나가서 연속 강화계획 → 고정 강화계획 → 변동 강화계획으로 바꾸어가면서, 궁극적으로는 강화가 필요 없는 시점에 이르도록 하고, 자연적으로 발생하는 강화제의 통제 아래 놓이게 하는 것이 바람직하다. ❶ 22유아A2

③ 강화계획의 약화는 강화받기 위해 필요한 표적행동의 횟수, 강화받기 전에 경과하는 시간, 강화받기 전에 표적행동이 지속되어야 하는 시간을 체계적으로 증가시키는 것이다.

(2) 강화계획의 체계적 약화의 목적

① 연속 강화계획을 변동 강화계획으로 바꾼다.

② 강화에 대한 기대를 약화시킨다.

③ 학생이 좀 더 긴 시간 동안 표적행동을 지속하게 한다.

④ 교사의 행동 감시자 역할을 줄인다.

⑤ 사회적 강화제만으로 행동 통제가 가능하게 한다.

⑥ 약화된 강화계획으로도 바람직한 수행 수준이 유지되도록 한다.

⑦ 더 많은 표적행동을 했을 때 주어지는 강화제가 효력을 갖게 한다.

(3) 강화계획의 체계적 약화 시 주의점

① 강화계획을 약화시킬 때 약화의 폭을 갑자기 너무 크게 하면 표적행동을 이끌어내지 못할 수 있는데, 이를 '비율부담(비율긴장; ratio strain)'이라고 한다.

② 비율부담은 정반응과 강화의 비율이 너무 크다고 할 만큼 강화계획의 약화가 빨리 일어날 때 발생한다.

③ 비율부담이 발생할 경우 학생은 전체적으로 반응을 멈출 수도 있기 때문에, 교사가 이러한 효과가 발생하는 것을 감지했다면 표적행동을 적절히 했던 마지막 계획으로 되돌아가서 천천히 약화시켜야 한다.

더알아보기

자연적 강화

실제 생활환경에서 자연스럽게 제공되는 정적강화와 부적강화를 말한다. 예를 들어 '인사하기'와 같은 사회적 행동은 임상실에서 훈련을 마친 후 일상생활 환경에서 자연적으로 강화될 수 있다. 지나가는 어른에게 "안녕하세요"라고 인사하면 그 어른은 "인사성이 참 밝구나."라고 응답해줄 것이다. 이러한 응답은 아동의 '인사하기'를 강화하는 자연스러운 정적강화 자극이다.

기출 POINT 13

❶ 22유아A2
경호의 목표행동을 증가시킨 자연적 강화 요인이 무엇인지 쓰시오.

- 경호가 자유놀이 시간에 음성출력기기를 사용하여 "같이 놀자"라고 말하도록 지도함
- 경호가 "같이 놀자"라고 말하면 또래들이 같이 놀이하도록 지도함
- 중재 결과, 경호가 또래에게 놀이를 요청하는 행동이 증가함
- 바깥놀이 시간에도 경호가 음성출력기기를 자발적으로 사용하여 또래와 놀이하는 행동이 관찰됨

더알아보기

비율긴장

일정 범위 내에서 고정비율의 크기가 클수록 반응속도는 증가한다. 예를 들어, 수학시간에 문제를 3개 풀 때마다 아동이 좋아하는 과자를 한 개씩 사주기로 한 경우 아동은 과자를 얻기 위해 신속히 문제 3개를 풀 것이다. 이번에는 같은 양의 과자를 얻기 위해 문제 8개를 풀도록 계획하면, 아동은 과자를 얻기 위해 8번의 반응을 빨리 할 수밖에 없다. 그러나 비율을 갑자기 너무 많이 높이면, 즉 갑자기 문제 25개를 풀어야 과자를 얻을 수 있도록 계획하면 반응은 오히려 감소되거나 중단된다. 이를 비율긴장이라고 한다.

기출 POINT 14

❶ 20유아B4
㉠에 해당하는 또래주도 전략 유형이
무엇인지 각각 쓰시오.

강 교사: 저희는 또래주도 전략을 사용해 보려고 해요. 모둠별로 '경단 만들기' 요리 수업을 할 거예요. ㉠ 수희와 시우가 참여하여 경단을 완성했을 때, 모둠 전체를 강화하려고 해요.

기출 POINT 15

❶ 22중등A9
'독립적 집단유관'과 '종속적 집단유관' 과의 차이점을 성취기준 측면에서 1가지 서술하시오.

❷ 18초등A2
㉠과 같은 집단 강화 방법의 명칭을 쓰고, 이 방법이 다른 집단 강화 방법들과 구별되는 점을 쓰시오.

통합교사: 저희 학급에서는 ㉠ 시작 종이 울리자마자 제자리에 앉는 학생은 누구나 토큰을 받도록 하는 방법을 쓰고 있는데, 정우에게는 그 방법이 효과가 없는 것 같아요.

03 집단강화(group reinforcement)

1. 집단강화의 정의

'집단강화'란 집단 구성원 중 특정인이나 일부 구성원, 또는 전체 구성원의 행동에 수반하여 어떤 공통적 후속자극(일반적으로 강화자극)을 집단 전체에 제공함으로써 집단 구성원 중 한 사람이나 일부, 또는 전체 구성원의 행동을 변화시키는 방법이다. ❶ 20유아B4

2. 집단강화의 유형

(1) 독립적 집단강화

① 독립적 집단강화는 집단 전체에 동일한 목표행동을 설정하고, 그 목표행동을 수행한 학생에게만 강화가 제공되는 것이다. ❶ 22중등A9, ❷ 18초등A2

② 강화가 집단에게 소개되지만 각자의 행동 수행 여부에 따라 주어지므로, 다른 사람의 행동 수행에 서로 영향을 받지 않는다.

③ 예를 들어, 누구나 지각하지 않고 제시간에 등교하면 정해진 강화제를 받도록 하는 것이다. 이 경우에는 문제행동을 자주 보이는 학생의 행동이 집단의 강화에 영향을 주지 않고, 구성원 각자가 수행 기준을 만족하면 강화를 받는다.

선행자극 A — 모든 학생에게 매일 수학 쪽지시험지를 배부한다.
행동 B — 학생들은 쪽지시험 문제를 푼다.
후속자극 C 강화자극 — 90점 이상 맞은 학생에게 청소 당번을 면제한다.

(2) 종속적 집단강화

① 종속적 집단강화는 집단 내의 한 개인 또는 일부 구성원에게 적용되는 행동의 기준을 설정한 다음, 이들이 정해진 기준에 맞게 행동하면 집단 구성원 전체가 동일한 보상을 공유한다. ❶ 22중등A9

② 즉, 집단 전체에게 제공되는 보상은 한 개인의 행동 또는 소수 구성원의 행동에 의해 결정된다. 대부분의 나머지 구성원들은 집단강화를 얻는 데 아무 기여도 할 수 없고, 개인 또는 몇몇 구성원의 행동에 전적으로 의존한다.

선행자극 A — 교사는 영수에게 퍼즐 문제를 준다.
행동 B — 영수는 퍼즐을 맞춘다.
후속자극 C 강화자극 — 교사는 학급 전체 아동에게 만화영화를 보여준다.

(3) 상호 의존적 집단강화

① 상호 의존적 집단강화는 집단 내의 모든 구성원에게 적용되는 행동의 기준을 설정하고, 집단 구성원 모두가 정해진 기준에 맞게 행동하면 집단 전체가 정해진 동일한 보상을 함께 공유한다. ❶ 25중등A11, ❶ 22유아B7

② 집단강화는 집단 내 모든 구성원의 행동에 의해서 결정되며, 집단강화를 얻기 위해서는 구성원 모두가 공동 목표에 기여하여야 한다. 즉, 집단 구성원 한 사람 또는 일부만 잘해서는 소용이 없고, 서로 의존적인 관계에서 구성원들 모두 정해진 기준에 맞게 행동을 수행하여야 한다.

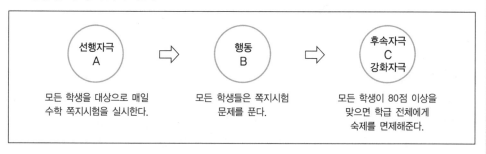

선행자극 A	행동 B	후속자극 C 강화자극
모든 학생을 대상으로 매일 수학 쪽지시험을 실시한다.	모든 학생들은 쪽지시험 문제를 푼다.	모든 학생이 80점 이상을 맞으면 학급 전체에게 숙제를 면제해준다.

3. 집단강화의 장단점

(1) 집단강화의 장점

① 집단강화는 시간을 절약할 수 있다.

② 개별적 행동관리가 어려운 상황에서 집단강화는 아주 편리하게 활용될 수 있다.

③ 수업 분위기를 와해하는 것과 같은 심각한 집단의 문제행동을 신속히 해결하는 데 효과적으로 활용될 수 있다. 집단강화는 또래 협력과 또래 압력이라는 강력한 집단 영향력을 가지고 있어 문제행동의 신속한 제거는 물론, 새로운 행동 증진에 효과가 크다.

④ 또래들을 행동치료자 및 행동관리자로 활용할 수 있기 때문에 또래 압력과 영향력을 긍정적으로 극대화할 수 있다.

⑤ 집단 내에서 긍정적 사회적 상호작용과 행동적 지원을 촉진하는 데 효과적으로 활용될 수 있다.

(2) 집단강화의 단점 ❶ 25중등A11

① 종속적 집단강화나 상호 의존적 집단강화의 경우 또래의 부당한 압력이 문제가 될 수 있다. ❷ 14초등A2

② 한 구성원이 집단의 노력을 고의로 방해할 수 있고, 역으로 집단의 수준을 높이기 위해 구성원 몇몇이 다른 사람들을 위해 목표행동을 대신할 수 있는 부작용이 있다.

기출 POINT 16

❶ 22유아B7

① ⓒ에 해당하는 강화 방법이 무엇인지 쓰고, ② ⓒ을 적용하여 ⓒ에서 최 교사가 동그라미 모둠 유아들과 약속한 내용을 쓰시오.

김 교사: ⓒ 모둠의 모든 유아가 정해진 기준에 도달했을 때, 모둠 전체를 강화하는 방법을 적용해서 유아들과 약속해 보세요. 혹시 동그라미 모둠 친구들 모두가 좋아하는 것이 있을까요?

최 교사: 네, 요즘 터널놀이를 너무 너무 좋아해요. 그러면 ⓒ 유아들과 어떤 약속을 하면 좋을까요?

기출 POINT 17

❶ 25중등A11

[A]의 집단강화 유형을 쓰고, 밑줄 친 ⓒ에 해당하는 내용을 '학생K와 모둠 학생 간의 상호작용' 측면에서 1가지 서술하시오.

일반 교사: 선생님, 강화에 대해 궁금한 게 있어요. 학생 K가 모둠 활동에 잘 참여할 수 있도록 강화하는 방법도 있을까요?

특수 교사: 네. 집단강화를 활용할 수 있어요. 모둠에 있는 모든 구성원에게 각자의 역할을 분담하고, 자신의 역할을 [A] 완수하여 모둠이 목표 준거에 도달하면 모든 구성원을 강화하는 방법이에요.

일반 교사: 선생님, 이 강화 방법을 사용할 때 주의해야 할 사항이 있나요?

특수 교사: 무엇보다 모둠 학생이 강화를 받기 위해 학생 K의 역할을 다른 학생이 대신해 주지 않도록 해야 해요. 그리고 ⓒ 다른 주의할 점은 다음과 같아요.

❷ 14초등A2

ⓒ에 알맞은 강화 기법을 쓰고, 이 기법을 적용할 때 나타날 수 있는 문제점을 정우와 관련지어 1가지 쓰시오.

강 교사: 최 선생님, 요즘 정우가 보이는 문제행동 때문에 모둠 활동에서 친구들로부터 배제되는 경우가 자주 있어요.

최 교사: 네, 그런 경우에는 (ⓒ)(이)라는 강화 기법을 적용해 보세요. 이 기법은 정우가 속한 모둠이 다 같이 노력해서 목표에 도달하면 함께 강화를 받을 수 있고, 정우가 목표에 도달하면 정우가 속한 모둠의 모든 학생들이 강화를 받을 수 있어요.

04 토큰제도(token system)

1. 토큰제도의 정의 및 목적

(1) 토큰제도의 정의

① 토큰 강화인자는 학생에게 가치를 가지는 어떤 강화인자로 교환할 수 있는 상징적 표시물이다.

② 토큰 강화인자는 화폐처럼 그 자체로 강화의 힘을 가진 것은 아니지만, 다양한 1차 및 2차 강화물과 교환이 가능하기 때문에 강화의 가치를 갖게 된다. 이는 화폐와 동일한 의미와 기능을 가져 '토큰경제'라고 불리기도 한다.

(2) 토큰제도의 목적

토큰제도의 궁극적 목적은 토큰의 제거이다. 그러므로 토큰은 항상 사회적 칭찬과 짝지어서 제공되어 나중에는 칭찬이 토큰과 동일한 강화 능력을 갖게 해야 한다. 토큰을 제거하기 위해 다음의 방법들을 사용할 수 있다.

① 토큰을 얻기 위해 수행해야 하는 행동의 양과 강도를 점점 늘려가고, 토큰제도가 유효한 기간을 점차 줄여가는 방법을 사용하여 토큰을 제거한다.

② 학생이 상대적으로 덜 원하는 항목의 교환 강화제는 점차 적은 양의 토큰을 책정하고, 학생이 원하는 항목은 많은 양의 토큰을 책정한다.

2. 토큰제도의 구성요소

(1) 목표행동 ● 22유아A6

① '목표행동'이란 강화될 행동, 즉 토큰제도를 통해 달성하고 싶은 행동을 의미한다.

② 목표행동은 학생이 수행할 수 있는 능력이 있는 행동이어야 한다. 토큰제도는 성취동기를 높여 발생빈도가 낮은 행동을 증가시키는 방법으로, 결손행동을 새로 가르치는 것은 적절하지 않다(홍준표, 2009).

③ 목표행동은 각 학생에게 해당하는 적절한 행동과 수준을 찾아 개별화되어야 한다.

④ 목표행동은 관찰과 측정이 가능한 용어로, 명확한 기준으로 제시되어야 한다.

⑤ 목표행동의 수는 하나일 수도 있고 여러 행동을 대상으로 할 수도 있다. 초기 단계에서는 소수의 행동목록으로 시작하여 점차 증가시키는 것이 효과적이다.

(2) 토큰

① '토큰'이란 가치 있는 것과 교환할 수 있는 상징적인 표시물로, 토큰 자체는 학생에게 원래 가치가 없는 것이어야 하고, 토큰으로 바꿀 수 있는 교환 강화제는 가치가 있는 것이어야 한다.

더 알아보기

토큰제도의 구성요소

토큰제도의 핵심요소는 ① 표적행동의 목록, ② 표적행동의 발생에 수반하여 제공되는 토큰과 점수, ③ 토큰과 교환될 수 있는 지원강화 품목 등으로 구성된다.

기출 POINT 18

❶ 22유아A6

ⓗ에 들어갈 토큰강화체계의 구성요소를 쓰시오.

최 교사: 연우의 여러 특성을 고려해 볼 때 토큰강화 방법이 적절할 것 같은데요. 토큰강화를 하려면 먼저 연우가 수행해야 할 (ⓗ)을/를 알려 주셔야 해요. 그리고 토큰을 모았을 때 무엇으로 교환하고 싶은지 연우와 함께 정하면 됩니다. 그다음에 몇 개의 토큰을 모아야 교환할 수 있는지와 교환 시기를 알려 주세요.

② 토큰이 갖추어야 할 특성은 다음과 같다.
  ㉠ 휴대가 가능하고 다시 사용할 수 있으며, 다루기 쉬워야 한다.
  ㉡ 학생에게 안전하고 해롭지 않은 것이어야 한다.
  ㉢ 학생이 목표행동을 수행하지 않고도 토큰을 얻을 수 있으면 효과가 없다. 즉, 학생이 토큰을 속여서 만들거나 다른 곳에서 쉽게 구할 수 있어서는 안 된다.
  ㉣ 토큰은 교환에 가치가 있는 것이므로 토큰 자체가 값어치가 있어서는 안 된다.

(3) 교환 강화제 ❶ 23유아A4

① '교환 강화제'란 토큰을 일정량 모았을 때 교환할 수 있는 것으로 미리 정해둔 강화제이다.
② 교환 강화제는 먹을 것, 물건, 활동, 추가 시간, 싫어하는 일 면제 쿠폰 등 학생의 목표행동을 동기화시킬 수 있을 만큼 충분히 다양하게 선정해야 한다.
③ 교환 강화제의 값을 매길 때는 학생이 교환 강화제를 획득하는 것이 너무 쉽지도, 너무 어렵지도 않도록 주의해야 한다.

3. 토큰제도의 실행

(1) 토큰제도의 실행 절차

① 토큰제도를 적용할 목표행동을 선정한다.
② 토큰을 결정한다.
③ 교환 강화제와 바꿀 때까지 아동이 토큰을 보관할 수 있는 방법과, 획득된 토큰의 양을 기록할 방법을 결정한다.
  ㉠ 봉투·상자 등을 이용한 보관함을 학생 스스로 관리하도록 할 수도 있고, 나이가 어린 아동의 경우 교사가 관리할 수도 있다.
  ㉡ 어린 아동일수록 유형의 토큰을 사용하는 것이 좋고, 점수처럼 무형의 토큰을 사용할 경우 도표나 점수판 또는 그래프 같은 곳에 기록하여 가시화하는 것이 바람직하다.
④ 교환 강화제를 선정하여 그 값어치를 결정한다.
  ㉠ 주로 학생들이 선호하는 것으로 교환 강화제를 선정하고, 교환 강화제마다 목표행동으로 얻을 수 있는 토큰의 양을 결정한다.
  ㉡ 처음에는 적은 토큰의 양으로도 교환할 수 있게 해주는 것이 좋다.
⑤ 교환 강화제 메뉴판을 만들어 잘 볼 수 있는 곳에 게시한다.
  ㉠ 강화제 메뉴판을 만들어서 학생들이 볼 수 있는 곳에 두는 목적은 학생으로 하여금 목표행동으로 얼마만큼의 토큰 획득이 가능한지, 자신이 원하는 강화제가 무엇인지, 그것을 얻기 위해 토큰이 얼마나 필요한지 알 수 있게 하는 데 있다. 따라서

기출 POINT 19
❶ 23유아A4
㉡은 토큰강화체계의 구성요소 중 무엇에 해당하는지 쓰시오.

참여도를 높이기 위해 지수가 그림책을 읽을 때마다 공룡 스티커를 주어 5개를 모으면 ㉡ 공룡 딱지로 바꾸어 주기

더 알아보기
토큰과 강화제의 교환비율
• 초기의 교환비율을 낮게 정하여 쉽게 교환할 수 있도록 한다.
• 아동에게 누적된 토큰의 양이 많아지면 지원 상품 값을 올리고, 지원 상품의 종류를 늘린다.
• 참여자들의 토큰 수입이 늘어남에 따라 지원 상품을 고급화하고 다양화한다.
• 고급 상품의 값을 올리기보다는 필수 지원 상품의 값을 올린다.

목표행동, 제공되는 토큰의 수, 교환 강화제와 지불해야 할 토큰의 수를 한눈에 볼 수 있게 제시하는 것이 좋다.

ⓒ 나이가 어린 아동의 경우 메뉴판의 교환 강화제를 사진이나 그림으로 제시해준다.

⑥ 언제 어디서 토큰을 교환 강화제와 바꿀 수 있는지 결정한다.

ⓐ 교환 주기가 하루 단위인 경우 일과 도중에 교환하거나, 주 단위인 경우 주중에 교환하기보다는 하루나 한 주의 끝으로 교환 시기를 정하면, 강화제와 토큰의 교환으로 인한 흥분과 어수선함으로 수업이 방해되는 것을 막고 학생들에게 만족지연을 연습시킬 수 있다.

ⓑ 나이가 어리거나 지적 능력이 낮은 아동은 교환 시기를 자주 갖는 것이 필요하다. 또한 교환 시기와 장소를 일정하게 하여 학생들이 일관성을 기대할 수 있도록 해야 한다.

⑦ 학생에게 토큰제도를 가르친다.

⑧ 목표행동에 대한 자료를 수집하면서 토큰제도를 실행한다.

⑨ 목표행동이 향상을 보이면 강화계획을 약화시킨다.

ⓐ 처음에는 자주 토큰과 강화제를 교환할 수 있게 해주다가 점차 강화계획의 비율을 늘려가는 것이 좋다.

ⓑ 교환 강화제의 양을 그대로 두고 강화제 값만 너무 올려 토큰의 가치를 지나치게 떨어뜨리면 안 된다. 초기에는 교환비율을 낮게 하여 적은 수의 토큰으로 작은 강화제들을 쉽게 교환할 수 있게 하다가, 목표행동의 발생률이 증가하여 토큰을 잘 모을 수 있게 되면 교환 강화제의 값을 올리고 교환 강화제의 양도 늘려갈 뿐 아니라 높은 가격의 강화제를 추가하는 것이 좋다.

⑵ 토큰제도의 효과적 활용법

① 학생들의 요구를 충족시킬 수 있는 다양한 지원 상품과 활동을 준비해야 한다.

② 사용될 토큰은 가시적으로 유형의 것이어야 한다.

③ 표적행동이 발생한 후 즉시, 또는 표적행동을 수행하고 있을 때 토큰을 제공한다. 토큰은 표적행동의 출현과 정적강화 간의 시간적 지연과 상황적 차이를 메워주는 중요한 매개요인이다. 따라서 지원강화와의 교환은 차후로 미루더라도 토큰의 제공은 표적행동에 뒤따라 즉시 수반되어야 한다.

④ 큰 보상을 한 번에 제공하는 것보다는 작은 보상을 자주 제공하는 방식으로 토큰제도를 구성한다.

⑤ 모아둔 토큰으로 원하는 지원 상품이나 활동을 교환할 수 있는 시간과 장소를 마련한다.

⑥ 표적행동과 지원강화 메뉴를 설정하고, 토큰의 비율을 결정할 때 학생의 의견을 적극적으로 반영한다.

⑦ 표적행동과 토큰의 비율, 지원강화 상품과 토큰의 비율을 수시로 개정할 필요가 있다. 학생들이 선호하지 않는 행동에 대해서는 토큰의 수를 올리고, 잘 팔리지 않는 상품은 값을 내리는 것이 필요하다.

(3) 토큰의 누적 방지

① 지정된 교환일에 강화제를 바꾸는 것이 아니라 언제든지 원하는 강화제의 값어치만큼 토큰을 모았으면 즉시 교환하게 해주고, 더 큰 값어치의 강화제를 원하는 경우는 저축하게 하고 저축해놓은 것을 인출할 때는 벌금을 내도록 할 수 있다.

② 토큰의 색깔이나 특성을 자주 바꾸어서 유통기한이 지난 토큰은 더 이상 사용할 수 없도록 하는 규칙을 정할 수도 있다.

③ 교환 강화제의 목록을 주기별로 바꾸어주는 것도 학생들로 하여금 계속해서 토큰을 모으도록 하는 동기를 부여할 수 있다. 교환 강화제 목록에 선호활동에 대한 '추가시간'을 넣는다면 토큰 소모를 격려할 수 있을 것이다. 학생들이 표적행동을 잘하게 되어 토큰 획득이 쉬워지면 새롭고 신기한 것을 강화제에 포함시키는 것도 토큰 사용의 동기화에 도움이 된다.

4. 토큰제도의 장점

① 토큰은 일반화된 조건 강화제이므로 학생들의 동기부여를 위한 노력이 덜 필요하다.

② 토큰은 학생의 행동과 교환 강화제가 제공되는 시간을 연결해주므로 지연된 강화의 효과를 가능하게 한다.

③ 토큰은 학생의 행동과 교환 강화제가 주어지는 장소를 연결시켜 동일한 토큰으로 학교 밖에서도 사용할 수 있게 해준다.

5. 토큰제도와 반응대가의 결합

(1) 토큰제도와 반응대가의 결합 방법

증가시키고 싶은 바람직한 행동에 대한 바람직하지 않은 행동을 보이고 있는 경우, 바람직한 행동에 대해서는 토큰을 얻는 토큰제도를, 바람직하지 못한 행동에 대해서는 토큰을 잃는 반응대가를 함께 사용할 수 있다.

기출 POINT 20

❶ 16중등B3
다음은 교사 A가 학생의 행동 관리를 위하여 1주차에 밑줄 친 ㉠을 실행하고, 2주차에 밑줄 친 ㉠과 ㉡을 함께 적용한 과정을 요약한 것이다. 교사 A가 이와 같은 중재를 실시한 이유를 2가지 쓰고, 밑줄 친 ㉢과 ㉣에서 교사 A가 효과적인 행동 중재를 하기 위해 개선해야 할 점을 순서대로 각각 1가지 쓰시오.

교사 A는 행동 관리를 위해서 2가지 중재 방법을 함께 실행하기 위한 간단한 점수 체계를 만들었다. 첫 1주일간 학생들은 ㉠ 바람직한 수업 행동에 상응하는 점수를 얻었다. 학생 모두가 이 점수 체계에 익숙해진 2주차에, 학생들은 ㉡ 수업 방해 행동을 할 시 점수를 잃었다. 매일 종례 후 학생들은 획득한 점수를 자기가 원하는 활동으로 교환할 수 있고, 다음 날 자기가 더 좋아하는 활동과 교환하기 위해서 점수를 모아 둘 수도 있다. 점수의 교환은 5점부터 가능하다. 2주차에 지수의 점수는 ㉢ 수요일 오전에 0점이었고, ㉣ 금요일 종례 전에는 1점이었다.

기출 POINT 21

❶ 23초등B4
㉣에 들어갈 말을 쓰시오.

행동계약서를 만들고 규칙을 실천할 때마다 (㉣)을/를 제공하면 효과적임을 안내

기출 POINT 22

❷ 13초등B3
㉤에 들어갈 말을 쓰시오.

은수를 위해 표적행동, 표적행동의 조건과 준거, 강화의 내용과 방법, 계약 기간, 계약자와 피계약자의 서명란이 포함된 (㉤)을(를) 은수와 함께 작성한다.

(2) 토큰제도와 반응대가의 결합 사용 시 유의점

① 토큰제도를 먼저 일정 기간 실행하여 토큰이 조건화된 강화제로 자리 잡고 난 후 반응대가를 사용해야 토큰의 상실이 벌로 작용한다. ❶ 16중등B3

② 반응대가를 사용하기 위해서는 교사가 토큰을 회수할 수 있어야 한다. 토큰제도와 마찬가지로 반응대가를 적용할 때 바람직하지 못한 행동에 대해 잃게 될 토큰의 양을 결정한다. 그런데 반응대가를 적용할 때 학생이 가지고 있는 모든 토큰을 잃게 해서는 안 된다. 가지고 있는 모든 토큰을 잃게 되면 학생은 교환 강화제와 바꿀 토큰이 없어 바람직한 행동에 대한 강화의 의미가 사라지고, 더 잃을 것이 없는 학생은 문제행동을 계속하게 될 것이기 때문이다.

③ 토큰제도와 함께 반응대가를 적용 시 바람직한 행동 발생에 수반해서 제공되는 토큰의 수가 문제행동 발생에 유관하여 제거되는 토큰의 수보다 많아야 한다. 그래야 교환 강화제로 바꿀 수 있는 토큰이 부족하지 않게 되고, 문제행동에 대한 벌보다는 바람직한 행동에 대한 강화에 초점을 두게 된다.

05 행동계약(behavioral contract)

1. 행동계약의 정의

① 행동계약은 행동목표를 달성했을 때 주어지는 강화에 대해 학생과 교사가 동의한 내용을 문서로 작성하는 것이다. ❶ 23초등B4

② 행동계약은 최종 목표로 하는 행동과 강화 사이의 유관 관계를 글로 쓴 문서를 의미하며, '유관계약'이라고도 한다.

2. 행동계약의 구성요소 ❶ 20중등B9, ❷ 13초등B3

(1) 학생의 표적행동

① 학생이 수행해야 할 표적행동은 학생과 교사 간 행동 발생 여부에 대한 불일치를 막기 위해 관찰과 측정이 가능하도록 조작적으로 정의한다.

② 학생이 하기를 바라는 바람직한 행동을 중심으로 하되, 하나의 계약에서 세 가지 이하의 행동을 다루는 것이 좋다.

우리들의 약속

친구가 지킬 약속	선생님이 지킬 약속
☺ 누가?: 김 건	☺ 누가? : 박영주 선생님

☺ 무엇을?

친구가 지킬 약속:
- 줄을 설 때 친구 앞으로 끼어들지 않고 제자리에 섭니다.
- 줄을 서서 갈 때 다른 곳으로 가거나 장난치지 않습니다.
- 줄을 서서 갈 때 친구를 밀지 않습니다.

☺ 언제?
급식실로 가는 시간

선생님이 지킬 약속:

☺ 무엇을?
- 친구가 약속을 지키지 않은 ✓ 표시가 5개보다 적으면 스티커를 줍니다.
- 스티커 개수에 따라 선물을 줍니다.
  선물 : 자료실 선물 중 1개

☺ 언제?
- 스티커: 급식실에서 교실로 와서 바로
- 선물: 스티커를 10개 모으면 바로

서명 : _____
날짜 : _____

서명 : _____
날짜 : _____

약속을 지켰나요?

1	2	3	4	5	6
7	8	9	10	선물	

🏳 **행동계약서 예시**

(2) 표적행동의 수행 수준과 준거

① 표적행동의 완성으로 볼 수 있는 수행 수준과 준거를 포함하여야 한다.

② 쌍방이 합의한 가운데 적절한 기준을 설정하도록 노력한다.

(3) 강화의 내용과 방법

구체적인 강화(보상)의 내용과 강화의 형태, 방법, 양을 구체적으로 설명한다.

(4) 계약 기간

계약 조건을 충족시킬 전체 기간을 기록한다.

(5) 계약자와 피계약자의 서명란

학생과 교사의 이름 및 서명을 기록한다.

(6) 점검표(선택)

필요하다면 표적행동의 수행을 점검할 수 있는 점검표를 계약서 안에 넣을 수도 있다. 이렇게 하면 학생은 자신의 과제 수행 여부에 대한 기록을 보면서 좀 더 과제 수행에 집중할 수 있고, 교사/부모는 계약의 이행 정도를 정기적으로 검토할 수 있다.

기출 POINT22

❶ 20중등B9

(나)에서 제시되지 않은 행동계약의 구성요소를 1가지 쓰고, (다)에서 잘못된 내용을 2가지 찾아 기호를 쓰고, 바르게 고쳐 쓰시오.

(나) 학생 I의 행동계약서 예시

우리의 약속

학생 I는 수학 수업 시간에 지시 따르기 행동을 하면, 김 교사는 학생 I에게 점심시간에 5분 동안 컴퓨터 게임을 하게 해준다.
(기간: 2019. ○○. ○○. ~ 2019. ○○. ○○.)

학생 학생 I   서명   날짜: 2019. ○○. ○○.
교사 김 교사 서명   날짜: 2019. ○○. ○○.

〈과제 수행 기록〉

회기	1	2	3	4	5	6	7	8	9	10	11	12	13	14	15
학생															
교사															

(다) 행동계약 규칙

㉠ 계약조건은 계약 당사자 모두에게 공정해야 한다.
㉡ 계약 초기에는 높은 기준을 설정하여 목표가 달성되도록 한다.
㉢ 표적행동이 수행된 후에 보상한다.
㉣ 계약서는 비공개적으로 보관한다.

---

3. 행동계약의 실행 절차

① 행동계약이 무엇인지 학생의 이해 수준에 맞게 설명하고, 행동계약에 대한 학생의 동의를 얻는다.

② 계약서에 명시될 표적행동을 선정한다.

  ㉠ 학생이 하기를 바라는 바람직한 행동을 중심으로 한다.

  ㉡ 하나의 계약에서 세 가지 이하의 행동을 다루는 것이 좋다.

  ㉢ 학생과 교사 간 행동 발생 여부에 대한 불일치를 막기 위해 행동은 조작적으로 정의되어야 한다.

③ 행동 목표를 달성하면 주어질 강화제의 내용을 결정하고, 강화제를 받을 수 있는 기준과 계약의 기한을 정한다.

④ 계약 내용의 이행에 관련이 있는 사람들이 모두 계약 내용을 이해하고 동의한 후에 계약서에 서명하고 복사하여 한 부씩 나눠 갖는다. 계약은 절대로 강요되지 않아야 한다.

⑤ 행동계약서에 있는 표적행동의 발생에 대한 정보를 수집하면서, 계약 내용의 수행은 미루지 않고 계약서의 내용대로 즉각 이루어져야 한다.

⑥ 행동계약 실행 시 고려사항

　㉠ 행동계약을 실행할 때 토큰제도처럼 초기에는 작은 행동에 대해 작은 양으로 자주 강화하고, 잘 지켜지면 점점 어려운 행동에 대한 새로운 계약을 해가는 것이 바람직하다.

　㉡ 행동계약을 토큰제도와 통합하여 사용할 수 있다.

　㉢ 계약서를 공개적으로 붙여 놓으면 서로 목표에 대한 향상 정도를 볼 수 있어 동기가 부여될 수 있다.

　㉣ 글 읽기에 어려움이 있는 경우 그 내용을 그림으로 작성할 수 있다. ❶ 21유아B2

4. 행동계약의 장점

① 학생의 참여가 가능하다.

② 행동지원의 개별화를 쉽게 해준다.

③ 계약의 내용이 영구적으로 남을 수 있다.

④ 교사와 학생 모두 자신의 역할에 대해 구체적으로 알고 시행할 수 있다.

⑤ 개별화교육계획서를 작성할 때 학생의 현재 수준과 목표를 진술하는 데 사용될 수 있다.

기출 POINT 23

❶ 21유아B2
(나)는 어떤 행동중재전략인지 각각 쓰시오.
(나)

바람직하지 않은 행동의 감소

01 행동 감소를 위한 수준별 대안

- 행동 감소를 위한 원칙
  - 최소 강제 대안의 원칙
  - 도전행동의 기능에 근거한 중재
- 행동 감소를 위한 수준별 대안
  - 수준 Ⅰ — 강화중심 전략
  - 수준 Ⅱ — 소거(강화 종결하기)
  - 수준 Ⅲ — 선호자극 제거
  - 수준 Ⅳ — 혐오자극의 제시

02 차별강화

- 개념
  - 정의
  - 장점
- 저비율행동 차별강화
  - 개념
  - 특징
  - 유형
    - 반응시간 DRL
    - 전체 회기 DRL
    - 간격 회기 DRL
    - 기준선 변경 설계를 활용한 DRL
- 다른 행동 차별강화
  - 개념
  - 유형
    - 전체 회기 DRO
    - 간격 회기 DRO
    - 영구적 산물 DRO
  - 단점
  - 사용 지침
- 대체행동 차별강화
  - 개념
  - 대체행동 선택 기준
    - 기능의 동일성
    - 수행의 용이성
    - 사회적 수용 가능성
    - 동일한 반응 노력
- 상반행동 차별강화
  - 개념
  - DRA와 DRI의 비교

03 소거

- 정의 및 적용
- 소거 사용 시 고려할 사항
  - 소거저항
  - 소거폭발
  - 자발적 회복 현상
  - DRA와 DRI의 병행
  - 모방 혹은 밀수 강화 주의
  - 일관성 유지
- 장단점

04 벌

- 개념
  - 정의
  - 벌의 효과에 영향을 미치는 요인
    - 즉시성
    - 유관성
    - 유인력
    - 개인차
- 유형
  - 부적 벌
    - 반응대가
    - 타임아웃
  - 정적 벌
    - 과잉교정
    - 조건 또는 무조건 자극의 직접 제시

05 반응대가

- 개념
  - 정의
  - 절차
- 방법
  - 벌금제도
  - 보너스 반응대가
  - 정적 강화의 병용
  - 집단강화의 병용
- 장점 및 유의사항
  - 장점
  - 사용 시 유의사항

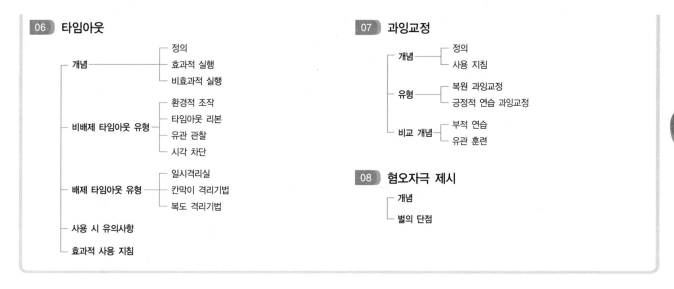

06 타임아웃

- 개념
  - 정의
  - 효과적 실행
  - 비효과적 실행
- 비배제 타임아웃 유형
  - 환경적 조작
  - 타임아웃 리본
  - 유관 관찰
  - 시각 차단
- 배제 타임아웃 유형
  - 일시격리실
  - 칸막이 격리기법
  - 복도 격리기법
- 사용 시 유의사항
- 효과적 사용 지침

07 과잉교정

- 개념
  - 정의
  - 사용 지침
- 유형
  - 복원 과잉교정
  - 긍정적 연습 과잉교정
- 비교 개념
  - 부적 연습
  - 유관 훈련

08 혐오자극 제시

- 개념
- 벌의 단점

01 행동 감소를 위한 수준별 대안

1. 행동 감소를 위한 원칙

(1) 최소 강제 대안의 원칙

① '최소 강제 대안의 원칙'이란 어떤 중재를 선택할 것인가를 결정할 때 가장 중요하게 고려해야 할 사항이 중재의 강제성 수준이라는 것이다.

② 행동을 감소시키고자 할 때 최소 강제 중재는 최소한의 혐오적 중재 혹은 가장 낮은 수준의 체계를 의미한다.

③ 교사는 최소 강제성에서 최대 강제성(가장 긍정적인 것에서 가장 혐오적인 것)까지의 체계적 절차에 근거하여 가능한 긍정적인 범위에서 효과적인 절차를 결정해야 한다.

④ Gast와 Wolery(1987)는 "만일 동일하게 효과적인 절차 간에 선택이 이루어져야 한다면 최소한의 혐오적(강제적)인 절차가 선택되어야 한다. 만일 덜 강제적이나 비효과적인 절차와, 더 효과적이지만 혐오적인 절차 간에 선택이 이루어져야 한다면 효과적인 절차가 선택되어야 한다."라고 주장하였다. 그러나 실제 학교에서 혐오적 절차의 사용은 거의 지지를 받지 못하고 있다.

(2) 도전행동의 기능에 근거한 중재

① 기능 확인이 가능하다면 도전행동의 기능에 근거하여 중재가 선정되어야 한다는 원칙이다.

② 행동의 기능을 고려하지 않고 행동의 형태만 보고 중재를 선택한다면 행동은 궁극적으로 되돌아오거나 또 다른 나쁜 행동, 혹은 더 나쁜 행동으로 대치될 수 있다.

2. 행동 감소를 위한 수준별 대안

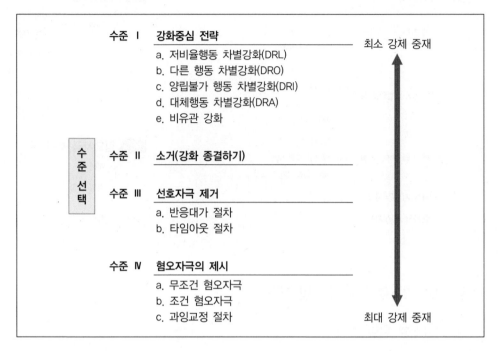

① 수준 Ⅰ은 차별강화를 사용하는 5가지 전략으로 저비율행동 차별강화, 다른 행동 차별 강화, 양립불가 행동 차별강화, 대체행동 차별강화, 비유관 강화를 제시한다. 이러한 전략은 행동 감소를 위한 정적 강화 접근법이기 때문에 첫 번째 선택적 대안이다.

② 수준 Ⅱ는 소거 절차이다. 소거 사용은 행동을 유지시키는 강화인자를 더 이상 주지 않거나 보류하는 것을 의미한다.

③ 수준 Ⅲ은 벌을 주는 후속결과로서의 첫 번째 선택사항이다. 그러나 이러한 선택사항 (반응대가, 타임아웃)은 여전히 혐오자극의 적용을 필요로 하지 않는다. 이것은 부적 강화처럼 보일 수 있다. 부적 강화에서는 행동을 증가시키기 위해 혐오자극이 유관적 으로 제거된다. 수준 Ⅲ은 행동을 감소시키기 위해서 바람직한 자극을 제거하거나 자 제하는 것이다.

④ 수준 Ⅳ는 앞의 세 가지 수준에서 실패한 후에, 또는 어떤 행동의 지속이 학생이나 다른 사람에게 절박한 위험을 가져올 때 선택되는 것이다. 이것은 무조건적 혹은 조 건화된 혐오자극의 적용이나 과잉교정 절차를 포함한다.

　ㄱ 정적 강화: 자극이 행동을 증가시키기 위해 유관적으로 제시된다.

　ㄴ 혐오자극 제시: 혐오자극은 행동을 감소시키기 위해서 제시된다.

02 차별강화(differential reinforcement)

1. 차별강화의 개념

(1) 차별강화의 정의

① 차별강화란 바람직한 행동에는 강화를 제공하고, 바람직하지 않은 행동에는 강화를 제공하지 않음으로써 강화를 받지 못하는 행동을 감소시키는 방법이다. ❶ 14유아B5, ❷ 10중등14

② 강화란 행동을 증가시키는 과정이다. 그러나 차별강화는 강화의 원리를 적용하면서도 행동의 증가가 아닌 행동의 감소에 사용된다.

③ 정적 강화나 부적 강화는 바람직한 행동을 했을 때 유쾌자극의 제시나 혐오자극의 제거로 바람직한 행동을 증가시킨다. 반면에 차별강화는 바람직하지 않은 행동을 하지 않거나, 적게 하는 것에 대해 유쾌자극을 제시하여 바람직하지 않은 행동을 감소시키는 전략이다.

④ 강화와 차별강화의 차이는 다음과 같다.

㉠ 강화의 표적이 다르다. 즉, 강화는 바람직한 행동을 강화하고, 차별강화는 바람직하지 않은 행동이 발생하지 않는 것을 강화한다.

㉡ 목적이 다르다. 강화는 바람직한 행동을 발생 또는 증가시키는 것이 목적이지만, 차별강화는 바람직하지 않은 행동의 발생을 억제하는 것이 목적이다.

(2) 차별강화의 장점

① 차별강화는 강화의 원리를 적용하므로 강화의 장점을 그대로 살릴 수 있다.

② 차별강화는 행동을 감소시키려는 다른 방법들처럼 강화를 철회하지도 않고, 강화자극을 제거하지도 않고, 혐오자극을 제시하지도 않는다는 특성 때문에 자주 사용되는 기법이다.

2. 저비율행동 차별강화(Differential Reinforcement of Low rates of behavior ; DRL)

(1) 저비율행동 차별강화의 개념

저비율행동 차별강화는 행동이 정해진 시간 간격 동안 정한 기준만큼 또는 기준보다 적게 발생했을 때 강화하는 것으로, 발생 빈도가 낮은 행동에 대해 차별강화하는 것이다.

(2) 저비율행동 차별강화의 특징

① DRL은 행동의 발생을 제거하는 것이 목적이 아니라 발생 빈도를 낮추기 위한 것으로, 행동 자체가 문제라기보다는 너무 자주, 많이, 빨리 발생하는 것이 문제인 행동에 사용하기 적절한 방법이다.

② DRL은 변화 과정이 빠르게 나타나는 것이 아니므로 위험하거나 심각한 행동에 적용하기에는 적절하지 않다. ❶ 10중등14

③ DRL은 준거변경설계를 사용하는 것과 유사하다.

기출 POINT 1

❶ 14유아B5
㉠에서 담임교사가 적용한 행동지원전략을 쓰시오.

> 담임교사: 선생님, 도형이가 또래들과 상호작용을 거의 하지 않고 있어요. 매일 혼자 놀고 있어서 안타까워요. 몇 가지 방법을 써 봤는데 별 효과가 없어요.
> 순회교사: 네. 그럼 그동안 선생님은 도형이에게 어떻게 하셨는지 말씀해 주시겠어요?
> 담임교사: 먼저 도형이가 또래들에게 관심을 갖도록 ㉠ 혼자 놀 때는 강화를 하지 않고, 도형이가 친구들에게 다가가거나 놀이에 관심을 보이면 "도형아, 친구들이 뭐하고 있는지 궁금하지? 같이 놀까?"라며 어깨를 두드려 주었어요. 도형이는 제가 어깨를 두드려 주는 걸 좋아하거든요.

❷ 10중등14
다음의 자료에 근거한 수업방해 행동 중재방법으로 적절하지 않은 것은?
② 수업 시간에 바람직한 행동을 할 때는 교사가 관심을 주고 수업방해 행동을 할 때는 관심을 주지 않는다.

기출 POINT 2

❶ 10중등14
다음의 자료에 근거한 수업방해 행동 중재방법으로 적절하지 않은 것은?
⑤ 수업방해 행동을 빠른 시간 내에 감소시키기 위하여 정해진 시간 동안 수업방해 행동이 미리 설정한 기준보다 적게 발생하면 교사가 학생이 좋아하는 활동을 함께 한다.

(3) 저비율행동 차별강화의 유형

① 반응시간 DRL(반응 간 DRL, Interresponse-time DRL) ❶ 21중등A3

㉠ 행동과 행동 사이에 정해진 시간 간격이 지나야 강화하는 것이다. 즉, 문제행동의 속도를 늦추고자 할 때 사용하는 방법이다.

㉡ 초기의 DRL을 사용할 때 이전에 강화된 반응 이후 최소한의 시간이 경과된 후에 또 다른 강화가 주어지도록 하는 방법이다.

㉢ 총 시간 내에 총 발생 건수를 감소시키기 위해서는 다음 반응이 강화되기 전에 경과해야 하는 최소한의 시간을 늘리는 것이 필요하다. 하나의 반응이 발생한 후 다음 반응이 발생하기까지 소요되는 시간을 '반응 간 시간(IRT)'이라고 하는데, 반응 간 시간을 증가시키면 정해진 시간 내에 발생할 수 있는 반응빈도는 제한될 수밖에 없다.

㉣ 즉, 하나의 반응이 발생한 후 일정한 기준시간이 경과한 다음에 발생한 반응은 강화하고, 일정한 기준시간이 지나기 전에 발생하면 무시하는 방식으로 차별강화한다.

예 어떤 반응이 1분에 1회꼴로 발생한다면 10분 동안 10번 발생할 것이다. 그러나 만약 반응 간 시간을 2분으로 증가시킨다면 10분 동안에 5회 발생할 것이다. 이와 같이 반응 간 시간을 조금씩 점차적으로 증가시키는 방법으로 단위시간 내의 반응비율을 낮출 수 있다.

기출 POINT 3

❶ 21중등A3

밑줄 친 ㉡에 해당하는 DRL의 유형을 쓰시오.

> 백 교사: 제 생각에는 전체 수업을 마친 후에 강화를 하는 것보다 ㉡ 학생 B가 한 번 질문을 한 후, 8분이 지나고 질문을 하면 즉시 강화하는 것이 좋겠습니다.

② 전체 회기 DRL(full session DRL) ❶ 21중등A3

㉠ 전체 회기 DRL은 정해진 회기 전체 동안에 정해진 수보다 행동이 적게 발생할 경우에 강화를 제공하는 것이다.

㉡ 예를 들어, 수업시간 50분 동안 떠드는 행동을 3회 이하로 줄이면 5분간의 자유시간을 준다.

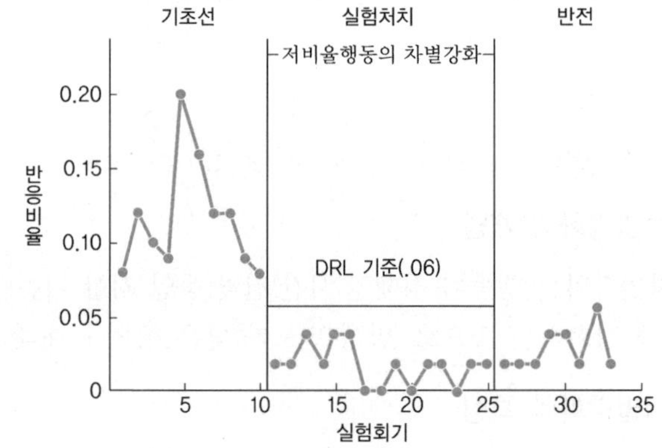

기출 POINT 4

❶ 21중등A3

밑줄 친 ㉠에 해당하는 DRL의 유형을 쓰시오.

> 천 교사: 그러면 학생 B에게 ㉠ 전체 수업 시간 45분 동안에 평균 5회 또는 그 이하로 질문을 하면, 수업을 마친 후에 강화를 해 준다고 말하십시오. 학생 B에게 이런 기법이 잘 적용될 것 같습니다.

③ 간격 회기 DRL(동간격 저비율행동 차별강화, Interval DRL)

　㉠ 간격 회기 DRL은 한 회기를 여러 시간 간격으로 나누고, 각 간격에서 정해진 수보다 적게 행동이 발생할 경우에 강화를 제공하는 방법이다.

　㉡ 훈련이 진행되면서 허용되는 반응의 빈도는 동일하게 유지하면서, 단위시간 간격을 늘리는 방법을 사용한다.

　㉢ 이 방법은 표적행동의 발생 빈도가 매우 높은 경우에도 무리 없이 점진적으로 행동의 발생 빈도를 감소시킬 수 있다.

　㉣ 예를 들어, 만일 참을 수 있는 최대한의 방해 행동 수가 회기당 2회라면 처음에는 5분 간격 동안에 2회를 허락한다. 그다음 행동이 안정되면 강화를 받기 위해서 5분 간격 동안에 2회를 허락한다. 이후에는 강화를 받기 위해 10분, 15분 간격 동안에 2회의 방해 행동만이 허락된다. 최종적으로는 30분 총 회기 동안에 2회의 방해 행동만이 허락된다.

　㉤ 전체 회기 저비율행동 차별강화에서는 훈련 단계가 높아질수록 허용되는 반응의 빈도를 점차 낮추는 방식을 사용했다. 반면, 간격 회기 저비율행동 차별강화에서는 행동빈도는 동일하게 유지하되, 훈련단계가 높아질수록 단위시간 간격을 점차적으로 증가시키는 방법을 사용한다는 점이 다르다.

④ 기준선 변경 설계를 활용한 DRL

　㉠ 저비율행동 차별강화는 기준선 변경 설계를 병용함으로써 표적행동의 발생률을 점진적으로 감소시킬 수 있다.

　㉡ 이것은 표적행동의 발생률이 매우 높아 짧은 시간 동안에 교정하기 어려울 때 효과적으로 사용될 수 있다.

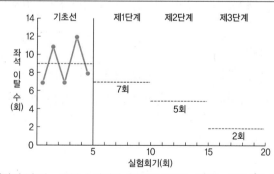

- 학생의 좌석 이탈의 빈도는 40분 수업시간 중 평균 9회로, 교사는 이를 2회 이하로 줄이기 위해 수업 중 2회 또는 그 이하로 좌석을 이탈할 때마다 토큰을 한 개씩 주기로 약속하였다. 그러나 한꺼번에 행동을 줄이기는 어려울 수 있으므로, 기준선 변경 설계법을 활용하여 좌석 이탈의 빈도를 단계적으로 조금씩 줄여간다면 성공 가능성은 높아질 것이다.
- 1단계에서는 기준을 7회로 정하여 학생이 7회 또는 그 이하로 좌석을 이탈할 때만 강화한다. 그리고 학생의 좌석 이탈행동이 7회 이하로 안정되면, 2단계에서는 5회로 기준을 변경하여 차별적으로 강화한다. 그리고 마지막 단계에서는 기준을 2회로 정하여 차별강화한다. 이러한 방법으로 조금씩 목표 수준으로 낮추어간다면 무리 없이 최종목표에 도달할 수 있다.

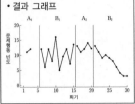
3. 다른 행동 차별강화(Differential Reinforcement of Other behavior ; DRO)

(1) 다른 행동 차별강화의 개념

① DRO란 일정 시간 간격 동안에 표적행동이 발생하지 않으면, 그 시간 간격 동안에 어떤 행동이 발생하든지 상관없이 강화하는 것이다. ❶ 21중등B4

② DRL이 점진적 행동 감소를 강화하는 반면에, DRO는 행동이 전혀 발생하지 않는 것만 강화한다.

③ 먼저 시간 간격을 정하고(시간 간격의 결정은 표적행동의 기초선 자료를 근거로 한다.) 그 시간 동안에 표적행동이 발생하지 않았다면, 표적행동 외에 어떤 행동이 발생했느냐 하는 것과는 상관없이 시간 간격이 끝나는 즉시 강화한다.

(2) 다른 행동 차별강화의 유형

① 전체 회기 DRO

㉠ 한 회기 전체 시간 동안에 표적행동이 발생하지 않을 때 강화한다.

㉡ 예를 들어, 40분 전체 수업시간 동안 큰 소리로 말하기 행동이 한 번도 발생하지 않은 것에 대해서 강화한다.

② 간격 회기 DRO

㉠ 한 회기를 여러 개의 작은 단위 간격으로 나누고, 각 시간 간격 내에 표적행동이 발생하지 않을 때 강화한다. ❶ 13추가중등B2

㉡ 전체 시간을 간격으로 나누는 것은 학생에게 강화의 기회와 피드백의 양, 그리고 성공의 기회를 더 많이 주는 것이다. 부적절한 행동이 매우 높은 비율로 나타나는 경우에 전체 회기 DRO를 적용하면 학생은 강화 받기가 매우 어렵다.

㉢ 간격 회기 DRO는 부적절한 행동을 좀 더 점진적으로 감소시키는 것이 더 실질적일 때 사용된다.

③ 영구적 산물 DRO

㉠ DRO는 영구적 산물 자료와 함께 사용될 수 있다.

㉡ 예를 들어, 낙서하지 않은 쪽마다 스마일 도장을 찍어주는 것이다.

더 알아보기 **다른행동 차별강화**(이성봉 외, 2019.)

- '다른행동 차별강화'는 사전에 계획된 일정 시간 간격 동안에 어떠한 다른 행동이 발생하든 상관없이 표적행동을 보이지 않는 것에 대해 강화를 하는 것이다. 즉, 표적행동이 발생하지 않는 것을 강화하는 것이다. DRO는 특정 부적절한 행동의 생략(omission)에 대해 강화를 하는 것이므로 '행동 생략 차별강화'라고도 한다.
- DRO는 공격행동이나 자해행동과 같은 문제행동 관리에 유용하다. 예를 들어, 학생이 교사 또는 또래를 발로 차는 행동을 보이는 경우 교사는 40분의 수업 시간을 5분 간격으로 나누고, 표적행동인 발로 차는 행동이 시간 간격 동안에 발생하지 않는 것을 강화한다. 이때 학생에게 표적행동 이외에 다른 어떠한 행동이 나타나도 상관이 없다. 즉, 표적행동만 나타나지 않으면 이에 대해 강화를 한다.
- DRO 적용 시 표적행동 이외에 어떠한 행동이 발생하든 상관없이 표적행동이 발생하지 않는 것에 대해 강화를 하기에, 표적행동이 아닌 다른 문제행동이 강화될 가능성이 있다. 이 경우에는 DRO의 시간 간격의 길이를 줄이거나 다른 문제행동을 표적행동에 포함시킬 수 있다. 표적행동이 발생하지 않는 것에 대해 강화가 제공되므로 구체적인 적절한 행동을 강화하는 것이 아니다. 그렇기에 표적행동의 감소와 더불어 구체적인 바람직한 행동을 증가시킬 수 있는 DRI 또는 DRA와 같은 다른 유형의 차별강화를 고려할 수 있다.

| DRO의 실행

우선 표적행동에 대해 조작적 정의를 내린다. 이후 표적행동의 평균 수준에 대한 기초선 자료를 수집한다. 그런 다음, 기초선 자료에 근거해 강화할 시간 간격의 길이를 결정하고(**예** 표적행동이 45분의 수업 시간 동안 평균 9번 나타났으면 강화할 시간 간격의 길이는 5분), 학생의 표적행동 감소가 나타나면 강화할 시간 간격의 길이를 점진적으로 늘려간다. 강화를 위한 시간 간격 길이를 결정하는 기준으로는 다음의 두 가지가 있다.

강화가 주어지는 시간 간격의 조건	정해진 시간 간격에서 전체 시간 간격 동안에 표적행동의 비발생을 강화할 것인지, 아니면 시간 간격의 특정 시각(매 간격의 마지막 순간)에 표적행동의 비발생을 강화할 것인지 정한다. − **간격 DRO**: 전체 시간 간격 동안 문제행동의 비발생을 강화한다. 즉, 표적행동이 시간 간격의 어떠한 때에도 나타나지 않으면 강화가 주어진다. − **순간 DRO**: 특정 시각(매 간격의 마지막 순간)에 문제행동의 비발생을 강화한다. 즉, 표적행동이 시간 간격의 마지막 순간에 보이지 않으면 강화가 주어진다.
시간 간격 계획의 조건	고정된 전체 시간 간격 동안 또는 특정 시간(매 간격의 마지막 순간)에 표적행동의 비발생을 강화할 것인지, 아니면 변동하는 전체 시간 간격 동안 또는 특정 시간(매 간격의 마지막 순간)에 표적행동의 비발생을 강화할 것인지 정한다.

| DRO 실행에서의 강화 방법

시간 간격의 강화 조건 시간 간격 스케줄의 조건	간격(Interval)	순간(Momentary)
고정(Fixed)	고정−간격(FI−DRO)	고정−순간(FM−DRO)
변동(Variable)	변동−간격(VI−DRO)	변동−순간(VM−DRO)

① **고정 - 간격 DRO(FI-DRO)** : FI-DRO에서는 사전에 정해진 고정된 시간 간격 내내 표적행동이 발생하지 않으면 강화가 주어진다. 그러나 정해진 시간 간격 동안에 표적행동이 나타나면 학생은 간격이 끝나는 시간에 강화를 받지 못한다. 새로운 간격은 앞선 간격이 끝나야만 시작한다. 자신의 손등을 깨무는 표적행동에 대해 FI-DRO를 적용하는 경우를 예로 들면, 학생의 표적행동이 주로 발생하는 수학시간 40분을 5분 간격으로 나누고 5분 간격 내내 표적행동이 발생하지 않으면 간격이 끝나는 시간에 학생은 선호하는 스마일 스티커를 받는다.

DRO 재설정 간격 스케줄	DRO 재설정 간격 스케줄에서는 표적행동이 시간 간격 내내 나타나지 않으면 강화가 제공되지만, 시간 간격 동안 표적행동이 나타나면 표적행동을 보인 시간을 기준으로 시간 간격이 재설정된다.
DRO 증진 간격 스케줄	FI-DRO를 적용해 학생이 진보를 보이면 시간 간격을 점진적으로 늘린다. 이를 'DRO 증진 간격 스케줄' 또는 'DRO 용암 스케줄'이라고도 한다. 이 경우 학생은 이전보다 길어진 간격 동안 표적행동을 보이지 않아야만 강화를 받을 수 있다. 표적행동이 나타나면 강화를 받을 수 있는 시간 간격은 동일하게 유지된다. 증진 간격 스케줄은 학생의 진보에 의해 결정되어야 한다. DRO 적용 시 강화할 시간 간격의 길이를 처음에는 짧게 하고 점차 늘려가는 것이 처음부터 간격을 길게 하는 것보다 더 효과적이다. 시간 간격이 짧은 DRO가 보다 넓은 간격의 DRO보다 약 두 배의 효과를 보인다고 한다.

② **변동 - 간격 DRO(VI-DRO)** : VI-DRO는 전체 시간 간격 동안 문제행동의 비발생을 강화한다는 점에서 앞서 살펴본 FI-DRO와 동일하지만, 강화가 주어지는 시간 간격 스케줄의 조건이 변동된다는 점이 다르다. VI-DRO에서는 평균 시간 단위로 변화하는 간격 동안에 표적행동이 발생하지 않으면 강화가 주어진다. 45분의 수업 동안에 평균 5분의 시간 간격에서 학생이 표적행동을 보이지 않으면 강화를 받는 VI-DRO를 적용하는 경우, 교사는 45분의 수업시간을 평균 5분의 간격으로 설정하여 임의로 간격을 나눈다(예) 3분 간격-4분 간격-3분 간격-5분 간격-4분 간격-7분 간격-4분 간격-8분 간격). 그리고 평균 5분의 간격 동안 표적행동의 비발생에 대해 강화를 한다.

③ **고정 - 순간 DRO(FM-DRO)** : FM-DRO에서는 고정된 시간 간격의 마지막 순간에 표적행동의 비발생을 강화한다. 예를 들면, 5분 FM-DRO를 적용하고자 하는 경우 45분간의 수업 중 학생은 5분의 고정된 시간 간격의 마지막 순간인 매 5분 정각에 표적행동을 보이지 않으면 강화를 받는다. 즉, 고정된 간격 내에 어떠한 때에 표적행동을 보이더라도 이에 상관없이 시간 간격의 마지막 순간인 5분 정각에만 표적행동을 보이지 않으면 강화가 주어진다.

④ **변동 - 순간 DRO(VM-DRO)** : VM-DRO는 시간 간격의 마지막 순간에 문제행동의 비발생을 강화한다는 점은 앞서 살펴본 FM-DRO와 동일하지만, 강화가 주어지는 시간 간격 스케줄의 조건이 변동된다는 점에서 다르다. VM-DRO에서는 평균 시간 단위로 변화하는 간격의 마지막 순간에 표적행동이 발생하지 않으면 강화가 주어진다. 45분간의 수업 동안에 평균 5분의 VM-DRO를 적용하는 경우, 교사는 45분의 수업시간을 평균 5분 간격으로 설정하여 임의로 간격을 나눈 후, 평균 5분 간격의 마지막 순간에 표적행동의 비발생에 대해 강화를 한다(예) 3분 정각-7분 정각-10분 정각-15분 정각-19분 정각-26분 정각-30분 정각-37분 정각-45분 정각).

(3) 다른 행동 차별강화의 단점 ❶ 15초등A2

DRO는 정해진 시간 간격 동안에 무슨 행동을 하든지 표적행동만 하지 않으면 강화한다는 특성으로 인해 다음과 같은 세 가지 단점이 있다.

① 의도하지 않았지만 표적행동이 아닌 다른 문제행동을 강화할 수 있다. 예를 들어, 교사가 자신의 특정 행동이 발생하지만 않으면 강화한다는 사실을 알고 표적행동 이외의 다른 부적절한 행동을 하는 경우다. 따라서 여러 종류의 문제행동을 많이 보이는 학생에게 DRO는 적절하지 않고, 문제행동 감소를 위한 다른 기법과 연계하여 사용하는 것이 좋다.

② 교사는 DRO를 통해 바람직하지 않은 행동을 제거함으로써 '행동의 진공상태'를 만들수 있다. 이 경우 학생은 바람직하지 않은 행동은 하지 않겠지만 바람직한 행동을 배우지 못했기 때문에 또 다른 바람직하지 않은 행동을 시도할 수 있다.

③ DRO 절차의 효과는 선정된 강화인자에 의존한다. 부적절한 행동을 하지 않도록 학생을 강화하기 위해 사용되는 자극은 현재 행동을 유지하고 있는 것과 최소한 동일한 정도의 강도나 동기화 가치를 가져야 한다.

(4) 다른 행동 차별강화의 사용 지침

① 부적절한 행동을 측정할 뿐만 아니라 DRO 절차를 적절히 만들기 위해 기초선을 기록해야 한다. 초기 DRO 간격의 크기가 결정적일 수 있기 때문에 임의로 설정하기보다는 자료에 근거하여 설정하여야 한다. 기초선으로부터 평균 반응 간 시간이 결정되어야 하고, 약간 작은 간격을 초기 DRO 간격으로 결정해야 한다.

② DRO 간격을 증가시킬 때는 특정 기준이 마련되어야 한다.

　　㉠ 초기 단계에서는 충분히 짧은 간격으로 시작하여야 한다. 아동이 부적절한 표적행동을 함으로써 얻는 보상보다는 그 행동을 중단함으로써 더 큰 보상을 얻을 수 있도록 조치하여야 한다. DRO 간격이 짧을수록 아동은 그 기간 동안 부적절한 반응을 억제하는 데 성공할 가능성이 높고, 보상을 받을 기회도 증가한다.

　　㉡ 시간 경과에 따라 간격을 늘린다. 간격을 늘리는 결정은 학생이 각 간격 길이에서 성공한 자료에 근거해야 한다. 평가기준은 연구자가 정하지만 적어도 2~3회기 연속 표적행동의 발생이 '0' 수준을 유지한다면 만족할 수 있을 것이다.

③ 바람직하지 않은 행동의 발생 가능성은 다음의 두 가지 추가적 결정에 따라 달라진다.

　　㉠ 반응 발생 후에 DRO 간격을 재설정할 것인지, 계획된 다음 간격까지 기다릴 것인지

　　㉡ 반응이 발생한 것에 대해 어떤 형태로든 후속결과를 줄 것인지, 그것을 무시할 것인지

④ 표적행동이 발생하지 않고 DRO 간격이 만료되었더라도 심하게 부적절한 행동이 나타난 후에는 즉각적으로 강화를 주어서는 안 된다.

기출 POINT 7

❶ 15초등A2

ⓒ과 같은 차별강화를 적용했을 때의 문제점을 1가지 쓰시오.

기능평가 결과, 민수의 교실 이탈 행동은 어려운 과제가 주어지면 회피하기 위해 나타난 것이었어요. 그래서 민수에게 과제가 어려우면 "쉬고 싶어요"라는 말을 하도록 지도하면서, ⓒ 교실 이탈 행동이 일정 시간(분) 동안 발생하지 않으면 강화제를 제공해 볼까 합니다.

4. 대체행동 차별강화(Differential Reinforcement of Alternative behavior ; DRA)

(1) 대체행동 차별강화의 개념

① 대체행동 차별강화란 학생이 문제행동을 할 때는 강화하지 않고, 문제행동을 대신할 수 있는 바람직한 행동(대체행동)을 할 때 강화를 하는 것이다. 즉, 바람직한 행동에 대한 강화와 바람직하지 않은 행동에 대한 소거를 결합한 것이다. **❶ 17중등B2, ❷ 16유아B4**

② DRA에서 대체행동의 기능은 문제행동의 기능과 동일해야 하며, 문제행동을 통해 학생이 얻을 수 있는 것과 동일한 결과를 가져올 수 있어야 한다.

③ DRA는 바람직하지 않은 행동의 목적은 인정할 수 있으나(**예** 교사의 관심 끌기), 그 표현 방법을 인정할 수 없을 때(**예** 소리 지르기) 사용한다.

④ 일부 아동의 문제행동의 기능이 의사소통의 수단일 때, 문제행동 대신 바람직한 의사소통 기술을 지도하는 기능적 의사소통훈련(FCT)과 함께 이루어질 수 있다. **❸ 15초등A2**

(2) 대체행동 선택 기준

① **기능의 동일성** : 대체행동은 문제행동과 동일한 기능을 가진 행동이어야 한다. 예를 들어, 학생의 문제행동 기능이 어려운 과제회피일 경우, 대체행동은 "도와주세요."가 아닌 "조금 쉬었다 할래요."가 되어야 한다. "도와주세요."는 획득의 기능으로, 이는 문제행동의 기능과 동일하지 않다.

② **수행의 용이성** : 대체행동은 의사소통 상대자에게 즉각적이며 성공적으로 작용하여 아동이 쉽게 수행할 수 있는 행동이어야 한다. 또한 문제행동을 수행하는 것만큼 수행하기 쉬운 형태여야 한다.

③ **사회적 수용 가능성** : 대체행동은 그 학생의 주위에 있는 사람들로부터 사회적으로 수용될 수 있어야 한다.

④ **동일한 반응 노력** : 행동이 의미하는 바를 누구든지 이해할 수 있어서 중재자 이외의 다른 사람에게도 적절한 반응을 이끌어내는 행동이어야 한다. 즉, 학생이 수행한 대체행동을 보고 다른 사람들이 어떠한 행동인지를 쉽게 알 수 있어서 이에 대해 적절한 반응을 할 수 있어야 한다.

더알아보기 **상반행동 및 대체행동의 선택기준**(Alberto&Troutman) ❶ 24초등 교직논술

① 문제행동이 환경 내에서 어떤 기능을 하고 있는지 정확히 평가한 다음, 문제행동이 수행하던 기능을 충분히 대신할 수 있는 다른 바람직한 행동을 표적으로 선정한다.

② 대체행동은 본래의 문제행동이 지금까지 해왔던 기능을 환경 내에서 효율적으로 수행할 수 있어야 한다. 또한 문제행동으로 획득할 수 있었던 것과 동일한 강화 자극을 효율적으로 획득할 수 있는 것이어야 한다.

ㄱ 후속결과의 일관성 : 지금까지 문제행동으로 얻을 수 있었던 강화자극을 이제부터는 대체행동으로 얻을 수 있는 일관성이 보장되어야 한다. 만일 새로운 대체행동으로 원하는 결과를 얻지 못하면, 이전의 문제행동으로 되돌아갈 수 있기 때문이다.

ㄴ 후속결과의 강도 : 새로운 대체행동으로 더 자주 강화를 획득할 수 있어야 한다.

ㄷ 후속결과의 신속성 : 대체행동은 새로 습득된 행동이기 때문에 초기에는 연속강화계획에 따라 자주 보상하고, 강화자극은 본래의 문제행동으로 얻을 수 있던 것보다 더욱 신속히 제공되어야 한다.

ㄹ 수행할 때의 노력 : 또, 새로운 대체행동은 본래의 문제행동보다 쉬운 것이어야 한다. 대체행동이 어렵다면 보다 쉬운 이전의 문제행동으로 보상을 얻으려고 시도할 것이다.

ㅁ 대체행동은 궁극적으로 자연적 강화에 의해 유지될 수 있도록 조치해야 한다.

③ 이미 학생의 행동저장고에 있는 기존의 행동목록 중에서 대체행동을 선택하면 효율성이 더 높아질 수 있다. 학생이 이미 할 줄 아는 행동이라면, 새로 배울 필요가 없기 때문에 쉽게 교체될 수 있다.

5. 상반행동 차별강화(Differential Reinforcement of Incompatible behavior ; DRI)

(1) 상반행동 차별강화의 개념

① 상반행동 차별강화란 문제행동의 상반행동을 강화하고 문제행동에는 소거를 적용하는 것이다. 이때 상반행동이란 어떤 행동과 동시에 발생할 수 없는 행동을 의미한다. 예를 들어, 교실을 돌아다니는 행동과 의자에 앉아 있는 행동, 자기 얼굴 앞에서 두 손을 흔드는 행동과 두 손을 무릎 위에 올려놓는 행동, 필기를 하는 행동과 연필을 집어던지는 행동, 침묵하는 행동과 말하는 행동, 앉아 있는 행동과 서 있는 행동 등은 서로 상반된 행동이다. ❶ 23중등A2, ❷ 20유아B2

② DRI는 DRA의 일종이라고 할 수 있는데, 이는 문제행동을 대신할 수 있는 대체행동에 문제행동의 상반행동이 포함될 수 있기 때문이다. 따라서 현장에서는 문제행동을 대신할 수 있는 바람직한 행동이라면 상반행동과 대체행동을 명확하게 구분하여 사용할 필요는 없다.

기출 POINT 9

❶ 24초등 교직논술
효과적인 대체행동의 조건을 김 교사가 제시한 4가지 측면에서 각각 1가지씩 논하시오.

김 교사 : 진우가 우는 행동 대신 원하는 것을 얻을 수 있는 대체행동을 찾아야 합니다. 대체행동을 선정할 때는 다음의 네 가지 측면을 고려해 보아야 합니다. 첫째, 수행할 때의 노력 측면, 둘째, 후속결과의 강도 측면, 셋째, 후속결과의 신속성 측면, 넷째, 후속결과의 일관성 측면을 고려할 필요가 있습니다.

기출 POINT 10

❶ 23중등A2
밑줄 친 ㉠에 해당하는 전략의 명칭을 쓰시오.

통합학급 교사 : 학생 A가 수업시간에 선생님의 관심을 얻기 위해 책상을 긁는 행동을 자주 해요. 어떻게 지도하는 것이 좋을까요?
특수교사 : ㉠ 문제행동과 동시에 발생할 수 없는 행동을 할 때, 선생님이 관심을 주며 강화하는 방법을 사용할 수 있어요.
통합학급 교사 : 그럼, 학생 A가 '무릎 위에 손을 가지런히 두고 있는 행동'을 할 때마다 관심을 주며 강화해 주면 되나요?
특수교사 : 네.

❷ 20유아B2
㉡에 해당하는 차별강화 전략을 쓰시오.

준우가 ㉡ 소리 지르지 않고 친구와 이야기하거나 노래 부르면, 제가 관심을 보이며 칭찬해 주는 것이 어떨까요?

(2) 상반행동 차별강화와 대체행동 차별강화의 비교 ❶ 18유아B5

기출 POINT 11

❶ 18유아B5
(가)는 유치원 통합학급 5세반에 재학 중인 지혜의 수업 행동을 관찰 기록한 자료의 일부이고, (나)는 지혜를 위한 지원 계획이다. 차별강화의 하위 유형인 '다른행동 차별강화'와 '대체행동 차별강화'의 차이점을 강화받는 행동 차원과 목적 차원에서 쓰고, 두 유형 중 지혜의 문제행동 기능에 비추어 효과적인 차별강화 유형과 그 이유를 쓰시오.
(가) 지혜의 수업 행동 관찰 기록 자료

• 평소에 정리하기 활동에 잘 참여하지 않음
• 교사가 언어적 촉진을 하면 정리하기 과제 일부를 수행할 수 있음
• 교사의 관심을 끌기 위해 정리 활동 시간에 교실 전등 스위치를 껐다 켰다 하는 행동을 반복함

(나) 지원 계획

• 색 테이프로 구역을 정해 주고, 그 안에 놀잇감을 정리하도록 함
• 전등 스위치를 껐다 켰다 하는 행동에 대해 차별강화 방법을 적용하기로 함

구분	상반행동 차별강화	대체행동 차별강화
공통점	• 방법 : 문제행동은 강화하지 않고, 문제행동을 대신할 수 있는 바람직한 행동을 강화한다. • 강화받는 행동 : 사회적으로 용인되는 행동들이다.	
차이점	• 문제행동과 상반행동이 동시에 발생할 수 없다. • 문제행동과 상반행동의 기능이 동일할 필요가 없다. • 문제행동과 상반되는 행동을 찾기가 어려울 수 있다.	• 문제행동과 대체행동이 동시에 나타날 수 있다. • 문제행동과 대체행동의 기능이 동일하다. • 대체행동 차별강화는 상반행동 차별강화보다 대체행동의 개발 범위가 넓다.

🚩 네 종류 차별강화의 특성 ❶ 12중등14

차별강화의 종류	강화받는 행동	목적
DRL	정해진 기준치 이하의 표적행동	표적행동 발생 빈도의 감소
DRO	표적행동 외의 모든 행동	표적행동이 발생하지 않는 시간의 증가
DRA	표적행동과 동일한 기능의 대체행동	대체행동의 강화를 통한 표적행동의 제거
DRI	표적행동의 상반행동	상반행동의 강화를 통한 표적행동의 제거

기출 POINT 12

❶ 12중등14

교사가 학생 A의 문제 행동을 중재하기 위하여 적용할 수 있는 강화 중심 전략과 각 전략의 특징 및 그에 따른 예가 바른 것은?

> 교사가 학생 A에게 세탁기에서 옷을 꺼내 건조대에 널라고 지시한다. 학생은 교사를 쳐다보고 얼굴을 찡그리며 소리를 지르고 세탁기를 심하게 내리친다. 교사가 다시 학생에게 다가가 옷을 꺼내 널라고 지시한다. 학생은 또다시 하기 싫은 표정을 짓고, 소리를 크게 지르며 세탁기를 심하게 내리친다. 이러한 상황이 수업 시간에 여러 차례 지속적으로 발생하였다.

	전략	특징	예
①	저비율 행동 차별강화 (DRL)	표적행동의 강도를 감소시키는 데 초점을 둔다.	소리 지르기 및 세탁기 내려치는 강도가 낮아지면 강화한다.
②	상반행동 차별강화 (DRI)	표적행동과 형태적으로 양립할 수 없는 행동을 강화하는 데 초점을 둔다.	소리 지르기 행동 대신 옷을 꺼내 건조대에 널면 그 행동에 대해 강화한다.
③	대체행동 차별강화 (DRA)	표적행동의 발생 빈도를 감소시키는 데 초점을 둔다.	소리 지르기 및 세탁기 내려치는 행동의 발생 횟수가 설정한 기준보다 적게 발생하면 강화한다.
④	비유관 강화 (NCR)	표적행동 대신 바람직한 행동이 발생할 때마다 강화하는 데 초점을 둔다.	학생이 소리 지르기 및 세탁기 내려치는 행동을 하는 대신 "도와주세요"라는 말을 하면 강화한다.
⑤	다른 행동 차별강화 (DRO)	표적행동의 미발생에 대해 강화하는 데 초점을 둔다.	정한 시간 간격 내에 소리 지르기 및 세탁기 내려치는 행동이 전혀 발생하지 않으면 강화한다.

03 소거(extinction)

1. 소거의 개념

(1) 소거의 정의

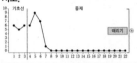
① '소거'란 바람직하지 못한 문제행동을 유발·유지하는 강화요인을 제거함으로써 그 문제행동을 감소시키는 기법이다. ❶ 24초등B1, 10초등12

② 일반적으로 소거를 단순히 행동을 무시하는 전략이라고 생각하기 쉬운데, 엄밀히 말하면 소거는 행동에 대한 강화인의 제거이다. 예를 들어, 관심이 강화인이라면 관심을 제거하는 것이 소거를 적용하는 것이다. 그러나 강화인이 관심이 아니라면 무시하는 전략은 행동을 감소시키는 데 효력을 발휘하지 못한다. 14초등A2, 10중등14

③ 소거는 낮은 수준의 다소 덜 심각한 문제행동을 감소시키고자 할 때 적절한 방법이다.

(2) 소거의 적용

소거는 강화에 의해 유지되고 있는 행동이면 어떤 경우이든 적용이 가능하다. 즉, 어떤 부적절한 행동이 정적 강화, 부적 강화, 또는 자동적 정적 강화에 의해 유지되고 있을 때 소거를 적용할 수 있다. 이때 문제행동을 유지해온 강화인이 무엇이냐에 따라 다르게 적용되어야 한다.

① 어떤 행동이 정적 강화에 의해 유지되고 있다면, 그 행동에 대해 더 이상 이전에 주었던 강화를 하지 않음으로써 그 행동을 소거시킬 수 있다. 예를 들어, 교실에서 여학생을 괴롭히는 수환이의 경우, 수환이의 괴롭힘 행동에 대해 여학생들이 짜증·울음·칭얼댐 등으로 반응하는 것이 수환이에게 정적 강화로 작용하여 괴롭히는 행동을 지속해왔다면, 여학생들이 수환이의 괴롭히는 행동에 대해 어떤 반응도 보이지 않게 되면(정적 강화의 제거) 수환이의 행동은 감소할 것이다.

② 어떤 행동이 부적 강화에 의해 유지되고 있다면, 더 이상 혐오자극을 제거하지 않음으로써 혐오자극을 회피하지 못하도록 하여 그 행동을 감소시킬 수 있다. 예를 들어, 음식을 거부하는 아이가 숟가락과 밥그릇을 던지는 행동을 하면 음식을 먹지 않도록 허락하고 음식을 치워주는 것으로 음식 거부 행동이 강화된 경우, 음식 거부 행동을 해도 음식을 조금이라도 먹지 않으면 어떤 다른 활동도 허락하지 않는 등 아동이 혐오 상황(음식을 먹어야 함)을 피할 수 없게 하여 음식 거부 행동을 감소시킬 수 있다.

③ 어떤 행동이 자동적 강화에 의해 유지되고 있다면, 그 행동이 가져올 수 있는 자연적인 감각적 결과를 차단하거나 제거하여 그 행동을 감소시킬 수 있다. 이런 경우를 감각적 소거라고 한다. 즉, '감각적 소거'란 아동의 문제행동이 감각적 자극에 의해 강화되어 나타날 경우, 감각자극을 제거함으로써 문제행동을 감소시키는 기법이다. 예를 들어, 자폐 아동이 책상 위에서 접시 돌리기 행동을 계속할 때, 접시를 천으로 감싸거나 책상 위를 부드러운 천으로 덮어주었더니 접시를 돌릴 때 나는 청각적 자극이 주어지지 않아 접시를 돌리는 행동을 멈추게 되는 것 등이다.

2. 소거 사용 시 고려할 사항

(1) 소거의 효과는 느리다는 것을 기억해야 한다.

① 소거의 효과는 즉시 나타나지 않으며 상당한 시간이 요구된다. 특히 간헐강화를 받은 행동은 보상이 언젠가 주어질 것이라는 기대를 버릴 수 없게 하여, 강화가 중단되어도 행동은 소거되지 않고 상당 기간 지속되는데, 이를 '소거저항(resistance to extinction)' 이라고 한다.

② 소거저항은 중재에 대한 저항 또는 유지와 동의어이다.

(2) 소거 초기에 나타나는 행동의 증가 현상에 대처해야 한다. ❷ 17유아B1

① 초기의 소거 과정에서는 행동의 현격한 감소가 시작되기에 이전에 받았던 강화요인 이 다시 주어질 것으로 여겨 표적행동의 비율과 강도가 크게 증가하는데, 이를 '소거 폭발(extinction burst)'이라고 한다. ❶ 21중등A10, ❸ 13유아B3

② 많은 교사와 부모들은 초기의 폭발적 증가 현상에 당황하여 소거를 중단한다. 그러나 이렇게 되면 간헐강화의 효과가 가중되어 소거저항은 더 높아진다.

③ 따라서 소거를 사용할 때는 초기의 증가 현상을 미리 예측하고 대비하여 소거 적용의 일관성을 유지해야 한다.

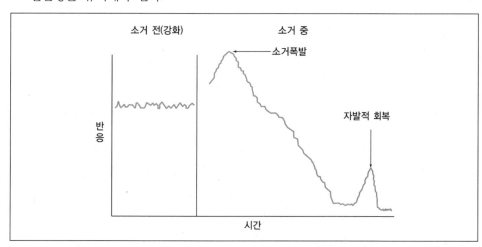

PART

02

기출 POINT 14

❶ 21중등A10

밑줄 친 ⓒ에 해당하는 중재 방법을 쓰고 ⓒ의 상황이 발생하는 이유를 1가지 서술하시오.

> 박 교사: 문제행동을 줄이기 위해 어 떻게 하면 될까요?
> 김 교사: 몇 가지 방법 중 하나는 ⓒ 학생 F가 그 행동을 하더라도 반응 하지 않는 것입니다. 그렇지만 이 방법은 ⓒ 문제행동이 일시적으 로 더 심해지는 현상이 나타날 수 있기 때문에 예방적 차원의 접근 이 필요합니다.

❷ 17유아B1

아래 그래프에서처럼 문제행동이 일시 적으로 증가하는 현상을 지칭하는 용어 와 이러한 현상이 나타날 때 교사가 취 해야 할 적절한 대응 방안 1가지를 쓰 시오.

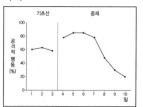

❸ 13유아B3

㉠에 해당하는 행동 수정 용어를 쓰 시오.

> 승호가 미술 활동 중에 물감을 바닥 에 뿌리면 교사는 "승호야"라고 이름 을 부르며 다가와 흘린 물감을 닦아 주었다. 그러자 승호는 물감을 계속 해서 바닥에 뿌렸다. 이러한 행동이 교사의 관심을 받기 위한 것이라고 판단한 교사는 승호가 물감 뿌리는 행 동을 해도 흘린 물감을 더 이상 닦아 주지 않았다. 그러자 ㉠ 승호는 물감 을 이전보다 더 많이 바닥에 뿌렸다.

(3) 소거 후에 나타나는 자발적 회복 현상에 대처해야 한다.

① '자발적 회복 현상(spontaneous recovery)'이란 완전히 제거된 줄로만 알았던 문제행동이 얼마의 시간이 지난 뒤에 다시 나타나는 현상이다. ❶ 25초등B1, ❷ 10중등14

② 소거를 적용할 때 자발적 회복 현상에 잘 대처하지 못하면 마찬가지로 간헐강화로 인한 소거저항의 증가라는 역효과를 유발할 수 있다.

(4) 상반행동과 대체행동의 차별강화 전략을 병행하여 사용한다.

① 소거만을 사용하여 부적절한 행동을 감소시키는 전략보다는 부적절한 행동을 대체할 바람직한 행동을 차별강화하는 방법을 병행하면 더욱 효과적이다. 즉, 부적절한 행동을 무시함으로써 소거시키는 한편, 바람직한 대체행동을 적극적으로 강화하는 전략을 사용한다.

② 예를 들어, 아동이 징징거리며 우는 행동은 철저히 무시하는 한편, 조용히 놀고 있을 때는 적극적으로 관심을 보이며 칭찬하는 것이다.

(5) 모방 혹은 타인에 의한 강화에 주의한다.

① 교사가 소거전략을 적용하는 것을 보고 학급의 다른 학생들이 그 행동을 모방할 수 있다.

② 또한, 주변의 모든 사람들이 소거 계획에 협조할 수 있도록 동맹을 맺어 밀수 강화를 받지 않도록 대비한다. 특히 학교에서는 또래들에 의해 제공되는 정적 강화를 통제하기 어렵기 때문에 소거전략을 성공시키기 위해서는 또래 아동들의 적극적인 협조를 구해야 한다.

③ 즉, 소거는 학생을 둘러싼 주변 환경 전체에서 동시에 진행되어야 한다.

(6) 소거전략을 일관성 없이 사용하면 간헐강화의 효과로 소거저항이 높아진다.

① 소거전략이 성공을 거두기 위해 문제의 표적행동이 강화되는 일이 없도록 아동의 행동에 일관성 있게 대처해야 한다.

② 일관성 없는 소거전략은 소거저항을 높이고 공격적 행동까지 강화할 수 있다.

> **더알아보기 소거저항에 영향을 미치는 요인**
>
> • **행동을 유지시킨 강화 스케줄**: 연속적으로 강화된 행동이 간헐적으로 강화된 행동보다 소거저항이 작아서 행동감소가 빠르게 나타난다. 반면, 간헐강화가 적용된 행동의 경우 소거저항이 크다.
> • **행동을 유지시킨 강화의 양과 정도**: 행동과 연계된 강화의 양이나 정도가 클수록 소거저항이 크다.
> • **행동과 사전에 연계된 강화 시간의 길이**: 행동 발생에 수반하여 강화가 적용되었던 행동과 강화 간의 연계 시간이 길면 길수록 소거저항이 크다.
> • **소거 성공의 횟수**: 행동과 강화 간의 연계를 끊기 위해 과거에 사용된 소거 성공의 횟수가 소거저항에 영향을 미친다. 소거의 효과가 나타나서 문제행동이 제거된 소거 성공의 횟수가 많을수록 소거저항이 적다.

3. 소거의 장단점

(1) 소거의 장점

① 소거는 학생의 바람직하지 않은 행동을 감소시키는 데 매우 효과적이다. 더불어 적절한 행동을 강화해주는 절차와 연계해서 사용하면 더욱 효과적이다.

② 소거를 잘 사용하면 그 결과는 오래 지속된다.

③ 소거는 혐오자극을 직접 제시하는 것이 아니라 주어지던 강화를 제거하는 것이기 때문에, 벌의 사용으로 인해 나타나는 부정적인 영향을 피할 수 있다.

(2) 소거의 단점

① 소거는 문제행동을 서서히 감소시키기 때문에 다른 행동 감소 절차들과 비교할 때 행동을 감소시키기까지 시간이 더 오래 걸린다.

② 소거가 적용되어도 문제행동이 존속하거나 문제행동의 빈도와 강도, 지속시간 등이 일시적으로 증가하는 소거저항이 나타날 수 있다.

③ 자발적 회복에 대처해야 한다. 문제행동이 자발적으로 회복되었을 때 강화를 받으면 일종의 간헐강화가 되는 것이므로 소거저항이 강화된다.

④ 소거가 적용되고 있는 아동의 문제행동에 대해 아무 조치도 취해지지 않는 것을 보고 다른 아동들이 문제행동을 따라 할 수 있다.

⑤ 소거 절차는 효과적이나, 일반화가 되기는 쉽지 않다. 즉, 동일한 문제행동이 다른 장소에서 나타날 때는 소거가 적용되지 못할 수 있기 때문에 문제행동이 다시 나타나게 된다.

04 벌(punishment)

1. 벌의 개념

(1) 벌의 정의

① 행동에 뒤따르는 후속결과의 조절로 미래 행동의 발생 가능성을 감소시키는 것을 '벌'이라고 한다.

② 자극이 주어지면 정적 벌(과잉교정, 조건 또는 무조건 자극의 직접 제시)이고 자극이 철회되면 부적 벌(반응대가, 타임아웃)인데, 정적 벌이든 부적 벌이든 행동이 감소하는 결과를 가져와야 한다. 어떤 자극의 제시나 제거가 결과적으로 행동을 감소시키지 않았다면 벌이 적용되었다고 할 수 없다.

	유쾌자극 ☺	혐오자극 ☹
자극 제시 (+)	**정적 강화** 행동 증가(↑)	**정적 벌** 행동 감소(↓)
자극 철회 (−)	**부적 벌** 행동 감소(↓)	**부적 강화** 행동 증가(↑)

[출처] 양명희, 『행동수정이론에 기초한 행동지원』(2016)

(2) 벌의 효과에 영향을 미치는 요인

① 즉시성 : 행동 뒤에 결과가 즉각 주어져야 한다는 것이다. 행동과 결과 사이에 시간이 지체될수록 벌로서의 효과는 감소한다.

② 유관성 : 행동이 발생할 때 매번 같은 결과가 주어져서 행동과 결과가 관련성이 있어야 한다는 것이다. 벌이 일관성 없이 적용되면 그 효과가 낮아진다.

③ 유인력 : 벌이 벌로서 효과가 있도록 하는 조건을 의미한다. 부적 벌의 경우 제거하는 것이 음식이라면 아이가 배가 고플 때 더 큰 효과를 기대할 수 있다.

④ 개인차 : 벌로 주어지는 결과가 벌로서 기능할 만큼 강한가는 사람에 따라 다를 수 있다는 의미이다.

2. 부적 벌

① 부적 벌과 소거의 차이점은 소거에서 제거되는 강화인은 행동을 유지하고 있던 것이지만, 부적 벌에서 제거되는 유쾌자극이나 강화기회는 그 행동을 유지하고 있던 강화인일 필요는 없다는 것이다.

② 유쾌자극을 제거하여 미래 행동 발생률을 낮추는 부적 벌에는 반응대가와 타임아웃이 있다.

3. 정적 벌

혐오자극을 제시하는 정적 벌에는 과잉교정과 조건 또는 무조건 자극의 직접 제시가 있다.

05 반응대가(response cost)

1. 반응대가의 개념 ● 21유아B2

(1) 반응대가의 정의

① '반응대가'란 학생이 문제행동을 했을 때 그 대가로 이미 지니고 있던 강화제를 잃게 함으로써 문제행동의 발생률을 감소시키는 절차이다.

② 일정량의 정적 강화를 회수하기 위해서는 학생이 일정 수준의 정적 강화를 가지고 있다는 것이 전제되어야 한다. 따라서 반응대가는 토큰제도와 병행하여 사용하는 경우가 많으며, 병용될 때 더 효과적인 것으로 나타났다.

(2) 반응대가의 절차

① 반응대가를 적용할 문제행동을 정의한다.

② 학생에게 강화제의 지속적 획득이 가능한지 확인한다. 즉, 강화제의 완전 상실을 예방할 수 있어야 한다.

③ 각각의 문제행동에 대해 잃게 될 강화제의 양을 결정한다. 문제행동의 수준에 따라 위계를 정한다.

④ 제거할 강화제는 제거하기 쉬운 것이어야 하고, 강화제 제거의 저항에 대한 대책이 있어야 한다.

⑤ 반응대가를 적용하기로 결정한 구체적 행동에 대해서만 적용한다. 사전에 결정하지 않은 여러 행동에 대해 즉흥적으로 강화제 상실을 적용해서는 안 된다.

⑥ 학생에게 반응대가 절차를 명확하게 설명한다. 어떤 행동에 대해 어느 정도 강화제를 상실하는지 학생이 알아야 한다.

⑦ 반응대가를 실행하면서 문제행동의 감소를 확인하며 관찰한다.

2. 반응대가의 방법

(1) 벌금제도

① 반응대가로서의 벌금제도는 부적절한 행동에 대한 벌금조로 일정 양의 정적 강화자극을 직접 회수 또는 차압하는 방식이다. ● 14유아A6

② 예를 들어, 교사의 말을 듣지 않고 불복할 때마다 자유시간을 5분씩 회수하는 것이다.

③ 이 제도에서 중요한 것은 회수 또는 차압되는 물건이나 권리가 학생에게 소중한 것이어야 하고, 학생 자신이 이미 정적 강화를 소유하고 있어 벌금조로 지불할 수 있는 능력이 있어야 한다.

④ 반응대가로 회수되는 물건이나 권리가 개인의 기본권에 해당할 경우 법적 또는 윤리적 문제가 있다.

기출 POINT 16
● 21유아B2
ⓒ은 어떤 행동중재 전략인지 쓰시오.
ⓒ 건우는 친구를 밀칠 때마다 자동차 스티커 1개를 선생님께 내야 합니다.

기출 POINT 17
● 14유아A6
ⓔ에 박 교사가 적용한 행동수정 전략을 쓰시오.
교사는 진우를 일으켜 세워 세면대로 데리고 갔으나 ⓔ 손을 씻지 않아서 학급 규칙에 따라 진우가 모아 놓은 스티커 중 2개를 떼어냄

(2) 보너스 반응대가

① '보너스 반응대가'란 학생에게 비유관적으로 정적 강화자극을 보너스로 미리 제공한 다음, 부적절한 반응에 수반하여 미리 받은 정적 강화자극의 한도 내에서 회수 또는 차압하는 방법이다.

② 보너스로 받은 추가분에 대해서만 대가를 지불하도록 하는 것이기 때문에 기본권을 침해할 우려가 없다.

③ 예를 들어, 법적으로 정해진 휴식시간(10분)을 차압하는 것은 법적 및 윤리적으로 부적절할 수 있지만, 법정 휴식시간 외에 무상으로 제공된 보너스 휴식시간의 한도 내에서 회수하는 것은 문제가 없다.

④ 보너스 반응대가를 사용할 때 주의해야 할 사항은 다음과 같다.

　㉠ 강화제를 모두 잃게 되는 경우에 대비해야 한다. 더 이상 잃을 것이 없는 경우 바람직한 행동을 시도하고자 하는 동기를 상실할 수 있다.

　㉡ 상실하게 될 강화제의 양이 지나치게 많으면 학생이 좌절하게 되고 너무 적으면 무시하게 되어 반응대가의 효과를 보기 어려우므로, 적절한 수준을 찾는 것이 필요하다.

(3) 정적 강화의 병용

① 학생들이 바람직한 행동을 할 때마다 토큰제도를 활용하여 강화를 제공하고, 바람직하지 못한 행동을 할 때마다 일정량의 토큰을 벌금으로 징수하는 방법이다.

❶ 16중등B3, ❷ 10초등12

② 정적 강화와 병용했을 때의 장점은 다음과 같다.

　㉠ 벌어들인 토큰을 반응대가로 모두 잃는 것은 아니다. 따라서 반응대가로 차압된 토큰 때문에 큰 좌절과 실망을 느끼지 않을 수 있다.

　㉡ 앞으로의 노력에 따라 바람직한 행동으로 토큰을 다시 벌 수 있는 기회가 주어진다. 따라서 기본 권리나 인권침해의 요소가 없기 때문에 법적 또는 윤리적 문제가 발생하지 않는다.

(4) 집단강화의 병용

집단 구성원 중 누구라도 문제행동을 하면 이에 수반하여 집단 전체로서 일정량의 강화자극을 회수하도록 하는 방법이다.

기출 POINT 18

❶ 16중등B3
다음은 교사 A가 학생의 행동 관리를 위하여 1주차에 밑줄 친 ㉠을 실행하고, 2주차에 밑줄 친 ㉡과 ㉢을 함께 적용한 과정을 요약한 것이다. 교사 A가 이와 같은 중재를 실시한 이유를 2가지 쓰시오. 그리고 밑줄 친 ㉢과 ㉣에서 교사 A가 효과적인 행동 중재를 하기 위해 개선해야 할 점을 순서대로 각각 1가지 쓰시오.

교사 A는 행동 관리를 위해서 2가지 중재 방법을 함께 실행하기 위한 간단한 점수 체계를 만들었다. 첫 1주 일간 학생들은 ㉠ 바람직한 수업 행동에 상응하는 점수를 얻었다. 학생 모두가 이 점수 체계에 익숙해진 2주차에, 학생들은 ㉡ 수업 방해 행동을 할 시 점수를 잃었다. 매일 종례 후 학생들은 획득한 점수를 자기가 원하는 활동으로 교환할 수 있고, 다음 날 자기가 더 좋아하는 활동과 교환하기 위해서 점수를 모아 둘 수도 있다. 점수의 교환은 5점부터 가능하다. 2주차에 지수의 점수는 ㉢ 수요일 오전에 0점이었고, ㉣ 금요일 종례 전에는 1점이었다.

❷ 10초등12
다음의 사례에 사용된 행동수정 전략은?

교사는 학생이 5분간 과제에 집중을 하면 스티커 한 장을 주고, 공격행동을 보이면 스티커 한 장을 회수하여 나중에 모은 스티커로 강화물과 교환하도록 하였다.

3. 반응대가의 장점 및 유의사항

(1) 반응대가의 장점

① 사용하기 쉽다.

② 다양하게 사용할 수 있다.

③ 행동 감소가 비교적 빠르게 이루어진다.

④ 적절한 행동과 부적절한 행동을 구별하는 학습을 용이하게 한다.

⑤ 감소된 행동의 변화가 오래 유지된다.

⑥ 다른 벌 절차와 관련한 부작용을 피할 수 있다.

(2) 반응대가 사용 시 유의사항

① 반응대가로 사용할 강화제는 회수 가능한 것이어야 한다. 예를 들어, 과자나 사탕과 같은 일차적 강화자극을 배분한 다음 반응대가로 그것을 회수하는 것은 적절하지 않은 방법이다.

② 벌금의 크기, 즉 회수될 토큰이나 벌점의 양을 정할 때는 세밀한 주의를 기울여야 한다. 반응대가를 사용할 때 벌금의 양이 커질수록 토큰의 가치는 떨어진다.

③ 정적 강화가 모두 회수되었을 때 생길 수 있는 문제를 미리 고려해야 한다.

④ 반응대가를 적용할 때 아동이 해야 할 행동이 무엇인지, 위반했을 때 지불해야 할 벌금은 얼마인지를 정확히 숙지하도록 지도한다.

---

06 타임아웃(time-out)

1. 타임아웃의 개념

(1) 타임아웃의 정의

'타임아웃'이란 정적 강화를 받을 기회를 제거하는 것으로, 문제행동이 발생했을 때 학생이 정적 강화를 받지 못하도록 일정 시간 동안 강화제로의 접근을 차단하여 부적절한 행동을 감소시키는 전략이다. ❶ 10초등12

(2) 타임아웃의 효과적 실행

① 학생이 타임아웃되어서 보내지는 장소는 정적 강화가 주어질 가능성이 전혀 없는 곳이어야 한다.

② 학생이 문제행동을 일으켜 떠나게 된 곳은 학생이 남아 있었다면 강화받을 가능성이 매우 높은 곳이어야 한다.

기출 POINT 19

❶ 10초등12
다음의 사례에 사용된 행동수정 전략은?

학생이 수업 중 소리를 지르자 교사는 학생으로 하여금 교실 구석에서 벽을 쳐다보고 1분간 서 있게 하였다.

(3) 타임아웃의 비효과적 실행

① 떠나온 곳이 정적 강화가 없는 곳이었을 경우 비효과적이다.

② 타임아웃으로 하기 싫은 것이나 어려운 문제를 피할 수 있게 될 때 비효과적이다.

③ 타임아웃 장소에서 강화받을 수 있을 때 비효과적이다.

2. 비배제 타임아웃 유형

비배제 타임아웃은 학생이 교육환경에서 분리되지 않는 대신에 교사가 일시적 환경 조작을 통해 학생이 강화인자에 접근하지 못하도록 하는 방법으로, 비교적 경미한 문제행동에 사용된다.

(1) 환경적 조작

① 학생이 다른 사람과 말을 하거나 웃는 등의 상호 강화인자를 없애기 위해 책상에 머리를 대고 있게 하거나 방의 전등을 끄는 방법이 해당된다.

② 자유놀이 시간에 통제할 수 없을 때 레코더를 끄거나, 스쿨버스 안에서 자리 이탈을 할 때 라디오를 끄는 것으로 타임아웃을 실행할 수 있다.

③ 버스를 잘 탈 때 주던 강화인자를 제거하거나 언어적 촉구와 사회적 관심을 정지하는 것도 타임아웃이다.

(2) 타임아웃 리본(일시퇴출 리본)

① 활동 중 모든 학생들이 팔목에 리본을 매도록 하고, 활동에 방해되는 부적절한 행동을 하는 학생이 발견되면 그 학생의 리본을 3분 동안 회수하기로 한다. 교사와 다른 학생들은 리본을 매지 않은 학생과는 어떠한 형태의 사회적 상호작용도 하지 않도록 규칙을 정한다.

② 학습 환경을 간단히 조절함으로써 부적절하게 행동하는 아동을 별도의 공간에 물리적으로 격리시키지 않고도 정적 강화의 회수를 통해 일시퇴출의 효과를 거둘 수 있다.

(3) 유관 관찰(contingent observation)

① 학생을 학습 환경에서 격리시키는 대신 현재 진행 중인 활동의 범위에 머물면서 활동의 가장자리로 이동하게 하여 다른 학생들의 적절한 행동과 강화를 관찰하도록 하는 방법이다.

② 그러나 진행 중인 활동에의 참여와 활동을 통해 얻을 수 있는 강화의 기회는 일시적으로 차단된다.

③ 이 방법은 아동을 교육의 장으로부터 격리시키지 않을 뿐 아니라 바람직한 행동과 그 행동의 결과(강화)를 관찰하도록 함으로써 모방학습의 효과를 거둘 수 있어 효과적이다.

(4) 시각 차단

① 아동이 상동행동, 자해행동, 이식행동 등을 할 때 아동의 눈을 교사의 손이나 안대 등으로 수 초 동안 가려 시각적 강화자극을 차단하는 기법이다.

② 이 방법은 아동을 교육의 장으로부터 격리시키지 않고, 또 눈으로 가리던 손이나 안대를 치우면 즉시 진행 중인 교육활동에 참여시킬 수 있다는 장점이 있다.

3. 배제 타임아웃 유형

배제 타임아웃은 학생을 활동에서 제외시킴으로써 강화에 접근하지 못하도록 하는 방법이다. 이때 배제는 교실에서 학생을 완전히 분리하는 것만을 의미하는 것이 아니라, 학생을 교실 내의 직접적인 활동 영역으로부터 다른 위치로 이동시키는 것도 포함된다. 중요한 것은 배제 타임아웃은 재미나 보상이 될 수 있는 어떤 활동의 기회나 볼거리가 없는 곳으로 학생을 이동시키는 것이기 때문에 유관 관찰은 여기에 포함되지 않는다는 점이다.

(1) 일시격리실

① 심각한 문제행동을 감소시키기 위해 일시격리실이라는 특수한 격리 공간을 만들어 사용하기도 한다.

② 이 방법은 사용이 간편하며, 행동의 억제 효과가 신속하다.

③ 일시격리실은 부당하게 남용되거나 잘못 관리되는 경우가 많으므로, 법적으로나 교육적으로 문제의 소지가 없도록 세심한 주의가 필요하다.

(2) 칸막이 격리기법

① 표적행동이 발생하는 상황으로부터 완전히 격리된 밀폐 공간으로 이동시키는 일시격리실과 달리, 문제행동을 한 학생을 기존의 교육환경 내에 머물도록 하되 현재의 자리로부터 교실 한편의 막힌 공간으로 이동시켜 일정 시간 동안 그곳에 머물도록 하는 것이다.

② 칸막이 격리는 시야가 가려진 곳에 일시적으로 학생을 격리하는 것이지만, 교실에서 물리적으로 완전 퇴출시키는 것은 아니므로 덜 가혹하며 덜 제한적이다.

(3) 복도 격리기법

복도 격리기법이란 말 그대로 학생을 교실로부터 복도로 격리시키는 것이다. 그러나 이는 다음의 이유로 사용을 자제하는 것이 좋다.

① 교육의 장으로부터 퇴장시키는 것이기 때문에 대단히 제한적이고 침해적인 조치이다.

② 학생들은 복도에서 여러 조건에 의해 다양한 강화자극을 접할 수 있다.

③ 복도는 학생들의 도피처로 둔갑할 가능성이 높다.

④ 복도는 교사의 감시가 미치기 어렵다.

▌ **타임아웃 절차**

비배제 타임아웃 절차	배제 타임아웃 절차
학생은 교수/활동 영역에 남아 있다. • 환경적 조작 • 타임아웃 리본 • 유관 관찰 • 시각적 선별	학생은 교수/활동 영역에서 분리된다. • 방의 활동 영역에서 다른 장소로 즉각 배제 • 분리된 타임아웃 방

[출처] 이효신 역, 『교사를 위한 응용행동분석』(2014.)

4. 타임아웃 사용 시 유의사항

① 퇴출 장소는 안전이 보장되어야 한다.

② 퇴출 장소에는 아동의 행동을 강화할 만한 요소가 없어야 한다.

③ 퇴출시간 중 아동의 행동을 잘 지켜보고 감시할 수 있어야 한다.

④ 퇴출시간은 짧아야 한다.

⑤ 최소한의 시간과 노력으로 아동을 격리시킬 수 있어야 한다.

⑥ 표적행동이 발생할 때마다 즉시 일관성 있게 정한 장소에 격리시켜야 한다.

5. 타임아웃의 효과적 사용 지침

① 진입 환경을 풍족한 강화 환경으로 변화시켜야 한다.

② 타임아웃의 대상이 되는 표적행동을 정의한다.

③ 타임아웃의 시간을 정한다.

④ 퇴출 환경으로부터의 해제기준을 명확히 정한다.

⑤ 격리형 퇴출을 사용할 것인지 비격리형 퇴출을 사용할 것인지 결정한다.

⑥ 타임아웃의 규정을 설명한다.

⑦ 타임아웃을 일관성 있게 적용한다.

⑧ 타임아웃의 효과를 평가한다.

07 과잉교정(overcorrection)

1. 과잉교정의 개념

(1) 과잉교정의 정의

① 과잉교정은 부적절한 행동에 대한 후속결과로 문제행동과 관련이 있는 적절한 행동을 반복적으로 하게 하는 절차이다.

② 과잉교정은 부적절한 행동과 관련된 적절한 행동을 연습하게 하는 것으로, 행동을 가르쳐주는 학습의 효과가 있다. 그럼에도 과잉교정이 벌이 되는 이유는 적절한 행동을 한 번이 아니라 여러 번 반복하게 함으로써 노력이 들어가고 불편한 혐오자극이 되기 때문이다.

③ 문제행동의 결과에 대하여 학생 자신이 책임을 지고 처리하도록 함으로써 벌의 억제 효과와 긍정적 연습의 교육적 효과를 함께 거두는 전략이다.

④ 과잉교정은 일반적으로 절차를 실행하는 데 시간이 오래 걸리고, 절차를 적용할 때 학생이 순응하지 않거나 공격적이 될 수 있다는 단점이 있어 자주 사용되는 기법은 아니다.

(2) 과잉교정의 사용 지침

① 문제행동이 발생하면 즉시 조용하고 차분한 목소리로 문제행동이 무엇인지를 지적하고 행동을 교정해야 할 이유를 간단히 설명한다. 단, 비난하거나 화를 내서는 안 된다.

② 학습자가 수행해야 할 과잉교정의 과정을 설명한다.

③ 문제행동이 발생한 후 가능한 한 신속히 과잉교정의 과정을 실행시킨다. 바로 시행할 수 없는 경우에는 과잉교정을 언제 시행할 것인지를 학습자에게 분명히 알린다.

④ 과잉교정 활동의 전 과정에서 학습자를 감시·감독한다. 이때 과잉교정 절차를 수행하는 데 필요한 촉진 자극과 올바른 반응에 대한 피드백은 최소한으로 제공되어야 한다.

⑤ 일상 활동 중에 학습자 스스로 적절한 행동을 수행할 때마다 칭찬, 관심, 기타 강화를 제공한다.

2. 과잉교정의 유형

복원 과잉교정과 긍정적 연습 과잉교정은 문제행동 대신 바람직한 대체행동을 연습하도록 요구한다는 점에서 교육적 요소를 지닌다.

(1) 복원 과잉교정(restitutional overcorrection)

① 단순교정은 문제행동으로 발생한 손상을 본래의 상태로 고쳐놓는 것을 말한다. 이와 대조적으로 복원 과잉교정은 문제행동으로 인해 발생한 손상을 원 상태로 복원해 놓는 것은 물론, 문제행동이 발생하기 이전보다 더 좋은 상태로 만들어 놓도록 요구한다. ❶ 25유아A2

② 예를 들어, 진흙발로 마루를 더럽힌 아동에게 걸레로 마루를 닦고 신발을 깨끗이 씻어 놓도록 함은 물론이고, 이에 더해 왁스칠을 하여 반짝거리게 하고 자기 구두를 광이 나도록 닦아놓게 하는 것이다.

(2) 긍정적 연습 과잉교정(positive practice overcorrection)

① 긍정적 연습 과잉교정이란 학생이 부적절한 행동을 하였을 경우, 부적절한 행동을 대체할 수 있는 적절한 행동을 반복적으로 연습하게 하는 것이다. ❷ 14유아A4

② 예를 들어, 복도에서 뛰는 아이에게 복도 끝에서 끝까지 여러 차례 조용히 걷도록 시키는 것이다.

3. 비교 개념

(1) 부적 연습(negative practice)

① 과잉교정이 부적절한 행동에 대한 후속결과로 적절한 행동을 반복적으로 하게 하는 것이라면, 적절한 행동이 아닌 부적절한 행동을 반복하게 하여 아동을 지치게 하거나 포만 상태가 되게 하여 부적절한 행동을 감소시키려는 기법을 '부적 연습'이라고 한다.

② 예를 들어, 책을 찢는 아이에게 여러 권의 책을 주면서 모두 남김없이 찢도록 하는 경우가 있다.

③ 부적 연습은 부적절한 행동을 반복해서 연습하게 하는 것이므로 과잉교정이 아니며, 권장되지 않는 방법이다.

(2) 유관 훈련(contingent exercise)

① 아동의 부적절한 행동과 아무 관련이 없는 신체적 운동 동작을 반복하게 하는 유관 훈련 역시 행동을 반복하게 하지만, 적절한 행동을 반복시키는 것이 아니므로 과잉교정은 아니다.

② 예를 들어, 지각 행동에 대해 운동장을 10바퀴 뛰게 하거나, 친구를 때리는 행동에 대해 앉았다 일어서기를 30번 하게 하는 것이다.

③ 유관 훈련은 오히려 혐오자극에 가깝다.

08 혐오자극 제시

1. 혐오자극의 개념

① 혐오자극 제시는 학생이 문제행동을 했을 때 학생이 싫어하는 자극을 제시하는 것으로, 혐오자극은 무조건 혐오자극과 조건 혐오자극으로 나뉜다.

② 무조건 혐오자극은 학생에게 신체적으로 고통이나 불쾌감 또는 불편감을 주는 것이자 학습되지 않은 것으로, 체벌, 신체구속, 소음, 전기충격 등이 있다.

③ 조건 혐오자극은 무조건 혐오자극과 중립자극을 계속해서 짝지은 결과 궁극적으로 벌의 특성을 갖게 되는 것이다. 예를 들어, 질책이 가장 일반적인데, 질책과 함께 체벌을 짝지어 경험하면 질책은 고통과 연관되어 결국은 질책만으로 학생에게 혐오자극이 된다.

2. 벌의 단점

① 교사가 벌을 자주 사용하면 교사와 학생의 관계가 악화될 수 있다.

② 교사가 벌을 사용할 경우 학생들의 문제행동은 감소하지만, 학생이 교사에게 대드는 공격적인 행동을 보이거나 기물 파괴, 울음이나 두려움 등 심하게 위축되는 문제행동을 보일 수 있다. 이럴 경우 표적 문제행동이 감소된다는 이점보다 부정적인 결과가 더 크게 된다.

③ 교사가 벌을 자주 사용할 때 부적절한 행동의 모델링 효과를 가져올 수 있다.

④ 벌의 효과는 유지 및 일반화가 쉽지 않다. 벌의 효과는 일시적이고 매우 제한적이다.

⑤ 벌을 통해서 학생들은 어떤 행동을 하지 말아야 한다는 것만 배울 뿐, 바람직한 행동을 배울 수 없다. 학생들은 부적절한 행동을 대체할 바람직한 행동을 배워야 한다.

⑥ 교사가 벌 제공 행동에 대해 부적으로 강화될 수 있다. 학생의 문제행동에 대해 교사가 벌을 사용하면 일시적이기는 하지만 즉각적으로 문제행동이 중지되는 경험을 하게 되고, 이를 통해 교사는 학생의 문제행동을 피하기 위해 벌을 사용할 수 있다.

CHAPTER
10
새로운 행동의 습득

01 행동형성법
- 정의
- 원리
  - 차별강화
  - 점진적 접근
  - 표적행동의 특성
  - 반응형태에 따른 행동형성 전략
- 과정
- 절차
- 장단점
- 행동형성을 위한 차별강화와 자극통제를 위한 차별강화의 차이점
- 행동형성법과 촉구 용암법의 비교

02 행동연쇄법
- 개념
- 과제분석
  - 정의 및 필요성
  - 과제분석 타당성 검증의 목적과 방법
  - 성취 수준의 평가
    - 필요성
    - 단일기회법
    - 다수기회법
- 유형
  - 전진형 행동연쇄법
  - 후진형 행동연쇄법
  - 전체과제 제시법
- 행동연쇄법과 행동형성법의 비교

03 촉구(촉진)
- 개념
  - 정의
  - 기능 및 목적
  - 효과적 활용
- 유형
  - 반응촉구
    - 시각적 촉구
    - 언어적 촉구
    - 몸짓 촉구(자세 촉구)
    - 모델링 촉구
    - 신체적 촉구
  - 자극촉구
    - 자극 내 촉구
    - 가외자극 촉구
  - 자연적 촉구

04 촉구의 용암
- 촉구의 용암 필요성
- 반응촉구의 점진적 변화 (반응촉구체계)
  - 도움감소법(최대-최소 촉구법)
  - 도움증가법(최소-최대 촉구법)
  - 시간지연법(촉구지연법)
  - 동시촉구
- 자극촉구의 점진적 변화
  - 자극용암
    - 자극 내 촉구의 용암
    - 가외자극 촉구의 용암
  - 자극형성

05 모델링
- 개념
- 효과적인 모델링을 위한 고려사항
  - 관찰자 특성
  - 모델 특성
    - 연령과 특성의 유사성
    - 문제의 공유성
    - 능력의 우월성
- 효과적인 모델링을 위한 지침

01 행동형성법(shaping)

1. 행동형성법의 정의

'행동형성법'이란 현재는 나타나지 않는 표적행동을 발생시키기 위해서 표적행동에 점진적으로 가까운 행동을 체계적으로 차별강화하여 새로운 행동을 형성시키는 것이다.

❶ 23유아A8, ❷ 19유아B2, ❸ 14유아B5

2. 행동형성법의 원리

(1) 차별강화

① '차별강화'란 물리적으로 서로 다른 두 가지 이상의 행동 가운데 한 행동은 강화하고 나머지 행동은 모두 소거시키는 방법을 말한다.

② 차별강화는 다음의 세 가지 요소를 포함한다. 첫째, 물리적으로 서로 다른 두 가지 이상의 행동이 있고, 둘째, 그중 한 행동은 강화하며, 셋째, 다른 모든 행동은 소거시키는 과정이 있다.

(2) 점진적 접근

① 차별강화의 기준은 도달점 행동으로의 점진적 접근이다. 조금이라도 더 도달점 행동에 근접한 행동을 선택하여 강화하고 다른 모든 행동은 소거시킨다.

② 차별강화를 통한 점진적 접근을 통해 무리 없이 최종 목표에 도달할 수 있다.

(3) 표적행동의 특성

① 반응의 형태, 빈도, 지속시간, 지연시간, 크기 등 측정 가능한 모든 특성은 행동형성의 대상이 될 수 있다.

형태	• 골프 스윙, 던지는 동작, 또는 높이뛰기와 연관된 운동 동작 개선하기 • 글씨 쓰기를 연습하는 동안 흘려 쓰는 글씨체 개선하기
빈도	• 수학시간 동안 매 분 풀어야 하는 문제 수 늘리기 • 매 분 정확하고 적절하게 단어를 쓰는 수 늘리기
잠복기 (지연시간)	• "방을 청소해"라는 부모의 지시와 방을 청소하는 행동이 일어나는 사이의 시간 줄이기 • 심각한 정서장애를 가진 학생에게 공격적인 발언을 한 시점과 보복 행동 사이의 시간 간격 늘리기
지속시간	• 학생이 주어진 과제를 지속하는 시간 늘리기 • 공부에 집중하는 시간 늘리기
강도 또는 힘	• 화자의 목소리 크기를 45dB에서 65dB까지 증가시키기 • 체육 시간에 높이뛰기 평행봉의 높이 높이기

② 아동에게 원하는 바람직한 행동이 전혀 나타나지 않는 경우에 적절한 방법이다.

기출 POINT 1

❶ 23유아A8
[A]의 행동지원 방법이 무엇인지 쓰시오.

임 교사: 동호에게 좋아하는 자동차를 보여주면, 동호는 '주세요'라는 의미로 양손을 내미는 동작을 하였어요. 그리고 "이에"라는 음성을 내는 모습이 자주 관찰되었어요. 최근 교사가 들려주는 "주세요" 소리의 입 모양을 동호가 모방하면 강화하고, 양손을 내미는 행동만 할 때는 강화하지 않았더니 점차 "주세요"를 '주'라는 [A] 한 음절로 표현하기 시작했어요. 차별강화를 통해 동호가 점차 "주세요"를 2음절을 거쳐 한 단어로 표현하게 하려고 해요.

❷ 19유아B2
ⓒ의 행동중재 전략을 쓰시오.

김 교사: 상희를 자기 자리에 앉게 만드는 좋은 방법은 없을까요?
박 교사: 네. 그때는 이런 방법이 있는데요. 일단 ⓒ '자기 자리에 앉기'라는 목표 행동을 정하고, '책상 근처로 가기, 책상에 가기, 의자를 꺼내기, 의자에 앉기, 의자에 앉아서 의자를 당기기'로 행동을 세분화합니다. 이때 단계별로 목표 행동을 성취했을 때마다 강화를 주는데, 칭찬, 격려, 인정을 강화제로 사용하는 것도 좋겠습니다.

❸ 14유아B5
ⓒ에서 담임교사가 적용한 행동지원 전략을 쓰시오.

순회교사: ⓒ 도형이가 친구들에게 관심을 보일 때 강화하시고, 그다음엔 조금씩 더 진전된 행동을 보이면 강화해 주세요. 마지막 단계에서는 도형이가 또래와 상호작용할 때 강화해 주세요. 그리고 강화제도 다양하게 사용하면 더 효과적일 수 있답니다.

(4) 반응형태에 따른 행동형성 전략

시발점 행동*과 도달점 행동*의 형태가 동일한지 또는 서로 상이한지에 따라 점진접근의 전략과 차별강화의 기준이 달라진다.

🔒 Keyword
• **시발점 행동**: 특정 표적행동의 현재 수준
• **도달점 행동**: 하나의 행동형성 프로그램이 추구하는 최종 교수목표

① 시발점 행동과 도달점 행동의 형태가 동일한 경우(반응형태 내 행동형성)

  ㉠ '높이뛰기', '멀리뛰기', '공부하기' 등은 시발점에서나 도달점에서 그 반응의 형태가 동일하다.

  ㉡ 시발점 행동과 도달점 행동의 형태가 동일한 경우에는 점진접근 및 차별강화의 기준이 행동의 형태에 따라 정해지는 것이 아니라, 측정 가능한 표적행동의 물리적 크기로 정해진다.

  > **예** 높이뛰기에서는 수직으로 뛰어오르는 물리적 높이로 차별강화의 기준이 정해진다.

🚩 **시발점 행동과 도달점 행동이 동일한 경우의 점진적 훈련 단계와 강화 기준**

훈련 단계	표적행동	기준
시발점	두 발을 모으고 뛰어올라 장대를 넘는다.	10cm
2	두 발을 모으고 뛰어올라 장대를 넘는다.	20cm
3	두 발을 모으고 뛰어올라 장대를 넘는다.	30cm
4	두 발을 모으고 뛰어올라 장대를 넘는다.	40cm
도달점	두 발을 모으고 뛰어올라 장대를 넘는다.	50cm

② 시발점 행동과 도달점 행동의 형태가 상이한 경우(반응형태 간 행동형성)

  ㉠ '말하기', '글자 쓰기', '청소하기' 등은 시발점 행동과 도달점 행동의 형태가 서로 크게 다르다.

  ㉡ 상이한 형태의 행동을 형성할 때는 도달점 행동에 보다 접근한 행동을 상위 단계의 훈련목표로 설정한다.

  > **예** 도달점 행동이 '주어와 서술어를 갖춘 완전한 문장으로 말하기'일 때, 시발점 행동으로 아동이 교사를 모방하려는 의도로 교사의 입을 바라보며 겨우 입술만 실룩이는 정도라고 가정하였다. 따라서 1단계에서는 학생이 교사의 입 모양을 응시하며 입술을 움직이면 강화하고, 쳐다보고만 있으면 강화하지 않는다. 2단계에서는 교사의 말을 모방하고 교사의 입 모양을 응시하며 무슨 소리든 발성하면 강화하고, 입술만 움직이면 강화하지 않는다. 3단계에서는 한 단어로 말하면 강화하고, 의미 없는 소리만 내면 강화하지 않는다. 4단계에서는 학생이 구나 절로 말하면 강화하고, 한 단어로만 말하면 강화하지 않는다. 마지막 단계에서는 도달점 행동을 했을 때 강화하고, 구나 절로 말하면 강화하지 않는다. 이와 같이 각 훈련 단계의 표적행동은 분명히 그 형태가 서로 다르지만, '말하기'라는 하나의 기능적 반응군에 속한다는 것은 분명하다.

✎ 시발점 행동과 도달점 행동이 상이한 경우의 점진적 훈련 단계와 강화 기준

훈련 단계	표적행동	기준
시발점	입술을 움직인다.	치료자의 입 모양 모방
2	소리를 낸다.	치료자의 음성 모방
3	한 단어로 말한다.	한 단어 사용
4	구나 절로 말한다.	두 단어 이상 사용
도달점	완성된 문장으로 말한다.	주어와 서술어로 구성하여 사용

3. 행동형성법의 과정

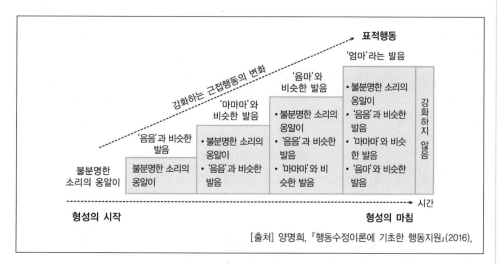

[출처] 양명희, 『행동수정이론에 기초한 행동지원』(2016),

① 표적행동은 '엄마'라는 단어의 정확한 발음이고, 표적행동에 가까운 행동들은 시작행동이 되는 옹알이를 포함하여 '음음', '마마마', '음마'라는 발음이다.

② 표적행동에 가까운 행동들이란 표적행동을 하기 위해 필요한 행동들이거나 표적행동과 같은 행동이지만 정도, 양, 기간이 표적행동과 다른 행동들이다.

③ 표적행동에 좀 더 근접한 행동이 나오면 이전의 행동은 더 이상 강화받지 못한다.

4. 행동형성법의 절차 ❶ 20중등B3

절차	내용
① 표적행동을 명확하게 정의한다.	• 표적행동의 정의에는 표적행동 달성 여부를 결정하는 기준이 포함된다. • 정확한 정의가 있어야 표적행동이 아닌 행동을 강화하지 않고 정확히 표적행동을 강화할 수 있게 된다. 예 학급친구 전체 앞에서 국어책을 읽을 수 있다.
② 표적행동의 시작행동을 정의해야 한다.	• 행동형성법은 표적행동의 발생이 없는 상황에서 표적행동을 형성해가는 것이므로 표적행동을 형성해나갈 시작행동을 찾는 것이 중요하다. • 시작행동은 아동이 이미 행하고 있는 행동이면서 표적행동과는 관련이 있는 행동이어야 한다. • 표적행동을 조금이라도 보인다면 행동형성을 사용하지 않는다. 예 혼자 국어책을 읽는 행동
③ 표적행동에 근접한 중간행동들을 결정한다.	시작행동 다음의 중간행동은 시작행동보다는 표적행동에 근접해야 하고, 그다음의 중간행동은 이전의 중간행동보다 표적행동에 더 근접해야 한다. 예 짝꿍 앞에서 국어책 읽기 → 소그룹 친구 앞에서 국어책 읽기
④ 사용할 강화제를 결정한다.	효과적인 강화제를 파악하고 이를 선택한다.
⑤ 표적행동으로의 진행속도를 결정하여 차별강화한다.	• 각 단계에 머무르는 기간을 결정하는데, 중간행동들로 넘어가는 진행 속도는 아동이 보이는 진전에 달려 있다. 그러나 어느 한 단계에서 너무 오래 강화하면 그 행동에 머무르게 될 수 있으므로 조심해야 한다. • 시작행동이 습득되면 시작행동 다음의 중간행동을 강화하는데, 이미 습득된 시작행동은 더 이상 강화하지 않고 시작행동 다음의 행동을 강화하는 차별강화를 사용한다. 예 진희가 짝꿍과 차례로 소리 내어 책을 읽을 때만 칭찬하고 이제는 혼자서 책을 소리 내어 읽는 행동은 강화하지 않는 것을 3주 정도 꾸준히 하였다. 진희가 짝꿍과 소리 내어 책을 읽는 것이 자연스러워졌을 때 교사는 이제 진희가 소그룹 앞에서 책을 읽을 때만 칭찬하고 짝꿍과 교대로 소리 내어 책 읽는 행동은 강화하지 않는다.
⑥ 표적행동이 형성되었을 때 강화한다.	표적행동이 형성된 후 이를 유지하기 위한 강화가 주어져야 하고, 또 강화계획을 점점 약화시켜 간다.

기출 POINT 2

❶ 20중등B3

(가)의 괄호 안의 ㉠에 해당하는 행동중재 방법을 쓸 것.

(가) 행동지원 계획안

목표 행동	ⓐ 수업시간에 15분 동안 계속해서 의자에 앉아 있기
중재 방법	(㉠)

중재 단계 및 내용	고려 사항
• 목표 행동의 조작적 정의 • 목표 행동의 시작 행동 정의 • 목표 행동에 근접한 단기 목표(중간 행동) 결정 　− 1분 30초 동안 계속해서 의자에 앉아 있기 　− 2분 동안 계속해서 의자에 앉아 있기 　− 2분 30초 동안 계속해서 의자에 앉아 있기 　　　　　　　(중략) 　− 14분 동안 계속해서 의자에 앉아 있기 　− 15분 동안 계속해서 의자에 앉아 있기 • 강화제 선택 　− 효과적인 강화제 파악 및 선택	• 시작 행동: 관찰 기록 결과에 근거하여 설정함 • 단기 목표 변경 기준: 3번 연속 단기 목표 달성 • 강화 계획: 초기에는 ㉡ 의자에 1분 30초 동안 지속해서 앉아 있을 때마다 강화를 제공하고, 이후에는 강화 계획에 변화를 줌 • 강화제: 단기 목표에 도달하면 학생 C가 선호하는 활동을 할 수 있게 함 • 토큰 강화 등과의 연계 방안을 모색함

5. 행동형성법의 장단점

① 행동형성법은 긍정적인 방법으로 새로운 행동을 가르치며, 이미 습득된 행동을 변화시키는 데도 사용할 수 있다는 장점이 있다.

② 그러나 새로운 행동을 형성하려면 시간이 오래 걸리고, 행동형성 과정이 항상 정해진 순서를 따라 직선적으로 일어나지 않고 불규칙할 수 있다는 단점이 있다.

③ 행동형성과 관련하여 주의해야 할 점은 좋지 않은 행동을 우연히 행동형성으로 강화시켜서 점점 더 좋지 않은 행동으로 발전시킬 수 있다는 것이다.

6. 행동형성을 위한 차별강화와 자극통제를 위한 차별강화의 차이점

① 자극통제에서는 같은 행동이 델타자극에서는 강화받지 않고 변별자극에서는 강화받는 것으로, 강화는 선행자극의 차이에 따라 주어진다.

② 행동형성은 표적행동에 근접한 행동에만 강화하는 것으로 행동의 변화에 따라 강화가 주어진다.

기출 POINT 3

❶ 15중등A3
〈보기〉에 적용된 행동수정 기법을 쓰고, 이 기법과 행동형성법의 개념을 각각 설명하시오. 그리고 〈보기〉에 적용된 기법이 행동형성법이 아닌 이유를 〈보기〉의 내용에 근거하여 쓰시오.
● 상 차리기 기술 지도

─〈보기〉─
① 1단계: 식사 도구 사진이 실물 크기로 인쇄되어 있는 식사용 매트 위에 해당 식사 도구를 올려놓는다.
② 2단계: 식사 도구 모양이 실물 크기로 그려진 식사용 매트 위에 해당 식사 도구를 올려놓는다.
③ 3단계: 식사 도구를 놓을 자리에 식사 도구 명칭이 쓰여 있는 식사용 매트 위에 해당 식사 도구를 올려놓는다.
④ 4단계: 식사 도구를 놓을 자리에 동그라미 모양이 그려진 식사용 매트 위에 해당 식사 도구를 올려놓는다.
⑤ 5단계: 특별한 표시가 없는 식사용 매트 위에 해당 식사 도구를 올려놓는다.

7. 행동형성법과 촉구 용암법의 비교 ❶ 15중등A3

① 공통점은 행동형성법과 촉구 용암법 모두 행동을 점진적으로 변화시킨다는 것이다.

② 차이점은 다음과 같다.

ⓐ 행동형성에서는 선행자극은 변하지 않고 학생의 반응은 점차 변한다. 반면, 촉구의 용암에서는 학생의 반응은 변하지 않고 선행자극이 점진적으로 변한다.

ⓑ 용암을 사용할 때는 선제자극이 조작되는 반면, 형성을 사용할 때는 후속결과가 조작된다.

ⓒ 용암은 이미 학습된 행동을 다른 자극의 통제하에 두기 위해 사용되는 반면, 형성은 새로운 행동을 가르치기 위해 사용된다.

02 행동연쇄법(behavior chain)

1. 행동연쇄법의 개념

(1) 행동연쇄법의 정의

① 어떤 행동과 그 행동을 구성하는 단위행동들이 자극과 반응으로 일관되게 연결되는 것을 '행동연쇄'라고 한다. 예를 들어, '양말을 신는 행동'은 행동연쇄이지만 '시험 공부하기'는 행동연쇄라고 하기 어렵다.

② '행동연쇄법'이란 복잡한 행동을 형성하기 위해 분리된 단위행동들을 연결시키는 과정이다. 즉, 행동연쇄상에 있으면서 이미 한 사람의 행동목록에 존재하는 단위행동들을 적절한 방법으로 연결하여, 보다 복잡한 행동의 학습을 위해 요구되는 각 단위행동을 강화하여 행동연쇄를 발달시키는 방법이다.

③ 이를 위해 과제분석을 통해 하나의 표적행동을 하위과제들로 세분하여 일의 순서에 따라 배열한 후, 앞이나 뒤에서부터 하나씩 누가적으로 연결하여 강화한다.

(2) 행동연쇄의 원리

① 행동연쇄의 각 단위행동들은 서로 변별자극과 반응의 관계를 이룬다. 예를 들어, 양말 신기라는 행동은 독립된 단위행동에 의해 이루어지는 것이 아니라, 여러 단위행동들이 연속적으로 연결될 때 이루어지는 것이다.

② 행동연쇄상에 있는 하나의 단위행동은 다음 단계에 취해야 할 단위행동에 대한 변별자극의 역할을 한다.

③ 또한, 행동연쇄상의 각 단위행동은 바로 직전의 행동을 증가시키는 강화 역할을 한다.

① 양말(변별자극 1) ⇨ 손으로 양말을 잡기(반응 1)

② 손으로 잡은 양말(변별자극 2) ⇨ 양손으로 양말의 뚫린 부분 벌려 잡기(반응 2)

③ 양손으로 잡은 양말의 뚫린 부분(변별자극 3) ⇨ 양말의 뚫린 부분에 발가락 넣기(반응 3)

④ 발가락이 들어간 양말(변별자극 4) ⇨ 발등까지 양말 끌어올리기(반응 4)

⑤ 발등까지 끌어올린 양말(변별자극 5) ⇨ 양말을 발목까지 끌어올리기(반응 5)

⑥ 발목까지 끌어올린 양말(변별자극 6) ⇨ 양말 신기 완성(반응 6) ⇨ 칭찬(강화)

[출처] 양명희, 『행동수정이론에 기초한 행동지원』(2016)

2. 과제분석(task analysis)

(1) 과제분석의 정의 및 필요성

① 복합행동은 일련의 복잡한 하위과제들로 구성된다. 따라서 하나의 복합행동을 조금씩 쉽게 가르치는 과제분석을 통해 그 행동을 하위 구성요소들로 세분하고 과제의 순서에 따라 나열한다. **❶ 25초등B1, ❷ 22유아B6, ❸ 20유아A4, ❹ 13추가중등A2, ❺ 12중등13**

② 즉, 과제분석은 복잡한 과제를 분석하여 가르칠 수 있는 작은 단계로 나눈 것이다.

③ 행동연쇄를 적용하기 위해서는 반드시 과제분석이 이루어져야 한다.

④ 과제분석은 개인의 연령, 기술 수준, 과거의 경험 등에 따라 개별적으로 수행된다.

(2) 과제분석 타당성 검증의 목적과 방법

① 하나의 복합행동이 하위과제로 세분되고 일의 순서가 결정되면, 그 타당성을 검증해야 한다. 타당성 검증의 목적은 세분된 하위과제와 그 수행 순서가 주어진 표적행동(복합행동)을 효율적으로 수행하는 데 필요 충분한 것인지를 평가하는 것이다.

② 과제의 구성요소와 순서를 확인하고 타당성을 검증하는 방법에는 세 가지가 있다.

   ⊙ 해당 과제를 능숙하게 잘하는 사람들이 사용하는 방법을 참고하여 하위과제와 수행 순서를 결정한다. **❶ 12중등13**

   ⊙ 과제와 관련된 분야의 숙련공이나 전문가의 의견을 따른다.

   ⊙ 교사 자신이 과제를 수행해 보면서 과제의 하위요소를 정한다. 이 방법은 필요할 때마다 요구되는 과정을 다시 살펴볼 수 있고, 각 단위행동을 연결하는 변별자극이 무엇인지 수시로 확인하여 조절할 수 있다는 큰 장점이 있다.

기출 POINT 4

❶ 25초등B1

밑줄 친 @이 설명하는 것이 무엇인지 쓰시오.

> 부장 교사: 후속 결과 중재도 중요하지만, 지수의 경우 학습 과제에 부담감을 느끼지 않도록 하는 것이 중요해요. 지수가 @ 수행해야 하는 활동을 더 단순한 하위 세부 기술로 분할하여 후진 행동 연쇄로 지도하는 것을 제안드립니다.

❷ 22유아B6

교사가 실시한 [B]가 무엇인지 쓰시오.

> 도장 찍기에 어려움이 있는 현서를 위해 아래와 같이 도장 찍기 기술을 세분화하고 연쇄법을 적용하여 지도하였다.
>
> [B] 지도 꺼내기 → 지도 펼치기 → 도장 찍을 곳 확인하기 → 도장에 잉크 묻히기 → 도장 찍기 → 지도 접기 → 지도 넣기

❸ 20유아A4

ⓒ에 해당하는 용어를 쓰시오.

> 송 교사: 먼저 공을 던지는 데 필요한 단위행동을 생각해 보세요. ⓒ 첫 번째 단계에서는 공을 두 손으로 잡고, 두 번째 단계에서는 공을 가슴까지 들어올리고, 세 번째 단계는 팔을 뻗고, 마지막으로 공을 놓는 단계로 나눌 수 있어요. 이와 같이 나눈 기술들은 행동 연쇄로 가르칠 수 있어요.

❹ 13추가중등A2

ⓒ의 명칭을 쓰시오.

> ⓒ 직업 검색 과정을 하위 단계로 나누어 순차적으로 지도한다.

❺ 12중등13

⊙~⊜ 중에서 옳은 것만을 모두 고르시오.

> ⊙ 일련의 복합적인 행동을 가르치기 위해 과제분석을 할 수 있어요.

기출 POINT 5

❶ 12중등13

⊙~⊜ 중에서 옳은 것만을 모두 고르시오.

> ⊙ 과제분석을 할 때는 과제를 유능하게 수행하는 사람이나 전문가를 관찰해서, 하위행동을 목록화하는 것이 중요해요.

짧은 과제분석	긴 과제분석
① 두 손을 물에 담근다.	① 두 손을 물에 담근다.
② 비누칠을 한다.	② 비누를 집는다.
③ 두 손을 비빈다.	③ 비누를 두 손바닥 사이에서 문지른다.
④ 손을 헹군다.	④ 비누를 제자리에 놓는다.
⑤ 수건으로 닦는다.	⑤ 두 손을 비빈다.
	⑥ 손을 헹군다.
	⑦ 수건을 집는다.
	⑧ 수건으로 닦는다.
	⑨ 수건을 제자리에 놓는다.

[출처] 홍준표, 『응용행동분석』(2009)

3. 성취 수준의 평가

(1) 성취 수준 평가의 필요성

① 과제의 하위 구성요소 중에서 학습자가 이미 할 수 있는 것을 확인하기 위하여 성취 수준을 평가하며, 성취 수준을 평가하는 주요 방법에는 단일기회법과 다수기회법의 두 가지가 있다.

② 훈련을 시작하기 전에 표적행동의 하위과제 가운데 학습자가 이미 할 수 있는 것과, 아직 하지 못하는 것을 아는 것은 훈련과 치료 교육에 도움을 준다.

(2) 단일기회법(single-opportunity method)

① 단일기회법은 과제분석 내의 각 단계에서 학생이 혼자서 정해진 과제를 수행할 수 있을 때까지만 기회를 준다. 만약 정해진 시간을 넘기거나 혼자서 정해진 과제를 수행하지 못하면, 해당 단계에서 평가를 중단하고 남은 하위과제들도 오류로 기록한다.

② 단일기회법은 학습자가 표적행동의 하위과제들을 순서에 따라 올바르게 수행할 수 있는 능력이 얼마나 되는지를 평가하기 위한 방법이다.

③ 단일기회법에 의한 성취 수준의 평가는 아동이 하위과제 1번에서 시작하여 순서에 따라 혼자서 어디까지 할 수 있는지를 확인하는 것이다.

④ 단일기회법은 다수기회법보다 엄격하고 보수적인 평가방법이다.

(3) 다수기회법(multiple-opportunity method)

① 다수기회법에서는 학생이 과제 수행 과정에서 오류를 보이거나 시간을 초과하더라도, 교사는 학생을 대신하여 올바른 과제 수행 상태로 교정하여 학생이 다음 과제를 순서대로 수행할 수 있도록 함으로써 전 단계에 걸쳐 학생을 평가한다. ❶ 12중등13

② 다수기회법은 단일기회법과 달리, 표적행동의 모든 하위과제에 대하여 학생의 성취 수준을 평가하는 방법이다.

③ 과제분석 평가에 다수기회법을 사용할 때는 평가 과정에서 훈련의 효과가 발생하지 않도록 주의해야 한다. 예를 들어, 학생이 어떤 하위과제를 수행하지 못할 때 교사는 그 과제를 대신 수행하고 아동에게 다음 과제를 수행할 수 있는 자세나 상태를 마련해 준다. 이 과정에서 시범을 보이거나 언어적으로 설명을 하면 학습의 효과가 개입되기 때문에 정확한 평가가 이루어질 수 없으므로, 평가 과정에서는 다음 과제를 이행할 수 있는 준비 자세나 상태만 만들어주는 것을 목적으로 한다.

과제분석과 성취 수준 평가	
• 아동 이름: 하동식 • 평가자 이름: 김진서 • 표적행동: 손 씻기 • 언어적 지시: "○○아, 손 씻어!"	• 비고 　– 평가장소: 화장실 세면대 　– 준비자료: 물이 채워진 세면대, 비누, 수건 　– 기록코드: 올바른 반응(+), 　　　　　　　그릇된 반응(−) 　– 강화기준: 5초 이내에 도움 없이 혼자서, 순서에 따라 수행하여야 한다. 　– 학습기준: 3회기 연속하여 성공적으로 수행하여야 한다.

단일기회법						다수기회법					
순서	하위행동	평가일시				순서	하위행동	평가일시			
		5/11	5/12	5/13	5/14			5/11	5/12	5/13	5/14
①	두 손을 물에 담근다.	+	+	+	+	①	두 손을 물에 담근다.	+	+	+	+
②	비누를 잡는다.	+	−	+	+	②	비누를 잡는다.	+	−	+	+
③	비누를 두 손바닥 사이에 문지른다.	−	−	+	−	③	비누를 두 손바닥 사이에 문지른다.	−	−	+	−
④	비누를 제자리에 놓는다.	−	−	−	−	④	비누를 제자리에 놓는다.	−	−	−	−
⑤	두 손을 비빈다.	−	−	−	−	⑤	두 손을 비빈다.	−	−	−	−
⑥	손을 헹군다.	−	−	−	−	⑥	손을 헹군다.	+	+	+	+
⑦	수건을 집는다.	−	−	−	−	⑦	수건을 집는다.	+	+	+	−
⑧	수건으로 닦는다.	−	−	−	−	⑧	수건으로 닦는다.	+	+	+	
⑨	수건을 제자리에 놓는다.	−	−	−	−	⑨	수건을 제자리에 놓는다.	−	−	−	−
올바른 반응의 백분율(%)		22%	11%	33%	22%	올바른 반응의 백분율(%)		56%	44%	67%	33%
학습된 반응의 백분율(%)		11%				학습된 반응의 백분율(%)		44%			

[출처] 홍준표, 「응용행동분석」(2009)

기출 POINT **6**

● 12중등13

⑤~⑩ 중에서 옳은 것만을 모두 고르시오.

과제분석과 현행 수준 평가 결과

- 이름: 김철수
- 평가자: 박○○
- 표적행동: 현금자동지급기에서 현금 인출하기
- 언어적 지시: "철수야, 현금자동지급기에서 돈 3만원 찾아볼래?"

과제 분석	하위행동	평가일시			
		10/19	10/20	10/21	10/22
1단계	현금카드를 지갑에서 꺼낸다.	+	+	+	+
2단계	현금카드를 카드 투입구에 바르게 넣는다.	+	+	+	+
3단계	현금 인출 버튼을 누른다.	−	−	+	+
4단계	비밀 번호 버튼을 누른다.	−	−	−	−
5단계	진행사항에 해당하는 버튼을 누른다.	−	−	−	−
6단계	인출할 금액을 누른다.	−	+	+	+
7단계	현금 지급 명세표 출력 여부 버튼을 누른다.	+	+	+	−
8단계	현금 지급 명세표와 현금카드가 나오면 꺼낸다.	−	−	−	+
9단계	현금을 꺼낸다.	+	+	+	+
10단계	현금, 명세표, 현금카드를 지갑에 넣는다.	+	+	+	+
	정반응의 백분율(%)	50%	60%	70%	70%
비고	기록코드: 정반응(+), 오반응(−)				

ⓒ 철수가 '현금자동지급기에서 현금 인출하기'의 모든 하위 행동을 수행할 수 있
는지 보기 위해 '단일기회방법'을 사용하여 매 회기마다 평가하셨군요.

4. 행동연쇄법의 유형

새로운 행동연쇄를 가르치기 위한 행동연쇄법은 어느 단계에서 시작하느냐에 따라 전진형 행동연쇄, 후진형 행동연쇄, 전체 과제 제시법으로 나눌 수 있다. ❶ 20유아A4

(1) 전진형 행동연쇄법(forward chaining)

① 실행 방법

ㄱ 전진형 행동연쇄법은 과제분석한 행동들을 순서에 따라 배열한 다음, 앞에서부터 하나씩 추가하여 단계적으로 가르치는 방법이다.

ㄴ 즉, 과제분석의 첫 단계를 아동이 독립적으로 할 수 있을 때까지 가르치고 나서 첫 단계에서 두 번째 단계를 붙여 수행하도록 지도하고, 나머지 단계도 같은 방식으로 하여 모든 단계를 도움 없이 할 수 있을 때까지 지도하는 것이다. 예를 들어, 과제분석이 3단계로 나누어졌다면, 1단계의 행동을 지도한 후 기준에 이르면 강화한다. 그다음에는 1단계와 2단계의 행동이 정해진 기준에 이르면 강화한다. 마지막으로 1, 2, 3단계의 모든 행동이 기준에 이르면 강화한다. ❶ 20중등B6

② 특징 및 장단점

ㄱ 각 단계에는 인위적 강화가 제공되고, 마지막 단계에서 자연적 강화가 주어진다.

ㄴ 연쇄행동의 한 반응을 처음 습득하는 것은 신속하지만, 전체적으로 학습 속도는 느리다.

ㄷ 전진형 행동연쇄법은 초기 단계의 표적행동이 짧아 한 회기에 다수의 훈련 시행이 가능하지만, 새로운 훈련 단계가 시작될 때마다 표적행동의 양이 증가되어 욕구 좌절과 학습에 대한 저항을 불러올 수 있다.

(2) 후진형 행동연쇄법(backward chaining)

① 실행 방법

ㄱ 후진형 행동연쇄법은 과제분석을 통해 나누어진 행동들을 마지막 단계부터 처음 단계까지 역순으로 가르치는 것이다. ❶ 25초등B1, ❷ 24초등B5, ❸ 15유아A8, ❹ 13유아B1

ㄴ 즉, 마지막 단계의 행동 이전의 행동 단계들은 교사가 모두 완성해준 상태에서 마지막 단계의 행동을 학생이 하도록 하는 방법이다. 예를 들어, 과제분석이 3단계로 나누어졌다면, 2단계까지를 교사가 다 해주고 촉구를 사용하여 학생이 마지막 단계를 하도록 하고, 학생이 성공하면 강화한다. 그다음에는 1단계까지 교사가 해주고 촉구를 사용하여 학생이 2, 3단계를 하도록 하고 성공하면 강화한다. ❺ 22중등A4

② 후진형 행동연쇄법의 장점은 다음과 같다.

ㄱ 비교적 복잡하고 장황한 행동을 새로 가르칠 때는 전진형 및 후진형 행동연쇄법이 적절하다. 특히, 장애 정도가 심한 개인을 대상으로 훈련할 경우에는 후진형 행동연쇄법이 더 효과적이다. 그 이유는 매 훈련 시행에서 과제의 전 과정이 처음부터 끝까지 반복되기 때문에 과제 완성의 만족감과 연습에 의한 학습전이 효과를 기대할 수 있고, 표적행동의 추가분에 대한 저항감도 적으며, 또한 하위과제들 간의 연결이 용이하기 때문이다.

PART
02

기출 POINT 7

❶ 20유아A4

@의 중재를 할 때, 중재단계의 시작점이나 방향에 따른 중재방법의 유형을 2가지 쓰시오.

> 김 교사 : @ 행동연쇄도 여러 가지 방법이 있지요?

기출 POINT 8

❶ 20중등B6

밑줄 친 ©의 지도 방법을 서술하시오.

> 과제분석에 따라 © 전진형 행동연쇄법으로 지도하기

기출 POINT 9

❶ 25초등B1

[B]의 @에 들어갈 학생 행동을 [A]의 a~e에서 찾아 기호를 순서대로 쓰시오.

활동	빗자루와 쓰레받기 사용하기

a. 빗자루를 한 손으로 잡기
b. 빗자루로 쓰레기를 한곳에 쓸어 모으기
c. 다른 한 손으로 쓰레받기를 잡고 바닥에 대기 [A]
d. 쓰레기를 쓰레받기에 쓸어 담기
e. 모은 쓰레기를 휴지통에 버리기

후진 행동연쇄

단계	절차
1	ⓐ - ⓑ - ⓒ - ⓓ - ⓔ - 강화
2	(㉮) - ⓔ - 강화
3	...(생략)...
4	...(생략)...
5	ⓐ - ⓑ - ⓒ - ⓓ - ⓔ - 강화

※ ⓐ, ⓑ, ⓒ, ⓓ는 교사가 수행
ⓐ, ⓑ, ⓒ, ⓓ, ⓔ는 학생이 수행

❷ 24초등B5

[B]를 고려하여 ⓒ에 해당하는 행동 지도 방법의 명칭을 쓰시오.
[B]

> ① 전자레인지 문을 연다. ④ 시간을 설정한다.
> ② 음식을 넣는다. ⑤ 시작 버튼을 누른다.
> ③ 전자레인지 문을 닫는다. ⑥ 완료되면 음식을 꺼낸다.

> ⓒ 과제분석이 된 각 단계를 '완료되면 음식 꺼내기'부터 하나씩 배울 수 있도록 지도하면 될 거예요.

③ 15유아A8
교사는 단기목표 '혼자서 고무줄 바지를 입을 수 있다.'를 과제분석하여 4 → 3 → 2 → 1단계의 순서로 지도하였다. 이 교수전략이 무엇인지 쓰고, 장점 1가지를 쓰시오.

- 1단계 : 바지에 발 넣기
- 2단계 : 무릎까지 바지 올리기
- 3단계 : 무릎에서 엉덩이까지 바지 올리기
- 4단계 : 엉덩이에서 허리까지 바지 올리기

④ 13유아B1
@에 해당하는 행동연쇄 방법을 쓰시오.

간식시간에 우유 따르는 행동을 지도 시 @ 목표행동을 작은 단계로 나누고 마지막 단계로부터 수행하도록 지도하려고 한다.

ⓒ 후진형 행동연쇄법은 학생의 입장에서 매 회기에 마지막 단계까지 완수하고 강화를 받게 된다는 장점이 있다(자연적 강화). **⑥ 18초등B5**

ⓒ 후진형 행동연쇄법은 계속해서 그 과제를 끝까지 여러 차례 반복할 수 있는 기회가 주어진다. 이러한 장점 때문에 구구단, 알파벳 등의 단순 암기와 음식 먹기, 옷 입기 등의 기초기능 학습에 주로 사용된다.

③ 후진형 행동연쇄법의 단점은 다음과 같다.

ㄱ 한 시행에 소요되는 시간이 길어 초기부터 지루할 수 있다.

ㄴ 한 회기에 많은 훈련을 시행할 수 없다.

기출 POINT 9

⑤ 22중등A4

ⓐ에 해당하는 지도 전략을 쓰시오.

■ 신발 신기 과제분석 : 찍찍이가 부착된 신발 신기

1단계	신발장에서 신발 가져오기
2단계	신발의 찍찍이 떼기
3단계	신발에 발 넣기
4단계	신발의 뒷부분을 잡고 발꿈치를 신발 안에 넣기
5단계	신발의 찍찍이 붙이기

■ 지도 방법

교사가 1단계에서 4단계까지 미리 해준 상태에서
학생 A에게 5단계의 과제를 제시하여 지도함

학생 A가 5단계의 행동을 습득하면, 교사가 3단계까지를 미리 해준 상태에서
4단계의 과제를 지도하고, 학생 A가 5단계를 수행하도록 함

학생 A가 4단계의 행동을 습득하면, 교사가 2단계까지를 미리 해준 상태에서
3단계의 과제를 지도하고, 학생 A가 4단계와 5단계를 수행하도록 함

…(중략)…

학생 A가 2단계의 행동을 습득하면, 교사가 1단계의 과제를 지도하고,
학생 A가 2단계부터 5단계까지를 수행하도록 함

최종적으로 학생 A가 모든 단계를 스스로 할 수 있도록 함

ⓐ

❻ 18초등B5

[A]의 올바른 지도 순서를 기호로 쓰고, 후진형 행동연쇄의 특징을 학생의 강화제 획득 빈도 측면에서 1가지 쓰시오.

> ■ 과제 분석 내용
> • 1단계: '빨랫비누' 그림 카드를 떼기(스스로 할 수 있음)
> • 2단계: '빨랫비누' 그림카드를 '주세요' 그림 카드 앞에 붙여 문장띠 완성하기
> • 3단계: 완성된 문장띠를 교사에게 전하기
>
> ■ 후진형 행동연쇄 지도 순서
> • ⓐ: 2단계를 지도한다.
> • ⓑ: 2단계까지는 필요한 도움을 주고, 3단계를 지도한다.　　[A]
> • ⓒ: 모든 단계를 학생 혼자 하게 한다.
> * 후진형 행동연쇄를 사용하여 요구하기 반응 기회를 15회 제공함

(3) 전체과제 제시법(total-task presentation)

① 실행방법

ⓐ 전체과제 제시법은 전진형 행동연쇄법의 변형으로, 아동에게 과제분석을 통한 모든 단계를 순서대로 시행하도록 하면서 아동이 독립적으로 수행하지 못하는 단계에 대해서 훈련을 실시하는 방법이다.

ⓑ 과제분석에 의해 설정된 하위과제를 순서대로 나열하고, 훈련 회기마다 과제의 전 과정을 학습자에게 제시하며 수행을 요구한다. 학습자가 각 하위행동을 올바르게 수행하면 칭찬과 함께 정적 강화하고 결과를 '+'로 기록한다. 학습자가 반응하지 않거나 오류를 보이거나 기준에 못 미칠 경우 시범을 보이거나, 언어적 힌트를 주거나, 필요하면 물리적 촉진자극을 사용하여 올바르게 반응하도록 유도하면서 강화한다. 이처럼 도움을 받아 수행한 반응은 오류로 평가하여 '-'로 기록한다. **❸ 12중등13**

② 전체과제 제시법의 장점은 다음과 같다.

ⓐ 다른 유형들보다 신속하게 기술을 지도할 수 있다.

ⓑ 매 회기마다 과제의 완성에 따른 자연적 강화를 얻을 수 있다.

ⓒ 과제분석을 통한 모든 단계를 매 회기 가르칠 수 있다. **❷ 18중등B5**

③ 아동이 순서를 따를 수 있도록 촉구를 사용하고, 잘 수행하게 될수록 촉구를 용암시킨다.

④ 전체과제 제시법은 다음과 같은 경우에 더 적절하다.

ⓐ 학습자가 하위과제 대부분을 습득하여 새로 가르칠 것은 별로 없고, 하위과제들을 일련의 순서대로 수행하도록 가르치는 것이 주 목적일 경우에 전체과제 제시법이 적절하다. **❶ 21중등A2**

기출 POINT 10

❶ 21중등A2

다음은 정서·행동장애 학생 A에게 '책상 닦기' 기술을 지도하기 위해 두 교사가 나눈 대화이다. 괄호 안의 ㉠에 해당하는 내용을 쓰시오.

> 김 교사: 학생 A는 산업체 현장실습 기간 중에 '책상 닦기' 과제를 잘 수행하지 못했습니다.
> 박 교사: 네, 그런데 학생 A는 '책상 닦기'를 할 때, 하위 과제 대부분을 습득하여 새로 가르칠 내용이 없는 데도 전체적인 업무 완성도가 다소 부족합니다.
> 김 교사: 그렇다면 과제 분석을 통해 하위 과제들을 일련의 순서대로 수행할 수 있게 (㉠)을/를 적용하는 것이 좋을 것 같습니다. 하위 과제의 수가 많지도 않고 비교적 단순한 과제여서 적용하기 적합한 방법입니다.

❷ 18중등B5

아래의 행동연쇄법은 다른 유형의 행동연쇄법에 비해 어떠한 장점이 있는지 2가지를 서술하시오.

> • 이 닦기를 6단계로 과제분석한 후, 처음부터 마지막 단계까지 수행하도록 지도함
> • 전체 6단계 중 독립적인 수행이 어려운 2, 4, 5단계는 촉구 및 교정적 피드백 등을 사용하여 지도함
> • 2, 4, 5단계를 스스로 수행할 수 있도록 촉구를 용암시켜 나감
> • 처음부터 마지막 단계까지 수행한 후에 자연적 강화(청결함 등)를 경험할 수 있도록 지도함

❸ 12중등13

㉠~㉤ 중에서 옳은 것만을 모두 고르시오.

> ㉤ '전체과제 제시법'을 적용하며, 철수가 각각의 하위행동을 할 때마다, 교사가 자연적 강화를 주기 때문에 비교적 쉽게 이 과제를 수행할 수 있을 것 같아요.

기출 POINT 11

❶ 24유아A4
㉠에 해당하는 용어를 쓰시오.

박 교사: 단계를 나누어서 관찰해 보니 각각의 단계는 잘 수행하지만 순서대로 수행하는 걸 계속 어려워해요.

최 교사: 소윤이가 단계를 순서대로 수행하는 데만 어려움을 보이고 과제도 복잡하지 않으니 연쇄법 중에서 (㉠)을/를 적용해 보면 좋을 것 같아요. 이 연쇄법은 매 회기마다 모든 단계를 수행하도록 하면서 어려움을 보이면 촉구를 제공하여 지도하는 방법이에요. 모든 단계를 다 수행했을 때는 강화하면 돼요.

❷ 12중등13
㉠~㉣ 중에서 옳은 것만을 모두 고르시오.

㉣ 철수가 많은 하위 행동을 이미 수행할 수 있지만, 순차적으로 수행하는 데는 어려움이 있어요. 그래서 철수에게 이 과제를 지도하기 위해 행동연쇄법 중 '전체과제 제시법'을 적용하는 것이 적절할 것 같아요.

㉡ 하위과제의 수가 많지 않아 비교적 단순하고, 모방능력이 있고 장애의 정도가 심하지 않은 개인을 대상으로 훈련할 경우에 전체과제 제시법이 적절하다.

㉢ 전체과제 제시법은 아동이 행동연쇄에 있는 단위행동은 습득했는데 행동을 순서대로 수행하지 못할 때 사용하면 유용하다. **❶ 24유아A4, ❷ 12중등13**

▶ 전진 연쇄법
$(S_1 \rightarrow R_1)$ ⇨ 강화제 제시
$(S_1 \rightarrow R_1)$ $(S_2 \rightarrow R_2)$ ⇨ 강화제 제시
$(S_1 \rightarrow R_1)$ ⇨ $(S_2 \rightarrow R_2)$ ⇨ $(S_3 \rightarrow R_3)$ ⇨ 강화제 제시

▶ 후진 연쇄법
$\qquad\qquad\qquad (S_3 \rightarrow R_3)$ ⇨ 강화제 제시
$\qquad\qquad (S_2 \rightarrow R_2)$ ⇨ $(S_3 \rightarrow R_3)$ ⇨ 강화제 제시
$(S_1 \rightarrow R_1)$ ⇨ $(S_2 \rightarrow R_2)$ ⇨ $(S_3 \rightarrow R_3)$ ⇨ 강화제 제시

▶ 전체과제 제시법
$(S_1 \rightarrow R_1)$ ⇨ $(S_2 \rightarrow R_2)$ ⇨ $(S_3 \rightarrow R_3)$ ⇨ 강화제 제시

[출처] 양명희, 『행동수정이론에 기초한 행동지원』(2016)

▶ 전진형 행동연쇄 vs 후진형 행동연쇄

유사점	차이점
• 행동연쇄를 가르치기 위해 사용됨 • 자극─반응 구성요소로 이루어지는 과제분석을 먼저 수행해야 함 • 한 번에 한 가지 행동을 가르치고 나서 그 행동들을 함께 연쇄시킴 • 각 구성요소를 가르치기 위해 촉구와 용암법을 사용함	• 전진형 행동연쇄는 첫 번째 구성요소를 먼저 가르치는 반면, 후진형 행동연쇄는 마지막 구성요소를 먼저 가르침 • 후진형 행동연쇄에서는 마지막 구성요소를 먼저 가르치기 때문에 학습자가 모든 훈련에서 자연적 강화인을 받게 되는 반면, 전진형 행동연쇄는 학습자가 모든 훈련을 마무리하지 않기 때문에 마지막 단계를 제외한 훈련에서는 인위적인 강화인이 사용됨. 전진형 행동연쇄에서 자연적 강화인은 연쇄의 마지막 행동 후에 주어짐

▶ 전진형·후진형 행동연쇄법 vs 전체과제 제시법

유사점	차이점
• 복잡한 과제나 행동연쇄를 가르치기 위해 사용함 • 훈련 시작 전에 과제분석이 완성되어야 함 • 촉구와 용암법이 사용됨	전체과제 제시법은 매번 전체과제에 대해 촉구하는 반면, 전진형·후진형 행동연쇄 절차는 한 번에 하나의 구성요소를 가르치고 나서 그 구성요소를 함께 연결시킴

5. 행동연쇄법과 행동형성법의 비교

① 행동형성법에서는 표적행동이 최종 단계이지만, 행동연쇄법에서는 표적행동의 최종 단계를 포함한 모든 연쇄 단계들로 구성된다.

② 행동형성법에서는 최종 단계가 가장 어렵지만, 행동연쇄법에서는 최종 단계가 연쇄 단계의 가장 마지막 순서일 뿐, 가장 어려운 단계는 아니다.

③ 행동형성법에서는 궁극적 목표에 도달하면 이전 단계들은 소거되어야 하지만, 행동연쇄법에서는 궁극적 목표에 도달하여도 이전 단계들은 행동의 고리로 연결되어 있으므로 없어지면 안 된다.

더 알아보기 후속결과 사용 전략들과 사용 시 고려점

유형	설명	사용 시 고려점	예
행동형성	• 목표행동과 점진적으로 유사해지는 것이나 향상되는 시도를 강화함으로써 기술을 만들어간다. 기술 수행의 정교함은 시간이 지남에 따라 향상된다. • 교사가 학생의 반응에 주의 깊게 집중하여 각 반응이 그 전에 발생했을 때와 목표 기준에 비해 어느 정도 수준인지 빨리 판단해야 한다. • 최종적인 수행 형태까지 기다리기보다 학생이 어떤 형태의 향상이라도 보이면 강화를 제공한다. 차별강화, 또는 '충분히 좋음'에 대한 기준을 지속적으로 바꾸어가는 것이 필요하다.	• 목표행동을 수행하는 학생의 작은 변화도 잘 관찰해야 하며 시간이 많이 걸리는 과정이다. 여러 교수자가 관여하고 있을 때는 좋은 팀워크가 중요하다. 교육팀은 기대되는 향상의 각 단계들을 잘 정의해야 한다. • 행동형성은 변별자극(교수적 단서)과 가끔은 촉진을 함께 사용함으로써 보다 효율적이 될 수 있다.	많은 단일 혹은 연쇄행동에 유용하다. 예 휠체어에서 변기로 이동하기, 걷기, 옷 입기, 사회성 기술, 말하기, 수어하기, 작업 과제, 학업 과제 등
전진행동연쇄	• 각 단계들로 과제분석하고 기초선 수행 수준을 측정한다. • 학생이 이미 아는 단계들을 수행하면서 습득하지 못한 반응이 처음 나올 때까지 하게 한다. 이때 습득하지 못한 반응이 나온 부분이 교수가 시작되는 부분이다. 훈련하는 해당 단계에서 빨리 강화를 주고, 보다 큰 강화는 행동연쇄의 마지막 단계가 끝났을 때 주어질 수 있다. • 행동연쇄의 나머지 부분은 교사가 완성해 주거나 도움을 받아서 학생이 한다. 행동	• 대개 전체 연쇄행동에 대한 행동 형성뿐 아니라 목표 단계를 가르치기 위해 촉진과도 함께 사용된다. • 중복장애를 가진 학습자나 긴 과제에는 전체과제 연쇄보다 더 효과적일 수 있다. 연쇄행동의 한 반응을 처음 습득하는 데에는 신속할 수 있으나 전체적으로는 느리다. • 과제의 끝이 특히 강화 효과가 있는 경우에는 후진 연쇄로 바꾼다. • 행동이 자주 수행되는 것이 아니라면 전체과제 연쇄로 바꾼다. 과제분석 단계들의 절반이 학습된 후에도 전체	• 많은 신변처리 일과(자기관리 과제, 옷 입기, 화장실 사용하기)에 유용하다. • 많은 가정 관리와 직업과제에도 잘 맞는다. 연쇄적인 성격의 학업과제에도 적절하다. 예 전화번호 누르기, 계산기 사용(학습하지 않은 단계에 대한 보조가 너무 드러나거나 낙인 효과를 가져올 수 있는 학교나 지역사회 환경에서는 유용하지 못하다.)

	일과가 끝나고 난 후 다음 훈련기회가 시작된다.	과제 연쇄로 바꾸기를 원할 수 있다. • 훈련기회를 많이 만들지 않으면 학습 속도가 느리다. • 배우지 못한 과제 단계를 완성하기 위해 교사의 노력이 많이 필요하다.	
후진행동 연쇄	• 단계별로 과제분석하고 기초선 수행을 측정한다. • 교수가 일어나는 마지막 단계만 남겨 놓고 전부를 완성하거나 학생이 수행하도록 도와준 후에 교수가 시작된다. • 학생이 마지막 단계를 습득하면, 한 단계 전으로 교수를 옮겨 간다. 학생은 마지막 단계를 도움 없이 수행하도록 기대된다. • 훈련 단계 후에 강화를 얼른 제공하되, 보다 큰 강화는 연쇄행동의 마지막 단계가 끝났을 때 준다. 나머지 단계들을 가르칠 때 학습된 단계들은 뒤에서부터 더해지고, 전체 행동이 수행되면 학습자는 강화를 받는다.	• 전진 연쇄와 비슷하다. 전진 연쇄나 전체과제 연쇄보다 유익한 가장 중요한 장점은 도움을 받아서 과제를 빨리 완성하고 학습 초기에 강화를 받을 수 있다는 점이다. • 대개 전체 연쇄행동에 대한 행동형성뿐 아니라 목표 단계를 가르치기 위해 촉진과도 함께 사용된다. • 중복장애를 가진 학습자나 긴 과제에는 전체과제 연쇄보다 더 효과적일 수 있다. 연쇄행동의 한 반응을 처음 습득하는 데에는 신속할 수 있으나, 전체적으로는 느리다. • 행동이 자주 수행되는 것이 아니라면 전체과제 연쇄로 바꾼다. 과제분석 단계들의 절반이 학습된 후에도 전체과제 연쇄로 바꾸기를 원할 수 있다. • 훈련기회를 많이 만들지 않으면 학습 속도가 느리다. • 배우지 못한 과제 단계를 완성하기 위해 교사의 노력이 많이 필요하다.	• 많은 신변처리 일과(자기관리 과제, 옷 입기, 화장실 사용하기)에 유용하다. • 많은 가정 관리와 직업과제에도 잘 맞는다. 연쇄적인 성격의 학업과제에도 적절하다. 예 전화번호 누르기, 계산기 사용(학습하지 않은 단계에 대한 보조가 너무 드러나거나 낙인 효과를 가져올 수 있는 학교나 지역사회 환경에서는 유용하지 못하다.)
전체과제 제시	• 단계별로 과제분석하고 기초선 수행을 측정한다. • 첫 단계부터 교수를 시작하고 연속되는 단계들을 순서대로 가르쳐서 마지막 행동까지 완성되도록 한다. • 연쇄행동 일과가 매번 수행되는 동안 교수를 필요로 하는 모든 단계들을 순서대로 동시에 교수받는다. • 각 단계의 정반응이나 향상된 반응 이후에 강화를 얼른 제공하고(예 칭찬), 연쇄행동의 끝에도 다시 강화한다(예 짧은 쉬는 시간).	• 연쇄되는 행동이 너무 길지 않을 때 가장 효과적이다(연쇄행동 과제를 나누어서 할 수도 있다). 그렇지 않으면 한 번의 훈련 회기가 너무 길어진다. • 매번 모든 교수 기회가 사용된다는 것(각 단계가 매번 교수된다)과 과제가 완성된다는 것이 중요한 장점이다. • 다른 행동연쇄 방법들보다 자연스러운 접근이다.	모든 종류의 연쇄행동 과제에 성공적으로 사용되어 왔다. 예 신변처리, 이동성, 일상생활, 지역사회, 직업, 사회적 상호작용, 일부 여러 단계로 된 학업 일과

[출처] 박은혜 외, 『중도장애학생의 교육』(2010)

03 촉구(prompting, 촉진)

1. 촉구의 개념

(1) 촉구의 정의

① '촉구'는 아동이 변별자극에 바람직한 반응을 보이는 데 실패했을 경우, 바람직한 반응을 보일 수 있도록 도와주는 부가적인 자극을 말한다. ❶ 10중등12

② 촉구란 적절한 시간에 정확한 반응을 할 가능성을 증가시키는 데 사용되는 것이다.

(2) 촉구의 기능 및 목적

① 촉구의 기능은 바람직한 행동을 하여 그 행동이 강화받도록 하는 데 있다.

② 학생이 바람직한 반응을 보이지 않을 때 촉구를 통해 바람직한 반응을 보일 수 있도록 도와주고, 촉구 후에 바람직한 행동을 하면 마치 촉구 없이 정반응이 일어난 것처럼 강화를 제공한다.

③ 촉구의 궁극적 목적은 아동이 촉구 없이도 변별자극에 대해 정반응을 할 수 있도록 하는 것이므로 촉구는 용암되어야 한다. ❶ 10중등12

(3) 촉구의 효과적 활용(촉구와 그 용암에서 고려할 사항)

① 촉구가 필요한지 검토해야 한다. 변별자극을 제시했을 때 아동이 변별자극에 대한 정반응을 한다면 촉구는 필요 없고, 변별자극으로 충분하지 않으면 촉구를 사용한다.

② 촉구는 계획되어야 한다. 아동이 교사의 표정이나 억양으로 정반응을 짐작하게 하는 것은 바람직하지 않다.

③ 목표행동을 습득하는 데 가장 적절한 촉구의 유형을 선택한다.

> 예 중도의 지적장애 학생에게 몸으로 하는 새로운 행동을 가르칠 때는 반응촉구의 신체적 촉구처럼 강제성이 높은 것이 적절하다. 학생에게 어느 정도 수준의 촉구를 사용해야 할지 모를 경우에는 도움증가법이 적절하다. 학생에게 변별능력을 가르치고자 한다면 자극촉구가 효과적이다.

④ 촉구의 양이나 강도를 결정해야 한다. 도움감소법과 같이 항상 약하게 시작해야 하는 것은 아니지만, 학생에 따라서는 불필요한 촉구를 싫어할 수 있으므로 촉구의 양은 바람직한 행동을 발생하게 하는 데 필요한 만큼이어야 한다.

⑤ 촉구가 학생으로 하여금 변별자극에 집중하도록 하는지 살펴야 한다.

⑥ 촉구 사용 후에 학생의 정반응이 있으면 즉시 강화한다.

⑦ 촉구를 체계적으로 제거시킨다. 이때 촉구의 제거는 가능한 빨리 이루어지도록 하되, 적은 양으로 점진적으로 이루어져야 학생이 촉구가 제거되는 동안에도 정반응을 계속할 수 있다.

⑧ 촉구가 완전히 제거되었다면 변별자극에 대한 정반응을 강화하고, 유지와 일반화를 위한 계획을 수립해야 한다.

기출 POINT 12
❶ 10중등12
촉진(prompting)과 관련된 설명으로 옳은 것을 〈보기〉에서 모두 고르시오.

〈보기〉
ⓔ 촉진은 자연적인 자극하에서 정반응이 일어나지 않을 때 여러 가지 부가 자극을 사용하여 정반응의 발생 가능성을 증가시키는 방법이다.

기출 POINT 13
❶ 10중등12
촉진(prompting)과 관련된 설명으로 옳은 것을 〈보기〉에서 모두 고르시오.

〈보기〉
㉠ 간단한 언어촉진으로 학생이 정반응을 지속적으로 보이면 과제에 대한 독립적 수행이 이루어진 것으로 본다.

2. 촉구의 유형

촉구는 반응촉구와 자극촉구로 구분하는데, 두 유형의 세부적 분류에 있어서는 차이가 있다. 모방하기는 촉구의 한 유형이지만 독립적으로도 사용할 수 있기 때문에 뒤에서 따로 다루기로 한다.

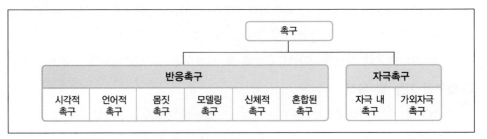

(1) 반응촉구 24중등B8

'반응촉구'란 변별자극을 그대로 유지한 채로 주어지는 부가적인 도움이다. 이는 변별자극에 대해 아동이 바람직한 반응을 하도록 다른 사람이 제공하는 도움으로, 강제성의 순서에 따라 시각적 촉구, 언어적 촉구, 몸짓 촉구, 모방하기 촉구, 신체적 촉구 등으로 구분할 수 있다.

① 시각적 촉구 ❶ 22중등A4

㉠ 시각적 촉구는 그림이나 사진, 색깔, 그래픽의 시각적인 단서를 사용하는 방법이다.

㉡ 시각적 촉구는 영구적인 촉구로, 촉구를 계속 사용하더라도 학생의 독립성을 증진시키고, 표준화된 상징을 이용하여 일관성을 유지할 수 있다. ❷ 17중등A13

㉢ 시각적 촉구는 교사가 시간을 절약하도록 돕는다.

[출처] 이효신 역, 『교사를 위한 응용행동분석』(2014)

⚑ 햄버거 준비를 위한 그림(시각적) 촉구

기출 POINT 14

❶ 22중등A4
밑줄 친 ㉡의 촉진 유형을 쓰시오.

학생 A가 신발장에 자신의 신발을 넣을 수 있도록 신발장 위 벽에 ㉡ 신발을 넣는 순서를 나타내는 그림을 붙여 놓음

❷ 17중등A13
다음은 중도·중복장애 학생을 위한 '손 씻기' 지도 계획이다. 촉진 방법 B(시각적 촉구)가 갖는 장점 2가지를 서술하시오.

② 언어적 촉구 ❷ 09중등12

    ㉠ 언어적 촉구는 말로 지시, 힌트, 질문 등을 하거나 개념의 정의나 규칙을 알려주어 바람직한 행동을 유발하는 것이다. ❶ 22유아A2

    ㉡ 간접 구어 촉진: "다음엔 무엇을 해야 하지?"

    ㉢ 직접 구어 촉진: "물 내리세요."

③ 몸짓 촉구(자세 촉구)

    ㉠ 몸짓 촉구는 신체적으로 접촉하지 않고 교사의 동작이나 자세 등의 몸짓으로 정반응을 이끄는 것이다. ❶ 21유아A1

    ㉡ 예를 들어, 급식실이 있는 곳을 턱이나 손가락으로 가리켜 주거나, 떠드는 반 학생들을 조용히 시키기 위해 교사의 다문 입술 위에 검지를 대는 것이다.

④ 모델링 촉구

목표행동을 교사가 직접 수행해 보여서 아동이 이를 관찰하여 모방하도록 유도하는 것이다. ❶ 25유아B6, ❷ 19유아B3

⑤ 신체적 촉구

    ㉠ 신체적 접촉을 통해 학생의 바람직한 행동을 유발하도록 돕는 것이다. ❶ 21유아B6

    ㉡ 신체적 촉구는 강제성이 강하기 때문에 아동의 능동적인 반응을 유발하기가 상대적으로 어렵다. 그럼에도 불구하고 나이가 어리거나 장애의 정도가 심한 경우에 자주 사용된다.

    ㉢ 부분적 신체 촉구: 신체를 살짝 두드리거나 밀기 등으로 촉구를 제공하는 것으로, 하나 또는 연쇄된 반응을 시작하도록 돕는 데 유용하다.

    ㉣ 전반적 신체 촉구: 행동을 통한 전반적인 지도를 의미한다. 예를 들어, 손을 잡고 글씨를 쓰는 것을 돕는 것이다.

기출 POINT 18

❶ 21유아B6

슬비의 특성을 고려하여 ㉢의 유형을 쓰시오.

> 박 교사: 선생님, 그런데 슬비는 협응과 힘 조절에 어려움이 있어서 과일을 꼬챙이에 끼울 때 많이 힘들어할 것 같아요. 어떻게 하면 슬비가 활동에 보다 더 쉽게 참여할 수 있을까요?
> 최 교사: 선생님께서 ㉢ 반응촉구로 지원하면 좋겠네요.

PART 02

기출 POINT 15

❶ 22유아A2

㉢에 해당하는 지도내용을 쓰시오.

활동시간	자유놀이		날짜	2021년 ○월 ○일	
목표행동	음식출력기기 스위치를 눌러 또래에게 놀이 요청하기				
지도 내용	신체적 도움	시각적 도움		언어적 도움	단서
	정효의 손을 잡고 스위치를 함께 누름	(생략)		(㉢)	스위치를 가리킴

❷ 09중등12

다음에 해당하는 전략의 명칭을 순서대로 바르게 제시한 것은?

> (다) 자연적 단서를 제시한 다음에는 "자, 이젠 무엇을 해야 하지?"라는 방식으로 묻는다.

기출 POINT 16

❶ 21유아A1

㉢과 ㉣의 촉구 유형을 쓰시오.

> 최 교사: 자유놀이 시간에 유아들이 동물 인형에 관심을 보이고 놀이 활동에 열중할 때 나은이에게 동물 이름을 말하게 하는 거예요. 예를 들어, "이건 뭐야?"라고 물어보고 "호랑이"라고 대답하면 잘했다고 칭찬을 해요. 만약, 이름을 말하지 못하면 ㉢ "어흥"이라고 말하고, ㉣ 호랑이 동작을 보여주면 호랑이라고 대답할 거예요.

기출 POINT 17

❶ 25유아B6

밑줄 친 ㉠에 해당하는 촉구 유형을 쓰시오.

> 최 교사: 연지도 색종이로 뾰족 산 만들어 볼래요?
> 연지: (색종이를 만지작거리다가) 나 못해.
> 최 교사: 연지야, 선생님 잘 보세요. ㉠ (정사각형 색종이를 산 모양으로 접는 것을 보여 준다.) 이제, 선생님처럼 접어 보세요.

❷ 19유아B3

박 교사가 사용한 교수 전략을 쓰시오.

> 박 교사: 태우야, 선생님이 하는 것을 보고 따라 해볼까요? 이렇게 하는 거예요. 한번 해볼까요? [B]
> 태우: (교사의 행동을 보고 따라 한다.)

기출 POINT 19

① 24중등B8

밑줄 친 ⑦~② 중 학생 A에게 적절하지 않은 지도 방법을 1가지 찾아 기호와 그 명칭을 쓰고, 그 이유를 1가지 서술하시오.

> 담임교사: 학생 A는 지체장애와 자폐성장애를 같이 가지고 있는데, 낮은 촉각 역치를 보입니다. 손 씻기를 지도하는데 어떤 방법으로 지도할까요?
>
> 수석교사: ⑦ 세면대 거울에 손 씻는 단계 그림을 붙여서 학생 A에게 손 씻기를 지도할 수 있고, ⑥ 손을 씻어야 한다는 의미로 선생님이 손으로 수도꼭지를 살짝 건드려서 학생 A에게 손 씻기를 알려 줘도 됩니다. 그리고 다른 방법으로는 ⑥ 학생 A가 손을 씻을 수 있도록 손목을 잡아 줄 수 있으며, ② 선생님이 손을 씻는 모습을 학생 A에게 보여 주고 학생 A가 이를 모방하도록 할 수 있습니다.

더 알아보기 교사 촉진의 종류 및 적용 방법 ① 22유아B1, ② 18유아B5, ③ 14유아A4, ④ 09유아29

종류	방법	적용의 예
언어 촉진	유아가 현재 주어진 과제를 수행하도록 지원하는 단순한 설명이다.	손을 씻기 위해서 수도 손잡이를 잘못된 방향으로 돌리고 있는 유아에게 "다른 쪽으로 돌려봐."라고 말한다.
시범 촉진	유아가 목표행동을 수행할 수 있을 때 주어지는 방법으로, 언어나 몸짓, 또는 두 가지를 함께 사용한다.	한쪽 운동화를 신겨주면서 "이쪽은 선생님이 도와줄테니 저쪽은 네가 혼자 신어 보렴."이라고 말한다.
신체적 촉진	과제를 수행하도록 신체적으로 보조해주는 방법으로, 부분적이거나 완전한 보조의 형태로 주어진다.	식사 시간에 숟가락을 사용하도록 팔꿈치에 가만히 손을 대고 있거나(부분적 신체 촉진), 숟가락을 잡은 손을 붙들고 음식을 먹도록 움직여본다(완전한 신체 촉진).
공간적 촉진	유아의 행동 발생 가능성을 높이기 위해서 사물을 특정 위치(예 과제 수행을 위해 필요한 장소, 유아에게 더 가까운 장소)에 놓는 방법이다.	손을 씻을 때 수건을 세면대 가까이에 가져다 놓는다.
시각적 촉진	그림이나 사건, 색깔, 그래픽 등의 시각적인 단서를 사용하는 방법이다.	유아들의 사물함이나 소유물에 유아마다 고유한 색깔로 표시하거나, 손 씻는 순서를 사진으로 붙여놓는다.
단서 촉진	언어나 몸짓으로 주어지는 촉진으로, 과제 수행의 특정 측면에 대한 직접적인 관심을 유도하기 위한 방법이다. 이때 사용되는 단서는 자극이나 과제를 가장 잘 대표할 수 있는 특성이어야 한다.	교사가 손가락으로 숟가락을 가리키면서 "자, 식사 시간이다."라고 말한다(식사의 특성을 가장 잘 나타내는 숟가락이라는 단서를 사용해서 독립적인 식사 기술을 촉진한다).

[출처] 이소현, 『유아특수교육』(2003)

기출 POINT 20

① 22유아B1

⑦에 해당하는 촉구(촉진) 유형을 쓰시오.

> ⑦ 지수가 '같은 그림 찾기' 놀이를 할 때, 찾아야 하는 그림카드는 지수가 잘 볼 수 있도록 가까이에 두고 다른 그림카드는 조금 멀리 두는 거예요.

② 18유아B5

(가)는 유치원 통합학습 5세 반에 재학 중인 선아의 수업 행동을 관찰 기록한 자료의 일부이고, (나)는 선아를 위한 지원 계획이다. (나)에서 교사가 선아에게 적용한 촉진 방법을 쓰고, 그것을 적용한 이유를 (가)에 근거하여 쓰시오.

(가) 관찰 기록 자료

- 교사 또는 또래 지원을 받을 때만 정리를 함
- 과제 수행 시 시각적 자료에 관심을 보임

(나) 촉진 방법

개인 물건(가방, 실내화/신발)이 있어야 할 두 곳에 선아가 좋아하는 분홍색, 연두색 스티커로 표시해 주고 사물 사진을 붙여 주어 정리하게 함

③ 14유아A4

⑥과 ②에 해당하는 촉진 방법을 쓰시오.

- ⑥ 세면대 거울에 손씻기 수행 순서를 사진으로 붙여 놓는다.
- 손을 씻을 때 교사는 ② 물 비누통을 세면대 위 눈에 잘 띄는 곳에 놓아둔다.

기출 POINT 20

❹ 09유아29

〈보기〉는 김 교사가 발달지체 유아에게 '가위로 색종이 오리기'를 지도할 때 사용한 촉진(촉구)의 예시이다. 김 교사가 사용한 촉진의 유형을 바르게 제시한 것은?

〈보기〉

- ㉠ 교사가 종이 오리는 방법을 보여준다.
- ㉡ 교사가 유아의 손을 잡고 함께 색종이를 오린다.
- ㉢ 가위를 잡고 천천히 색종이를 오려 보라고 말한다.
- ㉣ 교사는 가위와 색종이를 미리 유아 가까이 가져다 놓는다.

	㉠	㉡	㉢	㉣
①	신체적 촉진	공간(환경)적 촉진	언어적 촉진	시범(모델링) 촉진
②	신체적 촉진	시범 촉진	언어적 촉진	공간적 촉진
③	언어적 촉진	시범 촉진	신체적 촉진	공간적 촉진
④	시범 촉진	신체적 촉진	언어적 촉진	공간적 촉진
⑤	시범 촉진	동작적 촉진	언어적 촉진	신체적 촉진

더 알아보기 위계적 촉진 체계 ❶ 22초등B2

일반적으로 촉진은 시각적 → 언어적 → 몸짓 → 모델링 → 신체적 촉진으로 강제성의 순서가 정해지지만, Gargiulo 등(2021)은 몸짓 → 언어적 → 시각적 → 모델링 → 부분적 신체적 → 전반적 신체적 촉진으로 강제성의 순서를 제시하였다.

최소 최대 촉진 →

몸짓	구어적 (언어적)	시각적	시범	부분적 신체적	전반적 신체적
필요한 다음 단계 자료, 위치 등을 가리키기	다음 단계의 구어적 리마인드를 제공하기	단계나 활동의 그림 리마인드를 제공하기	학생이 모방하기 위한 다음 단계를 시연하기	최소한의 신체적 접촉으로 다음 단계의 완수를 돕기(예 어깨 톡톡 치기, 살짝 팔을 잡고 안내하기 등)	교사가 학생의 손 위에 손을 얹는 지원을 통해 완전히 학생을 돕기

← 최대 최소 촉진

기출 POINT 21

❶ 22초등B2

다음은 혜지가 스위치를 눌러 악기를 선택할 수 있도록 지도하는 절차이다. ① 교사가 사용한 체계적 교수의 명칭을 쓰고, ② ⓑ에서 교사가 시행하는 방법을 혜지의 특성을 고려하여 구체적으로 쓰시오.

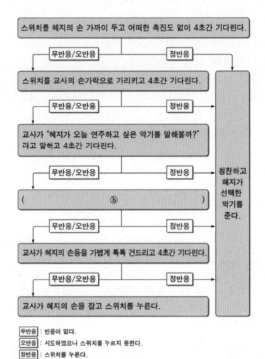

스위치를 혜지의 손 가까이 두고 어떠한 촉진도 없이 4초간 기다린다.

무반응/오반응   정반응

스위치를 교사의 손가락으로 가리키고 4초간 기다린다.

무반응/오반응   정반응

교사가 "혜지가 오늘 연주하고 싶은 악기를 말해볼까?"라고 말하고 4초간 기다린다.

무반응/오반응   정반응

(ⓑ   )

무반응/오반응   정반응

교사가 혜지의 손등을 가볍게 톡톡 건드리고 4초간 기다린다.

무반응/오반응   정반응

교사가 혜지의 손을 잡고 스위치를 누른다.

칭찬하고 혜지가 선택한 악기를 준다.

무반응 : 반응이 없다.
오반응 : 시도하였으나 스위치를 누르지 못한다.
정반응 : 스위치를 누른다.

(2) 자극촉구 ❶ 17초등B6

자극촉구는 반응의 정확도를 높이기 위해 변별자극을 변화시키거나, 변별자극을 증가시키거나, 변별자극에 대한 추가적 단서를 주는 것 등을 의미한다. 자극촉구는 자극 내 촉구와 가외자극 촉구로 구분할 수 있다.

① 자극 내 촉구

㉠ 자극 내 촉구는 아동의 정반응을 이끌어내기 위해 변별자극 자체나 그 위치, 모양, 크기, 색깔, 강도 등을 변화시키는 것이다. ❶ 25초등A3, ❷ 19초등A3, ❸ 15초등B4

㉡ 예를 들어, '할머니'와 '어머니' 낱말카드를 제시하고 "할머니 낱말카드를 주세요."라는 지시를 할 때, 아래의 그림처럼 '할머니'는 '어머니'보다 진하고 크게 써서 제시하는 것이다.

> # 할머니　　어머니

[출처] 양명희, 『행동수정이론에 기초한 행동지원』(2016)

② 가외자극 촉구 ❶ 23초등B3, ❷ 23유아B6, ❸ 15중등A3, ❹ 10초등26, ❺ 09초등36

㉠ 가외자극 촉구는 변별자극 외에 다른 자극을 추가하는 것이다.

㉡ 예를 들어, 어느 수가 큰지 비교하는 경우에 각 숫자 밑에 숫자에 해당하는 만큼의 사물이나 사물의 그림을 제시했다면, 가외자극 촉구를 사용한 것이다. 이때 제시된 그림은 반응에 직접 영향을 주는 도움이라기보다는 변별자극(숫자)에 대한 추가 자극이라고 볼 수 있으므로 시각적 촉구라기보다는 가외자극 촉구이다.

㉢ 또 다른 예로, 식사용 매트 위의 적절한 위치에 나이프·포크·숟가락을 그려놓고 그 위에 도구를 놓게 하는 경우, 식사 도구가 그려진 매트는 가외자극 촉구이다.

기출 POINT24

❸ 15중등A3

〈보기〉에 적용된 행동수정 기법을 쓰고, 이 기법의 개념을 설명하시오.

─〈보기〉─

■ 상 차리가 기술 지도
- 1단계 : 식사 도구 사진이 실물 크기로 인쇄되어 있는 식사용 매트 위에 해당 식사 도구를 올려 놓는다.
- 2단계 : 식사 도구 모양의 실물 크기로 그려진 식사용 매트 위에 해당 식사 도구를 올려 놓는다.
- 3단계 : 식사 도구를 놓을 자리에 식사 도구 명칭이 쓰여 있는 식사용 매트 위에 해당 식사 도구를 올려 놓는다.
- 4단계 : 식사 도구를 놓을 자리에 동그라미 모양이 그려진 식사용 매트 위에 해당 식사 도구를 올려 놓는다.
- 5단계 : 특별한 표시가 없는 식사용 매트 위에 해당 식사 도구를 올려 놓는다.

기출 POINT 22

❶ 17초등B6

교사가 ⓔ을 할 때 학생의 정반응을 이끌어 내기 위해 사용할 수 있는 자극 내 촉진의 예와 자극 외 촉진의 예 1가지를 쓰시오.

■ 활동 3

교사 : (ⓔ 학생에게 [그림 자료 1]과 [그림 자료 2]를 다시 제시하며) 물의 양이 같은 것은 어느 것인가요?

[그림 자료 1]　[그림 자료 2]

기출 POINT 23

❶ 25초등A3

[C]의 절차에서 정우의 정반응을 이끌어 내기 위한 자극 내 촉구의 예를 1가지 쓰시오.

교사 : (정우의 주의를 집중시킨다.)
정우 : (교사를 바라본다.)
교사 : ('사과', '수박', '딸기' 단어 카드를 제시하며) "사과를 [C] 골라 보세요."

❷ 19초등A3

㉡에서 사용한 자극 촉진 유형을 쓰시오.

■ 22+12를 세로식으로 계산하기

㉡ 순서에 따라 더하는 숫자를 진하게 다른 색으로 표시한다.

❸ 15초등B4

㉡에서 적용한 촉구(촉진)의 유형을 쓰시오.

■ 교수학습 활동

교사는 1,000원과 5,000원 지폐를 준수의 책상 위에 놓는다. 이 때 ㉡ 교사는 1,000원 지폐를 준수 가까이에 놓는다. 교사는 준수에게 "천원을 짚어 보세요."라고 말한다.

기출 POINT 24

❶ 23초등B3

㉠에 해당하는 가외자극 촉구의 예를 1가지 쓰시오.

> 최 교사: 동호에게 가외자극 촉구를 적용해서 ㉠ 신발장에 신발을 제자리에 놓을 수 있도록 도와주는 방법을 한번 써 보면 좋을 것 같아요.

❷ 23유아B6

다음에서 가외자극 촉구에 해당하는 내용을 찾아 쓰시오.

> 강 교사: (야외 테이블 위에 붙어 있는 접시 스티커를 가리키며) 예지도 올려 주세요.

---

❹ 10초등26

가외자극 촉진(자극 외 촉구 : extrastimulus prompt) 전략을 〈보기〉에서 모두 고르시오.

─〈보기〉─

㉠ 수 영역 Ⅰ 단계의 '변별하기'를 지도하기 위해, 축구공과 야구공 중에서 변별해야 하는 야구공을 학생에게 더 가까운 위치에 놓아준 후, 야구공을 찾게 하였다.

㉡ 연산 영역 Ⅰ 단계의 '구체물 가르기와 모으기'를 지도하기 위해, 여러 개의 사과와 '두 접시에 나눠진 사과 그림'을 함께 제시한 후, 여러 개의 사과를 그림에서처럼 가르게 하였다.

㉢ 측정 영역 Ⅰ 단계의 '화폐의 종류 알기'를 지도하기 위해, 천 원 크기의 종이와 ○ 표시 스티커를 붙인 천 원짜리 지폐를 제시한 후, 실제 지폐를 찾게 하였다.

㉣ 수 영역 Ⅱ 단계의 '한 자릿수의 크기 비교하기'를 지도하기 위해, 비교해야 하는 숫자 9와 6 밑에 각각 그 개수만큼의 바둑알을 놓아준 후, 많은 쪽의 숫자에 동그라미 표시를 하게 하였다.

㉤ 측정 영역 Ⅲ 단계의 '무게 재기'를 지도하기 위해, 저울을 사용하여 감자 무게를 재는 시범을 보여준 후, 직접 감자 무게를 재게 하였다.

---

❺ 09초등36

〈보기〉에서 교사가 사용한 지도방법의 예가 바르게 제시된 것은?

─〈보기〉─

㉠ 컵 그림 위에 글자 cup을 쓰고, 모자 그림 위에 글자 cap을 썼다.

㉡ cup의 글자를 cap의 글자보다 크고 진하게 썼다.

㉢ 단어장을 보여주며 컵이라고 읽는 시범을 보인 후 따라 읽도록 하였다.

㉣ 초기에는 학생이 발음을 하려고만 해도 강화를 제공하였으나, 점진적으로 목표행동에 가까운 발음을 하면 차별적으로 강화하였다.

㉤ 학생이 cup과 cap을 변별하여 읽기 시작하면 컵 그림과 모자 그림을 점차 없애 가며, cup의 글자 크기와 진하기를 점차 cap의 글자 크기와 진하기처럼 작고 연하게 변화시켰다.

㉥ 학생이 카드 위에 쓰인 cup과 cap을 성공적으로 변별하면 다양한 책에 쓰여진 cup을 읽도록 하였다.

---

(3) 자연적 촉구(natural prompt)

① 자연적 촉구는 표적행동에 앞서서 나타나며, 환경에 내재된 자연스러운 형태의 자극으로 존재한다. ❶ 17중등A13

② 자연적 촉구가 다른 촉구에 비해 바람직하기 때문에, 가급적이면 비자연적 혹은 인위적인 촉구는 자연적 촉구로 대체되어야 한다.

기출 POINT 25

❶ 17중등A13

촉진 방법 C의 밑줄 친 '자연적 촉진'의 예를 1가지 제시하시오.

■ 촉진 방법 C

> 언제 손을 씻어야 하는지 알도록 자연적 촉진(natural prompts)을 이용하여 지도한다.

③ 예를 들어, 아침조회의 시작을 알리는 멘트는 자리에 앉아서 조용히 조회의 내용을 들으라는 자연적 촉구이다. 이 상황에서 교사는 학생들에게 언어적 촉진 없이 표적행동을 가르칠 수 있다. 그러나 처음에는 언어적 촉구를 제공했으며("조회가 시작되었으니 자리에 앉아서 조용히 조회에 집중하도록 해라."), 표적행동이 강화되었을 때 ("자리에 앉아서 조용히 조회에 귀 기울여 주어서 고맙다.") 인위적인 언어적 촉구는 서서히 줄어들고, 자연적 촉구(조회를 알리는 멘트의 시작)가 표적행동에 대한 변별자극이 되었을 것이다.

04 촉구의 용암(fading)

1. 촉구의 용암 필요성

① 촉구는 정반응을 하도록 도와주는 부가적인 자극이므로 행동의 습득 단계에서만 사용하고 그것에 지나치게 의존하는 것은 지양해야 한다. **❶ 23중등B10, ❷ 19유아A2**

② '용암'이란 촉구의 양을 점차 줄여서 부가적인 자극 없이도 정반응을 할 수 있도록 가르치는 방법이다. 즉, 촉구의 점진적 변화라는 기법을 적용하는 것이다. **❸ 10중등12**

③ 촉구의 용암에는 반응촉구를 점진적으로 변화시키는 방법과 자극촉구를 점진적으로 변화시키는 방법이 있다.

2. 반응촉구의 점진적 변화(반응촉구체계)

(1) 도움감소법(최대-최소 촉구법) **❷ 24유아A1, ❸ 18유아A1, ❹ 16유아A2, ❺ 15초등B3, ❻ 13추가유아A7**

① 처음에는 아동이 정반응을 수행하기에 충분하다고 생각되는 만큼 최대한의 반응촉구(언어·신체·몸짓·시각 촉구)를 제공하여 아동이 정반응을 보이면 점차 그 양을 줄여간다.

② 이 방법은 학습 초기 단계에 많이 발생할 수 있는 오류를 제거할 수 있는 장점이 있기 때문에 오류로 인한 좌절을 방지할 수 있다.

📌 **최대 촉진 체계의 예 ❶ 25초등B6**

목표행동	점퍼를 입기 위해 단추 잠그기, 지퍼 올리기	
단계		지도내용
1	신체적 촉진	학생의 손을 잡고 지퍼를 올려줌
2	모델링	• 교사가 직접 손을 잡고 수행하다가 익숙해지면, 교사가 지퍼를 올리는 행동을 보여줌 • 학생에게 관찰하도록 한 후 지퍼 올리기를 따라서 수행해 보도록 함
3	언어촉진	교사는 학생과 눈이 마주치면 "점퍼의 지퍼를 올려라."라고 과제를 제시함
4	독립적 수행	학생이 독립적으로 수행할 수 있도록 지원을 제공함

PART 02

기출 POINT 26

❶ 23중등B10

괄호 안의 ⓔ에 해당하는 용어를 쓰시오.

• 최대-최소 촉진 적용 시 (ⓔ)을/를 예방하기 위한 고려사항
  – 촉진은 가능한 빨리 제거함
  – 촉진의 수준과 양을 너무 빠르거나 느리지 않게 점진적으로 감소시킴
  – 촉진을 필요 이상으로 제공하지 않음

❷ 19유아A2

강화나 촉진을 용암이나 점진적 감소 전략을 통해 제거하지 않았을 때 나타날 수 있는 행동을 쓰시오.

❸ 10중등12

촉진(prompting)과 관련된 설명으로 옳은 것을 〈보기〉에서 모두 고르시오.

― 〈보기〉 ―
ⓒ 학생이 촉진에 고착되거나 의존하는 단점을 보완하기 위해 촉진을 점진적으로 제거하는 것을 용암이라고 한다.

기출 POINT 27

❶ 25초등B6

㉠에 들어갈 교사의 지도 내용을 1가지 쓰시오.

경력 교사: 저는 우리 반 학생에게 최대-최소 촉진법을 적용하여 걷기 지도를 하고 있습니다. 최대-최소 촉진법은 다음 순서로 이루어집니다.

❷ 24유아A1

교사들이 실시하고 있는 촉구 용암 절차가 무엇인지 쓰시오.

동주의 손을 잡아 곤충을 보여 주도록 지도한 날로부터 2주가 지났다. 촉구가 성공적으로 용암되고 있다. 오늘 내가 팔꿈치를 살짝 밀어 주며 "보여 드리자."라고 말해 주는 단계까지 진행했을 때 동주가 배 선생님에게 곤충을 보여 주었다. 마지막 단계가 용암되어 기뻤다.

❸ 18유아A1

ⓒ에서 적용한 반응 촉진법의 유형은 무엇인지 쓰시오.

ⓒ 처음에는 신체적 촉진으로 시작하고 "숟가락을 잡고 먹어 보세요."라는 언어적 촉진으로 스스로 음식을 먹을 수 있도록 점차적으로 개입을 줄인다.

❻ 13추가유아A7

교사의 교수활동과 관련하여 다음 글을 읽고 문장을 완성하시오.

박 교사는 촉진 의존성을 감소시키기 위한 용암법(fading) 중 기술을 학습함에 따라 촉진의 개입 정도를 체계적으로 줄여가는 (①)을(를) 적용하기로 하였다. 이 방법은 오류로 인한 좌절을 방지할 수 있기 때문에 4가지 학습 단계(수행수준의 위계) 중 (②)단계에서 주로 적용된다.

기출 POINT 27

❹ 16유아A2

다음은 반응촉진전략 중 무엇에 해당하는지 쓰시오.

① 처음에는 전체적인 신체적 촉진을 제공하고, 현우가 잘하면 강화해 주세요.
② 현우가 80% 수준에 도달하면, 부분적인 신체적 촉진을 제공하고, 잘하면 강화해 주세요.
③ 현우가 80% 수준에 도달하면, 언어적 촉진을 제공하고 잘하면 강화해 주세요.
④ 현우가 스스로 손 씻기를 할 수 있게 될 때까지 이렇게 촉진의 단계를 줄여 주세요.

❺ 15초등B3

교사는 민호에게 장난감 자동차의 스위치 작동 방법을 다음과 같은 순서로 지도하였다. 교사가 사용한 촉구(촉진) 체계를 쓰시오.

• 교사가 민호의 손을 잡고 민호와 함께 스위치를 누르며 장난감 자동차가 움직이도록 한다.
• 교사가 두 손가락을 민호의 손등에 올려놓고 1초간 기다린다.
• 교사가 스위치를 누르는 모습을 보여주고, "선생님처럼 해봐."라고 말한 후 잠시 기다린다.
• 교사가 "민호가 눌러 볼까?"라고 말한 뒤 잠시 기다린다.
• 교사의 촉구 없이 민호 스스로 스위치를 누르도록 기다린다.

---

③ 이 방법은 주로 중도, 최중도 장애 아동에게 많이 사용된다.

④ 도움감소법의 방법에는 두 가지가 있다.

　㉠ 반응촉구를 혼합하여 사용하는 경우에는 강제성이 강한 것부터 차례로 제거하는 것이 도움감소법이다.

　㉡ 반응촉구를 한 가지만 사용하는 경우에는 그 강도 또는 단계를 줄여가는 것이 도움감소법이다. 이때, 신체적 촉구를 점진적으로 제거하는 방법은 '단계적 지도' 또는 '점진적 안내 감소'*라고 구별하여 명명한다.

🔒 **Key**word **점진적 안내 감소(graduated guidance)** 기출 POINT 28

- 점진적 안내 감소는 신체적 촉구의 양을 점진적으로 감소시킬 때 사용되는 기법이다.
- 훈련 초기에는 표적행동을 유도하기에 충분할 만큼의 신체적 도움을 제공한다. 즉, 학생의 손을 잡고 물리적으로 지도한다. 다음 단계에서는 손목만 잡고 지도하고, 그다음 단계에서는 학생의 팔꿈치만 약간 건드려주는 식으로 점차 신체적 도움을 줄인다. 마지막 단계에서는 신체적 접촉은 피하고 그림자 기법으로 대치한다. '그림자 기법'이란 학생의 신체에 직접 손을 대지 않고 학생의 행동을 따라 그림자처럼 아동의 손 위로 훈련자의 손을 움직여주는 방법이다.
- 점진적 안내 감소는 습득의 초기에서 후기까지 사용하며, 다른 덜 개입적인 촉구가 효과가 없을 때만 사용해야 한다.

🚩 **점진적 안내의 예**

	목표행동	점퍼를 입고 벗기 위해 지퍼를 올리고 내리기
	단계	지도내용
1	목표행동 수립	지퍼를 올리고 내리기
2	신체적 촉진	학생의 손 위에 손을 얹어 신체적 도움을 제공함
3	신체적 촉진의 강도를 점차 줄임	부분적인 신체적 도움에서 점차 학생의 손을 살짝 접촉하는 것으로 촉진을 줄임
4	그림자 기법	교사가 학생의 손을 접촉하지 않은 채 가까이 하는 것만으로 학생 스스로 수행해야 함

기출 POINT 28

❹ 10중등12

촉진(prompting)과 관련된 설명으로 옳은 것을 〈보기〉에서 모두 고르시오.

─〈보기〉─

ⓜ 점진적 안내(graduated guidance)는 신체적 촉진의 수준을 학생의 수행 진전에 따라 점차 줄여나가다 나중에는 그림자 방법을 사용하는 것이다.

❺ 09중등12

다음에 해당하는 전략의 명칭을 쓰시오.

자연적 단서 제시 후 A가 올바른 수행을 하지 못하면 A의 손을 겹쳐 잡고 수행방법을 가르쳐 준다. 수행의 진전에 따라 교사의 손은 A의 손목, 팔꿈치, 어깨의 순서로 옮겨가며 과제 수행을 유도한다. 독립수행이 일어나면 손을 사용하는 지원은 없앤다.

기출 POINT 28

❶ 23유아B6

신체적 촉구의 용암을 위해 강 교사가 설명한 지도 방법이 무엇인지 쓰시오.

박 교사 : 선생님, 오늘 물모래 놀이하고 나서 양말을 갈아 신었잖아요. 예지가 양말 벗기는 잘했는데 양말 신기는 어려워했어요. 어떻게 지도하면 좋을까요?

강 교사 : 네, 선생님. 처음에는 예지의 손을 힘주어 잡고 양말 신기를 지도해 주세요. 그러다가 예지가 혼자서 양말 신기를 시작하면, 점차적으로 손에 힘을 빼면서 손으로 제공하는 물리적 도움을 줄여 주세요. 다음으로는 예지 가까운 곳에서 가벼운 접촉으로 지도해 주다가 마지막에는 예지 몸에서 손을 떼고 예지 가까이에서 지켜보면서 예지가 도움이 필요하면 언제든지 도움을 제공해 주는 방법을 사용해서 예지의 양말 신기를 지도해 주시면 좋을 것 같아요.

❷ 21초등B5

[A]에서 적용한 용암법(fading)의 유형을 쓰고, [A]의 마지막 단계인 ②에 들어갈 교사와 학생의 행동을 각각 1가지씩 쓰시오.

■ 신체적 도움으로 연습하기

1. 교사는 힘을 주어 학생의 손을 잡고, 학생은 교사의 도움을 받아 카트에 물건을 담는다.

⬇

2. 교사는 힘을 주어 학생의 손목을 잡고, 학생은 교사의 도움을 받아 카트에 물건을 담는다. [A]

⬇

3. 교사는 힘을 주어 학생의 팔꿈치를 잡고, 학생은 교사의 도움을 받아 카트에 물건을 담는다.

⬇

4. (②)

❸ 17중등A13

촉진 방법 A의 명칭을 쓰시오.

■ 촉진 방법 A

세면대 앞에서 학생의 손을 잡고 '수도꼭지 열기 ⇨ 흐르는 물에 손 대기 ⇨ 비누 사용하기 ⇨ 문지르기 ⇨ 헹구기 ⇨ 수도꼭지 잠그기 ⇨ 수건으로 닦기' 순서로 지도한다. 처음에는 손을 잡고 지도하다가, 자발적 의지가 보이면 교사 손의 힘을 풀면서 손목 언저리를 잡고 도와준다. 손목을 잡고 도움을 주다 점차 어깨 쪽에 손만 살짝 접촉하고 지켜보다가, 서서히 그림자(shadowing) 방법으로 가까이에 언제든 지원할 동작을 취한다.

기출 POINT 29

❶ 19유아A8
다음은 '간식 시간마다 승우가 먼저 간식을 달라는 의미로 손을 내미는 행동을 정해서 자신의 의도를 표현할 수 있도록' 하기 위해 계획한 촉구 전략 절차이다. 어떤 전략인지 용어를 쓰시오.

① 승우에게 간식을 보여 주고 3초를 기다린다.
② 정반응이 없으면, 승우에게 '주세요 해봐'라고 말한다.
③ 또 정반응이 없으면 승우에게 '주세요 해봐'라고 말하면서 간식을 달라고 손을 내미는 시범을 보인다.
④ 또다시 정반응이 없으면 승우에게 '주세요 해봐'라고 말하면서 승우의 손을 잡아 내밀게 한다.

❷ 09초등26
박 교사가 사용하고 있는 반응 촉진(촉구) 체계는?

박 교사: (문구점 안에서 성수에게) 공책을 집으세요.
성수: (아무런 반응 없이 그 자리에 가만히 서 있다)
박 교사: (공책 사진을 보여주며) 공책을 집으세요.
성수: (여전히 움직이지 않고 그대로 서 있다)
박 교사: (성수의 손을 잡고 공책을 함께 집으면서) 자, 이렇게 공책을 집으세요.

기출 POINT 30

❶ 20유아B3
ⓐ~ⓕ 중 적절하지 않은 것을 2가지 찾아 그 기호를 쓰고 각각 바르게 고쳐 쓰시오.

ⓔ 동물의 움직임을 표현할 때, 촉진을 준 후 정우가 반응하기까지의 시간을 점차 늘린다.

❷ 19유아A6
ⓒ에 적용된 교수 전략이 무엇인지 쓰시오.

ⓒ "비가 빠르다가 점점 느리게 내리는 모습을 리본 막대로 표현해 보자."라고 말한 후, 진호가 스스로 표현할 때까지 5초 동안 기다린다.

(2) 도움증가법(최소−최대 촉구법) ❶ 19유아A8, ❷ 09초등26

① 도움증가법은 아동에게 변별자극만 주는 것으로 시작했다가 정반응이 없으면 점차 촉구의 양을 증가시켜가는 것이다.

② 도움증가법의 목적은 가능한 한 아동이 목표행동을 하는 데 필요한 만큼의 촉구만 최소한의 강도로 제공하는 것이다.

③ 도움증가법은 도움감소법과 마찬가지로 반응촉구를 한 가지만 사용할 수도 있고 혼합하여 사용할 수도 있다.

🚩 **최소 촉진 체계의 예**

목표행동	점퍼를 입기 위해 단추 잠그기, 지퍼 올리기
단계	지도내용
① 학생의 독립적 수행	• 먼저 이름을 불러서 주의집중시킴 • 학생과 눈이 마주치면 "점퍼의 지퍼를 올려라."라고 지시한 후 학생이 이를 독립적으로 수행하도록 3~5초간 기다림 • 학생의 정반응하면 강화하고, 오반응하면 다음 단계로 진행함
② 가장 낮은 단계의 촉진 제공	• 학생이 스스로 수행하지 못하면 가장 낮은 단계의 촉진부터 단계별로 촉진함 • 말로 직접 지시하여 수행하도록 하고(언어적 촉진), 3~5초간 기다림 • 학생의 정반응하면 강화하고, 오반응하면 다음 단계로 진행함
③ 그다음으로 낮은 단계의 촉진 제공	• 그다음에도 반응이 없으면 더 낮은 단계의 촉진을 제공함 • 신체적 유도를 하여 수행하도록 하고(모델링), 3~5초간 기다림 • 학생의 정반응하면 강화하고, 오반응하면 다음 단계로 진행함
④ 더 낮은 단계의 촉진 제공	• 그다음에도 반응이 없으면 더 낮은 단계의 촉진을 제공함 • 신체적 촉진을 제공하여 과제를 수행함

(3) 시간지연법(촉구지연법) ❶ 20유아B3, ❷ 19유아A6

① 시간지연법은 학생이 요구되는 반응을 하지 못할 때 즉시 촉구를 사용하는 것이 아니라, 학생에게 몇 초간 스스로 반응할 시간을 주고, 그래도 반응을 하지 않거나 하지 못할 때 사용하는 것이다. 즉, 촉구 없이도 반응을 나타나게 하기 위해서 촉구가 지연되어 제공되는 것이다.

② 시간지연법과 도움감소법 및 도움증가법과의 차이점은 다음과 같다.

㉠ 도움감소법이나 도움증가법은 촉구 자체의 형태가 바뀌는 것인데, 시간지연법은 촉구를 제시하는 시간 길이를 바꿔가는 것이다. 즉, 자극이 제시된 후에 촉구를 제시하기까지의 시간을 지연시킴으로써 촉구에서 변별자극으로 자극통제를 전이하는 것이다.

㉡ 도움감소법이나 도움증가법은 아동의 반응 뒤에 반응촉구가 주어지지만, 시간지연법은 아동의 반응 전에 반응촉구가 주어진다.

③ 시간지연법은 학생에게 여러 단계의 촉구 전략을 사용하기보다, 가장 적절한 촉구 전략 한 가지를 사용하고, 점차 교수 시간을 줄일 수 있다는 장점이 있어 '최소개입촉구전략'이라고 불린다. ❸ 19중등B7

④ 시간 지연은 일정 시간을 정하여 할 수도 있고(고정시간 지연), 학생의 능력이 향상됨에 따라 지연시간을 점차로 증가시킬 수도 있다(점진적 시간 지연).

	고정시간 지연 ❷ 09중등12	점진적 시간 지연 ❶ 16초등A6
방법	숙달을 위해 모든 중재에서 고정된 지연 간격을 유지하는 방법	촉진을 제공한 후 기다리는 시간을 조금씩 늘리는 방법(2초 → 5초 → 8초)
단계	① 촉구의 유형 결정 ② 0초 시간 지연을 통해 습득 ③ 반응 요구 ④ 반응 요구와 촉진 사이의 지연을 설정하여, 고정된 시간 간격(예 4초) 안에 정반응을 보이지 않으면 촉진을 제공함 ⑤ 오류가 발생하면 촉진을 제공하며 중지시킴. 계속해서 여러 번 오류를 보이면 0초 지연과 강화를 1번 혹은 그 이상 제공함	① 촉구의 유형 결정 ② 0초 시간 지연을 통해 습득 ③ 반응 요구 ④ 반응요구와 촉진 사이의 지연을 1~2초씩 증가시켜 8초까지 처리하되, 오류가 발생했을 때 지연시간을 부분적으로 또는 완전히 줄이고, 촉진했을 때 정반응이 나타나면 점진적으로 다시 지연시간을 늘림(박은혜, 한경근 외)

기출 POINT31

❷ 09중등12

다음에 해당하는 전략의 명칭을 순서대로 바르게 제시한 것은?

교사는 실험 과제(자연적 단서)를 A에게 제시한 후 반응을 기다리지 않고 바로 교수적 촉진을 제공한다. 다음 시도부터는 자연적 단서 제시 후 A의 반응이 나오기까지 미리 정해둔 계획에 따라 5초 간격을 두고, 5초 안에 정반응이 없으면 교수적 촉진을 제공한다.

(4) **동시촉구**(simultaneous prompting)

① 촉구는 기본적으로 학생이 정반응을 보이지 않을 때 주어지는 것이나, 동시촉구는 그 예외에 해당한다. 이것은 마치 시간지연법을 시간 지연 없이 사용하는 것처럼 보인다. ❶ 19초등B2

② 동시촉구는 변별자극 제시와 함께 촉구를 제공하고 학생은 즉시 정반응을 한다.

③ 동시촉구는 다른 형태의 촉구보다 더 나은 유지와 일반화 효과를 나타낸다.

---

❸ 19중등B7
'촉진의 형태가 바뀌는 용암 체계'에 비해 '점진적 시간 지연법'이 갖는 특성 1가지를 서술하시오.

기출 POINT31

❶ 16초등A6
다음은 교사가 '같은 얼굴 상징카드끼리 짝짓기' 활동에서 학생이 촉진 없이 스스로 같은 얼굴표정 상징카드끼리 짝지을 수 있도록 가르치기 위해 사용하려는 전략의 예이다. 이 전략이 무엇인지 쓰고, 이 전략을 사용할 때 기대할 수 있는 효과를 쓰시오.

• 교사가 "같은 얼굴표정 상징카드끼리 짝지어 보세요."라고 말한 후 바로 촉진을 제공한다. 학생이 정반응을 보이면 강화한다. 정해진 수행 기준을 달성하면 다음으로 넘어간다.
• 교사는 "같은 얼굴표정 상징카드끼리 짝지어 보세요."라고 말한 후 3초간 학생의 반응을 기다린다. 학생이 반응을 보이지 않으면 그때 촉진을 제공한다. 학생이 정반응을 보이면 강화한다. 정해진 수행 기준을 달성하면 다음으로 넘어간다.
• 교사가 "같은 얼굴표정 상징카드끼리 짝지어 보세요."라고 말한 후 7초간 학생의 반응을 기다린다. 학생이 반응을 보이지 않으면 그때 촉진을 제공한다. 학생이 정반응을 보이면 강화한다. 정해진 수행 기준을 달성하면 다음으로 넘어간다.
(하락)

기출 POINT32

❶ 19초등B2
ⓒ과 같이 변별자극과 반응촉진을 함께 제시하는 촉진 방법의 명칭을 쓰시오.

최 교사: 그렇지 않아도 특수학급에서 은지에게 '여러 가지 동물의 이름 말하기'를 지도하고 있어요. 지난 시간에는 ⓒ 햄스터가 그려진 카드를 은지에게 보여주면서 이름을 물어보며 '햄'이라고 언어적으로 즉시 촉진해 주었더니 '햄스터'라고 곧잘 말하더라고요.

3. 자극촉구의 점진적 변화

(1) **자극용암**(stimulus fading)

자극용암은 자연스럽게 목표반응을 불러오는 선행자극에 의한 자극통제로, 자극통제가 전이되도록 인공적·침윤적인 촉구가 체계적·점진적으로 제거되는 것이다. 이 제거 과정에서 촉구로 제공된 자극의 뚜렷함(예 색깔, 그림 단서 등)을 점진적으로 제거하게 된다.

❶ 23중등B10

① 자극 내 촉구의 용암

예 • 인쇄된 '빨－간－색'을 보고 "빨간색"이라고 읽도록 지도할 때 '빨간색'이라는 단어를 모두 빨간색으로 쓰다가 연속적으로 제시되는 시도마다 점진적으로 단어 글씨를 검정색으로 써주어 부수적인 자극인 빨간색을 제거한다. 이를 통해 단어만 보고도 '빨간색'이란 반응을 불러오도록 한다.

• '동현'과 '민수'의 카드를 변별하도록 훈련한다. 두 카드의 변별이 이루어진 후에는 점차적으로 민수의 이름이 적인 카드도 하얀색 바탕에 까만 글자로 바꿔가면서 변별하도록 한다.

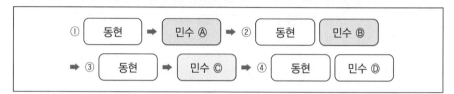

② 가외자극 촉구의 용암

예 • 아동이 오른손과 왼손을 변별하도록 하기 위해 아동의 오른손에 유성매직으로 X자를 써주고 오른손을 들라고 하면 글자가 쓰인 손을 들도록 했다. 오른손과 왼손을 변별하는 훈련이 계속되는 동안 아동의 오른손 손바닥의 X자는 점차 희미해졌고, 결국 X자가 완전히 지워졌는데도 아동은 오른손을 들라는 지시에 오른손을 들 수 있게 되었다.

• 개 그림을 변별하는 학생에게 영어 단어 'DOG'을 한국어로 말하도록 지도할 때 'D－O－G'라고 인쇄된 단어(자연적 변별자극) 옆에 개 그림(부수적인 자극촉구)을 제공하여 '개'라는 반응을 성공적으로 불러온다. 이처럼 일단 자극촉구로 인해 안정적인 반응이 나타나면 점진적으로 그림을 제거하여 개 그림 없이도 '개'라고 반응하도록 한다.

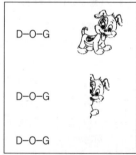

(2) **자극형성**(stimulus shaping)

① 자극형성은 자극이 성공적으로 목표 반응을 일으킬 수 있는 형태로 시작해서 점진적으로 자연스러운 자극 형태로 형성된다.

② 자극의 형태가 자연스러운 자극으로 전이되어 나아갈 때 목표 반응이 정반응을 일으키도록 점진적으로 형성해 나가야 한다.

📍 자극 형성의 사례

05 모델링(modeling)

1. 모델링의 개념

① 모델링은 아동이 다른 사람의 행동을 관찰하고 따라함으로써 새로운 행동의 학습이
이루어진다는 Bandura의 관찰학습이론에 의한 것이다.

② Bandura에 따르면 관찰학습은 주의집중 과정, 운동신경적 재생산 과정, 보유 과정,
동기유발 과정의 네 가지 하위 절차를 거친다. ❶ 13유아B6

③ 모델링을 통해 행동이 학습되면 그 행동의 외적 강화 없이도 유지될 수 있다는 장점이
있다.

2. 효과적인 모델링을 위한 고려사항

(1) 관찰자(학습자) 특성

① 모델의 행동을 관찰하는 아동은 관찰학습 과정이 이루어지는 데 어려움이 없어야 한다.
즉, 주의집중에 문제가 없어야 하고, 인지능력이 지나치게 낮아서는 안 된다.

② 모델링의 목적은 모델의 바람직한 행동을 모방하게 하는 데 있기 때문에, 모델링이
성공하려면 아동이 모델의 행동을 모방할 수 있는 능력이 있어야 한다.

(2) 모델 특성 ❶ 20유아B1

① 관찰자와 모델의 연령과 특성에 유사성이 있어야 한다. 즉, 모델이 관찰자와 인종, 나이,
태도, 사회적 배경이 비슷할수록 효과적이다.

② 문제의 공유성이 있어야 한다. 모델이 관찰자와 비슷한 관심과 문제를 가지고 있을수록
효과적이다.

③ 모델은 능력의 우월성이 있어야 한다. 모델의 능력이 관찰자보다 약간 우위를 가지고
있을 때 가장 효과적이다.

기출 POINT 34

❶ 13유아B6
반두라(A. Bandura)의 (①) 이론에
서는 모델이 보이는 행동을 관찰하고 모
델의 행동을 따라하는 모방과 정적 강화
가 인간의 사회성 발달에 있어 필수적
이라고 본다. ①이 무엇인지 쓰시오.

기출 POINT35

❶ 20유아B1

대화에서 ⓒ의 이유를 2가지 찾아 쓰시오.

> 김 교사: 민수는 난타 놀이를 재미있어 해요. 민수가 좋아하는 가영이, 정호, 진아와 한 모둠이 되어 난타를 했어요. 그런데 다른 아이들만큼 잘 안 될 때는 무척 속상해 했어요.
>
> 박 교사: 생각만큼 난타가 잘 안 돼서 민수가 많이 속상했겠네요.
>
> 김 교사: 민수를 관찰하려고 표본기록이 아니라 일화기록을 해 보았어요. 제가 일 주일간 자유선택활동 시간에 기록한 일화기록을 한번 보시겠어요?
>
> 박 교사: 이게 민수의 일화기록이군요. 민수가 난타를 잘하는 가영이 옆에서 따라 했네요. 그런데 그 정도로는 난타 실력이 많이 늘지는 않았나 봐요.
>
> 김 교사: 맞아요. 그래서 저도 걱정이에요.
>
> (중략)
>
> 김 교사: 아까 말한 것처럼 민수는 난타 놀이를 더 잘하고 싶어 해요. 민수가 연습할 시간이 더 많았으면 좋겠는데, 현실적으로 힘든 점이 있네요. 이럴 때는 어떻게 하면 좋을까요?
>
> 박 교사: 시간이나 비용 면에서 경제적이고 반복해서 연습할 수 있는 비디오 모델 링을 추천해 드려요. 민수는 컴퓨터로 학습하는 것을 좋아하니 더 주의 집중해서 잘할 거예요. 일화기록을 보니 ⓒ <u>가영이를 모델로 하면 좋겠 네요.</u>

---

3. 효과적인 모델링을 위한 지침

① 모델의 행동은 분명하고 구체적이어야 한다.

② 모델의 행동은 가장 쉬운 행동부터 시작하여 가장 어려운 행동으로 제시되어야 한다.

③ 모델의 행동은 충분히 반복되어야 한다.

④ 모델의 행동은 가능한 한 불필요한 군더더기를 배제해야 한다.

⑤ 한 명의 모델보다는 여러 다른 모델을 통해 시범을 보이는 것이 좋다.

⑥ 습득할 행동의 난이도는 적절해야 한다.

⑦ 모델의 행동을 지켜본 후 가능한 한 빨리 모방할 기회를 주어야 한다.

⑧ 모델이 행동을 한 후에 강화가 주어지는 것을 아동이 직접 볼 수 있을 때 효과가 크다.

Memo

김은진
스페듀
기본이론서

Vol. 4

Special Education

PART

03

특수교육평가

CHAPTER 01 진단 및 평가의 이해

01 특수교육 진단 및 평가의 단계

특수교육 평가의 단계
- 선별
- 진단
- 적부성
- 프로그램 계획 및 배치
- 형성평가
- 총괄평가

02 특수교육대상자의 진단·평가와 선정 및 배치

- 특수교육대상자 진단·평가 절차
  - 선별(제14조)
  - 의뢰(제14조)
  - 진단·평가(제14조, 제15조)
  - 선정·배치(제16조, 제17조)
- 특수교육대상자 선별검사 및 진단·평가 영역

---

01 특수교육 진단 및 평가의 단계

1. 특수교육 평가의 단계

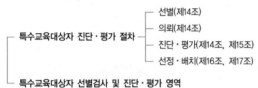

더알아보기

특수교육 평가의 단계(김진호 외)

1단계: 선별
의뢰
2단계: 진단
교육 배치
3단계: 교육적 사정
교육 프로그램 구성 및 수행
4단계: 수행평가(수행 점검, 수행 진보 점검)
교육 프로그램 종결
5단계: 총괄평가

단계	의사결정
선별	아동을 좀 더 심층적인 평가에 의뢰할 것인가를 결정한다.
진단	아동이 장애를 가지고 있는지, 장애가 있다면 장애의 원인은 무엇인지 파악한다.
적부성	아동이 특수교육대상자로서 적격한지를 결정한다. 아동이 진단 결과 장애를 가지고 있다고 하더라도, 「장애인 등에 대한 특수교육법」의 기준을 충족시키지 못하면 특수교육대상자로 선정되지 않을 수도 있다.
프로그램 계획 및 배치	아동에게 제공될 프로그램 계획을 수립한다. 프로그램 계획에서는 교육에 관한 내용뿐만 아니라 관련 서비스를 어디에서 제공할 것인지를 결정한다.
형성평가	아동이 적절한 진보를 보였는지 결정한다.
총괄평가	아동이 예상되는 진전을 보였는지 결정한다.

(1) 선별(screening)

① 선별이란 심층평가가 필요한 아동을 식별해내는 과정으로, 아동을 효율적·경제적으로 평가하여 심층평가에 의뢰할 것인가를 결정하는 단계이다. ❶ 25유아A1

② 선별에서 사용되는 사정도구(선별도구)는 다음의 특징을 갖는다.

　㉠ 제한된 수의 문항으로 아동의 수행이나 행동을 사정하도록 고안되므로 보통 15분~20분 정도가 소요된다.

　㉡ 선별도구는 간단·저렴하고, 규준참조이며, 표준화되었고, 객관적으로 채점되며, 신뢰롭고 타당해야 하므로, 주로 표준화된 규준참조검사가 실시된다.

③ 이때 잘못 의뢰되는 선별의 오류에는 위양(false positive)과 위음(false negative)이 있다.

　㉠ 위양: 특수교육이 필요하지 않으나 더 심층적인 평가에 의뢰된 경우로, 가족들에게 불필요한 불안을 야기하고 평가 경비 측면에서 불필요한 지출을 초래할 수 있다.

　㉡ 위음: 특수교육이 필요하지만 더 심층적인 평가에 의뢰되지 않은 경우로, 조기에 필요한 지원을 받지 못하게 되어 위양보다 더 심각한 부작용을 초래한다.

❷ 23유아A1, ❸ 15유아A4, ❹ 13유아A5

▨ 선별의 네 가지 가능한 결과

특수교육 필요 여부	심층평가로의 의뢰 여부	
	의뢰됨	의뢰되지 않음
필요함	A	C (위음)
필요하지 않음	B (위양)	D

④ 선별 과정에서 위양과 위음의 오류를 줄이는 것은 검사도구의 민감도(sensitivity) 및 명확도(specificity)와 관련이 있다. 즉, 장애를 실제로 가진 아동을 선별해내는 정도인 민감도가 높으면 위음의 발생률을 낮출 수 있고, 선별도구가 장애를 가지고 있지 않은 아동을 선별해내는 정도인 명확도가 높으면 위양의 발생률을 낮출 수 있다.

⑤ 선별과 관련하여 한 가지 유의할 점은 심층평가(즉, 진단)에 의뢰된 모든 아동이 선별을 거치는 것은 아니며, 부모나 교사의 요청에 의해 바로 심층평가로 의뢰될 수 있다는 것이다.

⑥ 선별 또는 부모나 교사의 요청에 의해 심층평가로 의뢰되는데, 아동을 심층평가로 의뢰하기 전에 그 아동에게 제공되는 중재를 '의뢰전 중재'라고 한다.

　㉠ 의뢰전 중재(pre-referral intervention)란 일반적으로 학습문제 그리고/또는 행동문제와 관련하여 공식적인 심층평가에 의뢰하기 전에 주로 일반학급에서 실시되는 비공식적 문제해결 과정이다. 즉, 일반학급 교사와 아동에게 지원을 제공함으로써 일반학급 내에서 일차적으로 문제를 해결하고자 하는 것이 의뢰전 중재의 기본적인 개념이다(이소현 외).

PART
03

기출 POINT 1

❶ 25유아A1

[A]에서와 같은 선별검사를 실시하는 목적을 쓰시오.

김 교사: 선생님, 안녕하세요. 경수의 특수교육대상자 선정·배치 신청서가 접수되어 전화 드렸어요.
박 교사: 네, 선생님. 경수 어머님께서 영유아건강검진 결과 '추적검사 요망'이 나왔다고 말씀하셨어요. 특수교육지원센터에서 무료로 선별검사를 한 후에 진단검사를 받을 수 있다고 안내해 드렸더니 신청서를 보내셨어요. 유치원에서도 경수가 놀이에 관심이 없고, 지원이 필요한 행동이 심해졌어요. [A]

❷ 23유아A1

㉠에 해당하는 선별검사의 오류 유형을 쓰고, 그로 인해 선우가 겪게 된 어려움을 교육적 측면에서 쓰시오.

강 교사: ㉠ 석 달 전 선별검사에서 특별한 문제가 없었지요. 그래서 진단·평가에 의뢰하지 않았지요.

❸ 15유아A4

선별검사과정에서 나타날 수 있는 음성 오류(부적 오류, false negative)를 장애 진단과 관련하여 1가지 쓰시오.

❹ 13유아A5

다음에 나타난 선별검사의 오류 종류를 쓰고, 그로 인해 야기될 수 있는 문제점을 쓰시오.

「국민건강보험법」의 '영유아건강검진'의 선별검사 결과, 지우의 발달에는 특별한 문제가 없는 것으로 나타났다. 그런데 지우 어머니는 여전히 지우가 2세의 또래 영아에 비해 발달이 지체되었다고 생각하여 장애 진단 검사를 받았다. 그 결과 지우는 장애가 있는 것으로 밝혀졌다.

기출 POINT 2

❶ 25중등A6

대화를 참고하여 밑줄 친 ⓒ의 종류를 쓰고, 밑줄 친 ⓒ을 1가지 서술하시오.

일반 교사: 선생님, 우리 반에 특수교육 대상자 진단·평가에 의뢰할지 고민이 되는 학생C가 있어요. 어떻게 해야 할까요?

특수 교사: 제 생각에는 학생C를 진단·평가에 의뢰하기 전에 선생님께서 먼저 일반 학급에서 의뢰 전 중재를 실시하시는 게 좋을 것 같아요.

일반 교사: 네, 그렇군요. 그런데 의뢰 전 중재를 실시하는 목적은 무엇인가요?

특수 교사: 의뢰 전 중재를 하면 ⓒ 판별 오류를 줄일 수 있고, ⓒ 교육적 측면에서도 장점이 있어요.

❷ 16유아A5

ⓔ에서 최 교사가 제안한 절차의 명칭을 쓰고, ⓔ의 목적 1가지를 쓰시오.

김 교사: 저번에 말씀드렸던 지호에 대해서도 의논드릴 일이 있어요. 내일 지호 어머님과 상담하기로 했는데, 어머님께서 지호에 대해 걱정이 많으세요. 저도 지호가 다른 친구들과 달리 가르치기 힘들다는 생각이 들어요. 내일 어머님께 지호가 특수교육대상자인지 진단·평가를 받으라고 말씀드리는 것이 좋겠지요?

최 교사: ⓔ 그 전에 일반학급에서 교수 방법 등을 수정하여 지도해 보면서, 지호의 발달에 변화가 있는지 살펴보는 것이 우선인 것 같아요. 저도 도와드릴게요. 그렇게 해도 지속적으로 어려움이 있을 경우 특수교육대상자 선정을 의뢰해야겠지요.

ⓒ 의뢰전 중재는 특수교육이 필요하지 않은 아동을 심층평가에 의뢰하는 위양을 줄이는 데 목적이 있다. ❶ 25중등A6, ❷ 16유아A5

ⓒ 의뢰전 중재는 심층평가의 선행조건으로 요구되는 절차는 아니다. 학생이 가진 문제가 너무 명확하거나 문제에 대한 중재방안이 없는 경우에는 의뢰전 중재를 생략하고 곧바로 진단을 의뢰할 수 있다(이대식 외).

ⓔ 우리나라의 경우 법적으로 의뢰전 중재의 실행이 규정되어 있지 않지만, 교사는 장애가 의심되는 아동에 대한 의뢰전 중재를 통해 개별 아동의 필요에 따른 적절한 교육을 제공할 수 있으며, 특수교육대상자의 과잉진단을 예방할 수 있다(이소현 외). ❶ 25중등A6

ⓜ 의뢰전 중재를 위해서는 미리 체계적인 계획을 수립해야 한다(이대식 외).

- 먼저 학생에게 나타나기를 바라는 변화를 관찰 및 측정 가능한 목표로써 진술해야 한다.

- 구체적인 중재 계획을 수립해야 한다. 이때 중재 계획에는 학업문제에 대한 지원, 행동문제에 대한 지원, 가족·가정 활동 지원, 동기 유발 또는 강화전략 등이 제시되어야 한다.

- 중재의 효과에 대한 평가방법, 자료수집방법, 자료수집 횟수 등에 대한 정보가 제시되어야 한다.

- 중재에 대한 모니터 계획과 교사지원 계획이 제시되어야 한다.

- 학생이 의뢰전 중재에 효과적으로 반응하면 학생의 일반학급 적응 정도에 따라 제공되는 중재를 점차 줄여나간다. 그러나 의뢰전 중재가 효과적이지 못하면 진단 의뢰 여부를 결정하게 된다.

(2) 진단(diagnosis)

① 진단이란 어떤 상태의 특성과 원인을 파악하는 과정으로, 진단에서는 아동이 장애를 가지고 있는지, 만약 그렇다면 그 장애의 원인은 무엇인지에 대한 결정을 한다.

❶ 25유아A1, ❷ 09초등2

② 진단에서는 특정 장애의 유무뿐만 아니라 그 장애의 원인을 파악하는 것도 중요한데, 그 이유는 적절한 중재나 교육 프로그램의 계획을 위한 유익한 정보를 제공하기 때문이다.

③ 그러나 진단 결과, 그 장애의 정확한 원인은 파악되지 않는 경우도 있다(예 자폐성장애). 이 경우 장애의 원인을 모르더라도 중재나 교육 프로그램을 위한 사정을 통해 프로그램 계획을 위한 지침을 얻을 수 있도록 프로그램 계획을 위한 사정으로 옮겨가는 것이 바람직하다.

④ 진단 단계에서는 제한된 수의 문항을 사용하는 선별과 달리 상대적으로 많은 문항을 활용하고, 다양한 사정방법을 통한 포괄적인 사정이 이루어지며, 사정을 실시하는 사람의 자격도 더 제한된다.

⚑ 선별검사와 진단검사의 비교(여승수 외)

구분	선별검사	진단검사
검사 목적	특수교육대상자로 의뢰될 수 있는 위험군 학생을 선별	특수교육대상자 적격성 여부를 결정, 구체적인 장애 유형을 확인
검사 대상	전체 집단 혹은 장애 위험군으로 선별될 수 있는 집단	선별 단계에서 의뢰된 개별 학생
검사도구 제작	상업용 표준화 선별검사도구와 교사에 의해 제작된 검사도구 사용 가능	신뢰도와 타당도가 확보되지 않은 교사 제작 검사도구는 부적합하며, 상업용 표준화 검사도구를 주로 사용함
검사 실시 시간	1~3분의 짧은 검사 시간	30분 이상의 긴 검사 시간
검사 실시 방법	간편한 검사방법으로 검사를 수행	검사 실시 방법이 복잡하므로 검사 매뉴얼을 충분히 숙지한 후 검사를 수행
검사의 신뢰도와 타당도	신뢰도와 타당도가 우수함	신뢰도와 타당도가 우수함

PART 03

기출 POINT 3

❶ 25유아A1

[B]는 특수교육대상자 선정 단계 중 어느 단계에 해당하는지 쓰시오.

> 김 교사: 그렇군요. 그러면 다음 주에 진단·평가를 실시할게요.
> 박 교사: 네, 선생님. 혹시 경수가 특수교육대상자로 선정되면 복지 카드도 받게 되는 건가요?
> 김 교사: 그렇지 않아요. 특수교육대상자로 선정이 되었다고 해서 모두 장애인 등록을 하는 것은 아니에요.
> 장애인으로 등록했다고 특수교육대상자로 선정되는 것도 아니고요. 특수교육대상자를 선정할 때 다양한 정보를 수 [B] 집해서 특수교육대상자인지를 결정하는 절차를 거쳐야 해요.
> 박 교사: 아, 그렇군요. 저는 특수교육대상자와 장애인이 같다고 생각했어요.

❷ 09초등2

특수교육에서의 진단·평가 단계에 관한 진술로 바른 것은?

> ㉠ 교육프로그램 계획은 학생의 장애 여부와 특성 및 정도에 관한 정보를 파악하는 것이다.
> ㉡ 선별은 개별화교육계획 작성에 필요한 학생의 현행 수준을 파악하는 것이다.
> ㉢ 진도 점검 및 프로그램 평가는 학기 초에 학생의 잠재능력에 관한 정보를 파악하는 것이다.
> ㉣ 적격성 판정은 학생의 장애 유형과 정도가 특수교육대상자 선정 기준에 부합하는지를 결정하는 것이다.
> ㉤ 진단은 프로그램 실시 중 프로그램의 효과를 파악하기 위하여 필요할 때마다 학생의 진전에 관한 정보를 수집하는 것이다.

(3) 적부성(eligibility)

① 적부성이란 특수교육대상자로서의 적격성을 의미하며, 이 단계에서는 아동이 특수교육대상자로 적격한가를 결정한다.

② 이전의 진단과정에서 아동이 장애를 가진 것으로 판명되었다 하더라도 특수교육대상자로 반드시 선정되는 것은 아님을 의미한다.

③ 우리나라는 「장애인 등에 대한 특수교육법」에 제시된 선정기준에 의거하여 특수교육대상자를 선정하게 된다. 즉, 특수교육대상자로 선정되기 위해서는 아동이 가진 장애의 유형과 정도가 이러한 선정기준에 적합해야 한다. ❶ 25유아A1

(4) 프로그램 계획 및 배치

① 우리나라의 경우 시·도 또는 시·군·구 특수교육운영위원회의 심사를 거쳐 배치결정(일반학교의 일반학급, 일반학교의 특수학급, 특수학교 중 어느 하나에 배치됨)을 내리게 된다. 아동이 해당 교육기관에 배치되고 난 후에는 당해 학교의 개별화교육지원팀이 개별화교육계획(IEP)을 작성한다.

② 진단 단계에서는 중재나 교육의 목표설정 및 전략수립에 필요한 구체적인 정보를 제공하지 않는 반면, 프로그램 계획 단계에서는 그러한 정보를 얻기 위한 사정이 이루어지기 때문이다.

③ '개별화교육계획(IEP)'이란 아동의 적절한 교육을 위하여 작성된 문서를 말한다. 우리나라의 경우 특수교육대상자의 인적사항과 특별한 교육지원이 필요한 영역의 현재 학습수행 수준, 교육목표, 교육내용, 교육방법, 평가계획 및 제공할 특수교육 관련 서비스의 내용과 방법 등을 포함하도록 되어 있다.

더 알아보기 **장애진단과 교육진단** ❶ 17유아A3, ❷ 15유아A5, ❸ 14유아B1

- 장애진단은 특수교육대상자에 적합한지에 대한 적격성을 결정하고, 교육진단은 대상 아동이 자연적인 환경에서 어떻게 기능하는지 알기 위해 정확한 강점과 요구 등을 평가한다.
- 교육진단을 통해 얻어진 정보는 교육 현장의 실제적인 교수계획을 위해서 유용하게 사용될 수 있어야 하므로, 장애를 판별하기 위해서 사용되는 표준화 검사의 결과만으로 교육 프로그램을 계획하고 중재를 제공해서는 안 된다.

기출 POINT **4**

❶ 17유아A3

유진이가 받은 '한국웩슬러유아지능검사(K-WPPSI)' 결과와 '유아행동평가척도(CBCL 1.5-5)' 결과로 교육목표를 작성한다면, 이때 발생할 수 있는 문제점 1가지를 쓰시오.

❷ 15유아A5

ⓜ이 적절하지 않은 이유 1가지를 쓰시오.

박 교사 : 지난 번 특수교육지원센터에서 영수의 발달문제로 검사를 하셨잖아요.

최 교사 : 네. ⓒ 한국웩슬러유아지능검사(K-WPPSI)와 ⓔ 한국판 적응행동검사
(K-SIB-R)를 했어요. 그 외 여러 가지 장애진단 검사들도 실시했어요.

박 교사 : 그래요? 그럼 결과는 언제쯤 나오나요?

최 교사 : 다음 주에 나올 것 같아요.

박 교사 : ⓜ 검사 결과가 나오면 그것을 토대로 개별화교육지원팀이 영수의 개별
화교육계획을 수립할 수 있겠네요.

기출 POINT **4**

❸ 14유아B1

다음은 송희의 개별교육계획안을 작성하기 위해 송희에 대한 정보를 수집하는 과정이다. 적절하지 않은 것 1가지를 찾아 기호를 쓰고, 그 이유를 쓰시오.

ⓒ 타당도가 확보된 진단을 하기 위해 지능검사 등의 표준화 검사를 주로 실시하였다.

(5) **형성평가**(formative evaluation)

① 배치와 IEP 작성이 이루어진 다음 교수 · 학습이 시작되면, 아동의 진전에 대한 지속적인 평가, 즉 형성평가를 통해 아동이 적절한 진전을 보이고 있는가에 대한 결정을 해야 한다. ⁰⁹초등2

② 만약 아동이 적절한 진전을 보이지 않을 경우에는 교수 · 학습방법을 수정할 것인가에 대한 결정도 내려야 한다. 즉, 형성평가란 교수 · 학습이 진행되는 과정에서 아동의 진전을 점검하고, 필요한 경우 교과과정이나 수업방법을 개선하기 위해 실시하는 평가라고 할 수 있다.

(6) 총괄평가(summative evaluation)

① IEP에 제시된 기간 동안 지속적인 형성평가와 함께 교수·학습이 이루어지고 나면, 이에 대한 종합적인 평가, 즉 총괄평가를 통해 아동이 제시된 기간 동안 IEP에 명시되어 있는 예상된 진전을 보였는지에 대한 결정을 한다.

② 총괄평가는 일정 단위의 교육프로그램이 실시된 후에 설정된 프로그램의 성공기준에 비추어 프로그램이 산출한 가치를 판단하기 위해 실시하는 평가이다.

③ 총괄평가의 결과를 토대로 아동이 특수교육을 계속 받을 것인지, 아니면 특수교육을 종료할 것인지에 대해 결정한다. ❶ 17유아A3

④ 만약 총괄평가에서 특수교육을 계속 받아야 한다는 결론이 나오면, 아동의 사정자료를 바탕으로 IEP가 수정·보완되고 그 아동을 적절한 교육환경에 배치하는 단계로 돌아가게 된다.

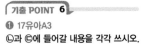

기출 POINT 5
❶ 17유아A3
총괄평가를 실시하는 이유 2가지를 쓰시오.

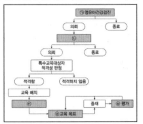

기출 POINT 6
❶ 17유아A3
ⓒ과 ⓒ에 들어갈 내용을 각각 쓰시오.

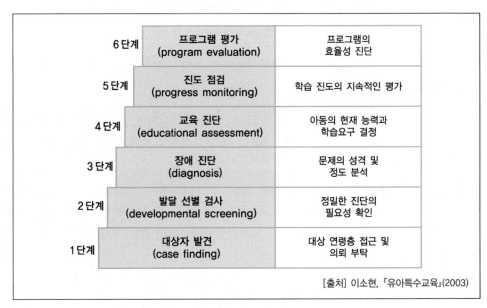

6단계	프로그램 평가 (program evaluation)	프로그램의 효율성 진단
5단계	진도 점검 (progress monitoring)	학습 진도의 지속적인 평가
4단계	교육 진단 (educational assessment)	아동의 현재 능력과 학습요구 결정
3단계	장애 진단 (diagnosis)	문제의 성격 및 정도 분석
2단계	발달 선별 검사 (developmental screening)	정밀한 진단의 필요성 확인
1단계	대상자 발견 (case finding)	대상 연령층 접근 및 의뢰 부탁

[출처] 이소현, 『유아특수교육』(2003)

🏳 **진단의 단계별 과정 및 기능** ❶ 17유아A3

02 특수교육대상자의 진단·평가와 선정 및 배치

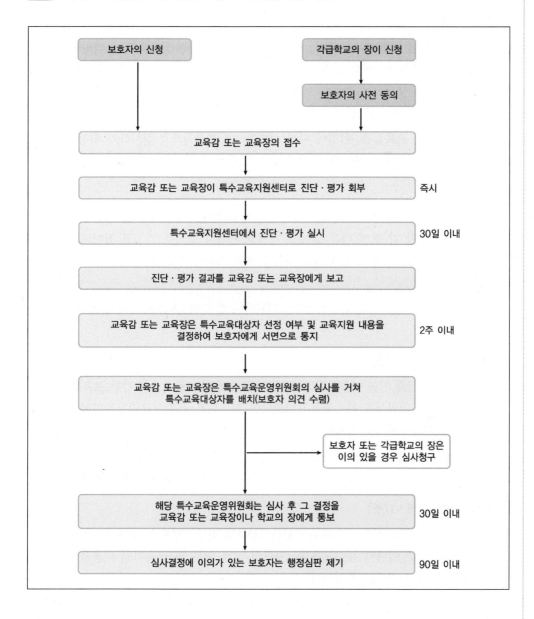

1. 특수교육대상자 진단 · 평가 절차 ❶ 23유아A1

(1) 선별(제14조)

① 「장애인 등에 대한 특수교육법」 제14조(장애의 조기발견 등) 제1항에 의하면, 교육장 또는 교육감은 영유아의 장애 및 장애 가능성을 조기에 발견하기 위하여 지역주민과 관련 기관을 대상으로 홍보를 실시하고, 해당 지역 내 보건소와 병원 또는 의원에서 선별검사를 무상으로 실시하여야 한다.

② 교육장 또는 교육감은 제1항에 따른 선별검사를 효율적으로 실시하기 위하여 지방자치단체 및 보건소와 병 · 의원 간에 긴밀한 협조체제를 구축하여야 한다.

(2) 의뢰(제14조)

① 「장애인 등에 대한 특수교육법」 제14조 제3항에 의하면, 보호자 또는 각급 학교의 장은 제15조 제1항 각 호에 따른 장애를 가지고 있거나 장애를 가지고 있다고 의심되는 영유아 및 학생을 발견한 때에는 교육장 또는 교육감에게 진단 · 평가를 의뢰하여야 한다.

② 다만, 각급 학교의 장이 진단 · 평가를 의뢰하는 경우에는 보호자의 사전 동의를 받아야 한다.

(3) 진단 · 평가(제14 · 15조)

① 특수교육대상자 진단 · 평가 의뢰서를 접수한 교육장(고등학교의 경우 교육감)은 즉시 진단 · 평가 의뢰서를 특수교육지원센터에 회부하고, 특수교육지원센터에서는 30일 이내에 진단 · 평가를 실시한다.

② 특수교육지원센터는 특수교육대상자 선정 여부와 필요한 교육지원에 대한 최종 의견을 작성하여 진단 · 평가 결과 통지서를 교육장(고등학교의 경우 교육감)에게 제출한다.

(4) 선정 · 배치(제16 · 17조)

① 교육장 또는 교육감은 특수교육지원센터로부터 진단 · 평가 결과 통지서를 통지받은 때로부터 2주 이내에 특수교육대상자로의 선정 여부 및 교육지원 내용을 결정하여 보호자에게 서면으로 통지한다.

② 특수교육대상자 선정을 위한 특수교육운영위원회의 회의 때 특수교육대상자의 배치도 함께 고려하고 심사하여 적절한 교육환경에 배치한다. 배치의 경우도 선정과 마찬가지로 보호자의 의견을 고려하며, 대부분 거주지에서 가까운 곳에 배치한다.

2. 특수교육대상자 선별검사 및 진단·평가 영역*

구분		영역
장애 조기발견을 위한 선별검사		① 사회성숙도검사 ② 적응행동검사 ③ 영유아발달검사
진단·평가 영역	시각장애·청각장애 및 지체장애	① 기초학습기능검사 ② 시력검사 ③ 시기능검사 및 촉기능검사(시각장애의 경우에 한함) ④ 청력검사(청각장애의 경우에 한함)
	지적장애	① 지능검사 ② 사회성숙도검사 ③ 적응행동검사 ④ 기초학습검사 ⑤ 운동능력검사
	정서·행동장애 자폐성장애	① 적응행동검사 ② 성격진단검사 ③ 행동발달평가 ④ 학습준비도검사
	의사소통장애	① 구문검사 ② 음운검사 ③ 언어발달검사
	학습장애	① 지능검사 ② 기초학습기능검사 ③ 학습준비도검사 ④ 시지각발달검사 ⑤ 지각운동발달검사 ⑥ 시각운동통합발달검사

* 「장애인 등에 대한 특수교육법」 제2조 제1항 관련

사정 방법

01 사정 방법의 종류

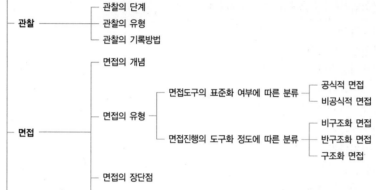

- 검사
  - 규준참조검사
  - 준거참조검사
  - 규준참조검사와 준거참조검사의 비교
- 관찰
  - 관찰의 단계
  - 관찰의 유형
  - 관찰의 기록방법
- 면접
  - 면접의 개념
  - 면접의 유형
    - 면접도구의 표준화 여부에 따른 분류
      - 공식적 면접
      - 비공식적 면접
    - 면접진행의 도구화 정도에 따른 분류
      - 비구조화 면접
      - 반구조화 면접
      - 구조화 면접
  - 면접의 장단점
  - 면접의 타당도와 신뢰도
- 교육과정중심사정
  - 준거참조-교육과정 중심사정
  - 교육과정중심측정
  - CR-CBA와 CBM의 비교

02 대안적 사정

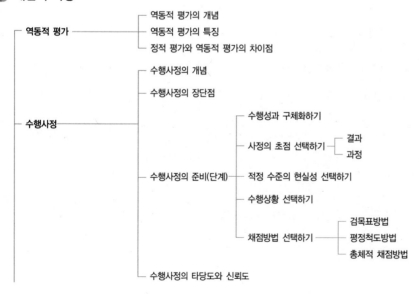

- 역동적 평가
  - 역동적 평가의 개념
  - 역동적 평가의 특징
  - 정적 평가와 역동적 평가의 차이점
- 수행사정
  - 수행사정의 개념
  - 수행사정의 장단점
  - 수행사정의 준비(단계)
    - 수행성과 구체화하기
    - 사정의 초점 선택하기
      - 결과
      - 과정
    - 적정 수준의 현실성 선택하기
    - 수행상황 선택하기
    - 채점방법 선택하기
      - 검목표방법
      - 평정척도방법
      - 총체적 채점방법
  - 수행사정의 타당도와 신뢰도

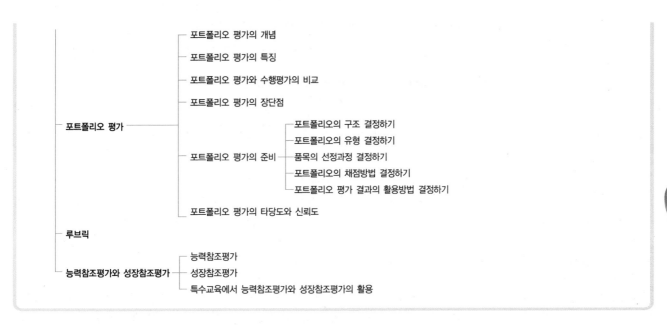

01 사정 방법의 종류

1. 검사

'검사'란 사전에 결정된 반응유형을 요구하는 일련의 질문이나 과제를 통하여 점수 또는 다른 형태의 수량적 자료를 수집하는 방법이다.

(1) 규준참조검사(norm-referenced test)

① 규준참조검사는 검사를 받는 학생의 또래 학생들의 점수 분포인 규준을 기준으로 대상 학생의 점수를 비교하는 검사로, 또래 집단 내 대상 학생의 상대적 위치에 대한 정보를 제공해준다. ❶ 20중등B8, ❷ 19초등A1, ❸ 13중등12

② '규준(norm)'이란 규준집단의 점수 분포를 말한다. 예를 들어 2세 6개월에서 7세 7개월 사이의 유아들을 위한 지능검사를 개발할 때, 2세 6개월에서 7세 7개월에 해당하는 모든 유아를 대상으로 검사를 실시하는 것은 불가능하므로, 이 연령층을 대표할 수 있도록 성별·연령·사회경제적 지위·지역 등을 고려하여 표본을 선정하는 것이다. 이렇게 선정된 표본에서 검사를 실시해 얻은 점수들을 이용해 점수표를 만들고, 이후 해당 지능검사를 받는 개인의 점수등 이 점수표와 비교한다.

③ 이때 규준집단은 모집단에서 선정된 표본으로, 한 검사의 규준이 적절한지의 여부는 규준집단이 모집단을 얼마나 잘 대표하는가로 판단한다. 규준집단의 양호성을 평가하는 요인으로는 대표성, 크기, 적절성이 있다.

　　㉠ 대표성: 규준집단이 검사도구 대상 집단의 특성을 얼마나 잘 대표하는지를 의미한다. 예를 들어 성별, 연령, 사회경제적 지위, 지역 등이다.

기출 POINT 1

❶ 20중등B8
괄호 안의 ㉠에 해당하는 용어를 쓸 것.

　김 교사: 이 검사는 학생의 지적 능력을 또래와 비교하여 학생의 상대적 위치를 알 수 있게 해 주는 (㉠) 참조 검사이지요. 특수교육에서는 주로 장애 진단을 목적으로 많이 사용합니다.

❷ 19초등A1
㉣에 들어갈 말을 쓰시오.
■ 검사의 종류

　(㉣)은/는 피험자 간의 상대적인 위치를 평가하며, 상대평가 혹은 상대비교평가라고 부르기도 함. 상대적 서열에 대한 변환점수의 예로 표준점수, 스테나인 점수, 구분점수 등이 있음

❸ 13중등12
장애학생의 진단·평가를 위해 활용하는 방법 및 특징에 대한 설명으로 옳은 것만을 있는 대로 고르시오.

　㉡ 준거참조평가는 학생의 점수를 또래 집단과 비교함으로써 집단 내 학생의 상대적 위치에 대한 정보를 제공한다.

ⓛ 크기: 규준집단에 포함된 아동의 수를 의미한다.

ⓒ 적절성: 검사를 받는 아동에 대한 규준집단의 적용 가능성을 의미한다.

(2) 준거참조검사(criterion-referenced test)

① 준거참조검사는 사전에 설정된 숙달준인 준거와 아동의 점수를 비교함으로써 특정 지식이나 기술에 있어서의 아동의 수준에 대한 정보를 제공하는 검사이다.

❶ 19초등A1, ❷ 13추가유아A3

② '준거(criterion)'란 사전에 설정된 숙달수준이다.

㉠ 교육평가의 경우 교육목표를 달성했다고 인정할 수 있는 정도의 성취수준이 준거가 됨

ⓛ 자격증을 부여할 경우 해당 분야의 업무를 충실히 수행할 수 있다고 공인할 수 있는 정도의 지식 혹은 기술수준이 준거가 됨

③ 표준화검사에는 규준참조검사와 준거참조검사가 있는데, 일반적으로 표준화검사는 규준참조검사이다. 즉, 규준참조검사는 주로 전문적인 검사 제작자에 의해 개발되는 데 비해, 준거참조검사는 가끔 전문적인 검사 제작자에 의해 개발되기도 하지만 교사에 의해 제작되는 경우도 많다. 따라서 준거참조검사는 표준화된 준거참조검사와 교사제작 준거참조검사로 구분할 수도 있다.

④ 준거참조검사에서 준거는 아동 자신이 될 수도 있다. 아동 자신이 준거가 될 때에는 앞서 실시된 동일 검사에서 보인 아동의 수행이 준거가 된다. 예를 들어, 1년 간격을 두고 사전 검사결과와 사후검사 결과를 비교해볼 수 있다.

(3) 규준참조검사와 준거참조검사의 비교 ❶ 13중등12

기준	규준참조검사	준거참조검사
피검자의 수행을 비교하는 대상	또래 아동들의 수행인 규준에 비교	사전에 설정된 숙달 수준인 준거에 비교
제공하는 정보	규준집단 내 아동의 상대적 위치에 대한 정보를 제공	다른 아동들의 수행과는 상관없이 특정 지식·기술에 있어서의 아동의 수준
점수의 유형	유도점수	백분율 점수
이용도	선별, 진단, 적부성, 배치와 관련된 의사결정	교육 프로그램 계획, 형성평가, 총괄평가
내용 범위	다수의 영역을 다루며, 각 영역당 적은 수의 문항을 포함	보통 소수의 영역을 다루며, 각 영역당 많은 수의 문항을 포함
난이도	쉬운 문항부터 난이도 순으로 배열	문항 간 난이도가 거의 동등

[출처] 이승희, 『특수교육평가』 4판(2024)

기출 POINT 2

❶ 19초등A1

ⓒ에 들어갈 말을 쓰시오.

■ 검사의 종류

(ⓒ)은/는 피험자가 사전에 설정된 성취 기준에 도달했는지에 대한 정보를 제공하는 검사

❷ 13추가유아A3

'개인의 수행을 규준집단의 수행수준과 비교하지 않고, 개인이 일정 숙달수준에 도달했는지의 여부를 알아볼 수 있는 검사'의 유형을 무엇이라고 하는지 쓰시오.

기출 POINT 3

❶ 13중등12

장애학생의 진단·평가를 위해 활용하는 방법 및 특징에 대한 설명으로 옳은 것만을 고르시오.

ㄱ. '표준화 검사'의 장점 중 하나는 측정 영역에 대한 학생의 수준을 객관적으로 볼 수 있다는 점이다.
ㄴ. '준거참조평가'는 학생의 점수를 또래집단과 비교함으로써 집단 내 학생의 상대적 위치에 대한 정보를 제공한다.
ㄷ. '관찰'은 일상적인 상황에서 나타나는 학생의 행동을 기록함으로써 특정 현상에 대한 자료를 수집하는 방법이다.
ㄹ. '관찰'에서 사용하는 '시간표집법'은 일정 관찰기간 동안 지속적으로 관찰하여 관찰 대상 행동이 발생할 때마다 기록하는 방법이다.
ㅁ. '구조화 면접'은 질문의 내용과 순서를 미리 준비하여 정해진 방식대로 질문해 나가는 면접이다.

2. 관찰(observation) ❶ 13중등12

관찰은 일반적으로 일상적인 상황에서 자연스럽게 나타나는 아동의 행동을 기술 또는 기록함으로써 특정 현상에 대한 객관적인 자료를 수집하는 방법이다.

(1) 관찰의 단계

준비단계	① 관찰질문 설정	관찰을 실시하기 위해서는 먼저 왜 관찰하려고 하는지 그 이유(또는 목적)를 분명히 해야 함
	② 관찰행동 선정	• 관찰행동에 대한 조작적 정의를 내려야 함 • 어떤 행동에 대한 조작적 정의란 그 행동을 관찰 가능하고 구체적인 형태로 표현해놓은 것을 의미함
	③ 관찰 기록방법 선택	관찰질문에 적합한 기록방법을 선택함
	④ 관찰자 선정	• 관찰자를 선정하고 필요한 경우 관찰자 훈련을 실시함 • 관찰자의 객관적인 관찰능력은 관찰자 간 신뢰도를 통해 점검할 수 있음
	⑤ 관찰시간 및 장소 선정	관찰을 실시할 시간과 장소를 미리 선정함
기록단계	• 원자료를 기록하는 단계로, '원자료(raw date)'란 수집한 원래의 자료로서 새로운 형태로 전환되기 전의 최초의 형태를 지닌 자료를 의미함 • 원자료는 관찰의 기록방법에 따라 양적 자료 또는 질적 자료일 수 있음	
요약단계	기록단계에서 기록된 원자료를 관찰질문(즉, 목적)에 맞게 새로운 형태로 요약함	

(2) 관찰의 유형

관찰도구의 표준화 여부에 따른 분류	공식적 관찰	표준화된 관찰도구는 실시, 요약, 해석에 대한 명확한 지침을 가지고 있으며 일반적으로 상용화된 경우가 많음
	비공식적 관찰	관찰자가 직접 개발한 관찰지를 사용하므로 실시, 요약, 해석에 대한 명확한 지침을 갖는 데 다소 제한적임
관찰절차의 구조화 여부에 따른 분류	구조적 관찰	관찰 내용과 관찰도구가 사전에 결정되어 있는 관찰을 의미함. 자료수집의 내용과 형식이 사전에 결정되어 있어 관찰자의 재량이나 융통성에 제한이 따름
	반구조적 관찰	(완전)구조적 관찰에서는 관찰자에게 재량이나 융통성이 거의 주어지지 않는 데 비해, 반구조적 관찰에서는 관찰자에게 어느 정도의 재량과 융통성이 주어짐
	비구조적 관찰	사전에 결정된 자료수집 내용이나 형식 없이 상황에 따라 그때그때 적합한 자료를 자유롭게 수집하는 관찰을 의미함

관찰실시의 직접성 여부에 따른 분류	직접적 관찰	관찰자가 중간의 매개물 없이 관찰대상의 행동을 직접 관찰하는 것을 의미함. 관찰자가 결과물을 산출하는 관찰대상의 행동을 직접 보았거나 관찰자가 관찰대상의 행동을 직접 촬영하는 경우가 이에 해당함
	간접적 관찰	관찰자가 매개물을 통해 관찰대상의 행동을 관찰하는 것을 의미함. 즉, 간접적 관찰에서 중요한 것은 관찰자가 관찰대상의 행동을 직접 보지 않았다는 것임
관찰자료의 형태에 따른 분류	양적 관찰	관찰의 기록방법 중 간격기록, 사건기록, 산물기록, 평정기록을 사용하는 관찰은 일반적으로 양적 관찰에 해당함
	질적 관찰	관찰의 기록방법 중 서술기록을 사용하는 관찰은 일반적으로 질적 관찰에 해당함

(3) 관찰의 기록방법

관찰의 기록방법에는 서술기록, 간격기록, 사건기록, 산물기록, 평정기록 등이 있다.

3. 면접(interview) ❶ 13중등12

(1) 면접의 개념

① 면접은 면접자와 피면접자의 상호작용을 통해 피면접자에 대한 자료를 수집하는 방법이다.

② 면접에서는 학생 자신뿐만 아니라 학생과 관련된 사람들(예 부모, 교사, 또래 등)을 대상으로 학생에 대한 정보를 수집한다.

(2) 면접의 유형

① 면접도구의 표준화 여부에 따른 분류

공식적 면접	표준화된 면접도구를 사용하는 면접을 말한다. 표준화된 면접도구는 실시·요약·해석에 대한 명확한 지침을 가지고 있으며, 일반적으로 상용화된 경우가 많다.
비공식적 면접	면접자 제작 면접도구를 사용하는 면접을 말한다. 면접자 제작 면접도구는 실시·요약·해석에 대한 지침을 갖는 데 다소 제한적이다.

② 면접진행의 구조화 정도에 따른 분류

세 가지 유형의 면접은 각각 가치와 역할을 갖고 있으므로 독립적으로 또는 공동으로 사용될 수 있는 상호보충적 기법으로 인식하는 것이 바람직하다.

㉠ 비구조화 면접

목적(얻고자 하는 정보)	면담 주제를 중심으로 자유롭게 대화하면서 심층적인 정보를 수집한다. ❶ 24유아A8
방법	비구조화 면접은 특별한 지침이나 사전에 준비한 질문 없이 면접자가 자유롭게 면접의 목적을 달성하기 위한 질문을 하는 것이다.
특징	이 방법은 반구조화 면접 또는 구조화 면접에 앞서 전반적인 문제를 확인해보는 데 유용하다. 그러나 비구조화 면접이라고 해서 아무런 준비 없이 면접이 이루어지는 것은 아니며, 면접 목적과 피면접자를 고려하여 미리 대략적인 주제를 설정해놓는 등의 사전 계획을 필요로 한다.

㉡ 반구조화 면접

목적(얻고자 하는 정보)	준비된 질문 항목을 중심으로 면담 대상자의 응답에 따라 질문을 변화시켜 가면서 정보를 수집한다.
방법	반구조화 면접은 미리 준비된 질문 목록을 사용하되, 응답 내용에 따라 필요한 질문을 추가하거나 순서를 바꾸어 가면서 질문하는 방법으로, 면접 과정에서 면접자에게 어느 정도의 융통성이 주어진다. ❷ 16초등A3
특징	이 방법은 피면접자의 개인의 내재적 관심이나 심리적 상태 등에 대한 질문을 할 때 유용하게 사용될 수 있다.

㉢ 구조화 면접

목적(얻고자 하는 정보)	진단 대상자에 관한 특정 정보를 수집한다.
방법	구조화 면접에서는 면접의 목적을 명확하게 인지하고 있어야 하고, 목적을 달성하기 위하여 어떠한 질문이 필요한지를 구체화하여야 한다. 그러고 난 후, 면접자는 피면접자에게 묻고자 하는 질문의 논리적인 관계를 고려하여 질문의 순서를 정하고, 순서에 따라 정확하게 질문한다. ❸ 13추가유아A5
특징	• 구조화 면접을 실시할 때에는 이미 개발된 표준화 도구를 사용하는 경우가 많기 때문에 면접자에게 재량이나 융통성이 거의 주어지지 않는다. • 이 방법은 정신의학적 진단을 내리거나 연구를 위한 자료를 얻고자 할 때 유용하다.

기출 POINT 4

❶ 24유아A8
㉢의 장점을 정보 수집 측면에서 구조화된 면담과 비교하여 1가지 쓰시오.

> 연우가 가정에서 보이는 의사소통의 특징을 파악하기 위해 보호자와 ㉢ 비구조화된 면담을 실시하려고 한다.

❷ 16초등A3
비구조화된 면담과 반구조화된 면담의 차이점을 1가지 쓰시오.

❸ 13추가유아A5
다음에서 설명한 면담의 유형을 쓰시오.

• 면담 시 질문할 항목과 질문의 순서를 미리 정해둔다.
• 필요한 정보를 제한된 시간에 수집할 수 있어 효율적이다.
• 면대면 면담 외에도 질문지나 평정 척도를 사용하여 정보를 획득할 수도 있다.
• 가족이 표현하고자 하는 문제가 가족의 필요, 우선순위 등을 간과할 우려가 있다.

PART

03

(3) 면접의 장단점

장점	단점
• 복잡한 문제에 대해 면접자와 피면접자의 직접적인 대화와 접촉을 통해 다양하고 심층적인 정보를 수집할 수 있다. • 평가 대상의 연령이 어릴 경우에 적합한 자료 수집 방법이다. • 면접 과정에서 질의응답이나 보충설명을 통해 피면접자에게 질문의 의미를 충분하게 이해시킬 수 있으므로 정확한 정보를 수집할 수 있다. • 경제적인 문제나 성 문제 등과 같이 개인적으로 민감한 문제에 대한 정보를 수집하고자 할 경우 적합한 방법이다.	• 면접 과정에 시간과 노력이 많이 소요된다. 그러므로 피면접자의 수가 많거나 시간이 제한되어 있을 때는 적용하기 곤란하다. • 면접자의 태도와 행동이 피면접자에게 영향을 미치기 때문에 반응이 왜곡될 가능성이 있다. • 일반적으로 면접 결과의 신뢰도와 객관도가 낮고, 통계적인 분석에도 제약이 있다.

(4) 면접의 타당도와 신뢰도

① 면접의 타당도

   ⊙ 면접과 관련하여 중요한 타당도는 예언타당도와 공인타당도다.

   • '예언타당도'란 면접에서 수집된 정보가 중재결과를 예측하는 정도를 의미한다.
   • '공인타당도'란 면접에서 수집된 정보가 다른 방법들을 통해 수집된 정보와 일치하는 정도를 말한다.

   ⓒ 예언타당도와 공인타당도는 준거 관련 타당도로 준거와의 관련 정도를 의미하는데, 면접의 경우 비교를 위한 어떤 최상의 준거나 궁극적인 준거가 없다는 것이 타당도 추정에 어려움을 준다. 즉, 임상가의 판단, 아동의 보고, 부모의 보고, 교사의 보고 중 어느 것을 준거로 해야 하는지에 대한 기준이 분명하지 않다.

② 면접의 신뢰도

검사–재검사 신뢰도	1명의 면접자가 동일한 피면접자를 두 번에 걸쳐 면접했을 때 수집된 정보 간의 일관성 정도
내적 일관성 신뢰도	한 번의 면접에서 피면접자가 제공하는 정보 간의 일관성 정도
면접자 간 신뢰도	동일한 피면접자를 다른 두 명의 면접자가 면접했을 때 수집된 정보 간의 일관성 정도
피면접자 간 일치도	• 두 명의 피면접자를 면접했을 때 수집되는 정보 간의 일치 정도 • 면접과 관련된 신뢰도에 피면접자 간 일치도가 포함되는 이유는, 다른 사정방법과 달리 면접에서는 아동 자신뿐만 아니라 아동과 관련된 사람들(예 부모, 교사, 형제, 또래 등)을 대상으로 아동에 대한 정보를 수집하게 되기 때문임

4. 교육과정중심사정(CBA)

교육과정중심사정이란 아동에게 가르치는 교육과정과 관련하여 아동의 수행에 대한 자료를 직접 수집하는 방법이다. 특히, CBA는 개별 아동의 강점과 제한점을 파악하는 데 적합하므로 장단기 교수목표를 판별하고 개별화교육계획을 작성하는 데 활용할 수 있다. CBA에는 대표적으로 CR-CBA, CBM이 있다.

(1) 준거참조-교육과정 중심사정(CR-CBA)

① 개념

　　㉠ CR-CBA는 학습수행으로부터 추출된 목표에 대한 아동의 숙달 정도를 측정하는 데 초점을 둔다.

　　㉡ CR-CBA는 준거참조검사, 특히 교사제작 준거참조검사에 대한 대안적인 방법이다.

　　㉢ CR-CBA와 준거참조검사는 다음과 같은 차이가 있다.

준거참조검사	CR-CBA
• 사전에 설정된 숙달 수준인 준거와 아동의 수행을 비교 • 사전에 설정된 기술을 아동이 습득했는지를 결정하는 목적	• 아동에게 가르치는 교육과정과 아동의 수행을 비교 • 아동에게 가르친 교육과정을 아동이 어느 정도 습득했는지를 결정하는 목적

② 단계　❶ 11초등5

측정할 기술 확인하기	학생에게 가르치는 교육과정을 분석하고 그 교육과정에 포함되어 있는 기술영역을 파악한다.
목표 설정하기	앞 단계에서 파악된 기술 영역들을 목표(하위기술)별로 나눈다.
문항 제작하기	목표에 맞춰 검사지를 제작한다.
수행기준 결정하기	각 목표에서 숙달에 도달하기 위한 기준을 설정한다.
검사 실시 및 자료 해석하기	검사를 실시하고 결과를 분석한다.

③ 타당도와 신뢰도

　CR-CBA는 타당도와 신뢰도를 확보하지 못할 수도 있다. 그러나 CR-CBA가 반드시 갖추어야 할 요건으로 내용타당도가 있으며, 내용타당도를 갖추기 위해 아동에게 가르치는 교육과정에 근거하여 작성된 충분한 수의 문항들로 구성할 것을 제시하고 있다.

기출 POINT 5

❶ 11초등5
㉠~㉤에 대한 바른 설명은?
■ 평가 계획

㉢ 교육과정 분석 → 측정할 기술 확인 → 목표 설정 → 문항 제작 → 은지의 수행 기준 결정 → 검사 실시 및 자료 해석

③ ㉢의 평가 유형은 준거참조-교육과정중심사정(CR-CBA)이다.

(2) 교육과정중심측정(CBM) ^② 11중등31

① 개념

    ⊙ CBM은 규준참조검사의 대안적인 방법으로, 규준참조검사와 마찬가지로 표준화 되어 있으며 공식적 사정에 속한다.

    ⓒ 읽기, 철자법, 쓰기, 셈하기 등의 단기유창성을 표준화된 방식으로 측정한다.

읽기	1분 동안 아동에게 기초독본을 소리 내어 읽게 한 후, 정확하게 읽은 단어의 수를 센다.
철자법	2분 동안 특정 간격(5초, 7초 또는 10초)으로 단어를 읽어주면서 아동에게 받아쓰게 한 후, 정확한 문자순서의 수와 정확하게 쓴 단어의 수를 센다.
쓰기 ① 22중등A6	어떤 이야기의 시작 부분을 아동에게 읽어준 후, 아동에게 3분 동안 이야기를 쓰게 한다. 그리고 아동이 쓴 단어의 수, 정확하게 쓴 단어의 수, 그리고 /또는 정확한 문자순서의 수를 센다.
셈하기	2~5분 동안 아동에게 계산문제에 대한 답을 쓰게 한 후, 정확하게 쓴 숫자를 센다.

- 철자법과 쓰기에서 정확한 문자순서란 특정 단어 내 문자들의 정확한 순서를 말한다. 정확한 문자순서에 대한 점수는 두 문자씩 묶어서 바른 순서로 쓰인 경우마다 1점씩 부여하고, 첫 문자와 마지막 문자가 정확한 경우 각각 1점씩 부여함으로써 산출한다. 예를 들어, 정확하게 milk라는 단어의 경우 정확한 문자순서의 점수는 mi(1점), il(1점), lk(1점), m(1점), k(1점)를 합한 총 5점이 된다.
- 읽기, 철자법, 쓰기에서는 각각 1분, 2분, 3분으로 명확한 실시시간이 명시되어 있다. 그러나 셈하기에서는 실시시간이 2~5분으로 명시되어 있는데, 이는 셈하기에서는 아동의 학년에 따라 실시시간이 달라질 수 있기 때문이다.
- 셈하기에서 정확하게 쓴 숫자에 대한 점수를 산출하는 예는, 정답이 3356인 문제에서 아동이 3456으로 답을 쓴 경우 네 개의 숫자 중 세 개의 숫자가 정확히 쓰였으므로 3점을 부여하며, 이러한 점수들의 합이 셈하기의 총점이 된다.

    ⓒ CBM과 규준참조검사는 다음과 같은 차이가 있다.

규준참조검사	CBM
보통 국가단위규준을 사용한다.	지역단위규준을 사용한다.
단기간 내에 재실시될 수 없다.	자주 실시할 수 있다.
형성평가를 위해 사용될 수 없다.	형성평가에 유용하다.
비용이 많이 든다.	비용이 적게 든다.
교수내용과 교수방법에 대한 정보를 거의 제공하지 못한다.	교수내용에 대한 정보는 물론, 반복적인 측정을 통해 교수방법에 대한 정보도 제공한다.

기출 POINT 6

❶ 22중등A6

밑줄 친 @의 쓰기 유창성 값을 음절 단위로 산출하여 쓰시오.

> 일주일에 3일을 실 수 있다면 월오 일에 시면 좋겠다. @ 왜냐하면 토 오일, 일오일을 시고 오면 피곤하 다. 그래서 월오일에 시는 것이 좋 을 것 같고, 화오일도 피곤하겠지만 화오일은 체육이 있어서 시는 것보다 학교에 오고 싶은 것 같다.

❷ 11중등31

김 교사는 학습장애가 의심되는 학생 A를 대상으로 계산 유창성 훈련을 실시하고 그 결과를 교육과정중심측정(CBM) 방식으로 평가하고 있다. 학생 A에게 실시하는 CBM 방식에 대한 설명으로 적절한 것만을 모두 고르시오.

> ⊙ CBM 방식은 계산 유창성 문제의 원인을 밝히는 데 유용하다.
> ⓒ CBM 방식은 준거참조검사의 대안적인 방법으로 비형식적인 사정에 속한다.
> ⓒ CBM 결과는 교수법을 변경하거나 수정하기 위한 자료로 활용될 수 있다.
> ⓔ CBM 결과로 계산 유창성의 수준뿐만 아니라 효율적인 계산 전략의 적용 여부를 파악할 수 있다.
> ⓜ CBM 결과로 계산 유창성의 진전 여부를 확인할 수 있지만, 또래의 성취 수준과 비교는 할 수 없다.
> ⓱ CBM 방식에서 계산 유창성 점수는 일정 시간 동안 계산 문제의 답을 쓰게 한 후 정확하게 쓴 숫자를 세어 산출할 수 있다.

② 단계 ❹ 13초등A4

단계	내용
측정할 기술 확인하기	읽기, 철자법, 쓰기, 셈하기 등의 기초학습기술 중 측정할 기술을 결정한다.
검사지 제작하기	• 측정할 기술과 관련된 향후 1년간의 교육과정을 대표할 수 있는 검사지를 제작한다. • 이때 검사지는 CBM 기간에 실시할 검사의 횟수와 동일한 숫자의 동형검사를 제작한다. ❷ 21중등B5 • '동형검사'란 다른 문항으로 구성되어 있지만 문항들의 내용과 형태, 문항 수, 문항 난이도가 동일한 검사를 말한다. 두 검사는 다른 문항으로 구성되어 있지만 궁극적으로 문항의 난이도가 동일하면서 동일한 능력을 측정하고 있다고 가정할 수 있어야 한다(여승수 외). ❶ 25중등A6
검사의 실시 횟수 결정하기	• 1년간 해당 기술영역에서의 아동의 진전을 점검하게 되는데, 일반적으로 주 2회 검사 실시를 권장한다. White(1972)에 따르면 신뢰할 만한 수행경향을 추정하기 위해서는 최소한 7회의 수행점수가 필요하다. 따라서 주 2회 검사를 실시했을 경우 약 한 달 동안 최소한 7회의 수행점수를 얻을 수 있으므로, 적어도 한 달에 한 번 아동의 수행 경향을 점검하고 필요한 경우 교수방법을 조절할 수 있다. • 검사의 실시 횟수를 결정할 때 주당 검사 횟수와 함께 기초선 점수를 결정하기 위한 검사의 횟수도 결정해야 한다. 기초선 점수를 결정하기 위해서는 3회에 걸친 검사점수가 필요하다. • 따라서 CBM에서 실시할 검사의 총 횟수는 CBM이 진행될 주일 수에 2를 곱한 후 3일을 더한 수가 된다. 예를 들어, 32주일 동안 CBM이 진행될 경우 총 검사 횟수는 67회(32 × 2 + 3)이다.
기초선 점수 결정하기	• 기초선 점수란 아동의 진전을 측정할 때 근거가 되는 시작 점수이다. • 기초선 점수를 결정하기 위한 3회의 검사점수 중 중앙값이 기초선 점수가 된다. ❸ 17초등A1 • '중앙값'이란 자료를 크기 순서대로 배열했을 때 중앙에 위치하게 되는 값이다.
목적 설정하기	• CBM이 끝날 때, 즉 해당 학년이 끝날 때 기대되는 점수인 목적을 설정한다. • 목적은 해당 학년의 규준을 사용할 수 있으나, 이는 아동의 기초선 점수가 반영되지 못하는 단점이 있다. 이를 보완하기 위해 CBM 관련 문헌에 포함된 기초학습기술의 주 단위 기대성장률을 활용할 수 있다.
표적선 설정하기	표적선은 아동의 진전을 점검하는 근거가 되는 선으로, 기초선 점수와 목적으로 설정된 점수를 연결하여 그린다.
자료 수집하기	• 주 2회 검사를 실시하여 결과를 그래프에 표시한다. • 만약 검사점수가 표적선에 미치지 못하는 경향을 보이면 교수방법을 수정하고, 교수방법이 바뀐 시점을 세로선으로 표시한다.
자료 해석하기	CBM 실시기간이 종료되면 그래프를 근거로 아동의 진전에 대해 해석한다.

기출 POINT 7

❶ 25중등A6
① [A]에 해당하는 형성 평가 방법의 명칭을 쓰고, ② 밑줄 친 ㉠을 할 때 유의점을 1가지 서술하시오.

〈형성 평가 시 고려 사항〉
• 반복적인 측정을 통해 수행 능력의 변화 정도를 객관적인 수치로 파악할 것
• 학생 B의 교육적 요구에 따라 한 가지 이상의 기술을 측정할 것
• ㉠ 반복 측정을 위한 검사의 실시 횟수에 따라 검사지를 제작할 것
• 학생 B의 진전도 측정 시 근거가 되는 시작 점수를 결정할 것 [A]
• 해당 학년이 끝날 때 기대되는 점수를 설정할 것
• 시작 점수와 기대 점수를 연결하는 표적선을 설정할 것
• 형성 평가 결과에 근거하여 학생 B의 진전도에 대해 해석할 것

❷ 21중등B5
(나)의 괄호 안의 ㉢에 해당하는 용어를 쓸 것

(나) CBM 절차의 일부

순서	내용	유의점
1	측정할 기술 확인	검사지 제작 시 문항의 내용, 유형, 문항 난이도를 유사하게 (㉢) 검사를 제작함
2	검사지 제작	
3	검사 실시 횟수 결정	
4	기초선 점수 결정	
5	목표선 설정	

(하략)

❸ 17초등A1
ⓜ에 들어갈 점수를 쓰고, ⓗ의 이유 1가지를 쓰시오.

지도교사: 교육과정중심측정(CBM)을 활용한 검사예요. 이 검사에서는 3회에 걸쳐 실시한 읽기검사 원점수의 중앙치로 기초선을 설정하는데 은미의 경우 (ⓜ)이 되겠지요. 기초선 설정 후 목표수준을 정하고 ⓗ 읽기 중재를 하면서 매주 2회 정도 읽기 검사를 해요.

• 은미의 '기초학습기능 수행평가체제(BASA): 읽기 검사' 결과 요약

읽기 검사 1회	원점수: 63
읽기 검사 2회	원점수: 68
읽기 검사 3회	원점수: 66

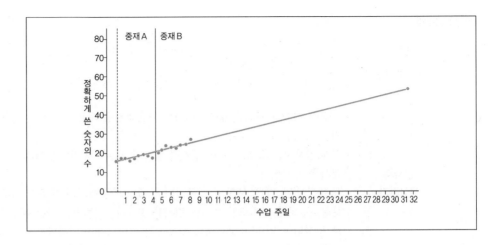

❹ 13초등A4

'반복읽기 전략의 실시 및 평가 절차' ①∼⑤를 순서대로 나열하시오.

■ 반복읽기 전략의 실시 및 평가 절차

① 반복읽기 전략을 주 2회 10분씩 실시한다.
② 매주 1회 1분간 CBM 구두 읽기검사를 실시한다.
③ 또래의 성장 속도를 고려하여 소영이의 목표선을 설정한다.
④ 소영이의 점수가 3주 연속으로 목표선의 점수보다 낮을 경우 전략을 교체한다.
⑤ 반복읽기 전략을 적용하기 전에 소영이에게 실시한 3회의 CBM 구두 읽기검사 점수의 중앙치를 찾는다.

기출 POINT 8

❶ 25초등B2
밑줄 친 ⓔ과 같이 교사가 판단한 이유를 [B]에 근거하여 쓰시오.

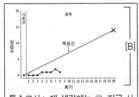

특수교사: 제 생각에는 ⓔ 지금 사용하시는 교수 방법을 수정할 필요가 있습니다.

❷ 24초등A4
[C]에 근거하여 6주차 평가가 종료된 시점에서 교사가 해야 할 교육적 의사결정의 내용을 1가지 쓰시오.

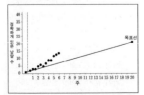

③ CBM 결과의 활용은 다음과 같다.

㉠ 읽기장애 아동의 성장 속도가 목표선 기울기보다 낮게 나타나거나 목표선 아래로 검사 점수가 3번 이상 연속하여 위치할 때에는, 현재 적용되고 있는 교수전략에 대한 재검토가 이루어진다. **❸ 13초등A4**

㉡ 아동의 성장 속도가 목표선 기울기보다 높게 나타나거나 검사점수가 계속 목표선 위에 위치할 때에는, 목표선의 수준이나 기울기를 상향 조정함으로써 더 높은 교육결과를 의도하도록 요구한다. **❷ 24초등A4**

㉢ 아동의 읽기 성장 속도가 목표선에 한참 미달할 때에는, 교사의 목표가 애초에 너무 높았을 수 있으므로 학습자의 현재 수준을 조사하여 목표를 재조정한다. 만약 목표 자체에 무리가 없었다면 교수방법에 문제가 있는지 조사하여 조속히 현재의 교수방법을 변경한다. **❶ 25초등B2**

기출 POINT 8

❸ 13초등A4

김 교사는 (나)에 나타난 5주차까지의 중재 결과를 바탕으로 반복읽기 전략을 교체하지 않고 수정하기로 결정하였다. 김 교사가 반복읽기 전략을 교체하지 않은 이유와 이 전략의 효과를 높이기 위하여 취할 수 있는 수정 방법 1가지를 쓰시오.

(나) 소영이의 사례

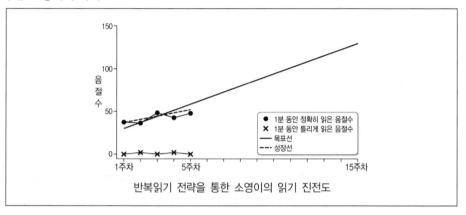

반복읽기 전략을 통한 소영이의 읽기 진전도

④ 타당도와 신뢰도 : CBM은 타당도와 신뢰도를 갖추고 있는데, 이는 CBM이 표준화된 측정 절차를 따르기 때문이다.

(3) CR-CBA와 CBM의 비교

CR-CBA	CBM
준거참조검사의 대안적 방법	규준참조검사의 대안적 방법
비표준화된 방법	표준화된 방법
비공식적 방법	공식적 방법
타당도 및 신뢰도 입증이 어려움	타당도 및 신뢰도 입증 가능
프로그램 계획, 형성평가, 총괄평가에서 사용	특수교육평가의 모든 단계에서 사용
단기목표에 초점	장기목표에 초점
다양한 영역(기초학습기술, 과학, 수학 등)에서 사용	기초학습기술(읽기, 철자법, 쓰기, 셈하기)에 주로 사용
학령기 아동뿐 아니라 학령기 전 아동에게도 유용	학령기 아동에게 유용하나, 학령기 전 아동에게는 제한이 따름

02 대안적 사정

1. 역동적 평가(dynamic assessment)

(1) 역동적 평가의 개념

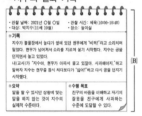
① Vygotsky의 근접발달영역 개념에서 영향을 받은 역동적 평가는 평가자가 학습자와의 역동적 상호작용을 통해 학습자의 잠재적 발달 수준에 대한 양적 정보와 심리 과정에 대한 질적 정보를 획득하는 평가 방안이다. ❶ 22초등A2

② 역동적 평가는 정적 평가와는 달리 자극이나 촉진을 통한 아동의 수행 수준을 평가하는 데 초점을 둔다. ❷ 19중등A3

③ 역동적 평가는 아동의 학습과 수행 수준을 높이기 위해 어떤 인지 과정을 가르쳐야 하는지, 어떤 환경적 조건이 필요한지 등에 대한 구체적인 정보를 주기 때문에 특수 아동을 위한 개별화교육 프로그램을 개발하고 실행하는 데 직접적인 도움을 줄 수 있다. ❷ 19중등A3

④ 이 평가 방법은 검사 과정 내에 교수를 포함하는 것으로, 학습 활동을 관찰하고 학습자가 학습해나가는데 어떤 장애 요인이 있는지를 진단하는 과정 지향적인 수행평가이다. 즉, 검사 과정 중 훈련 단계에서 검사자는 특별한 교육적 중재를 하고 그 중재에 대한 반응을 통해 아동의 잠재 능력에 관한 정보를 얻는다.

⑤ 무엇보다 역동적 평가는 아동이 할 수 있는 것에 초점을 두면서 각 아동의 독특한 학습 스타일에 맞춰 평가가 이루어진다. 또한 중재를 통해 장애 학생들에게 자신감과 성취감을 고양시켜주어 동기부여의 역할을 한다.

(2) 역동적 평가의 특징

① 역동적 평가는 교육목표의 달성도뿐만 아니라 향상도를 평가하기 위한 것이다.

② 역동적 평가는 학습의 결과뿐만 아니라 학습의 과정도 평가한다. ❷ 19중등A3

③ 역동적 평가는 준거지향평가 방식에 따르되, 지속적이면서도 종합적인 평가를 중시한다.

④ 역동적 평가는 개별 학생의 교수학습 활동을 개선하고 교육적인 지도·조언을 제공하는 것을 중시한다.

(3) 정적 평가와 역동적 평가의 차이점

구분	정적 평가	역동적 평가
평가의 초점	• 정적 평가는 학생이 이미 가지고 있는 지식이나 기능을 활용한 결과로서 산출물을 강조함 • '결과' 평가에 중점	• 역동적 평가는 학습 및 변화라는 심리적 과정의 정량화를 강조함 • '과정' 평가에 중점
피드백의 활용	수행의 질에 관한 피드백을 제공하지 않음	평가자는 학생이 주어진 문제를 해결하기 위해 어떤 피드백을 얼마나 활용하는지를 확인하여 학습능력을 평가함
평가자와 학생의 관계	평가자는 중립적인 입장에서 가능한 한 학생에게 관여하지 않음	평가자와 학생 간의 양방향적·상호 작용적 관계가 요구됨

2. 수행사정(performance assessment)

(I) 수행사정의 개념

① 수행사정은 과제를 수행하는 과정이나 결과를 통하여 아동의 지식, 태도, 또는 기능에 대한 자료를 수집하는 방법이다. 즉, 수행사정에서는 아동 스스로가 자신의 지식, 태도, 또는 기능을 나타내기 위해 행동으로 보이거나 산출물을 만들거나 답안을 작성하는 수행이 요구된다.

② 수행사정에서 '수행'이란 단순히 신체를 움직이는 것만을 의미하는 것이 아니라 자신의 지식, 태도, 기능을 드러내기 위한 말하기, 듣기, 읽기, 쓰기, 그리기, 만들기 등을 포함하는 인간의 모든 활동을 의미한다.

③ 수행사정은 특수교육평가 단계 중 교육 프로그램 계획, 형성평가, 총괄평가에서 유익한 정보를 제공할 수 있다.

(2) 수행사정의 장단점 ❷ 09초등32

장점	단점
• 전통적인 지필검사로는 평가할 수 없는 복잡한 학습결과나 기술을 평가할 수 있다. • 논리적·구두적·신체적 기술에 대한 좀 더 자연스럽고 직접적이며 완전한 평가를 제공한다. • 목적을 명료화하고 학습을 좀 더 의미 있게 함으로써 아동들에게 동기를 부여한다. ❶ 25중등B3 • 실제 상황에 대한 학습의 응용을 조장한다.	• 상당한 시간과 노력을 요구한다. • 판단과 채점이 주관적이며 전형적으로 낮은 신뢰도를 보인다. • 집단적으로 실시되기보다 종종 개별적으로 실시되어야 한다.

기출 POINT 10

❶ 25중등B3

[T]에 활용한 평가 방법을 쓰시오.

• 대안적 평가 방법을 사용
• 조리 실습 과정에 초점을 두어 평가
• 조리 단계별로 작성된 채점 [T] 기준표에 '체크' 표시
• 활동 목적을 명료화하여 학생에게 동기 부여

❷ 09초등32

특수학교 기본교육과정 과학과 '건강한 생활' 수업에서 실시한 평가 결과이다. 이에 근거하여 바르게 설명한 것은?

평가 결과지

이름: 김 수 민
모둠: (수 름) 조

주제: 이를 건강하게 관리하기 위한 방법

1. 모둠활동 평가

평가요소	못함	보통	잘함
자기 의견을 분명히 말한다.	O		
조사활동에서 맡은 역할을 완수한다.		O	
모둠활동 시 친구들과 적절한 상호 작용을 한다.			O

2. 종합평가
• 수민이는 이가 썩으면 발생되는 결과에 대하여 정확히 알고 있었음.
• 이를 건강하게 할 수 있는 방법 2가지(식후 이 닦기, 사탕 적게 먹기)를 조사했으나 발표 시 내용을 분명하게 전달하지 못하였음.
• 개인 위생계획표 점검결과, 식후 이 닦기 내용만 기록되어 있었음.

① 결과중심의 평가를 실시하였다.
② 평가의 일차적 목적은 진단과 배치이었다.
③ 평가과정에서 교사의 주관적인 판단이 배제되었다.
④ 학생의 수행 과정과 결과에 초점을 두어 평가하였다.
⑤ 평가의 일차적 목적이 학생의 상대적 위치를 파악하는 데 있었다.

(3) 수행평가의 준비(단계)

① 수행성과를 구체화한다.
② 사정의 초점을 선택한다.
③ 적정 수준의 현실성을 선택한다.
④ 수행상황을 선택한다.
⑤ 채점방법을 선택한다.

① 수행성과 구체화하기

일반적으로 행위동사나 그 유사어들을 사용하여 수행성과를 기술한 뒤, 그 수행의 결정적인 요인들을 찾아내어 수행성과를 구체화한다.

■ **수행성과**: 적절한 기술을 사용해 발표한다.
- 자연스러운 자세로 선다.
- 좋은 눈맞춤을 유지한다.
- 적절한 표정을 사용한다.
- 몸짓을 효과적으로 사용한다.
- 적절한 음량으로 명료하게 말한다.
- 적절한 속도로 말한다.
- 조직화된 방식으로 내용을 제시한다.
- 적절한 어법을 사용한다.
- 청중의 관심을 유지한다.

■ **수행성과**: 고장난 전동기를 수리한다.
- 고장난 특징을 파악한다.
- 고장을 유발한 시스템을 파악한다.
- 실시할 검사를 선택한다.
- 적합한 순서로 검사를 실시한다.
- 고장난 부분을 찾아낸다.
- 고장난 부분을 교체하거나 수리한다.
- 고장난 부분을 제거하고 대체한다.
- 적절한 연장을 정확한 방법으로 사용한다.
- 수리과정에서 안전경고를 따른다.

② 사정의 초점 선택하기

수행사정에서는 수행의 과정 혹은 결과에 초점을 두거나 또는 과정과 결과 모두에 초점을 둘 수 있다. 그러나 많은 경우 과정과 결과 모두가 수행의 중요한 측면이 될 수 있는데, 예를 들어 텔레비전의 고장난 곳을 찾아 고치는 기술은 적절하게 수리된 텔레비전을 내놓는 것뿐만 아니라 시행착오 없이 체계적인 과정을 따르는 것도 포함한다.

ⓐ 결과에 초점을 두는 경우
- 결과가 명확하게 확인되고 판단 가능한 특성을 가지고 있을 경우
- 다양한 과정이 동질의 결과를 산출할 수 있을 경우
- 과정단계가 숙달되었을 경우

ⓑ 과정에 초점을 두는 경우
- 결과가 존재하지 않을 경우
- 과정이 순서적이고 직접 관찰 가능한 경우
- 과정단계의 분석이 결과 향상에 도움이 되는 경우

③ 적정 수준의 현실성 선택하기

수행사정을 준비할 때 가능한 한 실제 상황에 근접한 상황을 고려하게 되는데, 이때 사정상황에 어느 수준까지의 현실성을 반영할 것인가를 선택해야 한다. 즉, 실제 상황에 가까울수록 더 좋겠지만 실제성의 정도를 결정해야 한다.

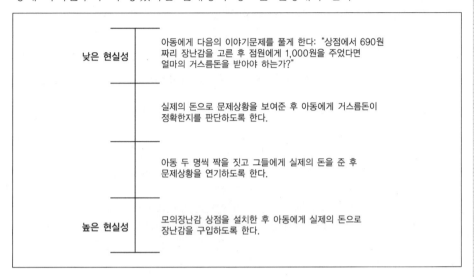

④ 수행상황 선택하기

실시상황에 따라 지필수행, 확인검사, 구조화 수행검사, 모의수행, 작업표본 등을 선택한다.

지필수행	• 지필수행은 모의상황에서의 지식과 기술의 적용을 더 강조한다는 점에서 전통적인 지필검사와 구별된다. • 지필수행은 바람직한 최종 학습성과로 귀착되거나(예 그래프 작성, 시 짓기, 수필 쓰기 등) 또는 현실성의 정도를 높인 수행으로 가는 중간 단계의 역할(예 현미경을 사용하기에 앞서 현미경의 구조와 사용방법에 대한 시험을 치거나 운전면허 실기시험에 앞서 운전면허 필기시험을 치는 것)을 할 수 있다.
확인검사	확인검사는 다양한 정도의 현실성을 보이는 상황에서 실시될 수 있다. 예 아동에게 어떤 연장의 명칭과 그 기능을 지적하도록 할 수도 있고, 고장난 기계의 작동소리를 들려주고 고장의 원인을 지적하도록 할 수도 있다.
구조화 수행검사	구조화 수행검사는 조건이 통제된 상황에서 실시된다. 즉, 수행상황이 구조화되어 있어서 모든 아동들이 거의 동일한 조건에서 과제를 수행하게 된다.
모의수행	모의수행은 전체 또는 부분적으로 실제 상황에서의 수행에 필적하려는 시도로 실시된다. 예 모의재판, 모의인터뷰 등
작업표본	• 작업표본은 측정하고자 하는 전체 수행을 대표할 수 있는 실제의 과제를 수행하도록 요구한다. • 표본과제는 전형적으로 전체 수행의 가장 필수적인 요소들을 포함하며, 통제된 조건하에서 수행된다. 예 자동차 운전기술을 측정할 때 정규운전에서 발생할 수 있는 가장 일반적인 문제상황을 포함하는 표준코스를 운행하도록 요구된다.

Keyword

채점기준표(rubric)
• 채점기준표란 수행사정과 포트폴리오사정에서 채점할 때 활용하는 것으로서, 준거항목과 더불어 성취기준과 수준의 관련성을 도표화한 것이 주로 활용됨(한국교육평가학회, 2004.)
• 세 가지 채점방법에서 작성되는 채점지침 모두를 채점기준표로 간주함(이승희, 2024.)

⑤ **채점방법 선택하기** ❶ 23초등A2

수행평가와 포트폴리오 평가에서 사용하는 채점 방법으로는 검목표방법, 평정척도방법, 총체적 채점방법의 세 가지 유형이 있다.

㉠ **검목표방법**
• 검목표(checklist)를 활용하여 채점기준표*를 만들어 채점하는 방법이다.
• 수행사정에서는 검목표를 과정이나 결과의 측정 가능한 측면들, 즉 준거항목들로 구성하게 되는데, 체계적인 단계를 거치는 과정에 초점을 둘 경우 준거항목들도 그 단계의 순서에 맞추어 배열하여야 관찰과 기록이 용이하다.

> ■ **기록지시**: 수행이 나타난 단계의 앞줄에 ✓로 표시하시오.
> ____ ① 구(球)의 반대쪽 끝부분을 잡고 체온계를 케이스에서 꺼낸다.
> ____ ② 위생수건으로 구의 반대쪽에서부터 아랫방향으로 체온계를 닦는다.
> ____ ③ 구의 반대쪽을 잡고 35℃ 이하로 떨어질 때까지 체온계를 아래로 흔든다.
> ____ ④ 체온계의 구쪽 끝부분을 환자의 혀 밑에 넣는다.
> ____ ⑤ 환자에게 체온계를 물지 않도록 주의하면서 입술을 다물라고 말한다.
> ____ ⑥ 체온계를 환자의 입속에 3분간 넣어둔다.
> ____ ⑦ 구의 반대쪽 끝부분을 잡고 환자의 입속에서 체온계를 꺼낸다.
> ____ ⑧ 0.5℃ 단위까지 체온을 읽는다.
> ____ ⑨ 환자의 차트에 체온을 기록한다.
> ____ ⑩ 체온계를 깨끗하게 한 후 케이스에 넣는다.
>
> [출처] 이승희, 『특수교육평가』 4판(2024.)

㉡ **평정척도방법**
• 평정척도방법이란 평정척도(rating scale)를 활용하여 채점기준표를 만들어 채점하는 방법이다.
• 평정척도방법은 검목표방법과 유사하게 수행의 과정이나 결과를 판단하는 방법이지만, 단순히 행동이나 특성의 유무를 판단하는 대신 행동이나 특성의 정도를 판단한다는 점에서 검목표와 구별된다.
• 평정척도방법은 '분석적 채점방법'이라고도 한다.
　- 분석적 채점방법이란 수행의 과정이나 결과를 채점할 때 구성요소, 즉 준거항목들을 선정하여 준거항목별로 채점을 한 뒤 이 점수들을 총합하여 점수를 산출하는 방법을 말한다.
　- 분석적 채점방법의 장점은 수행의 과정이나 결과를 구성요소별로 채점하기 때문에 아동들의 강점과 약점을 파악할 수 있다는 것이다. 이는 수행의 문제점을 파악하여 교육프로그램에 반영할 수 있다는 점에서 특수아동들에게 특히 유용할 수 있다.
　- 분석적 채점방법의 단점은 구성요소별로 채점해야 하기 때문에 준비와 실시에서 많은 시간과 노력이 필요하다는 것이다.

■ **기록지시**: 아래의 구분을 적용해 적절한 숫자에 ○을 하여 각 항목을 평정하시오.

    5 - 아주 잘함
    4 - 잘함
    3 - 보통
    2 - 못함
    1 - 아주 못함

A. 과정 평정척도

다음의 각 항목에서 아동의 수행은 얼마나 능률적이었는가?

5 4 3 2 1 ① 프로젝트에 대한 상세한 계획을 세운다.
5 4 3 2 1 ② 필요한 재료의 양을 결정한다.
5 4 3 2 1 ③ 적절한 도구들을 선택한다.
5 4 3 2 1 ④ 각 작업에서 정확한 절차를 따른다.
5 4 3 2 1 ⑤ 도구들을 적절하게 기술적으로 사용한다.
5 4 3 2 1 ⑥ 불필요한 낭비 없이 재료를 사용한다.
5 4 3 2 1 ⑦ 적절한 시간 내에 작업을 마친다.

[출처] 이승희, 『특수교육평가』 4판(2024.)

ⓒ **총체적 채점방법**

- 총체적 채점방법은 수행의 과정이나 결과를 채점할 때 개별적인 요소를 고려하기보다는 전체적으로 판단하여 단일점수를 부여하는 방법이다.
- 총체적 채점방법은 준비와 실시에서 시간과 노력을 절약할 수 있다. 그러나 전반적인 인상에 의한 단일점수를 부여하기 때문에 일관성이 낮아질 수 있고, 아동의 강점과 약점에 대한 구체적인 정보를 제공하지 못한다는 단점도 있다.
- 총체적 채점방법은 결과보다는 과정을 채점할 때 좀 더 사용하기 어려운 경향이 있다.
- 수행사정이나 포트폴리오사정에서 아동의 수행을 총체적 채점방법으로 채점할 때 각 수준별로 표본(sample)을 제공함으로써 채점의 일관성을 높일 수도 있는데, 이와 같은 수준별 표본을 '벤치마크'라고 한다.
    - 벤치마크란 사정척도의 각 수준을 예증하는 실례(example)다. 특히, 채점할 때 수행결과가 수필이나 보고서 등과 같은 작문일 경우에는 벤치마크를 '모범답안' 또는 '가교답안'이라고 부르기도 한다.
    - 벤치마크는 아동들로 하여금 교사가 그들의 수행이나 작품을 어떻게 채점하는지를 이해하게 하는 데에도 도움이 될 수 있다.
    - 그러나 벤치마크를 아동들과 공유할 때 벤치마크를 따라 해야 한다는 생각으로 아동의 수행이나 작품의 개별성을 잃어버리는 일이 없도록 주의를 기울여야 한다.

▶ 수행사정에서 사용되는 총체적 채점지의 예(작문)

4 __ • 시종일관 흥미로움
      • 흐름이 유연하고 전환도 매끄러움
      • 주제에 맞추어 조직화가 잘 됨
      • 작문기법과 문장 구성이 우수함

3 __ • 대체로 흥미로움
      • 흐름은 유연하나 전환이 다소 매끄럽지 못함
      • 조직화는 되었으나 다소 약함
      • 기법상 사소한 오류들이 있음

2 __ • 초점을 벗어나 흥미를 떨어뜨림
      • 전환이 매끄럽지 못해 흐름이 단절됨
      • 조직화가 약하고 주제를 벗어남
      • 기법상 심각한 오류들이 다소 있음

1 __ • 초점이 전혀 없음
      • 장황하고 산만함
      • 조직화가 되지 않음
      • 기법상 오류가 많고 문장 구성이 빈약함

[출처] 이승희, 『특수교육평가』 4판(2024.)

Keyword

- **제작의 용이성**: 성공적이거나 비성공적인 특성 또는 요소들을 선정하여 기술하는 데 걸리는 시간과 관련됨
- **채점의 효율성**: 수행의 다양한 요소들을 채점한 후 총합하여 단일한 종합점수를 산출하는 데 걸리는 시간과 관련됨
- **신뢰도**: 두 채점자가 독립적으로 채점한 점수가 얼마나 유사한가를 말함
- **방어성**: 점수에 대해 이의를 제기하는 아동이나 부모에게 해명할 수 있는 용이성과 관련됨
- **피드백의 질**: 수행의 강점과 약점에 관심이 있는 학습자나 부모에게 줄 수 있는 정보의 양과 관련됨

더알아보기 **수행사정에서 사용되는 세 가지 채점 방법의 비교**

채점 방법	제작의 용이성	채점의 효율성	신뢰도	방어성	피드백의 질
검목표방법	낮음	보통	높음	높음	높음
평정척도방법	보통	보통	보통	보통	보통
총체적 채점방법	높음	높음	낮음	낮음	낮음

※ 세 가지 채점 방법을 결합하여 사용할 때 주의해야 할 사항은 다른 방법의 채점에 앞서 총체적 채점이 먼저 실시되어야 한다는 것인데, 그 이유는 특정 요소가 수행에 대한 전반적인 인상을 왜곡할 수 있기 때문이다.

기출 POINT 11

① 23초등A2

(다), (라)와 같이 채점 문항을 구성한 이유를 ㉠과 연관시켜 쓰고, (다)와 (라)의 수행 채점 방법의 명칭을 각각 쓰고, (라)의 ㉡에 알맞은 문항 예시를 작성하시오.

(나) 수행사정 절차

단계	수행사정 절차 내용
1단계	수행성과 구체화하기
2단계	㉠ 수행사정의 초점 선택하기
3단계	적정 수준의 현실성 선택하기
4단계	수행 상황 선택하기
5단계	채점 방법 선택하기

(다) 은주의 수행 채점기준표

> ※ 해당 점수에 ○표 하시오.
>
> 3 __ • 교사가 보여 주는 모양과 같은 드라이버를 매우 잘 꺼냄
> • 교사가 나사못에 드라이버를 맞추어 주면 매우 잘 돌림
> • 건전지 교체를 매우 잘함
> • 공구함 정리와 끝마무리가 전반적으로 매우 깔끔함
>
> 2 __ • 교사가 보여 주는 모양과 같은 드라이버를 대체로 잘 꺼냄
> • 교사가 나사못에 드라이버를 맞추어 주면 대체로 잘 돌림
> • 건전지를 대체로 잘 교체함
> • 공구함 정리와 끝마무리가 대체로 깔끔함
>
> 1 __ • 교사가 보여 주는 모양과 같은 드라이버를 잘 꺼내지 못함
> • 교사가 나사못에 드라이버를 맞추어 주어도 잘 돌리지 못함
> • 건전지를 잘 교체하지 못함
> • 공구함 정리와 끝마무리가 거의 깔끔하지 못함

(라) 현우의 수행 채점표

※ 다음과 같이 1~3점으로 판단하여 해당 숫자에 ○표 하시오.

	문항	못함	보통	잘함
1	사운드 북의 나사못 형태($+/-$)에 맞는 드라이버를 공구함에서 찾아 꺼낸다.	1	2	③
2	사운드 북의 나사못에 드라이버를 수직으로 맞추고 드라이버를 왼쪽(시계 반대 방향)으로 돌려 나사못을 푼다.	1	②	3
3	사운드 북의 뚜껑을 열어 건전지를 꺼낸다.	1	②	3
4	새 건전지의 $+/-$를 확인하고 건전지를 교체한다.	1	2	③
5	사운드 북의 뚜껑을 덮고 나사못을 구멍에 맞춘다.	1	②	3
6	㉡	1	②	3
7	사운드 북 뚜껑에 나사못이 정확히 끼워져 있다.	1	②	3
8	공구함 정리와 끝마무리가 깔끔하다.	1	②	3
요약: $[(2 \times 6) + (3 \times 2) \div 8 = 2.25]$				

(4) 수행사정의 타당도와 신뢰도

① 수행사정의 타당도

㉠ 내용타당도 : 측정하고자 하는 영역을 과제와 채점준거(채점기준표의 항목)가 대표하고 있는 정도를 말한다. 즉, 수행사정의 과제가 특정 능력이나 지식을 입증할 수 있도록 개발되었는지, 그리고 채점기준표가 그 과제가 요구하는 바를 반영하도록 개발되었는지를 관련 전문가의 논리적 사고와 분석을 통하여 판단한다.

㉡ 준거 관련 타당도 : 검사결과가 준거가 되는 다른 검사결과와 일치하는 정도를 의미한다. 그러나 수행사정을 실시했을 때 준거로 삼을 만한 자료가 불확실한 것이 현재의 실정이다.

② 수행사정의 신뢰도

㉠ 검목표방법이 사용되었을 경우에는 검목표기록의 관찰자 간 신뢰도 추정방법을, 평정척도방법이 사용되었을 경우에는 척도기록의 관찰자 간 신뢰도 추정방법을, 총체적 채점방법이 사용되었을 경우에는 사건기록이나 산물기록의 관찰자 간 신뢰도 추정방법을 통하여 신뢰도를 검증할 수 있다.

㉡ 수행사정의 채점은 관찰과 판단에 의존하기 때문에, 전형적으로 신뢰도가 낮게 추정되는 경향이 있다. 따라서 수행사정에서는 채점자의 훈련과 명료한 채점기준표의 제작이 반드시 필요하다.

3. 포트폴리오(portfolio) 평가

(1) 포트폴리오 평가의 개념

① '포트폴리오'*는 한 영역 또는 그 이상의 영역에서 학생의 능력, 진보, 성취를 나타내주는 의미 있는 학생 작품 모음집이다. ❷ 14유아A2, ❸ 13추가유아B6

② 포트폴리오는 단순한 누적 기록과는 구분되며 모음집에 들어갈 내용 선택에 있어 학생의 참여, 선택을 위한 기준, 장점을 판단하기 위한 기준, 학생의 자기반성의 증거를 포함해야 한다. 11중등12

③ 포트폴리오 평가의 목적은 단순히 학생 활동 결과의 수집이 아니라 학생의 결과물을 교사와 학생이 함께 순차적으로 평가하고 비교하여 수행능력을 향상시키는 것이다.

❶ 24유아B5

🔒 **Keyword**

포트폴리오는 원래 서류철 또는 서류가방이라는 뜻인데, 포트폴리오사정이란 명칭은 아동이 수행한 일련의 과제 중에서 대표적인 몇 가지를 선정하여 구성된 작업집이나 작품집이 하나의 서류철이나 서류가방의 형식을 취하기 때문에 붙여진 이름이다.

기출 POINT 12

❷ 14유아A2
다음은 수행평가 방법의 하나이다. 해당하는 평가 방법을 쓰시오.

유아특수교사는 하루 일과 내 계획된 활동이 끝나면 활동에서 산출된 모든 작업샘플들(사진, 일과기록 등)을 분석한 후 나리의 발달영역과 IEP 목적 및 목표에 따라 분류하여 각각의 서류 파일 안에 넣어 저장하였다. 수집한 자료는 정기적인 회의에서 유아의 진도를 점검하는 자료로 사용하였다.

❸ 13추가유아B6
정미의 발달적 변화를 평가하기 위해서 사용한 다음 방법이 무엇인지 쓰시오.

부모의 도움을 받아 가정 내에서 정미의 행동을 비디오로 녹화한다. 녹화 내용 중 정미의 의미 있는 의사소통 행동이 나타난 것을 시간의 순서에 따라 폴더에 저장한다. 관찰 내용을 간단히 기록하고, 마지막으로 요약 보고서를 작성한다.

기출 POINT **12**

❶ 24유아B5

개별화교육계획 목표와 연계하여 실시한 ⓒ의 평가 목적을 쓰시오.

〈개별화교육계획 목표〉
• 소근육 운동 목표: 도형 2개 이상을 결합하여 다양한 형태를 그릴 수 있다.

〈혜진이의 발달 상황〉
ⓒ 5월에 혜진이는 동그라미, 세모, 네모, 십자형 등 단순한 도형을 주로 그렸으나 6월 현재 도형 2개 이상이 합쳐진 그림을 그려 목표를 성취함

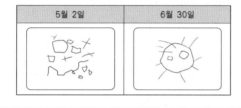

5월 2일	6월 30일

---

(2) **포트폴리오 평가의 특징**

① 포트폴리오는 한 번의 검사 상황보다는 오히려 학생의 행동을 계속해서 수집하는 표본을 포함한다.

② 포트폴리오 평가는 다양한 절차와 자극·반응조건하에서 생성된 자료를 적용한다.
❶ 09유아36

③ 포트폴리오 평가는 자연적 또는 실제적 맥락에서 정기적으로 수행되는 과제를 표집하려는 경향이 있다.

④ 포트폴리오 평가는 전형적으로 적어도 두 가지 유형의 자료, 즉 학생의 실제 작품으로 구성되는 원자료와 교사가 편집하는 요약된 자료 형태를 포함한다. [11중등12]

⑤ 통합을 위한 자료 선택의 과정에는 일반적으로 적어도 학생 일부의 참여가 있어야 한다.

⑥ 포트폴리오 평가에서 채점은 수행평가와 마찬가지로 검목표방법, 평정척도방법, 총체적 채점방법 등이 사용된다. [11중등12]

(3) **포트폴리오 평가와 수행평가의 비교**

① 포트폴리오 평가는 한 학기나 한 해 등 장기간의 시간을 필요로 한다.

② 포트폴리오 평가는 교사와 아동 간의 포트폴리오 협의가 요구된다.

③ 포트폴리오 평가에는 아동의 자기성찰이 중요한 요소이다.

기출 POINT **13**

❶ 09유아36
포트폴리오 평가에 대한 바른 설명을 모두 고르시오.

ㄱ. 풍부한 자료 수집이 가능하므로 신뢰도와 타당도 확보가 용이하다.
ㄴ. 활동 사진, 비디오 테이프, 활동 결과물과 같은 다양한 자료를 활용할 수 있다.
ㄷ. 활동 내용, 개별화교육계획의 목표, 활동 주제에 따라 다양하게 조직될 수 있다.
ㄹ. 발달지체 유아의 발달적 변화를 파악하기에 적합한 방법이다.
ㅁ. 유아의 수행에 기초한 평가의 한 형태이며, 유아의 강점과 약점을 파악하는 데 필요한 근거를 제공한다.

(4) 포트폴리오 평가의 장단점 ❶ 09유아36

장점	단점
• 시간의 경과에 따른 학습의 진전을 명확히 보여줄 수 있음 • 아동의 최상의 작업이나 작품에 초점을 둠으로써 학습에 긍정적인 영향을 줌 • 다른 아동들의 작업이나 작품과 비교하기보다는 아동 자신의 과거 작업이나 작품과 비교하여 동기를 더 부여함 • 아동으로 하여금 스스로 최상의 작업이나 작품을 선정하게 하여 자기성찰 기술을 높임 • 학습의 진전에 대한 아동, 부모, 다른 사람들과의 원활한 의사소통이 가능함 • 교수−학습−평가 과정에 있어서 교사와 아동 간의 협력을 강화함 • 아동 진전의 다양한 측면을 측정함	• 포트폴리오를 유지하고 사용하는 데 많은 시간이 소요됨 • 주관적인 판단과 채점이 사용되므로 신뢰도 확보에 어려움이 있음 • 정기적으로 교사와 아동 간의 포트폴리오 협의를 실시하는 데 어려움이 따를 수 있음

> **더알아보기 특수교육 측면에서 포트폴리오 사정이 긍정적인 이유**
>
> • 포트폴리오 내용은 융통성이 있으므로 학습문제를 가지고 있는 아동들에게 유익할 수 있다. 이는 융통성이 아동들에게 다양한 창의적 방법으로 학업성취를 나타낼 수 있는 기회를 제공하기 때문이다. 또한 융통성은 검사나 전통적인 학습과제에서 낮은 수행을 보이는 아동들에게 특히 도움이 될 수 있다.
>   예 검사를 실시하는 대신 그림, 오디오테이프, 비디오테이프, 행동도표 등을 통해 아동의 학습상 진전을 확인할 수 있다.
> • 포트폴리오는 학습활동을 개별화하는 데 도움이 되므로 교사는 아동의 개별적인 요구에 맞추어 과제를 부여할 수 있다.
> • 포트폴리오는 본인의 관심영역에 노력을 집중하게 함으로써 아동들의 동기를 높인다.
> • 포트폴리오는 아동에게 새로운 기술로 옮겨가기 전에 특정 기술에 능숙해지는 데 필요한 시간과 연습을 허용함으로써 학습숙달을 촉진한다. 따라서 포트폴리오는 교사들로 하여금 아동들이 자신의 성취수준에서 시작하고 외부적으로 부과된 속도보다는 자신의 속도로 진전하도록 학습환경을 조정할 수 있게 한다.
> • 읽기나 쓰기에서 심각한 결함을 가진 아동들을 위해서 포트폴리오는 읽기 및 쓰기 기술을 익히고 새로운 기술을 배우는 데 필요한 자신감을 발달시키는 이상적인 방법을 제공한다.

(5) 포트폴리오 평가의 준비

> ① 포트폴리오의 구조 결정하기
> ② 포트폴리오의 유형 결정하기
> ③ 품목의 선정과정 결정하기
> ④ 포트폴리오의 채점방법 결정하기
> ⑤ 포트폴리오 평가 결과의 활용방법 결정하기

① 포트폴리오의 구조 결정하기

포트폴리오 평가를 실시하기 위해서는 포트폴리오의 물리적 구조와 개념적 구조에 대한 구상이 필요하다.

ㄱ 물리적 구조 : 포트폴리오에 포함된 품목들의 실제적 배열을 말한다. 예를 들어 포트폴리오는 교과목, 날짜, 작업 양식에 따라 구조화될 수 있다.

ㄴ 개념적 구조 : 아동의 학습목적과 그 목적을 잘 반영하는 품목을 말한다. 예를 들어, 아동의 작문기술을 향상시키는 것이 학습목적이라면 일기, 편지, 수필, 독후감, 보고서 등은 아동의 학습목적을 반영하는 품목들이다.

② 포트폴리오의 유형 결정하기

포트폴리오는 목적에 따라 아동의 학습과정을 보여주기 위한 과정 포트폴리오와, 아동의 최상의 작업이나 작품을 보여주기 위한 결과 포트폴리오의 두 가지 유형으로 분류된다.

ㄱ 과정 포트폴리오 : 아동의 학습과정을 보여주기 위해 사용되며, 교수 프로그램의 실시 과정에서 사용된다.

ㄴ 결과 포트폴리오 : 아동의 최상의 작업이나 작품의 표본을 보여주기 위해 아동의 작업이나 작품을 선택하여 조직화한 것으로, 교수 프로그램이 끝나는 시점에 사용된다.

③ 품목의 선정과정 결정하기

ㄱ 포트폴리오는 아동의 성취를 평가하기 위하여 수집된 아동의 작업집이나 작품집이지만, 아동의 모든 작업이나 작품이 포트폴리오에 포함되는 것은 아니다. 따라서 설정된 학습목적과 관련하여 포트폴리오에 포함될 작업이나 작품의 선정과정을 결정해야 한다.

ㄴ 예를 들어, 작문 기술을 향상시키는 것을 학습목적으로 하여 일기 · 편지 · 수필 · 독후감 · 보고서 등이 품목으로 설정된 경우, 한 학기 또는 한 학년 동안 2주마다 교사와 아동 간 포트폴리오 협의를 통하여 한 품목을 선정하고, 아동으로 하여금 그 품목에 대하여 자기성찰을 하여 첨부한다.

> ▶ 포트폴리오 사정에서 사용되는 자기성찰지의 예(작문)
> - 날짜 :
> - 아동 성명 :
> - 선정 품목 :
>   - 이 작문을 선정한 이유는 무엇인가?
>   - 이 작문의 좋은 점은 무엇인가?
>   - 이 작문을 수정한다면 어떤 점을 고칠 것인가?
>   - 이 과제의 쉬웠던 점은 무엇인가?
>   - 이 과제의 어려웠던 점은 무엇인가?

④ 포트폴리오의 채점방법 결정하기

㉠ 수행평가와 마찬가지로 포트폴리오 평가에서도 채점방법으로 검목표방법, 평정척도방법, 총체적 채점방법의 세 가지 유형이 주로 사용된다.

㉡ 그러나 포트폴리오 사정에서는 교사와 아동 간의 포트폴리오 협의를 통하여 선정된 품목을 채점하는 것 외에, 한 학기 또는 한 학년이 끝날 때 포트폴리오의 구조와 아동의 수행진전에 대해 채점하는 것도 필요하다.

포트폴리오 구조 채점	• 포트폴리오 구조의 측정 가능한 측면들을 준거항목으로 하여 검목표를 작성할 수 있다. • 이와 같은 검목표는 포트폴리오를 구상하거나 포트폴리오의 결점을 발견하는 데 필요한 지침이 되기도 한다. 🚩 **포트폴리오의 구조를 채점하기 위한 검목표의 예** ■ **기록지시**: 포트폴리오가 만족시키는 항목의 앞줄에 ✓로 표시하시오 _____ 포트폴리오의 목적이 명확하게 진술되었는가? _____ 포트폴리오가 조직화되고 유용한 방식으로 품목들을 제시하고 있는가? _____ 포트폴리오가 다양한 학습유형에 대한 증거를 제공하고 있는가? _____ 포트폴리오가 타당한 판단을 내리는 데 충분한 품목을 포함하고 있는가? _____ 포트폴리오가 아동의 참여를 위한 지침을 제공하고 있는가? _____ 포트폴리오가 각 품목에 대한 아동의 자기성찰지를 포함하고 있는가? _____ 포트폴리오가 수업과 사정의 상호작용을 보여주고 있는가? _____ 포트폴리오가 성공적인 수행에 대해 명료하게 진술된 준거들에 근거한 채점을 포함하고 있는가? _____ 포트폴리오를 통해 학습진전과 현재의 학습수준에 대한 결정을 내리는 것이 가능한가?

	교사와 아동 간의 포트폴리오 협의를 통해 일정 기간마다 선정되는 품목을 채점하기 위해서 평정척도방법이나 총체적 채점방법을 사용할 수 있다.
포트폴리오의 선정품목 채점	⚑ **포트폴리오의 선정품목을 채점하기 위한 평정척도의 예(작문)** ▪ 기록지시 : 아래의 구분을 적용해 적절한 숫자에 ○를 하여 각 항목을 평정하시오. 4 – 뛰어남 / 3 – 잘함 / 2 – 보통 / 1 – 못함 4 3 2 1 – 목적 및 주제의 명료성 4 3 2 1 – 내용의 조직성 4 3 2 1 – 단어선택의 적절성 4 3 2 1 – 문장구성의 적절성 4 3 2 1 – 철자의 정확성 4 3 2 1 – 문법의 정확성 4 3 2 1 – 독창성
아동의 수행진전 채점	• 한 학기 또는 한 학년이 끝날 때, 그동안 선정되어 채점된 품목들을 근거로 아동의 수행이 어떻게 진전되었는지를 알기 위한 채점이 필요하다. • 일정 기간마다 교사와 아동 간의 포트폴리오 협의를 통하여 한 품목을 선정하여 채점하고, 아동으로 하여금 그 품목에 대한 자기성찰지를 작성하게 한 것과 마찬가지로, 한 학기 또는 한 학년이 끝날 때 실시되는 아동의 수행진전에 대한 채점 역시 교사와 아동 간 포트폴리오 협의를 통하여 이루어지므로 아동의 참여를 요구하게 된다.

아동	교사
▪ 기록지시 : 자신의 수행진전의 정도와 관련하여 적절한 숫자에 ○를 하시오. 4 – 탁월한 진전 3 – 우수한 진전 2 – 만족스러운 진전 1 – 불만족스러운 진전 ▪ 의견 :	▪ 기록지시 : 자신의 수행진전의 정도와 관련하여 적절한 숫자에 ○를 하시오. 4 – 탁월한 진전 3 – 우수한 진전 2 – 만족스러운 진전 1 – 불만족스러운 진전 ▪ 의견 :

⑤ 포트폴리오 평가 결과의 활용방법 결정하기

포트폴리오 평가 결과의 활용방법을 구체화한다.

기출 POINT 14

❷ 09유아36
포트폴리오 평가에 대한 바른 설명을
모두 고르시오.

㉠ 풍부한 자료 수집이 가능하므로
신뢰도와 타당도 확보가 용이하다.

(6) 포트폴리오 평가의 타당도와 신뢰도 ❷ 09유아36

① 하나의 특정 과제를 중심으로 아동의 성취를 평가하는 수행사정과 달리, 포트폴리오 평가에서는 한 학년 또는 한 학기 동안 수집된 아동의 작업집이나 작품집인 포트폴리오를 통해 아동의 성취를 평가한다. 따라서 포트폴리오는 평가의 목적에 부적절할 수 있는 과제를 포함해서는 안 되며, 평가의 목적과 관련된 중요한 과제를 충분히 포함하고 있어야 한다. 이를 각각 '적절성'과 '대표성'이라고 한다.

  ㉠ 적절성(relevance) : 포트폴리오를 구성할 때 측정하고자 하는 바를 벗어나는 능력이나 특성을 요구해서는 안 된다. 예를 들어, 문제해결력을 반영하기 위해 고안된 중학교 과학 포트폴리오는 중학생의 이해력을 초과하는 과학 정기 간행물을 읽도록 요구해서는 안 된다.

  ㉡ 대표성(representativeness) : 대표성을 보장하는 가장 중요한 방법은 측정하고자 하는 능력이나 특성을 명확히 제시하고, 이러한 능력이나 특성을 반영하는 다양한 결과물을 요구하는 것이다.

② 포트폴리오 평가는 한 학기 또는 한 학년 동안 교사와 아동 간의 정기적인 포트폴리오 협의를 통해 진행되므로 교사와 아동이 친숙해질 수 있다. 이에 따라 교사가 포트폴리오를 채점할 때 객관성이 결여될 수 있으며, 어떤 상황에서는 지나치게 비판적이 될 수 있다. 이러한 점을 고려하여 관찰자 간 신뢰도를 추정할 때 아동과 전혀 접촉을 한 적이 없는 사람과 교사 간의 신뢰도, 즉 외부 채점자와 내부 채점자 간의 신뢰도를 산출해볼 것이 제안된다. ❶ 11중등12

기출 POINT 14

❶ 11중등12
다음은 특수교사 연구회 모임에서 포트폴리오 사정에 대해 나눈 대화이다. ㉠~㉤에서 옳은 것만을 모두 고른 것은?

> 김 교사 : 저는 학생들이 작성한 쓰기 표본, 녹음 자료, 조사 보고서 등을 수집해서 실시하는 포트폴리오 사정을 하려고 해요.
> 박 교사 : 저도 ㉠ 우리 반 학생들은 장애 정도가 다양하고, 오랫동안 외국에서 생활하고 온 학생도 있어서 포트폴리오 사정이 효과적이라고 생각해서 사용하고 있어요.
> 이 교사 : 그런데 ㉡ 포트폴리오에는 학생의 과제수행 표본뿐만 아니라 교사가 요약한 자료도 포함된다고 하는데 시간이 많이 걸리지 않나요?
> 정 교사 : 그럴 수도 있어요. 그래서 저는 ㉢ 체크리스트와 평정척도를 포트폴리오 사정에 활용해서 시간을 효율적으로 쓰고 있어요.
> 양 교사 : 맞아요. ㉣ 수행사건에는 필수적으로 포함되어 있는 자기평가가 포트폴리오 사정에는 제외되어 있어서 시간이 절약되더라고요.
> 최 교사 : 그런데 이 평가 방법은 타당도에 문제가 있을 수 있잖아요. ㉤ 타당도를 높이기 위해서는 두 명 이상이 채점한 결과를 비교하는 것이 필요하다고 생각해요.

4. 루브릭(rubrics)

① '루브릭'은 과제 수행에 대한 기대 사항을 일목요연하게 보여주는 평가 준거를 말한다. 따라서 루브릭을 이용한 평가는 학생이 완성한 결과물의 질적인 수행 수준을 판단하기 위해 채점기준표를 마련하여 평가하는 방식이다.

② 루브릭에 기본적으로 포함되어야 할 요소는 다음과 같다.

    ㉠ 과제나 학습활동과 관련된 중요한 영역이나 특성

    ㉡ 각 영역을 평정하는 수치나 척도 예 리커트 척도

    ㉢ 각 척도에 대한 구체적인 자료

③ 루브릭을 이용한 평가는 교사의 학생 평가에 사용됨과 동시에, 학생의 학습 목표나 과제의 기대 수준을 제시해주는 지침으로도 사용될 수 있다. ❶ 17초등B4

기출 POINT 15

❶ 17초등B4
㉡을 했을 때 학생 측면에서의 이점 1가지를 쓰시오.

㉢ 채점기준표(루브릭) 안내하기

영역	매우 못함	못함	잘함	아주 잘함
	1	2	3	4
글의 형식	글의 구성 요소들을 전혀 갖추고 있지 않다.	글의 구성 요소들을 거의 갖추고 있지 않다.	글의 구성 요소들을 잘 갖추고 있다.	글의 구성 요소들을 매우 잘 갖추고 있다.
	★☆☆☆	★★☆☆	★★★☆	★★★★
글의 조직	문장 및 단락 간의 연결이 전혀 자연스럽지 않다.	문장 및 단락 간의 연결이 별로 자연스럽지 않다.	문장 및 단락 간의 연결이 대체로 잘 되어 있다.	문장 및 단락 간의 연결이 매우 잘 되어 있다.
	★☆☆☆	★★☆☆	★★★☆	★★★★
어휘 선택	낱말들이 글의 내용과 전혀 어울리지 않으며, 사용한 낱말의 수가 매우 적다.	낱말들이 글의 내용과 별로 어울리지 않으며, 사용한 낱말의 수가 적은 편이다.	낱말들이 글의 내용과 대체로 어울리며, 사용한 낱말의 수가 적당하다.	낱말들이 글의 내용과 매우 잘 어울리며, 사용한 낱말의 수가 매우 적당하였다.
	★☆☆☆	★★☆☆	★★★☆	★★★★
글의 표현	맞춤법, 문장부호 (?, !, .), 띄어쓰기를 전혀 지키지 않았다.	맞춤법, 문장부호 (?, !, .), 띄어쓰기를 별로 지키지 않았다.	맞춤법, 문장부호 (?, !, .), 띄어쓰기를 대체로 잘 지켰다.	맞춤법, 문장부호 (?, !, .), 띄어쓰기를 매우 잘 지켰다.
	★☆☆☆	★★☆☆	★★★☆	★★★★
글의 주제	글의 주제와 목적이 전혀 분명하지 않다.	글의 주제와 목적이 거의 드러나 있지 않다.	글의 주제와 목적이 대체로 잘 드러나 있다.	글의 주제와 목적이 매우 잘 드러나 있다.
	★☆☆☆	★★☆☆	★★★☆	★★★★

[출처] 한국학습장애학회, 『학습장애 총론』(2014.)

더 알아보기 **루브릭**(rubrics)

- '루브릭'이란 학생들의 과제 수행 과정 및 결과를 분석할 수 있도록 안내해주고, 작품의 질을 판단하기 위해 학생들이 이해하기 쉬운 언어로 준거와 수행 수준을 제시한 준거 척도이다.
- '학습자 중심 루브릭'이란 수행평가가 실시되기 전에 학생들이 자신의 수행평가 과정 및 결과에 이용할 루브릭의 평가 준거와 그 수행 수준에 대해 교사와의 협의 과정을 거쳐 개발한 루브릭이다. 루브릭은 다양성과 창의성을 조장하기 위한 새로운 교육방법의 출현과 함께 교육평가도 변화가 필요하다는 인식에서 출발하여 수행평가와 함께 강조되어 왔다. 수행평가에 있어서 루브릭은 학생들의 과제 수행 과정이나 결과를 분석할 수 있도록 준거와 수행 수준을 제시한 준거 척도이다. 이는 교수−학습 과정과 평가를 통합시켜 주고, 학생들의 교수−학습 전 과정을 안내해주며, 교사와 학생 간 의사소통의 통로로 역할을 한다.
- 학생들이 직접 루브릭을 개발하는 과정에 참여하여 학생들의 말로 평가의 기준을 만든다면, 수행해야 할 과제를 보다 잘 이해하고 자신의 수준을 보다 명확하게 인지할 수 있다. 또한 스스로 학습에 대한 책임감을 가지고 학업성취도를 향상시킬 수 있다.

[출처] 김동일 외, 『특수교육학 개론』(2010.)

5. 능력참조평가와 성장참조평가

(1) 능력참조평가(ability−referenced evaluation)

① 능력참조평가는 아동의 잠재능력에 비추어서 아동의 수행결과에 대한 가치판단을 하는 평가다.

② 예를 들어, 잠재능력이 각각 90점과 80점인 아동 A와 아동 B의 수행결과가 둘다 95점일 때, 잠재능력과 수행결과의 차이가 아동 A는 5점이고 아동 B는 15점이므로 아동 B가 아동 A보다 긍정적인 평가를 받는다.

③ 즉, 동일한 수행결과를 보이더라도 잠재능력이 더 낮은 아동이 더 높은 평가를 받게 된다.

④ 능력참조평가는 아동 개개인의 수준을 고려해 이루어지는 능력발휘 정도에 대한 개별화된 평가이므로, 교수·학습 과정에서 유용하게 활용될 수 있다는 장점이 있다.

⑤ 그러나 아동 개개인의 잠재능력을 정확하게 추정하기 어려울 뿐만 아니라 그 잠재능력 또한 변할 수 있다는 단점도 있다.

(2) 성장참조평가(growth−referenced evaluation)

① 성장참조평가는 아동의 이전 수행에 비추어서 수행결과에 대한 가치판단을 하는 평가다.

② 예를 들어, 이전 수행이 각각 90점과 80점인 아동 A와 아동 B의 수행결과가 둘 다 95점일 때, 이전 수행과 수행결과의 차이가 아동 A는 5점이고 아동 B는 15점이므로 아동 B가 아동 A보다 긍정적인 평가를 받는다.

③ 즉, 동일한 수행결과를 보이더라도 이전 수행결과가 더 낮았던 아동이 더 높은 평가를 받게 된다.

④ 성장참조평가는 개개인의 수준을 고려해 이루어지는 성장(변화) 정도에 대한 개별화된 평가이므로, 교수·학습과정에서 유용하게 활용될 수 있다는 장점이 있다.

⑤ 그러나 성장참조평가는 다음과 같은 단점도 있다.

    ㉠ 이전 수행의 측정치에 신뢰성이 있어야 한다.

    ㉡ 현재 수행결과의 측정치에 신뢰성이 있어야 한다.

    ㉢ 이전 수행의 측정치와 현재 수행결과의 측정치 간 상관이 낮아야 한다.

(3) 특수교육에서 능력참조평가와 성장참조평가의 활용

① 공통점

    ㉠ 아동의 수행결과를 비교하는 대상이 다른 아동들의 수행이나 일반적인 숙달수준과 같이 아동의 외부에 있는 것이 아니라, 아동 자신의 최대 가능한 수행이나 이전 수행처럼 아동의 내부에 있다.

    ㉡ 아동 개개인의 수준을 고려해 이루어지는 개별화된 평가다.

    ㉢ 아동의 능력 발휘 정도나 성장(변화) 정도에 대한 정보를 제공하기 때문에 교수·학습과정에서 유용하게 활용될 수 있다.

② 한계점

    ㉠ 일반교육에서는 능력참조평가처럼 능력발휘 정도에 근거하거나 성장참조평가처럼 성장(변화) 정도에 근거하여 성적을 줄 경우 성적의 공정성 문제가 제기될 가능성이 있다.

    ㉡ 따라서 능력참조평가와 성장참조평가는 형성평가와 같이 비교적 영향력이 작은 평가에 국한해서 사용할 것이 권장되거나, 영향력이 큰 총괄평가나 고부담 시험에는 적용하기 어려운 것으로 보고 있다.

③ 특수교육에서의 활용

    ㉠ 특수교육은 개별화된 교육을 전제로 하고 상대적 비교보다는 개개인의 수준을 고려한 개별화된 평가를 강조하기 때문에, 능력참조평가와 성장참조평가를 적극적으로 실시하는 것이 바람직할 수 있다.

    ㉡ 특히 능력참조평가의 경우 장애로 인해 자신의 잠재능력을 발휘하는 데 제한을 받는 장애아동의 학습동기를 유발하거나, 잠재능력이 낮더라도 그 능력에 비하여 많은 노력을 발휘한 점을 고려하여 보다 높은 평가를 함으로써 장애아동의 학습동기를 촉진할 수 있다.

    ㉢ 또한 성장참조평가의 경우, 포트폴리오 사정을 이용한다면 정기적으로 개별화 교육프로그램(IEP)을 점검할 때 아동의 성장(변화)에 대한 정보를 제공할 수 있다.

CHAPTER 03

검사도구의 이해

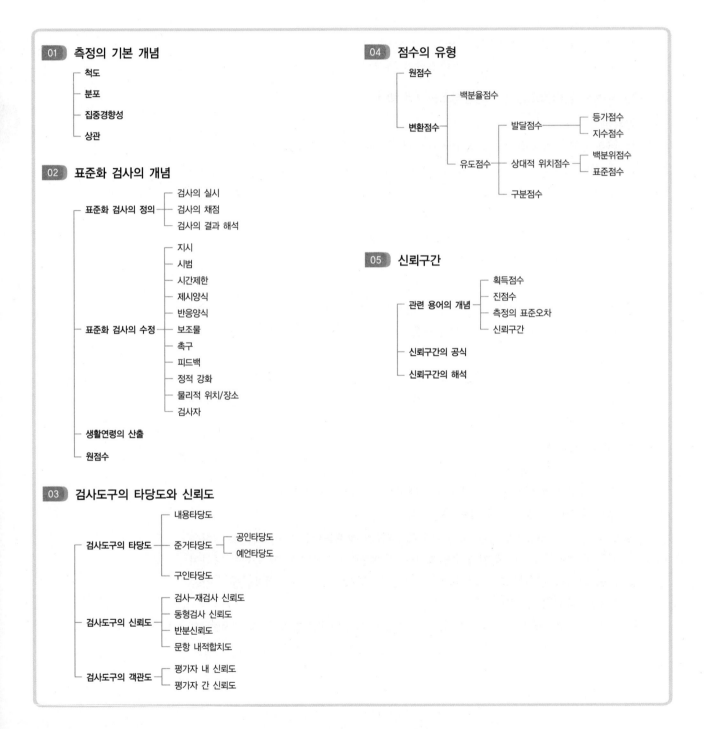

01 측정의 기본 개념
- 척도
- 분포
- 집중경향성
- 상관

02 표준화 검사의 개념
- 표준화 검사의 정의
  - 검사의 실시
  - 검사의 채점
  - 검사의 결과 해석
- 표준화 검사의 수정
  - 지시
  - 시범
  - 시간제한
  - 제시양식
  - 반응양식
  - 보조물
  - 촉구
  - 피드백
  - 정적 강화
  - 물리적 위치/장소
  - 검사자
- 생활연령의 산출
- 원점수

03 검사도구의 타당도와 신뢰도
- 검사도구의 타당도
  - 내용타당도
  - 준거타당도
    - 공인타당도
    - 예언타당도
  - 구인타당도
- 검사도구의 신뢰도
  - 검사-재검사 신뢰도
  - 동형검사 신뢰도
  - 반분신뢰도
  - 문항 내적합치도
- 검사도구의 객관도
  - 평가자 내 신뢰도
  - 평가자 간 신뢰도

04 점수의 유형
- 원점수
- 변환점수
  - 백분율점수
  - 유도점수
    - 발달점수
      - 등가점수
      - 지수점수
    - 상대적 위치점수
      - 백분위점수
      - 표준점수
    - 구분점수

05 신뢰구간
- 관련 용어의 개념
  - 획득점수
  - 진점수
  - 측정의 표준오차
  - 신뢰구간
- 신뢰구간의 공식
- 신뢰구간의 해석

01 측정의 기본 개념

1. 척도(scale)

① '척도'란 사물이나 사람의 특성을 수량화하기 위해 그 특성에 부여하는 체계적인 단위를 의미한다.

② 척도는 명명척도, 서열척도, 등간척도, 비율척도, 절대척도의 다섯 가지 유형으로 분류된다. 교육이나 심리측정에서 서열척도나 등간척도는 흔히 사용되나, 명명척도·비율척도·절대척도를 사용하는 경우는 거의 없다.

　㉠ 서열척도(ordinal scale) : 측정대상의 분류에 관한 정보를 주는 명명척도의 특성을 가지면서, 동시에 측정대상의 상대적 서열을 표시하기 위해 사용되는 척도다.
　　예 연령등가점수, 학년등가점수, 백분위점수

　㉡ 등간척도(interval scale) : 측정대상의 분류와 서열에 관한 정보를 주는 서열척도의 특성을 가지면서 동시에 동간성을 갖는 척도다. '동간성'이란 동일한 측정단위 간격에 동일한 수적 차이를 부여하는 속성을 말한다. 예 표준점수

2. 분포(distribution)

① 측정에 의해 특정 집단에 대한 점수가 수집되면, 점수의 분포를 그래프로 그려서 점수들 간의 관계를 시각적으로 살펴볼 수 있다.

② 특히 '정규분포(normal distribution)'란 대부분의 점수가 평균 구간에 모여 있으면서 평균 이상과 이하의 점수가 좌우대칭 모양을 갖춘 분포를 말한다. 정규분포와 달리 점수의 분포가 한쪽으로 치우친 경우도 있는데, 이를 '편포'라고 한다.

　㉠ 정적 편포 : 분포의 긴 꼬리 부분이 오른쪽, 즉 양의 부호쪽으로 길게 뻗어 있는 분포
　　예 수학시험이 아주 어렵게 출제되어 대부분의 학생이 낮은 점수를 받고 소수의 학생들만 높은 점수를 받았을 경우

　㉡ 부적 편포 : 분포의 긴 꼬리 부분이 왼쪽, 즉 음의 부호쪽으로 길게 뻗어 있는 분포
　　예 수학시험이 너무 쉽게 출제되어 대부분의 학생이 높은 점수를 받고 소수의 학생들만 낮은 점수를 받았을 경우

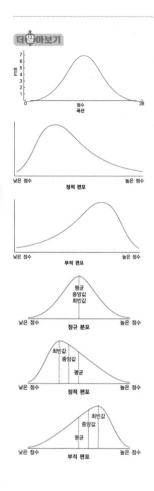

3. 집중경향성(central tendency)

① 한 집단으로부터 얻어진 자료는 어떤 특정 값을 중심으로 분포를 형성하는 경향, 즉 집중경향성을 보인다.

② 집중경향값의 종류로는 평균, 중앙값, 최빈값이 있다.

평균(mean)	전체 자료의 값을 모두 더한 다음 전체 자료의 사례 수로 나눈 값
중앙값(median)	자료를 크기 순서대로 배열했을 때 중앙에 위치하게 되는 값
최빈값(mode)	자료에서 가장 빈번히 관찰된 최대도수를 갖는 값

4. 상관(correlation)

① 상관이란 두 변인(예 무게, 길이, 성별, 지능 등과 같이 사물이나 사람을 구별 짓는 특성) 간의 관계를 말한다.

② 상관계수는 이러한 관계의 방향과 강도를 나타내는 통계적 수치로서, 그 범위는 −1.00에서 +1.00까지다. 상관계수에서 부호는 관계의 방향을 나타내고 숫자는 관계의 강도를 나타낸다.

㉠ 상관계수 0.00은 두 변인 간에 관계가 전혀 없음을 의미하고, −1.00과 +1.00은 두 변인 간에 완벽한 관계가 있음을 의미한다.

㉡ 부호는 상관의 유형과 관련되어 있는데, 상관의 유형에는 정적 상관, 부적 상관, 영 상관의 세 가지 유형이 있다.

정적 상관	한 변인의 점수가 높아지면 다른 변인의 점수도 높아지고, 한 변인의 점수가 낮아지면 다른 변인의 점수도 낮아지는 관계
부적 상관	한 변인의 점수가 높아지면 다른 변인의 점수는 낮아지고, 한 변인의 점수가 낮아지면 다른 변인의 점수는 높아지는 관계
영 상관	두 변인 사이에 아무런 관계가 없음(예 몸무게와 지능, 키와 학업성취 등)

③ 상관과 관련하여 반드시 기억해야 할 사항 중의 하나는, 상관이 없이는 인과관계가 이루어질 수 없지만, 단지 상관이 있다고 해서 인과관계가 이루어지는 것은 아니라는 것이다.

예 불안과 우울 간에 정적 상관이 있다고 해서 우울이 불안을 야기한다든지 또는 불안이 우울을 초래한다든지 등의 인과관계는 알 수 없다.

02 표준화 검사(standardization test)의 개념

1. 표준화 검사의 정의

① 표준화 검사는 누가 사용하더라도 검사의 실시, 채점, 결과 해석이 동일하도록 절차와 방법을 일정하게 만들어놓은 검사를 말한다.

검사의 실시	표준화된 조건하에서 검사가 실시될 수 있도록 검사 실시를 위한 지시, 검사 시간의 제한, 검사 실시 환경을 구조화하고 있다.
검사의 채점	채점상의 주관이나 편견을 배제하기 위해 채점 과정도 표준화하여 채점 절차를 엄격하게 규정하고 있고, 흔히 객관식 문항의 형식을 취한다.
검사의 결과 해석	결과 해석의 표준화를 위해서 해석 절차와 방법을 엄밀하게 규정하고 있으며, 해석의 의의와 균일성을 유지하기 위해 규준집단의 검사 결과를 제시한다. 보통 개인이 얻은 검사 점수는 규준집단과 비교하여 백분위나 T점수 등으로 나타내며, 이를 통해 규준집단에서 보았을 때의 상대적 위치를 파악할 수 있다. ❶ 13중등12

② 표준화 검사는 누가 사용하더라도 검사의 실시와 채점, 결과 해석이 동일하게 이루어져야 하기 때문에 표준화 검사의 제작 과정에서 신뢰도와 타당도를 확보하는 것이 매우 중요하다.

> **더알아보기 표준화 검사와 비표준화 검사**
>
> • **표준화 검사**
> 표준화검사에는 규준참조검사와 준거참조검사가 있다. 일반적으로 표준화 검사는 대부분 규준참조검사에 해당하지만, 표준화검사라고 해서 반드시 규준참조검사인 것은 아니다.
>
> • **비표준화 검사**
> 비표준화 검사는 표준화 검사에 비해 신뢰도와 타당도가 떨어지지만, 기존의 심리검사에서 다루어지지 못했던 측면들을 융통성 있게 고려할 수 있다. 상담에 쓰이는 많은 심리검사들은 검사 해석을 위한 대표적 규준집단이나 검사 채점의 신뢰도 등을 갖추고 있지 않은 경우가 많다. 이러한 비표준화 검사에는 투사적 기법, 행동 관찰, 질문지 등이 포함된다. 면접이나 투사적 기법, 행동 관찰 등의 경우 평가절차상의 신뢰도는 낮지만 검사 대상자의 일상생활, 주관적인 생각 등 표준화 검사를 통해 얻기 어려운 정보를 제공해준다.

2. 표준화 검사의 수정(modification)

① 피검자의 장애로 인하여 표준화 검사에서 자신의 능력을 드러내지 못했다면, 그 검사 결과는 타당성이 결여될 수밖에 없다. 따라서 학생이 가진 장애가 검사수행에 미치는 영향을 줄이기 위해 학생의 장애를 고려하여 검사과정을 수정하는 방법들이 제시되어 있다.

> **기출 POINT 1**
>
> ❶ 13중등12
> 장애학생의 진단·평가를 위해 활용하는 방법 및 특징에 대한 설명으로 옳은 것만을 〈보기〉에서 있는 대로 고르시오.
>
> ───〈보기〉───
> ㉠ '표준화 검사'의 장점 중 하나는 측정 영역에 대한 학생의 수준을 객관적으로 볼 수 있다는 점이다.

⚑ **표준화검사 수정방법의 예**

지시	피검자에게 지시를 할 때 좀 더 쉽게 바꾸어 말할 수 있다.
시범	검사자가 검사과제를 어떻게 수행하는지에 대한 시범을 보여줄 수 있다.
시간제한	과제완성을 위한 시간제한을 연장하거나 제거할 수 있다.
제시양식	과제의 제시양식을 변경할 수 있다. 예 피검자에게 문항을 읽도록 요구하기보다 검사자가 피검자에게 문항을 큰 소리로 읽어줄 수 있다.
반응양식	피검자에게 요구되는 반응양식을 변경할 수 있다. 예 답을 쓰는 대신 피검자가 구두로 대답하도록 할 수 있다.
보조물	피검자가 종이, 연필 또는 계산기 등의 보조물을 사용하도록 허용할 수 있다.
촉구	검사자가 피검자에게 촉구를 제공할 수 있다. 예 검사과제의 첫 단계를 검사자가 수행할 수 있다.
피드백	검사자가 피검자에게 피드백을 줄 수 있다. 이러한 피드백은 옳은 반응에 대한 확인뿐만 아니라 틀린 반응에 대한 정정도 포함한다.
정적 강화	옳은 반응이나 다른 적절한 행동에 대해 피검자에게 정적 강화를 제공할 수 있다.
물리적 위치/장소	검사가 실시되는 물리적 위치나 장소를 변경할 수 있다. 검사는 탁자가 아닌 바닥에서, 또는 검사실이 아닌 놀이방에서 실시될 수 있다.
검사자	검사자를 변경할 수 있다. 부모나 교사와 같이 피검자가 편안하게 느끼는 사람이 검사를 실시할 수 있다.

② 장애학생을 대상으로 한 표준화 검사 시 수정 지침은 다음과 같다.

　㉠ 수정을 사용하기 전에 일단 검사 설명서의 지침대로 검사를 완전히 실시한다.

　㉡ 수정을 사용하기 전에 검사 설명서에 수정 지침이 제시되어 있는지 살펴보아야 한다.

　㉢ 검사 설명서에 제시된 수정 지침의 범위를 넘어선 수정을 사용하고자 할 때에는 검사 결과 보고서에 수정 내용을 자세히 기술하여야 한다.

　㉣ 규준참조검사에서 검사 설명서의 범위를 넘어선 수정을 사용하였다면, 규준과 비교하여 검사 결과를 해석해서는 안 된다.

3. 생활연령의 산출

① 대부분의 표준화된 검사지에는 검사일을 기준으로 한 생활연령을 기입해야 한다.

② 생활연령은 출생 이후의 햇수와 달수를 하이픈(−)으로 구분하여 표현한다. 예를 들어, 생활연령 10-5는 10년 5개월을 의미하며, 10.5는 10세 6개월을 의미한다. 이때 하이픈을 소수점과 상호교환적으로 사용하지 않도록 주의해야 한다.

▨ 생활연령 산출의 예시

예시			설명
아동 A	검사일	2006년 11월 28일	일 → 월 → 년의 순으로 검사일에서 출생일을 뺀다. 그 결과, 일에 해당하는 숫자가 15일 이하일 경우 이는 무시하고 생활연령을 산출한다. 따라서 아동 A의 생활연령은 7-3으로 기록된다.
	출생일	1999년 08월 17일	
	생활연령	7년 03월 11일	
아동 B	검사일	2006년 10월 03일	출생일의 날짜가 검사일의 날짜보다 큰 수일 경우에는 한 달을 30일로 가정하고 내려서 계산한다. 그 결과, 일에 해당하는 숫자가 16일 이상일 경우 한 달을 더하여 생활연령을 산출한다. 따라서 아동 B의 생활연령은 8-7로 기록된다.
	출생일	1998년 03월 10일	
	생활연령	8년 06월 23일	
아동 C	검사일	2006년 9월 20일	출생일의 달이 검사일의 달보다 큰 수일 경우에는 1년을 12개월로 가정하고 내려서 계산한다. 따라서 아동 C의 생활연령은 8-11로 기록된다.
	출생일	1997년 10월 13일	
	생활연령	8년 11월 07일	

4. 원점수

① 원점수(raw score)란 '획득점수(obtained scores)'라고도 하는데, 보통 피검자가 옳은 반응을 보인 문항의 수로 정의된다.

② 표준화 검사에서 원점수를 구하는 방법은 다음과 같다.

> 원점수 = 기저점 이전의 문항 수 + 기저점과 최고한계점 사이의 정답 문항 수 15초등A3

ⓐ **시작점**: 검사를 시작하는 지점으로, '생활연령'을 기준으로 제시된다.

ⓑ **기저점**: 그 이하의 모든 문항들에서 피검자가 정반응을 할 것이라고 가정되는 지점을 말한다. 즉, 제시되는 수만큼 연속된 문항에서 정반응을 보이는 지점이다.

ⓒ **최고한계점**: 그 이상의 모든 문항들에서 피검자가 오반응을 할 것이라고 가정되는 지점을 말한다. 즉, 제시된 수만큼 연속된 문항에서 오반응을 보이는 지점이다.

③ 원점수는 검사 대상의 수행능력을 숫자로 요약해서 표시해주지만, 다른 정보와 함께 제시되지 않으면 무의미한 점수이다. 따라서 원점수는 해석할 수 있는 기준이 없기 때문에 각각의 원점수는 절대적 또는 상대적인 형태의 점수로 변환하여 해석해야 한다.

더❓아보기 원점수의 정의

원점수는 검사에 따라 등간척도일 수도 있고 서열척도일 수도 있다. 즉, 모든 문항에 1점이 배점되어 있는 검사에서는 '정답 문항 수' 또는 '정답 문항 수에 정답으로 가정된 문항 수를 더한 값'이 원점수가 되고, 문항에 따라 배점이 다른 검사에서는 '정답 문항에 부여된 배점을 합산한 점수'가 원점수가 된다. 이승희(2024)는 원점수를 '피검자가 옳은 반응을 보였거나 옳은 반응을 보인 것으로 가정되는 문항에 부여된 배점을 합산한 점수'로 정의한다.

PART 03

🔑 Keyword

바닥효과와 천장효과

피검자의 기저점 또는 최고한계점이 나타나지 않는 경우도 있는데, 이와 관련된 현상을 '바닥효과'와 '천장효과'라고 한다.

• **바닥효과**: 측정도구가 측정하려는 특성의 하위수준에 속하는 아동을 변별해내지 못하는 현상

• **천장효과**: 측정하려는 특성의 상위수준에 속하는 아동을 변별해내지 못하는 현상

기출 POINT 2

❶ 15초등A3

다음은 취학 전 아동의 수용언어 및 표현언어 발달 척도(PRES)를 실시하는 절차이다. ⓐ와 ⓑ에 들어갈 말을 쓰시오.

① 생활연령을 산출한다: 일·월·년의 순으로 검사일에서 출생일을 뺀다.

② 시작점을 찾는다: 검사 설명서에 나온 연령층에 적합한 시작점에서 검사를 시작한다.

③ 기초선(기저선)을 설정한다: 아동이 그 이전의 낮은 단계 문항들을 모두 맞힐 수 있다고 확신할 수 있는 지점을 정한다.

④ (ⓐ)을/를 설정한다: 아동이 그 이상의 높은 문항들은 모두 못 맞힐 것이라고 확신할 수 있는 지점을 정한다.

⑤ 획득점수(원점수)를 산출한다: (ⓑ) 문항에서부터 (ⓐ)까지 아동이 맞힌 문장에 부여된 배점을 합산한다.

문항	반응	기저점 및 최고한계점	원점수
1			
2			
3			
4			
5	+		
6	+	⇨ 기저점	
7	+		
8	+		원점수
9	−		= 기저점 이전의 문항 수
10	+		+ 기저점과 최고한계점 사이의 정답 문항 수
11	+		= 1번 문항에서 4번 문항까지의 문항 수
12	+		+ 5번 문항과 19번 문항 사이의 정답 문항 수
13	−		= 4 + 9
14	+		= 13
15	−		
16	+		
17	−		
18	−	⇨ 최고한계점	
19	−		
20			

03 검사도구의 타당도와 신뢰도

1. 검사도구의 타당도(validity)

'타당도'는 검사도구가 측정하고자 하는 능력이나 특성을 얼마나 충실하게 측정하는지를 의미한다. 즉, 타당도란 검사 목적에 적합한 검사도구를 사용하고 있는 정도이다. 만약 타당도가 낮은 검사도구를 사용하면 검사의 목적과 다른 속성을 측정하고 있는 것이며, 그 검사 결과로부터 추론하는 것은 적절하지 않다. 예를 들어, 아동의 지적능력을 측정하기 위해 K-WISC 또는 K-ABC를 사용한다면 이는 타당한 검사이나, K-CBCL과 같은 검사도구는 타당하지 않다. 타당도를 살펴보는 방법으로는 내용타당도, 준거타당도(예언타당도·공인타당도), 구인타당도 등이 있다.

(1) 내용타당도(content validity) ❶ 22초등B1, ❷ 18중등A2

① 내용타당도는 측정하고자 하는 영역을 검사문항이 대표하고 있는 정도를 말한다.

② 내용타당도는 주관적인 타당도로, 전문가의 체계적이고 논리적인 사고에 입각하여 평가하는 것이다.

③ 반면 안면타당도는 전문가에 의해 문항에 대해 체계적이고 논리적인 판단을 하는 내용 타당도와는 다르게, 일반인들이 대략적이고 주관적으로 훑어보고 그 검사의 타당도 를 평가한다.

(2) 준거타당도(criterion validity)

① 준거타당도는 검사 점수와 준거(검사를 평가하기 위한 기준) 간 관련성을 분석하는 것으로, 검사 점수와 어떠한 외적 준거와의 상관계수를 산출해 추정한다. 따라서 준 거타당도는 기존의 공인된 검사도구가 존재할 경우에만 가능하다.

② 준거타당도는 검사도구를 평가하는 준거가 현재(일치성)인지 미래(예측성)인지에 따라 다시 공인타당도와 예언타당도로 나눌 수 있다.

   ㉠ 공인타당도(concurrent validity)

   • 검사결과가 거의 동일한 시기에 실시된 다른 검사결과와 일치하는 정도를 의미 한다.

   • 예언타당도와 달리 현재시점의 준거변인과 관련이 있으므로, 검사도구의 공인 타당도를 검증하기 위해서는 검증을 필요로 하는 검사와 준거변인이 되는 다른 검사를 거의 동일한 시기에 실시하게 된다.

   • 예를 들어, 학생의 발달을 평가하기 위해 간단한 학생발달 체크리스트를 개발했 다면, 이 체크리스트의 공인타당도는 기존의 공인된 유아발달검사를 준거로 사 용해 자료를 수집하여 개발한 학생발달 체크리스트 결과와 유아발달검사의 결 과에 대한 상관관계를 산출하여 추정해볼 수 있다. ❶ 10중등39

   ㉡ 예언타당도(predictive validity)

   • 검사결과가 미래의 행동을 정확하게 예측할 수 있는 정도를 의미한다.

   • 예언타당도는 미래시점의 준거변인과 관련이 있으므로, 검사도구의 예언타당도 를 검증하기 위해서는 일정한 시간이 경과해야 한다. 즉, 검사를 실시하고 일정 기간이 지난 후 검사 결과와 관련 있는 행동이나 특성에 대해 이전에 실시한 검사 결과와의 상관관계를 산출해 추정한다.

   • 예를 들어, 유치원에 다니는 학생의 학습준비도 검사와 학생이 초등학교에 입학 한 후의 학업성취도 검사 간 상관관계를 산출하여 예언타당도를 추정해볼 수 있다.

<기출 POINT 3>

❶ 22초등B1
㉡에 해당하는 타당도의 유형을 쓰시오.

평가지는 ㉡ 평가 문항들이 단원의 목 표와 내용을 충실하게 대표하는지를 같은 학년 교사들이 전문성을 바탕으 로 이원분류표를 활용해서 비교·분 석하여 확인함

❷ 18중등A2
㉠에 들어갈 내용을 쓰시오.

교육실습생: 선생님, 검사 도구를 선 택할 때에는 타당도를 고려하라고 하는데 타당도에 대해 설명해 주 시겠어요?
특수교사: 타당도는 검사 도구의 적 합성이라고 생각하면 돼요. 여러 가지 종류가 있는데, (㉠)은/는 검사 도구가 얼마나 검사의 목적 을 달성할 수 있는 문항으로 구성 되었는지를 나타내는 것입니다. 즉, 측정하고자 하는 영역을 검사 문항이 얼마나 충실하게 대표하는 가를 의미합니다. 그리고 예언타 당도는 검사를 통해 얻어진 결과 가 향후 학생의 행동이나 특성을 얼마나 정확하게 예측할 수 있는 지를 나타내는 것이랍니다.

<기출 POINT 4>

❶ 10중등39
M검사는 표준화검사이며 점수가 정규 분포를 이루고, 평균이 50점이며 표준 편차가 10점이다. ㉠~㉣ 중 옳은 것을 모두 고르시오.

김 교사: 이 학생에게 실시한 M검 사는 타당한 도구인가요?
이 교사: ㉣ 이 검사와 동일한 능력 을 측정하고 타당성이 인정된 다 른 검사와의 상관계수가 .90이므 로 공인타당도가 매우 높다고 말 할 수 있지요.

(3) 구인타당도(construct validity)

① 지능, 창의성, 인성, 동기, 자아존중감, 불안, 논리적 사고력 등과 같이 눈으로 직접 관찰되지 않는 추상적이고 가설적인 심리적 특성을 '구인'이라고 한다.

② 구인타당도는 검사가 측정하는 구성 개념(구인)을 조작적으로 정의하고, 이러한 조작적 정의에 따라 구성 개념을 적절하게 측정하였는지를 검토하는 것이다.

2. 검사도구의 신뢰도(reliability)

'신뢰도'는 측정 점수의 안정성 혹은 일관성 정도를 의미하는 것으로, 동일한 대상을 반복 측정하여도 같은 결과를 가져올 수 있는 정도를 뜻한다. 즉, 신뢰도는 측정하고자 하는 특성을 측정 오차(측정할 때마다 다른 결과를 얻게 되는 것) 없이 측정하는지 여부와 관계가 있다. 어떠한 검사도구가 측정하려는 사람의 특성을 측정할 때마다 일관되게 일정한 결과를 얻게 된다면, 그 검사도구는 신뢰성 있는 도구라고 볼 수 있다. 신뢰도의 종류에는 검사-재검사 신뢰도, 동형검사 신뢰도, 반분신뢰도, 문항 내적합치도, 채점자 신뢰도 등이 있다.

(1) 검사-재검사 신뢰도(test-retest reliability)

① 검사-재검사 신뢰도는 검사의 신뢰도를 알아보기 위해 동일 집단에 동일한 검사를 일정 시간 간격을 두고 반복적으로 실시한 후, 첫 번째 검사 점수와 두 번째 검사 점수 간 안정성 계수를 산출해 구한다.

② 검사-재검사 신뢰도에서는 두 검사 간 시간 간격이 가장 중요하다. 일반적으로 두 검사의 시간 간격을 너무 짧게 하면 첫 번째 검사에 대한 기억이나 연습 효과가 나타나고, 너무 길게 하면 발달이나 성숙의 효과가 나타날 수 있다. 따라서 보통 검사-재검사 신뢰도 측정을 위해서는 실시 간격을 2주 내지 4주로 설정한다.

(2) 동형검사 신뢰도(equivalent-form reliability)

① 동형검사 신뢰도는 두 개의 동형검사를 제작하고, 이를 동일 집단에 실시하여 두 점수 간 동형성 계수를 산출해 구한다.

② 동형검사는 문항 내용만 다르고 두 개 검사도구의 평균, 표준편차, 문항 수, 문항 난이도 및 변별도 등은 같아야 한다.

③ 동형검사 신뢰도는 검사-재검사 신뢰도가 갖는 연습 효과와 실시 간격에 따른 문제점 등을 보완할 수 있지만, 검사도구의 제작이 어렵다는 제한점이 있다.

(3) 반분신뢰도(split-half reliability)

① 반분신뢰도는 한 개의 검사를 동일 집단에게 실시한 다음, 검사 문항을 적절한 방법에 따라 두 부분으로 분할하고, 이렇게 반분된 검사 점수를 각각 독립된 검사로 간주하여 둘 간의 동질성 계수를 산출해 구한다.

더알아보기

타당도와 신뢰도의 관계

• 신뢰도는 타당도의 필요조건이지만 충분조건은 아니다. 즉, 타당도가 높게 나오기 위해서는 신뢰도가 높아야 하지만, 높은 신뢰도가 반드시 높은 타당도를 보장하는 것은 아니다.
• 타당도는 신뢰도보다 높을 수 없다.

(A)
신뢰도 O, 타당도 ✕

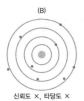
(B)
신뢰도 ✕, 타당도 ✕

(C)
신뢰도 O, 타당도 O

② 반분신뢰도는 동형검사도구 제작에 따른 문제를 해결할 수 있고, 시간 간격에 따른 문제점 등을 보완할 수 있으며, 시간과 비용 면에서 효율적이다. 그러나 반분신뢰도는 문항을 나누는 방식(예 홀수 문항과 짝수 문항으로 나누는 방식, 무작위로 문항을 나누는 방식, 전반부와 후반부로 나누는 방식 등)에 따라 신뢰도가 달라질 수 있다는 단점이 있다.

(4) 문항 내적합치도(inter-item reliability)

① 문항 내적합치도는 검사에 포함된 문항 하나하나를 독립된 한 개의 검사로 생각하여 문항들 간 일치도를 평가하는 것으로, 측정 대상을 어느 정도 일관성 있게 측정하는지 내적합치도 계수를 추정해 신뢰도를 구한다.

② 문항 내적합치도는 한 번의 검사 시행으로 신뢰도를 추정할 수 있다는 장점이 있다.

3. 검사도구의 객관도(objectivity)

객관도는 자격을 갖춘 여러 채점자가 주관적 편견 없이 공정하게 동일한 채점 결과를 산출하는 정도를 말하는 것으로서, '평가자 신뢰도'라고도 한다. 객관도는 평가자가 주관적인 편견을 얼마나 배제하였는가를 보는 것으로서, 여기에는 평가자 내 신뢰도와 평가자 간 신뢰도가 있다.

① 평가자 내 신뢰도(intra-rater reliability) : 동일한 평가자가 모든 평가 대상을 계속해서 일관성 있게 측정하였는지, 혹은 시간의 흐름에 따라서도 평가기준이 변하지 않고 동일하게 측정하였는지를 의미한다.

② 평가자 간 신뢰도(inter-rater reliability) : 평가결과가 평가자 간에 얼마나 유사한가를 의미하는 것으로, 한 채점자가 다른 채점자와 얼마나 유사하게 평가하였는가를 의미한다. 평가자 간 신뢰도를 지수로 나타내는 방법은 다음과 같다.

   ㉠ 채점자 간 상관을 구한다. 즉, 동일한 응시생의 답안을 각기 다른 채점자가 채점한 후, 각 채점자의 채점 결과 간 상관계수를 구한다.

   ㉡ 채점자 간 일치도(일치율)을 구한다. 채점자 간 일치도는 동일한 응시생의 답안을 각기 다른 채점자가 채점한 후, 동일한 점수를 부여한 비율을 의미한다.

04 점수의 유형

1. 원점수(raw score)

① 원점수는 피검자가 옳은 반응을 보인 문항의 수 또는 피검자가 정답 반응한 문항에 부여된 배점을 단순히 합산한 점수를 의미한다.

② 원점수는 피검자의 수행에 대한 의미 있는 해석을 할 수 있는 정보를 제공하지 못한다. 예를 들어, 수학시험에서 30점을 획득했다는 것만으로는 그것이 어떤 의미가 있는지 알 수 없다. 따라서 원점수를 다른 형태의 점수로 변환하여 해석할 필요가 있다.

2. 변환점수

변환점수란 아동의 수행에 대한 절대적 또는 상대적 해석을 하기 위해 원점수를 변환시킨 점수로, 백분율점수와 유도점수의 두 가지 유형이 있다.

(1) 백분율점수

① 백분율점수는 총 문항에 대한 정답 수의 백분율 또는 총점에 대한 획득점수의 백분율을 의미한다. 예를 들어, 한 아동이 총 15개의 문항으로 구성된 시험에서 12개의 문항에서 정답 반응을 보였다면 백분율점수는 80%가 된다.

② 백분율점수는 준거참조검사에서 아동의 수행 수준을 일정한 준거에 비추어 해석하기 위해 변환된 점수이기 때문에 '준거참조점수'라고도 한다.

③ 백분율점수는 다른 점수와 상대적으로 비교할 수 없다는 제한점이 있다.

(2) 유도점수

유도점수는 점수들 간의 상대적 비교가 가능하도록 원점수를 변환시킨 점수이다.

① 발달점수(development score)

아동의 발달 정도를 상대적으로 나타내는 점수

㉠ 등가점수
- 등가점수는 아동이 획득한 점수가 특정 연령 또는 학년의 아동들이 보이는 평균점수와 동일한 정도를 의미한다.
- 연령등가점수는 연수와 개월 수를 하이픈(−)으로 표시하고, 학년등가점수는 학년과 달을 소수점(.)으로 표시하여 구분한다. 예를 들어, 8−5는 아동이 8년 5개월 된 아동들의 평균 수행 수준을 보인다는 의미이며, 1.2는 1학년 둘째 달 아동들의 평균 수행 수준을 보인다는 의미이다. ❶ 22초등B1

기출 POINT 5
❶ 22초등B1
㉠을 해석하여 쓰시오.

기초학습능력검사(읽기) 결과, ㉠ 학년등가점수는 4.4임

㉡ 지수점수
- 지수점수는 발달률의 추정치로, 아동의 연령등가점수를 아동의 생활연령으로 나눈 후 100을 곱해 산출한다. 이를 식으로 나타내면 다음과 같다.

$$지수점수 = \frac{연령등가점수}{생활연령} \times 100$$

- 지수점수는 생활연령에 대한 연령등가점수의 비율(%)이기 때문에 '비율점수(ratio score)'라고도 한다.
- 지수점수는 사용되는 연령등가점수에 따라 그 명칭이 달라진다. 예를 들어, 연령등가점수가 발달연령(Developmental Age ; DA)을 사용하면 '발달지수(Developmental Quotient ; DQ)', 정신연령(Mental Age ; MA)을 사용하면 '비율IQ', 사회연령(Social Age ; SA)을 사용하면 '사회지수(Social Quotient ; SQ)'가 된다.

❶ 24중등A8

기출 POINT 6

❶ 24중등A8

ⓒ~ⓗ 중 틀린 내용을 2가지 찾아 기호를 쓰고, 그 이유를 각각 서술하시오.

(가) 사회성숙도 검사(SMS)

검사 대상	0세부터 만 30세
검사 영역 구성	자조, 이동, 작업, 의사소통, 자기관리, 사회화
검사 실시 방법	피검자를 잘 아는 부모나 형제, 친척, 후견인과의 면담
검사 결과 제공 점수	원점수, 사회연령, 사회지수

(나) 적응행동검사 결과 해석

> ② 사회성숙도 검사 결과에서 '사회지수'가 70(점)이라면 평균에서 대략 −2표준편차에 해당하는 점수라고 볼 수 있음

② 상대적 위치점수

원점수를 변환하여 아동의 상대적 위치를 파악할 수 있도록 한 점수

㉠ 백분위점수

백분위점수란 특정 원점수 이하의 점수를 받은 아동의 백분율(%)을 말한다. 예를 들어, 한 아동의 원점수가 60점이고, 그 원점수에 해당하는 백분위점수가 80이라면, 전체 아동 중의 80%가 60점 또는 그 미만의 점수를 받았다는 의미이다.

❶ 19초등A1, ❷ 18유아A5, ❸ 15초등A3

기출 POINT 7

❶ 19초등A1

ⓜ에 들어갈 말을 쓰시오.

■ 검사의 종류 : (ⓜ   )

> • 전체 학생의 점수를 크기 순으로 늘어놓고 100등분하였을 때의 순위
> • 특정 점수 이하의 점수를 받은 학생 사례 수를 전체 학생 사례 수에 대한 백분율로 나타낸 것
> • 상대적 위치 점수

기출 POINT 7

❷ 18유아A5
(가)에서 민지의 '처리속도' 분석 결과를 백분위에 근거하여 해석하시오.
(가)

척도	환산점수 합	지표점수	백분위	95% 신뢰구간	분류범주
처리속도	10	73	3.0	61~85	경계선

❸ 15초등A3
다음은 '백분위 9'에 대한 설명이다. 괄호에 들어갈 말을 쓰시오.

> 정우의 원점수가 아동이 속한 연령집단과 비교하여 (   )에 해당한다는 것을 의미한다.

기출 POINT 8

① 20중등B8
ⓒ에 해당하는 용어를 쓰시오.

김 교사: ⓒ 이 점수는 대표성을 띠는 피검자 집단으로부터 구한 평균과 표준편차를 가지고 정규분포를 이루도록 변환한 점수입니다. 정규분포에서 특정 원점수가 평균으로부터 얼마나 떨어져 있는지를 표준편차 단위로 환산한 점수로 Z점수, T점수, 지표점수 등이 이에 해당합니다.

ⓒ 표준점수

표준점수는 사전에 설정된 평균과 표준편차에 맞게 정규분포를 이루도록 변환한 점수이다. 이는 정규분포곡선에서 특정 원점수가 평균으로부터 그 이상 또는 이하로 얼마나 떨어져 있는가를 나타낸다. **① 20중등B8**

- Z점수 = (원점수 − 평균) ÷ 표준편차
- T점수 = 50 + 10Z
- H점수 = 50 + 14Z
- 능력점수 = 100 + 15Z
- 척도점수 = 10 + 3Z

더알아보기 비율IQ와 편차IQ

- **비율지능지수(비율IQ)** : 정신연령을 생활연령과 비교하여 지능의 정도를 표시하는 방법

➡ 비율IQ = $\dfrac{정신연령(MA)}{생활연령(CA)}$

- **편차지능지수(편차IQ)** : 동일 연령 집단 내에서의 상대적 위치로 지능을 표시하는 방법

➡ 편차IQ = 15Z + 100

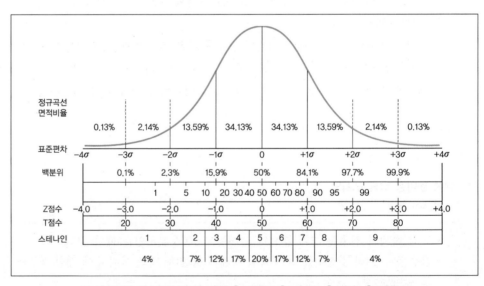

기출 POINT 9

② 20초등A3
ⓑ~ⓧ 중 적절하지 않은 내용 2가지를 골라 기호를 쓰고 바르게 고쳐 쓰시오.

ⓧ 93%ile은 표준편차(SD)를 활용하면 +1SD에 해당됨

④ 10중등39
M검사는 표준화검사이며 점수가 정규분포를 이루고, 평균이 50점이며 표준편차가 10점이다. ⊙~ⓒ 중 옳은 것을 모두 고르시오.

김 교사: 학생 A의 진단·평가 결과 보고서인데, 한 번 보실래요?
이 교사: M검사에서 받은 점수가 39점이니, ⊙ 이 학생의 점수는 규준의 하위 16퍼센타일 이하에 위치한다고 볼 수 있군요.
김 교사: 이 학생이 M검사에서 평균점을 받았다면 백분위점수(순위)는 얼마나 됩니까?
이 교사: 만약 그렇다면, ⓒ 이 학생의 백분위점수는 50이 되지요.

🚩 **표준점수와 정규분포의 관계** ❶ 23초등A2, ❷ 20초등A3, ❸ 11유아5, ❹ 10중등39

③ 구분점수(stanine score)

⊙ 구분점수는 정규분포를 9개의 범주로 분할한 점수로, C = 2Z + 5의 계산식으로 구할 수 있다.

ⓒ 9개의 점수 구간은 특정 점수가 아닌 수행 수준의 범위를 나타내며, 이 9개 범주 간에는 등간성이 없다.

기출 POINT 9

❶ 23초등A2

(가)에서 시지각발달검사 표준점수의 평균과 표준편차에 의거하여 은주의 일반 시지각 지수가 어느 정도인지 쓰시오.

(가) 은주의 시지각발달검사 결과 일부

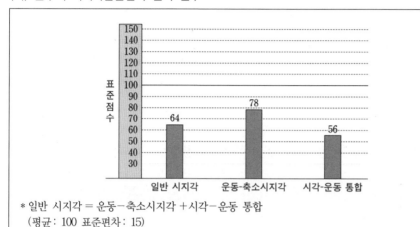

* 일반 시지각 = 운동－축소시지각 ＋시각－운동 통합
(평균: 100 표준편차: 15)

❸ 11유아5

다음은 특수교육지원센터에서 인수에게 실시한 표준화 검사 결과의 일부이다. 이 결과에 대한 설명으로 옳은 것은?

- 발달검사: DQ 85
- 사회성숙도검사: SQ 95
- 한국웩슬러유아지능검사: IQ 85
- 아동·청소년행동평가척도(K-CBCL)
- 위축척도: 70T
- 주의집중 문제척도: 백분위 65

① 인수는 발달연령에 비해 생활연령은 더 낮고 사회연령은 더 높다.
② 인수는 발달수준과 지능수준이 같고 발달수준에 비해 적응행동수준은 더 높다.
③ 인수보다 지능이 높은 유아의 비율과 발달이 빠른 유아의 비율은 84%로 같다.
④ 인수의 적응행동수준은 평균보다 조금 낮으며, 인수보다 주의집중 문제가 더 심각한 유아의 비율은 약 35%이다.
⑤ 인수보다 위축 문제가 더 심각한 유아의 비율은 약 2%이며, 주의집중 문제가 더 심각한 유아의 비율은 약 35%이다.

05 신뢰구간(confidence interval)

1. 관련 용어의 개념

① 획득점수 : 검사를 통해 피험자가 얻은 점수로 '정답률', '획득률'이라고도 한다.

② 진점수 : 어떤 검사도구를 한 아동에게 무한히 반복해서 실시한다고 가정했을 때 얻어지는 점수 분포의 평균이다. ❷ 10중등39

③ 측정의 표준오차 : 획득점수로 진점수를 추정할 때 생기는 오차의 정도로, 한 아동에게 어떤 검사를 무한히 반복해서 실시했다고 가정할 때 얻어지는 오차점수들의 변산도를 의미한다.

④ 신뢰구간 : 어떤 아동에게 검사를 무한히 반복 실시할 경우 그 평균으로 진점수를 구할 수 있다. 그러나 현실적으로는 한두 번의 검사를 통해 아동의 획득점수를 제공하게 되므로, 이 획득점수를 중심으로 그 아동의 진점수가 포함되는 점수 범위를 제시한다.

❶ 14중등A4

2. 신뢰구간의 공식

> 신뢰구간 = 획득점수 ± z(SEM)
> 68% 신뢰수준, z = 1.00
> 85% 신뢰수준, z = 1.44
> 90% 신뢰수준, z = 1.65
> 95% 신뢰수준, z = 1.96
> 99% 신뢰수준, z = 2.58

① 신뢰수준이 높아지면 신뢰구간이 넓어진다.

② 신뢰도가 높을수록 측정의 표준오차는 작아진다.

③ 편차가 클수록 측정의 표준오차는 커진다.

기출 POINT 10

❶ 14중등A4
⊙과 ⓒ에 해당하는 평가 용어를 각각 쓰시오.
(가) 학생 A의 기초학력검사—쓰기 검사 결과

원점수	백분위 점수	학력 지수	95% 신뢰수준 (⊙)
47	6	72	68~76

특수교사 : 이 학생의 학력지수는 72점으로 나왔어요. 그러면 68~76은 어떻게 해석해야 할까요?
팀장 : 이번 결과에서 이 학생이 획득한 점수는 72점이지만, 이는 이 학생의 (ⓒ)이/가 68점과 76점 사이에 있을 확률이 95%라는 뜻입니다. (⊙)을 구하기 위해서는 학생 A의 획득 점수, 95% 신뢰 수준에 해당하는 z점수, 이 검사의 측정의 표준오차가 필요합니다.

❷ 10중등39
M검사는 표준화검사이며 점수가 정규분포를 이루고, 평균이 50점이며 표준편차가 10점이다. ⊙~ⓔ 중 옳은 것을 모두 고르시오.

김 교사 : 이 학생이 받은 점수는 진점수인가요?
이 교사 : 이 학생의 점수는 획득점수로, 진점수라고는 말할 수 없지요. ⓒ 진점수는 획득점수를 측정의 표준오차로 나누어 산출합니다.

3. 신뢰구간의 해석 ❶ 20중등B8, ❷ 18유아A5

	예시: SEM 3, 획득점수 100	
신뢰수준	신뢰구간	해석
68%	$100 \pm 1.00(3) = 100 \pm 3$	97점과 103점 사이에 아동의 진점수가 속해 있을 확률이 68%이다. 즉, 100회 검사를 실시한다면 68회는 97점과 103점 사이에 아동의 진점수가 있을 것이다.
85%	$100 \pm 1.44(3) = 100 \pm 4$	96점과 104점 사이에 아동의 진점수가 속해 있을 확률이 85%이다. 즉, 100회 검사를 실시한다면 85회는 96점과 104점 사이에 아동의 진점수가 있을 것이다.
90%	$100 \pm 1.65(3) = 100 \pm 5$	95점과 105점 사이에 아동의 진점수가 속해 있을 확률이 90%이다. 즉, 100회 검사를 실시한다면 90회는 95점과 105점 사이에 아동의 진점수가 있을 것이다.
95%	$100 \pm 1.96(3) = 100 \pm 6$	94점과 106점 사이에 아동의 진점수가 속해 있을 확률이 95%이다. 즉, 100회 검사를 실시한다면 95회는 94점과 106 사이에 아동의 진점수가 있을 것이다.
99%	$100 \pm 2.58(3) = 100 \pm 7$	92점과 108점 사이에 아동의 진점수가 속해 있을 확률이 99%이다. 즉, 100회 검사를 실시한다면 99회는 92점과 108점 사이에 아동의 진점수가 있을 것이다.

기출 POINT 11

❶ 20중등B8
(가)의 작업기억의 검사 결과를 신뢰구간에 근거하여 해석하여 서술하시오.
(가) 검사 결과

지표	환산점수합계	지표점수	백분위	95%신뢰구간	질적분류(수준)
작업기억	11	73	3.8	68~85	경계선

❷ 18유아A5
(가)에서 민지의 '처리속도' 분석 결과를 신뢰구간에 근거하여 해석하시오.
(가)

척도	환산점수합	지표점수	백분위	95%신뢰구간	분류범주
언어이해	10	71	3.0	61~81	경계선
시공간	6	58	0.3	45~71	매우낮음
유동추론	8	66	2.0	58~74	매우낮음
작업기억	8	64	1.0	54~74	매우낮음
처리속도	10	73	3.0	61~85	경계선
전체척도	26	60	0.5	47~73	매우낮음

인지 · 지능검사

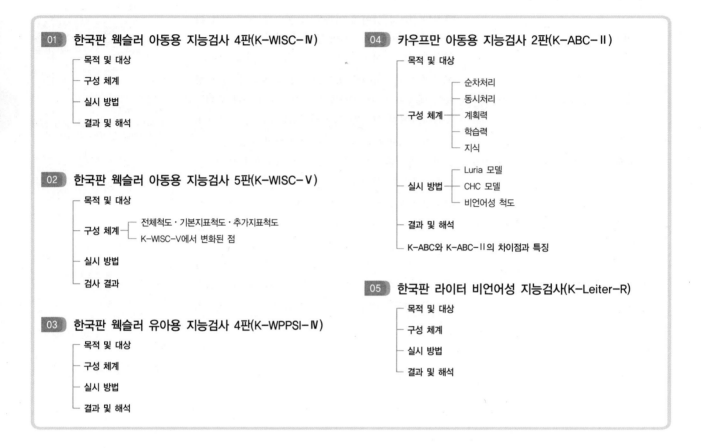

---

01 한국판 웩슬러 아동용 지능검사 4판(K-WISC-IV)

1. 목적 및 대상

K-WISC-IV는 아동의 종합적인 인지능력을 평가하기 위해 만 6세 0개월부터 16세 11개월 까지의 아동을 대상으로 개별적으로 실시하는 개인 지능검사 도구이다.

2. 구성 체계

K-WISC-IV는 4개의 지표(언어이해, 지각추론, 작업기억, 처리속도)와 15개의 소검사로 구성되어 있다. ❶ 13중등7

① 언어이해지표: 언어적 개념 형성, 언어적 추론과 이해, 언어적 자극에 대한 주의력의 측정치

기출 POINT 1

❶ 13중등7
검사도구명과 해당 특성이 바르게 제시된 것만을 고르시오.
■ 한국웩슬러지능검사
언어이해지표, 지각추론지표, 작업기억지표, 처리속도지표로 구성된다.

② **지각추론지표**: 유동적 추론, 공간처리, 세부에 대한 주의력, 시각-운동 통합에 대한 측정치

③ **작업기억지표**: 입력된 정보가 일시적으로 저장되고, 계산과 변환처리가 일어나며, 계산과 변화의 산출 및 출력이 일어나는 곳에 대한 정신적 용량의 측정치

④ **처리속도지표**: 단순하거나 일상적인 정보를 오류 없이 신속하게 처리할 수 있는지에 대한 측정치

⑤ **전체검사 IQ**: 개인의 인지기능의 전반적인 수준을 추정하는 측정치

합산 점수	주요 소검사	보충 소검사
언어이해지표(VCI)	공통성, 어휘, 이해	상식, 단어추리
지각추론지표(PRI)	토막짜기, 공통그림찾기, 행렬추리	빠진곳찾기
작업기억지표(WMI)	숫자, 순차연결	산수
처리속도지표(PSI)	기호쓰기, 동형찾기	선택
전체 검사 IQ(FSIQ)		

3. 실시 방법

① K-WISC-IV에 제시된 10개의 주요 소검사를 모두 실시하면 전체 IQ와 네 가지 지표를 산출할 수 있다. 필요시 보충 소검사를 실시할 수 있으며, 5개 보충 소검사도 함께 실시하면 아동의 지능에 대한 최대한의 정보를 얻을 수 있다.

② 검사순서는 아래와 같지만, 피검자의 필요에 따라 변경 가능하며, 수정된 실시 순서를 기록하여 결과 해석 시 고려해야 한다.

표준 소검사 실시 순서				
1. 토막짜기	2. 공통성	3. 숫자	4. 공통그림찾기	5. 기호쓰기
6. 어휘	7. 순차연결	8. 행렬추리	9. 이해	10. 동형찾기
11. 빠진곳찾기	12. 선택	13. 상식	14. 산수	15. 단어추리

③ 소검사 실시 시간을 단축시키고 아동이 피로해하거나 지루해하지 않도록 전문가가 지침서와 검사 기록 용지에 명시되어 있는 시작점, 역순 규칙, 중지 규칙에 의해 소검사를 실시해야 한다.

ㄱ **시작점**: 제시된 연령의 시작점에서 검사를 시작하는 것이다.

ㄴ **역순 규칙**: 역순 문항들이 있는 소검사들에서는 처음 실시되는 두 문항에서 아동이 완벽한 점수를 받으면 시작점 이전의 미실시 항목에 대해서 모두 만점을 부여하고, 그 소검사를 실시하는 것이다.

ㄷ **중지 규칙**: 중지 규칙은 소검사마다 다르며, 일반적으로 아동이 특정 수의 연속적인 문항에서 0점을 받은 후에 소검사 실시를 중지하는 것이다.

④ 소검사를 실시할 때 누락되거나 미실시한 문항과 구별하기 위해 실시한 모든 문항에 대한 반응을 기록 용지에 기록하는 것이 바람직하다. 평가와 채점에 사용 가능하도록 아동의 반응을 그대로 기록한다.

⑤ 만약 아동이 특정 소검사에서 원점수 0점을 받았다면, 이는 해당 소검사가 측정하고자 하는 아동의 능력이 전적으로 결여되어 있음을 의미하는 것이 아니라, 해당 소검사 문항들로는 아동의 능력을 측정할 수 없다는 것을 의미한다. ❶ 12초등4

4. 결과 및 해석

① K-WISC-Ⅳ의 검사 결과는 전체 IQ와 함께 4개의 지표점수를 제시한다. 검사 결과의 합산점수는 점수를 기준으로 분류되어 아동의 판단 준거가 된다. ❷ 17초등A1

합산점수	분류	포함 비율
130 이상	최우수	2.2
120~129	우수	6.7
110~119	평균 상	16.1
90~109	평균	50
80~89	평균 하	16.1
70~79	경계선	6.7
69 이하	매우 낮음	2.2

② K-WISC-Ⅳ에서는 원점수와 연령을 고려하여 원점수에 해당하는 표준점수, 백분위, 종합점수 등을 산출하게 된다. ❹ 12초등4

ⓐ K-WISC-Ⅳ의 전체 IQ와 4가지 지표점수(합산점수)는 평균이 100이고 표준편차가 15인 표준점수로 제공한다. ❶ 20중등B8, ❷ 17초등A1, ❸ 13중등7

ⓑ K-WISC-Ⅳ의 소검사들은 평균이 10이고 표준편차가 3인 환산점수로 제공된다.

③ 소검사 및 지표점수 결과 프로파일은 그림으로 제시된다.

④ 각 지표별 수준의 차이와 소검사별 수준의 차이, 소검사별 강점과 약점 평가, 처리점수 도출, 처리점수 간 비교 결과를 제공한다.

⑤ 기록 용지의 마지막 페이지에는 검사시간 동안 이루어진 행동 관찰 및 아동에 대한 타당한 정보를 기록한다.

기출 POINT 2

❶ 12초등4
한국 웩슬러 아동지능검사의 검사 결과에 대한 설명으로 적절한 것을 모두 고르시오.

ⓐ 소검사 원점수가 0점이라면, 그 소검사에서 측정하는 수행능력이 완전히 결핍되었다고 볼 수 있다.

기출 POINT 3

❸ 13중등7
검사도구명과 해당 특성이 바르게 제시된 것만을 고르시오.
■ 한국 웩슬러 지능검사

영역별 합산점수와 전체적인 인지능력을 나타내는 IQ를 알 수 있다.

❹ 12초등4
한국 웩슬러 아동지능검사의 검사 결과에 대한 설명으로 적절한 것을 모두 고르시오.

ⓑ 백분위점수를 통해 동일 연령대에서 학생의 지적 능력의 상대적인 위치를 파악할 수 있다.
ⓒ 소검사의 환산점수는 표준점수이므로 이를 통해 학생의 환산점수가 각 소검사에서 동일 연령대의 환산점수 평균과 얼마나 차이가 나는지 알 수 있다.
ⓓ 지표점수 간 비교를 통해 개인 내 강점과 약점을 파악할 수 있다.
ⓔ 전체 지능지수점수는 비율점수이므로 이를 통해 학생의 발달비율을 알 수 있다.

Keyword

• 환산점수 : 소검사의 총점을 평균 10, 표준편차 3으로 변환한 점수
• 합산점수 : 소검사의 환산점수의 합계에 근거하여 평균 100, 표준편차 15로 변환한 점수

기출 POINT 3

❶ 20중등B8

(가)는 특수교육지원센터에서 실시한 학생 H의 한국 웩슬러 아동용 지능검사 4판(K-WISC-Ⅳ) 결과의 일부이고, (나)는 김 교사와 이 교사가 나눈 대화의 일부이다. (가)의 작업기억의 검사 결과를 신뢰구간에 근거하여 해석하여 서술하고, (나)의 괄호 안의 ⊙과 ⓒ에 해당하는 용어를 순서대로 쓰시오.

	지표	환산점수 합계	지표점수	백분위	95% 신뢰구간	질적분류 (수준)
(가) 검사 결과	언어이해	7	56	0.2	52-68	매우 낮음
	지각추론	17	72	2.9	66-83	경계선
	작업기억	11	73	3.8	68-85	경계선
	처리속도	17	92	28.9	83-103	평균
(나) 대화	김 교사: 이 검사는 학생의 지적 능력을 또래와 비교하여 학생의 상대적 위치를 알 수 있게 해 주는 (⊙) 참조 검사이지요. 특수교육에서는 주로 장애 진단을 목적으로 많이 사용합니다. 이 교사: 네, 그렇군요. 이 검사에서 사용된 점수에 대해서도 설명해 주세요. 김 교사: 이 검사는 대표성을 띠는 피검자 집단으로부터 구한 평균과 표준편차를 가지고 정규분포를 이루도록 변환한 점수입니다. 정규분포에서 특정 원점수가 평균으로부터 얼마나 떨어져 ⓒ 있는지를 표준편차 단위로 환산한 점수로 Z점수, T점수, 지표점수 등이 이에 해당됩니다.					

❷ 17초등A1

⊙~②에서 틀린 것을 2가지 찾아 기호와 이유를 각각 쓰시오.

> ⊙ K-WICS-Ⅳ는 같은 연령의 또래와 비교하여 은미 지능의 상대적 위치를 알 수 있는 준거참조검사로 알고 있어요. 이 검사결과를 보면, ⓒ 은미의 전체지능지수는 4개 지표 합산점수의 평균인 91이에요. ⓒ 4개 지표 합산점수들은 71에서 102 사이에 분포하고 있어 전체 지능지수가 은미의 전반적인 지적능력을 반영한다고 단정 짓기는 어려운 것 같습니다. 또한 ② '처리속도지표' 합산점수는 71로 -1 표준편차에서 -2 표준편차 사이에 위치하는 것을 알 수 있어요.

은미의 'K-WISC-Ⅳ' 결과 요약

지 표	합산점수
언어이해	98
지각추론	102
작업기억	93
처리속도	71

| 소검사점수 분석

구분	검사항목	원점수	환산점수
언어이해	공통성	24	11
	어휘	36	12
	이해	19	8
	(상식)	15	10
	(단어추리)	14	11
지각추론	토막짜기	30	7
	공통그림찾기	13	7
	행렬추리	19	7
	(빠진곳찾기)	29	13
작업기억	숫자	16	9
	순차연결	13	7
	(산수)	23	10
처리속도	기호쓰기	32	3
	동형찾기	27	9
	(선택)	77	8

| 지표점수 분석

지표	환산점수 합산	지표점수	백분위	95% 신뢰구간	질적분류(수준)
언어이해	31	102	55.8	94~110	평균
지각추론	21	80	9.5	74~91	평균 하
작업기억	17	92	29.1	84~101	평균
처리속도	11	74	4.0	68~87	경계선
전체IQ	80	83	12.8	77~91	평균 하

→ **결과해석** : 전체 IQ는 83점으로 '평균 하' 수준이고, 하위 12.8%에 해당하는 것으로 나타났다. 이는 전체 100명을 기준으로 했을 때 87번째에 위치함을 의미한다. 지표 중 언어이해와 작업기억은 '평균'에 속하여 기능 수준이 다른 지표에 비해 상대적으로 높은 것으로 추정된다. 그러나 지각추론은 '평균 하'로, 처리속도는 '경계선'으로 평가되었다. 따라서 지적장애에 해당하지는 않으며, 언어적 추론, 이해, 개념화, 단어 지식 등을 이용하는 언어 능력과, 짧은 시간 동안 집중하고 정보를 유지하는 능력에서 또래 아동의 능력과 비교했을 때 평균적인 수행을 보일 것으로 예상된다. 하지만 시각적 자극을 통합하거나 간단한 시각 정보를 빠르게 탐색하는 것에는 어려움이 예상된다. 한편, 아동의 IQ는 83이지만, 신뢰구간을 참고해 보았을 때 아동의 컨디션이나 기타 환경적 요소로 인해 77~91점 사이의 점수를 받을 수도 있다.

⚑ **K-WICS-Ⅳ 소검사점수 및 지표점수 분석**

	환산점수1	환산점수2	차이	임계치	유의미한 차이 (Y) 또는 (N)	누적비율
지표 수준	언어이해지표	지각추론지표	22	9.62	Y	8.5
	언어이해지표	작업기억지표	10	9.6	Y	28.3
	언어이해지표	처리속도지표	28	11.15	Y	6.2
	지각추론지표	작업기억지표	−12	9.98	Y	23.8
	지각추론지표	처리속도지표	6	11.48	N	37.0
	작업기억지표	처리속도지표	18	11.46	Y	16.0
소검사 수준	숫자	순차연결	2	2.21	N	30.31
	기호쓰기	동형찾기	−6	2.98	Y	2.94
	공통성	공통그림찾기	4	2.88	Y	14.99

→ **결과해석** : 언어이해지표는 지각추론지표·작업기억지표·처리속도지표와 유의미한 차이를 보이며, 언어이해에서 더 높은 수준을 보이는 것으로 나타났다.

⚑ **K-WICS-Ⅳ 차이 비교**

소검사	소검사 환산점수	평균 환산점수	평균과의 차이	임계치	강점(S) 또는 약점(W)	누적비율
토막짜기	7	8	−1	1.71	NA	100.0
공통성	11	8	3	1.85	S	99.9
숫자	9	8	1	1.5	NA	100.0
공통그림찾기	7	8	−1	2.08	NA	100.0
기호쓰기	3	8	−5	1.7	W	94.1
어휘	12	8	4	1.62	S	99.0
순차연결	7	8	−1	1.67	NA	100.0
행렬추리	7	8	−1	1.78	NA	100.0
이해	8	8	0	2.23	NA	100.0
동형찾기	9	8	1	2.32	NA	100.0

* S는 강점, W는 약점, NA는 뚜렷한 강점이나 약점을 보이지 않는 경우를 의미한다.

	핵심 소검사	언어이해 소검사	지각추론 소검사
환산점수의 합계	80	31	21
소검사 개수	10	3	3
평균 점수	8	10.3	7

→ **결과해석**: 공통성과 어휘에서 임계치보다 높은 값을 보여 아동이 해당 영역에서 강점을 갖고 있을 것으로 예상된다. 반면, 기호쓰기에서는 평균과의 차이가 매우 크고 그 값이 임계치보다 작기 때문에 약점을 갖고 있을 것으로 예상된다.

⚑ K−WICS−Ⅳ 강점 및 약점 결정하기

총 원점수를 환산점수로 변환

처리점수	원점수	환산점수
시간보너스가 없는 토막짜기	30	7
숫자 바로 따라 외우기	9	9
숫자 거꾸로 따라 외우기	7	9
선택(무선배열)	40	9
선택(일렬배열)	37	7

⚑ K−WICS−Ⅳ 처리분석

02 한국판 웩슬러 아동용 지능검사 5판(K-WISC-Ⅴ)

1. 목적 및 대상

K-WISC-Ⅴ는 만 6세 0개월부터 16세 11개월까지의 아동을 대상으로 지능을 평가하기 위한 종합적 임상도구이다.

2. 구성 체계 13중등7

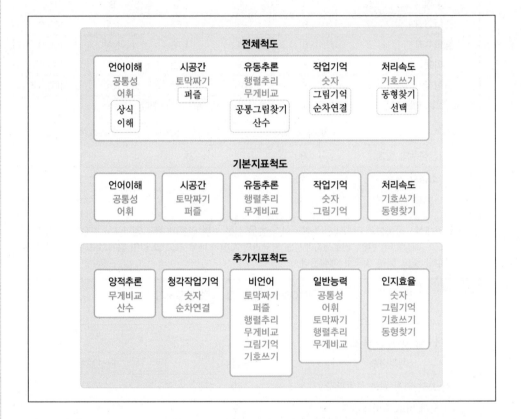

(1) 전체척도 · 기본지표척도 · 추가지표척도

전체척도	① 전체 IQ를 측정하기 위해서는 전체척도에서 7개의 소검사를 실시한다. ② 점선으로 표시된 것은 대체 검사로 사용될 수 있는 소검사를 의미한다. 소검사 대체는 전체 IQ에서만 단 1회 허용된다. 이때, 대체되는 소검사는 같은 영역의 다른 소검사를 위해 쓰여야 한다. ③ 전체척도를 통해 구하는 전체 IQ와 기본지표척도를 통해 구하는 기본지표점수들은 학생의 가장 일반적인 인지능력을 설명하고 평가하기 위한 것이다.
기본지표척도	① K-WISC-V는 5개 기본지표로 구성되어 있다. 　ⓐ 언어이해 지표: 언어적 추론, 이해, 개념화, 단어 지식 등을 이용하는 언어능력 측정 　ⓑ 시공간 지표: 시공간 조직화 능력, 전체-부분 관계성의 통합 및 종합능력, 시각적 세부사항에 대한 주의력, 시각-운동 협응 능력 등을 측정 　ⓒ 유동추론 지표: 귀납적 추론과 양적 추론 능력, 전반적인 시각 지능, 동시처리, 개념적 사고, 추상적 사고 능력 등을 측정 ❶ 23중등A12 　ⓓ 작업기억 지표: 주의력, 집중력, 작업기억 등을 측정 　ⓔ 처리속도 지표: 간단한 시각적 정보를 빠르고 정확하게 탐색하고 변별하는 능력, 정신 속도와 소근육 처리속도 등을 측정 ② 소검사 대체는 기본지표 검사에서는 허용되지 않는다.
추가지표척도	① K-WISC-V는 5개 추가지표로 구성되어 있다. ② 추가지표점수들은 학생의 인지적 능력과 K-WISC-V 수행에 대한 추가적인 정보를 제공한다. ③ 소검사 대체는 추가지표 검사에서는 허용되지 않는다.

기출 POINT 4

❶ 23중등A12
밑줄 친 ⓒ이 측정하고자 하는 지적 능력의 내용을 서술하시오.

> 교사 A : K-WISC-IV의 지각추론 지표가 (ⓑ) 지표와 ⓒ 유동추론지표로 나뉘어져 K-WISC-V의 기본지표를 구성하고 있습니다.

더알아보기 **결정지능과 유동지능**(Cattell-Horn-Carroll 모델)

관계	결정지능	유동지능
지능의 정의적 특성	결정지능은 지식의 근원과 습득한 지식과 정보를 인출하고 사용하는 능력을 나타냄	유동지능은 추론하기와 추상적인 문제를 해결하는 능력을 나타냄
현재 사용되는 지능검사에서 평가되는 부분점수들	• WISC-V : 언어적 이해 지표 • K-ABC-II : 결정성	• WISC-V : 유동적 추론 지표 • K-ABC-II : 유동성

(2) K-WISC-Ⅴ에서 변화된 점

기출 POINT 5

❶ 23중등A12
ⓒ에 해당하는 명칭을 쓰고, 괄호 안의
ⓔ에 해당하는 소검사의 명칭을 쓰시오.

교사 A: K-WICS-Ⅴ는 전체척도, 기
본지표척도, 추가지표척도로 구성
되어 있습니다. 특히 K-WISC-Ⅳ
의 지각추론 지표가 (ⓒ)지표와
유동추론지표로 나뉘어져 K-WISC-
Ⅴ의 기본지표를 구성하고 있습니
다. K-WISC-Ⅴ에 새롭게 추가된
소검사는 (ⓔ), 퍼즐, 그림기억 3
가지가 있습니다.

① 전반적인 지적 능력의 구조가 변화하였다. 전체 IQ를 구성하는 소검사가 7개로 수정되면서 전체 IQ를 산출하는 데 소요시간이 단축되었다. 대신, 유동적 추론의 측정을 강화하는 새로운 3개의 소검사(무게비교, 퍼즐, 그림기억)가 추가되었다. ❶ 23중등A12

② 구조적으로 변화한 전체 IQ와 5가지 기본지표점수와 5가지 추가지표점수를 제공한다.

③ 인지능력에서 좀 더 독립적인 영역에 대한 아동의 수행을 나타내줄 수 있는 지표점수(예 시공간지표, 유동추론지표)와 처리점수(예 토막짜기 소검사의 부분처리점수)를 추가적으로 제공한다.

④ K-WISC-Ⅳ의 15개 소검사 가운데 2개(단어추리, 빠진곳찾기)는 K-WISC-Ⅴ에 포함되지 않았고, 13개는 유지되었지만 소검사의 실시 및 채점 절차가 수정되었다.

3. 실시 방법

① 전체 IQ 소검사들을 제일 먼저 실시하고, 그다음에는 나머지 기본 소검사들을 실시한다. 추가 소검사들은 필요시 그 이후에 실시한다.

② 검사 지침에 제시된 순서대로 소검사를 실시하되, 소검사 실시 순서의 변경은 임상적으로 필요한 경우에만 가능하다. 실시 순서를 변경할 경우, 변경사항을 기록용지에 기록하고 결과를 해석할 때 이를 고려해야 한다.

③ 검사는 소검사별로 시작점, 역순규칙, 중지규칙이 있다. 소검사별로 지침서에 기록되어 있는 연령별 시작점에서 실시하며, 지적장애나 낮은 인지능력을 보이는 아동은 생활연령과 관계없이 1번 문항부터 시작한다. 그러나 '기호쓰기, 동형찾기' 소검사는 지적능력과 관계없이 항상 아동의 생활연령에 따라 검사를 실시한다.

④ '토막짜기, 기호쓰기, 무게비교, 퍼즐, 동형찾기, 선택, 산수' 소검사는 제한시간이 있으며, 정확한 시간 측정을 위해 초시계를 사용해야 한다.

4. 검사 결과

① K-WISC-Ⅴ는 16개의 소검사별 환산점수와 전체 IQ 및 10개 지표(5개 기본지표, 5개 추가지표)에 대한 합산점수를 제공한다.

② 소검사별 환산점수는 평균이 10이고 표준편차가 3인 표준점수이며, 전체 IQ 및 10개 지표에 대한 합산점수는 평균이 100이고 표준편차가 15인 표준점수다. 전체 IQ 및 10개 지표에 대한 백분위점수도 제공한다.

③ 지표점수에 대해서는 강점과 약점, 지표점수 간 차이 비교, 소검사에서의 강점과 약점, 소검사 간 차이비교 결과가 제시된다.

┃ 소검사점수 분석

지표	소검사		원점수	환산점수	백분위	추정연령	측정표준오차 (SEM)
언어이해	공통성	SI	25	10	50	9:10	1.12
	어휘	VC	20	11	63	9:10	0.64
	(상식)	IN	11	8	25	8:2	0.83
	(이해)	CO	13	8	25	8:2	1.19
시공간	토막짜기	BD	20	5	5	⟨6:2	1.28
	퍼즐	VP	10	4	2	⟨6:2	1.06
유동추론	행렬추리	MR	15	7	16	6:6	1.31
	무게비교	FW	17	7	16	7:2	0.70
	(공통그림찾기)	PC	10	8	25	7:6	1.02
	(산수)	AR	13	5	5	7:2	1.14
작업기억	숫자	DS	25	9	37	8:6	0.83
	그림기억	PS	22	7	16	7:2	1.09
	(순차연결)	LN	10	6	9	⟨6:2	1.16
처리속도	기호쓰기	CD	40	8	25	8:6	1.06
	동형찾기	SS	28	10	50	9:6	1.35
	(선택)	CA	69	10	50	9:10	1.44

┃ 지표점수 분석

지표		환산점수 합	지표점수	백분위	신뢰구간 (95%)	진단분류 (수준)	측정표준오차 (SEM)
언어이해	VCI	21	103	57	95~110	평균	3.55
시공간	VSI	9	70	2	65~82	낮음	4.61
유동추론	FRI	14	83	13	77~92	평균 하	4.39
작업기억	WMI	16	89	23	82~97	평균 하	3.93
처리속도	PSI	18	95	36	87~104	평균	4.89
전체 IQ	FSIQ	57	87	18	81~93	평균 하	2.77

⚑ K-WICS-Ⅴ 소검사점수 및 지표점수 분석

03 한국판 웩슬러 유아용 지능검사 4판(K-WPPSI-Ⅳ)

1. 목적 및 대상

① K-WPPSI-Ⅳ는 2016년에 한국판으로 표준화되어 만 2세 6개월에서부터 7세 7개월 까지 유아의 인지능력을 임상적으로 평가하기 위해 개별적으로 실시하는 개인용 지 능검사 도구이다. ❶ 17유아A3

② 영재성, 인지발달 지연, 지적장애를 판별하는 사정방법으로 사용되며 검사 결과는 임 상현장이나 교육 프로그램 배치를 결정할 때 지침으로 사용될 수 있다. 18유아A5

기출 POINT 6

❶ 17유아A3
'한국웩슬러유아지능검사(K-WPPSI)' 결과와 '유아행동 평가척도(CBCL 1.5~5)' 결과로 교육목표를 작성한다면, 이때 발생할 수 있는 문제점 1가지를 쓰시오.

기출 POINT 7

❶ 15유아A5
한국 웩슬러유아지능검사(K-WPPSI)의 하위 검사 영역 2가지를 쓰시오.

2. 구성 체계 ❶ 15유아A5

① K-WPPSI-Ⅳ는 연령별로 '만 2세 6개월~3세 11개월용'과 '만 4세~7세 7개월용'으로 구성되어 있다.

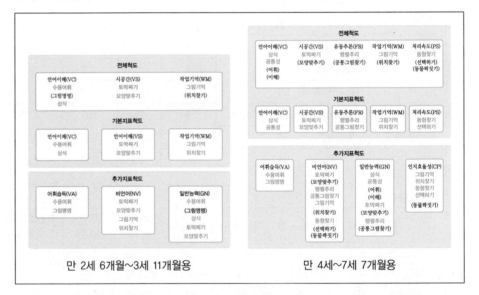

② 소검사는 핵심 소검사, 보충 소검사, 선택 소검사로 구분된다.
　㉠ 핵심 소검사는 지표점수와 규준산출에 사용된다. ❶ 18유아A5
　㉡ 보충 소검사는 핵심 소검사가 생략되거나 유효하지 않은 경우 사용되는 검사이다.
　㉢ 선택 소검사는 보충 소검사처럼 지적 기능에 대한 많은 정보를 제공해줄 수 있지만, 지표점수 산출에 사용되지 않은 검사이다.

3. 실시 방법

① 검사 지침에 제시된 검사 실시 순서대로 소검사를 실시한다. 그러나 소검사 실시순서는 임상적으로 필요한 경우(예 집중력 저하) 변경할 수 있다.

② 핵심 소검사가 어떤 이유에서든 타당하지 않을 경우 대체 소검사가 필요하며, 신체적 조건이 수행에 지장을 주는 등의 문제가 발생하면 핵심 소검사 대신 보충 소검사를 실시할 수 있다. 지표점수별로 단 1개의 소검사만 대체가 허용되며, 동일한 인지 영역 내의 소검사와 핵심 소검사 간의 대체가 이루어져야 한다.

③ 검사 실시 방법은 K-WISC-Ⅳ와 동일하게 시작점, 역순 규칙, 중지 규칙이 사용된다. 또한 시범문항, 연습문항, 추가질문, 촉구를 사용하여 유아의 검사 참여도를 높일 수 있다.

④ 소검사에는 다양한 유형과 수준의 반응을 설명하는 예시 반응이 제시되어 있는데, 경계선 반응의 경우 정확한 채점을 위해 추가 질문이 필요하다. 추가 질문한 반응을 채점할 때에는 자발적인 반응과 추가 질문 후의 반응 전체를 평가한다. 훼손 반응의 결정은 아동이 추가 설명을 근본적으로 잘못 이해한 경우, 아동이 추가 설명의 개념에 대해 명확히 잘못된 이해를 나타내는 경우이다. 훼손 반응은 처음의 자발적 반응이 점수를 받을 수 있더라도 0점으로 처리한다.

4. 결과 및 해석

K-WPPSI-Ⅳ의 검사 결과는 연령을 고려하여 원점수에 해당하는 환산점수, 지표에 대한 합산점수(100, 15), 백분위를 제공한다. 검사 결과의 합산점수는 판단 분류 준거에 따라 분류한다.

합산점수	분류	포함 비율
130 이상	최우수	2.2
120~129	우수	6.7
110~119	평균 상	16.1
90~109	평균	50
80~89	평균 하	16.1
70~79	경계선	6.7
69 이하	매우 낮음	2.2

| 지표점수 분석

척도		환산 점수 합	지표 점수	백분위	신뢰구간 90%(95%)	분류 범주	SEM
언어이해	VCI	5	57	0.2	50~64(49~65)	매우 낮음	3.91
시공간	VSI	11	73	4.0	62~84(60~86)	경계선	5.65
작업기억	WMI	15	86	18.0	78~94(76~96)	평균 이하	4.14
전체척도	FSIQ	26	67	1.0	60~74(58~76)	매우 낮음	5.09

＊ 신뢰구간은 추정치의 표준오차를 사용하여 산출된다.

| 지표점수 프로파일 ❶ 18유아A5

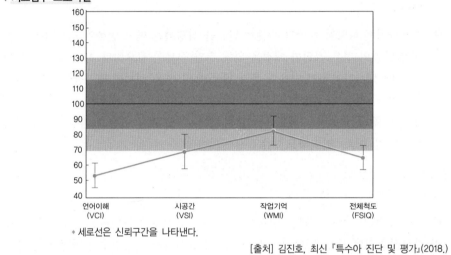

＊ 세로선은 신뢰구간을 나타낸다.

[출처] 김진호, 최신 『특수아 진단 및 평가』(2018.)

🏳 **K-WPPSI-Ⅳ 지표점수 분석 및 프로파일**

기출 POINT 8

❶ 18유아A5

밑줄 친 ㉠~㉤ 중에서 틀린 내용 2가지를 찾아 기호와 그 이유를 각각 쓰시오.

(가)

척도	환산점수 합	지표점수	백분위	95% 신뢰구간	분류 범주
언어이해	10	71	3.0	61~81	경계선
시공간	6	58	0.3	45~71	매우 낮음
유동추론	8	66	2.0	58~74	매우 낮음
작업기억	8	64	1.0	54~74	매우 낮음
처리속도	10	73	3.0	61~85	경계선
전체척도	26	60	0.5	47~73	매우 낮음

(나)

최 교사: 민지 어머니께서 지능검사 결과를 민지 편에 보내셨어요.

김 교사: 이 검사는 ㉠ 민지의 지능을 또래와 비교하여 상대적인 위치를 보여 주는 검사예요.

최 교사: 그럼, 비교할 수 있는 점수표가 있나요?

김 교사: 네, ㉡ 민지와 같은 또래들과 비교할 수 있도록 규준이 만들어져 있고, 실시 방법과 채점 방법 등이 정해져 있어요.

최 교사: 그럼, ㉢ 각 지표마다 백분율 점수를 산출하는 것이 중요하겠네요.

김 교사: ㉣ 민지의 검사 결과 프로파일을 보니 민지는 시공간 능력이 제일 낮아요.

최 교사: 그러면 민지의 시공간 능력 발달 정도를 알려면 ㉤ 매달 이 검사를 실시해서 시공간 능력이 향상되었는지 살펴보아야겠어요.

---

04 ## 카우프만 아동용 지능검사 2판(K-ABC-Ⅱ)

1. 목적 및 대상

① K-ABC-Ⅱ는 만 3세에서 18세까지의 아동 및 청소년의 인지능력을 측정하기 위한 개인 지능검사 도구이다.

② 순차처리, 동시처리, 학습력, 계획력, 지식 등 광범위한 인지능력을 측정할 수 있다. 이에 따라 교육적 측면에서 아동의 상태를 진단하고 중재 및 배치 계획을 세우는 데 활용할 수 있다.

2. 구성 체계

① K-ABC-Ⅱ는 크게 5개 하위척도(순차처리·동시처리·계획력·학습력·지식)로 구성되어 있으며, 각 척도에 제시된 능력을 측정하기 위해 다양한 하위검사를 실시한다.

　㉠ 순차처리 : 연속적 또는 시간적 순서로 정보를 처리하여 문제를 해결하는 능력을 측정하는 척도이다.

　㉡ 동시처리 : 한꺼번에 주어진 정보를 통합해서 전체 형태 구성 방식으로 처리하여 문제를 해결하는 능력을 측정하는 척도이다.

　㉢ 계획력 : 하위검사로 형태추리, 이야기 완성이 있다.

　㉣ 학습력 : 습득된 사실적 지식을 측정하는 척도이다.

　㉤ 지식 : 하위검사로 표현어휘, 수수께끼, 언어지식이 있다.

② 구체적으로 Luria 모델과 Cattell-Horn-Carroll(CHC) 모델 중 어떤 모델을 사용하느냐에 따라 인지처리척도 혹은 유동성 결정 척도로 산출된다.

KABC-Ⅱ 척도		Luria 용어	CHC 용어
하위척도	순차처리	순차처리	단기기억
	동시처리	동시처리	시각처리
	학습력	학습력	장기기억
	계획력	계획력	유동성추론
	지식	―	결정성능력
전체척도		인지처리지표(MPI)	유동성-결정성지표(FCI)

③ 연령별 K-ABC-Ⅱ의 구조

　K-ABC-Ⅱ의 모든 척도는 모든 연령대에 동일하게 사용되는 것은 아니며, 다음의 연령별 척도 구조로 구성되었다.

　㉠ 3세의 경우 개별 척도에 의해 측정하고자 하는 요인이 독립적 요인으로 구분되지 않으므로, 모든 척도점수를 합하여 얻어지는 종합점수가 전체척도 지수를 나타낸다.

　㉡ 4세의 경우 전체척도와 함께 동시처리, 순차처리, 학습력, 지식척도가 포함된다.

　㉢ 7~18세의 경우 계획력 척도가 동시처리척도에서 분리된다.

연령	전체척도	하위척도	핵심하위검사	보충하위검사
3세	MPI/FCI		단어배열	수회생
			관계유추	
			얼굴기억	그림통합
			삼각형	
			이름기억	
			표현어휘	언어지식
			수수께끼	
4세	MPI/FCI	순차처리	수회생	
			단어배열	
		동시처리	관계유추	블록세기(5~6)
			얼굴기억(4)	얼굴기억(5)
			형태추리(5~6)	그림통합
			빠른 길 찾기(6)	이야기 완성(3)
			삼각형	
		학습력	이름기억	이름기억지연(5~6)
			암호해독	암호해독지연(6)
		지식	표현어휘	언어지식
			수수께끼	
7~18세	MPI/FCI	순차처리	수회생	손동작
			단어배열	
		동시처리	블록세기(13~18)	블록세기(7~12)
			빠른길 찾기	그림통합
			삼각형	삼각형(13~18)
		학습력	이름기억	이름기억지연
			암호해독	암호해독지연
		계획력	형태추리	
			이야기 완성	
		지식	수수께끼	표현어휘
			언어지식	

④ K-ABC-Ⅱ의 비언어성 척도

비언어성 척도는 다음과 같이 4~5개의 핵심·보충하위검사로 이루어져 있으며, 말을 하지 않고도 몸짓 등을 통해 응답할 수 있다.

3~4세	5세	6세	7~18세
⑯ 손동작	⑯ 손동작	⑯ 손동작	⑯ 손동작
② 관계유추	② 관계유추	② 관계유추	⑬ 블록세기
③ 얼굴기억	③ 얼굴기억	⑮ 형태추리	⑫ 삼각형
⑫ 삼각형	⑮ 형태추리	③ 이야기 완성	⑮ 형태추리
	⑫ 삼각형	⑫ 삼각형	④ 이야기완성

⑤ 검사모델 선택

　　㉠ 검사자는 결정성 능력을 개인의 일반적인 인지능력으로 볼 것인지, MPI와 FCI 두 개의 전체척도 중 어느 것을 사용할 것인지를 결정한 다음, 검사모델로 Luria 모델과 CHC 모델 중에서 하나를 선택해야 한다.

　　㉡ 지식의 측정이 피검사자의 인지능력을 반영하지 못하는 것으로 판단될 경우 지식 측정치는 피검사자의 인지능력을 판단하는 점수에서 제외되어야 한다. 이는 MPI와 FCI 중 하나를 선택하기 위해 고려해야 할 중요한 원칙이다.

　　㉢ 검사자는 대개의 경우 CHC 모델을 선택하면 된다. 단, 지식능력의 측정을 포함하는 것이 FCI의 타당성에 영향을 미친다고 판단하는 경우는 제외한다.

　　㉣ Luria 모델(MPI)은 다문화 가정의 아동, 언어장애, 청각장애, 자폐증 장애가 있거나 의심되는 경우 등에서 활용될 수 있다.

3. 실시 방법

K-ABC-Ⅱ는 18개의 하위검사로 구성되어 있지만, Luria 모델, CHC 모델, 비언어성 척도 중 어느 것을 선택하느냐와 피검자의 연령에 따라 하위검사의 수와 소요시간에 차이가 있다. ❶ 25중등B4

모델	구분	3세	4세	5세	6세	7~12세	13~18세
Luria 모델	하위검사 수	5	7	7	8	8	8
	핵심 하위검사 실시 평균시간(분)	25~30	30~35	35~40	45~50	55~60	55~55
CHC 모델	하위검사 수	7	9	9	10	10	10
	핵심 하위검사 실시 평균시간(분)	30~35	40~45	45~50	55~60	70~75	65~70
비언어성 척도	하위검사 수	4	4	5	5	5	5
	핵심 하위검사 실시 평균시간(분)	20	20	30	30	40	40

기출 POINT 9

❶ 25중등B4
밑줄 친 ㉡~㉤ 중 틀린 내용을 2가지 찾아 기호를 쓰고, 바르게 고쳐 서술하시오.

일반 교사: 선생님, 우리 반에 이주배경 학생 B가 있는데요, 한국어를 잘 못해도 지능 검사가 가능한가요?
특수 교사: 네, 한국판 카우프만 아동 지능 검사(Kaufman Assessment Battery for Children-Ⅱ, KABC-Ⅱ)를 실시해 보면 어떨까 해요. 이 검사에서는 ㉡ 순차 처리, 동시 처리, 계획력, 학습력, 지식 등 광범위한 지적 능력을 측정하는데, ㉢ 피검자의 국적에 따라 실시하는 하위검사의 수와 검사 소요 시간이 달라져요. 또한, 이 검사는 ㉣ 모든 하위검사가 비언어성 척도로 구성되어 있기 때문에 한국어가 서툰 학생에게도 실시할 수 있어요. 표준화된 비언어적 지능 검사 도구로 ㉤ 한국판 라이터 비언어성 지능 검사 개정판(K-Leiter-R)이 있긴 하지만, 이 도구는 중학생에게는 적합하지 않아요.
일반 교사: 네, 그렇군요. 좋은 정보 감사해요.

① Luria 모델

　㉠ 신경심리학적 모델로 아동이 문제를 해결할 때 정보를 처리하는 과정(학습력, 순차처리, 동시처리, 계획력)을 강조한다.

　㉡ 다문화 가정의 아동, 언어장애, 청각장애, 자폐성장애가 있거나 의심되는 경우 등에서 활용 가능하다.

② CHC 모델

　심리측정학적 모델로 장기기억과 인출, 단기기억, 시각적 처리, 유동성 추론, 결정성 능력 등과 같은 광범위한 능력을 측정한다.

③ 비언어성 척도

　언어를 사용하지 않고 몸짓으로 반응할 수 있는 검사들로 구성되어 있으며, 언어장애가 있거나 우리말을 유창하게 할 수 없는 아동들의 인지능력을 측정한다.

4. 결과 및 해석

(1) 검사결과 해석을 위한 단계별 절차

① 전체척도지수(MPI, FCI)를 해석한다.

② 개인의 내적 강점과 약점, 그리고 규준에 의거한 강점과 약점을 확인하기 위해 피검사자의 하위척도 지수 프로파일을 해석한다.

③ 하위척도 표준점수 간 비교한다.

④ 보충하위검사를 분석한다.

(2) 결과처리

① K-ABC-Ⅱ는 원점수와 연령을 고려하여 원점수에 해당하는 표준점수, 백분위, 종합점수 등을 산출하게 된다.

② K-ABC-Ⅱ는 학지사 심리검사연구소에서 제공하는 자동채점 프로그램에 원점수를 입력하면 척도점수와 표준점수로 자동 전환되어 결과가 도출되며, 그 결과표를 출력할 수 있다.

③ K-ABC와 달리 지침서에 결과를 산출할 수 있는 환산점수표나 기타 부록이 수록되어 있지 않기 때문에 채점 프로그램을 사용하지 않고 임의로 결과를 산출할 수 없다.

(3) 서술적 범주

표준검사가 심리측정적 요소를 가지고 있지만 부모나 교사 등 보고서를 보게 되는 사람들이 점수가 의미하는 바를 이해하지 못할 수 있다. 따라서 일반적으로 사용되는 표준점수 범위를 언어적 기술방법으로 나타낸다.

표준점수 범위	서술적 분류
131 이상	매우 높다.
116~130	보통 이상이다.
85~115	보통 정도이다.
70~84	보통 이하이다.
69이하	매우 낮다.

검사모델	CHC	연령확대	X	시간보너스	X	보충검사	X	대체검사	X

┃전체척도 지수

전체척도	하위검사 환산점수의합	표준점수 (지수) M=100, SD=15	신뢰구간 90%	신뢰구간 95%	백분위	서술적 범주
유동성 - 결정성지표 (FCI)	39	57	54~60	53~61	0.2	매우 낮다

- SAMPLE의 전반적인 지적능력의 정도를 나타내는 유동성-결정성지수(FCI)를 추정한 결과 57인 것으로 나타났다.
- 측정의 오차를 고려해 95% 신뢰구간을 설정할 경우 SAMPLE의 실제 전체지능지수는 53 -61 범위에 있을 것으로 추정된다.
- SAMPLE의 유동성-결정성지수는 SAMPLE과 같은 나이 또래들의 능력과 비교할 때 백분위 0.2%에 해당되며, SAMPLE의 전반적인 지능수준은 매우 낮다.

┃하위척도 지수

하위척도	하위검사 환산점수의 합	표준점수(지수) M=100, SD=15	신뢰구간 90%	신뢰구간 95%	백분위	서술적 범주
순차처리 /Gsm	10	71	65~77	64~78	3.0	보통 이하이다
동시처리 /Gv	12	77	72~82	71~83	6.0	보통 이하이다
계획력/Gf	7	64	60~68	59~69	1.0	매우 낮다
학습력/Glr	6	61	55~67	53~69	0.5	매우 낮다
지식/Gc	4	56	51~61	50~62	0.2	매우 낮다
합계	39					

▆ **검사 결과 프로파일 예시**

5. K-ABC와 K-ABC-Ⅱ의 차이점과 특징

① K-ABC는 대상 연령이 2~12세였으나, K-ABC-Ⅱ는 대상 연령이 3~18세로 적용 대상 연령이 확대되었다.

② 결과 해석을 할 때 이원적 이론구조(CHC, Luria 모델)를 적용하고 다양한 관점에서 진단이 가능하다. 즉, 한 검사를 통해 피검자의 지적 능력을 평가함에 있어서 두 가지의 보완적인 이론적 관점에서 진단하고 해석할 수 있다.

③ 비언어성 척도를 포함하여 제한된 언어능력을 가진 아동에게 활용 가능하다. 비언어성 척도의 하위검사에서 검사자가 몸짓으로 문항을 제시하고, 피검사자는 언어가 아닌 동작으로 반응할 수 있도록 함으로써 청각이 손실되었거나 언어장애로 인해 제한된 언어능력을 가진 다문화 가정의 아동들을 보다 타당하게 평가할 수 있다. ❶ 18초등A1

④ 또래 지능의 평균 범위를 벗어나는(낮거나 혹은 높거나) 아동에게 실시 가능하다. 전체 모집단의 규준에 따라 그 정도에 상관없이 자신의 나이에 비해 평균 이상의 능력을 보이거나 평균에 많이 미달하는 능력을 보이는 아동들에게도 실시할 수 있다.

⑤ K-ABC에서 K-ABC-Ⅱ로 변화된 하위검사영역은 다음과 같다.

K-ABC-Ⅱ에서 유지되는 K-ABC의 하위검사	K-ABC-Ⅱ에서 제외된 K-ABC의 하위검사	새로운 K-ABC-Ⅱ의 하위검사
단어배열, 수회생, 손동작, 삼각형, 얼굴기억, 그림통합, 수수께끼, 표현어휘	마법의 창, 위치기억, 도형유추, 사진순서, 인물과 장소, 산수, 문자해독, 문장이해	이름기억, 관계유추, 이야기완성, 빠른길 찾기, 이름기억－지연, 언어지식, 블록세기, 형태추리, 암호해독－지연

기출 POINT 10

❶ 18초등A1

밑줄 친 ㉠의 예 1가지를 쓰시오.

Q : 우리 아이는 오랜 외국 생활로 한국어 사용이나 한국 문화에 익숙하지 않습니다. 이런 경우 사용할 수 있는 지능검사가 있나요?
A : 지능검사는 여러 유형이 있습니다. 특수교육지원센터에서는 학생의 문화·언어적 배경에 영향을 받지 않는 ㉠ 마임과 몸짓으로 실시하는 비언어성 지능검사를 받을 수 있습니다.

---

05 한국판 라이터 비언어성 지능검사(K-Leiter-R)

1. 목적 및 대상

① K-Leiter-R은 2세 0개월부터 7세 11개월까지의 아동들을 대상으로 인지기능을 평가하기 위한 검사다. ❶ 25중등B4

② 특히, K-Leiter-R은 이중 언어환경에서 자란 아동이나 청각장애, 의사소통장애, 주의력결핍 과잉행동장애, 학습장애, 뇌손상 등을 가진 아동들에게도 실시할 수 있는 비언어성 지능검사다.

기출 POINT 11

❶ 25중등B4

밑줄 친 ㉡~㉤ 중 틀린 내용을 2가지 찾아 기호를 쓰고, 바르게 고쳐 서술하시오.

특수교사 : 표준화된 비언어적 지능 검사 도구로 ㉤ 한국판 라이터 비언어성 지능 검사 개정판(K- Leiter-R)이 있긴 하지만, 이 도구는 중학생에게는 적합하지 않아요.

2. 구성 체계

K-Leiter-R은 크게 검사와 평정척도의 두 부분으로 이루어져 있다.

검사	시각화 및 추론 검사 (Visualization and Reasonging ; VR)	• 시각화, 추론 및 공간 능력과 관련된 비언어적 지적 능력을 평가 • 9개의 소검사
	주의력 및 기억력 검사 (Attention and Memory ; AM)	• 비언어적 주의력 및 기억력을 평가 • 10개의 소검사
평정척도	검사자 평정척도	• 아동에 대한 다차원적인 행동관찰 정보를 제공 • 각각 7개의 하위척도
	부모 평정척도	

3. 실시 방법

① 검사자는 임상적 필요에 따라 VR 검사와 AM 검사 중 하나만 선택하여 실시할 수 있다.

② 검사자 평정척도는 VR 검사만 실시할 경우에는 VR 검사가 종료된 직후에, VR 검사와 AM 검사가 모두 실시된 경우에는 AM 검사가 종료된 직후에 실시한다.

③ 부모 평정척도는 부모 혹은 주양육자가 직접 작성하게 하는데, 이들의 읽기능력이 부족할 경우 검사자가 문항을 읽어주면서 작성하게 할 수 있으며 필요한 경우 검사자가 전화면담으로 실시할 수도 있다.

4. 결과 및 해석

VR	• 소검사별 환산점수(10, 3), 백분위점수, 성장점수(문항반응이론을 기반으로 한 점수로서 약 380~590점 사이의 범위를 지닌 점수), 연령등가점수 제공 • 전체지능과 단출지능별로 지능지수(100, 15), 백분위점수, 성장점수, 연령등가점수 제공 • 복합점수로 복합지수(100, 15), 백분위점수, 성장점수, 연령등가점수 제공
AM	소검사별로 환산점수(10, 3), 백분위점수, 성장점수(문항반응이론을 기반으로 한 점수로서 약 375~575점 사이의 범위를 지닌 점수), 백분위점수, 성장점수, 연령등가점수 제공
평정척도	• 하위척도별로 환산점수(10, 3), 백분위점수 제공 • 복합점수로 복합지수(100, 15), 백분위점수 제공

⚐ K-Leiter-R의 구성내용

검사		소검사		전체지능		단축지능(2~7세)	복합점수	
				(2~5세)	(6~7세)		유동적 추론 (2~7세)	기본적 시각화 (2~5세)
검사	VR 검사	1	전경배경(FG)	○	○	○		
		2	그림유추(DA)		○			
		3	형태완성(FC)	○	○	○		
		4	짝짓기(M)	○	○			○
		5	계기적 순서추론(SO)	○	○	○	○	
		6	반복패턴찾기(RP)	○	○	○	○	
		7	그림맥락추론(PC)	○				○
		8	범주화(C)	○				
		9	접힌형태추론(PF)		○			

검사		소검사		복합점수					
				기억선별 (2~7세)	연합기억 (6~7세)	기억폭 (6~7세)	주의력 (6~7세)	기억과정 (6~7세)	재인기억 (4~7세)
검사	AM 검사	1	쌍대연합(AP)	○	○				
		2	즉각재인(IR)						○
		3	바로 따라 기억하기(FM)	○		○		○	
		4	지속적 주의력(AS)	○			○		
		5	거꾸로 따라 기억하기(RM)			○			
		6	대응도형찾기(VC)					○	
		7	공간기억(SM)			○		○	
		8	지연쌍대연합(DP)		○				
		9	자연재인(DR)						○
		10	분할주의력(AD)				○		

평정 척도	검사자 평정 척도		하위척도	복합점수	
				인지/사회	정서/조절
		1	주의력	○	
		2	조직화/충동통제	○	
		3	활동수준	○	
		4	사회성	○	
		5	활력 및 감정		○
		6	조절 및 정서조절		○
		7	불안		○
		8	감각적 반응		○
	부모 평정 척도		하위척도	복합점수	
				인지/사회	정서/조절
		1	주의력	○	
		2	활동수준	○	
		3	충동성	○	
		4	적응능력		○
		5	기분과 자신감		○
		6	활력과 감정		○
		7	사회적 능력	○	
		8	민감성과 생리적 조절반응		○

CHAPTER 05

적응행동검사

01 국립특수교육원 적응행동검사(KNISE-SAB)

1. 목적 및 대상

① KNISE-SAB의 적용 대상은 지적장애 학생의 경우 만 5세부터 17세까지이고, 일반 학생의 경우 만 21개월부터 17세까지이다.

② 이 검사도구는 장애 학생들의 적응행동능력을 측정하는 데 활용되며, 주로 지적장애 및 발달지체(장애)를 구별하는 도구로 사용될 수 있다.

2. 구성 체계

KNISE-SAB는 3개 영역(개념적 · 사회적 · 실제적 적응행동)에 걸쳐 총 242문항으로 구성되어 있다.

영역	소검사						
개념적 적응행동	언어이해	언어표현	읽기	쓰기	돈 개념	자기지시	–
사회적 적응행동	사회성 일반	놀이활동	대인관계	책임감	자기존중	자기보호	규칙과 법
실제적 적응행동	화장실 이용	먹기	옷 입기	식사준비	집안정리	교통수단 이용	진료받기
	통신수단 이용	작업기술	안전 및 건강관리	금전관리	–		

① **개념적 적응행동**: 구체적 · 현실적인 실제가 아닌 학문적 상황에서 성공하는 데 필요한 기술

② **사회적 적응행동**: 사회적 기대와 다른 사람의 행동을 이해하고, 사회적 상황에서 자신이 어떻게 행동하는 것이 적절한지를 판단하는 사회적 기술

③ **실제적 적응행동**: 평범한 일상생활 활동을 해나가는 데 있어 독립된 인간으로 자신을 유지해가는 실제적 적응기술

3. 실시 방법

① KNISE-SAB는 피검자를 6개월 이상 관찰하여 피검자의 특성과 행동을 제대로 파악하고 있는 부모나 교사 등의 정보 제공자를 대상으로 실시한다.

② 정보 제공자에게 문항에 따른 질문을 할 때에는 모든 소검사의 1번 문항부터 시작한다. 7세 이상의 일반 학생은 중간 문항부터 시작하거나 거꾸로 검사를 실시할 수 있고, 거꾸로 검사를 실시하였을 때 연속 2개의 문항을 맞힌 경우 이전의 문항은 모두 맞힌 것으로 한다. 3개 문항을 연속해서 수행하지 못할 경우 검사를 중지한다.

③ 적응행동 수준에 대한 판단 기준 및 채점은 다음과 같다.

적응행동 수준(판단 기준)	채점
세 번의 기회가 주어졌을 때 문항의 내용을 또래와 같은 수준으로 한 번도 수행하지 못하는 경우	0점
세 번의 기회가 주어졌을 때 문항의 내용을 또래와 같은 수준으로 한 번 수행하는 경우	1점
세 번의 기회가 주어졌을 때 문항의 내용을 또래와 같은 수준으로 두 번 수행하는 경우	2점
세 번의 기회가 주어졌을 때 문항의 내용을 또래와 같은 수준으로 세 번 모두 수행하는 경우	3점

④ 판단 기준 및 채점을 바탕으로 각 문항의 원점수를 계산하고, 각 영역별 총점을 구한다.

4. 결과 및 해석

① KNISE-SAB의 결과로 원점수, 환산점수, 적응행동지수(개념적·사회적·실제적 적응행동지수 및 전체 적응행동지수로 평균 100, 표준편차 15인 표준점수로 나타냄)를 얻을 수 있다. ❷ 13중등7

② KNISE-SAB의 결과는 지적장애를 판별하는 준거로도 활용될 수 있는데, 적응행동지수에 비추어 진단할 수 있다.

③ 적응행동지수는 일반학생 적응행동지수 산출표에서 먼저 산출한 다음, 어느 한 검사나 전체 검사의 적응행동지수가 평균 2 표준편차 이하에 포함되는 경우 지적장애 학생 적응행동지수 산출표로 또 하나의 적응행동지수를 산출해야 한다. ❶ 18초등A1, ❶ 13추가유아A3

기출 POINT 1

❶ 18초등A1
ⓒ을 하는 이유 1가지를 규준참조검사의 특성을 고려하여 쓰시오.

Q. 국립특수교육원 적응행동검사(KISE-SAB) 결과에서 '일반 학생 적응행동지수'와 '지적장애 학생 적응행동지수'를 동시에 명시하고 있는데 이해가 어렵습니다. 두 지수의 차이점이 무엇인가요?
A. 일반적으로 ⓒ 지적장애 학생을 진단할 때, 먼저 '일반 학생 적응행동지수'를 활용하여 해석한 후 '지적장애 학생 적응행동지수'를 해석합니다.

❷ 13중등7
검사도구명과 해당 특성이 바르게 제시된 것만을 고르시오.
■ 국립특수교육원 적응행동검사 (KISE-SAB)

• 개념적 기술, 사회적 기술, 실제적 기술로 구성된다.
• 하위검사별 적응행동지수와 전체 적응행동지수를 알 수 있다.

1. 프로파일

환산점수	개념적 적응행동					사회적 적응행동							실제적 적응행동											환산점수
	언어이해	언어표현	읽기	쓰기	돈개념	자기지시	사회성일반	놀이활동	대인관계	책임감	자기존중	자기보호	규칙과법	화장실이용	먹기	옷입기	식사준비	집안정리	교통수단이용	진료받기	금전관리	통신수단이용	작업기술	안전및건강관리	

(그래프: 지적장애 —— 일반 ------)

2. 환산점수 합

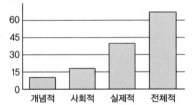

(막대그래프: 개념적, 사회적, 실제적, 전체적)

3. 적응행동지수

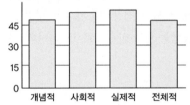

(막대그래프: 개념적, 사회적, 실제적, 전체적)

🏁 적응행동지수의 진단적 분류 ❶ 13추가중등B2

적응행동지수	분류	비율
130 이상	최우수(Very Superior)	2.2
120~129	우수(Superior)	6.7
110~119	평균 상(High Average : Bright)	16.1
90~109	평균(Average)	50.0
80~89	평균 하(Low Average : Dull)	16.1
70~79	경계선(Borderline)	6.7
69 이하	지체(Retardation)	2.2

[출처] 김진호, 『최신 특수아 진단 및 평가』(2018.)

기출 POINT 2

❶ 13추가중등B2
㉠~㉣에서 틀린 것 2가지를 찾아 그 기호를 쓰고, 바르게 고쳐 쓰시오.
■ 적응행동 검사

㉠ 전체 적응행동 지수 62는 1표준 편차 범위로 정상 범위의 적응행동을 보인다.

기출 POINT 3

① 13추가유아A3

A는 동희의 소검사 환산점수선이다. 어떤 집단을 규준집단으로 한 프로파일인지 쓰시오. 그리고 동희의 적응행동지수를 해석한 문장의 ①과 ②에 들어갈 말을 순서대로 쓰시오.

프로파일

	개념적 적응행동					사회적 적응행동						실제적 적응행동									
	언어이해	언어표현	읽기	쓰기	돈개념	자기지시	사회성일반	놀이활동	대인관계	책임감	자기존중	자기보호	규칙과법	화장실이용	먹기	옷입기	식사준비	집안정리	교통수단이용	진료받기	금전관리	통신수단이용	작업기술	안전및건강관리

해석

동희의 전체 적응행동지수는 115이다. 이는 (①) 유아 규준집단의 약 (②)% 가 동희보다 낮은 적응행동 점수를 받았음을 의미한다.

02 **국립특수교육원 적응행동검사**(NISE-K · ABS)

1. 목적 및 대상

① NISE-SAB은 2003년 개발·보급되어 웹 기반 무료 간편 선별검사로 현장에 자리 잡았으나, 변화된 시대적·문화적 맥락을 반영할 필요성이 있다는 현장의 목소리를 반영하여 NISE-K · ABS가 2017~2018년에 개발되었다.

② 유아용(만 2세~6세 5개월), 초·중등용(만 6세~18세)으로 구분되어 개발되었다.

③ 검사 대상의 적응행동 수준을 파악하고, 그에 따른 적절한 교수 계획을 수립하는 데 필요한 기초 정보를 제공한다.

2. 구성 체계

검사 문항은 개념적 기술, 사회적 기술, 실제적 기술의 하위 소검사 순으로 구성되어 있다.

영역	유아용		초·중등용	
	소검사	문항 수	소검사	문항 수
개념적	인지	18	인지	25
	언어	8	언어	12
	수	7	수	12
사회적	자기표현	9	자기표현	10
	타인인식	14	타인인식	17
	대인관계	26	대인관계	19
실제적	운동 및 식사	14	기본생활	27
	의복	9	가정생활	10
	위생	7	지역적응	14
	일상	13	IT활용	12

3. 실시 방법

① NISE-K · ABS 검사는 피검자를 가장 잘 아는 사람이 물음에 응답하는 것을 원칙으로 한다.

② 검사를 실시할 때에는 피검사의 연령을 정확하게 계산하고, 연령에 맞게 유아용 검사나 초·중등학생용 검사를 적절하게 선택하여 실시한다.

③ 검사에 포함된 모든 문항을 검사해야 한다. 문항에 대한 응답은 '매우 잘함(2점)', '가끔 함(2점)', '거의 못함(0점)' 중 하나를 선택한다.

4. 결과 및 해석

① NISE-K · ABS 검사는 전체적 적응행동수준과 하위 개념적 기술, 사회적 기술, 실제적 기술에 관한 기준을 제시한다. 이러한 지수들은 평균이 100이고 표준편차가 15인 표준점수로 개발되었다.

② 검사 결과는 표준점수 범위에 따라 5단계로 나누어 해석할 수 있다.

▶ 점수의 해석

표준점수 범위	수준
131 이상	상당히 높은 수준
116~130	평균 이상 수준
85~115	평균 수준
70~84	저조한 수준
69 이하	상당히 저조한 수준

┃ 적응행동검사 결과

원점수	적응 지수	표준 점수	백분위 점수
15	33	68	2.0

→ **적응행동검사 결과 해석**

표준점수가 69 이하인 경우는 상당히 저조한 수준입니다.

＊적응행동 검사결과 표준점수가 69 이하인 경우에는 적절한 관심과 지원이 시급하다는 의미입니다.

┃ 하위 영역별 결과

	소검사 원점수 합	소검사 척도점수 합	표준 점수	백분위 점수
개념적 기술	0	9	70	2
사회적 기술	13	8	70	2
실제적 기술	2	16	74	4

┃ 하위 소검사 유형별 결과

구분	개념적 기술			사회적 기술			실제적 기술			
	인지	언어	수	자기 표현	타인 의식	대인 관계	기본 생활	가정 생활	지역 적응	IT활용
원점수	0	0	0	2	8	3	1	1	0	0
척도 점수	4	2	3	2	3	3	2	4	5	5
백분위	2.0	0.4	1.0	0.4	1.0	1.0	0.4	2.0	5.0	5.0
적응 연령	6세 0~5 개월	6세 0~5 개월	6세 0~5 개월	6세 0~5 개월	6세 0~5 개월	6세 0~5 개월	6세 0~5 개월	6세 0~5 개월	6세 0~5 개월	6세 0~5 개월

＊척도 점수가 4점 이하인 경우에는 적절한 관심과 지원이 시급하다는 의미입니다.

더알아보기

• **적응 지수**: 모든 소검사 척도점수의 합
• **표준 점수**: 적응지수를 평균이 100, 표준편차가 15인 점수로 변환

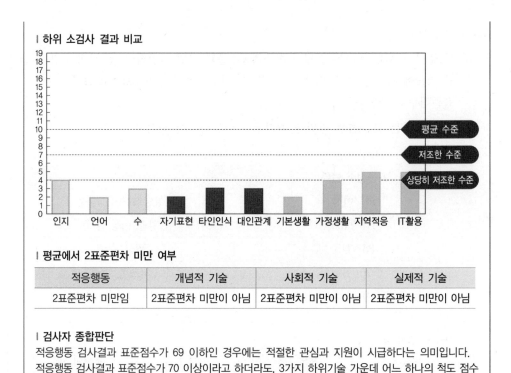

| 하위 소검사 결과 비교

평균 수준

저조한 수준

상당히 저조한 수준

인지 언어 수 자기표현 타인인식 대인관계 기본생활 가정생활 지역적응 IT활용

| 평균에서 2표준편차 미만 여부

적응행동	개념적 기술	사회적 기술	실제적 기술
2표준편차 미만임	2표준편차 미만이 아님	2표준편차 미만이 아님	2표준편차 미만이 아님

| 검사자 종합판단

적응행동 검사결과 표준점수가 69 이하인 경우에는 적절한 관심과 지원이 시급하다는 의미입니다. 적응행동 검사결과 표준점수가 70 이상이라고 하더라도, 3가지 하위기술 가운데 어느 하나의 척도 점수가 4점 이하의 경우에는 해당 영역의 적응행동에 어려움이 있을 수 있으므로 적절한 관심과 지원이 필요할 수 있습니다.

⚑ NISE-K · ABS 검사 결과 프로파일

---

03 **지역사회적응검사 2판**(CISA-2)

1. 목적 및 대상

① 지역사회적응검사 2판은 CIS-A의 개정판으로, 변화한 시대적 흐름과 요구에 따라 통신서비스 적응기술을 추가해 표준화된 비언어성 검사도구이다.

② CISA-2의 검사 적용 대상은 만 5세 이상의 지적장애인 및 자폐성장애인으로, 이들이 지역사회에 통합되는 데 필수적인 적응기술을 포괄적으로 검사한다.

③ 특히 발달장애인의 교육에 관심이 있을 경우 CISA-2와 더불어 지역사회적응교육과정(CISC-2)을 이용하여 피검자의 지역사회적응수준을 평가하고, 그에 따른 교수 프로그램을 구성하여 운영할 수 있다.

2. 구성 체계

① CISA-2는 3개의 영역(기본생활, 사회자립, 직업생활)에 걸쳐 총 161문항으로 구성되어 있다.

② CISA-2는 그림을 활용하여 검사를 실시할 수 있도록 구성되어 있어, 읽기가 능숙하지 못한 발달장애인이 평가에 참여하기 용이하도록 개발되었다.

영역	내용	소검사
기본생활	개인의 자조능력을 비롯한 개인, 가정, 지역사회에 적응하는 데 필요한 기초적인 생활기술	• 기초개념 • 기능적 기호와 표지 • 가정관리 • 건강과 안전
사회자립	공공 서비스에 대한 지식, 시간개념, 금전개념과 관련된 기술로서 독립적으로 사회생활을 유지하는 데 필요한 기술	• 지역사회 서비스 • 시간과 측정 • 금전관리 • 통신 서비스
직업생활	직업생활의 준비와 유지에 필요한 직업 관련 지식과 대인관계 및 여가생활 기술	• 직업기능 • 대인관계와 예절

3. 실시 방법

① CISA-2는 검사자가 질문하면 피검사자가 답변하는 형식으로 실시되며, 요인 1에서 요인 10까지의 순서대로 진행하지만 요인의 실시 순서를 변경할 수도 있다. 총 점수가 필요하지 않을 경우 몇 개의 요인을 생략할 수도 있다. ❶ 24중등A8

② CISA-2는 원칙적으로 검사자와 피검자 외에 다른 사람이 없는 검사실에서 실시된다. 그러나 간혹 검사자의 판단하에 원만한 검사진행을 위해서 보호자가 검사실 안에 있도록 허락할 수도 있는데, 이런 경우 보호자는 검사 시 피검자가 볼 수 없는 곳에 조용히 앉아 있어야 한다.

4. 결과 및 해석

① CISA-2는 세 영역별 영역지수(기본생활지수, 사회자립지수, 직업생활지수)와 전반적인 적응지수를 제공하는데, 이러한 지수들은 모두 평균이 100이고 표준편차가 15인 표준점수다. 또한 하위영역별로 환산점수(평균이 10, 표준편차가 3인 표준점수)도 제공한다. 이러한 지수와 환산점수에 따라 적응수준을 다음과 같이 분류하고 있다.

❶ 24중등A8

기출 POINT 4

❶ 24중등A8
괄호 안의 ⓒ에 해당하는 내용을 서술하시오.
■ 지역사회 적응 검사(CISA-2)

검사대상	만 5세 이상의 지적장애인과 자폐성장애인을 포함한 발달장애인
검사 영역 구성	기본생활, 사회자립, 직업생활
검사 실시 방법	(ⓒ)
검사 결과 제공 점수	원점수, 환산점수, 영역별(적응)지수, 적응지수

기출 POINT 5

❶ 24중등A8

ⓒ~ⓗ 중 틀린 내용을 2가지 찾아 기호를 쓰고, 그 이유를 각각 서술하시오.

| ⓔ 지역사회 적응 검사 결과를 통해 일반 규준과 임상 규준에서의 적응 수준과 강·약점을 파악할 수 있음 |
| ⓕ 지역사회 적응 검사에서는 원점수를 백분위 점수인 영역별 (적응)지수, 적응지수로 변환하여 산출함 |

적응지수	적응 수준	환산점수	적응 수준
130 이상	최우수	17~19	매우 높음
120~129	우수	15~16	높음
110~119	평균 상	13~14	평균 상
90~109	평균	8~12	평균
80~89	평균 하	6~7	평균 하
70~79	경계선	4~5	낮음
69 이하	적응행동 지체	1~3	매우 낮음

② 일반집단 규준과 임상집단 규준의 두 가지 규준을 제시하고 있으므로 검사 설명서의 지침에 따라 규준을 선택하여 지수를 산출한다. 일반집단과 임상집단의 규준을 구별하기 위해 일반집단 규준을 이용한 프로파일은 실선으로 표시하고, 임상집단 규준을 이용한 프로파일은 점선으로 표시한다. ❶ 24중등A8, ❷ 10초등13

㉠ **일반집단 규준**: 일반학생 집단과 비교해서 피검자의 적응 수준이 제시된다.

㉡ **임상집단 규준**: 지적장애 및 자폐성장애 집단과 비교해서 피검자의 적응 수준이 제시된다.

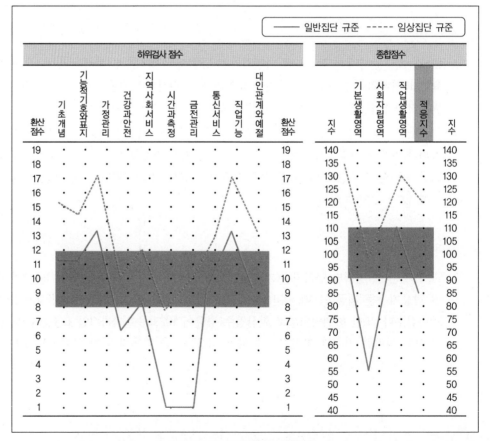

🚩 **CISA-2 검사 결과 프로파일**

기출 POINT 5

❷ 10초등13

다음은 정신지체 학생 예지의 지역사회 적응검사(CIS-A) 결과를 기록한 검사지의 일부이다. 이 결과에 대한 해석으로 가장 적절한 것은?

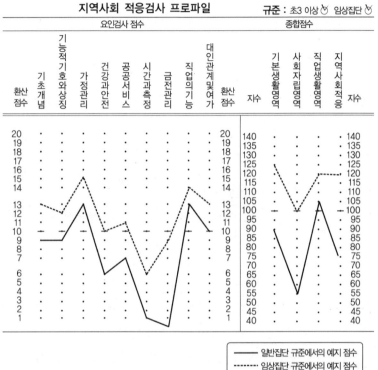

① 예지는 기본생활영역보다 사회자립영역에서 더 높은 수준을 보인다.

② 임상집단 규준에서의 예지 점수는 모든 장애학생을 대상으로 한 상대적 적응행동 수준을 보여준다.

③ 직업생활 영역의 경우 일반집단 규준에 기초한 예지의 지수점수는 105로 평균으로부터 1 표준편차 범위 안에 있다.

④ 일반집단 규준에 근거하여 예지의 종합 점수를 볼 때, 지역사회통합 훈련에서는 기본생활 영역을 우선 지도해야 한다.

⑤ 사회자립 영역의 경우 예지의 지수점수는 임상집단 규준에서는 적응행동지체 수준을 보이지만, 일반집단 규준에서는 평균의 수행수준을 보인다.

04 사회성숙도검사(SMS)

1. 목적 및 대상

① SMS는 개인의 성장, 변화, 개인차 등을 측정하거나 지적장애를 구별하고 또 생활지도와 훈련의 기초자료 수집도구로 사용할 수 있다.

② 검사의 적용 대상은 0세부터 만 30세까지다.

2. 구성 체계

SMS는 6개의 행동 영역(자조, 이동, 작업, 의사소통, 자기관리, 사회화)에 걸쳐 총 117문항으로 구성되어 있다. ❶ 24중등A8

기출 POINT 6

❶ 24중등A8
괄호 안의 ㉠에 해당하는 영역을 쓰시오.

■ 사회성숙도 검사(SMS)

검사대상	0세부터 만30세
검사 영역 구성	자조, 이동, 작업, 의사소통, (㉠), 사회화
검사 실시 방법	피검자를 잘 아는 부모나 형제, 친척, 후견인과의 면담
검사 결과 제공 점수	원점수, 사회연령, 사회지수

영역		내용
자조	자조 일반	이동의 예비적 단계, 조작능력, 대소변, 이동능력, 자기관리능력, 의사소통능력
	자조 식사	음료, 식사 도구 사용, 통제력과 판별력의 유무, 전반적인 종합력을 표현
	자조 용의	옷 입고 벗기, 씻고 닦기, 몸 단장
이동		기어다니는 능력부터 어디든 혼자 다닐 수 있는 능력
작업		단순한 놀이부터 고도의 전문성을 요하는 직업에 이르는 다양한 능력
의사소통		동작, 음성, 문자 등을 매체로 한 수용과 표현
자기관리		금전의 사용, 구매, 경제적 자립 준비와 지원, 기타 책임 있고 분별 있는 행동 등에 관한 것으로 독립성과 책임감
사회화		사회적 행동, 사회적 책임, 현실적 사고

3. 실시 방법

① SMS는 검사지를 사용해서 피검사자를 잘 아는 사람(부모, 교사, 기타)과의 면접을 통해 실시한다. 만약 정보 제공자의 대답을 믿기 어려운 경우 피검사자를 직접 만나서 그의 행동을 관찰해보고 판단한다. ❶ 24중등A8

② 정보 제공자에게 문항에 따른 질문을 할 때 1번 문항부터 질문을 시작하기보다는 피검사자의 연령과 능력 등을 고려하여 시작 질문의 번호를 정해 질문한다. 각 문항의 답은 기입 방법과 문항 판단 기준에 따라 표시한다.

기출 POINT 7

❶ 24중등A8
㉢~㉲ 중 틀린 내용을 2가지 찾아 기호를 쓰고, 그 이유를 각각 서술하시오.

㉢ 사회성숙도 검사에서 정보 제공자의 응답을 믿기 어려운 경우에는 직접 만나서 행동을 관찰하고 판단하는 것이 좋음

기입 방법	문항 판단 기준	점수
+	부당한 강요나 인위적인 유인이 없어도 각 항목이 지시하는 본질적인 행동을 습관적으로 수행하는 경우	1
+F	검사 시에는 '특별한 제약'으로 그러한 행동을 성공적으로 수행하지 못하였지만, 평상시에는 성공적으로 수행하였을 경우	1
+No	지금까지는 '기회의 부족'으로 각 항목이 지시하는 행동을 수행하지 못하였지만, 기회가 부여된다면 곧 성공적으로 수행 또는 습득할 수 있을 정도	1/0/0.5
±	각 항목이 지시하는 행동을 가끔 하기는 하나 그 행동이 불안정할 경우, 즉 과도적 상태이거나 발현 중인 상태에 있을 경우	0.5
−	전혀 수행하지 못하는 경우 또는 부당한 강요나 유인 때문에 수행하는 경우	0

4. 결과 및 해석

SMS 결과는 각 검사 문항에 대한 총점을 계산하고 사회연령(SA)과 사회지수(SQ)를 산출하고 해석한다. 구체적으로, 총점은 기본점과 가산점을 합산하여 구하고, 구한 총점을 바탕으로 사회연령 환산표에서 사회연령을 구한 뒤 구한 사회연령을 생활연령으로 나누어 사회지수를 산출한다. ❶ 24중등A8

더알아보기

사회지수(SQ)
$$= \frac{\text{사회(등가)연령(SA)}}{\text{생활연령(CA)}} \times 100$$

기출 POINT 8

❶ 24중등A8
ⓒ~ⓑ 중 틀린 내용을 2가지 찾아 기호를 쓰고, 그 이유를 각각 서술하시오.

ⓔ 사회성숙도 검사 결과에서 '사회지수'가 70(점)이라면 평균에서 대략 −2표준편차에 해당하는 점수라고 볼 수 있음

성명: 나 학생　성별: ⓝ 여　생년월일: 06년 1월 4일 (만 10세 9월)

거주지: 충청북도 청주시　학교: 청주초 4학년 1반　직업:

MA:　IQ:　검사명　검사일　년　월　일

아버지의 직업: 회사원　직위: 과장　직장생활 연수: 20년　교육 정도: 대학교 졸업

어머니의 직업: 공무원　직위: 7급　직장생활 연수: 16년　교육 정도: 대학교 졸업

피면접자: 김미소　피면접자와의 관계: 어머니　면접자: 이성용　면접일: 2016년 10월 4일

장애: 지적장애　기본점: 69

비고:　가산점: 6　SA: 8.00

총점: 75　SQ: 73

기입요령

+; 부당한 강요나 인위적인 유인이 없어도, 각 항목이 지시하는 본질적인 행동을 습관적으로 수행하는 경우

+F; 검사 시에는 '특별한 제약'으로 그러한 행동을 성공적으로 수행하지 못하였지만, 평상시에는 성공적으로 수행하였을 경우

+No; 지금까지는 '기회의 부족'으로 각 항목이 지시하는 행동을 수행하지 못하였지만, 기회가 부여된다면 곧 성공적으로 수행 또는 습득할 수 있을 정도

±; 각 항목이 지시하는 행동을 가끔 하기는 하나 그 행동이 불안정할 경우, 즉 과도적 상태이거나 발현 중인 상태에 있을 경우

−; 전혀 수행하지 못하는 경우 또는 부당한 강요나 유인 때문에 수행하는 경우

[출처] 김진호, 『최신 특수아 진단 및 평가』(2018.)

05 한국판 적응행동검사(K-SIB-R)

1. 목적 및 대상

① K-SIB-R은 지적장애 학생들의 사회적응 기술(적응행동) 정도를 측정해 일반 학생의 기준에서 볼 때 어느 수준에 있는가를 확인하는 선발 및 배치에 사용할 수 있다. 또한 추후 학생의 개별화가족지원계획(IFSP)이나 개별화교육계획(IEP)의 교육목표 설정에도 유용한 자료로 활용할 수 있다.

② 검사의 적용 대상은 0세부터 17세까지이다.

2. 구성 체계

기출 POINT 9

❶ 15유아A5
한국판 적응행동검사(K-SIB-R)의 하위 검사 영역 2가지를 쓰시오.

① K-SIB-R은 표준화된 규준참조 평가도구로, 독립적 적응행동과 문제행동 영역으로 크게 구분되어 있다. ❶ 15유아A5

② 독립적 적응행동 영역은 4개의 척도(운동 기술, 사회적 상호작용 및 의사소통 기술, 개인생활 기술, 지역사회생활 기술)로 구성되어 있다.

③ 문제행동 영역은 3개의 척도(내적 부적응행동, 외적 부적응행동, 반사회적 부적응행동)로 구성되어 있다. ❶ 15유아A5

영역		척도 내용
독립적 적응행동	운동 기술	대근육 운동, 소근육 운동
	사회적 상호작용 및 의사소통 기술	사회적 상호작용 및 의사소통, 언어이해, 언어표현
	개인생활 기술	식사와 음식 준비, 신변처리, 옷 입기, 개인위생, 가사/적응행동
	지역사회생활 기술	시간 이해 및 엄수, 경제생활, 작업기술, 이동기술
문제행동	부적응 행동 / 내적	• 위축된 행동이나 부주의한 행동 • 방해하는 행동 • 특이한 반복적인 습관
	부적응 행동 / 외적	• 자신을 해치는 행동 • 타인을 해치는 행동 • 물건을 파괴하는 행동
	반사회적	• 사회적으로 공격적인 행동 • 비협조적인 행동

[출처] 김진호, 『최신 특수아 진단 및 평가』(2018.)

3. 실시 방법

① K-SIB-R은 피검자의 특성과 행동을 파악하고 있는 사람(부모나 양육자 등)을 대상으로 실시한다. 검사자가 피검자의 부모나 양육자에게 검사 문항에 대한 질문을 하고, 부모나 양육자가 대답을 하는 형식이다.

② **독립적 적응행동**: 독립적 적응행동의 각 하위 척도에 제시된 문항에 대해 0~3점 중 한 가지를 선택하여 응답한다.

③ **문제행동**: 문제행동의 빈도는 문제행동이 얼마나 자주 발생하느냐를 파악하기 위해 0~5점 중에 하나는 선택하고, 문제행동의 심각성은 문제행동이 얼마나 심각하게 발생 하느냐를 파악하기 위해 0~4점 중 하나를 선택하여 평가한다.

4. 결과 및 해석

① K-SIB-R의 결과는 독립적 적응행동과 문제행동별로 나누어진다.

② 독립적 적응행동은 각 검사문항에 대한 원점수를 계산하고, 원점수를 W점수로 바꾸며, 등가연령점수를 제공한다. 이를 바탕으로 비교 습득 점수, 표준점수 및 백분위점수를 산출하고 해석한다.

표준점수 범위	백분위	수준
131 이상	98~99.9	매우 뛰어남
121~130	92~97	뛰어남
111~120	76~91	평균 이상
90~110	25~75	평균
80~89	9~24	평균 이하
70~79	3~8	낮음
69 이하	0.1~2	매우 낮음

③ 문제행동에 대한 결과는 세 개의 부적응행동군별로 부적응행동지수(내적 부적응지수, 외적 부적응지수, 반사회적 부적응지수)를 산출하고, 세 개 군의 점수를 종합하여 일반적 부적응지수를 산출한다. 부적응행동 지수는 각 연령에서 정상일 때 0으로 표시되지만, 지수가 0 이하로 내려가면 문제행동이 있음을 나타낸다.

지수	심각성 수준	해석
−10 이상	정상	이 범위는 정상범위로서 문제행동이 없음을 의미한다.
−11~−20	심각성의 경계	이 범위는 문제행동이 경계선상에 있음을 의미한다.
−21~−30	약간 심각	이 범위는 약간의 심각한 문제행동이 있음을 의미한다.
−31~−40	심각	이 범위는 심각한 문제행동이 있음을 의미한다.
−41 이하	매우 심각	이 범위는 매우 심각한 문제행동이 있음을 의미한다.

④ 적응행동과 부적응행동 점수를 조합하여 지원점수를 제공하며, 이 결과를 통해 지원의 강도를 결정하는 데 활용할 수 있다. 지원점수는 0~100점의 범위를 가지고 있으며, 6개의 범주로 구성되어 있다.

지원 점수	지원 단계	해석
1~24	전반적	전반적 또는 고강도의 지원과 지속적인 관리가 요구된다.
25~39	확장적	확장적이거나 계속적인 지원과 관리가 요구된다.
40~54	빈번한	빈번하고 밀접한 지원과 관리가 요구된다.
55~69	제한적	제한적으로 일관성 있는 지원과 관리가 요구된다.
70~84	간헐적	간헐적이거나 주기적인 지원과 관리가 요구된다.
85~100	드물거나 없음	드물게 지원이 필요하거나 거의 지원이 필요 없다.

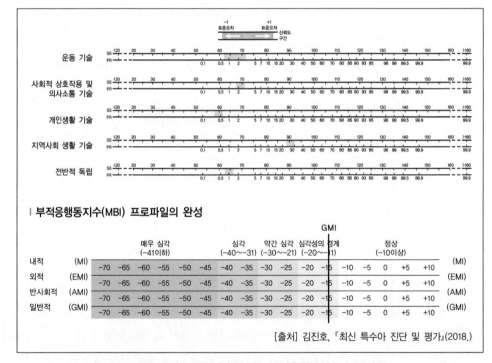

[출처] 김진호, 『최신 특수아 진단 및 평가』(2018.)

🚩 K-SIB-R의 표준점수/백분위, 부적응행동지수 프로파일

적응행동과 부적응행동을 조립한 지원점수의 예

일반적 부적응행동지수	전반적 독립 w점수																
	466~467	468~469	470~471	472~473	474~475	476~477	478~479	480~481	482~483	484~485	486~487	488~489	490~491	492~493	494~495	496~497	498~499
4	66	67	69	70	71	72	73	75	76	77	79	80	82	83	85	86	87
3	65	66	68	69	70	71	72	74	75	76	78	79	81	83	84	85	87
2	65	66	67	68	69	71	72	73	74	75	77	79	78	82	83	84	86
1	64	65	66	67	69	70	71	72	74	75	76	78	80	81	82	83	85
0	63	64	65	66	68	69	70	71	73	74	75	77	79	80	82	83	84
−1	62	65	65	66	67	68	69	71	72	73	74	76	78	79	81	82	83
−2	61	62	64	65	66	67	68	70	71	72	74	75	77	79	80	81	82
−3	60	61	63	64	65	66	67	69	70	71	73	75	76	78	79	80	82
−4	60	61	62	63	65	66	67	68	69	71	72	74	75	77	78	79	81
−5	59	60	61	62	64	65	66	67	69	70	71	73	75	76	77	78	80
−6	58	59	60	61	63	64	65	66	68	69	70	72	74	75	77	78	79
−7	57	58	60	61	62	63	64	66	67	68	69	71	73	74	76	77	78
−8	56	57	59	60	61	62	63	65	66	67	69	70	72	74	75	76	77
−9	55	57	58	59	60	61	63	64	65	66	68	70	71	73	74	75	77
−10	55	56	57	58	60	61	62	63	65	66	67	69	70	72	73	74	76
−11	54	55	56	57	59	60	61	62	64	65	66	68	70	71	72	74	75
−12	53	54	55	57	58	59	60	61	63	64	65	67	69	70	72	73	74
−13	52	53	55	56	57	58	59	61	62	63	64	66	68	69	71	72	73
−14	51	52	54	55	56	57	58	60	61	62	64	65	67	69	70	71	72
−15	51	52	53	54	55	57	58	59	60	61	(63)	65	66	68	69	70	72
−16	50	51	52	53	55	56	57	58	60	61	62	64	66	67	68	69	71
−17	49	50	51	52	54	55	56	57	59	60	61	63	65	66	68	69	70
−18	48	49	51	52	53	54	55	56	58	59	60	62	64	65	67	68	69
−19	47	48	50	51	52	53	54	56	57	58	60	61	63	64	66	67	68
−20	46	47	49	50	51	52	53	55	56	57	59	60	62	64	65	66	68
−21	46	47	48	49	50	52	53	54	55	56	58	60	61	63	64	65	67
−22	45	46	47	48	50	51	52	53	55	56	57	59	61	62	63	64	66
−23	44	45	46	47	49	50	51	52	54	55	56	58	60	61	63	64	65
−24	43	44	46	47	48	49	50	52	53	54	55	57	59	60	62	65	64

지원점수

지시사항

1. 일반적 독립 W점수를 기록하세요.   _486_
2. 일반적 부적응행동지수를 기록하세요.   _−15_
3. 두 점수를 이용하여 [부록 4]에서 지원점수를 찾아
   기록하세요.   _63_
4. 오른쪽 표를 참고하여 개인의 지원점수를 수준에
   따라 기록하세요.   _제한적인_

지원점수	지원수준
1~24	전반적인
25~39	확장적인
40~54	빈번한
55~69	제한적인
70~84	간헐적인
85~100	가끔 혹은 필요하지 않음

[출처] 김진호, 『최신 특수아 진단 및 평가』(2018.)

🏳 **적응행동과 부적응행동을 활용한 지원점수**

K-Vineland-Ⅱ는 K-Vineland-Ⅰ의 개정판인 동시에 사회성숙도 정의(SMS)의 개정판이다.

06 한국판 바인랜드 적응행동척도-2판(K-Vineland-Ⅱ)

1. 목적 및 대상

① 한국판 바인랜드 적응행동척도-2판은 적응행동과 일상생활 기능을 평가하기 위하여 개발한 검사도구이다.

② 검사의 적용 대상은 0세부터 90세 11개월까지이기 때문에 거의 전 연령대의 개인을 대상으로 평가할 수 있다.

2. 구성 체계

K-Vineland-Ⅱ는 면담형 검사와 보호자 평정형 검사로 이루어져 있다.

① **면담형 검사**: 적응행동을 파악하는 필수 검사 영역과 부적응행동 정도를 파악하는 선택영역으로 구성된다.

② **보호자 평정형**: 면담형 검사와 기본적인 구성은 동일하나, 일부 용어는 부모나 양육자가 이해하기 쉬운 용어로 대체되었다. 또한 영역이 동일하더라도 면담형에 비해 좀 더 쉬운 문항에서부터 시작하도록 되어 있다.

구분	면담형				보호자 평정형			
	주 영역	하위 영역	문항 수	계	주 영역	하위 영역	문항 수	계
필수	의사 소통	수용	20	99	의사 소통	듣기, 이해하기	20	99
		표현	54			말하기	54	
		쓰기	25			읽기와 쓰기	25	
	생활 기술	개인	41	109	생활 기술	자신 돌보기	41	109
		가정	24			집안 돌보기	24	
		지역사회	44			사회생활	44	
	사회성	대인관계	38	99	사회성	대인관계	38	99
		놀이와 여가	31			놀이와 여가	31	
		대처기술	30			대처기술	30	
	운동 기술	대근육 운동	40	76	운동 기술	대근육 운동	40	76
		소근육 운동	36			소근육 운동	36	
선택	부적응 행동	내현화	11	50	부적응 행동	하위 영역 A	11	50
		외현화	10			하위 영역 B	10	
		기타	15			하위 영역 C	15	
		결정적 문항	14			하위 영역 D	14	
합계				433	합계			433

• 필수 검사 중 운동기술 영역은 0~6세 11개월까지만 사용함. 즉, 0~6세 11개월까지는 적응행동 점수를 산출하는 과정에서 점수 합산(4개 주 영역 표준점수의 합)에 포함하지만, 7세 이상부터는 적응행동점수의 합산에 포함하지 않음(3개의 주 영역 표준점수의 합)

• 부적응행동 영역 중 결정적 문항(면담형)과 하위 영역 D(보호자 평정형)는 부적응행동지표를 산출하는 데 사용하지 않음

3. 실시 방법

① 피검사자를 잘 알고 있는 보호자 등이 응답하는 형식으로 이루어진다. 검사 시 면담형과 보호자 평정형 중 어떤 것을 이용하여 검사할 것인지를 결정한다. 면담형과 보호자 평정형은 응답자의 성격이나 정서 상태, 혹은 검사 참여 동기 등을 고려하여 선택한다. 즉, 응답자로 참여하는 사람이 검사에 직접 참여하여 응답하고자 하느냐, 아니면 응답자가 검사자를 대면하기보다는 직접 검사지를 보면서 응답할 것이냐에 따라 결정한다.

② 면담형과 보호자 평정형 모두 동일한 방법으로 실시한다. 검사를 시작하기 전 피검자의 만 연령에 기초하여 검사의 시작점을 결정한다. 만약 피검자에게 발달지연이 있는 것으로 의심되거나, 하나 이상의 하위 영역에서 결손이 있는 것으로 의심되면, 모든 하위 영역에서 낮은 시작점을 적용한다.

③ 문항에 대한 채점은 2점, 1점, 0점, DK, N/O 중에 선택하고, 연속해서 4문항이 0점으로 채점되면 검사를 중지한다.

4. 결과 및 해석

① 피검자의 적응행동에 관한 정보를 정확하게 제공하기 위하여 11개의 하위 영역별로 V-척도점수, 백분위점수, 등가연령, 스테나인 등과 같은 다양한 규준 점수를 제공한다. 또한 4개 주 영역별로 표준점수(평균 100, 표준편차 15), 백분위점수, 스테나인 점수를 제공하며, 주 영역 표준점수를 합하여 적응행동조합점수(평균 100, 표준편차 15)를 제공한다.

② 부적응행동과 관련해서는 내현화와 외현화 2개 하위 영역별로 V-척도점수가 제공되며, 부적응행동지표도 V-척도점수로 제공된다.

⚑ **K-Vineland-II의 적응수준 및 부적응수준**

	하위 영역 V-척도점수	주 영역 표준점수	적응행동 조합점수	적응수준
적응행동 (4개 주 영역)	1~9	20~70	20~70	낮음
	10~12	71~85	71~85	약간 낮음
	13~17	86~114	86~114	평균
	18~20	115~129	115~129	약간 높음
	21~24	130~160	130~160	높음
부적응행동	V-척도점수	부적응수준		
	21~24	임상적으로 의미 있는 부적응		
	18~20	다소 높은 부적응		
	1~17	보통 정도 부적응		

K-Vineland-II 점수 보고서

대상자 성명: 나 학생　연령(만): 8 세 0 개월　작성일자: 2017 년 03 월 29 일
실시 양식: ___면담형　✓보호자평정형

바인랜드 적응행동 점수 요약

하위 영역 및 주 영역 점수

하위 영역/주 영역	원점수	v-척도 점수	주 영역 표준점수	신뢰구간	백분위	적응 수준	등가 연령	스테나인	점수-중위수*	강점(S) 또는 약점(W)
수용	29	10		8~12		약간낮음	2:10		4	S
표현	58	6		4~8		낮음	2:03		0	-
쓰기	11	2		0~4		낮음	4:00		-4	W
의사소통 합계:	18		46	39~53	<0.1	낮음		1	-6	-
개인	60	10		8~12		약간낮음	3:10		1	
가정	8	9		7~11		낮음	2:09		0	-
지역사회	22	5		3~7		낮음	3:09		-4	W
생활기술 합계:	24		60	54~66	0.4	낮음		1	8	-
대인관계	44	9		7~11		낮음	2:07		3	S
놀이 및 여가	19	6		4~8		낮음	1:08		0	-
대처기술	9	5		3~7		낮음	1:08		-1	
사회성 합계:	20		52	44~60	<0.1	낮음		1	0	
대근육	59	-		-		-			-	-
소근육	34	-		-		-			-	-
운동기술 합계:	-	-	-	-	-	-		-	-	-

주 영역 표준점수의 합 = 158

	표준점수	95% 신뢰구간	백분위	적응수준	스테나인
적응행동 조합점수	49	44~54	<0.1	낮음	1

	원점수	v-척도 점수	95% 신뢰구간	수준
부적응행동지표	12	19	17~21	다소 높음
내현화	2	16	14~18	보통정도
외현화	3	17	15~19	보통정도

강점 및 약점

주 영역
강점(S)/약점(W)
S=표준점수-중위수≥10
W=표준점수-중위수≤-10

하위 영역
강점(S)/약점(W)
S=v-척도점수-중위수≥2
W=v-척도점수-중위수≤-2

부적응행동 결정적 문항

문항들(2점 또는 1점을 받은 문항들의 심각도에 표시하시오).

1^w 2^w 3^s 4^w 5^s 6^w 7^s 8^w 9^s 10^s 11^w 12^s 13^w 14^w
(0) (0) (0) (0) (0) (0) (0) (0) (0) (0) (0) (0) (0) (0)

⚑ K-Vineland-II 온라인 검사 결과

07 **한국판 아동용 지원정도척도(K-SIS-C)**

1. 목적 및 대상

K-SIS-C는 지적장애 그리고/또는 자폐스펙트럼장애를 가진 5~16세 아동들을 대상으로 지원요구(support needs)를 평가하기 위해 개발된 구조화 면접도구다.

2. 구성 체계

영역		하위 영역		문항 수	비고
영역 1	특별한 의료적·행동적 지원요구	영역 1A	특별한 의료적 지원요구	19	각 문항을 3점 척도(0~2점)로 측정
		영역 1B	특별한 행동적 지원요구	14	
영역 2	지원요구 지표 척도	영역 2A	가정생활 활동	9	아래 세 가지 측면에서 각 문항을 5점 척도(0~4점)로 측정: • 지원의 종류 • 지원의 빈도 • 일일 지원 시간
		영역 2B	지역사회와 이웃 활동	8	
		영역 2C	학교 참여 활동	9	
		영역 2D	학교 학습 활동	9	
		영역 2E	건강과 안전 활동	8	
		영역 2F	사회 활동	9	
		영역 2G	옹호 활동	9	

3. 실시 방법

K-SIS-C는 구조화 면접도구 개발된 표준화 면접도구로서, 검사 설명서에 면접자와 응답자에 대한 지침이 제시되어 있다.

① 먼저 면접자의 자격은 최소한 학사 학위를 취득하고 지적장애아동을 위한 분야에서 서비스를 제공한 경력이 있는 사람(예 심리학자, 특수교사, 사례관리자, 사회복지사 등)이다. 면접자는 최소한 두 명 이상의 피면접자로부터 정보를 수집해야 하는데, 피면접자들은 개별적으로 면접하거나 동시에 면접할 수도 있다. 피면접자들 간 정보가 일치하지 않을 경우에는 면접자가 피면접자들에게서 얻은 정보를 통합적으로 판단하여 기록한다.

② 응답자의 자격은 최소 3개월 동안 해당 아동을 잘 알고 지냈고, 한 가지 이상의 환경에서 적어도 몇 시간 동안 아동을 관찰할 기회가 있었던 사람(예 부모, 교사, 친척, 특수교육 실무원, 작업 감독자 등)이다. 또한 연령을 포함한 여러 가지 요인을 고려하여 해당 아동을 피면접자로 선정할 수도 있다.

4. 결과 및 해석

영역	결과
영역 1	• 2개의 하위영역별로 원점수만 제공 • 2개의 하위영역에서 2점으로 채점된 문항이 있거나 총점이 5점 이상인 경우, 해당 아동은 영역 2에서 산출된 'SIS-C 지원요구지표'에서 비슷한 점수를 받은 아동보다 더 강한 지원요구를 가지고 있을 것으로 해석함
영역 2	• 7개의 하위영역별 표준점수(10, 3), 백분위점수, 하위영역들 평균의 합에 대한 'SIS-C 지원요구지표'와 백분위점수 • 'SIS-C 지원요구지표'는 전체적인 종합 지원요구지표라고 할 수 있으며, 평균이 100이고 표준편차가 15인 표준점수 • 표준점수와 백분위점수는 상대적 위치점수이므로, 동일 연령대의 지적장애 그리고/또는 자폐스펙트럼장애 아동들과 비교하여 해당 아동의 상대적인 지원요구의 수준과 정도에 대한 해석이 가능함

더알아보기 SIS-C 검사 프로파일

① 가정생활 하위 척도에 대한 원점수 계산

제A부 : 가정생활 활동	지원빈도					일일 지원시간					지원유형					원점수
1. 화장실 사용하기	⓪	1	2	3	4	⓪	1	2	3	4	⓪	1	2	3	4	0
2. 의복 관리하기(세탁하기 포함)	0	1	②	3	4	0	1	②	3	4	0	1	2	③	4	7
3. 음식 준비하기	0	1	②	3	✕	0	1	②	3	4	0	1	2	③	4	7
4. 식사하기	⓪	1	2	3	4	⓪	1	2	3	4	⓪	1	2	3	4	0
5. 집 안 관리하고 청소하기	0	1	②	3	4	0	1	②	✕	✕	0	1	2	③	4	7
6. 옷 입고 벗기	⓪	1	2	3	4	⓪	1	2	3	4	⓪	1	2	3	4	0
7. 목욕하기와 개인 위생 · 몸단장 관리하기	⓪	1	2	3	✕	⓪	1	2	3	4	⓪	1	2	3	4	0
8. 가전제품 조작하기	0	1	②	3	4	0	①	2	3	4	0	1	②	3	4	5
원점수 총점(가정생활 활동) 원점수(최고점 = 92)를 8쪽(SIS 프로파일)의 제1A부(A. 가정생활)에 기입한다.																26

② SIS 지원요구지수 계산

제1A부 : 지원요구 평정치
1. 2~5쪽에 있는 제A~F부의 원점수를 기입한다. 2. 부록 6.2를 사용하여 표준점수와 백분위를 기입한다. 3. 부록 6.3을 사용하여 SIS 지원요구지수를 기입한다.

활동 하위 척도	원점수 총점 (2~5쪽에서 기입)	표준점수 (부록 6.2 참조)	하위 척도별 백분위점수 (부록 6.2 참조)
A. 가정생활	26	7	16
B. 지역사회생활	23	5	5
C. 평생학습	28	7	16
D. 고용	15	6	9
E. 보건·안전	6	3	1
F. 사회	27	7	16
표준점수 총점(합계)		35	
SIS 지원요구지수(복합 표준점수) (부록 6.3 참조)		71	
지원요구지수의 백분위(부록 6.3 참조)			3

③ 지원요구 프로파일

제1B부 : 지원요구 프로파일
각 활동 하위 척도별 표준점수와 SIS 지원요구지수에 ○표 한다. 그다음에 하위 척도의 ○를 연결하여 그래프를 그린다.

백분위	A. 가정생활	B. 지역사회생활	C. 평생학습	D. 고용	E. 보건·안전	F. 사회	SIS 지원요구지수	백분위
99	17~20	17~20	17~20	17~20	17~20	17~20	> 131	99
	15~16	15~16	15~16	15~16	15~16	15~16	124~131	
90	14	14	14	14	14	14	120~123	90
	13	13	13	13	13	13	116~119	
80							113~115	80
	12	12	12	12	12	12	110~112	
70							108~109	70
							106~107	
60	11	11	11	11	11	11	105	60
							102~104	
50	10	10	10	10	10	10	100~101	50
							98~99	
40	9	9	9	9	9	9	97	40
							94~96	
30							92~93	30
	8	8	8	8	8	8	90~91	
20							88~89	20
	⑦	7	⑦	7	7	⑦	85~87	
10	6	6	6	⑥	6	6	82~84	10
	5	⑤	5	5	5	5	75~81	
1	1~4	1~4	1~4	1~4	①~4	1~4	<74	1

[출처] Supports Intensity Scale User'S Manual

01 취학 전 아동의 수용언어 및 표현언어 발달척도(PRES)

1. 목적 및 대상

① PRES는 아동의 수용언어 및 표현언어 능력을 측정하기 위한 검사로, 언어발달 수준이 2세 0개월에서 6세 5개월까지인 아동을 대상으로 하는 검사이다.

② 본 검사는 비장애 아동뿐 아니라 단순언어발달장애, 자폐, 지적장애, 뇌성마비, 청각장애, 구개파열 아동을 대상으로 한다.

③ 아동의 언어발달이 정상적인지 혹은 언어발달에 지체가 있는지의 여부를 판별할 수 있으며, 아동의 수용언어 및 표현언어 발달 간의 차이를 분석할 수 있다.

④ 또한 본 검사의 문항들은 언어의 의미론, 구문론, 화용론 측면을 모두 포함하고 있으므로 언어 영역들에 대한 개략적인 평가도 가능하다.

2. 구성 체계

PRES는 수용언어 영역과 표현언어 영역에 걸쳐 총 90개의 문항으로 되어 있다.

검사 영역	소검사
수용언어	인지/의미론, 음운/구문론, 화용론
표현언어	인지/의미론, 음운/구문론, 화용론

3. 실시 방법

① PRES는 검사도구(부모 보고 포함)를 이용하여 전문가가 실시하는 검사이며, 수용언어 검사부터 실시한다. 문항은 아동의 생활연령에 해당하는 연령 단계에서 한 단계 낮은 연령 단계의 첫 번째 문항부터 시작한다. 표현언어 검사는 수용언어 검사를 시작한 문항번호에서 시작하거나, 수용언어의 기초선이 확립된 단계부터 시작한다.

② 본 검사에서는 언어발달연령을 연령 단계에 기초하여 산출하는 방법과 획득점수에 기초하여 산출하는 두 가지 방법이 있다.

  ㉠ 연령 단계에 기초한 언어발달연령의 산출은 수용언어, 표현언어, 통합언어 발달연령으로 산출할 수 있으며, 각 검사별로 기초선이 확립된 이후 처음으로 '−'가 2개 이상 나타난 연령 단계의 평균 연령으로 산출한다.

  ㉡ 획득점수에 기초하여 언어발달연령을 산출하는 경우에는 연령 단계와는 상관없이 아동이 최고한계선까지 정반응한 문항을 점수화하여 언어발달연령을 산출한다.

4. 결과 및 해석

① 검사 결과로부터 언어발달연령과 백분위점수를 산출하여 언어발달 정도를 살펴볼 수 있다.

통합언어 발달연령과 생활연령의 차이	언어발달 정도
2세 이상 낮은 경우	언어장애
1세 이상 2세 미만	약간 언어발달지체
1세 미만	정상범위

② 수용언어 발달연령과 표현언어 발달연령이 2세 이상 차이가 나는 경우 수용언어장애나 표현언어장애 등의 특정 언어영역 장애로 간주한다.

③ 언어의 하위구성영역(의미론, 구문론, 화용론)에서의 능력을 비교함으로써 대상 아동이 언어의 어떤 하위구성영역에서 우세하거나 약한지 고찰할 수 있다.

취학 전 아동의 수용언어 및 표현언어 발달척도(PRES)

아 동 명	정○○	정보제공자	아동의 어머니
검 사 일	2003. 1. 26.	연 락 처	ㅛㅛㅛ-○○○○
생년월일	1997. 8. 23.	검 사 자	홍길동
생활연령	5세 5개월(65개월)	검사장소	○○장애인복지관

[검사 결과]

	언어발달연령(개월)	획득 점수	백분위점수(%ile) (지침서 100~104쪽)
수용언어	52개월	32	5%ile
표현언어	ㅛ7개월	29	ㅛ%ile
통합언어			

[특이사항]

검사 시 잘 집중하지 못하였고 반응시간이 길었음.

[출처] 김진호, 『최신 특수아 진단 및 평가』(2018.)

🏳 검사 실시의 예

02 그림어휘력검사(PPVT-R)

1. 목적 및 대상

① 그림어휘력검사는 아동들의 수용어휘능력을 측정하기 위한 검사로, 2세부터 8세 11개월까지를 대상으로 실시한다.

② 이 검사의 결과는 비장애 아동은 물론 지적장애, 청각장애, 뇌손상, 자폐성장애, 행동장애, 뇌병변 등으로 인해 언어 문제를 겪는 아동들의 수용어휘능력을 평가하는 데 사용된다.

2. 구성 체계

그림어휘력 검사도구의 각 문항은 품사 어휘, 범주 어휘별로 이루어져 있다.

검사 영역	문항 구성
품사	명사, 동사, 형용사, 부사
범주	동물, 건물, 음식, 가구, 가정용품, 신체부위, 직업, 도형, 식물, 학교 및 사무실의 비품, 기구 및 장치, 악기, 교통기관, 날씨, 계절 등

[출처] 김진호, 『최신 특수아 진단 및 평가』(2018.)

3. 실시 방법

① 그림어휘력검사는 그림책을 아동에게 보여주고 검사문항에 따른 아동의 반응을 검사지에 표시하는 검사이다.

② 실시요강에 나와 있는 연령별 시작문항 번호를 참조하여 첫 문항을 실시하되, 연속해서 8개 문항을 바르게 반응하지 못하면 8개 문항을 연속해서 바르게 맞힐 때까지 낮은 번호의 문항으로 내려가서 기초선을 확립한다. 기초선이 확립되면 계속 높은 번호의 문항들을 검사해 나가다가 아동이 연속적인 8개의 문항 중 6개를 틀리게 반응하면 중지한다. 이때 틀리게 반응한 마지막 문항을 최고한계선으로 한다. 최고한계선 이후의 문항은 틀린 것으로 간주하고, 각 문항은 1점씩 계산하여 원점수를 산출한다.

4. 결과 및 해석

검사의 원점수를 또래의 평균과 비교하여 백분위를 구하고, 현재 아동의 수용어휘력의 등가연령을 구한다.

03 구문의미 이해력 검사(KOSECT)

1. 목적 및 대상

① 구문의미 이해력 검사는 4세부터 9세(초등학교 3학년 수준)의 구문 이해력 범주에 있는 아동을 대상으로 하며, 구문의미 이해력 평가를 위한 목적으로 사용된다. 장애 아동의 경우 생활연령이 만 9세 이상이더라도 구문 이해력이 초등학교 3학년 아동보다 지체를 보이면 사용할 수 있다.

② 이 검사는 검사자가 읽어준 문장을 듣고 그에 해당하는 그림을 지적하면 되기 때문에 일반아동은 물론, 장애(예 지적장애, 자폐성장애, 청각장애, 의사소통장애, 지체장애, 주의력결핍 과잉행동장애 등)를 가진 아동들에게도 실시할 수 있다.

③ 본 검사는 단순 언어장애 아동의 하위 유형을 판별하거나 여러 언어 하위영역 중에서 구문 의미에 대한 아동의 강점과 약점을 파악하고자 할 때 사용한다. 또한 치료교육의 기초 방향과 치료교육의 효과를 보고자 할 때도 사용할 수 있다.

2. 구성 체계

구문의미 이해를 알아보는 57개(문법형태소 : 10문항, 구문구조 : 28문항, 의미 : 19문항)의 문항으로 구성되어 있다. 1개의 목표항목 검사 시에 모두 3개의 그림을 제시하는데, 하나는 정답문항이고 2개는 혼동문항으로 구성되어 있다.

3. 실시 방법

① KOSECT는 검사 책자를 아동에게 보여주고 검사문항에 따른 아동의 반응을 검사지에 표시하는 검사이며, 10분에서 15분 정도의 짧은 시간에 평가가 가능하다.

② 모든 아동은 1번 문항부터 시작하고 천정점을 찾을 때까지 검사를 실시한다. 천정점은 연속해서 3개 틀리는 문항으로, 천정점 이후의 항목은 틀린 것으로 간주한다.

③ 문장을 듣고 3개의 그림 중에서 맞는 그림을 손가락으로 가리키는 방법으로 검사한다.

4. 결과 및 해석

구문의미 이해력 검사는 연령에 따른 백분위점수와 함께, 학령기 아동의 경우 학년에 따른 백분위점수도 제공한다.

04 언어문제 해결력 검사

1. 목적 및 대상

① 언어문제 해결력 검사는 아동들의 논리적 사고과정을 언어화하는 상위 언어 기술과 언어를 통한 문제해결 능력을 측정하기 위한 검사로, 5세부터 12세까지를 대상으로 하는 검사이다.

② 언어적 추리력과 조직 기술이 부족한 아동들, 학습장애가 의심스러운 아동들, 단순 언어장애가 의심스러운 아동들의 언어 사용 능력과 기타 언어장애 아동들의 의사소통능력을 평가하는 데 사용될 수 있다.

③ 이 검사의 결과는 학령기 아동의 언어장애 유무를 판단하고, 아동이 동일 연령 집단 내에서 어느 정도 수준에 해당되는지 상대적인 위치 파악을 할 수 있도록 한다.

2. 구성 체계

① 그림: 학령기 아동이 직접 혹은 간접적으로 경험 가능한 17장면의 그림으로 구성된 그림판을 제공한다.

상황	그림
가정	새 바지, 강아지, 빌린 공, 편지, 라면, 어항, 찌개, 비행기, 동화책, 나무 심기, 부채
학교	우산, 계단
공공장소	공중전화, 미장원, 백화점, 쓰레기

② 언어문제 해결력 검사의 범주별 문항은 다음과 같다.

범주	질문
원인이나 이유를 파악하는 원인이유 범주	'왜'라는 의문사를 포함
해결 대안을 제시해야 하는 해결추론 범주	'어떻게'가 포함된 질문
상황 단서나 미래 상황을 추측하는 단서추측 범주	어떻게 알았나요?

3. 실시 방법

① 언어문제 해결력 검사는 그림판을 아동에게 보여주고 검사문항에 따른 아동의 반응을 검사지에 표시하는 개인검사이다.

② 검사자는 대답하는 말을 듣는 동시에 검사지에 적고, 적을 수 없는 상황일 때는 녹음기를 사용하여 검사 후에 바로 전사한다.

③ 검사자는 각 문항별로 아동의 반응을 채점 기준에 의거하여 0, 1, 2점 중 하나로 채점한다.

4. 결과 및 해석

세 범주(원인이유, 해결추론, 단서추측)와 총점에 대한 백분위점수를 제공한다.

05 우리말 조음·음운 평가(U-TAP)

1. 목적 및 대상

① 만 2세부터 12세 아동을 대상으로 단어와 문장 수준에서 자음과 모음 오류 여부를 검사하기 위한 목적으로 제작되었다.

② 정상발달 아동과 비교하여 조음치료에 대한 필요 여부를 결정하고, 음소목록과 분석자료를 이용하여 조음치료 계획을 수립할 수 있도록 해준다.

③ 그림낱말검사와 그림문장검사를 실시하는데, 그림낱말검사의 내용은 이름 말하기, 따라 말하기가 가능한 아동의 조음평가에 활용이 가능하고, 지적장애·청각장애·뇌병변 아동들에게도 실시할 수 있다. 그림문장검사의 경우 이야기 구성이나 문장 따라 말하기가 가능한 아동에게 실시할 수 있다.

2. 구성 체계

① 그림낱말검사는 아동이 목표낱말을 쉽게 산출할 수 있는 그림들로 구성되어 있다.

② 그림문장검사는 그림낱말검사에서 사용하고 있는 30개의 목표낱말을 16개 문장 속에 포함시켜 검사한다.

3. 실시 방법

① 검사자는 기록지와 그림을 준비해두고 검사 실시내용을 녹음기로 녹음하거나 비디오로 녹화할 수 있도록 사전에 준비한다.

② 검사자가 그림을 보여주면서 목표 문장을 들려주면 아동이 이를 모방하거나 재구성해서 말하게 하여 조음능력을 평가한다.

4. 결과 및 해석

① U-TAP는 문장발음전사와 낱말발음전사를 통해 어두초성·어중초성·종성에서의 오류분석을 실시하며, 낱말수준과 문장수준에서의 오류 횟수를 계산하여 자음정확도와 모음정확도를 산출한다.

② 피검사자의 자음정확도가 −1 표준편차 이하인 경우 조음치료의 고려가 필요하며, −2 표준편차 이하인 경우 조음치료가 반드시 요구된다.

③ 음운변동 분석을 통해 생략 및 첨가 음운변동, 대치 음운변동에 대한 오류를 분석할 수 있다.

더알아보기

① U-TAP 낱말 수준 검사 결과

낱말 개별음소 분석표

이　　　름 ＿＿＿＿＿＿＿＿(남)
검 사 일　_201X3.13._
생 년 월 일　_200X.1.15._
연　　　령　_6세 2개월_
검 사 자　_박○○_

※오류분석 기록법
정조음: ＋, 대치: 대치음소기록, 왜곡: D, 생략: ∅

음소정확도

		자음정확도	모음정확도
낱말수준		33/43	9/10
	*	76.7%	90%
문장수준		33/43	10/10
		69.7%	100%

생활연령 자음정확도(%) 비교(낱말수준)

대상 이동	자음정확도		
	평균	−1SD	−2SD
* 76.7%	98.43%	96.18%	93.93%

추천사항

낱말 발음전사 / 오류분석

번호	목표 단어	발음 전사	번호	자음	어두 초성 ⓪	어중 초성 ❶	종성 ⓪
1	①⑯ 바지	＋	1	ㅂ	＋	＋	＋
2	⑩⑱ 단추	다추	2	ㅃ	＋	＋	
3	⑱⑦ 책상	채차	3	ㅍ	＋	＋	
4	❶⑬ 가방	가바	4	ㅁ	＋	＋	＋
5	⑭⑫ 사탕	챠창	5	ㄴ	＋	＋	＋
6	❸⑲ 연필	＋	6	ㅎ	＋	＋	
7	⑯⑩ 자동차	자동챠	7	ㄱ	＋	＋	∅
8	3 4 동물원	＋	8	ㄲ	＋	＋	
9	1 2 엄마	＋	9	ㅋ	＋	ㄲ	
10	②⑩ 뽀뽀	＋	10	ㄷ	＋	＋	＋
11	⑥ 호랑이	호앙이	11	ㄸ	＋	＋	
12	⑧⑲ 꼬리	꼬디	12	ㅌ	＋	ㅊ	
13	⑨⑧ 코끼리	코끼디	13	ㅇ			∅
14	⑪⑨ 땅콩	땅꼬	14	ㅅ	ㅊ	D	
15	9 귀	＋	15	ㅆ	＋	ㅊ	
16	⑦❻ 그네	＋	16	ㅈ	＋	＋	
17	⑫ 토끼	＋	17	ㅉ	ㅊ	ㅊ	
18	③⓮ 풍선	풍서(D)	18	ㅊ	＋	＋	
19	⑲ 로봇	(로보츠)	19	ㄹ	＋	ㄷ	＋
20	5 6 그림	＋	번호	모음	발음 전사		
21	④⑩ 못	＋	1	ㅓ	＋		
22	❻❶ 눈썹	누첩	2	ㅏ	＋		
23	10 괴물	＋	3	ㅗ	＋		
24	⑮④ 싸움	쌰윰	4	ㅜ	＋		
25	7 참새	참최	5	―	＋		
26	8 세마리	테마리	6	ㅣ	＋		
27	⑰❼ 짹짹	채챌	7	ㅐ	ㅚ		
28	⑤❹ 나무	＋	8	ㅔ	＋		
29	⓫❼ 메뚜기	메뚝기	9	ㅟ	＋		
30	⑤❻ 전화	＋	10	ㅚ	＋		
정확도		자음　33/43			모음　9/10		

② U-TAP 문장 수준 검사 결과

문장 개별음소 분석표

문장수준에서의 검사
* (검사 시작문장)
오늘 아빠와 동물원에 가기로 했습니다.

그림 번호	문장 번호	목표문장
1	1	1 2 나는 **바지**를 입고 **단추**를 채웁니다. 나는 바지를 입고 다추를 채워요
2	2	3 4 **책상** 위에 **가방**이 있습니다. 채짜 위에 가방이 있어요
	3	5 6 가방에 **사탕**과 **연필**을 넣을 거예요. 가방에 차차랑 여피 넣을 거예요
3	4	7 8 아빠와 **자동차**를 타고 **동물원**에 갑니다. 아빠와 자퉁챠를 타고 동물원에 갑니다
	5	9 10 "잘 다녀와." 하면서 **엄마**가 **뽀뽀**를 해줍니다. 잘 다녀와 하면서 엄마가 뽀뽀를 해줍니다
4	6	11 12 동물원에는 **호랑이**가 **꼬리**를 늘어뜨리고 있습니다. 동물원에 호앙이가 꼬디를 늘어뜨리고 있어
5	7	13 14 나는 **코끼리**에게 **땅콩**을 줍니다. 나는 코끼리에게 땅컹을 줍니다
	8	15 코끼리는 **귀**가 아주 큽니다. 코끼리는 귀가 아주 큽니다
6	9	16 나는 동물원 놀이터에서 **그네**를 탑니다. 나는 놀이터에서 그네를 탑니다
	10	17 18 아빠가 **토끼 풍선**을 사 왔습니다. 아빠가 토끼 풍서를 사 왔습니다
7	11	19 20 **로봇 그림**을 구경합니다. 로봇 그리 구경합니다
	12	21 그림은 **못** 두 개에 걸려 있습니다. 그림은 몯 두 개에 걸려써
	13	22 23 24 로봇은 긴 **눈썹 괴물**과 **싸움**을 합니다. 로묫은 긴 누첩 괴무이랑 짜움을 해
8	14	25 26 27 나무에는 **참새 세 마리**가 **짹짹**거리고, 나무에는 참대 테 마리가 채채거리스
	15	28 29 **나무** 아래(풀밭에는) **메뚜기**가 있습니다. 나무 아래 메뚜기가 있어요
9	16	30 엄마에게 **전화**를 합니다. "엄마, 동물원 재미있어요." 엄마에게 저나를 해여. 엄마 동물원 재미있어요

	낱말 발음전사		오류분석				
번호	목표 단어	발음 전사	번호	자음	어두 초성 Ⓞ	어중 초성 Ⓞ	종성 Ⓞ
1	①⑯ 바지	+	1	ㅂ	+	+	+
2	⑩⑱ 단추	다추	2	ㅃ	+	+	
3	⑱⑦ 책상	채차	3	ㅍ	+	+	
4	❶⑬ 가방	+	4	ㅁ	+	+	+
5	⑭ 사탕	챠창	5	ㄴ	+	+	Ø
6	❸⑲ 연필	연피	6	ㅎ	+	ㄴ	
7	⑯⑩ 자동차	자퉁챠	7	ㄱ	+	+	Ø
8	3 4 동물원	+	8	ㄲ	+	+	
9	1 2 엄마	+	9	ㅋ	+	+	
10	②❷ 뽀뽀	+	10	ㄷ	+	ㅌ	+
11	⑥ 호랑이	호앙이	11	ㄸ	+	+	
12	⑧⑭ 꼬리	꼬디	12	ㅌ	+	ㅊ	
13	⑨⑧ 코끼리	+	13	ㅇ			+
14	⑪⑲ 땅콩	(땅컹)	14	ㅅ	ㅊ	D	
15	9 귀	+	15	ㅆ	ㅉ	ㅊ	
16	⑦⑯ 그네	+	16	ㅈ	+	+	
17	⑫ 토끼	+	17	ㅉ	ㅊ	ㅊ	
18	③⑭ 풍선	풍서(D)	18	ㅊ	+	+	
19	⑲ 로봇	+	19	ㄹ	+	ㄷ	Ø
20	5 6 그림	+	번호	모음	발음 전사		
21	④⑩ 못	+	1	ㅓ	+		
22	⑯① 눈썹	누첩	2	ㅏ	+		
23	10 괴물	괴무	3	ㅗ	+		
24	⑮④ 싸움	쨔윰	4	ㅜ	+		
25	7 참새	참대	5	ㅡ	+		
26	8 세마리	테마리	6	ㅣ	+		
27	⑰⑰ 짹짹	채채	7	ㅐ	+		
28	⑤❹ 나무	+	8	ㅔ	+		
29	❶⑰ 메뚜기	+	9	ㅟ	+		
30	⑤❶ 전화	저나	10	ㅚ	+		
정확도		자음 *33/43*			모음 *10/10*		

06 우리말 조음·음운 평가-II(U-TAP-II)

1. 목적 및 대상

만 2세부터 7세까지의 유아나 아동이 정상적인 말소리발달 과정에 있는지, 말소리발달의 결함(예 말소리장애, 언어발달지체 등) 또는 말·언어기관의 기질적인 결함(예 구개파열, 마비말 장애, 뇌성마비 등)이 있을 경우 말소리산출의 문제가 있는지를 평가하기 위한 검사다.

2. 구성 체계

① 단어수준 검사와 문장수준 검사로 구분되며, 각 검사별로 다양한 지표가 산출된다.

② 단어수준 검사의 경우 규준이 2세 후반부터 7세까지, 문장수준 검사의 경우 규준이 3세부터 7세까지 제시되어 있다. 하지만 U-TAP-II는 8세 이상에서 말소리 능력을 평가하고자 할 때도 실시할 수 있는데, 이 경우 7세의 규준을 적용하여 결과를 산출한다. 그러나 8세 이상의 아동에게 실시하였을 때는 검사 결과를 신중하게 해석해야 하며, 규준을 통해 산출된 결과는 참고로만 사용해야 한다.

③ 또한 비일관성 검사는 단어수준 검사와 문장수준 검사에서 아동의 반응이 일관적이지 않았을 경우 실시하는데, 10개의 다음절 목표단어를 3차례 더 반복 산출하게 함으로써 동일한 단어에 대해 비일관적 오류를 보이는 아동을 선별한다. 비일관성 검사 기록지에는 문항별 기록 양식과 단어별 기록 양식이라는 두 가지 양식이 있으며, 검사자가 사용하기 편한 양식을 선택하여 사용한다.

구분	지표		비고
단어수준검사	UTAP 자음정확도	자음정확도 (UTAP PCC)	주어진 48개의 자음을 정확하게 발음한 백분율
		개정자음정확도 (UTAP PCC-R)	왜곡오류를 정조음으로 간주하여, 주어진 48개의 자음에 대해 측정한 자음정확도
	전체 자음정확도	자음정확도 (Total PCC)	검사에 포함된 모든 자음을 정확하게 발음한 백분율
		개정자음정확도 (Total PCC-R)	왜곡오류를 정조음으로 간주하여, 검사에 포함된 모든 자음에 대해 측정한 자음정확도
	단어단위 음운지표	단어단위정확률 (PWC)	전체 단어(어절) 중에 정확하게 산출한 단어(어절)의 비율
		평균음운길이 (PMLU)	단어(어절) 수준의 복잡성을 반영하는 지표
		단어단위근접률 (PWP)	아동이 산출한 평균음운길이가 목표단어(어절)의 평균음운길이에 근접한 정도
	모음검사	모음정확도 (PVC)	모음을 정확하게 발음한 백분율 ⚠ 전체적인 점수의 확인을 위해 제시되는 척도로, 별도의 규준 없이 원점수만 산출됨

	전체 자음정확도	개정자음정확도 (Total PCC-R)	왜곡오류를 정조음으로 간주하여, 검사에 포함된 모든 자음에 대해 측정한 자음정확도
문장수준 검사	단어단위 음운지표	단어단위정확률 (PWC)	전체 단어(어절) 중에 정확하게 산출한 단어(어절)의 비율
		평균음운길이 (PMLU)	단어(어절) 수준의 복잡성을 반영하는 지표
		단어단위근접률 (PWP)	아동이 산출한 평균음운길이가 목표단어(어절)의 평균음운길이에 근접한 정도
비일관성 검사	—	—	단어수준 검사와 문장수준 검사에서 아동의 반응이 일관적이지 않았을 경우에 실시 🔔 10개의 다음절 목표단어를 4차례 반복산출하게 한 다음, 총 4회 시도 중 적어도 두 가지 이상 다른 오류형태가 관찰된 단어가 10개 중 4개 이상 있으면, 즉 40% 이상이면 비일관성을 보이는 아동으로 진단함

3. 실시 방법

U-TAP-Ⅱ는 언어재활사 1급 또는 2급 국가자격증을 소지한 검사자가 실시한다. 검사자는 검사의 개요와 실시, 분석, 채점 방법을 충분히 숙지한 후 실시해야 한다.

4. 결과 및 해석

단어수준 검사에서 7개 지표와 문장수준 검사에서 4개 지표를 산출하는데, 이러한 지표에 대한 지표값으로 백분위점수와 z점수(0, 1)를 제공한다.

🚩 UTAP의 z점수에 따른 해석

z점수	수준
-1 이상	일반
-1.5 이상 ~ -1 미만	의심
-2 이상 ~ -1.5 미만	경도
-2 미만	중도

07 한국어 표준 그림 조음음운검사(KS-PAPT)

1. 목적 및 대상

① 조음음운장애가 의심되는 3세 이상의 아동 및 성인들을 대상으로 조음음운장애를 선별하거나 진단하기 위한 검사다(표준화는 3세부터 6세까지의 아동들을 대상으로 하였음).

② 이 검사는 그림 명명하기가 가능한 아동에게 적합하지만, 그림어휘력이 부족하여 자발적인 그림 명명이 되지 않을 때에는 모방을 통한 검사도 가능하므로 기능적 조음음운장애는 물론 기질적 조음음운장애(예 구개파열, 청각장애, 마비말장애 등)를 가진 아동들에게도 실시할 수 있다.

2. 구성 체계

KS-PAPT는 선별검사와 정밀검사로 나누어져 있다.

① 선별검사(조음음운장애 아동을 선별하기 위한 검사)는 30개 어휘로 이루어져 있으며 기록지는 결과요약지, 선별검사 발음 기록지, 오류분석지-자음, 오류분석지-모음, 선별검사 음운변동분석지의 5개 부분으로 구성되어 있다.

② 정밀검사(선별된 조음음운장애 아동을 진단하기 위한 검사)는 선별검사에 포함되어 있는 35개 어휘에 40개의 어휘가 추가된 75개 어휘로 이루어져 있으며 기록지는 결과요약지, 정밀검사 발음 기록지, 오류분석지, 정밀검사 음운변동분석지의 4개 부분으로 구성되어 있다.

3. 실시 방법

① 검사자는 기록지, 그림, 필기구를 준비해두고 검사실시 내용을 녹음하거나 녹화할 수 있는 도구(예 녹음기, MP3, 디지털카메라, 캠코더)도 사전에 준비해두어야 한다.

② 피검자는 그림을 잘 볼 수 있는 자리에, 검사자는 피검자의 입모양을 잘 볼 수 있는 자리에 앉아 실시한다.

4. 결과 및 해석

① 선별검사와 정밀검사의 결과요약지는 각 검사의 오류분석지를 근거로 작성되며, 백분율점수를 제공한다.

② 정밀검사의 경우 3~6세 아동들을 위해서 백분위점수도 제공된다.

더알아보기

결과요약지는 자음 선별검사 데이터 요약, 자음검사 결과, 모음검사 결과, 음소위치별 결과, 프로파일 등이 있다.

08 **파라다이스 - 유창성 검사-Ⅱ(P-FA-Ⅱ)**

1. 목적 및 대상

① P-FA-Ⅱ는 취학 전 아동과 초등학생 및 중학생 등을 대상으로 의사소통장애 중 유창성 장애 여부와 그 정도를 파악하는 데 목적을 둔다.

② 검사를 통해 유창성 문제를 진단함으로써 문제의 진전을 예방하고 치료 계획을 수립, 재평가를 통해 효과를 검증한다. 이 검사는 구어 영역뿐만 아니라 의사소통 태도를 함께 평가함으로써 유창성 문제의 전반적인 평가가 가능하다.

2. 구성 체계

① 크게 구어평가와 의사소통태도 평가 영역으로 구분된다.

② 검사 과제는 시간 제약과 목적에 따라 다르며, 필수과제와 선택과제로 구분된다. 필수과제는 문장그림, 그림책, 읽기, 이야기 그림, 말하기 그림, 대화 영역으로 구분되고 선택과제는 낱말그림, 따라 말하기로 구분된다.

③ 필수과제의 경우 연령별로 구분되는데, 취학 전 아동은 문장그림, 그림책, 말하기 그림을 포함하며 초등학생의 경우 읽기, 이야기 그림, 말하기 그림을 포함한다. 중학생 이상의 경우 읽기, 말하기 그림, 대화의 세 가지로 구분된다. 의사소통태도 평가는 초등학생과 중학생 이상의 두 유형으로 구분된다.

▶ P-FA-Ⅱ의 구성내용

구분	영역		
	구어평가		의사소통평가
	필수과제	선택과제	
취학 전 아동	• 문장그림 • 말하기그림 • 그림책		·
초등학생	• 읽기 • 이야기그림 • 말하기그림	• 낱말그림 • 따라말하기	30문항
중학생 이상	• 읽기 • 말하기그림 • 대화		30문항

3. 실시 방법

① 검사 대상의 연령별로 필요한 평가 과제와 검사도구, 기록지 등을 확인하고 연령별 검사 지침에 따라 실시하여야 한다.

② 검사 과제와 연령에 따라 수집하여야 할 최소 음절수를 파악하고 충분한 발화표본을 얻도록 유도한다.

③ 구어평가는 관련전문가가 실시하는 데 시간상 제한이 있거나 간단하게 평가하고 싶을 경우에는 선택과제를 생략하고 필수과제만 실시할 수 있다.

④ 의사소통평가는 2개의 연습문항을 실시한 후 피검자가 각 문항에 대하여 '예' 또는 '아니오'로 평정한다.

4. 결과 및 해석

구어평가에서는 필수과제 총점과 두 가지 선택과제(낱말그림, 따라말하기)에 대한 백분위점수를 제공하며, 의사소통 태도평가에서도 총점에 대한 백분위점수를 제공한다.

자폐성장애 관련 검사

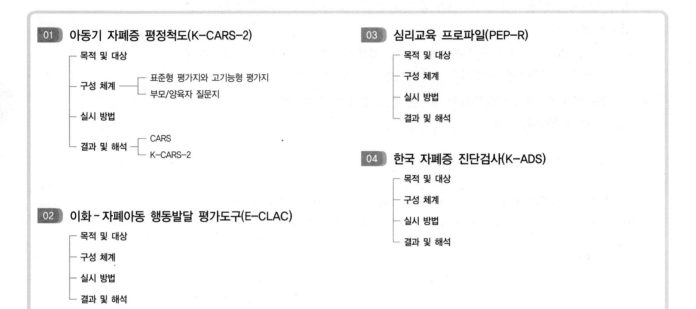

01 아동기 자폐증 평정척도(K-CARS-2)
- 목적 및 대상
- 구성 체계 ── 표준형 평가지와 고기능형 평가지
  └ 부모/양육자 질문지
- 실시 방법
- 결과 및 해석 ── CARS
  └ K-CARS-2

02 이화 - 자폐아동 행동발달 평가도구(E-CLAC)
- 목적 및 대상
- 구성 체계
- 실시 방법
- 결과 및 해석

03 심리교육 프로파일(PEP-R)
- 목적 및 대상
- 구성 체계
- 실시 방법
- 결과 및 해석

04 한국 자폐증 진단검사(K-ADS)
- 목적 및 대상
- 구성 체계
- 실시 방법
- 결과 및 해석

기출 POINT 1

❶ 24중등A4
괄호 안의 ㉠에 해당하는 명칭을 쓰시오.

A : 「한국판 아동기 자폐 평정척도 2(K-CARS2)」가 기존의 「아동기 자폐 평정 척도 : CARS」와 비교하여 달라진 점이 있나요?
B : 네, K-CARS2는 표준형 평가지 (㉠) 평가지, 부모/양육자 질문지로 개발되어 있어요. (㉠) 평가지는 IQ가 80 이상이면서 구어 기술이 비교적 양호한 6세 이상의 피검자를 대상으로 합니다.

---

01 아동기 자폐증 평정척도(K-CARS-2)

1. 목적 및 대상

K-CARS-2는 일반 인구를 대상으로 개발된 것이 아니라 2세부터 36세까지의 자폐범주성 장애를 지닌 아동, 청소년 및 성인을 판별하고 다른 장애로부터 구별하기 위해 개발된 도구이다.

2. 구성 체계

K-CARS-2는 표준형 평가지, 고기능형 평가지, 부모/양육자 질문지의 세 가지 양식으로 구성되어 있다.

(1) 표준형 평가지와 고기능형 평가지

① 표준형 평가지는 측정된 전반적 IQ가 79 이하이면서 의사소통 능력이 손상된 평가 대상자나, 측정 IQ와 상관없이 6세 미만의 평가 대상자에게 사용한다.

② 고기능형 평가지는 IQ가 80 이상이고 구어기술이 비교적 양호한 6세 이상의 평가 대상자에게 사용한다. 표준형·고기능형 평가지에는 각각 자폐범주성 장애 진단과 관련된 15개 문항이 포함된다. ❶ 24중등A4

③ 표준형 평가지와 고기능형 평가지의 차이는 고기능형 평가지를 작성할 때에는 반드시 다양한 정보에 근거해야 한다는 것이다. 예를 들어, 표준형 평가지는 부모 면담이나 직접 관찰과 같은 단일 근거로부터 얻은 정보에 근거하여 작성할 수 있지만, 고기능형 평가지는 피검자가 다양한 상황에서 보이는 행동에 대하여 잘 아는 사람과의 면담과 직접·관찰에 의해 수집된 정보에 근거하여 작성하여야 한다.

④ 표준형·고기능형 평가지 모두 각각 15항목으로 구성되어 있다. 각 문항은 1점부터 4점까지의 4개의 평정값과, 중간 점수인 3개의 .5점(1.5점, 2.5점, 3.5점)으로 구성되어 있다. 중간 점수인 .5점은 두 평점 점수의 특성을 명확하게 구분하기 어렵거나 두 가지의 특성을 동시에 가지고 있을 때 부여한다.

⑤ 평정척도의 구성과 의미에서 제시된 '전형적인 범위'에서 벗어나는 정도를 결정하기 위해서는 피검자의 생활연령, 행동특성 및 빈도, 강도, 지속시간 등을 종합적으로 고려하여야 한다.

▶ CARS2-ST와 CARS2-HF의 평가 항목 구성

평가유형	CARS2-ST	CARS2-HF
항목 구성	1. 사람과의 관계 2. 모방 3. 정서 반응 4. 신체 사용 5. 사물 사용 6. 변화에 대한 적응 7. 시각 반응 8. 청각 반응 9. 미각, 후각, 촉각 반응 및 사용 10. 두려움 또는 불안 11. 구어 의사소통 12. 비구어 의사소통 13. 활동 수준 14. 지적 반응 수준 및 일관성 15. 전반적 인상	1. 사회·정서 이해 2. 정서 표현 및 정서 조절 3. 사람과의 관계 4. 신체 사용 5. 놀이에서의 사물 사용 6. 변화에 대한 적응/제한된 관심 7. 시각 반응 8. 청각 반응 9. 미각, 후각, 촉각 반응 및 사용 10. 두려움 또는 불안 11. 구어 의사소통 12. 비구어 의사소통 13. 사고/인지적 통합 기술 14. 지적 반응 수준 및 일관성 15. 전반적 인상

▶ 평정척도의 구성과 의미

평정값	의미
1	해당 연령의 전형적인 범위에 속함
1.5	해당 연령의 전형적인 범위에서 매우 경미하게 벗어남
2	해당 연령의 전형적인 범위에서 경미한 정도로 벗어남
2.5	해당 연령의 전형적인 범위에서 경미한 정도에서 중간 정도로 벗어남
3	해당 연령의 전형적인 범위에서 중간 정도로 벗어남
3.5	해당 연령의 전형적인 범위에서 중간 정도에서 심각한 정도로 벗어남
4	해당 연령의 전형적인 범위에서 심각한 정도로 벗어남

(2) 부모/양육자 질문지

① 부모/양육자 질문지는 표준형 평가지 및 고기능형 평가지와 함께 사용하는데, 7개 영역에 걸쳐 총 38개 문항으로 이루어져 있다. 부모/양육자 질문지는 부모나 양육자로부터 자폐범주성 장애와 관련된 행동에 대한 정보를 얻는 데 도움을 받기 위해 고안된 것으로, 채점이 필요하지 않은 양식이다.

② 부모/양육자 질문지의 구성: 의사소통, 다른 사람과의 관계 및 정서 표현, 신체 움직임, 놀이 방법, 새로운 경험이나 일상의 변화에 대한 반응, 시각·청각·촉각·후각에 대한 반응, 기타 행동

3. 실시 방법

① K-CARS-2를 실시하기 위해서는 피검자의 연령이나 인지능력을 먼저 파악하고, 피검자의 상황에 맞게 표준형 평가지나 고기능형 평가지를 선택하여야 한다.

② 검사자는 기본적으로 표준형이나 고기능형 평가지에서 제시하고 있는 15개 항목을 모두 평가하여야 한다. 이때 평가자는 다양한 상황에서 피검자를 관찰하여야 하고, 자녀에 대한 부모의 보고와 종합적인 임상 기록 등을 참고하여야 한다. 그리고 관찰을 할 때 피검자가 보이는 행동의 특이함이나 빈도, 강도, 지속시간 등을 모두 고려하여야 한다.

③ 검사자가 평가를 할 때는 피검자에 대한 관찰에 근거하여 표준형 또는 고기능형 평가지에서 제시된 각 문항에 대하여 7점 척도 중 하나를 선택하고, 각 문항과 관련해 관찰한 내용을 기록하여야 한다.

④ 15개 항목에 대하여 주어진 평정값을 모두 합해서 총점을 산출하고, T점수와 백분위 점수를 활용하여 검사 결과를 산출한다.

⚑ **사람과의 관계**

1	사람과의 관계에 있어서 어떤 어려움이나 비전형성의 증거가 없음 : 아동의 행동은 연령에 적절함. 무엇인가를 하라고 했을 때 약간의 수줍음, 까탈스러움, 짜증이 관찰될 수 있지만 비전형적인 정도는 아님
1.5	
2	전형적인 범위에서 경미하게 벗어나는 관계 : 성인의 눈을 쳐다보지 않으려고 할 수 있으며, 상호작용을 강요하면 성인을 피하거나 까탈스럽게 굴 수도 있고, 지나치게 수줍어하거나, 전형적인 발달을 보이는 동일 연령의 아동만큼 성인에게 반응적이지 않을 수도 있으며, 대부분의 동일 연령 아동보다 부모에게 더 달라붙기도 함
2.5	
3	전형적인 범위에서 중간 정도로 벗어나는 관계 : 아동은 때때로 무관심해(성인을 의식하지 않는 것처럼) 보임. 아동의 관심을 얻기 위해서 때로는 지속적이고 강력하게 시도할 필요가 있음. 아동은 최소한의 접촉만을 시작함
3.5	
4	전형적인 범위에서 심각하게 벗어나는 관계 : 계속 혼자 있거나 성인이 하고 있는 것에 대해 무관심함. 성인에게 거의 반응하지 않거나 접촉을 시도하지도 않음. 아동의 관심을 얻기 위해서 매우 끈질기게 시도해야만 효과를 볼 수 있음
관찰	• 이름을 불러도 무시함 • 상대방의 시도(예 까꿍놀이, 공 굴리기/던지기)에 매번 반응하지는 않음 • 다른 사람의 사회적 접근에 반응하였음 • 상호적인 상호작용을 유지하거나 상호작용을 시작하게 만들기 어려움

4. 결과 및 해석

(1) CARS

① 평정점수의 합은 최저 15점(정상)부터 최고 60점까지의 범위에 속한다.

② 자폐증과 기타 발달장애를 구분하는 경계점수는 30점이며, 30점에서 36.5점은 경증 및 중간 정도의 자폐증, 37점에서 60점은 중증의 자폐증으로 분류한다. ❶ 13추가중등B2

전체점수	기술적 수준	진단적 분류
15~29.5	자폐증 아님	자폐증 아님
30~36.5	경증, 중간 정도 자폐증	자폐증
37~60	중증 자폐증	자폐증

기출 POINT 2

❶ 13추가중등B2
다음은 자폐성장애 학생 철규의 진단·평가 결과이다. 틀린 것을 찾아 그 기호를 쓰고, 바르게 고쳐 쓰시오.
■ 아동기자폐증평정척도(CARS)

• 척도 평정점수 42점
  ⓒ 척도 평정점수 42점은 아동기 자폐증 평정척도 점수 분류표에서 중증 자폐에 속한다.

(2) K-CARS-2

K-CARS-2는 원점수와 T점수 및 백분위점수를 제공한다.

① K-CARS-2의 원점수에 따른 해석: 분할점(cut-off score)을 통해 자폐 범주 포함 여부를 확인함

원점수		장애진단 가설	서술적 수준
K-CARS2-ST	K-CARS2-HF		
15~29.5	15~26	자폐 아님	증상이 없거나 최소한의 자폐 관련 행동
30~36.5	26.5~29.5	자폐 범주	경도에서 중등도 수준의 자폐 관련 행동
37~60	30~60	자폐 범주	중도 수준의 자폐 관련 행동

② K-CARS-2의 T점수에 따른 해석: 피검자의 자폐 관련 행동의 수준이나 정도와 관련하여 규준 집단과 비교·판단하기 위해 T점수를 활용함 **❶ 24중등A4**

T점수	설명
>70	자폐로 진단된 사람과 비교할 때 극심한 수준의 자폐 관련 증상
60~70	자폐로 진단된 사람과 비교할 때 매우 높은 수준의 자폐 관련 증상
55~59	자폐로 진단된 사람과 비교할 때 높은 수준의 자폐 관련 증상
45~54	자폐로 진단된 사람과 비교할 때 평균 수준의 자폐 관련 증상
40~44	자폐로 진단된 사람과 비교할 때 낮은 수준의 자폐 관련 증상
25~39	자폐로 진단된 사람과 비교할 때 매우 낮은 수준의 자폐 관련 증상
<25	자폐로 진단된 사람과 비교할 때 최소한에서 전혀 없는 수준의 자폐 관련 증상

기출 POINT 3

❶ 24중등A4
괄호 안의 ⓒ에 해당하는 점수의 유형을 쓰시오.

A : K-CARS2의 검사 결과는 어떻게 제공되나요?
B : 이번 도구는 표준화되었기 때문에 원점수 이외에 (ⓒ), 백분위 점수가 제공돼요. 예를 들어, (ⓒ)이/가 45~54 사이에 있다면 자폐로 진단된 사람과 비교할 때 평균 수준의 자폐 관련 증상을 보인다는 의미예요.

전체 프로파일

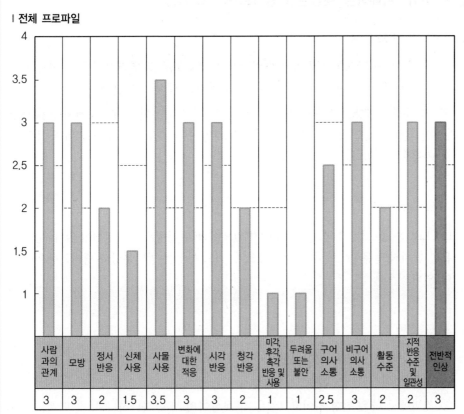

	사람과의 관계	모방	정서 반응	신체 사용	사물 사용	변화에 대한 적응	시각 반응	청각 반응	미각, 후각, 촉각 반응 및 사용	두려움 또는 불안	구어 의사 소통	비구어 의사 소통	활동 수준	지적 반응 수준 및 일관성	전반적 인상
	3	3	2	1.5	3.5	3	3	2	1	1	2.5	3	2	2	3

* 그래프의 점수는 중앙값을 의미하며, 이 중앙값은 자폐범주성 장애로 진단받은 사람들의 점수를 크기순으로 나열했을 때 최고점과 최저점의 한가운데 있는 값을 의미합니다.

원점수(총점)	T점수	백분위	증상의 정도
36.5	54	65	경도에서 중등도 수준의 자폐 관련 행동

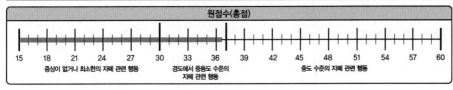

수준별 기준 점수

원점수(총점)	증상의 정도
15~29.5	증상이 없거나 최소한의 자폐 관련 행동
30~36.5	경도에서 중등도 수준의 자폐 관련 행동
37~60	중도 수준의 자폐 관련 행동

* 총점이나 각 항목의 점수만으로 임상적인 장애진단을 위한 결정을 내려서는 안 됩니다. 즉, 해당 검사의 결과는 활용 가능한 다른 정보와 함께 종합적인 판단을 위해 사용되어야 합니다.

⚑ K-CARS-2 검사 결과 프로파일

02 이화 - 자폐아동 행동발달 평가도구(E-CLAC)

1. 목적 및 대상

① E-CLAC은 자폐성장애 아동의 일반적인 행동발달 및 병리적 수준을 평가하기 위해 만들어진 검사도구로서 만 1세부터 6세까지를 대상으로 한다.

② 이 검사는 저항, 주의산만 등으로 검사 실시가 불가능한 자폐성장애 아동을 대상으로 실시할 수 있으며, 검사 결과는 아동의 개별 수업 프로그램 수립을 위한 기초 자료로 사용할 수 있다.

2. 구성 체계

E-CLAC은 총 18개 영역으로 나누어져 있으며 56개 문항으로 구성되어 있다. 문항은 척도 문항과 비척도 문항으로 구성되어 있으며, 척도 문항은 발달문항과 병리문항으로 구성되어 있다.

3. 실시 방법

① E-CLAC은 아동의 일상생활을 전반적으로 잘 알고 있는 부모 혹은 부모 대리자가 검사를 실시할 수 있다.

② 결과에서 나온 원형 사이코그램은 각 문항이 방사선 하나하나로, 각 단계는 5개의 동심원으로 나타난다. 1단계는 각 문항을 나타내는 방사선과 중심원의 교차점으로, 5단계는 방사선과 외곽원의 교차점으로 구성된다. 각 문항의 해당 달성 단계에 따라 원주선을 연결하면 사이코그램이 완성된다.

4. 결과 및 해석

검사 결과는 이후 사이코그램을 작성하여 파악한다.

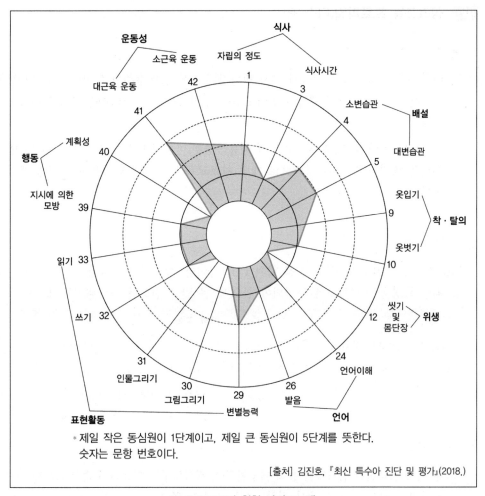

* 제일 작은 동심원이 1단계이고, 제일 큰 동심원이 5단계를 뜻한다.
  숫자는 문항 번호이다.

[출처] 김진호, 『최신 특수아 진단 및 평가』(2018.)

🚩 **E-CLAC의 원형 사이코그램**

03 심리교육 프로파일(PEP-R)

1. 목적 및 대상

① PEP-R은 자폐성장애 아동과 유사 발달장애 아동 발달수준의 특이한 학습 및 행동 패턴을 평가하기 위해 제작된 검사도구로서, 만 1세부터 7세 5개월까지를 대상으로 한다.

② 이 검사는 아동의 현재 발달기능과 행동특성뿐 아니라 아동의 특이한 학습 및 행동 패턴을 평가하며, 이를 바탕으로 개별 치료교육 프로그램에 활용하기 위해 제작되었다.

2. 구성 체계

PEP-R은 발달척도와 행동척도를 합쳐 174문항이다. 행동척도는 자폐증의 비정상적 행동 패턴 특징을 규정하도록 구성되어 있으며, 큰 발달 변화를 나타내지는 않는다.

영역	문항 구성
발달척도	모방, 지각, 소근육, 대근육, 눈-손 협응, 동작성 인지, 언어성 인지
행동척도	대인관계 및 감정, 놀이 및 검사재료에 대한 흥미, 감각반응, 언어

[출처] 김진호, 『최신 특수아 진단 및 평가』(2018.)

3. 실시 방법

① 본 검사는 숙련된 검사자를 통해 이루어지며, 검사도구를 활용하여 순서대로 진행된다. 문항별로 검사가 끝난 즉시 정상, 경증, 중증의 세 수준으로 채점한다.

② 항목들은 발달상 쉬운 것에서부터 어려운 과제로 나열되어 있다.

4. 결과 및 해석

① PEP-R의 검사 결과는 발달척도와 행동척도별 총 합격점을 근거로 하여 하위영역별 발달연령과 전체 발달연령을 산출하여 발달척도 결과표를 작성한다.

② PEP-R의 문항 결과는 합격, 싹트기 반응, 실패의 세 수준으로 나타난다. 싹트기 반응이 나타난 문항을 중심으로 개별 지도계획을 수립하여 지도하면 성취도를 높일 수 있다.

04 한국 자폐증 진단검사(K-ADS)

1. 목적 및 대상

K-ADS는 자폐성장애에 대한 선별뿐 아니라 자폐성장애를 평가하여 적절한 중재 방안을 제시할 수 있는 평가도구로서 만 3세부터 21세까지의 아동 및 청소년을 대상으로 하는 검사이다.

2. 구성 체계

K-ADS는 상동행동, 의사소통, 사회적 상호작용에 대한 3개의 하위검사에 걸쳐 구성되어 있다.

3. 실시 방법

① K-ADS는 아동과 적어도 2주 이상 정기적으로 접촉해온 교사나 부모가 실시할 수 있다.

② 의사소통이 어려운 검사 대상의 경우 검사문항의 생략이 가능하며, 나머지 하위검사를 통해 점수를 산출할 수 있으므로 의사소통이 어려운 대상자도 검사가 가능하다.

4. 결과 및 해석

① 검사 결과는 자폐지수(평균 100, 표준편차 15)와 백분위점수로 제시되며, 하위검사별로 표준점수(평균 10, 표준편차 3)와 백분위점수를 산출할 수 있다.

② 결과 해석은 하위검사의 표준점수로 자폐지수, 자폐정도, 자폐확률을 구하며 검사 프로파일의 그래프를 작성하여 분석하도록 한다. 자폐지수가 높을수록 자폐 가능성이 높다고 해석된다. ❶ 13추가중등B2

기출 POINT 4

❶ 13추가중등B2
다음은 자폐성장애 학생 철규의 진단·평가 결과이다. ㉠~㉣에서 틀린 것 2가지를 찾아 그 기호를 쓰고, 바르게 고쳐 쓰시오.

■ 한국자폐증 진단검사(K-ADS)

• 자폐지수 132
  ㉢ 자폐지수 132는 2표준편차 이상으로 자폐 확률이 매우 높다.

정서 및 행동장애 관련 검사

01 아동·청소년 행동 평가척도(CBCL 6-18)

1. 목적 및 대상

① 만 6~18세 아동 및 청소년을 대상으로 부모가 사회적 적응 능력 및 정서행동 문제를 지필식 설문으로 평가하는 도구로서, 정서행동장애 학생의 선별과 진단에 사용된다.

② 우리나라에서는 초등학교 1학년부터 고등학교 3학년까지를 대상으로 실시하도록 권장되고 있다.

2. 구성 체계

CBCL 6-18은 크게 문제행동척도와 적응척도로 나뉜다. 문제행동척도는 8개의 증후군 척도와 1개의 기타척도로, 내재화 문제행동(불안/우울, 위축/우울, 신체증상), 외현화 문제행동(규칙위반, 공격행동), 사회성 미성숙, 사고문제, 주의집중문제, 기타문제 문항으로 구성되어 있다. 적응척도는 사회성과 학업수행의 문항으로 이루어져 있다.

더 알아보기

K-ASEBA

K-ASEBA는 K-CBCL(부모보고형), K-YSR(청소년 자기보고형), K-TRF (교사보고형)으로 구성되어 있다.

요인			문항 내용
증후군 척도	내재화	① 불안/우울	"잘 운다.", "신경이 날카롭고 곤두서 있거나 긴장되어 있다." 등 정서적으로 우울하고 지나치게 걱정이 많거나 불안해하는 것과 관련된 문항들로 구성됨
		② 위축/우울	"즐기는 것이 매우 적다.", "말을 하지 않으려 한다." 등 위축되고 소극적인 태도, 주변에 대한 흥미를 보이지 않는 것 등과 관련된 문항들로 구성됨
		③ 신체증상	"어지러워한다.", "별다른 이유 없이 지나치게 피곤해한다." 등 의학적으로 확인된 질병이 없음에도 불구하고 다양한 신체증상을 호소하는 것과 관련된 문항들로 구성됨 ❶ 20초등A3
		⑩ 내재화 총점	① 불안/우울 + ② 위축/우울 + ③ 신체증상
	외현화	④ 규칙위반	"잘못된 행동(버릇없이 굴거나 나쁜 짓을 함)을 하고도 잘못했다고 느끼는 것 같지 않다.", "집이나 학교 또는 다른 장소에서 규율을 어긴다." 등 규칙을 잘 지키지 못하거나 사회적 규범에 어긋나는 문제행동을 충동적으로 하는 것과 관련된 문항들로 구성됨
		⑤ 공격행동	"말다툼을 많이 한다.", "자기 물건을 부순다." 등 언어적·신체적으로 파괴적이고 공격적인 행동이나 적대적인 태도와 관련된 문항들로 구성됨
		⑪ 외현화 총점	④ 규칙위반 + ⑤ 공격행동
	－	⑥ 사회적 미성숙	"어른들에게 붙어 있으려 하거나 너무 의존적이다.", "다른 아이들과 잘 어울려 지내지 못한다." 등 나이에 비해 어리고 미성숙한 면, 비사교적인 측면 등 사회적 발달과 관련된 문항들로 구성됨
		⑦ 사고문제	"어떤 생각들을 마음에서 떨쳐버리지 못한다(강박사고).", "비정상적인 이상한 생각을 한다." 등 어떤 특정한 행동이나 생각을 지나치게 반복하거나, 실제로는 존재하지 않는 현상을 보거나 소리를 듣는 등의 비현실적이고 기이한 사고 및 행동과 관련된 문항들로 구성됨
		⑧ 주의집중 문제	"자기가 시작한 일을 끝내지 못한다.", "집중력이 없고 어떤 일에 오래 주의를 기울이지 못한다." 등 주의력 부족이나 과다한 행동 양상, 계획을 수립하는 것에 곤란을 겪는 것 등과 관련된 문항들로 구성됨
		⑨ 기타문제	"손톱을 깨문다.", "체중이 너무 나간다." 등 앞에 제시된 여덟 개의 증후군에는 포함되지 않지만 유의미한 수준의 빈도로 나타나는 문제행동과 관련된 문항들로 구성됨
	문제행동 총점		⑩ 내재화 총점 + ⑪ 외현화 총점 + ⑥ 사회적 미성숙 + ⑦ 사고문제 + ⑧ 주의집중문제 + ⑨ 기타문제

기출 POINT 1
❶ 20초등A3
ⓓ~ⓧ 중 적절하지 않은 내용 2가지를 골라 기호를 쓰고 바르게 고쳐 쓰시오.
ⓧ '신체증상' 척도는 특정한 의학적 원인으로 인해 두통, 복통, 구토 등과 같은 신체증상을 호소하는 정도를 반영함

DSM 진단척도	DSM 정서문제	"자기가 가치가 없거나 남보다 못하다고 느낀다.", "지나치게 죄책감을 느낀다." 등 여러 가지 증상들로 나타나는 정서문제와 관련된 문항들로 구성됨
	DSM 불안문제	"학교에 가는 것을 겁낸다.", "걱정을 한다." 등 불안증상과 유사한 행동들을 평가하는 척도로, 전반적 혹은 구체적인 상황에서의 불안을 측정하는 문항들로 구성됨
	DSM 신체화문제	"몸이 여기저기 아프다(배나 머리가 아프다고 하는 경우는 제외).", "발진 혹은 기타 피부의 이상" 등 의학적으로 확인된 질병이 없음에도 불구하고 심리적인 불안정·긴장이 해소되지 않을 경우 나타날 수 있는 신체적 불편 또는 통증을 호소하는 것과 관련된 문항들로 구성됨
	DSM ADHD	"충동적이거나 생각해보지 않고 행동한다.", "집중을 잘 못하고 쉽게 산만해진다." 등 행동에 일관성이 없고, 부산하거나 한 가지 일에 주의집중하는 데 어려움을 겪으며, 즉각적인 요구 충족을 바라는 것과 관련된 문항들로 구성됨
	DSM 반항행동문제	"말다툼을 많이 한다.", "고집이 세고 시무룩해지거나 짜증을 부린다." 등 행동적으로 나타나는 폭력성, 비협조적 행동 등과 관련된 문항들로 구성됨
	DSM 품행문제	"가족이나 다른 아이의 물건을 부순다.", "남에게 신체적으로 고통을 준다." 등 사회적으로 용납되지 않는 행동을 반복적으로 하는 것과 관련된 문항들로 구성됨
문제행동 특수척도	강박증상	"어떤 생각들을 마음에서 떨쳐버리지 못한다(강박사고).", "특정한 행동을 계속 되풀이한다(강박행동)." 등 특정 사고나 행동을 반복적으로 하는 것과 관련된 문항들로 구성됨
	외상후스트레스문제	"어른들에게 붙어 있으려 하거나 너무 의존적이다.", "나쁜 생각이나 나쁜 행동을 할까봐 두려워한다." 등 심각한 회상적 사건에 직면한 후 나타날 수 있는 문제행동과 관련된 문항들로 구성됨
	인지속도부진	"혼란스러워하거나 갈피를 못 잡는다.", "공상을 하거나 멍하게 자기 생각에 빠지곤 한다." 등 정신 및 신체적으로 수동적이고 활동 저하와 관련된 문항들로 구성됨

적응척도	① 사회성	아동·청소년의 사회적 적응수준을 평가할 수 있는 내용들, 즉 친구의 수와 친구들과 어울리는 횟수 및 각 관계(친구·형제·부모 혹은 혼자 있는 경우)별로 얼마나 잘 어울리고 시간을 잘 보내는지 평가함
	② 학업수행	아동·청소년의 학업수행 수준을 평가할 수 있는 내용, 즉 성적(주요 과목의 수행 평균), 특수학급 소속 여부, 휴학 여부, 기타 학교에서의 학업 관련 문제 여부에 대한 항목들로 구성됨
	적응척도 총점	① 사회성 + ② 학업수행

[출처] 김진호, 『최신 특수아 진단 및 평가』(2018.)

3. 실시 방법

① 부모에게서 대상 아동이나 청소년의 문제행동과 사회적 적응능력 영역에 관한 자료를 수집하는 도구로서 3점 척도로 응답 표시를 한다.

② 문항을 빠뜨리거나 이중으로 답을 해서는 안 되며, 특히 적응척도의 경우 각 소척도 중 하나라도 기재가 누락되어 있는 경우 총점을 계산하지 않는다.

4. 결과 및 해석

① 문제행동 증후군 소척도(9개 하위영역), DSM 진단척도, 문제행동 특수척도의 경우에는 표준점수가 70점(백분위 98) 이상이면 임상범위, 65점(백분위 93) 이상 70점 미만이면 준임상범위로 해석한다.

② 문제행동 증후군 소척도 중 내재화 척도(불안/우울, 위축/우울, 신체증상)와 외현화 척도(규칙위반, 공격행동)를 합산한 문제행동 총점의 경우, 표준점수 64점(백분위 62) 이상이면 임상범위, 60점(백분위 84) 이상 64점 미만이면 준임상범위로 해석한다.

③ 적응척도에서는 적응척도의 총점과 사회성, 학업수행 척도의 점수에 대한 표준점수 기준이 다르다. 사회성과 학업수행 척도는 표준점수 30점(백분위 2) 이하이면 임상범위, 표준점수 30점 초과 35점 이하이면 준임상범위로 본다. 한편, 적응척도의 총점에 대해서는 표준점수 36점(백분위 8) 이하이면 임상범위, 표준점수 36점 초과 40점(백분위 16) 이하이면 준임상범위로 본다.

④ 적응척도는 표준점수가 기준치보다 낮을 때 증상이 심각한 상태로 해석된다.

Ⅰ 문제행동 증후군 척도

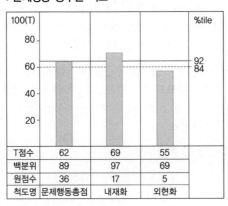

척도명	문제행동총점	내재화	외현화
T점수	62	69	55
백분위	89	97	69
원점수	36	17	5

Ⅰ 결과해석

문제행동 총점은 T점수＝62로 준임상범위이며, 내재화 척도는 T점수＝69로 임상범위, 외현화 척도는 T점수＝55로 정상범위입니다.

현재 임상범위에 해당하는 것으로 보이는 문제행동 증후군은 (신체증상)이며, 준임상범위에 해당하는 문제행동 증후군은 (불안/우울, 사고문제)로 나타나고 있습니다.

• 무응답문항수 : 3개(8개 이상이면 재검사 권고)

* 임상범위 기준 : T점수 64(백분위 92) 이상, 준임상범위 기준 : T점수 60(백분위 84) 이상 64 미만

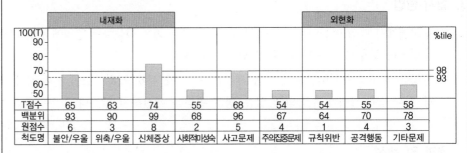

척도명	불안/우울	위축/우울	신체증상	사회적미성숙	사고문제	주의집중문제	규칙위반	공격행동	기타문제
T점수	65	63	74	55	68	54	54	55	58
백분위	93	90	99	68	96	67	64	70	78
원점수	6	3	8	2	5	4	1	4	3

* 증후군 소척도 임상범위 기준 : T점수 70(백분위 98) 이상, 준임상범위 기준 : T점수 65(백분위 93) 이상 70 미만

📌 **문제행동척도 프로파일** ❶ 20초등A3, ❷ 12중등7, ❸ 09초등11

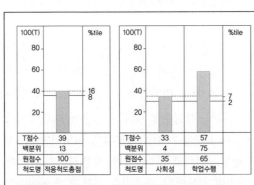

척도명	적응척도총점
T점수	39
백분위	13
원점수	100

척도명	사회성	학업수행
T점수	33	57
백분위	4	75
원점수	35	65

* 결측치가 있을 경우, 해당 척도 점수가 산출되지 않음 (−1로 표기)

Ⅰ 결과해석

적응척도 총점은 T점수＝39로 준임상범위이며, 사회성 척도는 T점수＝33으로 준임상범위, 학업수행 척도는 T점수＝57로 정상범위입니다.

① 적응척도 총점
  • 임상범위 : T점수 36(백분위 8) 이하
  • 준임상범위 : T점수 36 초과 40(백분위 16) 이하

② 사회성, 학업수행 척도
  • 임상범위 : T점수 30(백분위 2) 이하
  • 준임상범위 : T점수 30 초과35(백분위 7) 이하

📌 **적응척도 프로파일**

기출 POINT 2

● 20초등A3

(나)의 ㉠~㉣ 중 적절하지 않은 내용 2가지를 골라 기호를 쓰고 바르게 고쳐 쓰시오.

(나) 'CBCL 6-18' 문제행동증후군 하위 척도와 설명

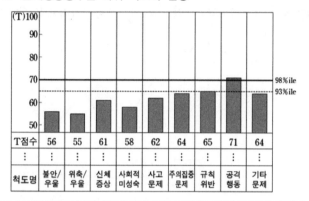

	불안/ 우울	위축/ 우울	신체 증상	사회적 미성숙	사고 문제	주의집중 문제	규칙 위반	공격 행동	기타 문제
T점수	56	55	61	58	62	64	65	71	64
	⋮	⋮	⋮	⋮	⋮	⋮	⋮	⋮	⋮
척도명									

㉠ 70은 T점수를 의미하고 98%ile에 해당됨

㉡ 93%ile은 표준편차(SD)를 활용하면 +1SD에 해당됨

㉢ '불안/우울', '위축/우울', '신체증상' 척도는 내재화 요인에 해당됨

㉣ '신체증상' 척도는 특정한 의학적 원인으로 인해 두통, 복통, 구토 등과 같은 신체증상을 호소하는 정도를 반영함

㉤ 막대그래프가 점선 위로 올라오면 '준임상' 범위이며, 실선 위로 올라오면 '임상' 범위라고 볼 수 있음

❷ 12중등7

다음은 중학교 1학년 학생 A의 읽기 능력과 행동 특성을 진단한 결과의 일부이다. 옳은 것만을 〈보기〉에서 있는 대로 고른 것은?

• 읽기 검사 결과: 학년점수(2.5), T점수(35) [검사도구: BASA-Reading]
• 행동 진단 결과: [검사도구: 아동·청소년 행동평가척도(K-CBCL)]

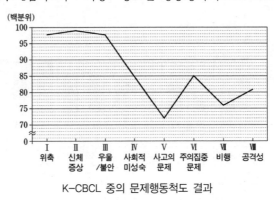

K-CBCL 중의 문제행동척도 결과

─〈보기〉─

㉠ 학생 A의 읽기 능력은 일반적인 초등학교 2학년의 여섯 번째 달에 해당하는 학생 수준이다.

㉡ 읽기 검사 결과의 T점수는 원점수이므로 Z점수로 환산하였을 때 집단 내에서의 학생 A의 읽기 수준을 알 수 있다.

㉢ 학생 A의 내재화 문제 정도는 상위 3% 안에 포함되며, 일반적으로 보았을 때 임상범위 내에 속한다.

㉣ 학생 A의 주의집중 문제는 ±1 표준편차 범위 안에 들어, 심각하지 않은 편이다.

㉤ K-CBCL은 위에 제시한 문제행동척도 이외에도 사회능력척도가 포함되어 있다.

❸ 09초등11

다음은 정서 및 행동 문제를 보이는 11세 은비에 대해 부모가 작성한 아동·청소년 행동평가척도 (K-CBCL) 검사 결과 프로파일의 일부이다. 이 프로파일에 대한 해석으로 적절하지 않은 것은?

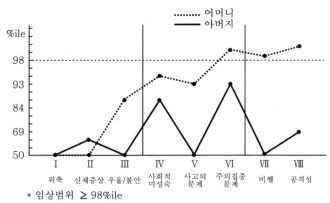

* 임상범위 ≥ 98%ile

① 아버지와 어머니 반응의 차이는 두 정보 제공자의 관점의 차이로도 볼 수 있다.

② 전반적으로 아버지보다 어머니가 은비의 행동을 더 우려하고 있는 것으로 보인다.

③ 어머니가 작성한 프로파일에 의하면 은비는 3개의 척도에서 임상범위 내에 있다.

④ 어머니가 작성한 프로파일에 의하면 은비는 외현화문제보다 내재화문제를 더 많이 나타내는 것으로 보인다.

⑤ 은비의 정서 및 행동 문제에 대한 판단을 내리기 위해서는 다른 검사들을 통해 더 많은 정보를 수집할 필요가 있을 것으로 보인다.

02 한국판 정서행동문제 검사(K-SAED)

1. 목적 및 대상

① K-SAED의 검사 대상은 6세부터 18세까지의 아동·청소년이다.

② 특수교육 분야에서는 이 검사를 이용하여 특수교육에 의뢰되는 학생들의 정서행동문제를 파악할 수 있고, 선별과 진단 자료로 활용할 수도 있다.

2. 구성 체계

K-SAED는 아동·청소년들의 정서행동문제 영역과 그 정도를 진단하기 위하여 평정척도 검사, 면담 검사, 직접관찰 검사라는 세 가지 형태의 검사로 구성되어 있다.

검사	내용
평정척도 검사	• **정서행동 문제지수**: 학습에 대한 어려움, 대인관계 문제, 부적절한 행동, 불행감이나 우울, 신체적 증상이나 공포 • 교육적 수행에 미치는 불리한 영향
면담 검사	• 피검 학생의 주 양육자(부모 또는 보호자)에게 구조화된 질문을 제공하여 심층면담 조사를 실시하도록 구성되어 있다. • 면담 검사의 기록지에는 피검 학생의 기본정보, 개인 배경정보, 출생과 건강정보, 학생의 발달 상황, 가족 상황, 정서행동에 관한 면담 기록을 작성할 수 있게 되어 있다.
직접관찰 검사	• 피검 학생의 문제행동을 직접 관찰하여 기록할 수 있도록 구성되어 있다. • 직접관찰 기록지에는 기본정보, 관찰 및 기록상의 유의점, (문제)행동의 정의, 관찰기록표, 기록 요약, 교실에서의 일화 관찰, 관찰자의 의견 등을 기록할 수 있도록 구성되어 있다.

3. 실시 방법

① K-SAED의 평정척도 검사는 학교 환경에서 피검 학생이 어떻게 생활하고 있는지를 잘 알고 있는 성인이 질문에 대한 4점의 리커트 척도 중에 하나를 선택하여 평가한다.

② K-SAED의 면담 검사는 피검 학생의 주 양육자(부모 또는 보호자)와 면담을 실시하는 것으로 진행되는데, 이때 검사자는 주 양육자에게 구조화된 질문을 하고 면담 기록지에 면담 결과를 자세히 기록하여야 한다.

③ K-SAED의 직접관찰 검사는 학교의 실제 상황에서 피검 학생의 행동을 직접 관찰하고, 구조화된 관찰 기록지에 행동발생에 관한 빈도를 기록하는 방식으로 진행된다.

4. 결과 및 해석

① K-SAED의 평정척도 검사는 5개의 하위척도별로 원점수와 백분위점수 및 척도점수 (평균 10, 표준편차 3)를 제공한다. 각 하위 영역별로 정서행동문제의 특징을 문제없음, 준임상군, 임상군의 세 단계로 분류한다.

② 5개 하위척도의 총합 점수를 이용하여 평균이 100이고 표준편차가 15인 정서행동문제지수를 산출한다. 이 지수는 정서행동문제의 심각한 정도를 파악하기 위해서 사용한다.

| 정서행동문제 특징의 평정 결과

정서행동문제 특징 하위척도	원점수	%ile(백분위)	척도 점수	해석(Descriptive Term)
학습에 대한 어려움(IL)	14	91	14	준임상군
대인관계 문제(RP)	8	91	16	준임상군
부적절한 행동(IB)	15	98	16	준임상군
불행감이나 우울(UD)	10	98	16	준임상군
신체적 증상이나 공포(PF)	11	98	16	준임상군
척도 점수의 총합 = 76				

| 정서행동문제 특징의 해석

정서행동문제 특징 척도점수	13 이하	14~16	17 이상
정서행동문제 특징의 해석	정서행동장애가 아님 (문제없음)	정서행동장애의 가능성이 있음(준임상군)	정서행동장애의 가능성이 높음(임상군)

| 평정척도 검사 결과

척도 점수의 총합	76	%ile(백분위)	97	정서행동문제 지수	131

한국판 주의력결핍 과잉행동장애 진단검사(K-ADHDDS)

1. 목적 및 대상

K-ADHDDS는 ADHD가 의심되는 만 3세부터 23세까지의 아동 및 청소년을 대상으로 한다.

2. 구성 체계

K-ADHDDS는 3개의 하위검사로 구성되어 있는데 과잉행동, 충동성, 부주의 문항으로 총 36개의 문항이 포함된다.

3. 실시 방법

피검자와 적어도 2주 이상 정기적으로 접촉해온 부모나 교사가 실시할 수 있다.

4. 결과 및 해석

① 하위검사별로 원점수를 계산한 후, 원점수를 척도점수와 백분위점수로 전환하고 각 하위검사의 척도점수를 합하여 ADHD 지수를 산출한다.

② '척도점수'란 검사점수를 평균 10, 표준편차 3으로 나타낸 점수이다. 이러한 척도점수가 클수록, ADHD 지수(평균 100, 표준편차 15)가 높을수록 ADHD 정도가 심함을 의미한다. 그러나 ADHD 심도가 '약함'의 수준이라 할지라도 ADHD 성향이 없다는 것이 아니라 ADHD를 가진 아동들 중 '경도' 수준에 속한다는 것에 주의하여 해석한다.

하위검사 척도점수	ADHD 지수	백분위	ADHD 심도	임상적 해석
17~19	130+	99+	아주 심함	최고도
15~16	120~129	92~98	심함	최고도
13~14	110~119	76~91	평균 이상	고도
8~12	90~109	25~75	평균	고도
3~7	80~89	9~24	평균 이하	중등도
4~5	70~79	2~8	약함	경도
1~3	≤69	1	아주 약함	최경도

[출처] 김진호, 『최신 특수아 진단 및 평가』(2018.)

운동 및 시지각 관련 검사

01 한국판 오세레츠키 운동능력검사

1. 목적 및 대상

① 한국판 오세레츠키 운동능력검사는 학생의 운동기능을 평가하고 운동훈련 프로그램을 개발하고 평가하는 데 활용할 수 있으며, 운동기능장애와 발달지체를 평가하는 도구로도 사용될 수 있다.

② 검사의 적용 대상은 만 4세부터 16세까지이다.

2. 구성 체계

한국판 오세레츠키 운동능력검사는 6개의 영역(일반적 정적 협응검사, 손동작 협응검사, 일반동작 협응검사, 운동속도검사, 동시적 자발동작검사, 단일동작 수행능력검사)에 걸쳐 총 60문항으로 이루어져 있다.

3. 실시 방법

① 한국판 오세레츠키 운동능력검사는 피검자에게 직접 실시한다.

② 피검자가 그의 나이에 해당되는 검사의 수행이 불가능하거나 두 항목 이상 수행할 수 없었을 때에는, 검사자는 즉시 피검자의 연령 수준보다 단계가 낮은 검사로 내려가서 실시한다.

③ 피검자의 나이에 해당되는 검사를 성공적으로 통과했을 때는, 그 연령 수준보다 한 단계 높은 검사를 실시하며 이는 한 연령집단의 모든 검사를 실패할 때까지 계속한다.

4. 결과 및 해석

① 검사 결과는 운동연령으로 제시된다.

② 검사 결과 1년~1년 반이 뒤떨어지면 '가벼운 운동지체'가 있고, 1년 반~3년의 차이가 나면 '보통의 운동지체'가 있으며, 3년 또는 5년이 뒤떨어지면 '심각한 운동지체', 5년 이상의 경우 '장애'가 있는 것으로 보아 이에 대해 특별한 조치가 필요하다.

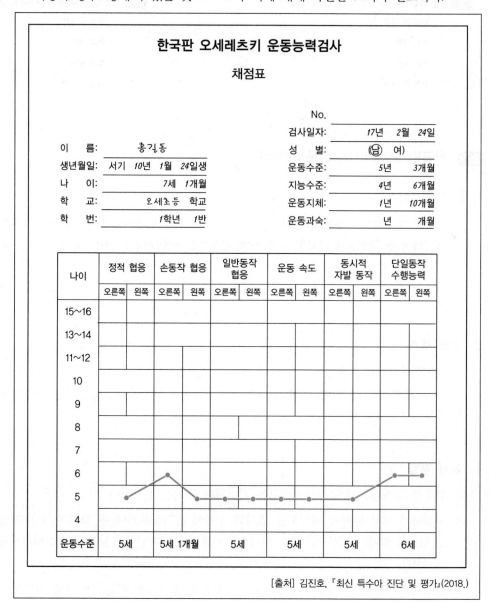

한국판 오세레츠키 운동능력검사

채점표

No.

이 름:	홍길동		검사일자:	17년 2월 24일
생년월일:	서기 10년 1월 24일생		성 별:	(남) 여
나 이:	7세 1개월		운동수준:	5년 3개월
학 교:	오세초등 학교		지능수준:	4년 6개월
학 번:	1학년 1반		운동지체:	1년 10개월
			운동과숙:	년 개월

나이	정적 협응		손동작 협응		일반동작 협응		운동 속도		동시적 자발 동작		단일동작 수행능력	
	오른쪽	왼쪽	오른쪽	왼쪽	오른쪽	왼쪽	오른쪽	왼쪽	오른쪽	왼쪽	오른쪽	왼쪽
15~16												
13~14												
11~12												
10												
9												
8												
7												
6												
5												
4												
운동수준	5세		5세 1개월		5세		5세		5세		6세	

[출처] 김진호, 『최신 특수아 진단 및 평가』(2018.)

02 한국판 아동 시지각발달검사 3판(K-DTVP-3)

1. 목적 및 대상

① K-DTVP-3은 학생의 시지각 또는 시각-운동 통합에 특별한 문제가 있는지 실제로 확인하거나, 보다 심각한 문제가 있을 수 있는 학생을 찾아내 타 전문기관에 의뢰하고자 할 때 사용할 수 있다.

② 검사의 적용 대상은 만 4세부터 12세까지이다.

2. 구성 체계

K-DTVP-3은 5개 하위검사(눈-손 협응, 따라 그리기, 도형-배경, 시각통합, 형태 항상성)에 걸쳐 총 96문항으로 되어 있다.

종합척도	운동개입 정도	하위검사	
시각-운동 통합 (Visual-Motor Integration ; VMI)	운동개입 강화	눈-손 협응 (EH)	시각적 경계에 따라 정밀한 직선이나 곡선을 그리는 능력을 측정한다.
		따라 그리기 (CO)	그림의 특성을 재인하는 능력과 모델을 따라 그리는 능력을 측정한다.
운동축소-시지각 (Motor Reduced Visual Perception ; MRVP)	운동개입 최소화	도형-배경 (FG)	혼란스럽고 복잡한 배경 속에 숨겨진 특정 그림을 찾는 능력을 측정한다.
		시각통합 (VC)	불완전하게 그려진 자극 그림을 완전하게 재인하는 능력을 측정한다.
		형태 항상성 (FC)	하나 이상의 변별적 특징(크기, 위치, 음영 등)에 따라 변이된 두 개의 그림을 짝짓는 능력을 측정한다.
일반 시지각 (General Visual Perception ; GVP)	운동개입 강화	눈-손 협응 (EH)	-
		따라 그리기 (CO)	-
	운동개입 최소화	도형-배경 (FG)	-
		시각통합 (VC)	-
		형태 항상성 (FC)	-

① **일반 시지각 지수**: 일반적인 시지각 능력을 가장 잘 측정하는 것으로, 운동-감소 시지각 지수와 시각-운동 통합 지수에서 얻은 시지각 능력에 대한 정보를 모두 포함한다. 이 척도에서 높은 수행 능력을 보이는 아동은 시지각이나 시각-소근육 운동이 요구되는 광범위한 활동에서 뛰어난 수행을 보일 가능성이 있다.

② **시각-운동 통합 지수**: 시각-운동 통합 지수는 시지각 능력과 운동 능력이 통합된 능력을 나타내는 지수다. 이 척도에서 높은 점수를 얻기 위해서는 복잡한 눈-손 협응 과제를 잘 해결해야 하고, 시지각 능력이 좋다 하더라도 서툰 손 움직임이나 눈-손 운동 협응의 어려움이 있을 경우 낮은 점수를 보일 수 있다.

③ **운동축소-시지각 지수**: 운동축소-시지각 지수는 운동기능이 최소한으로 배제된 조건에서 측정된 시지각 능력 지수다.

> 예 운동축소-시지각 지수와 시각-운동 통합 지수 사이에 유의미한 차이가 존재할 경우 그 차이는 아동의 시지각 능력에서 중요한 의미를 가질 수 있다. 운동축소-시지각 지수가 시각-운동 통합 지수보다 우수한 경우 상대적으로 낮은 시각-운동 통합 지수가 시지각에 기인한 것이 아니라는 증거를 가지게 된다. 이런 경우 검사자는 아동의 시지각 능력을 가늠하기 위하여 시각-운동 통합 지수보다는 운동-감소 시지각 지수를 선택하여 해석해야 한다. 또한, 아동의 운동기능을 보다 면밀하게 조사하여 아동이 지니고 있는 문제의 원인을 찾아보는 것이 좋다.

3. 실시 방법

① K-DTVP-3은 피검자의 연령과 관계없이 모든 하위검사에서 문항 1번부터 시작한다.

② 하위검사는 눈-손 협응, 따라 그리기, 도형-배경, 시각통합, 형태 항상성 순으로 실시한다.

4. 결과 및 해석

① 원점수를 바탕으로 규준점수를 산출하며, 규준점수를 활용해 표준점수와 백분위를 확인한다.

② 하위검사별 척도점수는 각 하위검사의 원점수를 평균 10, 표준편차 3인 표준점수로 변환한 점수이다.

③ 종합척도지수는 VMI, MRVP, GVP의 3개 척도점수를 합산한 다음 평균 100, 표준편차 15인 표준점수로 변환한 점수이다. ❶ 23초등A2

기출 POINT 1

❶ 23초등A2
(가)에서 시지각발달검사 표준점수의 평균과 표준편차에 의거하여 은주의 일반 시지각 지수가 어느 정도인지 쓰시오.
(가) 은주의 시지각발달검사 결과 일부

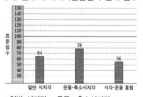

* 일반 시지각 = 운동-축소시지각 + 시각-운동 통합
(평균: 100 표준편차: 15)

척도점수	표준점수	기술평정	백분율
17~20	>130	매우 우수	2.34
15~16	121~130	우수	6.87
13~14	111~120	평균 상	16.12
8~12	90~110	평균	49.51
6~7	80~89	평균 하	16.12
4~5	70~79	낮음	6.87
1~3	<70	매우 낮음	2.34

ㅣ 종합척도지수(일반시지각 지수 : GVP)

종합척도	척도점수의 합	지수 M=100, SD=15	백분위	신뢰구간 95%	수준
일반시지각 지수 GVP	37	84	15	78~90	평균 이하

ㅣ 종합척도 프로파일

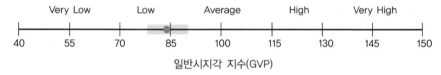

일반시지각 지수(GVP)

홍길동의 일반시지각 지수(GVP)는 84인 것으로 나타났다.
일반시지각 종합척도에서 측정된 홍길동의 시지각 능력은 또래집단 아동들의 시지각 능력과 비교할 때, 백분위가 15로 전체 아동의 15%가 홍길동보다 낮은 시지각 능력을 지니고 있음을 보여주고 있다.
일반시지각 종합척도에서 홍길동의 시지각 지수는 84인 것으로 나타났지만, 이 종합척도가 시지각 능력을 측정하는 과정에서 범할 수 있는 측정의 오차를 고려할 경우, 일반시지각 종합척도에 의해 측정하고자 하는 홍길동의 실제 시지각 능력은 78~90구간에 있을 것으로 추론되며, 이 78~90 구간이 홍길동의 실제 시지각 능력을 포함하고 있을 확률은 95% 정도 되는 것으로 확신할 수 있다.

[출처] 김진호, 『최신 특수아 진단 및 평가』(2018.)

학습능력검사

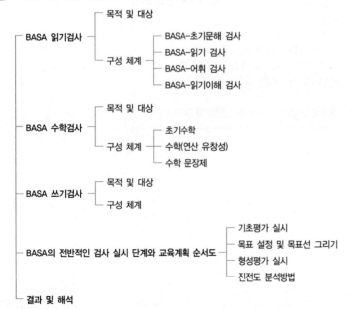

01 기초학습기능검사
- 목적 및 대상
- 구성 체계
- 실시 방법
- 결과 및 해석

02 국립특수교육원 기초학력검사(KISE-BAAT)
- 목적 및 대상
- 구성 체계
- 실시 방법
- 결과 및 해석

03 국립특수교육원 기초학습능력검사(NISE-B·ACT)
- 목적 및 대상
- 구성 체계
- 실시 방법
- 결과 및 해석

04 기초학습기능 수행평가체제(BASA)
- BASA 읽기검사
  - 목적 및 대상
  - 구성 체계
    - BASA-초기문해 검사
    - BASA-읽기 검사
    - BASA-어휘 검사
    - BASA-읽기이해 검사
- BASA 수학검사
  - 목적 및 대상
  - 구성 체계
    - 초기수학
    - 수학(연산 유창성)
    - 수학 문장제
- BASA 쓰기검사
  - 목적 및 대상
  - 구성 체계
- BASA의 전반적인 검사 실시 단계와 교육계획 순서도
  - 기초평가 실시
  - 목표 설정 및 목표선 그리기
  - 형성평가 실시
  - 진전도 분석방법
- 결과 및 해석

01 **기초학습기능검사**(individual basic learning skills test)

1. 목적 및 대상

① 기초학습기능검사는 학생의 기초학습기능의 학년 수준 및 연령 수준을 파악하기 위한 검사로, 만 5세부터 12세 11개월까지의 학생을 대상으로 한다.

② 능력이 부족한 장애 학생뿐만 아니라 일반 학생의 경우도 학력 수준을 평가할 수 있다.

2. 구성 체계

기초학습기능검사는 세 가지 영역(정보처리 기능, 수 기능, 언어 기능)에 걸친 총 270문항으로 구성되어 있다.

영역	소검사	측정 요소
정보처리 기능	정보처리	관찰능력
		조직능력
		관계능력
수 기능	셈하기	기초개념 이해능력
		계산능력
		문제해결능력
언어 기능	읽기 Ⅰ	문자와 낱말의 재인능력
	읽기 Ⅱ	독해능력
	쓰기	철자의 재인능력

[출처] 김진호, 『최신 특수아 진단 및 평가』(2018.)

3. 실시 방법

① 검사는 정보처리, 셈하기, 읽기 Ⅰ, 읽기 Ⅱ, 쓰기의 순서로 실시한다.

② 시작점 문항에서 실시하여 3문항을 모두 맞히지 못하면 시작점 바로 이전 문항에서 거꾸로 실시하여 3문항을 연속으로 맞힐 때까지 실시한다. 3문항을 연속으로 맞혔을 때는 그 이전의 쉬운 문항들은 맞힌 것으로 간주하고, 다시 시작점 문항 뒤로 돌아가서 계속 실시한다.

③ 이 검사는 시간 제한이 없는 능력 검사이므로 피검사자가 충분히 생각해서 대답할 수 있도록 하되, 셈하기 검사의 경우 약 30초, 다른 소검사들은 15초 정도가 적당하다.

4. 결과 및 해석

검사의 결과는 각 소검사 및 전체 검사에 대해 학년규준점수*, 연령규준점수*, 백분위점수, 연령별 백분위점수를 제공한다.

Keyword

• **학년규준점수**: 한 개인의 검사 결과를 각 학년 학생들이 받은 원점수의 중앙치와 비교하여 학년 수준별로 표시되는 점수 → 검사결과지의 학년규준표를 참고함

• **연령규준점수**: 한 개인의 검사 결과를 각 연령 학생들이 받은 원점수의 중앙치와 비교하여 연령 수준으로 표시되는 점수 → 검사결과지의 연령규준표를 참고함

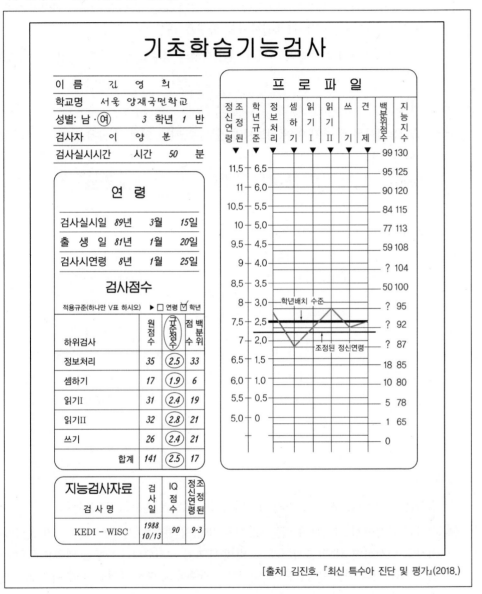

[출처] 김진호, 『최신 특수아 진단 및 평가』(2018.)

02 국립특수교육원 기초학력검사(KISE-BAAT)

1. 목적 및 대상

KISE-BAAT는 읽기·쓰기·수학의 세 영역에서 학생의 기초학력을 측정하기 위한 검사로, 만 5세부터 14세까지의 학생을 대상으로 한다.

2. 구성 체계

KISE-BAAT는 세 가지 소검사(읽기, 쓰기, 수학)로 가형과 나형의 동형검사로 이루어져 있다.

읽기		쓰기	수학	
선수기능		선수기능	수	범자연수
				분수와 소수
				비와 백분율
음독능력		표기능력	도형	도형
독해 능력	낱말이해	어휘구사력	연산	덧셈, 뺄셈, 곱셈, 나눗셈, 암산
	문장완성		측정	측정, 시간과 화폐, 어림
	어휘선택			
	어휘배열	문장구사력	확률과 통계	확률과 통계
	짧은 글 이해	글 구성력	문제해결	문제해결

[출처] 김진호, 『최신 특수아 진단 및 평가』(2018.)

3. 실시 방법

① KISE-BAAT는 한 번의 회기 내에 검사 전체를 시행해야 한다.

② KISE-BAAT의 소검사들은 모두 검사 영역 순으로 실시해야 한다.

③ 순서대로 실시하는 것이 어려울 경우 검사의 순서를 바꿔 실시할 수 있으나, 피검사자의 부적절한 동기나 피로의 누적 등으로 인해 한 번의 회기 내에 검사 전체를 시행하기 어려운 경우에는 평가 영역별로 검사를 분리해서 시행해도 된다. 그러나 첫 번째 검사와 두 번째 검사 간 간격이 일주일 이상이어서는 안 된다.

4. 결과 및 해석

① KISE-BAAT 검사의 결과는 소검사별로 백분위점수, 학력지수(평균 100, 표준편차 15) 그리고 학년규준을 제공한다.

② BAAT 검사 결과로 학습장애를 진단할 때에는 학력지수나 학년규준점수 둘 중에서 어느 한 점수가 −2 표준편차 이하이거나 2년 이상 지체된 것으로 나타났을 때 학습장애로 진단한다.

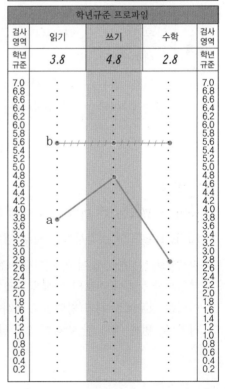

국립특수교육원 기초학력검사
KISE-BAAT(읽기), (쓰기), (수학)
Korea Institute for Special Education–Basic Academic Achievement Tests(Reading), (Writing), (Math)

이 름	김석동	성 별	남
생년월일	(만 10세 6개월)		
학 교	신상초등학교	학 년	5
주 소	인천광역시 남구 주월동 33-33번지		

구 분	읽기	쓰기	수학
학력지수	85	98	80
학년규준	3.8	4.8	2.8
검 사 일	년 월 일	년 월 일	년 월 일
검 사 자			

[출처] 김진호, 『최신 특수아 진단 및 평가』(2018.)

03 국립특수교육원 기초학습능력검사(NISE-B · ACT)

1. 목적 및 대상

① 유치원부터 중학교에 재학하고 있는 학생(만 5세~14세)의 기초학습능력을 평가하고, 이를 통해 특수교육대상 학생을 선별하며, 특수교육대상 학생의 기초학습능력을 진단하기 위해 개발된 검사이다.

② 이 검사는 학생의 적격성 결정과 함께 향후의 교육 프로그램을 개발하는 데 필요한 기초 정보를 제공한다.

③ 일반적으로 기초학습능력검사는 학습자의 현재 학업성취 수준을 파악하고, 학습자의 잠재된 능력을 최대한 계발할 수 있는 정보를 제공한다는 점에서 의의가 있다.

④ NISE-B · ACT의 주요 특징은 다음과 같다.

  ㉠ 규준참조검사로 구성되어 있다. 사용자의 편리성과 교육적 의사결정을 명료하게 할 수 있도록 학년-학기 규준을 개발하였다.

  ㉡ 종합적인 검사도구이다. 현재 특수교육 분야에서 읽기, 쓰기, 수학 기초학습 영역을 종합적으로 평가할 수 있는 검사도구가 부족하기에 NISE-B · ACT는 학생들의 기초학습을 검사할 수 있는 종합적인 검사도구로 개발되었다.

  ㉢ 개인용 검사로 구성되어 있다. 개인용 검사이기에 보다 신뢰롭고 타당하게 특수교육대상 학생에 대한 적격성과 교육계획을 수립할 수 있는 정보를 얻을 수 있다. 또한 표준화 과정에서 집단검사가 아닌 개별검사로 표준화를 진행함으로써 개인용 검사로서의 적합성을 높였다.

  ㉣ 수행능력을 평가하는 검사로 구성되어 있다. 기초학습능력은 그 자체로 목적적 영역일 뿐만 아니라 다른 교과를 학습하기 위한 도구적 속성을 가지고 있다. 따라서 아동의 수행능력 평가를 통해 잠재능력 파악 및 교육계획 수립에 도움을 줄 수 있다.

2. 구성 체계

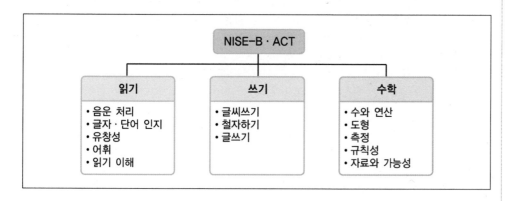

평가	하위검사	검사 내용
읽기	음운처리검사	• 음절합성: 음절을 듣고 합성하는 능력 측정 • 음절탈락: 음절을 듣고 탈락시키는 능력 측정 • 음절변별: 음절을 듣고 변별하는 능력을 측정 • 음절대치: 음절을 듣고 다른 음절로 대치하는 능력을 측정 • 음소변별: 첫 음소 변별, 가운데 음소 변별, 끝 음소 변별 • 빠른 자동 이름대기(사물): 제한된 시간에 빠르고 정확하게 사물을 인지하는 능력 • 빠른 자동 이름대기(색깔): 제한된 시간에 빠르고 정확하게 색깔을 인지하는 능력

글자 인지검사: 글자의 이름을 소리 내어 읽는 문항과, 1음절의 글자를 소리 내어 읽는 문항들로 구성

🚩 **단어 인지검사(규칙 단어)**

고빈도 규칙 단어		저빈도 규칙 단어		무의미 규칙 단어	
문항	정답	문항	정답	문항	정답
감	감	보좌	보좌	넘코	넘코
상	상	효력	효력	승채	승채
잔치	잔치	접촉	접촉	갑청	갑청

🚩 **단어 인지검사(불규칙 단어)**

고빈도 불규칙 단어			저빈도 불규칙 단어			무의미 불규칙 단어		
문항	정답	규칙	문항	정답	규칙	문항	정답	규칙
꽃	꼳	7종성	뱁새	뱁째	경음	각모	강모	비음
부엌	부억	7종성	직감	직깜	경음	돋가	돋까	경음
덥다	덥따	경음	젖니	전니	7종성, 비음	법홀	버풀	격음

	유창성 검사	글 읽기 유창성(비문학/문학): 각 지문별 1분이라는 제한된 시간을 주고 학생으로 하여금 글을 소리 내어 읽게 함. 교사는 학생이 글을 읽을 때 '총 읽은 음절 수'와 '틀린 음절 수'를 확인하고, 총 읽은 음절 수에서 틀린 음절수를 빼 '정확하게 읽은 음절 수'를 기록함

PART
03

하위검사	문항 및 측정 내용
단어 뜻하는 그림 찾기	단어의 의미에 대한 지식을 측정 예) 놀이터(놀이터 그림, 버스 그림, 교실 그림, 화장실 그림)
반대말	단어의 의미와 관련 어휘(반대말)에 대한 지식을 측정 예) 위(옆, 아래, 앞, 뒤)
비슷한 말	단어의 의미와 관련 어휘(비슷한 말)에 대한 지식을 측정 예) 차례(순서, 횟수, 선수, 숫자)
유추	단어의 의미와 단어들 간의 관계에 대한 지식을 측정 예) 왕 : 백성＝대통령 : ( )(인도, 국민, 장군, 황제)
빈 칸 채우기	문장 안에서 단어의 의미를 파악하는 능력을 측정 예) 지난 여름방학에 우리 가족은 바다로 ( )을 다녀왔습니다. (꿈, 어항, 여행, 약속)

어휘검사

하위검사	문항 및 측정 내용
문장 이해	문장을 읽고 동작으로 표현하기 예) 손을 머리 위로 드세요. 문장의 내용에 맞는 그림 고르기 예) 여학생이 할아버지께 인사를 합니다. 문장의 내용에 맞게 그림 배열하기 예) 집에 와서 어머니께 학교에 잘 다녀왔다고 인사를 드렸습니다. 가방을 벗고, 손을 씻었습니다. 어머니께서 준비해주신 간식을 맛있게 먹었습니다. → 그림카드를 순서대로 제시
짧은 글 이해	한 단락의 지문과 1개 문항을 제시하고, 사실적 이해 능력 측정 예) '신호등'의 용도를 설명하는 지문 : 우리가 안전하게 도로를 건널 수 있도록 도와주는 것은 무엇입니까?
긴 글 이해	4~5개 단락으로 구성된 지문과 5개의 문항을 제시하고, 사실 및 추론적 이해 능력 측정 예) '흰 구름이 보고 들은 이야기'에서 추론적 이해 문항 : 이 글에 등장하는 인물들의 속마음으로 올바르지 않은 것은 무엇입니까?

읽기이해

글씨쓰기	I. 글씨쓰기	소검사	구인	주요 내용	문항 수
		쓰기 준비도 및 글씨의 질		선 따라 그리기 / 도형 그리기 / 같은 글자 찾기 / 글자 및 낱말의 조성 / 글자 모양과 이름 알기	7
				줄·칸에 대한 인식 / 글자의 모양 / 쓰기 속도	5
				총 문제의 수	12

철자	철자하기	소검사	구인	주요 내용	문항 수
			① 받아쓰기	낱말을 듣고 맞춤법에 맞게 쓰기	3
				구를 듣고 맞춤법에 맞게 쓰기	4
				문장을 듣고 맞춤법에 맞게 쓰기	4
			② 옳은 철자 쓰기	• 맞춤법이 틀린 낱말 고치기 • 의미에 맞는 정확한 낱말 고르기	9
			③ 기억해서 쓰기	낱말 기억해서 쓰기	2
				문장 기억해서 쓰기	6
				총 문제의 수	28

글쓰기	III. 글쓰기	소검사	구인	주요 내용	문항 수
			① 문장 완성하기	• 문장카드 완성하기 • 문장에 어울리는 공통된 낱말 찾기 • 논리적 흐름에 맞게 연결되는 문장 쓰기	10
			② 문법지식	문장부호, 높임말, 문장성분, 교정부호, 외래어 알기, 주어-서술어 호응	9
			③ 짧은 글짓기, 이야기 구성하기	• 제시된 낱말로 짧은 글짓기 • 그림카드 배열하여 이야기 구성하기	5

(좌측 세로 병합 셀: 쓰기)

		④ 쓰기 유창성	교실 내 물건의 이름 빠르게 쓰기, 끝말잇기, 주어진 시간 내에 제시된 낱말로 문장 만들기	4
		총 문항 수		28
수학	수와 연산	• 산술 • 유창성		
	도형	기본 수준/중간 수준/상위 수준		
	측정	기본 수준/중간 수준/상위 수준		
	규칙성	기본 수준/중간 수준/상위 수준		
	자료와 가능성	기본 수준/중간 수준/상위 수준		

3. 실시 방법

① 검사별로 소요시간이 다르지만 약 40~60분 정도 소요될 수 있다. 피검자의 수검 양식에 따라 시간은 단축되거나 늘어날 수 있다.

② 검사자는 한 번의 회기 내에 전체 검사를 실시하고자 노력하여야 하지만, 피검자의 상태나 부적절한 상황 등으로 인해 전체 검사를 실시하지 못한 경우 하위 영역별로 분리해서 검사를 실시할 수 있다. 나누어서 하는 경우 두 번째 검사는 첫 번째 검사 회기로부터 1주일 이내에 실시하여야 한다.

4. 결과 및 해석 ❶ 23중등A12

NISE-B·ACT 검사의 결과는 소검사별로 백분위점수, 학력지수(평균 100, 표준편차 15) 그리고 학년규준을 제공한다.

① 학력지수는 학업의 수행이나 발달 정도를 나타내며, 다음의 진단적 분류에 따라 검사 결과를 해석하는 데 도움을 준다.

② 학년규준은 피검사자의 수행 수준을 파악하는 데 도움을 준다.

기출 POINT 1

❶ 23중등A12
㉠에 **공통으로 해당하는 용어를 쓰시오.**

교사 A : 학습장애 학생 진단을 위해서 학업 성취 수준과 지능에 대한 정보를 확인할 필요가 있습니다.
교사 B : 학업성취 수준을 파악하기 위해서 주로 국립특수교육원의 기초학력검사(KISE–BAAT)나 기초학습능력검사(NISE–B·ACT)를 사용하고 있습니다. 두 검사는 어떠한 특성이 있나요?
교사 A : 두 검사 모두 규준참조검사로 구성되어 있으며, 영역별 백분위점수, (㉠), 학년 규준을 제공합니다. 특히 학업의 수행이나 발달 정도를 나타내는 (㉠)에 대한 진단적 분류를 제공하고 있어 검사 결과를 해석하는 데 도움을 줍니다.

표준점수	학력지수
130 이상	최우수
115~129	우수
105~114	평균 상
95~104	평균
85~94	평균 하
70~84	학습지체
69 이하	심한 학습지체

더 알아보기
• 소검사의 표준점수: 평균 10, 표준편차 3
• 학력지수: 평균 100, 표준편차 15

소검사	음운처리	글자-단어 인지	유창성	어휘	읽기이해	읽기능력
원점수	–	89	222	20	5	–
표준점수	–	9	4	8	4	77
백분위	–	37.00	2.00	25.00	2.00	6.00
학력지수	–	평균	학습지체	평균 하	학습지체	학습지체
학년규준	–	초 2-1학기	유치원-1학기	초 1-1학기	유치원-1학기	초 1-1학기

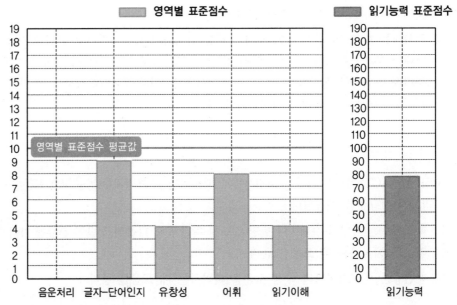

→ **읽기검사의 총평**: 읽기검사 결과 소검사 영역지수별 합산점수의 학력지수는 77점이고, 학력지수 분류는 학습지체 수준에 해당된다. 백분위점수는 6.00%이며, 학년규준은 초 1-1학기에 해당한다.

⚑ NISE-B·ACT 읽기검사 결과 프로파일

04 **기초학습기능 수행평가체제(BASA)**

① BASA는 기초학습기능, 즉 읽기·수학·쓰기 영역의 기능수행 수준을 선별 및 진단할 수 있으며, 학생의 학습 진전도를 모니터링할 수 있는 진단평가 체제이다.

② BASA 검사는 학습부진 및 학습장애를 진단할 수 있으며, 또한 중재를 위한 형성평가 도구로서의 기능도 한다.

③ BASA는 다음과 같은 측면에서 다른 검사도구와 차이가 있다.

　㉠ 교육과정에 기초한 평가도구(CBM)로서, 학생이 실제로 학습한 내용을 평가하고 그 결과를 중재 계획의 수립 및 변경에 활용할 수 있도록 개발되었다.

　㉡ 실시가 간편하고 시간과 비용이 적게 든다.

　㉢ 학습 효과 확인 및 진전도 점검 및 중재계획 수립에 유용하다. 학생의 현행 수준, 즉 기초선을 측정하고 목표선을 설정한 다음, 중재에 따른 진전도 모니터링을 통한 목표 또는 중재 방법의 수정을 결정하는 것 등에 검사 결과를 활용할 수 있다.

④ BASA 검사의 구성

구분	읽기(Reading)	수학(Arithmetic)	쓰기(Writing)
기초	BASA-초기문해(EL) (음운인식)	BASA-초기수학(EN) (수감각)	−
유창성	BASA-읽기 (음독유창성, 읽기이해)	BASA-수학 (연산유창성)	−
심화	BASA-어휘 BASA-읽기이해	BASA-수학 문장제	BASA-쓰기검사 (작문/생각쓰기)

1. 기초학습기능 수행평가체제(BASA) 읽기검사

(1) 목적 및 대상

① BASA 읽기검사는 읽기부진 학생의 선별, 학습장애 영역의 읽기장애 진단을 위한 읽기 유창성검사이다.

② 초등학교 1학년에서 초등학교 3학년까지의 학생을 대상으로 한다. 그러나 읽기 기술의 수준을 알고 싶다면 학년과 나이에 상관없이 중고등학생도 시행해볼 수 있다.

(2) 구성 체계

BASA-읽기검사는 '초기문해', '읽기(유창성)', '어휘', '읽기이해' 검사로 구성되어 있다. 또한 각각은 기초평가와 형성평가로 나뉘어 있다.

① BASA-초기문해 검사

　　㉠ BASA-초기문해 검사는 만 4세 이상을 검사 대상으로 하며, 아동의 초기문해 수행 수준과 발달 정도를 반복적으로 평가하고 진전도를 측정함으로써 읽기와 관련된 문제를 예방할 수 있다.

　　㉡ 이 검사는 기초평가와 형성평가 두 가지로 구성되어 있다.

평가	하위검사	검사 내용
기초평가	음운인식	구어의 음운에 대한 외현적 접근과 인식을 의미하며, 음절과 음소를 각각 변별·합성·탈락·대치로 나누어 측정
	음운적 작업기억	정보를 처리하는 동안 작업기억에서 정보를 효율적으로 유지하기 위해 문자 상징을 소리에 기초한 표상체계로 재부호화하는 것으로, 숫자회상 검사와 무의미 단어회상 검사로 측정
	음운적 정보회상	문자 상징을 소리에 기초한 체계로 재부호화함으로써 문자단어로 어휘 참조로 접근하는 것을 의미하며, 빠른 이름대기(RAN)로 측정
	단어인지	시각적으로 제시된 단어를 해독하고, 그것을 말소리로 바꾸고 말소리에 해당하는 어휘를 자신의 심성어휘집에서 탐색하여 의미와 연결짓는 것을 말하며, '제시된 단어를 얼마나 정확하게 읽는가'로 측정
	읽기유창성	단어를 읽는 속도와 정확성 혹은 힘들이지 않고 유창하게 소리 내어 읽을 수 있는 능력으로, '주어진 시간 내내 얼마나 많은 글자를 정확하게 읽는가'로 측정
형성평가	음운인식	구어의 음운에 대한 외현적 접근과 인식을 의미하며, 음절과 음소를 각각 변별·합성·탈락·대체 네 가지 과제 유형으로 나누어 측정

　　㉢ 검사 결과는 각 하위 영역별로 피검자의 원점수를 입력하면 표준점수(T점수), 백분위점수, 연령점수 등이 산출된다. 또한 백분위점수를 기준으로 단계를 정하여 현재 수준에 대한 설명도 제시된다.

② BASA-읽기 검사

　　㉠ BASA-읽기 검사는 초등학교 1학년 이상의 학생을 검사 대상으로 하며, 학생의 읽기유창성을 통하여 읽기 능력을 진단한다.

　　㉡ 이 검사는 기초평가와 형성평가 두 가지로 구성되어 있으며, 형성평가를 통해 진전도를 점검한다.

　　㉢ 검사 결과는 표준점수(T점수), 백분위점수, 학년점수 등이 제공된다. 또한 기초평가를 통하여 기초선을 확인하고 학년규준에 맞추어 목표선을 설정하며, 형성평가를 통하여 발달선이 산출된다.

평가	하위검사	검사 내용
기초평가	읽기검사자료 1 (읽기 정확성)	개인 검사로서 학생이 제한된 시간 내에 얼마나 많은 글자를 얼마나 정확하게 읽는가를 측정하는 문항으로 구성됨
	읽기검사자료 2 (빈칸 채우기)	독해력을 측정하는 집단 검사로서 문맥에 맞는 적절한 단어를 선택하는 문항으로 구성됨
형성평가	읽기검사자료 (읽기 유창성)	지속적으로 대상 학생의 읽기 진전도를 모니터링할 수 있도록, 다양한 읽기자료를 활용한 구두 단락읽기 검사로 구성됨

③ BASA-어휘 검사

  ⊙ BASA-어휘 검사는 초등학교 3학년 이상의 학생을 검사 대상으로 하며, 학생의 어휘력을 조기에 진단하여 중재를 제공할 수 있도록 개발되었다.

  ⓒ 이 검사는 어휘 지식 학습 과정을 대표하는 명시적 정의, 어휘와 제시되는 상황적 맥락, 형태소 분석의 하위 영역으로 구성되어 있다.

  ⓒ 이 검사는 학생들의 유창성을 평가하기 위해 검사시간을 15분으로 제한하였다.

④ BASA-읽기이해 검사

  ⊙ BASA-읽기이해 검사는 초등학교 3학년 이상의 학생을 검사 대상으로 하며, 학습자의 읽기이해력을 진단하고 평가 결과에 따른 중재를 제공할 수 있도록 개발되었다.

  ⓒ 읽기이해 검사는 사실적 이해, 추론적 이해, 평가적 이해의 하위 영역으로 구성되어 있다.

2. 기초학습기능 수행평가체제(BASA) 수학검사

(1) 목적 및 대상

① BASA 검사는 수학 학습부진 및 학습장애를 진단할 수 있으며, 중재를 위한 형성평가 도구로서의 기능도 한다.

② BASA 수학검사는 '초기수학', '수학(연산 유창성)', '수학 문장제' 검사로 구성되어 있다. 또한 각각은 기초평가와 형성평가로 나뉘어 있다.

(2) 구성 체계

① 초기수학

  ⊙ BASA-초기수학 검사는 만 4세 이상을 검사 대상으로 하며, 아동의 수감각 능력 발달 정도를 평가할 수 있는 검사이다.

  ⓒ 기초평가를 통해 아동의 현재 수준을 점검하고, 형성평가를 이용하여 지속적으로 유아의 초기수학 학습능력을 확인함으로써 발달 정도를 파악하고 궁극적으로 수학 학습에 필요한 능력을 증진시킬 수 있다.

하위 영역	검사 내용
수 인식	1~100까지의 수를 빠르고 정확하게 읽는 능력 측정
빠진 수 찾기	1~20까지의 수 중 연속된 세 수에서 수들의 배열 규칙을 찾아 빠진 수를 인식하는 능력 측정
수량 변별	두 수 중 어떤 수가 더 큰지를 변별하는 능력 측정
추정	수직선 위에서 수의 위치를 추정해보는 능력 측정

② 수학(연산 유창성)

  ㉠ BASA-수학 검사는 초등학교 1학년 이상의 학생을 검사 대상으로 한다. 이 검사는 수학 연산 문제를 빠르고 정확하게 푸는 능력을 측정한다.

  ㉡ BASA-수학 검사는 4가지 검사로 구성되어 있다.

  ㉢ 검사의 실시

    • 초등학교 1학년 학생에게는 Ⅰ단계와 통합단계를, 초등학교 2학년 학생에게는 Ⅱ단계와 통합단계를, 초등학교 3학년 학생에게는 Ⅲ단계와 통합단계 검사를 세 번 실시한다.

평가	수준	단계	수준	평가	수준	단계	수준
기초평가	학년 수준	Ⅰ	1학년	형성평가	학년 수준	Ⅰ	1학년
		Ⅱ	2학년			Ⅱ	2학년
		Ⅲ	3학년			Ⅲ	3학년
	통합 수준	통합	1~3학년		통합 수준	통합	1~3학년

    • 학년 수준과 통합 수준 점수 중 자신이 원하는 수준의 검사지에서 얻은 점수 중 중앙값을 기초선으로 삼고, 형성평가를 실시할 때도 선택한 수준의 검사지를 이용한다.

  ㉣ 검사 결과로는 원점수, 백분위점수, 표준점수, 학년점수, 백분위점수에 따른 단계 및 해석이 제공된다.

  ㉤ 검사 결과 백분위가 15% 이하인 경우에는 아래 학년 수준의 검사를 실시하여 백분위점수를 확인한다.

③ 수학 문장제

  ㉠ BASA-수학 문장제 검사는 초등학교 3학년 이상의 학생을 대상으로 한다. 이 검사는 수학 문장제 문제를 푸는 능력을 측정하여 학생들의 현재 수학 문제 해결력을 파악한다.

  ㉡ BASA-수학 문장제 검사는 3학년부터 6학년까지 학년별로 구성되어 있다.

© 검사의 실시

- 기초평가와 형성평가로 구성되어 있다. 먼저 학년에 맞는 검사를 선정하여 실시한다.
- 각 문항은 문장제 문제와 함께 식과 답을 쓰는 칸이 있으며, 학생들이 이를 모두 작성하도록 되어 있다.
- 검사 채점은 식 점수, 답 점수, 자릿수 점수를 부여하게 되어 있다. 식 점수는 식이 맞으면 2점, 틀리면 0점(예외적인 경우 1점을 부여할 수 있음)을 부여하며, 답 점수는 답이 맞으면 1점, 틀리면 0점, 자릿수 점수는 답의 자릿수별 숫자 하나당 1점씩 매기는 방식으로 배점을 참고하여 채점한다.

3. 기초학습기능 수행평가체제(BASA) 쓰기검사

(1) 목적 및 대상

BASA-쓰기검사는 초등학교 1학년 이상의 학생을 검사 대상으로 하며, 쓰기 유창성 검사 등을 통해 학생의 쓰기 능력을 정량적·정성적으로 평가할 수 있다.

(2) 구성 체계

구분	하위 영역	내용
기초평가	정량적 평가	쓰기 유창성을 측정하기 위해 실시되며, 학생이 쓴 글에서 정확한 음절의 수를 계산하여 기록한다. 여기서 정확한 음절의 수는 총 음절에서 오류의 수를 뺀 값이다. 이를 위해 아동이 쓴 글에서 발견된 오류를 유형에 따라 기호로 표시해두어야 하며 오류의 유형에는 '소리 나는 대로 쓰기', '삽입', '대치', '생략'이 포함된다.
	정성적 평가	부가적인 평가로서 아동의 쓰기 능력에 대한 구체적인 정보를 얻기 위해 실시된다. 이야기 서두 제시 검사에서 학생이 쓴 글에 대해 '글의 형식', '글의 조직', '글의 문체', '글의 표현', '글의 내용', '글의 주제' 영역으로 나누어 분석적으로 평가한다.
형성평가	정량적 평가	기초평가를 통해 쓰기 수행 수준을 확인한 후, 다양한 이야기 서두를 활용하여 지속적으로 대상 아동의 쓰기 발달을 모니터링할 수 있다. 매 검사 회기마다 검사자는 무선적으로 하나의 검사자료를 실시한다.

① BASA-쓰기검사는 기초평가를 실시할 때 이야기 서두 제시 검사를 1회 실시하는 것을 원칙으로 하되, 아동의 검사수행 태도에 근거하여 검사 결과를 신뢰하기 어려울 때는 이야기 서두 검사를 총 2회 실시하여 더 높은 점수를 채택한다.

② 채점은 정량적 평가(정확한 음절의 수)와 5점 척도의 정성적 평가(글의 형식, 글의 조직, 글의 문제, 글의 표현, 글의 내용, 글의 주제) 방식으로 이루어진다. 정량적 평가를 기본으로 하되, 필요한 경우 부가적으로 정성적 평가를 겸해서 실시한다.

③ 기초평가가 완료되면 정량적 평가의 원점수를 근거로 기초평가 기록지를 작성한다. 이러한 기초평가를 통하여 아동의 기초선을 확인하고 이후의 형성평가를 통하여 아동의 지속적인 성장을 점검한다.

④ 형성평가를 통한 쓰기(작문) 유창성의 진전도 모니터링은 정량적 평가 결과를 활용한다.

⑤ 검사 결과는 표준점수(T점수), 백분위점수, 학년점수 등이 제공된다.

4. BASA의 전반적인 검사 실시 단계와 교육계획 순서도

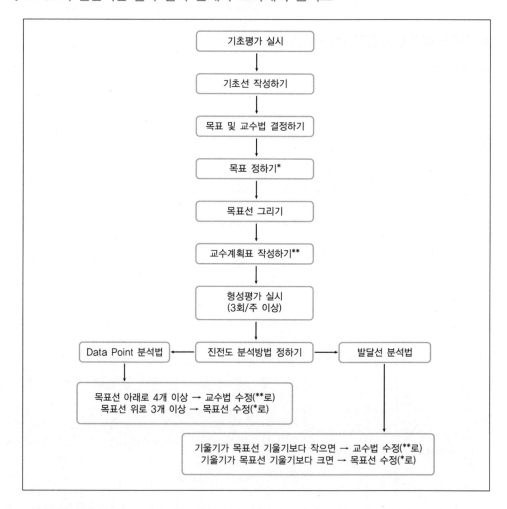

(1) 기초평가 실시

① 기초선은 중재를 실시하기 전 아동의 현재 수행 수준을 말하는 것으로, 교수목표의 기초가 된다.

② 기초평가 3회를 실시하고, 그중 중앙값을 기초선으로 결정한다.

(2) 목표 설정 및 목표선 그리기

개별화교육계획을 수립할 때 목표를 설정하는 방법으로는 다음의 세 가지를 고려할 수 있다.

규준표 활용	기초선 값+월 진전도×목표 기간(월)
또래와 비교	학급 내 중간 수행 수준의 아동 3명에게 검사를 실시하여 그 평균점을 목표로 설정
교사의 판단	교사가 전문적 식견에 의거하여 아동에게 적합한 목표를 설정

(3) 형성평가 실시

① 주 1~3회 형성평가를 통해 아동의 성장도를 지속적으로 모니터링한다.

② 형성평가를 실시하면 3주에 한 번씩, 혹은 검사 횟수가 9~12개 정도 되면 진전도 분석을 하고, 그 결과에 따라 교수법을 수정하거나 목표를 수정한다.

(4) 진전도 분석방법

Data point 분석법	아동의 검사점수가 4회 이상 연속하여 목표선 아래로 떨어지면 교수법을 변경하고, 아동의 검사점수가 3회 이상 연속하여 목표선 위로 올라가면 목표를 상향 조정한다. 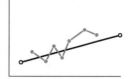 교수법 수정하기　　　　목표 수정하기
읽기 발달선 분석법	읽기 발달선의 기울기가 목표선보다 작으면 중재 전략 변경을 고려하고, 읽기 발달선의 기울기가 같으면 현재의 교수법을 계속 사용하며, 읽기 발달선의 기울기가 목표선보다 크면 목표점수를 상향 조정한다. 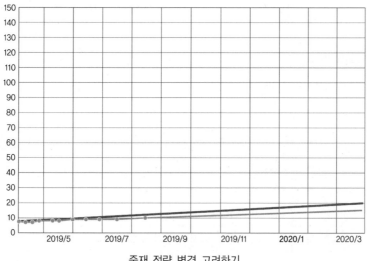 중재 전략 변경 고려하기

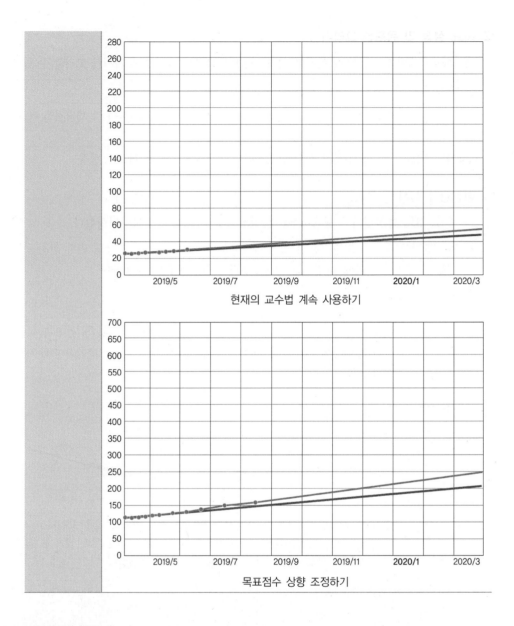

현재의 교수법 계속 사용하기

목표점수 상향 조정하기

5. 결과 및 해석

① BASA 읽기검사는 원점수, 백분위점수, T점수, 학년점수 수준을 제공한다.

② 백분위점수에 따른 현재 수준의 설명은 다음과 같다.

단계	백분위	현재 수준 설명
1단계	95% 초과	매우 우수한 읽기 수준입니다.
2단계	85% 초과 95% 이하	우수한 읽기 수준입니다.
3단계	15% 초과 85% 이하	정상적인 읽기 수준입니다.
4단계	5% 초과 15% 이하	기초 읽기능력 향상을 위하여 지도를 부탁드립니다.
5단계	5% 이하	전반적이고 지속적인 읽기 지도가 필요합니다.

이름	김순희(가명)	검사자	강**
성별	여	검사 실시일	2006년 10월 19일
학교명	**초등학교	생년월일	1994년 3월 13일
학년·반	5학년 5반	검사 시 연령	12년 7월 7일

III단계	1차 검사	①	원점수	14
	2차 검사	②	원점수	17
	3차 검사	③	원점수	18
수학 수행수준		④	원점수(중앙값)	17
		⑤	T점수(중앙값)	33.06
		⑥	백분위점수(중앙값)	3
		⑦	백분위점수 단계	5단계
		⑧	현재 수준 설명	전반적이고 지속적인 수학지도가 필요합니다.
		⑨	현재 학년	5.6
		⑩	학년점수(중앙값)	3.0 이하
		⑪	학년 차이(학년점수−현재 학년)	2.6 이상
		⑫	월 진전도	4+

⚑ BASA-수학검사 결과 프로파일

더알아보기 BASA 현재 학년 구하기

'현재 학년'이란 학생이 학교에 다니기 시작한 시점을 기준으로 하여 표시한 연령이다. 즉, 3월에 입학한 1학년 아동의 학령은 3월 현재 1.0이며, 4월이 되면 1.1, 5월이 되면 1.2이다. 단, 여름방학인 8월과 겨울방학인 1월은 현재 학년 계산에서 제외한다.

	1학년	2학년	3학년	4학년	5학년	6학년
3월	1.0	2.0	3.0	4.0	5.0	6.0
4월	1.1	2.1	3.1	4.1	5.1	6.1
5월	1.2	2.2	3.2	4.2	5.2	6.2
6월	1.3	2.3	3.3	4.3	5.3	6.3
7월	1.4	2.4	3.4	4.4	5.4	6.4
9월	1.5	2.5	3.5	4.5	5.5	6.5
10월	1.6	2.6	3.6	4.6	5.6	6.6
11월	1.7	2.7	3.7	4.7	5.7	6.7
12월	1.8	2.8	3.8	4.8	5.8	6.8
2월	1.9	2.9	3.9	4.9	5.9	6.9

영유아 발달 관련 검사

01 한국판 아동발달검사(K-CDI)

1. 목적 및 대상

① K-CDI는 영유아의 아동발달지체를 선별하는 목적으로 영유아의 발달수준 및 문제 행동을 평가한다.

② 15개월에서 만 6세 사이의 아동 또는 이보다 높은 연령임에도 생활연령이 약 15개월~ 만 6세 범위의 발달수준으로 판단되는 아동에게 실시하는 검사이다.

2. 구성 체계

K-CDI는 발달영역과 문제영역으로 나누어진다.

영역		내용
발달 영역	사회성	개별적 상호작용, 집단 참여 상황에서 부모·아동·다른 성인들과의 상호작용 발달
	자조행동	먹기, 옷 입기, 목욕하기, 화장실 가기, 독립심과 책임감 발달
	대근육운동	걷기, 뛰기, 오르기, 점프하기, 타기, 균형 잡기, 협응능력 발달
	소근육운동	물건을 들어올리는 것부터, 낙서하고 그림 그리는 것까지 눈과 손의 협응 발달
	표현언어	간단한 몸짓, 발성, 언어 행동부터 복잡한 언어표현까지 표현적 의사소통 발달
	언어이해	간단한 이해부터 개념의 이해까지 언어이해 발달
	글자	쓰기와 읽기를 포함하는 문자와 단어에 대한 인지발달
	숫자	간단한 숫자 세기부터 간단한 산수 문제풀이까지 수의 양과 숫자에 대한 인지발달
	전체발달	발달의 총체적 지표를 제공해주는 요약척도로, 위의 하위척도로부터 가장 연령 구분력이 뛰어난 10개의 문항(단, 글자 및 숫자척도에서 각각 5문항으로 구성)
문제 영역	• 시각·청각·성숙문제 • 운동능력 부조화 • 언어문제 • 미성숙 • 주의집중문제 • 행동문제 • 정서문제 • 그 밖에 다른 문제가 있을 경우(직접 주관식으로 기록)	

[출처] 김진호, 『최신 특수아 진단 및 평가』(2018.)

3. 실시 방법

① K-CDI는 아동을 양육하고 있는 부모나 양육자의 보고에 의해 실시하는 검사이다.

② 2점 평정척도(예, 아니오)로 되어 있으며 '예'는 아동이 현재 하는 행동이거나 또는 지금은 하지 않지만 이전에 했던 행동들일 경우, '아니오'는 아동이 현재 잘하지 못하거나 요즘 막 시작하려는 행동으로 가끔씩 관찰되는 행동일 경우 응답한다.

4. 결과 및 해석

K-CDI는 피검자에게 발달영역의 9개 척도별로 발달연령과 발달 프로파일을 제공한다.

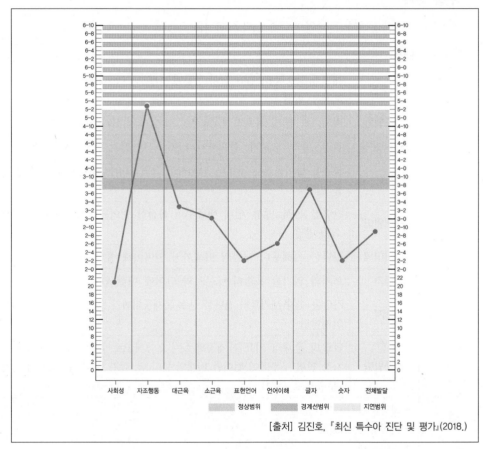

[출처] 김진호, 『최신 특수아 진단 및 평가』(2018.)

▶ **K-CDI 결과 프로파일**

02 한국판 유아 발달선별검사 3판(K-DIAL-3) ● 12유아11

1. 목적 및 대상

K-DIAL-3은 잠재적 발달지체 및 장애 위험성이 높은 아동들을 선별하기 위한 검사로, 만 3세~6세 11개월까지의 영유아를 대상으로 한다.

2. 구성 체계

K-DIAL-3은 5개의 발달영역으로 구성되며, 사회성 영역의 보완 영역으로 심리사회적 행동영역이 포함되어 있다.

영역		문항 수	총 문항 수
운동		7	
인지		7	
언어		6	
자조		15	64
사회성	사회성 발달	20	
	심리사회적 행동	9	

[출처] 김진호, 『최신 특수아 진단 및 평가』(2018.)

3. 실시 방법

① K-DIAL-3은 부모 보고와 개별검사를 함께 실시하는 검사로, 소요시간은 30분 이내이다.

② 5개의 발달영역 중 운동영역, 인지영역, 언어영역은 검사자가 피검자를 대상으로 직접 검사를 실시한다. 또한 검사자는 검사 실시 중 각 영역별로 피검자의 행동을 관찰하여 심리사회적 행동 영역(사회성 영역의 보완 영역)의 문항들을 평정한다. 자조 영역과 사회성 영역은 부모용으로 제작된 질문지를 사용하여 부모가 응답한다.

③ 3점 척도로 '항상 또는 대부분 그렇다'(2점), '때때로 또는 부분적으로 그렇다'(1점), '전혀 또는 거의 전혀 그렇지 않다'(0점)로 구분되어 있다.

4. 결과 및 해석

① K-DIAL-3은 운동·인지·언어 영역별, 그리고 전체 영역에 대한 백분위점수와 발달연령을 제공하고 자조·사회성 영역에서는 백분위점수를 제공한다.

② 백분위점수와 제시된 절선기준을 근거로 '잠재적 지체'(아동이 수행한 것이 평균 이하의 점수를 나타내 잠재적으로 발달지체의 가능성을 지니고 있음), '통과'(아동이 수행한 것이 평균범위 내의 수준을 나타내 생활연령에 적합한 기술이 발달하고 있음)라는 결정을 하게 한다.

기출 POINT 1

❶ 12유아11

다음은 연지에게 DIAL-3을 사용하여 선별 검사를 실시한 결과이다. 이 검사 도구와 결과에 대한 설명으로 옳은 것은?

- 검사 일자 : 2011년 9월 5일
- 생년월일 : 2007년 4월 25일
- 측정 영역 : 5개 발달 영역(운동, 인지, 언어, 자조, 사회성)
- 검사 결과 : 전반적으로 잠재적 지체

① 이 검사 도구에서는 연지의 생활 연령을 4년 5개월로 계산해야 한다.

② 이 검사 도구는 관찰과 질문지를 통해 평가가 이루어지므로 6개월 미만인 영아에게도 사용할 수 있다.

③ 이 검사 도구에서 교사는 질문지를 통해 연지와 부모를 평가하고, 부모는 관찰을 통해 연지를 평가한다.

④ 연지의 평가 결과가 '전반적으로 잠재적 지체'로 나타났기 때문에 별도의 진단·평가 없이 특수교육대상자로 선정한다.

⑤ 5개의 발달 영역 중 교사는 운동 영역, 인지 영역, 언어 영역을 평가하고 부모는 자조 영역과 사회성 영역을 평가한다.

03 한국형 Denver II(K-DDST-II)

1. 목적 및 대상

K-DDST-II는 영유아의 전반적인 발달상태를 알아보고 발달지연 또는 문제의 가능성이 있는 영유아를 선별하기 위한 검사로, 생후 1~6세까지를 대상으로 실시한다.

2. 구성 체계

K-DDST-II는 네 가지 영역에 걸쳐 총 110개의 문항으로 구성되어 있다.

영역	내용	문항 수
전체운동	앉고 걷고 뛰는 등 큰 근육운동	27
언어	듣고 이해하고 언어를 사용하는 능력	34
미세운동-적응기능	눈-손의 협응, 작은 물체의 조작, 문제해결 능력	27
개인-사회성	사람들과 상호작용, 일상생활을 위한 개인적 요구를 스스로 해결할 수 있는 자가간호 능력	22

[출처] 김진호, 『최신 특수아 진단 및 평가』(2018.)

3. 실시 방법

① K-DDST-II는 개별검사 형태로, 검사 대상 연령에 알맞은 여러 가지 과제를 제시하여 수행할 수 있다. 검사자는 주관적으로 검사 도중 유아가 보이는 전반적 행동을 평정하도록 5개의 검사행동 문항(일상적인 행동, 순응정도, 환경에 대한 관심도, 두려움 정도, 주의집중력)도 포함하고 있다.

② 검사지에는 110문항이 가로막대로 나타나 있으며, 검사지의 위·아래에는 연령눈금이 24개월까지는 1개월 간격으로, 그 후부터는 3개월 간격으로 표시되어 있다. 검사자는 피검자의 연령과 검사능력에 따라 검사문항의 수를 다르게 설정한다. 구체적으로는 검사에 주어진 시간과 검사의 목적(유아의 발달지연을 알기 위한 것인지, 유아의 상대적인 발달적 강점을 알기 위한 것인지)에 따라 달라진다.

③ 실시한 각 문항에 대해서는 P(통과), F(실패), NO(기회 없음), R(거부)로 표시한다.

4. 결과 및 해석

K-DDST-II는 실시한 검사항목 중 지연으로 채점된 항목의 수에 따라 정상(주의 1개 이하), 의심(17개 이상의 지연 또는 2개 이상의 주의), 검사 불능으로 해석한다.

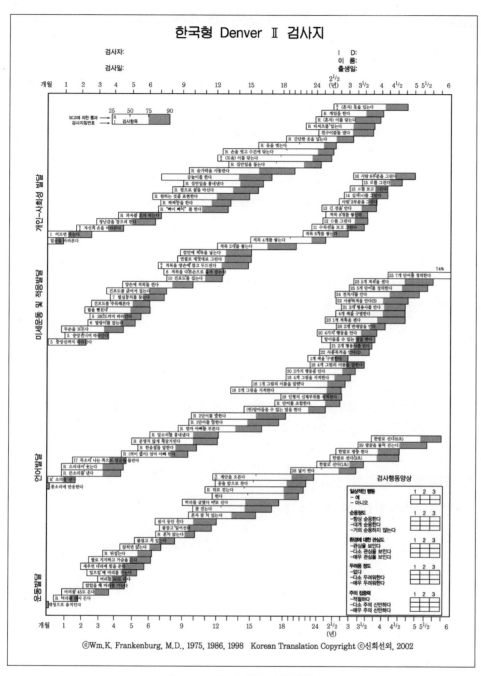

⚑ K-DDST-Ⅱ 결과 프로파일

04 영유아를 위한 사정·평가 및 프로그램 체계(AEPs)

1. 목적 및 대상

① AEPs는 출생부터 만 3세까지 또는 만 3세부터 만 6세까지의 장애 유아나 장애 위험 유아를 대상으로 발달 정도를 사정하기 위한 도구이다.

② AEPs 1권은 개념적·구조적 정보를 제공하는 지침서로서 체계의 시작법, 연결체계의 요소, 검사 결과 해석법, 가족 참여 전략, 팀 협력법을 설명한다.

③ AEPs 2권은 검사문항을 제시하며, AEPs 3권과 4권은 각각 발달연령에 따른 영유아들을 위한 교육과정과 다양한 중재활동을 포함하고 있다.

2. 구성 체계

두 연령수준별로 6개 발달영역(소근육운동, 대근육운동, 인지, 적응, 사회-의사소통, 사회성)으로 구성되어 있다.

3. 실시 방법

① 검사자의 관찰, 직접검사 또는 보고의 세 가지 방법을 통해 실시된다.

② 각 문항은 3점 척도로, 2(일관성 있게 준거 수행), 1(일관성 없이 준거 수행), 0(준거 수행하지 못함)으로 채점한다.

4. 결과 및 해석

각 영역별로 원점수와 퍼센트 점수를 산출한다.

기출 POINT 2

● 16유아B1

(가)는 AEPS 검사 결과의 일부이다. (가)와 관련하여 다음 괄호 안의 ⓐ, ⓑ, ⓒ에 해당하는 용어를 순서대로 쓰시오.

(가) AEPS 검사 결과 일부

이름: ○현지

		3/5-3/15				
검사 기간		3/5-3/15				
검사 일자		3/7				
검사자		박 ○○				
IFSP/IEP		S	N	S		N
A. 도달하고, 잡고, 놓기						
… (중략) …						
4. 손과 팔을 표면 위에 얹어 의지하지 않고, 양손 중 한 쪽의 엄지와 검지 끝을 사용하여 콩 크기의 물건 잡기	✓	1				
4.1 양손 중 한 쪽의 손과 팔을 표면 위에 얹어 의지하고, 엄지와 검지 끝으로 콩 크기의 물건 잡기		1				
4.2 양손 중 한 쪽의 엄지와 검지 옆면을 사용하여 콩 크기의 물건 잡기		2				
4.3 양손 중 한 쪽의 손가락을 갈퀴 모양 혹은 할퀴는 모양으로 만들어 콩 크기의 물건 잡기		2				
… (하락) …						

박 교사는 현지의 개별화교육목표를 수립하기 위한 교육진단을 실시하면서, (가)와 같이 현지의 현재 수행 수준을 파악하는 데 초점을 맞추는 (ⓐ)진단을 하였다. AEPS와 같은 (ⓐ)진단은 미리 정해 놓은 기준에 의해서 특정 목표 기술을 얼마나 습득하고 있는지를 보는 (ⓑ)검사의 하나로, 발달 영역별로 기술을 (ⓒ) 하였기 때문에 장·단기 교수목표를 수립하는 데 유용하다.

2026 특수교사임용시험 대비

김은진
스페듀
기본이론서

Vol. 4   특수교육공학   행동지원   특수교육평가

초판인쇄 | 2025. 3. 5.   **초판발행** | 2025. 3. 10.   **편저자** | 김은진

발행인 | 박 용   **발행처** | (주)박문각출판   **표지디자인** | 박문각 디자인팀

등록 | 2015년 4월 29일 제2019-000137호   **주소** | 06654 서울시 서초구 효령로 283 서경빌딩

팩스 | (02)584-2927   **전화** | 교재문의 (02)6466-7202

저자와의
협의하에
인지생략

정가 35,000원
ISBN 979-11-7262-470-5   ISBN 979-11-7262-466-8(세트)